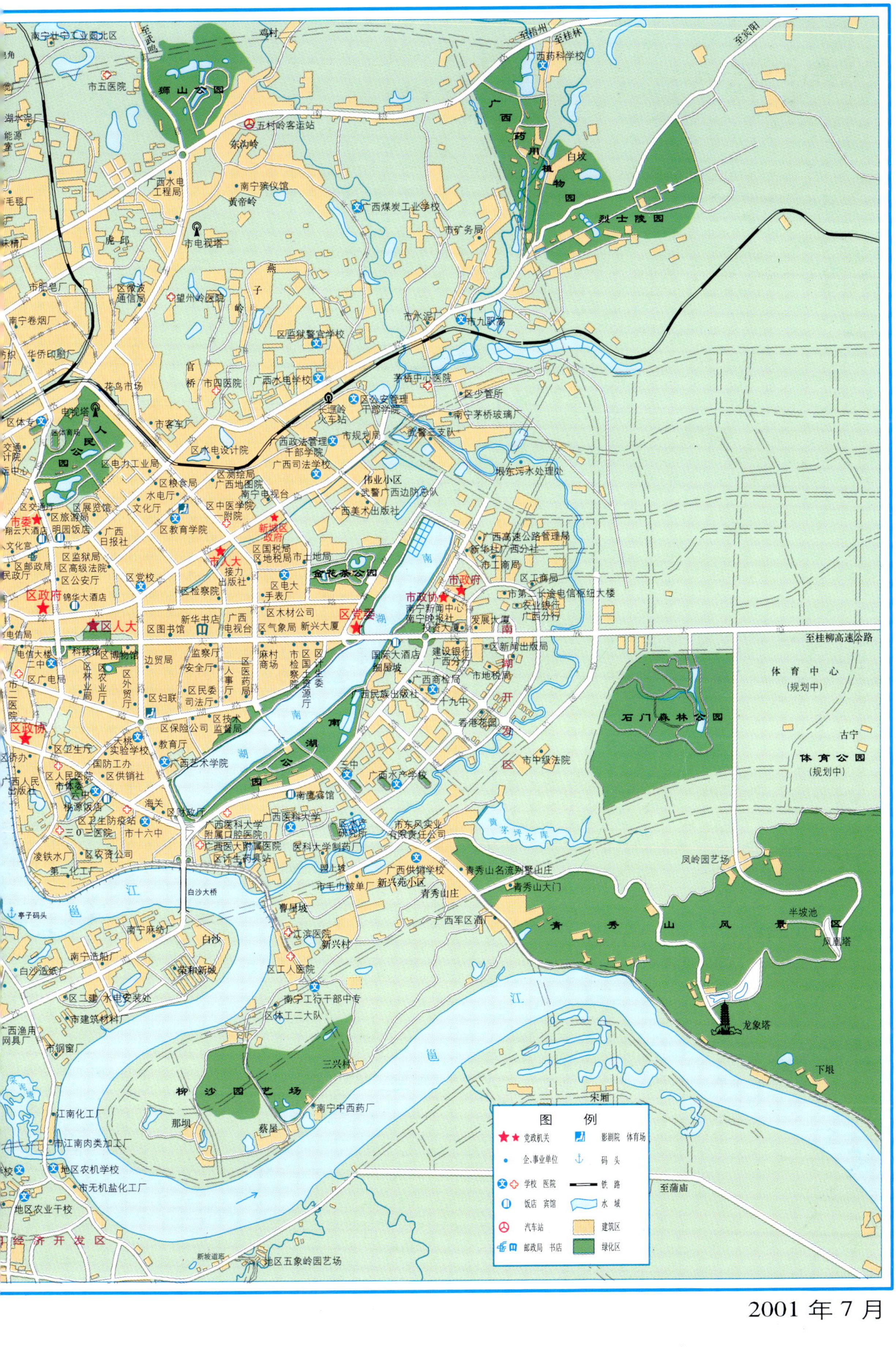
南宁壮宁工业园北区
至武鸣
鸡村
至梧州
至桂林
至宾阳
广西药科学校
狮山公园
市五医院
五村岭客运站
东沟岭
广西药用植物园
白坟
烈士陵园
广西水电工程局
南宁殡仪馆
黄帝岭
广西煤炭工业学校
市矿务局
市电视塔
燕子岭
市肥皂厂
区微波通信局
望州岭医院
南宁卷烟厂
华侨印刷厂
市水泥厂
市九职高
区监狱警官学校
花鸟市场
官桥
市四医院
广西水电学校
茅桥中心医院
电视塔
人民公园
区体专
市客车厂
长塘岭火车站
区公安管理干部学院
区少管所
南宁茅桥玻璃厂
区体育场
区水电设计院
广西政法管理干部学院
市规划局
武警三支队
区电力工业局
广西司法学校
琅东污水处理站
区粮食局
区测绘局
广西地图院
伟业小区
武警广西边防总队
水电厂
南宁电视台
区交通厅
区展览馆
文化厅
区中医学院附院
广西美术出版社
市委
区旅游局
明园饭店
广西日报社
区教育学院
新城区政府
广西高速公路管理局
新华社广西分社
区监狱局
市人大
区国税局
区地税局
市土地局
金花茶公园
市工商局
区邮政局
区高级法院
区公安厅
区党校
接力出版社
区电大
手表厂
区工商局
区政府
锦华大酒店
区检察院
市政协
市政府
市第二长途电信枢纽大楼
南宁新闻中心
南宁晚报社
农业银行
广西分行
区人大
区图书馆
新华书店
广西电视台
区木材公司
区气象局
新兴大厦
区党委
发展大厦
投资大厦
至桂柳高速公路
电信大楼
科技馆
区博物馆
边贸局
监察厅
麻村商场
市检察院
区国土资源厅
区计生委
国际大酒店
建设银行广西分行
区新闻出版局
体育中心
(规划中)
二中
区广电局
区林业厅
区农业厅
区外贸厅
安全厅
人事厅
区医药局
细屋坡
广西商检局
市地税局
南湖开发区
区妇联
区民委
司法厅
广西民族出版社
二十九中
石门森林公园
区政协
区保险公司
区技术监督局
香港花园
古宁
体育公园
天桃实验学校
教育厅
南湖公园
区卫生厅
国防工办
广西艺术学院
三中
广西水产学校
市中级法院
区人民医院
区供销社
广西人民出版社
市体委
桃源饭店
海关
区财政厅
南宁宾馆
区卫生防疫站
广西医科大学附属口腔医院
广西医科大学
市东风实业有限责任公司
三〇三医院
市十六中
广西医大附属医院
医科大学制药厂
区水产研究所
凌铁水厂
区农资公司
区计生药具站
凤岭园艺场
第二化工厂
园上坡
广西供销学校
青秀山名流别墅山庄
市毛巾被单厂
新兴苑小区
青秀山大门
白沙大桥
青秀山庄
亭子码头
邕江
曹屋坡
半坡池
南宁麻纺厂
白沙
工人疗养院
广西军区酒厂
青秀山风景区
凤凰塔
新兴村
南宁造船厂
白沙造纸厂
荣和新城
区工人医院
区二建
水电安装处
南宁工行干部中专
区体工二大队
龙象塔
市建筑材料厂
广西渔用网具厂
市钢窗厂
三兴村
下根
柳沙园艺场
南宁中西药厂
宋厢
江南化工厂
那坝
蔡屋
市江南肉类加工厂
地区农机学校
市无机盐化工厂
至蒲庙
地区农业干校
经济开发区
新坡道班
地区五象岭园艺场
图例
党政机关
影剧院 体育场
企、事业单位
码头
学校 医院
铁路
饭店 宾馆
水域
汽车站
建筑区
邮政局 书店
绿化区

2001 年 7 月

南宁市喜获“中国人居环境奖”。自治区党委常委、中共南宁市委书记李纪恒（右）和市长林国强（左）喜接牌匾

市领导李纪恒、林国强等视察南宁市社会应急联动中心

市委书记李纪恒到汽车配件一厂了解企业产品开发情况

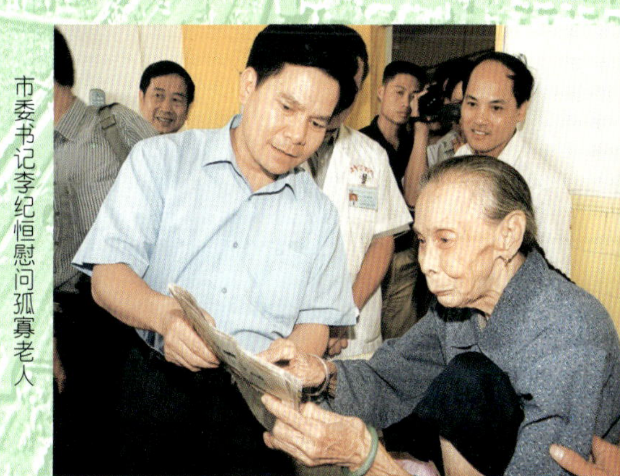

市委书记李纪恒慰问孤寡老人

南

朝气蓬勃、团结向上的全局干部职工

南宁市统计局是市人民政府主管统计和国民经济核算的职能部门，内设10个处（室）和1个普查中心、1个计算站。现有在职职工36人，其中大专以上文化程度32人，中专及高中文化程度3人；具有中级以上专业技术职务资格23人，占职工总数的63.89%。

长期以来，南宁市统计局紧紧围绕市委、市政府的中心工作，充分发挥统计信息优势，在统计服务领域、方式、内容上积极探索、大胆创新，在统计服务质量上竭力提升档次，在高质量完成国家和自治区下达的各项统计调查任务的同时，积极为地方各级党政领导和部门、社会各界提供优质统计服务，获得了广泛的好评。

随着新世纪的开始，中国加入WTO，逐步走向成熟的市场经济对统计信息服务提出了更高的要求。面对挑战，经过机构改革，人员精干的统计[illegible]求实现“两个突破”：即树立“超前”[illegible]法，开展预警预测，在统计服务时效[illegible]

地　址：南宁市嘉宾路1号（市政府大院内）
电　话：（0771）5536628
邮　编：530028

加强统计基础建设，举办乡镇统计人员计算机应用培训班

张冬梅副市长（中）检查基本单位普查工作

局长谢小萍（前左）深入基层调查统计基础情况

“精品”意识，多出好的产品，在统计服务档次上有所突破。抓好“三个转变”：即抓好思想观念从计划经济向市场经济的彻底转变；抓好统计服务由零散型、单一型向系统型、复合型转变；抓好统计信息开发从低层次向高层次的转变。做到“三个创新”：即工作内容创新，工作方法创新和工作手段创新。

集统计人之智慧，融统计人之拼搏精神，南宁市统计局的统计信息服务将会做得更好。

我市第五次人口普查已圆满完成数据处理工作，进入资料开发利用阶段

局长谢小萍（左五）、局党组副书记吴锦扬（右五）深入武鸣县玉泉乡弄七村开展“送温暖”活动

引入竞争机制，公开、公平、公正选拔人才

创新奋进中的广西区电信公司

总经理、党组书记孙俊彦

广西区电信公司是根据国家电信改革重组，实行政企分开的统一部署，于2000年7月28日从原广西区邮电管理局分离出来，隶属于中国电信集团并具有法人资格的独资子公司，是国家授权统一经营全区基础电信网、数据多媒体通信及相关增值电信业务的国有电信通信运营企业。

广西区电信公司下辖12个地（市）电信分公司，78个县（市）电信局，已在全广西建成一个规模宏大、技术先进、安全高效、四通八达的现代化通信网，实现了县县通会议电视，乡乡通光缆，80%以上的行政村通电话。目前，全区已形成"三纵三横"光缆传输网，开通了以高速、宽带公众多媒体通信网为象征的"信息高速公路"。到2001年12月，广西电信局电话交换机总容量达500万门，固定电话用户突破400万户，多媒体用户60多万户，是广西目前规模最大、用户最多、实力雄厚的通信运营企业。

广西区电信公司作为主体通信企业，承担着全区电信普遍服务、应急通信、党政专用通信服务义务，并以"用户至上，用心服务"为理念，努力扩大服务网络，积极开发新业务，不断满足社会日益增长的多元化通信需求。目前，广西电信可向社会提供本地网电话、国内、国际长途及港澳电话、IP电话、会议电视、ISDN（一线通）、来电显示、200卡、300卡、IC卡电话、168全自动声讯系统、图文传真、鲜花礼仪电报、公众和用户电报、DDN、分组交换、电子信箱、163、169等业务服务。

面对新世纪全球信息技术革命的汹涌浪潮及我国加入WTO给电信市场带来的机遇和挑战，面对国民经济信息化和社会日益增长的通信要求，广西区电信公司把推动和加速广西国民经济和社会信息化作为重要目标，以加快发展为主线，以市场需求为导向，以深化改革为动力，以用心服务为宗旨，以提高效益为中心，以提升队伍素质为保障，突出"创新、效率、效益"的工作重点，努力塑造广西电信"一流服务、真诚合作、勇于竞争、超强实力"的崭新形象，力争在"十五"期间使广西电信主要通信能力和主要经济技术指标达到全国中上水平，网络整体技术层次、企业经营管理和运营服务达到全国先进水平，为促进广西国民经济和社会发展作出更大的贡献。

总经理：孙俊彦
地　址：南宁市民主路35号
电　话：(0771) 2805861
邮　编：530022

推广新业务

公司领导班子在研究发展大计

公司成立一周年庆典，图为自治区副主席张文学、区政协副主席袁正中与公司领导一起共切蛋糕

“5.17”世界电信日期间，公司举办宽带业务演示活动

业务合作

推广新业务

推广新业务

推广新业务

提升企业文化品味，塑造广西电信崭新形象。图为“广西电信之夜”大型民族音乐会盛况

气势雄伟的南宁市工商局新办公大楼

树工商

南宁市工商局下辖12个分（县）局、一个巡查支队、17个机关科室、4个协会、53个工商所，全局共有公务员1000余人，担负着监管并维护首府市场经济秩序的重要职责，是由自治区工商局垂直管理的重要执法部门。

多年来，该局以培养一支政治素质好、业务能力强、清正廉洁、务实高效的工商行政管理队伍为目标，内强素质，外树形象，充分发挥职能作用，不断加大行政执法力度，依法打击制售假冒伪劣商品等经济违法行为，建立健全“12315”申诉举报网络，按照“有诉必接、有假必打、有案必办、快速出击”的服务宗旨，及时、准确、快捷地受理投诉或移交有关部门处理，维护消费者的合法权益，为维护首府的市场经济秩序作出了重要贡献，赢得了首府市民的热情赞誉。仅1998年以来，全局便获得了50余项市级以上荣誉，先后被国家工商局、国家人事部，自治区党委 、区人民政府，自治区工商局和南宁市委、市政府授予“先进集体”、“先进单位”等荣誉称号。

由他们监管的317个集贸市场已有94个获得市级以上“文明市场”荣誉称号，尤其是由该局指导全市个体户开展的“一帮一”活动和在全市集贸市场推行的“摊前一个桶”，经《人民日报》、新华社、中央电视台等中央权威媒介报道后，在全国引起强烈反响，

南宁市工商局不断加大工商法规的宣传力度，图为该局局长武希文（左一）带领工商执法人员上街接受群众咨询

自治区副主席张文学（右四）在南宁市市长林国强（右二）、自治区工商局副局长蔡玉瑜（右三）的陪同下，深入打假一线了解情况。图为南宁市工商局副局长郑志光（右一）向上级领导汇报打假情况

南宁市工商局不断加强基层正规化建设，并取得了较好的成绩。图为国家工商局副局长杨树德（右二），自治区工商局局长蔡永伦（左二）、副局长蔡玉瑜（右一）在南宁市工商局局长武希文（左一）的陪同下，来到南宁市工商局唐山工商所了解运用电脑对“经济户口”进行有效管理的情况

南宁市工商局不断加大市场巡查

形象，展红盾风采

——南宁市工商行政管理局剪影

充分展现了新时期工商行政管理部门的良好形象。

近年来，南宁市工商局按照把南宁市建设成“大流通”、“大中心”的规划和要求，结合“西部大开发”，积极构筑大西南流通体系，提出了生活资料市场与生产资料、生产要素市场兼顾，专业市场与综合市场并举，有形市场与无形市场相融的发展思路，不断加强市场建设的宏观调控，保证市场建设良好运行。短短几年来，南宁市的市场已由90年代前的150个(含两县)发展到现在的317个，总面积达234万平方米，总投资额达87486万元。据统计，目前全市共有内资企业19579户、外资企业339户、个体户80609户，共有国有、集体、个体商业、饮食业、服务业网点7.4万多个，从业人员20多万人，商业营销已覆盖包括香港、澳门在内的国内30个多省市区，2001年市场商品成交量为157758万公斤、成交额1315876万元，初步形成了具有一定规模、门类较为齐全、功能较为完善、辐射力较强的市场体系。

在整顿和规范市场经济秩序工作中，南宁市工商局不断加大市场监管力度，严把市场准入关，从严整顿和规范市场交易行为、市场竞争行为，清理“三无”企业，打击传销和变相传销，净化首府经济环境和文化市场环境。在新形势下，他们还按照监管“大市场”的职能需要，不断拓宽监管领域，不仅对有形市场大胆管理，而且对无形市场也主动介入，打破部门垄断，先后介入到建材、汽车、通信产品、中介、文化等领域进行有效监管，较好地规范了市场交易行为。目前全市市场秩序井然，竞争有序，守法经营、公平竞争已蔚然成风，首府的整个市场正沿着统一、开放、竞争、有序的轨道健康发展。

当前，随着我国已经加入WTO，市场经济已日趋走向成熟，南宁市工商局根据市场经济领域出现的新情况、新问题，不断探索新的监管方式和方法，增强紧迫感和使命感，以饱满的工作热情和良好的工商新风貌，迎接新的挑战。

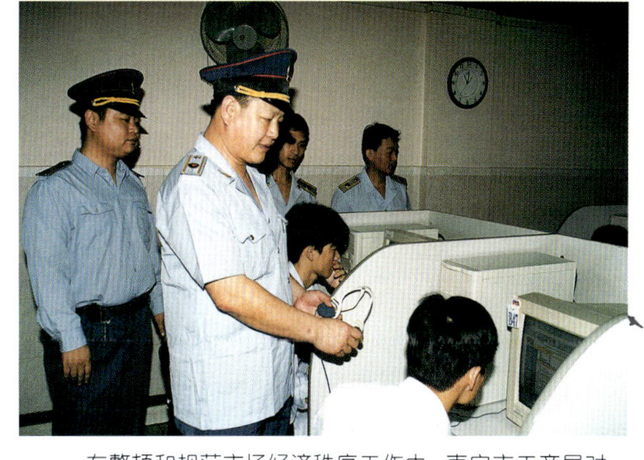

在整顿和规范市场经济秩序工作中，南宁市工商局对“网吧”进行集中清理整顿。图为南宁市工商局副局长郭远福带领工商执法人员对经营中的“网吧”进行巡查

为了更好地方便广大消费者申诉举报，打击制售假冒伪劣等违法行为，南宁市工商局在全系统配备了100余部标有“12315”特殊标志的工商执法车。图为执法车队和工商执法人员正整装待发

法人代表：武希文
联 系 处：南宁市金湖路65号市工商局办公室
邮　　编：530021
电　　话：5518831(办) 127-8217602

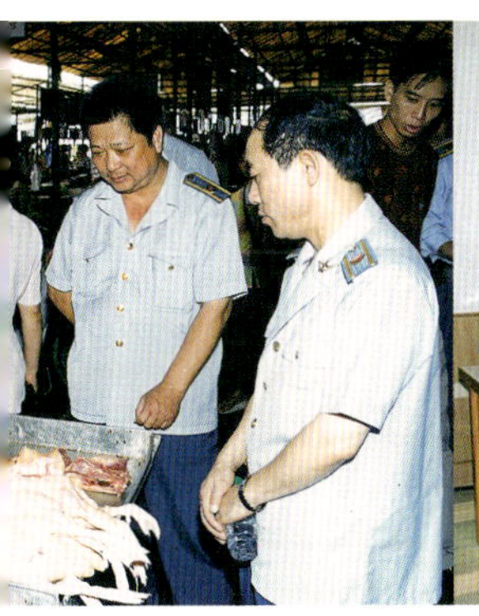

]度，图为该局副局长李永干右一)带领工商执法人员在市场巡查

自治区工商局蔡永伦(左一)在南宁市工商局局长武希文(中)、副局长郑志光(右一)、纪检组长李欣(右二)的陪同下检查南宁市工商局基层正规化建设

为了打击非法传销，南宁市工商局联合公安部门开展广泛的宣传活动，图为副局长罗世会(左二)带领工商执法人员与公安部门一道向群众宣传非法传销的危害性

团结奋进的局领导班子

南宁市国家税务局

以信息化规范化管理促进依法治税

局　长：杨　辉
地　址：南宁市济南路120号
电　话：(0771)2438590
邮　编：530011

2001年，南宁市国税局以“三个代表”重要思想统揽税收工作，以依法治税和强化税收征管为切入点，提高征管质量和效率，堵塞税收漏洞，加快税收信息化建设，构筑金税工程，圆满完成各项工作任务。全年组织各项税收入库238056万元，比上年同期增收6656万元，其中国内两税共入库190780万元，同比增收17754万元，增长10.26%。办理出口退税49435万元，同比增加25435万元，增长106%。为109户福利、校办、综合利用等企业办理税款退库1555万元。

以组织收入为中心，强化税源监控。对重点税源企业，采取领导分工负责制，设置驻厂员、联系员，随时掌握企业经营状况；深入各大市场进行税收调研，全面开展整顿和规范税收秩序，严厉打击各类偷漏税行为，全年共对2311户纳税户开展日常、专项检查，查补入库税款2986.41万元。该局还制定防欠预警制度，大力清缴陈欠税款，有效防止了新欠税。

抓规范化管理，提高执法水平。该局制定了《税收管理责任追究制度》和《个体工商业户税收最低定额管理办法》，建立健全监督制约机制，通过对管理权和执法权的监督，以及推行税务执法过错责任追究制度，实现权责统一。

税务稽查干部严格执法检查，堵塞征管漏洞

局长杨辉（左一）、副局长周彩云（右一）到企业了解生产经营情况

努力推进税收信息化建设。7月1日全国税务系统“金税工程”网络全线开通，该局网络保持高效运转，增值税专用发票实现网上交叉稽核，利用虚假专用发票偷逃税现象进一步得到遏制。年内还开发了小规模纳税人电话申报系统，并与工行联网，实现了实时纳税余额查询。

引入竞争机制，促进人事改革。全局分流干部209人，占总人数的20%，实现了干部年轻化、知识化。通过加强思想政治教育、业务学习和培训，巩固和提高了队伍整体素质。

积极开展税收宣传活动。在第十个全国税收宣传月中，共为南宁市30多万中小学生上税法宣传教育课25场次；开展“依法治税大讨论”及专题辩论会；举办纳税人培训班19期，参加人数1546人；举办各类领导干部税收知识学习班10期，参加人数766人；悬挂税收宣传横幅1366条，张贴宣传标语1220条，出版宣传板报263期；5月1日新征管法出台后，编发宣传资料30000份，向纳税人提供新征管法业务测试题15000份；对一般纳税人和部分建帐小规模纳税人的法人代表（负责人）以及4000多名财会人员进行面授培训。

局长杨辉（中）、副局长李传玉（左一）在检查指导工作

南宁市国家税务局

朝气蓬勃、团结向上的税务干部队伍

局长杨辉亲自将慰问品送到抗洪部队手中

南宁市国家税务局

向受灾群众捐款

在朝阳花园开展税法宣传活动

开展新《征管法》知识竞赛，推进依法治税进程

中房集团

南宁房地产开发公司

南宁市委书记李纪恒（右二）、市长林国强（左二）、市人大副主任韦玲（右一）、副市长张冬梅（左一）亲临翡翠园视察

党委书记、总经理：杨柳

团结、务实的公司领导班子：（自左向右为）严武明、方穗宁、金绍俅、杨柳、肖利荣、黄国和、徐立权

2000年振兴南宁"经济效益杯"劳动竞赛金杯奖

法人代表：杨　柳

地　址：广西南宁市民族大道86号金和大厦15楼

电　话：(0771)5887083

传　真：(0771)5856631

E-mail:cred nanning @ china.com

邮　编：530022

中房集团南宁房地产开发公司成立于1981年12月，是中国房地产开发集团成员公司，国家一级房地产开发企业，南宁市市属重点企业。是首府成立较早、规模较大、专业实力雄厚的国有房地产开发骨干企业。

公司主营房地产综合开发，此外还涉及建筑设计、工程承包、建筑材料、室内装饰、物业管理、商业贸易、旅业服务、餐饮娱乐、管道燃气、汽车修理等诸方面，公司已形成了规模经营的综合实力。

公司成立以来，共实现房地产开发投资总额16.7亿多元，完成开发建设商品房总面积163.6万平方米。建成或在建的有福建园、唐山路、麻村、南湖、明秀、望仙坡、丽江村等12个住宅小区，自建或代建大型公共建筑有民族商场、南华大厦、南宁交易场等共6座，开通和建成人民路、滨江路、唐山路、白沙大道等城市干道共10公里，为改善人民群众居住环境和城市基础配套设施的建设做出了应有贡献。

经过近20年的努力，中房南宁公司不断发展壮大。在市场竞争日趋激烈的情况下，公司注重引进和培养各种专业人才，造就一支高素质的职工队伍。公司建立和健全了一整套行之有效的讲质量、守信誉、重效益管理机制，如今正努力向建立现代企业制度迈进，逐步实现管理电脑化，使管理水平再登上新台阶。

近三年来，公司连续获得市建设局系统"双文明"工作考评一等奖和南宁市先进单位等荣誉称号，98年度获南宁市经济效益杯银杯奖，99年度南宁市"经济效益杯"金杯奖，2000年度南宁市"经济效益杯"金杯奖。杨柳总经理被评为南宁市98年度劳动模范。还先后被评为中房集团97-98年度优秀经理，1999年南宁市优秀经理，中房集团1999-2000年度优秀企业家，98-2000年度优秀共产党员，2000年度南宁市优秀企业家。

国家一级房地产开发企业资质证书

公司建设的望仙坡小区商品房

公司建设的明秀小区一角

为了转变消防部队工作作风，提高消防部队的整体素质，支队认真开展全心全意为人民服务的宗旨教育，实事求是的思想路线教育，严格、公正、文明执法的法制教育和干部称职等级评定工作

牢记总理嘱托，

——南宁市公

哪里有险情，哪里就有消防官兵的身影。这是消防战士在南宁抗洪救灾中勇排白沙大桥险情

2001年1月24日，大年初一，日理万机的国务院总理朱镕基风尘仆仆的来到南宁市公安消防支队，看望和慰问战斗在防火灭火的第一线的消防官兵，并就消防工作的重要性做了重要指示。一年来，支队官兵牢记总理的殷殷嘱托，勇于开拓，与时俱进，喜报频传。一年里，共有1个中队及3个班荣立集体三等功，64人（次）荣立个人三等功，455人（次）受嘉奖，支队被评为"抗洪抢险先进单位"、"两节一赛一会"先进单位，一个中队被评为自治区警民共建先进单位，3个党支部被评为先进单位支部，5人被评为优秀党务工作者，30人被评为优秀党员。

支队积极适应新的形势任务的要求，坚持以江泽民"三个代表"重要思想为指导，按照抓"班子、带队伍，促工作、保平安"的总体思

勇伏"火魔"

为了消除火灾隐患，支队积极开展防火检查。这是防火监督干部在检查消防设施

为使消防知识家喻户晓，人人皆知，支队举行了全市性消防安全知识电视大赛

担起泰山之责

安消防支队

路，狠抓政治教育、业务训练、队伍管理和备战执勤，部队建设整体水平有了新的提高，圆满完成了以防火、灭火为中心的各项任务。

一年来，支队共接警出动5836次，出动警力35016人次，成功扑救"屯里油库"大火、百川汇塑料厂特大火灾；圆满完成了南宁国际民歌艺术节、第七届中国戏剧节、十一届孔雀奖少数民族声乐大赛、广西经贸洽谈会和自治区第八次党代会的消防安全保卫任务；在南宁88年一遇的洪水面前，消防官兵投入抗洪抢险工作中，为群众送水600多吨，抢救危险物品1465吨，解救被困群众122人，5次排除重大险情，为抗洪胜利作出了贡献。通过消防工作社会化的大力推进和消防责任制的进一步落实，群众消防意识普遍加强，消防工作日益得到社会各界重视。全年，南宁市共发生火灾258起，烧死5人，烧伤16人，直接财产损失2823286元，与去年同期相比，火灾起数、烧死人数、直接财产损失分别下降28%、38%、34%。

天时人事日相催，冬至阳生春又来。新的一年里，南宁市公安消防支队决心以江总书记"三个代表"重要思想为指导，以落实国务院《关于"十五"期间消防工作发展的指导意见》为主线，以预防和遏制特大火灾和群死群伤为目标，不断推进消防工作社会化、法制化和现代化进程。

消防业务基本功

平时多流汗，火场少流血。这是消防战士在苦练

地址：南宁市新华街1号
电话：(0771) 2825688
邮编：530012

消防官兵与共建单位干部慰问孤寡老人

抓住机遇　与时

再创新城区的新

南宁市新城

南宁市新城区，位于南宁市区的东南部，是自治区党、政、军首脑机关所在地，现辖4个办事处，1个乡政府，54个社区居委会，10个村；辖区总面积108平方公里，总人口43.48万，驻辖区机关、大专院校、科研院所和医疗机构等单位700多家，是广西和南宁政治、经济、文化、金融、旅游的中心，社会事业优势明显，城市基础设施先进，城市中心功能突出。

新城新风貌

俱进
辉煌

中共南宁市新城区委书记赖贵寿

南宁市新城区人民政府区长汪夏明

几年来，在南宁市委、市政府的领导下，新城区坚持以经济建设为中心，以社区建设为载体，以城市管理为重点，全面实施“科教兴区、三产富区、依法治区、文明治区”的发展战略，解放思想，转变观念，开拓进取，勇于创新，经济建设和社会各项事业蓬勃发展。特别是“九五”期间，城区经济发展驶上了快车道，国内生产总值和财政总收入保持年均20%和23%的增长速度，2001年新城区的国内生产总值达7.826亿元，城区本级财政总收入完成1.971亿元，比上年增长30.69%。工业经济快速发展，形成了以电线电缆、钢管、印刷、精铝制品、化工、日用品、饲料、工艺饰品等多品种、多门类、多种经济成份协调发展的工业体系。经济结构得到初步调整，第三产业所占比重大幅度提高，第二、第三产业结构比例由1995年的48：52调整为2001年的29：71。城市建设步伐加快，城市管理不断加强，投资环境进一步改善，人民生产水平跃上新台阶，2001年人均居住面积达到1811平方米，城镇居民可支配收入7448元，比1995年增长48%；农民人均纯收入3737元；居民(农民)消费结构、住房条件、医疗保障等有了明显的

自治区党委书记曹伯纯（中）以一个普通居民的身份参加新城区新竹社区居民例会。图为曹书记报到时签名

中央文明办、自治区、南宁市领导在新城区区委书记赖贵寿、政府区长汪夏明的陪同下，检查新城区文明社区的建设情况。前排右二为中央文明办副主任胡振民，右一为自治区党委副书记马庆生，前排左一为南宁市委书记李纪恒，二排中为南宁市委副书记于开金

改善。精神文明创建活动和社会各项事业同步发展，成绩喜人。科技、文化和教育事业蓬勃发展，作为自治区社区建设实验区和南宁市社区建设试点单位，精神文明创建活动以深入开展社区建设为载体，在巩固“三个一”的基础上，把“五个进”（文明新风进社区、园林绿化进街道、环保行动进家庭、群众文化进广场、优质服务进网络）活动不断引向深入，市民文明程度明显提高。几年来，新城区先后获得了全国科技先进城区、全国“爱心献功臣”先进县（区）、全国社区教育实验区、全国群众体育先进单位、自治区双文明建设先进单位、自治区“双拥”模范城区、自治区社会综合治理模范（先进）城区、自治区“两基”工作先进城区、广西教学实验普及城区、自治区法制宣传教育先进城区、自治区人口普查先进城区等称号。

南宁市新城区部分工业产品

当前，新城区党委、政府按照自治区党委第八次党代会提出的“富民兴桂新跨越”的发展战略，牢牢抓住我国加入世贸组织和实施西部大开发战略的历史机遇，以经济建设为中心，努力改善投资环境，加大招商引资力度，积极扶持高科技型民营企业，切实抓好财源建设，充分发挥区位优势，加速发展区域特色经济，全面实现区经济发展的新突破，再创新城区的新辉煌。

南宁市新城区政府办公大楼

区委书记：赖贵寿　　区长：汪夏明
地　　址：南宁市东葛路68号
电　　话：（0771）5871130
邮　　编：530022

新城区以兴办大型商业企业为重点，大力发展税源经济，第三产业突飞猛进。图为位于南宁市七星路新落成的华星城女人广场

副董事长兼总经理 洪钧涛

南宁万泰啤酒有限公司是1996年1月1日正式挂牌运行，现由泰国正大集团、泰国汶洛啤酒有限公司和泰国汇商银行出资组建的外资企业。公司注册资金为7.3亿元人民币，投资总额为12亿元人民币，占地面积330亩，员工近500人，是拥有全套德国进口的世界一流的啤酒生产设备，年产啤酒能力达30万吨的大型现代化啤酒生产企业，也是中国西南地区较大的现代化啤酒生产企业之一。公司的主导产品万力清爽啤酒、万力醇麦啤酒、万力特级啤酒和干杯啤酒是深受广西消费者喜爱的名牌产品之一。

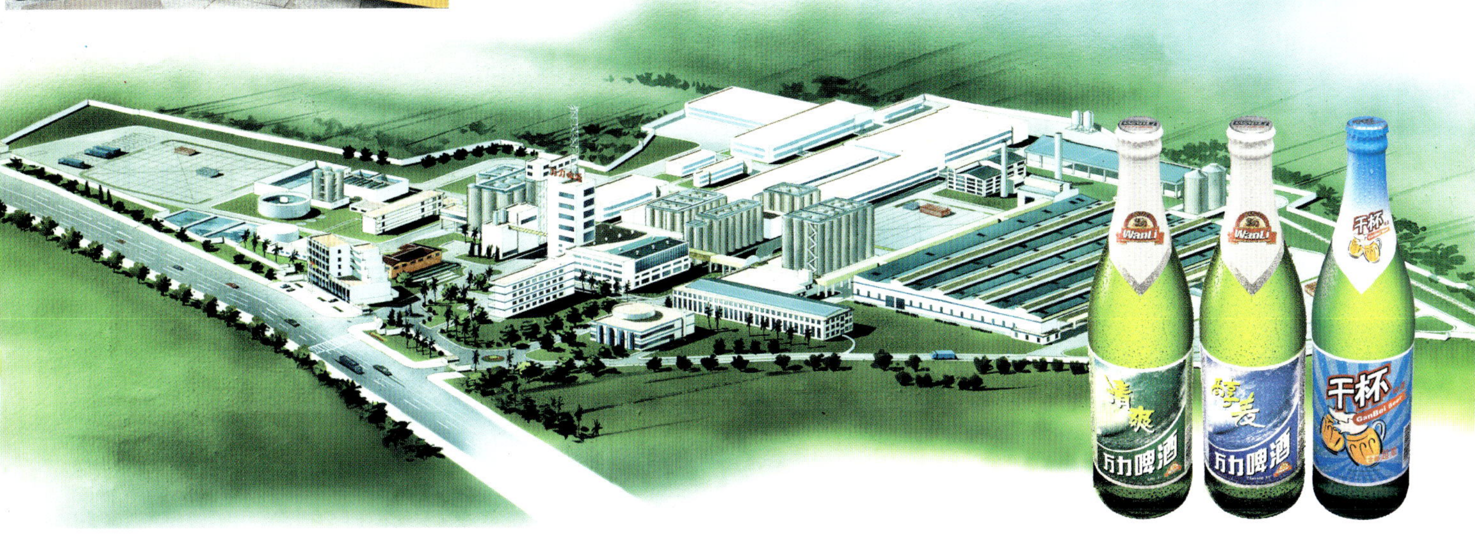

南宁糖业股
NANNING SUGAR

自治区党委书记曹伯纯（右）在制糖车间听取公司董事长、总经理熊可模汇报生产经营情况

南宁糖业股份有限公司（简称：南宁糖业　股票代码：000911）是中国目前制糖行业较大的股份公司。“南宁糖业”位于广西首府南宁市，陆路及江、海，交通十分便捷。公司有员工5600多人，有六家直属厂，具有年榨甘蔗量270万吨、产机制糖30万吨、蔗渣浆3.4万吨、机制纸3万吨、食用酒精2万吨的生产能力，此外，公司还拥有五家控股子公司。公司现已全面通过ISO9002质量体系认证。1999年公司改制上市，上市两年多来，公司在经济效益上取得了显著成绩，1999年实现利税19972万元，其中利润811万元；2000年实现利税20573万元，其中利润6751万元。

为拓展企业发展空间，实现集约化经营，公司逐步实施内部的产业结构调整工作，2000年公司第一步结构调整目标基本实现，利用上市募集资金1.9亿元建设的年产3.4万吨蔗渣浆工程已投产，每年将为公司新增利税4089万元；将酒精集中生产，既降低生产成本，又集中治理了污染；在建的1.5万吨静电复印纸项目投产后，每年将为公司新增利税900万元。此外，利用配股募集资金与外商合资建设的年产1万吨SAP新型吸水材料及其下游系列的卫生保健用品项目即将启动。

份有限公司

INDUSTRY CO., LTD

公司制糖生产线之一

公司董事长、总经理：熊可模　地址：南宁市亭洪路48号　邮编：530031　办公室电话：(0771)4911323　传真：(0771)4912771
经营部电话：(0771)4913315　4915366　传真：(0771)4915693　4912822　http://www.nnsugar.com　E-mail:nnty@nnsugar.com

南宁糖业股份有限公司
NANNING SUGAR INDUSTRY CO., LTD

质量体系认证证书
兹证明
南宁糖业股份有限公司
南宁市亭洪路48号
建立的质量体系，按照以下质量体系标准评审合格，特发此证。
认证范围：机制糖（白砂糖、赤砂糖）、机制纸、酒精的生产制造和服务
证书号：4500/20004256　认证标准：ISO9002:1994
发证日期：2000年3月10日　有效期：2003年3月9日
中国进出口商品质量认证中心

QUALITY SYSTEM CERTIFICATE
THIS IS TO CERTIFY THAT
Nanning Sugar Manufacturing Co., Ltd.
No.48, Tinghong Road, Nanning
The registered firm produces goods and/or provides service in accordance with below mentioned quality assurance standards
China Quality Certification Centre For Import And Export Commodities

质量体系认证证书

获“南宁市明星企业”称号

2001年3月公司3.4万吨蔗渣浆项目建成投产

公司造纸生产线之一

公司董事长、总经理：熊可模　地址：南宁市亭洪路48号　邮编：530031　办公室电话：(0771)4911323　传真：(0771)4912771
经营部电话：(0771)4913315　4915366　传真：(0771)4915693　4912822　http://www.nnsugar.com　E-mail:nnty@nnsugar.com

铁道通信有限责任公司

南宁分公司

铁通南宁分公司办公大楼

运用现代化手段操作

铁道通信信息有限责任公司南宁分公司

图为采用当前国际最新技术主网的程控室

图为铁通南宁分公司总经理杨启庆

铁道通信信息有限责任公司南宁分公司(简称铁通南宁分公司)是铁道通信有限责任公司的二级分公司，于2001年5月16日正式挂牌成立。铁通南宁分公司既是面向国内外市场的公众电信运营商，又是为大型企业和集团用户服务的专业运营商，向铁路和社会公众提供国内长途电话业务、本地电话业务、全国范围内传真、电报业务、公共数据传送业务、网络资源出租业务、全国性互联接入服务、互联网信息服务等增值电信业务、卫星通信业务、与通信信息业务相关的软件开发、技术咨询、系统集成业务和全面优质的服务。铁通固定电话月租南宁住宅18元/月，办公31.50元/月；话费率市内头3分钟0.18元，后每分钟0.09元，本地网0.45元/分钟（南宁-邕宁0.27/分钟），国内长途0.06元/6秒，国内长途提供优惠时段：22:00-次日7:00优惠5折。铁通南宁分公司成立伊始，不仅拥有体系完整、稳定可靠、技术先进、功能齐全、覆盖面广、调度指挥高度集中统一的通信网络，而且还拥有一支技术力量雄厚、服务经验丰富的电信运营管理维护队伍。今后，铁通南宁分公司将以集团化的方式，按照现代企业制度的要求，以市场为导向，努力为铁路、社会提供综合、便利的电信服务。同时，抓住机遇，发挥优势，加强合作，大力发展，以崭新的姿态为发展中国信息产业作出自己应有的贡献。

总经理：杨启庆
地　址：衡阳路32号
电　话：(0771)2222386
传　真：(0771)2228976
邮　编：530003

广西华海房地产公司创建于2000年9月，公司以房地产项目的开发与建设为主业，并对其他相关产业有所涉及。公司成立以来，一直以为老百姓建好房子为己任，全心全意打造南宁市精品楼盘。华海人以脚踏实地的精神，靠专业、靠管理、靠资金、靠诚信来实现企业的品牌战略及发展战略，企业生命力的脉搏强劲而清晰。

中国加入WTO后，房地产行业只有立足于品牌，才能在市场经济的大潮中站稳脚跟，谋得生存与发展。华海，谋定而后动，有为则大治，要做，就做最好的！这是华海人的豪言壮语！

华海，洗尽万物铅华，铸就人生瀚海！

公司地址：南宁市桃源路67号广西石油大厦13楼

电　话：(0771)5332838　邮　编：530021

传　真：(0771)5328938

世纪阳光·沁景苑
漫步阳光里 得意山水间
Sunshine
世纪阳光·沁景苑
建筑的规划与设计，是设计师的灵魂与创新！
工程的精雕与细琢，是开发商的承诺与实力！
策划的睿智与远见，是房地产的光荣与梦想！
秉承阳光的品质，
为你打造阳光的生活
项目地址：南宁市南湖区桂春路15号
置业热线：0771－5515930 5515960

南宁市房产业开发总公司

NAN NING SHI FANG CHAN YE KAI FA ZONG GONG SI

南宁市房产业开发总公司成立于1992年9月，隶属于南宁市人民政府，南宁市建设局领导的国家二级房地产开发企业。公司下设办公室、计财部、企业发展部、工程技术部、项目前期部、经营部等六个部门，控股子公司三家，干部员工200多人。

该公司秉着"以人为本"的经营理念，先后开发建设了永和解困小区、江滨花园、共和路168综合楼、望仙坡小区、新兴苑试点小区、新兴苑东区和竹溪南路等多个项目，完成开发投资3.9亿元，开发总面积28.36万平方米。开发层面由低到高，满足了不同消费阶层的需求，其中新兴苑小区为国家建设部第四批城市住宅试点小区。1998年11月建成后，通过了国家建设部综合验收。

公司总经理赖锡金（右三）陪同区、市领导视察新兴苑

十五期间，南宁市房产业开发总公司将投资开发新兴苑西区、新兴苑凤岭山庄、江南新兴苑等三个项目，将有力提高我市的经济发展和改善居住环境。

法人代表：赖锡金

地　　址：南宁市共和路168大厦9楼

电　　话：(0771)2616990　5336607

邮　　编：530012

董事长兼党委书记何维克

金光实业总公司创建于1955年，距首府南宁市60多公里，毗邻左、右江，南昆铁路、南百二级公路和邕隆公路从境内经过，这里楼房栉比，路通八方，蔗海滔滔，果缀山坡，一派生机勃勃的景象。

经过46年的艰苦创业，金光已发展成为一个以蔗糖为主，农林牧副渔五业并举，工农商运建综合经营的国家大型（二类）国有企业，2001年全公司拥有固定资产2.8亿元，公司员工四千多人，420名专业技术人员，土地面积15.7万亩，实现工农业总产值3.5亿元，实现利税3000万元，有年产20万吨的甘蔗原料基地，日处理甘蔗4500吨的制糖化工厂，年产机制糖6万吨，食用酒精5000吨，饲料2万吨，淀粉1万吨，取得ISO9002质量体系认证，公司建立了以首府为中心的销售网络，并在武汉建成一座住房、娱乐、餐饮、商务、旅游、办公融为一体的广西大厦，把广西农产品向中原省区进行全方位拓展。

公司多年来，紧跟时代步伐，大力开展产业结构的调整，在农业上以种植甘蔗为主，积极发展龙眼、柑橙、澳洲坚果等名优水果，形成亚洲最大的坚果生产基地，并引进了高科技的国外加工设备，1999年在中央、地方政府财政支持下，建立了5000亩广西金光农业科技示范园区，开辟高产高糖甘蔗、水产养殖、名优水果园、畜牧饲养、水利灌溉、大棚蔬菜等6个项目小区，投入1847万元，示范园的建成，对提高公司整体农业科技含量和辐射周边农村的农产品开发带来深远的意义，社会效益也很显著。公司还拥有广西较大的瘦肉型猪养殖基地和机械化养猪场，年出栏生猪5万多头。目前，公司还积极筹建3000头奶牛综合开发项目。工业方面，总公司以建立现代企业制度为契机，大力改革和整顿五小企业，以优质机制糖，食用酒精、全价饲料、淀粉等为主要产业，辅以复合肥、编织袋等产品。工业生产管理上，建立了ISO9002质量体系认证制度，科学地加强企业管理，制糖化工厂是总公司的骨干企业，经过20多年对设备的挖潜改造和技术革新，现日处理甘蔗量已达到4500吨，“三冠”牌白砂糖荣获全国亚硫酸法糖厂质量评比第2名，食用酒精荣获自治区优质食品奖，企业列

广西金光实

GUANG XI JIN GUANG SHI

开拓进取的总公司领导班子

从左到右依次为：陈世峰（副总经理）、王力刚（副总经理）、覃定春（副总经理）、黄元安（总经理）、何维克（董事长兼党委书记）、甘羽翔、黄文武（党委副书记）、王国佳（工会主席）

入中国500家最大食品制造业企业之一。成为农垦镶嵌在祖国南疆的一颗耀眼夺目的希望之星。

金光46年的跨越式发展，依靠上级政府的大力支持，几代金光人的努力拼搏，公司全体员工将在江总书记“三个代表”的重要思想指引下，大胆创新，开拓进取，把金光企业做大做强。

董事长兼党委书记：何维克

电　　话：(0771) 3355400

传　　真：(0771) 3355424

邮　　编：530042

公司网址：http://www.gxnk.com.cn

电子信箱：jinguomg@cn899.com

公司地址：南宁市永新区坛洛镇

武汉广西大厦电话：(027) 88873969

业总公司

YE ZONG GONG SI

广西

公司在武汉建成的广西大厦

武汉广西大厦大堂

GUANG XI JIN GUANG SHI YE ZONG GANG SI

金光实业总公司

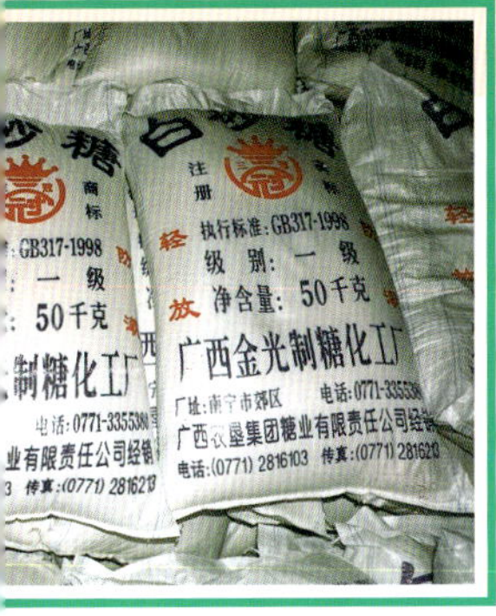

金光实业总公司的主要工业产品

金光实业总公司的主要农产品

三元杂瘦肉型良种猪群

2000多亩优质椪柑喜获丰收，远销外省

广西主要产区之一的瘦肉型猪生产基地

总公司引进新台糖16、22号良种蔗获得大面积丰收

东方明珠花园 ★★★★★ 景观豪

国际规划 尽善尽美

GUOJIGUIHUA
■WANMEIDIANFAN

东方明珠花园位于南宁的南湖埌东新区龙头位置，由两栋高层住宅楼半围合组成，总建筑面积69000平方米。自开盘以来，该楼盘给邕城楼市特别是高端市场带来了极大震撼，首府主要媒体更以“创下邕城楼市八项第一”来概括东方明珠花园的全面创新力度，该楼盘屡屡刷新全城楼市最高价格记录，一把火烧红了整个埌东板块。

12月21日，东方明珠花园不负众望，一举获得中国房地产豪宅类成功经营模式典范荣誉称号。这次评选是中国房地产行业历经二十年来第一次举办的规格最高、遴选最为严格、覆盖面最广（全国有三十多个省市参评）的一次全国性楼盘评比活动，由中国房地产业协会和中国房地产报两个国家重量级单位联合主办，极具权威性和真实性，东方明珠花园是广西唯一入选的湖景豪宅。

东方明珠花园在如此短的时间内创造了连地产同业都不愿相信的神话，奠定了邕城顶级豪宅的地位，人们不禁要问，东方明珠靠什么获得如此殊荣？

首先，采用板式平面布置是该楼盘最大创新。由于成本的因素，一般高层建筑大都采用点式或塔式平面布置，即使在楼盘价格高居全国首位的北京市，也仅在小高层中流行板式平面，东方明珠花园不惜少建数万平方米建筑面积，整个楼盘（包括31层的腾龙阁）均采用单元式的板式平面设计，一梯仅一至三户，每户前后均直接通风采光，这种超高层板式平面规划在广西属首家，在全国也极为罕见。该楼盘的另一大手笔是在南宁第一家重金聘请世界级的园林景观设计大师美国AAM工程公司担纲设计楼盘的中庭主题花园，深圳锦绣中华、广州奥林匹克花园、番禺丽江花园和昆明世博会广东馆均是AAM在国内的代表作品。该公司常务副总裁段咏新博士在考察了南宁楼市后说，东方明珠花园的中庭花园不是南宁市最大的，但它肯定是全市一流、漂亮的。

本广告图文仅供参考，实际以政府最后批准之文件和售楼合同为准
原载2001年12月30日南国早报25版

东方明珠花园祝全体准业

开发商：南宁市江宇房地产有限责任公司　园林景观：美国AAM工程公司(国际大

楼盘地址：南宁市埌东南湖桥头大转盘东南面

宅在邕城诞生

一线湖景 傲视邕城

YIXIANHUJING AOSHIYONGCHENG

南湖与青秀山之间的东方明珠花园，其位置可谓得天独厚，无论从哪个角度看，都是邕城最美最靓丽的风景，与南湖广场、国际大酒店、南湖大桥构成一幅极富时代特色的都市画卷。

登上东方明珠花园31层腾龙阁邕城最高的景观会所，可将邕城美景尽收眼底。傲视全城，看尽繁华，览尽 东湖光水色。仰头，天上云卷云舒，鸟逝鸟回；俯首，街上车水马龙，人如蚁聚。十里南湖，万亩青山，邕江一水若带。全城高尚有品味人士来此登楼观景，在此品茗谈心，抚琴听歌，乃人生大乐趣！

黄昏漫步在中庭花园，其乐融融的幸福的感觉暖暖地涌上心头，观亭台赏花草听虫鸣。步出小区，跳入眼帘的是碧波荡漾的南湖，清风徐来，湖波粼粼，与南湖大桥的民族路灯相辉映。而南湖广场的彩色音乐喷泉，时而激昂顿挫时而轻缓舒畅。夜景，流光异彩。回到家中，余犹未尽，透过巨大的落地玻璃窗，户户观景，窗窗如画。

东方明珠花园为您营造了一种居高临下、众览全城大气磅礴的景观，让您一生徜徉于风景中，开扬的尊贵生活，在繁华璀璨的东方明珠花园里得到见证。同时，也照亮了您光辉的前景。尊贵闪耀着生命中每一刻。繁华盛世，每天都在东方明珠花园里演绎......

程施工：广西建工集团(国家一级)　工程监理：广西大通建设工程监理公司(国家甲级)

电话：(0771)5514318　5514908　邮编:530022

南宁市第二十八中学

石映威校长

校领导研究发展规划

南宁市第二十八中学，是一所按一流标准建设的市属高完中。校园环境优美、设施齐全，现代气息浓郁。并且拥有市属学校少有的400米环形跑道标准运动场。规划中即将兴建的风雨操场、艺术馆、学生公寓将更为现代化教学锦上添花。

学校师资力量雄厚。现有教职工125人，具有高、中级职称的占教师总数的90%，其中获得市学科带头人、市教学骨干的有39人。荣获市级以上先进个人奖有79人次，获市级以上优质课奖37人次。

学校自创办以来，坚持“创名校、当名师；高起点、高追求、高效益”的办学宗旨，以“校风正、校园美、设施全、质量高、有特色”为办学目标，按照党的教育方针和育人为本、全面推进素质教育的新思路办学，从学生学习动力和学习习惯、学习风气的培养着手，注重非智力因素的开发，注重创新精神和实践能力，通过教育科研促进教学的创新，通过学校、家庭、社会相结合的教育营造良好的育人环境，不断提高教育教学质量。十年耕耘，换来了丰硕的果实。从1995年送出首届毕业生以来，二十八中在南宁市高中毕业班教学成绩评价中年年获奖，其中1996、1997、2000年三获一等奖。在“南宁市中学办学水平督导评估”中获得“优秀”，先后被评为南宁市“先进单位”、“文明单位”、“社会治安综合治理模范单位”、“精神文明建设先进单位”、“无毒学校”和自治区“贯彻体育卫生工作‘两个条例’优秀学校”。

现代化的教学技术装备

办学十年创辉煌

校　长：石映威
地　址：南宁市北湖路西三里36号
电　话：(0771) 3940487　3102362　3102487
邮　编：530001
文／图：石映威　李　高　莫文新　覃庆强　李秋艳

南宁银河有限责任公司

公司领导班子未雨绸缪，正在研究制定公司发展规划，展望企业未来。

南宁银河有限责任公司是以经营旅馆业、商品零售业、旅游业、餐饮业、照相业、美发美容业为主的国有控股企业。公司下设银河大酒店、银河商场、迎宾饭店、朝阳酒店、星华旅业分公司、照相摄影器材分公司、美发美容分公司、南宁市旅游社等八个分公司级经营机构，经营服务网点39个。

2001年，公司坚持以江泽民总书记“三个代表”的重要思想指导企业各项工作，不断深化企业改革，加强企业管理，坚持抓好服务（产品）创新工作，银河大酒店在2001年第二届中国美食节上，有8个菜肴夺得三个金奖五个银奖的辉煌成绩；迎宾饭店后勤部QC小组荣获“神龙富康杯”QC成果发布会二等奖，同时还荣获2001年“全国商业优秀质量管理小组”、“全国优秀质量管理小组”等称号；坚持适度投入，加快旧网点的改造步伐，全年在五个更新改造项目中共投入700多万元，建成了具有广西一流水平的照相、美发美容服务网点，购置魔术手富士350全数码激光彩扩机，提高了企业的硬件水平，促进服务（产品）质量的提高。

在新的一年里，公司将进一步深化企业改革完善规范公司制，加强企业管理，改善服务态度，提高服务质量，为社会各界群众提供更为周到、细致、亲切、完善的服务。

董事长：尹千红　电话：(0771) 2116636
总经理：梁有才　电话：(0771) 2116635
地　址：广西南宁市朝阳路84号
邮　编：530011

公司支柱三星级的银河大酒店外貌

XIAN ZE REN GONG SI

限责任公司

南宁银河有限责任公司

银河大酒店大堂

银河大酒店标准客房

银河大酒店多功能厅

新华摄影城（新华照相院）的富士 350 全数码激光彩扩机，技术先进、功能完备，扩印质量一流

银河商场是南宁市旅游局指定的旅游定点商场，以经营广西地方名优土特产品和越南名特优产品著称

老店新姿的新华美发美容中心宽敞明亮，服务技艺超群，在南宁市享有很高声誉

NAN NING YIN HE YOU XIAN ZE REN GONG S

董事长：陶伯强　总经理：何国卡

南宁鸿基

自应力混凝土输水管

水泥制品有限责任公司

HONG JI SHUI NI ZHI PIN YOU XIAN ZE REN GONG SI

南宁鸿基水泥制品有限责任公司于2000年8月由原南宁水泥制品总厂整体改制成立。原南宁水泥制品总厂于1964年建厂，是广西投产最早、生产规模最大、品种规格最全的水泥制品专业厂家。公司的主要产品有φ100～φ600自应力砼输水管，年生产能力200km；φ800～φ1400预应力砼输水管，年生产能力40km；φ300～φ3000钢筋砼排水管（包括顶推管、涵管），年生产能力100km；预应力砼电杆，年生产能力15万根；今年又成功开发高技术含量产品——预应力高强混凝土管桩（PHC桩），年生产能力30万米（II期工程完工后可达60万米），填补广西空白。产品先后荣获全国、自治区建材工业质量评比第一名、国家建材局部优产品、自治区名牌产品、自治区优质产品、自治区新产品优秀成果奖、市科技进步奖等。产品除畅销广西各市、地区外，还销往广东、海南、云南等地。

预应力高强混凝土管桩

双插口、耐腐蚀顶推管

预应力混凝土电杆

地　址：南宁市大学东路29号　电　话：(0771)3835981　3838754　传　真：(0771)3833884　3854370　邮　编：530001

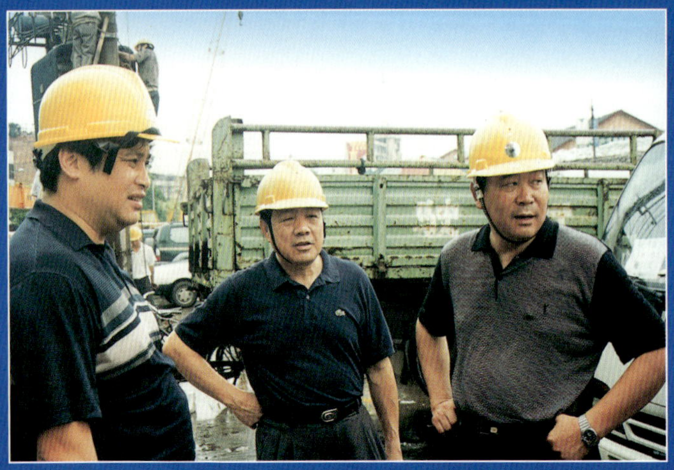

广西电力有限公司总经理赵建国（右）、副总经理林荣华（中）及南宁供电局局长庞准在 2001 年 7 月洪灾时在大坑口现场指挥抗洪

配电抢修中心优质高效服务深获用户好评

南宁供电局

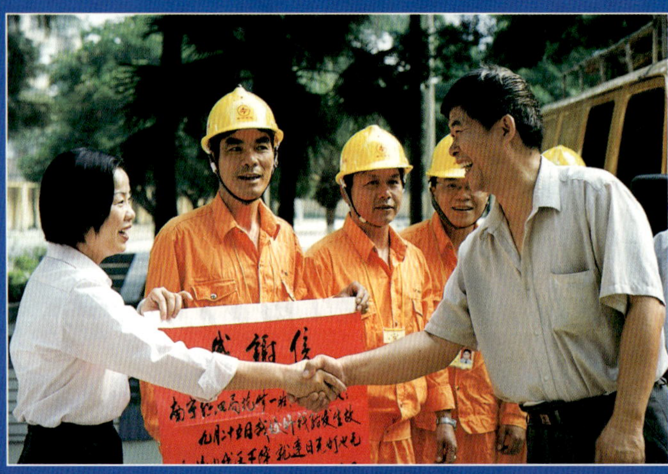

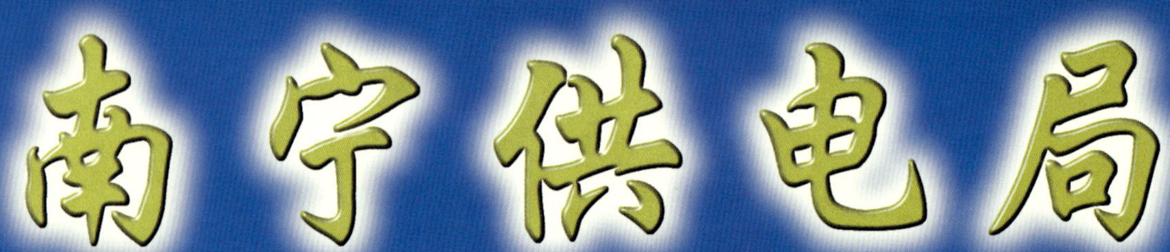

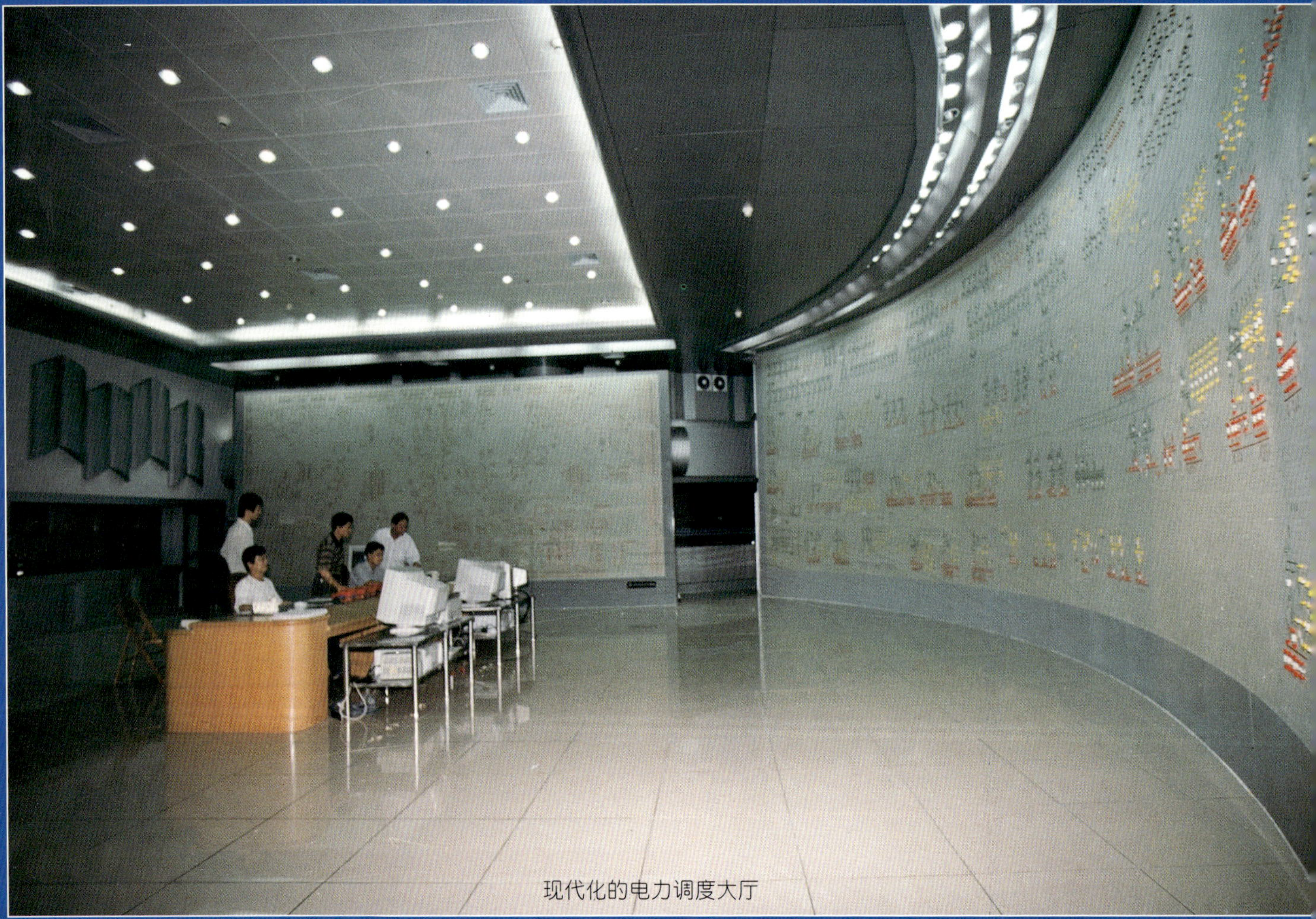

现代化的电力调度大厅

NAN NING GONG DIAN JU NAN NING

电力系统优质服务窗口——配电抢修中心

110kv 扶绥变电站技改工程施工现场

武鸣农网改造施工现场

城网改造施工现场

南宁供电局是广西电力有限公司所属国家大型一类供电企业，自治区文明单位，2000年继续保持了国家电力公司双文明单位，并获得了“广西电力有限公司一流供电企业”的称号。现有职工1382人，担负着南宁市和南宁、百色、河池等地区的26个县（市）供电任务，并对网区内13个县（市）供电企业进行代管，其中南宁市（不含市辖邕宁、武鸣两县）为直供，其余县（市）均以趸售方式供电。至2000年止，有220千伏变电站8座，110千伏变电站33座，35千伏变电站11座，主变容量3388.4兆伏安；500千伏线路一条，线路长94.90公里，220千伏线路15条，线路长度1025.51公里，110千伏线路56条，线路长度1637.777公里，35千伏线路19条，线路长度229.039公里，10千伏线路长度1691.04公里（其中地下电缆为175.59公里）。10千伏公用配电变压器571台，变压器容量为463.28兆伏安，共有开闭所20座。南宁市总用电客户4.2068万户，其中营业用户4206户，动力用户4651户，照明用户33211户。

2000年末全局固定资产原值25.519亿元；完成供电量81.33亿千瓦时，完成计划目标107.8%，比1999年增长15.85%，售电量完成77.88亿千瓦时，完成计划目标108.03%，比1999年增长16.02%，供售电量约占广西主电网的1/3；配电系统用户供电可靠率（RS3）为99.801%；电压合格率为（A类）为99.25%；线损率为4.24%；上缴电费195366.16万元，上缴增值税10399.71万元，是自治区及南宁市的纳税大户；2000年实现了2个百日安全生产长周期，年最高安全记录217天，没有发生特大、重大设备责任事故、生产人身死亡事故、大面积停电事故、重大火灾事故，连续三年获得广西电力有限公司安全生产劳动竞赛先进单位；出色完成南宁国际民歌节、中国第九届金鸡百花电影节等重大活动期间保供电任务，受到区、市的表彰。

我局在广西电力有限公司和南宁市政府的正确领导下，高举邓小平理论伟大旗帜，认真贯彻落实党的十五大、十五届五中全会精神，深入开展三讲教育，进一步深化企业内部改革，坚持“人民电业为人民”的宗旨，紧紧围绕创一流供电企业这一中心，坚持“安全第一，预防为主”的方针，扎扎实实地抓好安全生产和经营管理，加快城乡电网建设和改造步伐，积极开拓电力市场，大力开展供电优质服务和行业作风建设，全面推进两个文明建设，超额完成了国家下达的电力生产任务。

供电局调度大楼

地　址：南宁市江南路43号　　电　话：(0771) 4992222　　邮　编：530031

广大机关干部参加“党旗颂”歌咏比赛

①南宁市委书记李纪恒到兴宁区望州南社区调研
②兴安区四家班子研究东沟岭新区规划
③区委书记刘雄、区长李勤到三塘镇围村调研
④区委书记刘雄、区长李勤深入社区进行调研
⑤社区居民积极参加社区居委会改选民主投票

南宁市文明大道——兴宁区朝阳路

区委书记：刘　雄

区长：李　勤

南宁市兴宁区

兴宁区位于广西首府南宁市中心，行政区域原面积7.2平方公里，常住人口12万。2001年12月，南宁市部分区划调整后，兴宁辖区面积增加到253平方公里，人口增至17万，辖朝阳、民生2个街道办事处，安吉、三塘2个镇，设社区居委会29个，村委会17个。2001年实现国内生产总值5亿元，第二产业增加值1.09亿元，第三产业增加值4亿元；社会消费品零售总额3.9亿元，财政总收入1.867亿元，地方财政收入1.22亿元。

改造开发东沟岭，拓宽发展空间　抓住中央实施西部大开发战略的机遇，因地制宜，提出"改造开发东沟岭，再创兴宁新辉煌"的工作思路，2001年6月，市政府正式批准由兴宁区做为业主，开发建设东沟岭。兴宁区按照统一领导，统一规划，统一开发的原则，将改造开发与东沟岭综合整治、旧城改造、经济结构调整相结合，在东以建设中的厢竹路转南梧二级公路为界，西以望州路、邕武路为界，南以规划中的衡阳东路延长线为界，北以外环高速公路为界14.12平方公里的东沟岭范围内，规划了生态园林区、物流（配送）中心园区、居民住宅区、行政办公区工业园区等功能区，并通过了最终评审。东沟岭将成为兴宁区一个新的经济增长点。

第三产业迅速发展，招商引资硕果累累　兴宁区是南宁市"城中城"。依托得天独厚的区位优势，大力发展以商贸流通、餐饮旅游、专卖一条街为重点的第三产业。由市政府投资改建而成的民生路、兴宁路商业步行街，以其休闲、旅游、购物的良好功能和独特的南国街景吸引海内外游客光顾，成为新的经济增长点。通过制订出台《兴宁区招商引资奖励办法》，营造良好的投资环境，广迎四海商贸，引进了"女人世界"、"新民生商场"、洪源麦高公司等实力雄厚企业，全年引进内资项目31个，合同投资人民币3013万元，外资项目6个，实际利用外资250万美元，引进项目为五城区之首。

大力推进信息化建设　为尽快适应中国加入WTO新形势发展的需要，投入200多万元完成了城区机关网络系统建设，建立了信息平台，科技项目库，招商项目库，每个工作部门均设有一个以上信息工作站。通过举办电脑应用技术和电子商务培训，机关工作人员和企业领导掌握先进信息技术的能力不断提高。

区委书记：刘　雄
区　　长：李　勤
地　　址：南宁市解放路54号
电　　话：(0771)2622774
邮　　编：530012

南宁市永新区

永新区位于南宁市西北部，行政区划调整前，只辖新阳、华强两个街道办事处，29个居委会，1个管委会，77条街巷，辖区面积5.55平方公里，常住人口12万人，是市五个城区中面积最小，人口最少的城区。2001年底，撤销郊区后，把原属郊区管辖的江西镇、坛洛镇、石埠镇、富庶乡，上尧乡划归永新区，辖区面积增至752平方公里，人口增至27.89万，成为全市城区面积最大，人口占第二位的大区。永新区本来就有全市交通枢纽、商业流通中心，重要的食品、机械、化工、轻工业基地，招商引资，发展第二、三产业的理想基地，旧城改造的重要城区的诸多优势，现在又增加幅员辽阔的粮食、甘蔗、香蕉、蔬菜、水果等重要生产基地，使城区"扩大"地位更突出，影响更大了。1995年以来，在市委、市

市委书记李纪恒（右三）、市长林国强（右五）在永新区区委书记肖莺子、区长肖志钢陪同下视察邕江防洪大堤堤路园工程。

市委书记李纪恒（右三）、市长林国强（左四）在永新区四家班子的陪同下深入社区检查工作。

政府的正确领导下，城区班子领导齐心协力，以经济建设为中心，使城区经济各项指标稳步增长（一些干道已建设成为特色专业街。如华西、华强路小商品批发一条街、人民西路装饰材料一条街、广肉类冷冻批发市场、旅游商品市场、木夹板批发市场、南宁灯饰城等）为城区经济发展增添了生机与活力。

2001年，城区国内生产总值3.08亿元，第二产业增加值1.02亿元，第三产业增加值2.06万元，社会消费品零售总额3.06亿元，固定资产投资2651万元，实际利用外资252万美元，全年财政总收入7288万元，拥有企业总数3498家（户），其中个体工商户2551

永新区四家班子领导深入到辖区三镇一乡检察工作

区长肖志钢到坛洛乡检察甘蔗种植情况

户，私营企业419家，城区直属企业528个。

在经济建设稳定发展的同时，永新区委、区政府以邓小平理论和江泽民“三个代表”为思想指导，狠抓精神文明建设与民主法制建设，使社会各项事业取得显著成绩。5年来，先后荣获自治区、南宁市各类科技奖92项；城区适龄儿童入学率、小学巩固率、普及率均达100%；几年来没有发生过一起重(特)大刑事治安案件，城区居民对社会治安综合治理工作的满意率达95%；2001年荣获自治区双拥先进城区和全国婚育新风进万家先进城区光荣称号。

永新区开展丰富多彩的文体活动

永新区区景

永新区风光

永新区美丽风光

区委书记：肖莺子
区　　长：肖志钢
地　　址：南宁市人民西路27号
电　　话：(0771)2810747
邮　　编：530012

公司领导在研究广西移动”十五“发展规划。
甘悦才(中)公司党组书记、董事长、总经理。
郭　亮(右二)公司党组成员、董事、副总经理
顾　雄(左二)公司党组成员、董事、副总经理
汪　凯(右一)公司党组成员、董事、副总经理
陈福海(左一)公司党组成员、董事、纪检组组长
工会主席。

广西移动通信有

公司简介 GONGSIJIANJIE

1999年7月26日，广西移动通信公司挂牌成立，开始独立经营原中国电信在广西境内的所有移动通信业务，隶属于中国移动通信集团公司。2000年8月3日，广西移动通信有限责任公司办理工商登记注册成立。2000年11月10日，正式被中国移动（香港）有限公司收购，同时在香港和纽约上市，成为全球第二大上市移动通信公司的一员，开始接受国际资本市场的监管，公司的性质和运行模式发生了深刻的变化。

公司目前下设南宁、柳州、桂林、梧州、北海、玉林、河池、百色8个地市分公司及业务所辖的贵港、钦州、防城港、贺州分公司和武鸣等78个县市分公司。

目前，广西移动通信有限责任公司经营的业务品牌有“全球通”、“神州行”。服务项目除了提供基本通话服务及主叫号码显示、呼叫转移等多项增值服务外，还推出了移动IP电话、短消息、移动秘书、信息点播、全球呼、WAP上网等多种新业务及1860/1861免费咨询电话。为满足客户对移动通信的个性化需求，广西移动目前正组建推出“移动梦网”，为用户提供手机银行、手机彩票、手机炒股、短消息广告、移动ICQ、短讯E-mail、互联网信息点播、定位信息、铃声下载等服务。

广西移动的网络信号覆盖了全区所有的地、市、县和绝大部分乡镇，实现了与全国31个省市的所有大中城市及大部分乡镇的联网；与70个国家和地区的130多个移动通信运营商开通了自动漫游业务，国际漫游通达五大洲。目前，广西移动的用户总数达200多万户，是广西最大的移动通信运营企业。

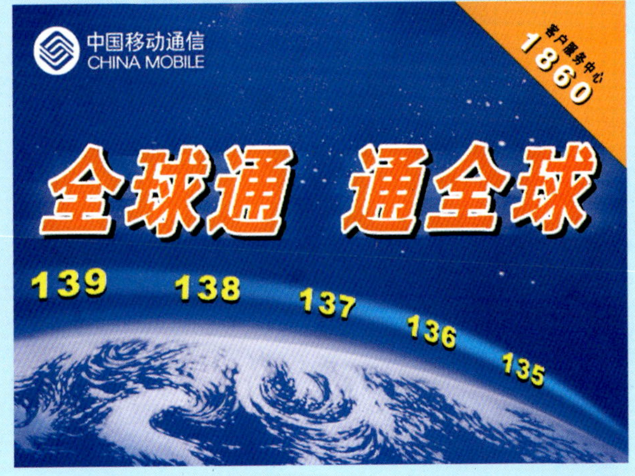

全球通具备了GSM网络的所有优点，信号覆盖广，语音质量高，国内国际自动漫游等。

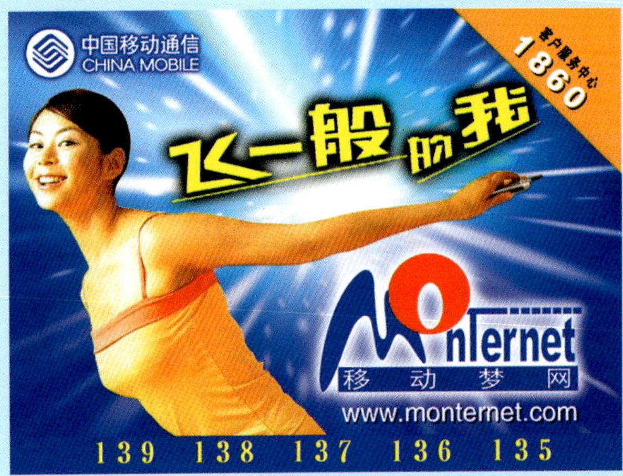

移动梦网——无线数据增值业务的全国统一品牌，提供更及时，丰富，多元和个性化的信息服务。

限责任公司

广西移动网络信号覆盖了全区绝大部分乡镇。

干净、整洁、舒适的营业厅。

技术人员正在进行网络工程测试。

广西移动通信有限责任公司

地址：南宁市民族大道92号

电话：(0771)5513688　　传真：(0771)5513366

邮编：530022

肩负防洪重任

南宁市邕江防洪

自治区及南宁市领导在视察我市防洪工作，大堤管理处林荣主任作情况介绍。左起：南宁市市长林国强、堤管处主任林荣、自治区副主席黄汉明、区计委主任杨道喜、市委书记李纪恒、区水利厅厅长李里宁。

防洪工程建设领导小组在召开工程会议

南宁市邕江大堤始建于1972年，至2001年底，共建成防洪堤41.41km，其中50年一遇防洪标准堤长5.74km，20年一遇堤长35.67km；建成排涝泵站13座，装机容量9398kw/60台，抽排流量为79.4m³/s；建成防洪闸22座，交通闸56座，穿堤管116条。1972-2001年邕江大堤的建设资金投入为4.6亿元，大堤建成后成功抵御了30多场洪水，使南宁市累计避免直接经济损失141亿元，防洪效益十分显著。

南宁市邕江防洪大堤修建管理处主要负责邕江大堤及防洪设施的修建、维护和管理。近年来，在市委市政府的高度重视下，南宁市加大了防洪设施的投入，大堤管理处作为建设单位利用中央国债和地方配套资金，基本完成了西园堤0.84km、白沙堤一、二期3.15km、江北东堤3.75km、亭子泵站3080kw的新建和扩建，进一步提高了南宁市的抗洪能力。同时，大堤管理处加强管理，严格做好已建堤防的维护，保证防洪设施的正常运行。

2001年7月8日，南宁市发生了自1937年以来的最大洪水，大坑口水位达77.42m，堤管处全体干部职工在南宁市抗洪指挥部的直接领导下，紧急动员，全力以赴，在7月3日一15日间；共出动抗洪排涝人员14792人次，车辆1365台次，累计抽水8252万m³，抽水量占全市98%；派出专业技术人员指导城（郊）区修筑子堤10.6km，查明险情112处，应急处理堤身渗漏、管涌、崩塌20多处。在全市党、政、军、民和大堤管理处的团结奋斗下，南宁市终于战胜洪魔，取得了抗洪斗争的全面胜利。

法人代表：林　荣
地　　址：南宁市河堤路83号
电　　话：(0771)5327035
邮政编码：530021

确保一方平安

大堤修建管理处

新建成的江南白沙堤段

“2001.7.8”大洪期间，堤管处主任林荣、副主任陆海星到石埠防洪闸检查水毁情况。

位于河堤路83号的防洪中心大楼

南宁荷花

董事长 陈 尧

南宁荷花味精有限公司由原南宁市味精厂改制而成，于2001年元月19日挂牌成立，从此结束了四十五年国营（国有）企业的历史使命，跨入了股份制民营企业的行列。

改制一年里，公司对企业内部进行了一系列广泛深入的改造。首先是彻底铲除“打阿爷工”思想，真正地树立职工与企业生死与共的观念；其次是在人事、劳动、分配制度上进行“伤筋动骨”的改革，彻底打破了大锅饭，初步建立起一套适应市场环境的人事和分配制度；第三，对技术工艺和设备能力进行了大规模的改造，建造了目前中国味精行业最大的40吨结晶罐并且一炮打响，该罐的成功建成，标志着我公司的生产规模又上了一个新台阶，解决了长期以来困绕我们的“发大结小”的难题，使原有的15000吨生产能力提高到20000吨以上。第四，进行污水第二期治理工程。与桂林工学院合作进行了HCR环保项目使工业污水达到了国家规定的排放标准，在行业中率先解决了味精生产环保治理的世界难题，从而使荷花味精在市场竞争中又增加了一个至关重要的制胜筹码。与此同时，从人、财、物到经济运行的模式都进行了“质”的改革，使之更贴近了市场，节约了生产成本，增强了提高经济效益的后劲。

一年来，南宁荷花味精有限公司继承和发扬了南宁市味精厂的优良传统，摒弃了不适应社会主义市场经济的痼疾，牢牢地占

污水处理池

法人代表：陈 尧
地 址：南宁市北湖北路2号
电 话：0771-3313856 3311318 3311618
邮 编：530001

具有年产6000吨中、高档酱油生产能力的标准发酵池

味精有限公司

据着原有的“荷花”市场，以其独特的魅力赢得消费者的倾睐。我们连续十三年荣获“消费者信得过企业”、“重合同守信用企业”及“银企协作好单位”，保持了广西名牌产品和中国最佳名牌味精的荣誉称号。美味一族——荷花系列调味品至今仍保持着广西调味品龙头老大的地位。

新包装

美味一族

新包装
荷花牌
国际营养型高级调味品
鸡精
南宁荷花味精有限公司

荷花
金标生抽
南宁市荷花酱油厂出品

极生鲜抽

LOTUS BRAND
荷花酱油王
SUPERIOR SOY SAUCE

黄皮酱

消费者信得过产品
荷花
味精
WEIJING
净含量：200克
南宁荷花味精有限公司

消费者信得过产品
荷花
纯味精
WEIJING
净含量：50克
南宁荷花味精有限公司

南宁
COMPAQ
创文明城市
做文明市民
建设首府

市江南区

区委书记李克民、吴炜区长到企业指导工作

区委李克民书记陪同市委黄汉明副书记视察辖区大型企业——富丰集团

吴炜区长陪同港、澳商务考察团到华联超市江南店了解情况

市委李纪恒书记到江南区指导工作

江南区座落于横贯南宁市的邕江南岸，原郊区亭子乡、那洪镇、沙井镇划归后，总面积195平方公里，常住人口19.12万。

江南区是南宁市的主要工业区，大中型企业遍布辖区内，在企业转轨改制的过程中，有一批闲置的厂房、设备和土地等待开发和再利用，几年来该区积极探索发展经济新途径，通过加大招商引资的力度，引凤筑巢热心为落户江南的企业提供全方位服务，现已有北京、上海、广东、福建、四川、辽宁、内蒙古等地的商家和民营企业到江南拓展业务。城区内城市建设成绩显著，特别是市政府决定要把邕江两岸一百米宽的地带建成城市亮丽的风景线，成为观光、休闲的胜地，成为中国绿城南宁的象征后。江南区抓住这一机遇，在开发世界文化娱乐城的基础上，加大开发力度，又在邕江一桥南岸建设占地8万多平方米的江南广场。不久的将来，江南区将成为集商贸、旅游、娱乐休闲为一体的又一中心区。

2001年，江南区政府以邓小平理论为指导，努力实践江泽民同志“三个代表”重要思想、团结拼搏、锐意进取，较好地完成了全年各项工作任务，完成国内生产总值（未含原郊区亭子乡、那洪镇、沙井镇）3.72亿元，完成年计划的103.33%，增长11.91%；实际利用外资270万美元，完成年计划108%，增长33.66%；财政总收入0.64亿元，完成年计划129.76%，增长49.18%；其中地方财政收入0.44亿元，完成年计划136.4%，增长57.99%。

区委书记：李克民
区　　长：吴　炜
地　　址：南宁市福建路16号
电　　话：(0771)4826077
邮　　编：530031

中国农业发展银

中国农业发展银行广西壮族自治区分行成立于1994年底，是广西成立早、机构最健全的国家政策性银行，目前拥有营业机构和管理机构71家，员工1500多人。自成立以来，该行始终坚持国家产业政策和区域发展政策，提供农业政策性金融服务，为确保粮食安全和壮乡经济发展作出了应有贡献。农发行作为农业政策性银行，业务范围随着国家产业政策的调整而不断调整。目前农发行广西分行的主要业务是按照国家信贷政策，为国有粮食购销企业提供保护价和非保护价粮食的购、销、调、存贷款，同时对收购资金实行封闭管理。

2001年，农发行广西分行认真贯彻落实江总书记“三个代表”重要思想，继续坚持收购资金封闭管理中心不动摇，全面加强内部管理，深化内部改革，适应粮食流通体制改革的需要，调整工作思路，坚持从严监管、改善服务、区别对待、分类指导的原则，坚决执行国家粮食购销政策，积极主动地把信贷管理渗透到企业经营活动的全过程，不断完善措施，规范管理，收购资金封闭管理成果得到进一步巩固。据统计，全年共发放粮油收购、调销、储备贷款156778万元，支持国有粮食购销企业购进粮食126021万公斤（原粮，下同）、油脂513万公斤。同时，提供信息和结算服务，促进企业快销多销，全区国有粮食购销企业共销售粮食201078万公斤，实现销售收入209961万元，经营状况进一步改善。同时收购资金封闭管理各项考核指标全面完成：全年新发放收购贷款与新增粮油价值比率达100%，粮油贷款收回率达102.23%，信贷资金运用率达97.65%，贷款利息收回率达103.26%、不合理占用贷款下降率为15.99%，不良贷款比年初下降1亿元，贷款质量不断提高，收购资金封闭管理成果得到进一步巩固。

分行党委书记、行长李熙中

李熙中行长（中）陪同总行领导检查广西分行工作

行广西区分行

夏粮收购期间 李熙中行长（左二）深入国有粮食购销企业了解资金供应及粮食入库情况

加快电子化建设，目前广西分行已实现无纸化办公

员工在信贷管理软件培训班上进行电脑操作

法人代表：李熙中
地　　址：南宁市民族大道96号
电　　话：(0771)5511011-6808
邮　　编：530022

刘政豪副书记（左三）、陈瑞贤副市长（左二）视察朝阳路景观亮化工程

南宁市房产管理局是南宁市人民政府主管房地产工作的职能部门，其主要职责是：根据国家有关法律、法规和政策的规定，拟定房地产地方性法规和行政规章，并依法查处房地产领域的各种违章行为、主管房屋产权、产籍管理工作，确认房屋权属、颁发房屋所有权证；主管城市国有土地使用权有偿转让、抵押、出租等二、三级市场；主管房地产市场交易管理；指导直管公房经营管理工作，制定住宅建设发展规划；主管全市的物业管理、负责物业管理公司的资质审查、登记；主管房屋安全鉴定工作，对危房管理、房屋修缮和白蚁防治进行监督指导；负责落实私房改造遗留问题。全系统共有下属单位13个，干部职工802人。二00一年，市房产局全

市房产管理局

三级人大代表视察龙腾、翔云片区危旧直管公房

三坊街旧城改造工程奠基

体干部职工在市委、市政府的正确领导下。团结一致，奋力拼搏，卓有成效地开展各项工作，取得了物质文明和精神文明建设的双丰收，其中完成搬迁安置危旧直管公房住户801kyne ；新建商品房小区物业管理覆盖面积达100%，旧商品房达20%；发放《房屋所有权证》35538本（其中房改发证17173本）完成二手房转移登记2830宗，建筑面积33.1万平方米；全年完成固定资产投资7620万元；全年完成直管公房维修大修工程94项，产值193.53万元；其它如白蚁防治、安全鉴定、执法监察、朝阳路景观亮化（光明）工程等项工作也取得较好的成绩，我市的房产管理水平进一步得到提高。

三坊街旧城改造项目开工奠基典礼

局长：周志波
地址：南宁市园湖北路11-6号
电话：(0771)5656818
邮编：530023

南宁市水利局

市水利局领导班子成员，左起：副局长黄瑞华，副书记黄国顺，书记、局长蒙天森，副局长王力加，副局长叶盛

领导干部和技术人员在勘察水利工程

南宁市水利局广大干部职工发扬伟大的抗洪精神，励精图治，团结拼搏，求实创新，无私奉献，圆满地完成了制定的各项工作目标，在新的起点上，有了新的发展、新的突破，取得了可喜的成绩。

一是邕江堤防建设取得新突破。全年共完成投资10716万元。

二是防汛抗洪斗争取得重大胜利。加强水文测报，科学调度，严密防守，战胜了"7.8"特大的洪涝灾害。

三是农田水利建设得到稳步发展。全年共完成投资3011.75万元。加强了冬春水利的组织和督促指导，改善农田水利的基础设施建设。全市累计投入劳动积累工967.09万个，完成土石方208.26万立方米。全年发展节水灌溉面积40万亩，使全市节水灌溉工程面积达到215万亩。全年共有21座病险小水库通过除险加固基本上摘掉了"险库"的帽子。

四是水利管理工作得到进一步加强。全面部署了开展"五好"达标的活动，通过宣传发动，制定切实可行的达标实施方案。同时，加快了全市水政监察规范化建设；加大了水行政执法力度，依法调处水事纠纷，依法办理行政复议案件，维护社会稳定。

五是水利经济有了新的提高。充分利用水土资源的优势，以乡镇供水为龙头，大力发展多种经营，采用内引外联、股份合作、租赁、承包等经营形式，促进了水利经济的发展。创造了水利经济总收入达10300万元，同比增收310万元。

2002年，南宁市水利局按照"三个代表"的要求，围绕"一个中心"，突出"两个重点"，加强"三个基础"，推进"四项改革"，加快"五个建设"，提高"六种能力"，进一步加大"体制创新、技术创新、制度创新"的力度，实行对水资源进行合理开发、高效利用、优化配置、全面节约、有效保护和综合治理，以水利信息化的快速发展促进水利现代化的进程，以水资源的可持续利用支持我市经济的可持续发展。

天雹水库

老虎岭水库供水厂的净化设施

新建的高标准堤防牢牢地锁住洪魔

加固后的那文水库大坝

新建的防渗渠道在通水灌溉

青龙岗电灌站

法人代表：蒙天森
地　址：南宁市友爱北路36号
电　话：(0771)3102968
邮　编：530001

"7·8"邕江最高洪水位时市区堤防内外的情景

广西鑫叶

广西鑫叶彩印包装有限公司是广西区烟草公司、南宁烟草有限责任公司、南宁卷烟厂、柳州卷烟厂、钟山卷烟厂、富川卷烟厂和香港大卫·刘影业公司、香港新丰亚洲发展有限公司在南宁合资兴办的包装装潢印刷企业，总投资人民币4960万元，固定资产原值5190万元，拥有国外先进的意大利六色凹印机，英国横切机，德国海得堡、罗兰胶印机，国内一流的烫金、模切、裁切生产设备以及一流的激光全息防伪生产线，是广西装潢实力最雄厚、设备最先进的大型彩印公司，也是广西防伪商标生产能力最强的印刷企业。

公司自开业以来，生产发展，技术不断更新，生产经营不断呈现良好的发展态势，为广西的经济建设特别是南宁市的经济建设作出了积极的贡献，先后被区、市分别授予为“广西优秀科技型企业”、“南宁市先进外商投资企业”、“广西先进技术企业”、“广西百家模范纳税户”、“南宁市新建企业双爱双评活动先进单位”和“广西经济效益先进企业”；1998年获南宁市劳动竞赛银杯奖；1999年和2000年连续获南宁市劳动竞赛金杯奖。

地址：南宁市明秀西路162-1号
邮编：530003
电话：(0771)3171291
传真：(0771)3172783

别具一格的公司大门

彩色包装有限公司

意大利六色凹印机

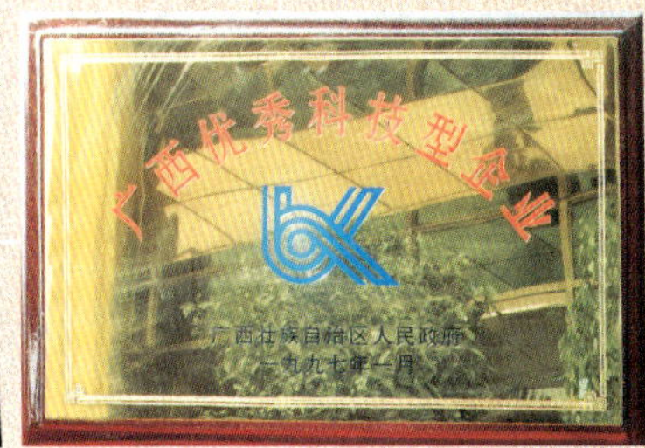

英国横切机

中国联通
CHINA UNICOM

中国联通南宁分公司综合大楼

南宁分公司

中国联通南宁分公司成立于2000年12月18日，它是由广西国信通信南宁分公司与中国联通广西分公司南宁分部全面融合后组成的国有股份制企业。公司现有企业聘用员工268人，服务联通的劳务人员459人，共设有10个部门，其中业务部门四个，即：移动通信业务部、无线寻呼事业部、数据与固定通信业务部、基础网络部；职能部门六个，即：综合部、人力资源部、财务部、运行维护与互联互通部、市场营销部、客户服务中心。公司下辖南宁地区十四个县（市）经营部，主要经营130移动电话、126/127、191/192、198/199寻呼机

区通信管理局领导到中国联通南宁分公司检查指导工作，图为在1001机房检查时的情景

联通广西分公司领导到南宁分公司听取工作汇报

17910/17911IP电话、193长途电话、165互联网业务等，是南宁市唯一经营综合性电信业务和增值业务的通信企业。一年来，公司以大力发展移动通信、稳住寻呼网上用户为重点，以长途通信和数据通信为突破口，以加快网络建设、扩大网络覆盖为中心，取得了业务上跨越式发展，目前已拥有寻呼用户40多万、130用户13万。

我们将继续坚持技术领先，客户至上的经营宗旨，本着求实、创新、真诚的服务理念，不断充实服务内容，拓宽服务范围，竭诚为广大用户提供快捷、方便、全方位的通信服务。

联通寻呼126台被信息产业部和团中央授予“全国青年文明号”称号

南宁联通员工踊跃参加义务捐血

单位负责人：潘　军
地　　址：南宁市东葛路6-1号
电　　话：(0771)2621818
邮　　编：530022

珍惜生命

2001年，市禁毒办认真贯彻落实全国、全区禁毒工作会议精神，以扫除毒害，建设文明为已任，以降低复吸率、控制新吸毒人员滋生为目标，广泛发动群众，深入开展创建“无毒社区”活动，全力开创禁毒工作新局面，取得了卓有成效的成绩。

一是在全市中小学广泛开展毒员预防教育，如组织“百场禁毒电影巡回演”活动；举行“情暖涉毒青少年——广西禁毒青年志愿者结对帮教活动”仪式；开展纪念“六·二六”国际禁毒日宣传活动；慰问戒毒瘾青少年活动等，通过多种多样的禁毒宣传，全市禁毒宣传覆盖面已达98%以上。

二是重点治毒，全年共破重特大贩毒案81起，一般贩毒案153起，依

区、市团委、禁毒办和区直团委联合举行“情暖涉毒青少年——广西禁毒志愿者结对帮教活动”仪式

市召开创建“无毒社区”重点整治工作现场纪念交流会

南宁市禁毒委员会

拒绝毒品

6.26青年志愿者签字仪式

法逮捕贩毒犯罪嫌疑人276人，分别完成区公安厅下达三项任务指标的1157%、139%和166.9%；破获一般非法搞毒案1517起，和两批海洛因，摇头丸、鸦片，毒资197.5万元；有效遏制了贩毒活动动的蔓延。

三是依法对吸毒人员实施强制戒毒，抢救了一批吸毒者。

四是强化重点公共娱乐场所管理，以县区为单位，分别与业主签订《南宁市公共娱乐场所禁毒工作责任状》，加强监控，有力地打击了贩毒违法犯罪活动；

五是创建“无毒社区”，一年共创154个，到年底全市共创“无毒社区”155个，应创率达85.2%，创原工作迈上了新台阶。

在全市广泛开展毒品预防教育

法人代表：谢伊奇
地　　址：市茶花园路5-1号
电　　话：(0771)5855998
邮　　编：530022

办 公 室（南宁市公安局缉毒支队）

广西南宁凤

GUANG XI NAN NING FENG

总经理段小敏和党委书记戴建军陪同越南副总理参观DCS控制室

董事长王平（右三）及公司领
林市长在办公大楼前亲切交谈工作

广西南宁凤凰纸业有限公司是国有股份有限责任公司，注册资本金为4.2亿元，两家股东分别是南宁市高新技术开发投资公司和广西开发投资有限责任公司。公司项目一期工程概算总投资18.756亿元，年生产10万吨全漂白硫酸盐商品木浆。生产工艺设备采用芬兰KONEWOOD的圆筒剥皮机、削片机，瑞典KANYR等温连续蒸煮及扩散洗涤，芬兰AHLSTRON三段压力筛、氧脱木素、C/D-E/O-D1-D2四段漂，加拿大STERLING R8法制备二氧化氯，瑞典CELLEO、HEDENORA除砂罐除砂、FLAKT气垫干燥，VALMET大打包机等先进工艺设备。

生产工艺采用芬兰VALMET的DCS集散控制系统进行自动监控，同时正在建立ISO9002质量保证体系，使产品质量达到国内领先水平，接近国际同类产品。

FLAKT气垫干燥机

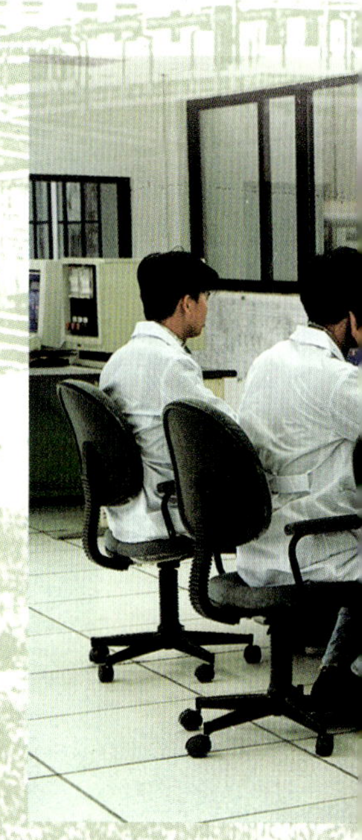

凰纸业有限公司

HUANG ZHI YE YOU XIAN GONG SI

总经理段小敏（右一）带领有关人员在原木场检查原木质量

采用马尾松、桉树、相思树生产“金凤”牌针、阔叶木浆，具有高白度、高强度、纤维长、撕裂度大、透气度好、吸收性好及成纸均度、平滑度高的特点。适合抄造高级书写印刷纸、生活用纸、高级铜板纸等。其产品不仅销往国内二十几个省市，而且还出口到越南和韩国。

凤凰纸业项目一期工程于1994年12月16日正式开工，1999年9月28日试产成功。2000年生产漂白浆板6.23万吨，销售产品6.24万吨，产销率和货款回笼率均达100%。2001年上半年生产浆板44550.68吨，全年超额完成浆板8万吨生产任务。目前，二期工程正在筹划当中。

董事长：王平
总经理：段小敏
党委书记：戴建军
邮编：530031
地址：广西南宁市江南路158号
电话：(0771)4590229　4590255
传真：(0771)4516683
http://www.phoenix-paper.com
E-mail:nppc@gxsti.net.cn

DCS控制室

公司生产区全貌

广西壮族

中

CHINA POST

广西区邮政局领导班子；左起副局长樊兆吉，党组书记、局长鲁禄斌，副局长韦胜光，工会主席陈世钊。

1998年12月28日，广西壮族自治区邮政局正式成立。广西邮政独立运行三年来，面对邮电分营初期亏损4.2亿元和市场激烈竞争的严峻局面，局党组、局领导班子解放思想，团结奋进，认真实践“察实情、说实话、鼓实劲、办实事、图实效”，结合广西邮政实际，制定和坚持“以企业扭亏为重点，以增收增效为中心，以财务管理为核心，全面强化基础管理”的一系列工作思路和经营策略，求真务实，锐意改革，团结全区1.3万多邮政员工奋力拼搏，扎实工作，企业一年一个新发展，效益一年一步新提高，全面完成了各项工作任务。近三年，是广西邮政发展最快、变化最大、实现历史性跨越的三年，是邮政各级领导恪尽职守，励精图治，促进全面发展的三年。

邮政业务快速发展。邮政业务收入三年累计净增6.57亿元，平均增长15.4%。2001年邮政储蓄、报刊发行、函件、集邮、速递业务等均取得较快发展，实现了三年扭亏目标。

通信能力明显增强。三年来，共完成邮政固定资产投资8.1亿元，南宁邮政第二枢

国家邮政局副局长马军胜（左一）视察广西邮政工作。图为在听区邮政局领导汇报工作。

1999年8月3日，广西与越南谅山地方自办汽车邮路开通运营。图为广西凭祥市国际邮件交换站。

自治区邮政局

全区邮政综合计算机网省中心和邮政储蓄“绿卡”网省中心建成。图为局领导检查验收。

纽土建工程和12个地市邮政局、39个县市邮政局及15个边境邮政局(所)建设竣工投入使用，建筑面积达32.98万平方米。邮政综合计算机网广域网、局域网和新改造的邮政绿卡省中心建成运行并与全国联网，邮政科技含量得到较大提高。

服务工作不断改善。全区邮政部门广泛深入开展“树邮政新风，创优质服务”活动，邮政服务质量稳步提高。三年间，据向全区寄发用户意见征询函调查，用户满意度分别为85.88分、86.30分和89.05分；2001年自治区对全区10个行业行风评议问卷调查，邮政系统服务满意度在当地10个行业中均名列前茅。

经济效益逐年提高。全区邮政收支差额三年共减亏4.2亿元；净资产收益率三年提高24.6个百分点；资产负债率三年共下降10.9个百分点；成本费用利润率三年提高45.7个百分点；在岗职工劳动生产率2001年比1998年增长81.5%。

2002年1月10日至11日，全区邮政工作会议在首府南宁召开，总结2001年和全区邮政三年实现扭亏的工作。自治区党委副书记、常务副主席王万宾(左三)、国家邮政局副局长谭小为(右三)等领导参加会议并作重要讲话。

法人代表：鲁禄斌
地　　址：广西南宁市民主路35号
电　　话：(0771)2806501
邮　　编：530015

被共青团中央、邮电部授予全国“青年文明号”称号的桂林市中山南路邮政营业厅，热情迎接的第一位邮政业务用户的到来。

广西区邮政局综合办公楼。

南宁市交通局是市政府负责交通管理的职能部门，主要履行交通基础设施建设，部分交通规费征收，公路行政、道路运输行政、水路运输行政以及乡镇运输船舶安全管理等职责。

2001年是新世纪的第一年，该局在市委、市政府的正确领导下，求真务实，开拓进取，不断开创市交通工作新局面，出色完成了各项工作目标任务，取得了两个文明双丰收。具体表现在：全年完成客运量2500万人，完成年度计划113.12%，客运周转量330000万人公里，完成年度计划113.91%，货运量600万吨，完成年度计划101.52%，货运周转量58000万吨公里，完成年度计划100.83%，分别比去年同期增长13.64%，14.05%，1.69%，0.98%，交通基础设施建设步伐加快；全年用于交通基础设施建设等固定资产投资额达11800万元；公路建设和养护成绩显著，交通规费征收提前完成全年任务，交通发展规划修编完成了前期准备工作，运输市场治理整顿取得良好效果，公路运输管理工作扎实有效，共完成旅客运输量256万人；创历史最高纪录，企业改制工作进展顺利，交通企业改变过去“多、少、散、弱”的现状，实行制度创新和资产重组，安全工作指导检查到位，出色完成抗洪抢险任务，出色完成2001南宁“两节一赛”的交通保障工作，党建和精神文明建设卓有成效。

法人代表：雷德贵
地　　址：南宁市新竹路北二里13号
电　　话：(0771)5886423
邮　　编：530022

南宁市江滨立交桥

白沙大桥

南宁汽车运输总公司汽运大厦

豪华空调直达快班车

双拥工作

文艺表演

文明标兵车队展风彩

树立南宁形象，奉献的士真情

由市交通局修建的南宁至武鸣二级公路

市交通局正在修健中的南宁至百色二级公路路段

注重科技与管理

——奋进中的

工厂领导班子

南宁华侨投资区糖厂于1966年2月建成投产，占地面积11万平方米，是广西华侨系统中唯一的一家国有中型制糖企业。该厂日榨量2000吨，日产酒精1.8万公升。生产的主要产品有“凤凰花”牌白砂糖、赤砂糖、普级食用酒精，产品享誉独联体、国内各大销区。

近年来，该厂乘着改革开放的东风，大力开展技术改造、挖潜革新，依靠科技进步，强化企业内部管理，转换企业内部经营机制，取得了明显的经济效益和社会效益，被评为全国、自治区百强企业。该厂“凤凰花”牌一级白砂糖和普级食用酒精获得中国轻工总会产品质量优良奖及广西优质产品奖，获准进入“国际精品批发中心”批发体系，成为亚欧大陆贸易桥信息网络成员，先后六年被评为自治区经济效益先进企业，并获自治区科技工作先进单位、节能先进企业、“重合同、守信用”企业及AAA级特级信用企业。该厂注重科技开发，与广西大学等院校、科研院所密切配合，取得了一项填补国内空白的PA微孔过滤系统的科研成果。2000年该厂又荣获南宁市增盈先进单位、南宁市先进单位、振兴南宁“经济效益杯”金杯奖等荣誉称号。2001年，企业通过了ISO9002质量体系认证。

厂址：广西武鸣里建
电话：0771-6301278
传真：0771-6301423
邮编：530105

焕发生机与活力

南宁华侨投资区糖厂

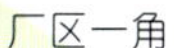

厂区一角

质量第一　信誉第一

南宁华侨投资区糖厂
“凤凰花牌一级白砂糖”荣获1999年度
广西优质产品
广西壮族自治区人民政府
二000年一月

南宁华侨投资区糖厂
“凤凰花牌普通级食用酒精”荣获1999年度
广西优质产品
广西壮族自治区人民政府
二000年一月

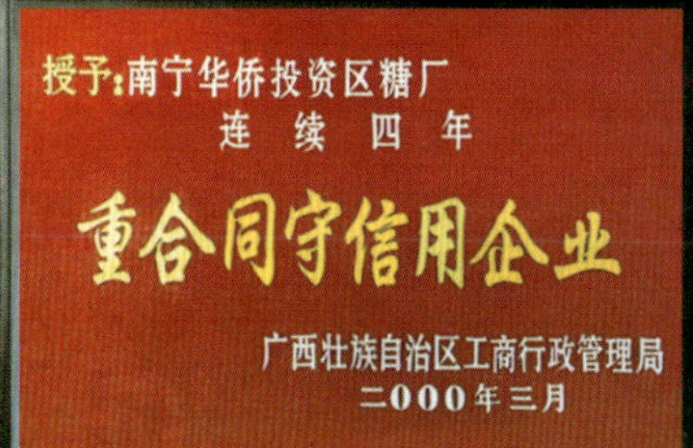

授予:南宁华侨投资区糖厂
连续四年
重合同守信用企业
广西壮族自治区工商行政管理局
二000年三月

质量体系认证证书
经8·1质量体系认证中心审核，确认
南宁华侨投资区糖厂
(地址:广西武鸣里建　邮编：530105)
的质量体系符合标准:
GB/T19002-1994 idt IS09002:1994
本质量体系覆盖下列产品:
白砂糖、赤砂糖、食用酒精的生产和服务
注册号:2501B0186
有效期:2001年4月12日至2003年12月14日
8·1质量体系认证中心
中心主任:
任庆才
2001.4.12

南宁市一九九九年度销售工作
先进集体
南宁市人民政府

按一九九三年主要经济指标排序
中国制糖一百强
中华人民共和国
国家统计局

锦华大酒店
錦華大酒店

广西锦华大酒店是南宁有名的四星级旅游涉外饭店，位于交通便利，商业繁华和政治中心的市东葛路一号，是访问、商务、会议和休闲食宿的理想场所。

该酒店是近年新开的大酒店，具备现代化智能技术系统和传统的殷勤服务，除可以为宾客提供各项现代化的商务设施外，还可以让您置身于古典优雅的中国园林庭院的温馨环境，让你感到安全舒适，轻松愉快、永铭不忘。

步入酒店的大门，一股豪华、庄重典雅、优美的全新感觉立刻涌向您的心头，那饰以中西合璧艺术品的酒店大堂，让您感到富丽堂皇；由中央空调、电视、电话、酒吧和互联网组合的客房，让您感到温馨舒适，汇聚大江南北的独特美味佳肴，加上一流的服务的餐饮，会使您心旷神怡；装饰格调高雅，烹调技艺精湛，中西名酒汇聚的宴会大厅，使您留连忘返……

广西锦华大酒店是一个能给每位嘉宾带来欢乐的地方，是一个能享受到国宾级一流服务和独特美味佳肴并能使您留下美好印象，美好回忆的场所。

法人代表：文起洁　　总经理：梁宏伟
地　址：南宁市东葛路1号　　电　话：(0771)2800118　　邮　编：530022

步入酒店的大门，豪华的全新感觉立刻会占据您的心头。富丽堂皇的酒店大堂，饰以中西合璧的艺术品，美丽和谐，使人无不赞叹壮乡悠久的文明与酒店的高尚气派

客房装饰高级典雅，使用现代化技术与设备，创造出独特的居住风格。每间客房都有中央空调，并备有电视、电话、小酒吧及互联网接口，电视可收看12个海外电视台节目。每间客房都可以看到绿都南宁的美丽风光

古榕阁食府是人与自然的巧妙结合，置身古树花丛之中，尝遍大江南北特色美食，天人合一，心旷神怡

装修格调高雅，精湛的烹调技艺和国内外名酒，加之国宾级的优美服务，您的感觉一定与众不同

创一流队伍 创一流业绩

为首府改革开

2001年，南宁市公安局在南宁市委、市政府和自治区公安厅的统一领导下，坚持以邓小平理论和江泽民总书记“三个代表”重要思想为指导，以“创一流队伍，创一流业绩”为目标，严格按照“抓班子、带队伍、促工作、保平安”的思路，全力做好各项公安工作，确保了首府社会政治和治安大局的持续稳定。

创建一流的队伍是做好各项公安工作的保证。2001年，南宁市公安局坚持从严治警的方针，以“三项教育”为主线，切实加强公安队伍建设，使队伍的凝聚力、战斗力和整体素质进一步提高，涌现了一批先进集体和先进个人。2001年，全局共有67个单位荣立集体二、三等功，189人荣立个人二、三等功；3人和3个单位分获“全区优秀人民警察”、“全区人民满意公安基层单位”，2人和2个单位分获“全国优秀人民警察”、“全国人民满意公安基层单位”的称号。

二〇〇一年春节国务院总理朱镕基视察南宁公安队伍

南宁市公安局坚持“两手抓”的方针，在抓好队伍建设的同时，把主要精力投入到各项公安业务工作中去。一是积极主动地做好维护稳定的各项工作，确保了首府社会政治的稳定。二是以“打黑除恶”为龙头，组织开展声势浩大的“严打”整治斗争，严厉打击、严密防范各种违法犯罪活动。2001年，共打掉流氓恶势力集团14个75人，一般性犯罪团伙50个251人，其中打掉了“洪兴帮”、“飞令帮”、“文兴帮”等几个猖獗一时的流氓恶势力团伙；共破获毒品案件1751起，强制戒毒1608人、劳教戒毒746人，逮捕贩毒犯罪嫌疑人276人，缴获毒品海洛因1万多克和鸦片、摇头丸一批；共破获经济犯罪案件128起，打击处理犯罪嫌疑人348人，为国家、集体和人民群众挽回经济损失2900多万元。2001年，共破获刑事案件5268起，抓获犯罪嫌疑人4044人，其中逮捕2947人，劳动教养302人；共查处治安案件11652起，查处率为70.4%；共收缴各类枪支2753支（其中军用枪21支）、子弹91067发、炸药3835公斤、雷管58714枚、导火索7715米。三是大力改进和加强公安行政管理，积极完成其他各项公安业务工作，为首府的改革开放和经济建设提供了良好的服务和保障。

2002年对公安机关来说是充满机遇和挑战的一年，各项公安工作的任务十分艰巨。南宁市各级公安机关将在党委、政府和上级公安机关的领导下，以马列主义、毛泽东思想、邓小平理论为指针，努力实践“三个代表”的重要思想，锐意改革，开拓进取，积极主动地做好各项公安工作，为保障首府的改革开放、经济发展和社会稳定再立新功！

法人代表：颜石廉
地　　址：南宁市民族大道39号
电　　话：(0771) 2891061
邮　　编：530012

“严打”声威

敌和经济建设保驾护航

南宁市公安局

南宁市公安局党委书记、局长颜石廉

原任局长黄鹏鸣深入基层检查指导工作

南宁市公安局指挥中心110报警服务台

青少年维权卫士

巡逻中的首府民警

抗洪勇士

GUANGXI NANNING INTERNATIONAL HOTEL

国际大酒店外景

广西南宁国际大酒店雄踞大西南出海通衢要冲、四季花妍树碧的"绿城"——南宁市民族大道东端南湖开发区内，依傍风景名胜青秀山，毗邻风姿绰约的南湖，是由中国烟草总公司广西分公司、广西南宁烟草（集团）有限责任公司和香港桂叶贸易公司三家企业共同投资，按五星级标准设计和装修。总建筑面积4.6万平方米，高23层，拥有豪华总统套房、商务套房、标准间等各类客房共318间（套），是集餐饮酒吧、商贸金融、健身娱乐、旅游渡假于一体、设施完备、功能超卓的高山景行一级酒店，总体设计布局中西合璧，尽显现代建筑装潢美学精粹。如果你要寻觅怡情惬意的幽雅去处，或欲在风云变幻的商战中脱颖而出，商家云集、潜质无限的南宁国际大酒店是您情有独钟的选择、理想的居停之地。

地址：中国广西南宁市民族大道东段88号
电话：(0771)5531818
传真：(0771)5536789
邮编：530022

总经理：陈　尧

环境优雅的西式餐厅

宽敞的大堂

装璜别致的多功能厅

别具一格的圆湖套间

南宁市国土资源局

市委书记李纪恒(右)与市国土资源局局长阮兆丰(左)亲切握手、祝贺拍卖会成功举行

南宁市国土资源局由原设在市计划委员会的市矿产资源管理办公室并入市土地管理局，组建成市国土资源局。新组建的国土资源局下设十个处室：办公室、政策法规处、规划处、财务处、耕地保护处、地籍与测绘管理处、土地利用管理处、地质矿产资源管理处、执法监察处、人事教育与科技处。原市土地管理局下属的兴宁、新城、永新、城北、江南土地管理所分别改为兴宁、新城、永新、城北、江南国土资源分局，作为市国土资源局的派出机构。

2001年是南宁市土地管理取得丰硕成果的一年。该局组建前的土地管理局成功地举办了首期国有土地使用权拍卖会，位于南湖区的两宗地块共拍卖成交9560万元，分别超出底价120%和138.79%，为城市基础建设筹集了资金。同时建成了坛洛镇马六坡土地开垦整理示范区，为城市建设用地“占一补一”作了充分的保障。还建立并投入使用的空间数据基底模型加快了我市土地管理数字化、信息化的进程。该局加大了依法行政的力度，出台了一系列政策性文件，同时加强了内部管理，转变机关作风，提高办事效率，以出色的成绩被评为全国地籍管理先进单位、全国基本农田保护工作先进单位、全国土地资产管理先进单位和自治区级文明单位。

副市长陈瑞贤(左一)到市国土资源局视察和指导工作

2001年11月21日，南宁市举行第一期国有土地使用权拍卖会(现场)

土地管理信息中心以先进的技术和现代的设备居全国同行的先进行列

以各种形式开展广泛深入的国土资源管理法律宣传

局　长：阮兆丰
地　址：南宁市东宝路
电　话：(0771)5872801
邮　编：530022

南宁机务段

NAN NIN JI WU DUAN

南宁机务段段长姜方平　　南铁机务段领导班子成员　　南铁机务段职工活动中心

南宁机务段隶属柳州铁路局，地处南宁市。全段现有职工1848人，下设三个生产车间和十一个科室，主要担负着南宁至凭祥、凭祥至越南同登、南昆线南宁至威舍区间737公里客货列车牵引任务。目前，全段共配属内燃机车40台，电力机车50台，各种机械动力设备262台。

南宁机务段是铁路运输动力牵引部门，多年来，在柳州铁路局的正确领导下，通过广大干部职工的共同努力，全段各项管理工作和运输生产任务取得了显著的成绩，安全生产稳步发展。截止2001年12月13日，实现了无行车重大事故14771天，无大事故10643天，无险性事故2928天的好成绩。2001年全段主要经济技术指标均创历史最高水平。其中机车牵引总重吨公里完成1654815.0万公里，机车总走行11846.7千机公里，日车459公里，技术速度48.2公里／小时，机车平均牵引总重2973吨，日产量117.8万吨公里。近几年来，先后获得铁道部授予的“火车头奖杯”、“先进机务段”、“三星级安全机务段”、“安全标准机务段”称号；2001年分别被南宁市评为“树立广西新形象，创建全国文明城”活动先进单位、柳州铁路局综治委授予“无毒单位”、柳州铁路局1999年度经营管理优秀单位称号和铁道部命名为“安全标准示范机务段”称号。2001荣获南宁市“最佳花园式”单位称号，同年3月被为南宁市“爱国卫生先进单位”、11月20日又荣获自治区首批“文明庭院”称号，去年“七·一”期间，又先后荣获中组部、自治区授予的全国、全区先进基层党组织称号。

法人代表：姜方平　　地　址：南宁市南铁北四区278号　　电　话：(0771) 2222183　　邮　编：530003

广西西大方圆房地产建设开发公司

广西西大方圆房地产建设开发公司创办于1993年8月，为广西大学校办企业。该公司以广西大学高新科技力量为依托，以开拓创新精神为龙头，以质量信誉为本色，以全心全意为服务宗旨，在激烈的市场竞争中，不断磨炼成长，赢得了社会用户认可与支持，社会效益与经济效益与日俱增，在同行企业中，被社会各界誉为佼佼者。

几年来，该公司开发了明秀公寓、安达公寓、方园公寓一、二区、滨江公寓、西大方园仕林苑教师公寓，这些项目的开发虽然规模不大，但每一个项目都勇于创新，除率先提出"客户参与设计的大空间结构形式住宅"外，继而在全国首次提出"住宅小区郊外假日会所"以及推出"底层架空绿地休憩广场"的空间模式，这些技术创新与技术应用，不但赢得了客户的美誉，还得到了行业内专家、领导的好评。

由于奉行科技为本，以科技创效益，经营效益连年攀升，开发规模也逐年扩大，赢得了群众的信赖。目前，方园房地产公司不但拥有市场、客户，还拥有一支精干科技开发队伍，企业已发展成拥有设计（甲级院）、建筑、网架施工、装饰、物业等实业的综合体，在市场上具有较强的竞争能力。

该公司在不断总结经验教训中逐断走向成熟，正满怀信心迎接新世纪、新挑战，前景是无限光明的。公司广大员工热情欢迎社会各界客户与我们洽谈业务！

西大方园滨江公寓

西大方园仁林苑教师公寓

西大方园青秀花园

总 经 理：周　军

地　　址：广西南宁市大学中路100号
广西大学校园内

公司电话：(0771)3233168　3234080转800

传　　真：(0771)3231279

邮　　编：530004

南宁市公安局拘役所

黄进兴所长

南宁市公安局拘役所是专门对拘役人员进行教育改造监管的场所。2001年，他们根据公安部、市公安局关于“稳定压倒一切，确保狱内安全”的要求，根据在押人员刑期短、刑种多、思想表现复杂，收押、释放流动量大，思想易波动，思想动态不易掌握等特点，克服关押条件差，警力少，任务重等困难，较好地完成了对在押犯人的教育改造工作，在队伍建设，狱政管理、后勤保障等方面取得可喜的成绩。具体表现在：

——在全体民警中开展“全心全意为人民服务的宗旨教育，实事求是的思想路线教育，严格、公正、文明执法的法制教育”的“三项”教育，使民警队伍整体素质得到显著提高，干警职工未出现违法违纪现象，受到嘉奖的民警占总数48%，其中党员占受奖总数的80%以上；

——所领导班子成员坚持学习制度，坚持民主集中制原则，重大事情集体讨论决定，分工明确，团结合作、提高了战斗力、为该所以狱政管理为中心的各项工作打下坚实的基础；

——根据上级的要求，围绕“稳定安全”这个中心，打击牢头狱霸，加强巡视，严格检查，保持监舍整洁，使监内安全稳定，无一民警违法违纪行为发生；

——实行严格管理制度，严密的组织形式，严密的防范措施，严肃的生活态度，严格的考核奖惩制度的“五严”监管措施，鼓励积极改造，鞭策落后，取得了明显的效果，一年来，该所狱内犯人思想稳定，改造气氛浓烈，无发生大的群体打架斗殴事件，无发生非正常死亡，脱逃和其他重大事故；

——坚持法制、政策、前途、理想教育，坚持每周给犯人上法制，思想教育课一次，每日一次训示制度，全年累计给犯人上法制课132课时，犯人写心得体会5000多份，促使犯人认罪服法，安心改造，争取早日回归社会；

——开展各种多样思想工作及文体活动，提高犯人思想觉悟、活跃犯人改造生活。

地　　址：南宁市花岗路248号

电　　话：(0771)5613157

邮　　编：530023

拘役所盆景园

南宁市公安局拘役所全体干警

南宁市自来水公司

南宁市自来水公司始建于1934年，是一家集制水、供水、售水、工程设计施工、管网维护、水厂建设于一体的国家大型二类供水企业。公司现有五个制水厂，设计日供水能力为84万立方米，供水区域面积110平方公里，市区供水普及率达100%。到2000年底，公司在册职工1481人，其中各类专业技术人员459名。其中在职高级职称人员18名，中级职称人员165名，初级职称人员275名。公司总资产5.62亿元，固定资产原值4.94亿元。2000年公司共实现售水量20665万立方米，完成销售收入14349万元。公司技术力量雄厚，供水生产管理、设计、施工、监理等人员经验丰富，具有市政给水乙级和市政排水及建筑工程丙级设计资质、市政工程建设二级施工资质、给排水及工民建工程监理乙级资质。目前，公司有9个独立核算单位，经营房地产、工程建筑、管道安装、纯净水、餐饮、体育娱乐等业务。其中，"凉元帅"牌纯净水1999年荣获广西优质产品。

法人代表：谭良良
地　　址：南宁市江南区体育路4号
电　　话：(0771) 4835371
邮　　编：530031

陈村水厂厂区

“凉元帅”纯净水系列产品

公司供水调度大楼

中尧水厂供水泵房

“凉元帅”纯净水系列产品

集团公司党组书记、董事长　张家炳

集团公司总经理　金田

广西建工集

GUANG XI JIAN GONG J

广西建工集团有限责任公司是自治区和国家建设部建立现代企业制度的试点企业，广西第一家国有资产授权经营试点企业，经国家建设部核定为国家一级资质建筑企业和国家一级资质工程施工总承包企业，拥有对外经营技术合作业务经营权和进出口贸易权。该公司现有全资子公司10家，核心层经营单位16家，职工总数5万人，其中各类专业技术人员6455人，高级职称271人，中级职称2410人，初级职称3433人。施工队伍目前分布在广西和深圳、厦门、珠海、上海、北京、武汉、昆明等地以及安哥拉、几内亚、肯尼亚、冈比亚、纳米比亚、越南、泰国、柬埔寨等国家和地区。公司主要经营工业与民用建筑项目的总承包、设计、施工、设备安装，承担国家和地方的重点建设项目，年施工能力可达30亿元产值以上，年房屋竣工面积可达150万平方米以上。

在新的发展时期，集团公司认真贯彻党的十五大和十五届四中、五中全会精神，积极实践江总书记“三个代表”的重要思想，认真落实自治区党委“三大战略、六大突破”的重大决策和自治区八次党代会提出的富民兴桂新跨越目标。1996年与自治区人民政府签订第一轮5年（1996——2000年）国有资产授权经营合同书，5年以来集团公司制定“三个负责”、“两个确保”（对政府、出资者负责，对企业员工负责，对用户和业主负责；确保国有资产保值增值，确保职工生活并逐步改善和提高）目标，大力推进“三个创新”（管理创新、制度创新、形象创新）抓好“三大管理”（质量管理、成本管理、资金管理），扭转了1997年亏损局面，从

广西保险公司办公楼，获得广西首创全国建筑工种质量最高荣誉——鲁班奖（1992年度）

广西南宁明园新都酒店，建筑面积21900平方米，荣获1996年度中国建筑工程鲁班奖

团有限责任公司

TUANYOU XIAN ZE REN GONG SI

1998年至2000年3年时间实现利税共达24325.06万元，其中2000年完成企业总产值18.9万元，实现利润865万元，税金6818万元。自1996年授权经营以来的5年，共实现利税38205.47万元，实现了5年授权经营的总体目标和国有资产保值增值。工程质量一年上一个新台阶，合格率100%，优良品率从1997年的31%提高到2000年69%，获区优工程20项，占全区优质工程的41%。先后有100多项工程荣获自治区、建设部、国家优质工程奖、优质工程银质奖，荣获中国建筑工程鲁班奖6项。8家子公司和2家核心层经营单位通过ISO9000国际质量体系认证。18家单位通过了会计基础工作规范。集团公司现代企业制度框架基本形成，生产经营、对外工程承包、出口贸易、劳务合作呈良好发展势头，以较强的综合竞争实力树立集团新形象。

集团公司真诚希望与社会各界建立广泛密切的联系，互惠互利，共同发展。

董事长、党组书记：张家炳

总 经 理：金　田

地　　址：广西南宁市朝阳路49号

电　　话：(0771)2810325

传　　真：(0771)2820423

邮　　编：530012

福建厦门国联大厦，建筑面积47208平方米，总高度109.95米，荣获2000年度中国建筑工程鲁班奖

深圳宝莲大厦(3幢)28层，面积73700平方米，荣获深圳优质样板工程。广东优质样板工程，广西优质施工奖，1998年度中国建筑工程鲁班奖

广西政协大厦，面积17782平方米，总高75.5米，高16层，广西优质工程，荣获1999年度中国建筑工程“鲁班奖”工程

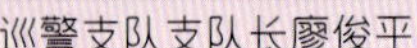

巡警支队支队长廖俊平

巡警支队政委张宝庆

南宁市公

南宁市公安局巡警支队成立于1995年，主要负责南宁市区的治安巡逻防范工作。它以维护首府社会稳定为己任，以为民服务为宗旨，强化巡警110接处警工作，不断深化巡逻工作和改革，逐步形成了以车巡为主、步巡为辅的快速反应机制，掌握了治安工作的主动权，为维护首府的社会稳定做出了积极的贡献。

经过七年的发展，建立了比较规范的治安巡逻工作机制。形成了以巡警为主体的一、二级巡逻防控体系，建立了城市快速反应机制，现在巡逻警区内发生治安案件，巡警1～2分钟内就能到达现场，市区内110巡警5分钟内到达，市郊10分钟内到达。对社会治安实行严管、严防、严控、严打方针，重点整治街头偷窃、抢夺、抢劫、诈骗、贩黄、制贩假证件等活动；开展中小学校“维权”工作，开通校园“维权”电话，向中小学校派驻法制副校长、法制辅导员；全力做好各项安全保卫工作，确保人民群众欢度佳节和生命财产的安全；加强值班备勤，随时处置各类突发事件。坚持从严治警、依法治警方针，积极开展争创“青年文明号”活动，支队直属大队在2000年均获市级以上“青年文明号”称号，110警务大队还荣获“全国青年文明号”称号。

2001年，共投入巡逻警力95032人次，车辆24763辆次，巡逻中抓获各类违法人员1463名；共化解各类矛盾纠纷1680起，帮助遇险遇难群众1363人，为民做好事9596人次，纠正交通违章行为4320人次，收集各类情报信息数百条；在7月份抗洪救灾中，为群众挽回经济损失30余万元，为灾区捐款捐物2万元。破获各类案件1085起，收缴各类赃车赃物达20余万元，各类假证件2080本，淫秽影碟12380张，赌博工具、管制刀具、枪支、子弹一批，打掉盗窃、赌博、贩黄、卖淫、制假证件等团伙共计24个。2001年，支队圆满完成了所有重大节庆、经贸文体活动和2001年南宁国际民歌节的安全保卫工作，无一出现纰漏。巡警支队已成为我市各项公安工作的一支主要力量和快速反应队伍。

开展为民服务活动

开展“严打”整治斗争

向群众发放被盗车辆

法人代表：廖俊平　　地　址：南宁市葛村路6号　　电　话：(0771)5860712　　邮　编：530022

安局巡警支队

巡警巡逻

巡警110快速出击

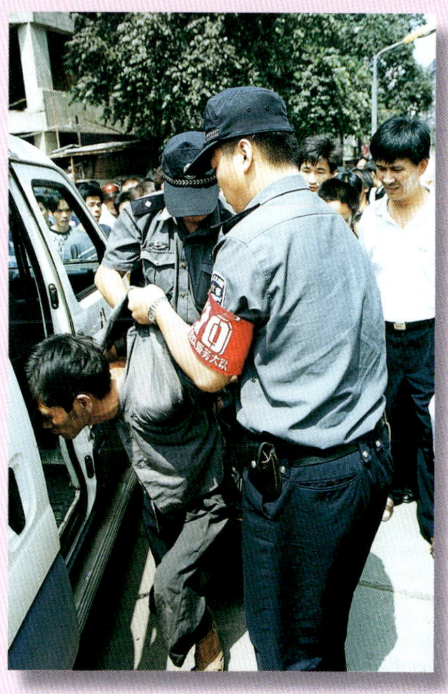

解救被洪水围困的群众

南　宁　市　公　安　局　巡　警　支　队

南宁市科

区党委常委、南宁市委书记李纪恒（前左一）、南宁市政府市长林国强（中）、市委副书记黄汉明（后左一）等领导到南宁市科技局检查、指导科技创新工作

南宁市科学技术局，是南宁市政府科技管理工作行政职能部门，主要担负着全市科技体制改革、科技创新、科学研究与技术开发、高新技术产业发展、科学技术普及、民营科技企业管理、科技成果管理、知识产权管理、国际科技交流与合作等工作。近年来，南宁市科学技术局坚定不移地贯彻落实“科学技术是第一生产力”的思想，按照“三个代表”的要求，与时俱进，开拓创新，努力推进科技事业的发展，为南宁市两个文明建设作出了积极的贡献。

科技兴市实现新突破。去年下半年，我市以优异的成绩顺利通过了全国科技进步考核，并被授予“全国科技进步先进城市”荣誉称号。与此同时，我市所辖县区也全部顺利通过全国科技进步考核，其中城北区、江南区、兴宁区荣获“全国科技进步先进城区”称号。

科技与经济结合取得阶段性成果。三年来，全市共组织实施创新计划项目609项，预计全部项目完成后，将产生经济效益约100亿元、农业粮食增产19亿公斤、农业增收近11亿元。科技进步对经济增长的贡献率平均每年约提高2.12个百分点。科技与经济结合工作取得了阶段性成果。

农业科技创新成绩斐然。科技局在推进科技进步工作中，始终把“科技兴农”摆在重要位置，按照自治区党委提出的“1234610”工作思路，以实施重大创新计划项目为龙头，用科技支持大农业，有力地促进了农村经济发展。

高新技术产业发展迅猛。目前，全市高新技术企业已发展到110多家，高新技术产值达20多亿元，具有自主知识产权的

南宁市化工研究设计院先后完成了国家级、省级、市级高新技术创新计划项目“结晶山梨醇”、“结晶果糖”、“甘露醇”等，其技术处于国内领先水平。产品列入“九五”国家科技成果重点推广，市场广阔，远销国内外市场

在首届全国科技活动周期间，南宁市科技局等单位组织开展“三下乡”活动，深受农民的欢迎。图为市科委组织的向邕宁县四塘镇农民赠送《农业科技实用手册》丛书的场景

学技术局

高新技术产品产值约占45%。

运用高新技术改造传统产业成效显著。近年来，共投入科技三项经费798万元，支持传统产业共开发出新产品94项，应用新技术16项，累计新增销售收入11.995亿元，利税1.089亿元，为传统产业结构调整起到了积极的促进作用。

民营科技企业蓬勃发展。目前，全市民营科技企业已发展到近400家。在全市的经济发展格局中，民营科技企业已占有"三分天下有其一"的江山。

科技创新体系建设日趋完善。目前，全市建成自治区级企业技术中心、博士后工作站、中试基地、中小企业CAD服务中心、留学人员创业园、软件园，生产力促进中心、常设技术市场、市科技信息网站、科技人员创业服务中心等机构。

与时俱进促发展。进入新的世纪，南宁市科技局将进一步解放思想，与时俱进，把握机遇，紧紧围绕把南宁建成全区科技创新、产品创新基地和建设南宁信息港以及以信息化带动工业化的目标，在推进南宁市科技进步和发展先进生产力中勇当先锋，努力推进科技工作实现新跨越。

团结奋进、开拓创新的南宁市科技局领导班子正在研究2002年科技工作。局党组书记、局长钱健（右二）、副局长覃永武（右一）、副局长古培康（左二）、纪检组长韦仁秋（左一）

局　长：钱　健
地　址：南宁市嘉宾路1号
电　话：(0771)5533808
传　真：(0771)5533822
邮　编：530028
网　址：http://www.nns.gxsti.net.cn

南宁市蔬菜研究所承担的"南宁市地方优良蔬菜品种资源收集繁育"项目，收集地方优良蔬菜品种，利用隔离防虫网室栽培观察采用株系法、人工套袋授粉提纯复壮记录特征、特性，编者名录，为今后育种工作打下了良好的基础

南宁市召开科技工作会议，总结分析科技工作形势，部署2002年任务。市委副书记冯建中（中）、市人大副主任马祚文（左三）、副市长郑军健（右二）、市政协副主席袁成铿（左二）、自治区科技厅副厅长黎明智（右三）等领导参加会议

柳州铁路局

南宁房管所

南宁铁路房管所所长、党支部书记程勤

我所管理的南铁紫竹苑小区一角

南宁铁路房管所成立于一九五五年。随着路局生产布局的调整，由原来单一的住房使用管理到二〇〇〇年转变为房建设备的产权、产籍及修缮管理。全面负责黎湛线、河茂线、湘桂线（黎塘至隘口）、南昆线（南宁至威舍）共1217公里、115个站区的房建设备管理工作。

南宁铁路房管所是柳州铁路局房建设备管理的派出机构，下辖湛江、玉林、凭祥、百色四个分所和技术室、产籍室、住房室、财务室、综合室五个科室，现任所长程勤，副所长王建强、黎明显，总工程师封成勇。全所现有职工76人，其中南宁地区47人，沿线29人。管理房建设备4649437Hm²，其中运营设备2402266Hm²，职工住宅31787套，180.3万换算平方米。总资产达9亿多元。

南宁铁路房管所全体职工以江泽民同志“三个代表”的重要思想为指针，围绕房建设备安全中心，遵循全心全意服务宗旨，树立全面管理转位意识，理顺各种关系，建立了适应新职能需求的工作机制和管理机制。并以“团结、奋进、求实、创新”的精神，科学安排，严格管理，优质服务，全面履行新职能，全力完成新使命，全员创造新业绩，确保了房建设备的安全使用，出色的完成了各项工作任务。

在新的历史时期，南宁铁路房管所全体职工决心实行“三个代表”要求，树立新理念，提供新服务，塑造新形象，与时俱进，开创房管工作的新局面。

南宁铁路房管所办公楼一角

南宁火车站新广场一角

团结务实的所领导集体

地　址：南宁市衡阳路28号　　电　话：(0771)2222675　　邮　编：530001

南宁市规划管理局

党组书记、局长黄善武

南宁市规划管理局是负责南宁市城市规划的行政主管部门。几年来，坚持城市规划为发展社会经济服务，根据城市发展的需要，对南宁的城市规划、发展方向进行总体规划和设计，认真履行职责，不断加大执法和宣传力度，确立城市规划的“龙头”地位，在促进城市现代化进程方面做了大量工作，使城市规划管理工作逐步走上法制化，科学化、规范化的发展道路，取得可喜的成绩。

2001年，紧密围绕全市城市工作重点，以创建“中国绿城”为目标，在规划项目中，完成了“中国绿城”工程实施方案的编制；青秀山风景旅游区重点景区、景点、项目的规划设计；邕江两岸控制性详细规划；城市综合交通规划的编制；朝阳路、民族大道示范街规划；金湖广场、南湖南广场建设规划，民族大道东段凤岭地区的城市设计；南宁文化艺术中心的选址，翡翠园等一批居住小区的规划设计，东沟岭地区的规划设计等；在重点项目方面，及时做好重点项目的征地折迁，农民三产用地定点，项目方案完善，手续办理等规划协调服务工作。还进一步完善了法规规章，加大了规划监察和执法力度，配合其他部门折除处理了一批违法建设，完成了各项协办任务。

地　址：南宁市东葛路125号
电　话：(0771)5700276
邮　编：530022

市委李纪恒书记向国家精神文明委领导（左五），自治区党委副书记马庆生（左六）等领导介绍南宁城市规划情况

南宁市规划管理局办公大楼

“绿城”南宁——南湖景色

广西南宁运德汽车运输有限责任公司，由南宁汽车运输总公司改制而成。公司成立于1952年，原直属广西交通厅，1985年下放为南宁市属企业，为广西规模最大的综合性专业公路运输企业。

公司下属有南宁地、市14个县汽车总站及南宁市8个基层单位。

公司经营范围：普通旅客运输、直达快运、高速客运，的士出租，大件、零担、零担快运、普通、冷藏、危险品货物、散装水泥运输，各类汽车、摩托车施救、检测、修理、燃油料、零配件销售，汽车技术培训，商贸，旅游，宾馆，饭店，装潢等业务。

公司总资产为5.4亿元，固定资产原值5.26亿元。公司拥有各类营运客货车1200辆，公司开行通达广西各地市（县）的客运班线200多条；开行跨省班线120条，通达广东、海南、四川、云南、贵州、福建、湖南、江西、浙江等省。

公司下属共有24个客货服务站，覆盖整个南宁地区。其中南宁客运总站和南宁市公路客运中心，是全区最大的公路客运服务站。

公司有甲类保修厂5个，乙类保修厂14个，A级检测站1个，可承接各类机动车辆性能检测及大修和一、二、三保，并与桂林、柳州、济南、重庆、扬州、厦门等汽车厂和玉柴共同建立了特约维修站。汽车零配件、燃油料等物资供应网络覆盖南宁市及地区市场。

公司坚持以邓小平同志建设有中国特色的社会主义理论为指导，坚持"以运为主、多元经营"的企业发展战略，全面推行和完善车辆价值抵偿承包等多种形式的经济责任，企业经济效益不断递增。2001年实现营业收入2.72亿元，实现利税2100多万元，连续十二年完成南宁市下达的经济承包任务，荣获2000年南宁市"振兴经济效益"金杯奖。

党委书记、董事长、总经理：亓竞生
地　址：南宁市友爱南路四号
电　话：(0771) 2432273（传真）
邮　编：530011

团结奋进的领导班子

微笑服务暖人心

宽敞明亮的全空调候车室

整装待发的豪华直达快班

广西首府南宁住房制度改革委员会办公室

团结务实的领导班子

广西首府住房制度改革委员会办公室（简称"南宁市房改办"）是南宁市人民政府住房制度改革方面的职能部门，下设南宁住房资金管理中心和南宁市经济适用住房建设发展中心。目前，房改办设有政策研究处、住房管理处、资金管理处、综合处。主要职责是：按照国务院住房制度改革的方针、政策，制定首府南宁住房制度改革实施方案及各项配套政策；测算公有住房出售成本价格和住房租金标准，审批各单位房改申报材料；指导、督促和检查全市各单位（含邕宁、武鸣两县）的房改工作；审批住房资金的使用计划和财务收支预决算；负责国家安居工程和经济适用住房开发、建设的协调；综合全国、全自治区和全市房改动态、信息及问题，组织调查研究，提出建议，为领导决策提供依据；宣传国家房改政策，解决房改中遇到的问题等。

南宁市房改办自1992年正式成立以来，在市委、市政府的领导下，对南宁市住房制度进行了改革，先后出台了《南宁市城镇住房制度改革实施方案》、《首府南宁深化住房制度改革实施方案》、《南宁市住房公积金暂行办法》、《南宁市出售公有住房暂行办法》、《南宁市租金改革暂行办法》、《南宁市住房公积金委托贷款实施办法》、《首府南宁进一步深化城镇住房制度改革加快住房建设实施办法》、《南宁市住房补贴实施细则》等政策性文件，为深化南宁市住房制度改革作出了应有的贡献。

法人代表：周井光
地　　址：南宁市望园路5号
电　　话：(0771)5705956
邮　　编：530022

新建成的南宁市房改办综合办公大楼

南宁市

高新技术开发区

管委会领导班子：市长助理、管委会主任黄焕升（左三）、党工委书记黄毅（右三）、管委会副主任秦文彦（左二）、黎四龙（右二）、李振林（左一）、纪工委书记李兴俊（右一）

市委李纪恒书记视察高新技术企业银科公司

强化责任，同心协力抓发展

科技文明开新花

南宁市高新技术产业开发区自1992年经国务院批准为国家级高新区以来，已经发展成为南宁市经济增长最具活力的重要区域。

● 园区规划科学合理：高新区规划面积为18平方公里，其中新建区8.5平方公里，功能规划为“一园四区”，即：科技工业园、中心区、农业生物工程示范区、保税仓储区、相思湖别墅区。

● 基础设施配套齐全：高新区现已建成一批写字楼、标准厂房和住宅楼投入使用，交通、通信方便，供排水、供电、供气等基础设施齐全。

● 管理体制精简高效：高新区管委会是南宁市人民政府的派出机构，在高新区范围内行使市一级规划、土地、建设、工商、税务、财政、劳动人事、项目审批、外事审批等经济管理权限和部分行政管理职能。此外，高新区还设有一系列社会化服务机构，可为入区企业提供“一门式”服务。《南宁高新技术产业开发区管理条例》为高新区的建设和管理提供了法律保障。

● 创新体系渐趋完善：高新区设有创业者中心、留学人员创业园等科技企业孵化器。此外，还设立风险投资基金和创业基金，为中小型企业提供发展资金和融资担保，加快科技成果的转化。

法人代表：黄焕升

地　　址：南宁市火炬路一号

电　　话：(0771) 3836393

邮　　编：530003

南宁铁路土地管理分局长梁治健

分局领导在研究工作

地　址：南宁市衡阳路28号
电　话：(0771)2222655
邮　编：530001

土地监察正在现场给违法占地人员做思想工作

南宁铁路土地管理分局成立于1998年，现有土地管理人员30人，下辖湛江、玉林、凭祥、百色四个土地管理所，管理着湘桂、黎湛、河茂、南昆铁路线上约12万亩铁路用地，范围涉及广西、广东、贵州3省区、30个县市。

分局成立以来，以党的十五大精神和邓小平理论为指针，认真贯彻落实《十分珍惜每寸土地》的基本国策，坚持为铁路运输生产服务、为铁路基本建设服务的宗旨，从夯实基础工作入手，以抓地籍管理、土地监察为重点，全面做好土地管理和土地服务工作。几年来，为铁路运输安全生产，为铁路的基本建设提供了良好的服务。尤其在自治区40大庆和南宁市的创城夺杯活动中，根据自治区和南宁市政府的要求，在政府有关部门的支持和配合下，对南宁市铁路用地上的违章建筑进行了全面清理整顿，取得可喜的成绩，为南宁市城市建设做出了应有的贡献。

违法占地者觉悟后正在自觉将占地所建的围墙推倒

分局大院

南宁铁路土地管理分局

南宁市城北区

党委书记：唐本开　区长：朱朝霞

城北区位于南宁市西北部，1979年4月建区，根据新的区域调整，城区现有面积526平方公里，人口39.95万人，其中非农业人口28.98万人，辖4个镇、3个街道办事处，32个行政村，拟成立社区52个。

建区以来，城区坚持以邓小平理论和党的基本路线为指导，抢抓机遇，深化改革，扩大开放，加快发展，全面实施"科教兴区、工业稳区、三产富区、依法治区、文明建区"方略，坚持两个文明建设一起抓，国民经济持续快速健康发展，各项社会事业突飞猛进，城市建设和管理日臻完善，社会生活环境明显改善，人民生活水平逐年提高。至2001年，城区国民生产总值实现5.94亿元，工业总产值实现2.69亿元，商业销售总额实现16.19亿元，财政收入实现11683万元，突破亿元大关。1995年以来，城区荣获全国科技工作先进县区、1997—2000年全国社会治安综合治理先进单位、自治区双拥模范区、南宁市文明城区等100多项全国、自治区、南宁市级荣誉称号。

城北区党委、政府将认真贯彻党的十五届六中全会和自治区第八次党代会精神，全面加强党的作风建设，按照"三个代表"的要求，发扬"创一流、争第一"的城北精神，鼓实劲、求实效、促发展，为实现富民兴桂新跨越、为建设一个经济繁荣、科教发达、生活富裕、社会文明、环境优美的现代化城区而努力奋斗。

城区四家班子领导迎接城区荣获"全国社会治安综合治理先进城区"牌匾（前为区委唐本开书记）

朱朝霞区长慰问白血病患者

辖区各族群众欢送"抗洪抢险"的解放军官兵

目前广西最大的机电产品市场—北大路物资机电

表彰经济工作中的"明星企业"、"十强企业"

城北区人民政府　地　址：衡阳西路11号　电　话：(0771) 3134011　邮　编：530001

董事长兼总经理　俞云辉

广西同济医药有限责任公司是一家集医院、药品零售连锁及独家代理全国产品市场销售公司于一体的医药企业。前身是1994年创立的一家个体药店——衡阳药店。在公司董事长兼总经理俞云辉的领导下，短短几年，逐渐发展了20余家大型的药品零售连锁直营店，2000年兼并了南宁市二轻医院，2001年6月成立了南宁脑金钙销售有限责任公司，9月通过自治区药监局中型批发企业药品连锁经营资格认证，成为南宁市首家获得该资格的民营企业。11月注资千万元创立了广西同济医药有限责任公司，成为广西仍至华南地区知名的医药企业品牌。公司始终把服务社会、服务顾客当作自己的职责。在经营上创立了南宁市医药界众多的第一：第一批被列为市政府重点保护的民营企业；第一家实行24小时开门营业制；第一家开架式自选销售；第一家处方药与非处方药分开销售；第一家在药店引进进口设备代客户煎煮中药的企业。他开创了我区医药界私营企业兼并公有制医院的先河，也成为南宁市医药业发展的重大突破。公司先后被评为南宁市“明星私营企业”、南宁市“重点保护单位”、自治区工商联系统“优秀私营企业”、“消费者信得过企业”、“重合同守信用单位”等。

法人代表：俞云辉
地址：南宁市北际路20号
电话：(0771)3176609
邮编：530011

董事长俞云辉在运用科技手段电脑进行操作

广西同济医院门诊部

朝气蓬勃的公司员工合影留念

南宁市 畜牧兽医 工作站

市畜牧兽医站站长张高阳

兽医站领导在研究工作

兽医检疫员在进行生猪宰后毛虫检验

南宁市畜牧兽医工作站始建于1954年，现有职工97人，属国家事业编制，副处级单位，是南宁市动物防疫监督机构，人员编制实行一套人马，四块牌子，即：南宁市畜牧兽医工作站、南宁市兽医检疫站、南宁铁路兽医检疫站、南宁市兽医卫生监督检验所。站内设行政科、财务科、检疫科、监督科、防治科等五个科。主要职能是：负责全市畜牧养殖业生产技术指导、动物防疫检疫和监督管理、疫病监测、诊断、治疗，具体实施市区动物防疫、检疫和监督管理工作。近年来，站领导班子团结协作，锐意改革，狠抓队伍素质建设，率先在南宁市事业单位中进行人事制度综合改革，实行岗位公开，竞争上岗，择优聘用的办法，取得了较显著的社会效益和经济效益。被评为市级文明单位，多次评为全区兽医工作、畜牧系统先进单位；被市委评为先进基层党组织；被市委、市政府评为先进单位等。

法人代表：张高阳
地　　址：南宁市友爱北路55号
电　　话：(0771)3134814
邮　　编：530001

在市朝阳花园举办"新世纪、新质量、新生活"质量月宣传活动。

图为市政府副秘书长唐志喜（右三）在现场会上讲话

组织行政执法人员对年货市场进行检查。

图为南宁市政府副市长张冬梅（右一）区政府副主席张文学（中）市质量技术监督局局长黄义文（左）

举办特种作业人员培训班。

局长黄义文左四、党组书记彭夏康右三

南宁市质量技术监督局是自治区质量技术监督局垂直领导下的行政执法机关，集统一管理、组织协调标准化监督、计量监督、产品质量监督和锅、容、管、特等安全设备以及游艺机、游乐设施安全使用质量监督工作的综合职能部门。主要职能是综合管理和行政执法，具体负责在本市范围内贯彻实施国家、自治区和南宁市制定的有关标准化、计量和产品质量监督管理工作和锅、容 、管、特等安全监察工作的法律、法规、方针、政策。负责在全市行政区域内组织实施《中华人民共和国计量法》、《中华人民共和国产品质量法》、《中华人民共和国标准化法》、《锅炉压力容器安全监察条例》以及根据这些法律制订的质量技术监督工作方针、政策法令，是国家法定的行政执法机关，是我市整顿与规范社会经济秩序，打击制售假冒伪劣产（商）品违法行为的主力军之一。

该局内设有标准化科、计量科、质量科、稽查科等职能业务科室和质量技术监督行政执市法稽查队、安全监察等职能科室。下辖武鸣、邕宁两县质量技术监督局和南宁市计量测试研究所、南宁市产品质量监督检验所两个法定技术检验机构，为质量技术监督行政执法提供技术保障。目前全系统有专业技术人员157、高级职称6人、中级称职48人、初级称职103人。

南宁市质量技术监督局

消费者投诉电话：(0771)2837326　2806993
2831077　2804844
地　　址：南宁市东葛路20号
邮　　编：530022

区、市局统一销毁假冒伪劣商品现场。

武鸣县实验学校

学校领导正在研究治校方案。校长（左）李安泉，书记（右）陆炳成

武鸣县实验学校是一所县直九年一贯制实验学校。从1991年建校时，小学一年级新招两个班且借用厂房作教室，至今短短9年，学校已拥有一栋20间的初中教学楼，一栋16间的小学教学楼，一栋4层的逸夫科教楼；有幼儿部、小学部、初中部三部一体共32个教学班，学生1700多人，教职工106人。经过9年的努力，学校已先后获得“全国读书活动优秀组织奖”、“全区推标先进单位”，“全区体卫工作优秀单位”、“南宁市先进单位”、“南宁市文明单位”、“南宁市文明学校示范点”、“南宁市体育工作先进集体”、“南宁市警民共建标兵单位”、“县素质教育六项评估一等奖”、“县校园文化建设先进单位”、“县中考教学成绩评估一等奖”等204项县、市、区、国家级等集体荣誉。这些成绩的取得，是学校领导与广大教职工团结一致，勇于探索，不断创新的结果。

法人代表：李安泉
地址：武鸣县县城
电话：(0771)6236277
邮编：530100

初中楼全景

由香港爱国人士邵逸夫先生捐款，县政府斥资建成的逸夫科教楼外貌

学生正在科教楼的语音室上课

学生在老师指导下上电脑课

WU MING XiAN SHI YAN XUE XIAO

FAN HUA DI TAI FU LI REN SHENG

品味金都  品味人生

广西南宁金都大酒店雄踞于四季花妍树碧的“绿城”——南宁市，是由广西壮族自治区公路桥梁工程总公司独家投资按四星级标准设计和装修的一家商务会议型酒店。豪华舒适的金都大酒店占据极为便利的交通地理位置，傍依风景秀丽的人民公园，毗邻气势雄伟的广西区体育场；与南宁市火车站只有咫尺之距，邻近的汽车站、商业购物中心仅需十分钟左右的路程。酒店主楼高28层，集餐饮、娱乐、住宿、旅游、渡假、商务于一体。拥有能停放二百多辆车的大型停车场，客房有豪华总统套房、商务套房、标准间等各类客房共229间(套)，还拥有大小会议室共9间，其中二个大型多功能厅，每个能容纳220人左右。酒店一流的住宿环境，万应俱全的商务、会议及康乐设施，加上酒店现代化的管理和优质的服务水准，潜质无限、魅力无穷的金都大酒店绝对是您南宁之行的最佳选择。

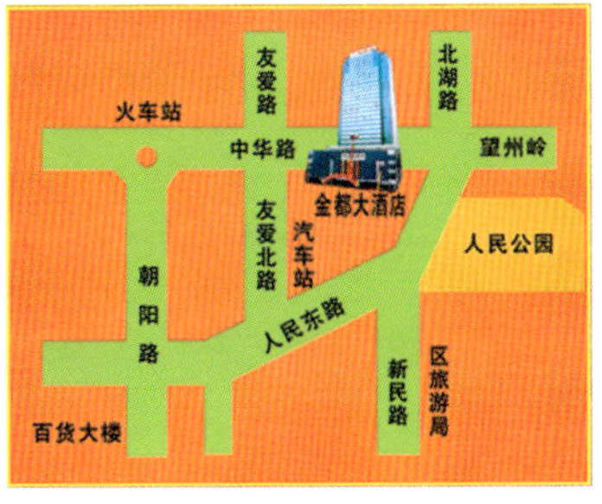

中国广西南宁市中华路17号
NO.17 ZHONGHUAROAD,NANNING,GHINA
邮政编码(POST CODE):530011
电话(Tel):0771-2108188
传真(Fax):0771-2108186
网址：http：//www.jinduhotel.com
Email：manager@jinduhotel.com

边检站钟站长与外国友人亲切交流

中华人民共和国南宁边防检查站为一支由武警公安边防部队领导的、担负着口岸边防检查任务、维护国家主权安全的现役部队，目前主要实施对南宁至曼谷、河内、香港的空中航线以及南宁至香港、澳门的水运航班进行边防检查和服务。2001年，该站坚持以维护口岸稳定安全为中心，大力加强边防检查工作，全面加强部队建设，取得了优异的成绩。一年来共检查出入境飞机642架次，往来港澳船舶161艘次，检查出入境旅客6万1千多人；查获偷渡案件5起15人，在控人员多人，较好地完成了以边防检查为中心的各项任务。该站先后被南宁市委、市政府评为“军警民共建先进单位”等，有1个集体被公安部边防局批准荣立集体三等功，2个集体被广西公安边防部队评为先进集体，5人荣立个人三等功，65人次受嘉奖。

站　长：钟　宏
地　址：南宁市福建路8号
邮　编：530031
电　话：(0771)4823500

ZHONG HUA REN MIN GONG HE GUO NAN NING BIAN JIAN JIAN CHA ZHAN

中华人民共和国
南宁边防检查站

检查员一丝不苟为出入境旅客服务　　精兵严治　　军民情意深，蓝天友谊长——民航给边检站赠送锦旗　　吴圩机场检查大厅

地　址：南宁市西乡塘西路59号
电　话：(0771)3244948
邮　编：530007

数学科高级教师校长彭蕾蕾

南宁外国语学校

梁祝副校长代表学校与新西兰詹姆斯·哈特斯特高中校长签订友好往来协议

学校聘请英语外籍专职教师给学生上口语课

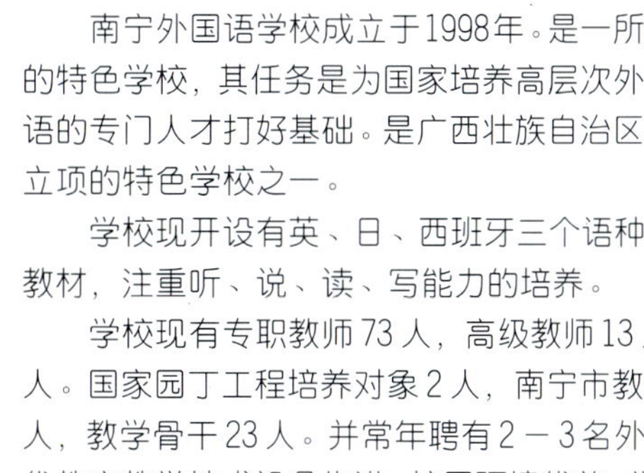

南宁外国语学校成立于1998年。是一所外语专业性教育的特色学校，其任务是为国家培养高层次外语人才及通晓外语的专门人才打好基础。是广西壮族自治区首批通过示范性立项的特色学校之一。

学校现开设有英、日、西班牙三个语种，采用国外原版教材，注重听、说、读、写能力的培养。

学校现有专职教师73人，高级教师13人，中级教师48人。国家园丁工程培养对象2人，南宁市教育系统学科带头人，教学骨干23人。并常年聘有2－3名外籍教师任教。现代教育教学技术设备先进，校园环境优美，学校实行寄宿制、公寓式宿舍条件优越，宽敞舒适，学校注重校园文化建设，常年开展各种类型外语活动，营造浓厚外语氛围，是培养外语人才的摇篮。

丰富多彩的课余活动

学校自创办以来，先后获得南宁市德育先进学校及广西德育先进集体等光荣称号，学校教学科研成绩显著，承担多项市、区、全国科研课题。

学校致力于广泛的国际交流活动，与国外学校建立友好关系，开展国际性教师互访及学生夏（冬）令营活动，为学校开拓视野，走向世界创造了条件。在2001年南宁国际学生用品交易会期间，南宁外国语学校又成功地与新西兰詹姆斯·哈特斯特高中，正式建立了友好的合作伙伴关系。

南宁外国语学校的建校目标是：管理水平一流、师资力量一流、教学水平一流、教学设施一流、教学环境一流。

欧式风格的一号教学楼

南宁铁路文化宫

南宁铁路文化宫是柳州铁路局工会直管的一个文化事业单位，它座落于南宁铁路地区中部，占地八千多平方米，有6个活动场所。

近年来，他们在办好职工"学校和乐园"的活动中，大胆改革，勇于创新，他们不是把活动场地、活动项目对外"一包了事"，而是在上级工会的亲切关怀和指导下，实行了主任负责制下的部分经理（主任）双效益目标责任制，推行一年一聘的全员内聘上岗制，对部门经理（主任）实行放权定职责，自我管理，保效运行。工作实行一日两效益，岗位实行一岗多职责，领导实行实岗领导的双重领导的管理模式。

在工作中他们抓素质，抓方向，抓效益，勇敢闯市场，在坚持保留和适当扩大无偿服务项目的同时，又创办了综合布料市场，对院内场地则实行了按时间分段，一地多功能全天候综合利用的管理办法，创出了一条文化宫国有资产增值与保值的有效途径，使无偿服务和创收有机结合，使两个效益同步增长，大大减轻了行政的补贴和负担。

近十几年来，南铁文化宫已有十年评为南宁市先进放映单位，多次评为南宁市文化市场十佳经营户和文明市场。连续九年评为柳州铁路局文化事业先进单位。1998年成为自治区总工会首批命名的"广西工会示范工人文化宫"1994年和2000年两次评为全国铁路先进文化宫。

法人代表：王卫东
地　　址：南宁市白仓岭铁路北三区一号
电　　话：(0771)2222939
邮　　编：530001

全体员工合影（前排左一为主任王卫东，左四为副主任周乃美）

文化娱乐小分队在沿线小站进行慰问演出

利用场地空闲时间开展以文补文的创收活动，创办了"综合布料市场"

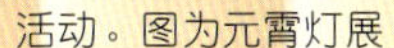

坚持开展经常性的丰富多彩的职工文化娱乐活动。图为元宵灯展

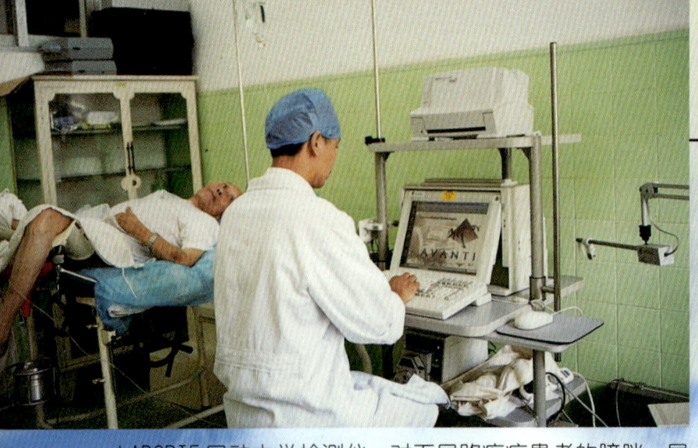

LABORIE尿动力学检测仪，对下尿路疾病患者的膀胱，尿道功能作出精确的统计数据分析，提供最佳的治疗方案，大大提高了临床治疗的效果

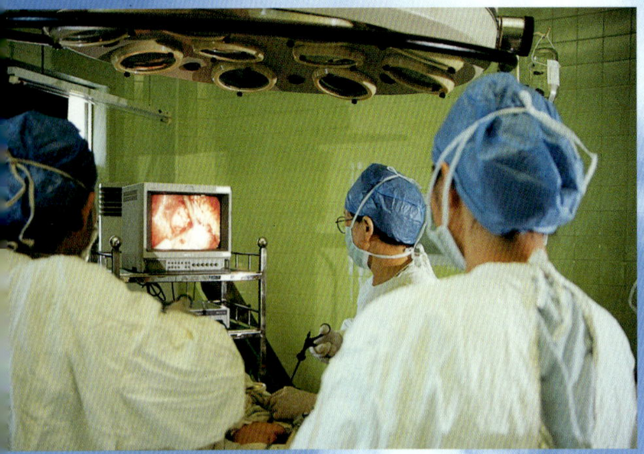

使用腹腔镜进行子宫肌瘤切除术，只需在腹壁开3-4个小孔，不用剖腹，即可切除瘤肿，手术时间短，痛苦小，恢复快

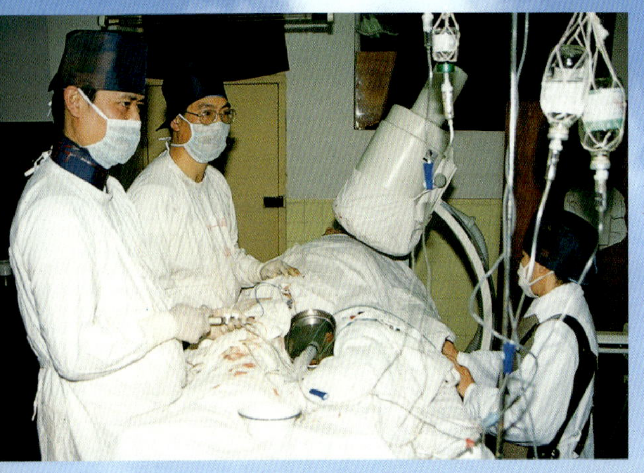

医务人员正为患者实施冠脉溶栓术

南宁市第一人民医院创建于1914年，前身是美国基督教安息日小乐园医院。目前医院已成为一家技术力量雄厚、医疗设备先进、专科配备齐全的三级甲等综合医院，是定点的国际紧急救援医院、教学医院、爱婴医院和市区首批职工基本医疗保险定点医院。医院连年被自治区和南宁市评为先进单位和文明单位。

医院占地面积近4万平方米，建筑面积7.1万平方米，开放床位600张。2001年门诊量59余万人次，住院1.08万人次。全院职工943人，其中卫技人员716人（高中级技术人员443人），占75.93%。医院设门诊部、住院部和社区医疗服务点。心血管内科、普外科和泌尿外科是重点专科。医院拥有全身CT、800mAX光机、心脏彩色B超、全自动生化分析仪、体外震波碎石机、LABORIE尿动力学检测仪、全套腔内泌尿手术器械、腹腔镜、电子胃镜、关节镜、高压氧舱、心导管监测系统、新型血液透析机和日本coll全套生命指征监护仪等现代化大中型医疗设备。医院已开展腔内泌尿外科手术、离体肾手术、睾丸自体移植术、体外循环心脏直视手术、二尖瓣球囊扩张术、冠脉溶栓术、微波热疗联合肝动脉结扎和灌注阿霉素治疗不能切除肝癌术、腹腔镜手术、角膜移植等高难度项目。2001年医院在省级以上医学刊物发表论文115篇，科研立项5项，其中2项科研成果通过市级鉴定，另有3项科研获区市科技进步奖。

医院坚持以“病人第一、医疗质量第一、社会效益第一”的原则，牢记全心全意为人民服务的办院宗旨，严格遵守《医务人员医德规范》，做到廉洁行医、合理住院、合理检查、科学治疗和合理收费，竭诚为广大患者提供便捷、优质的医疗服务。2001年12月我院荣获全国首批“百姓放心医院”。

法人代表：黄筱文
地　　址：南宁市七星路89号
电　　话：(0771)2804290（总机）　　(0771)2804288（院办）
(0771)2833120（急诊）
(0771)5530250（埌东社区卫生服务部）
邮　　编：530022

具有现代风格的12层外科大楼

南宁市第一人民医院

越了解牛奶 越信赖“童乐”

公司大门

排列整齐的先进生产线

高档、时尚的童乐奶吧

全自动消毒奶灌装线

南宁乳业有限责任公司是由原南宁市乳品厂、市红星奶牛场、市罗文奶牛场、市石埠奶牛场等单位进行资产重组而成的集奶牛饲养、乳品加工、科研开发、销售服务于一体的综合性乳业企业，隶属于南宁农工商集团有限公司。公司下属有2个加工厂、3个自有奶牛场，4个农户个体奶牛养殖基地，拥有3000多头荷斯坦黑白花奶牛，是目前广西规模最大、实力最雄厚的乳业企业，是南宁市农业龙头企业，广西“菜篮子”工程示范基地。

公司技术力量雄厚，检测手段齐全，装备有液态奶、乳制品、乳酸饮料、豆乳饮料、果汁饮料等先进生产线。2001年又投资500万元从美国引进了目前世界上最先进的屋型奶生产线，填补了南宁市高档乳制品的空白。目前，公司生产的“童乐”牌系列产品有：瓶装鲜奶系列、袋装鲜奶系列、屋型奶纸盒装鲜奶系列、酸奶、奶粉及各种乳饮料等五大类三十多个品种，以其营养丰富、品质卓越在市场上深受消费者喜爱，多次荣获全国保健食品金奖，自治区优质产品奖，广西消费者信得过名优产品等称号，是食品卫生信得过单位、无伪劣产品生产企业和消费者信得过企业。公司连续4年获振兴南宁市“经济效益杯”金杯奖。并荣膺南宁“明星企业”，2001年“童乐”牌系列牛奶成为国家质量检测达标产品。

公司热诚欢迎国内外嘉宾、客商、仁人志士前来洽谈业务，联系发展，共享收益。

南宁乳业有限责任公司

优质高产奶牛核心牛群

地址：广西南宁市衡阳西路6号　电话：(0771)3134689　传真：(0771)3134689　邮政编码：530001

南宁医药有限责任公司

南宁市医药大厦

南宁医药有限责任公司(原广西南宁市医药总公司),是广西年销售额超2亿元的国有控股的二级医药批发、零售企业，固定资产净值4000多万元，营业场所2万多平方米，属下8个批发分公司，一家药厂，34家连锁分店。公司从事国内贸易和进出口经营业务，经营品种齐全，质量管理规范，社会信誉度高。公司先后荣获广西区级先进企业、广西经济效益五十强企业、南宁市销售十强企业等称号；销售、利润、利税等经济指标连续10年居广西医药商业首位。1998年获GSP管理合格企业称号。先后评为全国医药市场治理整顿工作先进集体、全国医药系统第三届先进集体。

董事长兼总经理：潘秉义
地　址：广西南宁市解放路75号
邮　编：530012
电　话：(0771)2612655
传　真：(0771)2823866

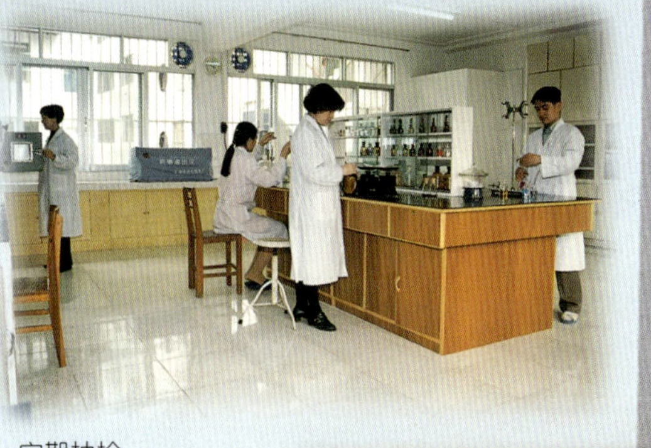
定期抽捡

仓储养护

质检中心

批发营业大厅

南宁市司法局

2001年，南宁市各级司法行政部门认真贯彻落实江泽民总书记“三个代表”要求，认真履行维护社会稳定职责。开展法制宣传教育，全年共组织开展各种法制宣传活动116次，配合全市“严打”及“打黑除恶”等专项斗争，组织律师做好法院指定的刑事辩护工作，年内全市律师代理刑事案件362件。组织司法调解中心、司法所和各级调委会开展经常性的矛盾纠纷排查活动，共排查调处矛盾纠纷3662起，制止群体性上访事件32起，维护了基层社会政治稳定。

启动“四五”普法。开展“四五”普法启动宣传月活动。举办各级领导干部讲座10场，科级以上干部听取法制讲座5000人次，举办普法第一次厅级领导干部法制讲座。开展“12.4”全国法制宣传日系列宣传活动，举办“法轮功”练习者法律培训班15期。组织少年犯在全市22所中学开展“现身说法”演讲，建立了青少年法制教育基地，举办了“为了明天——预防青少年违法犯罪展览”，开展依法治理面达85%以上。完成了国资律师事务所的脱钩改制工作，全市律师共担任法律顾问122家，同比增长13.9%，办理诉讼业务1519件，非诉讼业务141件，基层法律服务机构担任法律顾问233家，代理诉讼和非诉讼法律事务共1375件，市法律援助中心办理法律援助案件107件。加强基层基础工作。到年底，全市共建立乡镇司法调解中心48个，占全市乡镇的98%，缓解了当地党委、政府的压力。年内举办全市司法助理员培训班1期，各县区举办培训班8期，受训人员8571人。全市“148”法律服务专线解答群众电话咨询3609次，接待来访2878人次，指派法律工作者为群众办理法律事务170件，其中法律援助74件，提供上门服务132件，解决纠纷95起。

副市长黄家仁（后排左四）主持召开乡镇司法调解中心建设工作会议

市委宣传部、市司法局举办南宁市“四五”普法启动仪式

市司法局开展“四五”普法启动宣传月活动

法人代表：施小申
地　　址：南宁市济南路23号
电　　话：(0771)2413473
邮　　编：530011

灵水河畔明珠闪耀

武鸣县电业公司

公司苏炳臣经理在城东35千伏变电站检查工作

2001年2月自治区党委曹伯纯书记到公司开展“三个代表”学习教育调研活动

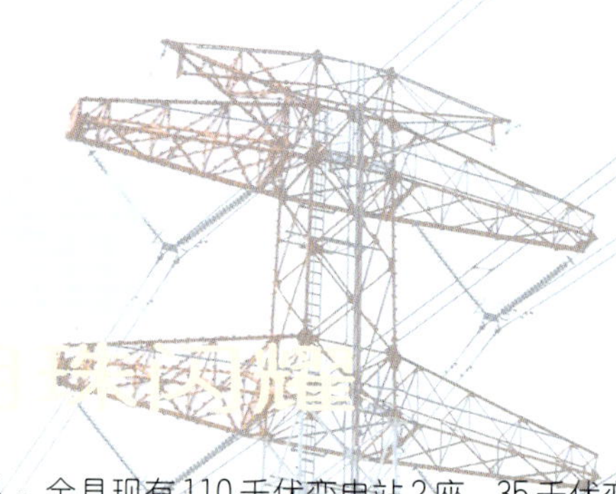

武鸣县电业公司现有干部职工437人，党员120人，具有中级技术职称33人。全县现有110千伏变电站2座，35千伏变电站13座。10千伏及以上高压线路1000多千米，电网覆盖全县16个乡镇213个行政村，供电受益人口60多万人。2001年，该公司认真贯彻落实党的十五大精神，努力实践江泽民总书记“三个代表”的重要思想，在国家电力公司和广西电力有限公司的具体指导下，加快推进农电体制改革、农村电网建设与改造和农电各项工作，取得了优异的成绩。2002年，全县累计完成农网改造10千伏项目51项，完成10千伏线路新建改造1268千米，完成400伏配电台区改造1045个，完成一户一表改造11.3万户，累计完成投资近1亿元。全县完成了乡镇电管站改革，共撤销乡镇电管站15个，成立公司二层机构——乡镇供电所13个，并挂牌运作。2001年4月起，全县实行了“四到户”、“五统一”、“三公开”规范化管理，执行“过渡电价”，农村照明电价降到0.546元/千瓦时，电价降了，电能质量有了可靠保障，民心工程得到了农民的拥护，社会效益十分显著。与此同时，公司经济效益也同步增长，全年实现供电量2.4亿千瓦时，售电收入超过1亿元，利税增幅较大，公司获南宁市先进生产单位、自治区文明小区等荣誉称号，实现了新世纪开局年的开门红。

公司与县人武部经常开展文体活动。图为“篮球比赛后合影

经理：苏炳臣
地址：武鸣县永宁路
电话：(0771)6238798
邮编：530100

广西质量技术监督局产品质量监督检验合格企业红榜展示

南宁梦雪日化有限责任公司

团结务实的公司领导班子

南宁梦雪日化有限责任公司于2000年7月经南宁市政府批准由原国有中型企业"南宁市肥皂厂"改制而成的公司，原"南宁市肥皂厂"成立于1956年，具有悠久的洗涤用品生产历史，是广西日用洗涤产品的主要生产企业，国家民族定点生产厂家，地处南宁市城北区，占地面积25000m²，建筑面积9896m²，拥有员工178人，其中各类专业技术人员30人。公司主要生产装置有：年产15000吨肥皂生产设备、年产4000吨香皂生产设备、年产2000吨液体合成洗涤剂生产设备、日产32吨真空干燥生产皂粒设备、年产3600吨附聚成型洗衣粉生产设备、年产500吨甘油真空蒸发和真空精馏设备。主要产品有洗衣皂、香皂、洗衣粉、甘油、液体合成洗涤剂（洗发香波、餐具洗洁精、沐浴露、洗衣液等）、沥青乳化剂、金属清洗剂等。公司拥有确保产品质量合格出厂所必需的各种检测仪器和设备，产品质量均执行国家标准和专业标准。近年来，公司不断进行技术改造，推陈出新，使产品向系列、优质、高科技方向发展。梦雪系列品牌：超浓缩洗衣粉、高级洗衣皂、餐具洗洁精分别荣获自治区优质产品奖和南宁市消费者喜爱的名优商品，有良好的社会信誉。

欢迎投资商到公司实地考察、洽谈合作！

新时尚

董事长：林英娥
总经理：赵礼强
地　址：广西南宁市衡阳东路32号
电　话：(0771)3316925
　　　　(0771)3316667
传　真：(0771)3316846
邮　编：530001
E-mail：mengxue@nn.gx.cninfo.net

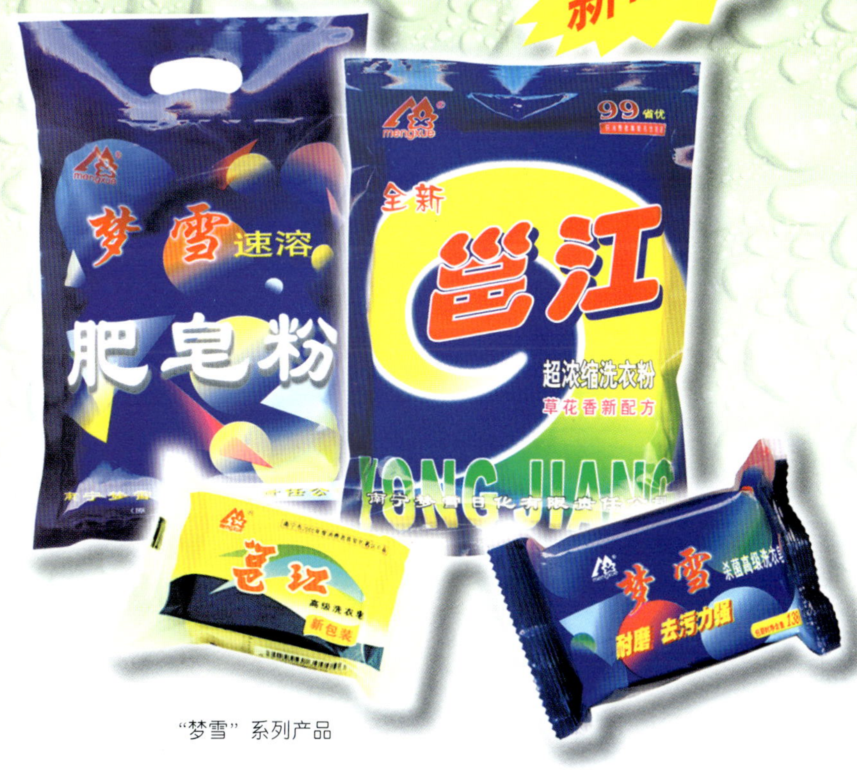

"梦雪"系列产品

南宁市建设局

南宁市建设局抓住西部大开发的历史机遇，以加快市政公用设施为目标，以落实为民办实事项目为重点，狠抓城市环境综合治理，促使城市建设各项工作深入发展。

主要抓好“六个一”工程建设，即“一道”：完成快速环道北环中段并通车；“一溪”：朝阳溪二期工程完成暗渠部份主体，完成项目投资的36%；“一站”：火车站广场改造于12月3日竣工开放；“一园”：翡翠园康居小区于9月初开工，完成部份三通一平工作；“一管”：管道燃气已敷设管网100公里，年末已覆盖城区用户约20万人；“一江”：可利江开发完成了项目调查、现状拍摄、地质钻探等部份前期工作。

“四个二”工程中，“两街”的兴宁路民生路步行街改造10月1日竣工开街；“两厂”的陈村水厂二期工程完成了全部土建工程，三津水厂筹建完成了可研报告，初步设计和征地等前期工作；“两路”的富宁路完成大部份工程量，累计完成总投资的76%。长湖路自10月底复工后，进度加快，完成了部分砼路面等；“两桥”的永和大桥已于11月开工建设，凌铁大桥已完成部份前期工作。

还实现了为民办实事项目四件。即改建四个路口的改造，完成了全市公厕免费开放；25条小街小巷道路路面和排水改造以及20条小街小巷路灯改造。经验收工程质量达到设计要求，市民普遍感到满意。

局长：黄润斌
地址：南宁市民主路北二里9号
电话：(0771)5646122
邮编：530023

争创一流的新城区人民法院

院党组成员，左起：副院长黄芳、院长杨智军、副院长施显龙、科长邓华道

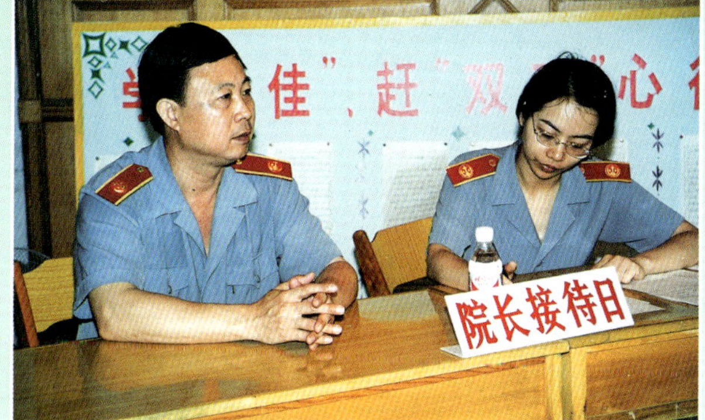

施显龙院长（左）正在接待群众来访

公开审判

南宁市新城区人民法院位于首府的政治、文化、经济中心，承担着重大的审判职责。近年来该院以争创一流法院、一流队伍、一流业绩的意识，积极发挥审判职能，谱写了一篇篇公正与效率的新篇章。

该院探索并建立了审判长选任制度、中层干部竞争上岗、强化素质培训、法官、书记员定期考核评优等一系列符合审判规律的队伍管理模式。至今，该院51名干警大专以上学历的达47人，其中本科毕业的23人，研究生毕业和就读研究生进修班22人。

该院敢于创新，在软件建设上推行了审判流程管理、繁简分流，半小时立案制等一系列保公正、提效益的改革和监督措施。在硬件上率先实现了办公现代化，建立了法院系统网络监控、电子屏幕公示、亚伟机庭审记录等科技化办公方式。深化改革和强化监督收到了良好的成效，该院2001年收案3697件，结案率就达99.17%，执结率达到了95.31%。收案数和结案数在全市各基层法院中名列前茅，人均收结案数达70多件，为社会稳定和经济发展提供了有力的司法保障。

该院先后被评为南宁市法院系统优秀法院，南宁市政法系统争创人民满意先进单位、南宁市先进单位、南宁市文明单位、南宁市先进党支部、广西法院系统人民满意的好法院、广西政法系统人民满意政法单位，并荣立集体二等功、三等功各一次、全国法院系统“优秀青少年维权岗。”

法人代表：杨智军
地址：南宁市新竹路北一里3号
电话：(0771)5867702
邮编：530022

该院干警在庆祝南宁市法院成立50周年文艺晚会上表演民族舞蹈

最高人民法院副院长祝铭山到我院视察

南宁铁路电务段

NAN NING TIE LU DINA WU DAN

南宁铁路电务段始建于1952年，现为柳州铁路局下属特等1类1档生产单位，副处级建制，内设7个科室、7个领工区及1个工贸公司、40个班组，2001年末职工总数为573人，担负着南昆线江西村～威舍、湘桂线黎塘～凭祥852.98公里运营线92个站（场）信号设备的养护维护工作。2001年，在铁路局、局党委的正确领导下，南电段顺利完成了3月份铁通与电务资产重组、8月份与原百色电务段撤并等重大改革。南电段按照铁路局关于“规范管理、强基达标”的要求和部署，持之以恒抓好安全生产，从1996年起连续6年无行车责任事故和人身轻伤事故。南电段大力加强两个文明建设，先后获得自治区“文明单位”、“综合治理模范单位”，铁道部“安全优质电务段”，铁路局“先进单位”、“爱国卫生先进单位”荣誉称号。南电段全面开拓多元经济发展途径，南电段工贸总公司下属南宁平安电线厂、南宁锦斯达、百色百讯、百色昆鹏、贵州兴义康顺等分公司，质高价廉的顺隆牌9种电线产品畅销路内外；在南宁、百色、贵州兴义等铁路地区开设的1家商场超市、3家旅店，每天诚迎四方宾朋惠顾；兴义康顺公司专业从事煤碳营销，滚滚乌金发往两广、云贵各地；2002年初又成立了柳州铁路局铁道工程股份有限责任公司南宁电务工程分公司（与南电段工贸总公司一套人马，两块牌子），具有三级施工资质，可承揽路内外电务工程项目。南电段工贸总公司及下属分公司诚守信誉，愿与新老朋友合作，共享双赢！

段长：王翼饶

段党委书记：李国祥

团结向上、富有开拓精神、充满朝气的段领导班子

法人代表：王翼饶
地　　址：南宁市衡阳路32号
电　　话：(0771)2222114
邮　　编：530001

南宁市散装水泥办公室负责南宁全市散装水泥的管理工作。

2001年市散装水泥办认真组织全办人员学习，提高散办人员的思想政治素质；坚持民主集中制原则，重大事项领导集体研究决定；抓好推散工作先进典型，发挥榜样带头作用；深入基层调研，不断改进工作作风；确定全年推散任务，提出各种实施措施；加大宣传力度，做好各项宣传工作；抓好推散设施设备配套，大力开拓散装水泥市场。在工作任务重，水泥市场竞争激烈，企业亏损严重等困难面前，市散办加大推散力度，强化服务意识，仍然取得较好的成绩：散装水泥产量由2000年的18.5万吨提高到2001年的24.8万吨，年增长率为34%；水泥散装率由2000年的15%提高到2001年的21.5%，增长了6.5个百分点，年增长率为43.3%。

水泥企业供散设施

党支部书记、副主任：肖子奇

上级领导指导工作

南宁市散装水泥办公室

发展散装水泥 保护环境与资源

散装水泥的环保效益

1、发展散装水泥有利于改善大气环境质量，减少粉尘。

水泥粉尘影响大气污染的主要途径是在袋装水泥运输过程中装卸和储存过程产生的破损，破损撒落水泥最终进入大气，成为悬浮物污染环境。如果使用散装水泥，从水泥厂内装运开始，在运输、储存、使用过程中全部在密闭状态下进行，同时配合预拌混凝土的推广，可以减少甚至消除这些粉尘排放，净化空气，去除污染。

2、发展散装水泥可提高空气质量，减少二氧化硫的排放。

每生产一吨散装水泥可节约煤炭 78 吨，1999年全国水泥产量4.8亿吨，如果按70%发展散装水泥，每年可节约燃煤2600万吨，相应减少空气中60万吨二氧化硫的排放量，将会大大改善空气质量。

3、发展散装水泥有利于维护生态平衡，具有显著生态效益。

1999年全国袋装水泥4.8亿吨，消耗包装水泥用纸折合优质木材1584万立方米，相当于全国木材总采伐量的1/5，约毁掉33万公顷森林。根据不完全测算，33万公顷森林生态环境价值68.3亿元，森林固定二氧化碳的价值46.8亿元，合计179.2亿元被白白浪费掉了。

4、发展散装水泥可降低噪音污染，改善施工环境和工人劳动条件，提高劳动生产率。

南宁市散装水泥发展目标到2002年

★散装水泥供应率40%

★散装水泥使用率40%

★预拌混凝土使用率60%

★散装水泥生产供应能力60万吨/年

★水泥生产企业散装设施能力70%

什么是商品混凝土

南宁市散装水泥办公室出版

到二〇〇二年发展散装水泥的规划

法人代表：肖子奇

地　　址：南宁市人民东路210号

电　　话：(0771)2618865

邮　　编：530011

南宁市青龙岗长安墓园

领导视察。左起：雷永益（经理）、曾立和（处长）

长安墓园远景

草坪葬

南宁市青龙岗长安墓园是一九九二年十月二十一日经区民政厅、南宁市政府、市民政局批准创立的合法性公墓，隶属南宁市殡葬管理处。办理接收南宁市及各地干部、群众和各界人士已故先人的骨灰、骨殖安葬寄存业务。墓园座落于距市中心7公里、邕蒲二级公路四公里处，占地面积410亩，由青龙岭、将军岭、白银岭、凤凰岭和大岭等五座山组成，诸峰青秀挺拔，坐姿百态。整个墓园坐南向北，背靠五象岭，东望青秀山，西近三叠石，北眺邕江河。园内设备齐全，管理规范。一九九六年被评为南宁市民政系统先进集体，一九九七年被区民政厅评为全殡葬改革先进单位，一九九八、九九、二000年被中共南宁市委、南宁市人民政府评为先进集体，九九年荣获振兴南宁市“经济效益杯”铜杯奖，二000年荣获全区经营性公墓评比一等奖，二000年被南宁市人民政府首府绿化委员会评为花园式单位。园内墓地、墓型多样，墓型采用纯正花岗岩、大理石、青石精制加工而成，价格设高、中、低三个不同档次。二000年清明前推出树葬、草坪葬、壁葬深受客户欢迎。

墓园自建园以来，先后开发了将军岭、白银岭、凤凰岭、青龙岭四个墓区。墓园设有迁坟业务，并设有运输、保管、电脑刻碑、建墓、安葬一条龙服务体系。如今，墓区间翠柏茁壮，园内流水亭阁，碧波粼粼，百花繁盛，水山相映，曲经通幽，一个花园式的公墓初具形成。

壁葬

长安墓园全景

排列有序地墓园一瞥

地 址：南宁市邕蒲二级公路4公里处　邮 编：530219　电 话：(0771)4500070　网 址：WWW.NNQLG.COM

南宁市总工会

南宁市总工会现有10个部、室，下辖10个县（区）总工会、2个驻会产业工会、4个直属事业单位。担负对全市2417个基层工会、253580名工会会员的管理。

南宁市总工会自1950年成立以来，伴随着南宁的经济发展和社会的全面进步，在市委和上级工会的领导下，紧紧围绕经济建设这个中心，自觉服从服务于全党工作大局，全面履行“维护、建设、参与、教育”四项社会职能，团结带领全市广大职工为南宁市改革开放和现代化建设事业作出了积极贡献。尤其是：大力推进党的全心全意依靠工人阶级指导方针的贯彻落实，职工民主管理、民主监督工作取得了显著成效；认真贯彻实施《劳动法》，推行平等协商和集体合同制度不断取得新的突破；动员和组织广大职工开展各种形式的群众性经济技术活动，取得了累累硕果；坚持两个文明一起抓，着力建设“四有”职工队伍，提高了职工的整体素质；深入实施“送温暖工程”，努力为职工群众解难，为党和政府分忧，受到了职工群众和全社会的广泛赞誉。市总工会荣获“全国工会干部教育工作先进单位”、“全国集体合同建制先进单位”、“全国工会市县生活保障工作先进单位”等自治区级以上的奖励30多项。

首府《工会法》宣传周活动隆重开幕。图为自治区总工会、南宁市总工会、区总南宁地区办事处领导出席了开幕式，并接受市民法律咨询

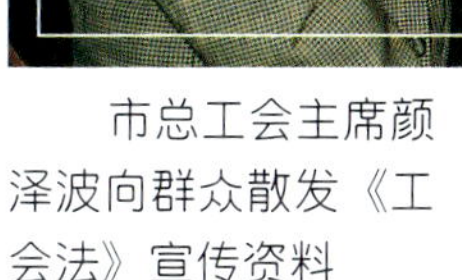

市总工会主席颜泽波向群众散发《工会法》宣传资料

市总工会副主席蔡霓虹接待工会干部和职工咨询

地　址：南宁市民主路20号
电　话：(0771)2810260
邮　编：530012

GUO JIA JI NAN NING JING JI JI SHU KAI FA QU

自治区副主席张文学、南宁市市长林国强带领区市领导到开发区现场办公

良好的投资环境

南宁经济技术开发区创建于1992年，2001年5月经国务院批准为国家级经济技术开发区。为了加快开发区的建设和发展，2002年起南宁经济技术开发区由原规划面积10.769平方公里扩展到81平方公里。开发区实行一区多园，坚持“以工业项目为主，吸收外资为主，出口为主，致力于发展高新技术”的发展方针，配套发展保税仓储、商品集散市场、物流中心、房地产、学校、旅游等多功能综合性项目。

开发区位于西部大开发十二个省市中唯一沿海的广西壮族自治区的首府南宁市的南部，距市中心仅5公里，交通网络发达，风景秀美的良凤江国家森林公园位于开发区内，自然条件得天独厚，区位优势非常明显。开发区基础设施完善，配套设施齐备，所开发的土地皆达到“五通一平”，符合现代工业发展的需要。目前已建立了中小企业工业园等多个工业园区，已有来自德国、韩国、马来西亚、新加坡、香港、台湾等国家和地区的56家企业在开发区落户，2001年完成工业总产值4.46亿元，工业销售收入4.32亿元，工业增加值1.34亿元，商贸收入4.23亿元。一个充满生机活力、功能齐全、环境优美的富有南国特色的开发区已初具规模。

开发区将是21世纪南宁市经济发展的新亮点，具有强劲的后发优势，我们以良好的投资环境、上乘的服务，热诚欢迎国内外各界朋友到开发区参观、洽谈、合作、投资开发，共创事业的辉煌。

地　址：中国广西南宁市江南路76号
电　话：(0771)4516161　4516022　4516259
传　真：(0771)4516162
E-mail：nndev.zo@163.net
nn56677@nn.gx.cninfo.net
网　址：http://neda.gxi.gov.cn/
邮　编：530031

国家级南宁经济技术开发区

南宁市江南区人民法院

廉洁从政 秉公执法

院长：陈德勇

2000年，南宁市江南区人民法院认真实践“三个代表”的重要思想，贯彻《人民法院五年改革纲要》，充分发挥审判职能作用，全面履行宪法和法律赋予的职责，各项工作成绩显著。全年共审理各类案件，比上年同期上升14.3%，总结案率为98.25%，有力地维护了人民的人身和财产的安全，妥善调整了民事关系，确保社会的稳定。为加强法院队伍建设，提高队伍整体素质，该院党组以“三讲”教育为突破口，抓思想、作风、组织三方面的建设，做到求真务实，团结共事，严于律己；坚持民主集中制的原则，开展批评和自我批评，纠正和查处不正之风；在全体干警中开展警示教育和争创人民满意的法院、人民满意的法官活动，提高干警廉洁从政，秉公执法的思想意识。同时，该院以优质、高效为目的，加强法院改革，推行“放权”制度即充分发挥审判长和独任审判员在庭审中的作用，由其对审判负责，依审判职责签发法律文书；推行申诉听证制度，实行“阳光申诉”，保证案件质量，使审判的整体质量水平有了新的提高。

团结奋进的院领导班子

法人代表：陈德勇
地　　址：南宁市江南路西一里21号
电　　话：(0771)4876176
邮　　编：530031

即将竣工的法院办公楼

开庭审判广西足球俱乐部告广东宏远足球队一案

邕江律师事务所

黄琼芳主任、法学硕士

邕江律师事务所是经广西区司法厅批准成立的，拥有高学历、高水平、高素质的一支律师队伍，现有律师及工作人员十五人，其中法学博士二人，法学硕士四人，法学研究生七人，所有的律师均能独立处理国内、外民、刑事案件和非诉讼案件；大部分律师精通英语、熟练国际法和外国法，能够随时向客户提供迅速、高效、优质的法律服务。本所目前已和法国的康士坦丁律师行、英国的其礼律师事务所、比利时的德拉埃——维费斯律师行、新加坡的卡答尔黄律师馆、香港的冼基利律师事务所、齐伯礼律师行等建立了良好的关系，为办理涉外法律事务所提供了更为便捷的服务；本所与北京众天律师事务所结成的律师集团，具有中国司法部和证券委颁发的证券律师从业资格，能够为证券业务和股票上市提供法律服务，并在广西操作股票上市业务上取得了卓有成效的成绩。

邕江律师事务所的主要业务范围为：接受政府机关事业单位，国内、外企业，社会团体及个人的聘请，担任法律顾问；委托担任民事、经济、刑事、行政诉讼、非诉讼代理；接受非诉讼法律事务当事人的委托，提供企业登记，工程招投标、房地产交易、专利申请、商标注册；解答有关法律咨询、代写诉讼文书和有关法律事务的文书；委托担任国际货物买卖投资和融资等案件的国际仲裁代理；代理在中国境内外执行国际仲裁裁决或中国法院判决；帮助公司组建、改制、兼并与清算，参与大型投资，成套设备进出口项目的谈判等。

邕江律师事务所始终将发展目光盯在中国加入世界贸易组织后国内外客户的需求上，欢迎国内外客户前来洽谈业务，我们的承诺：服务观念现代化，我们永远做到最好！

袁晓勇副主任、博士与英国BSI审核人员约翰·布鲁姆先生合影。

部分律师合影

地　　址：中国广西南宁葛村路9号珉旖大厦七楼
电　　话：+860771　5846703　5846732　5847016　5846536
传　　真：+860771　5847463
电子信箱：yxyl@nn.gx.cninfo.net

武鸣县 林业局

WU MING XIAN LIN YE JV

局　长　梁全辉
副局长　方成轩
副局长　甘荣欢
副局长　陈树民

低产林改造种上果树，果实累累。

县委组织部刘德雄(右)部长与梁全辉局长(左)在仙湖镇邓柳村珠防林竹子基地上参加义务植树活动。

武鸣县林业局成立于1960年3月，2001年底机构改革后，局内设综合股、林政资源管理股、森林公安股、营林站等4个机构，县森林防火指挥部办公室设在县林业局。1985年起，先后在县内主要公路干线上设立木材检查站，负责检查、受理外运木材业务。全局现有干部职工47人，其中党员20人，具有中级技术职称4人，高级职称1人。负责指导全县16个乡镇林业站的工作，县境内有12个区(地、县)属国有林场(所、站)，全县林业用地面积224.3亩，森林覆盖率为42.42%，林业用地绿化率95.43%。2001年完成造林6472公顷，其中尾叶桉、马占相思等经济林3358.7公顷，绿色工程林130.6公顷。2001年林业总产值4356万元。这几年由于经济林建设成绩显著，荣获2000年度全国经济林建设先进县称号。2002年县林业局决心在县委、县政府的领导下，进一步加大招商引资工作力度，认真抓好珠防林建设、抓好退耕还林还草工程工作以及山区石漠化治理，做好全县林业产业结构调整，争取使全县林业工作更上一个新台阶。

原县林业局局长罗春荣(右)副局长甘荣欢在灵马检查新种尾叶桉林木生长情况

地　址：武鸣县城东开发区　电　话：(0771)6225182　邮　编：530100

都之都 家具博览中心

DU ZHI DU FURNITURE SHOW CENTER

都之都家具博览中心是香港恒业家私集团投资的超大型家具展场，占地面积达2万平方米，首期开发1万2千平方米，是全区最大、独家经营、购物环境最佳的家具展销中心。中心实行现代化的经营管理理念，以经销国内外知名厂家的名牌家具为主，价位适合各消费阶层。阶梯式的经营品种全方位引导南宁家具消费的新潮流。

都之都家具博览中心规模之大，气势之宏伟，在广西首屈一指。中心设施完善，档次最高，服务一流，足令每位顾客留连忘返。都之都家具博览中心的每一款家具均是经过专业人士多次选评，更适合每一个家庭、办公场所。

“锲而不舍地追求完美”是都之都人的精神。都之都以追求高品质、高效率、高档次为宗旨，汇集了一批高级管理人员和一流的服务导购小姐，这些都将为广西家具行业带来新的活力，为建设南宁“大市场、大流通、大枢纽、大都市”做出贡献。

地址：广西南宁市北湖南路34号南宁装饰城内
电话：(0771)3302932
传真：(0771)3302932
邮编：530001

南宁市殡葬管理处

门景

风景秀丽的馆区一角

俯瞰图

处长：曾立和
书记：陈国生
地址：南宁市望州路308号
电话：(0771)3329039
邮编：530012

位于馆区左侧的皇帝岭公墓

广西南宁市邕宁县香蕾茶叶有限公司

厂长王国强正在筹划经营决策

广西南宁市邕宁县香蕾茶叶有限公司建于1993年，是广西生产、销售茉莉花茶的一家较大的乡镇企业。

公司设有“三厂一部”，即邕宁县香怡茶厂、香蕾茶厂、老挝普发茶厂、北京销售部。公司现有职工180人，专业技术人员30人，拥有成套制茶先进设备，固定资产1300万元，年产花茶2500担，年产值3500万元，已形成“公司+基地+农户”产供销一条龙的农业产业化龙头企业。

实施名牌战略，树立公司形象。公司积极吸收和应用当代制茶的新工艺和科研成果，研制出具有自己特色的名优品牌—“彬源牌”花茶（生态茶），畅销北京等市场，树立了良好的形象。

建立基地，保障原料供应。公司与邕宁蒲庙镇龙岗村农民签订茉莉花种植合同，实行保护价收购，茉莉花种植面积已达2500多亩，成为公司的生产原料基地，年产茉莉花300万元，花农年收入达800万元，带动了农民走上富裕道路。老挝普发茶厂地处高原，方圆百里，山岭绵延，是种植生态茶叶的理想之地，现已建成5000的亩茶叶种植基地。

确立辐射中心，形成销售网络。公司在北京设立了销售经营部，以北京为中心，向天津、大连、济南、包头、西安、太原等地辐射，在北方各省建立了销售网络。

2000年元月21日，王国强厂长（左一）在老挝丰沙里省政府办公厅与老挝方面签订开办我厂附属粗制茶叶加工厂——普发茶厂和开发万亩茶园基地的合同

原自治区党委赵富林书记（左）和原邕宁县县委容小宁书记（右）详细地向王国强厂长（中）原邕宁县县委询问茶叶生产情况

南宁市人民政府副市长黄家仁（左二）邕宁县人民政府县长罗大光（左一）和南宁市乡镇企业局局长何达生（左三）正在认真查阅我厂汇报的书面材料

法人代表：王国强　　地址：南宁市邕宁县蒲庙镇　　电话：(0771) 4750677　　邮编：530200

广西南宁茅桥中心医院(广西壮族自治区监狱总医院)位于广西南宁市东面茅桥路3号，是广西监狱系统一家功能较为齐全的综合性医院。医院占地7.45万平方米，医疗业务用房6960万平方米。设临床医技科室15个，开放床位200张，各种较大型医疗设备28台(套)。医疗服务于监管，服务于社会。

全院在职职工200余人，其中具有高级职称5名，中级职称64名及部分在读研究生数名。医院注重管理，强化职业德建设和技术队伍建设，医疗服务质量和医疗技术水平不断发展。内科在治疗心脑血管疾病方面已达到一定的水平，外科可进行颅内、甲状腺、肝、胆、脾、胃肠、肾、输尿管、前列腺及骨科等难度较大的手术。妇产科能熟练完成阴式全宫切除、腹膜外剖宫产等手术。1991年在广西第一家开展戒毒医疗业务。目前医院医疗规模不断扩大，硬、软件设施逐步完善，全院职工正以精湛的医术、优质的服务、低廉的收费为系统内外及社会各界群众解除病痛，为广西和南宁卫生事业作出贡献。

法人代表：蒙厚新
地　　址：南宁市茅桥路3号
电　　话：(0771)5600139
邮　　编：530023

院长：蒙厚新

熊成仁副院长(左)蓝耀辉政委(中)蒙厚新院长(右)

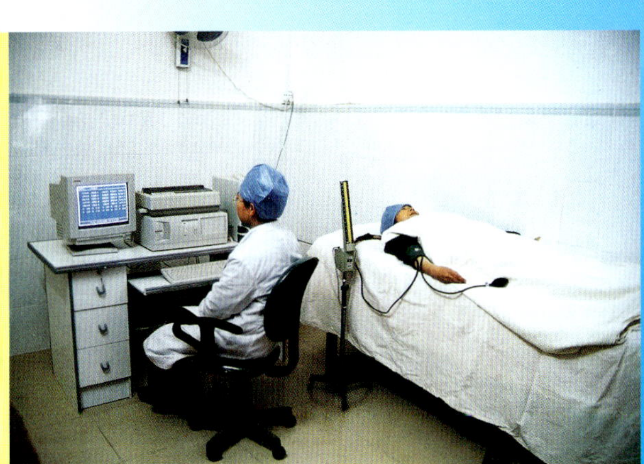
医师正在操作高血压辨证分型专家诊断系统

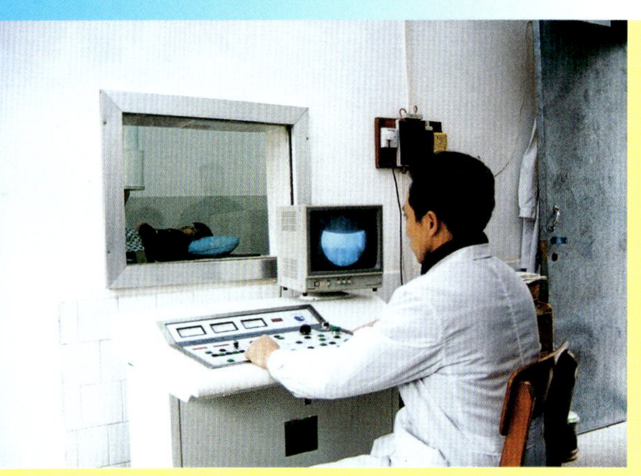
医师正在为病人实施外冲击波碎石术

广西药用植物园

植物园新接待楼

广西药用植物园（又称中国医科院药植所广西分所）隶属于广西壮族自治区卫生厅。位于南国绿都广西首府南宁东郊（邕宾路1-1号）。

本园占地240公顷（3600亩），栽培药用植物2500多种，面积之大、品种之多乃中华之最、亚太之冠，堪称“亚洲第一药园”，被誉为现代的“立体的《本草纲目》”。

园内绿树成荫、鸟语花香，奇花异草遍布，有神奇的中药、美丽的传说，蕴藏着丰富的传统中医药广化内涵，是科普、旅游、休闲的理想场所，现已列为广西和南宁市重点建设的旅游景区。

本园交通、能源、通讯、水电十分便利，市区7路、22路公交车直达园内。

中央和地方政府对本园历来很重视，江泽民、乔石、尉建行、宋任穷、杨汝岱、方毅、费孝通、李贵鲜、宋健、周光召等党和国家领导人到过本园视察并指导工作。

目前本园有旅游公司、制药厂、药物职业学校、花木公司等四个经济开发部门，为科研、旅游、中药、科教、药用花卉等方面科技开发和进入市场经济以及学术交流提供了十分有利的条件。

为了充分发挥本园得天独厚的优势，弘扬祖国中医药文化，并回报社会的厚爱，不辜负中央和地方政府的期望，本园已进行全面规划，规划中的药园将建成集科研、科教、科普、旅游观光、健身娱乐、休闲度假于一体，具有传统中药文化特色的综合性开发基地。

地址：广西南宁市邕宾路1-1号
电话：(0771)5613083　5611352
邮编：530023

植物园办公大楼

南宁市伊斯兰教协会

会　　长：易卜拉欣·马安禄
地　　址：广西南宁市新华街25号
电　　话：(0771)2618260
邮政编码：530012

市伊协自养事业——清真饭店

会长：易卜拉欣·马安禄

南宁市伊斯兰教协会成立于1982年，有穆斯林3000余人，其民族成分主要是回族。设委员15人，常委7人，会长1人，副会长2人，秘书长1人，下设生产管理、寺产管理、监事、宗教宣传4个工作组，由委员中推选适当人员负责各工作组的工作，每5年一届。

属南宁市伊斯兰教管辖的清真寺有1座，始建于清顺治年间，历年均有修葺。1998年，该寺先后被评为自治区“五好清真寺”暨“全国模范清真寺”。1985年利用清真寺底层作门面，创办清真饭店，1991年又在民生路开办了一间清真餐厅，解决了南宁市回民和过往的穆斯林群众就餐困难的问题。2000年，在回族公墓新建一座发送亡人“站者那则”用的全国颇具阿拉伯建筑风格的殡礼厅。1986年在清真寺内开办一期南宁市经学班，为广西培训了一批海里法，为伊斯兰教培养了接班人。还分别编撰了《南宁市伊斯兰教志》和《民族志》回族部分，填补了南宁市既往伊斯兰教和回族教文史资料方面的空白。

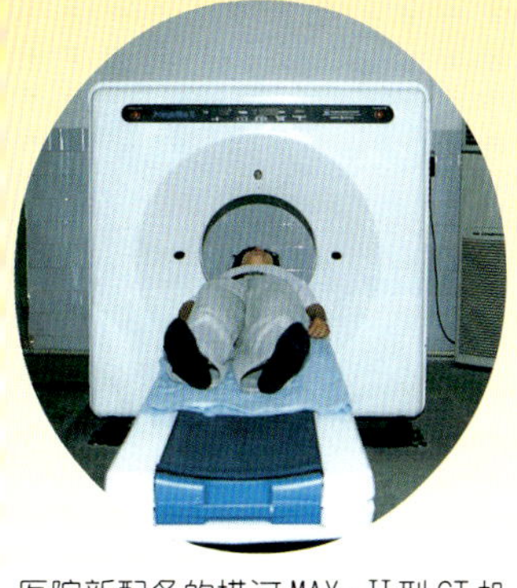
医院新配备的横河MAX-Ⅱ型CT机

团结协作、开拓创新的党政领导班子。从左至右为医院副院长尹平，党支部书记潘吉新，院长、党支部副书记潘源浩，副院长韦丽莎

武鸣县人民中医院始建于1954年，1979年5月转入全民所有制事业单位，是一所集医疗、科研、教学、保健与康复为一体的国家二级甲等中医院，是武鸣县创建全国农村中医工作先进县项目的龙头单位。医院总建筑面积14800m²，固定资产800万元，医疗设备总值380万元。

医院有正式职工141人，其中副高职称的专家6名，中级职称的技术骨干47名，编制床位105张。拥有全身CT、血液透析机、体外震波碎石机、半自动生化仪、多参数心电监护仪、血球计数仪、尿十项测定仪、胃镜、多功能麻醉机等现代化仪器设备，有达省级标准的以生产中草药剂型为主的制剂室。设有四个门诊部，配套有内、外、妇、儿、五官、针灸、理疗及医技检查科室。

医院能实施胃肠各种手术、结肠癌手术、肝肿瘤切除术、胆囊切除术、前列腺摘除术、脾切除术、肾切除术；胆总管切开取石术、经膀胱镜尿道结石碎石取出术；甲状腺瘤及甲亢手术、乳腺癌手术；颅骨骨折整形术、颅内血肿清除术；四肢骨干骨折手术、关节畸形矫形术、脊椎手术；妇产科可开展子宫肌瘤切除术、子宫全切除术等。

近年来，骨伤科“自身加压粘骨器在四肢骨干粉碎性骨折的临床应用”获市级科研成果鉴定一项；软科学研究项目“武鸣县创建全国农村中医工作先进县工作研究”获市科技局立项。

布局合理、功能齐全的医院门诊大楼

现任院领导：院　长：潘源浩　　书　记：潘吉新
副院长：尹　平　　韦丽莎
院办电话：6226473
地　　址：县城厢镇五海路6号
邮　　编：530100

武鸣县人民中医院

三〇三医院

三〇三医院，是一所集医疗、科研、教学、保健于一体的三级甲等综合性医院，交通便利，环境优美，住院条件良好，医疗设齐全，专科技术精湛。

医院现有卫生技术人员700多名，有磁共振、CT、数字减影、碎石机、X-刀、光子刀等设备。28个科室、45个专科。耳鼻喉科、烧伤整形、显微外科、脊柱外科、脑血管疾病以及甲亢病、老年病、肾病、血液病的诊治在广西及至全国处于先进水平。尤其是在碘131治疗甲状腺机能亢进积累了丰富的经验，方法安全简单，疗效可靠，为数万名甲亢患者解除了痛苦，在华南地区享有盛誉。近三年来获科技成果奖20多项，获国家发明专利4项，获国家及自治区重大科研项目5项，开展新技术、新项目120多项。

地　址：南宁市植物路52号(火车站、汽车站乘212路专线车直达)
电　话：(0771)2870303或2801416转有关科室
邮　编：530021

南宁市红十字会医院

南宁市红十字会医院创建于1933年春，前身为中国红十字会邕宁县分会医院，1952年市人民政府正式接管并改称南宁市红十字会医院。现在已建成一所集医疗、教学、科研、预防和康复于一体的综合性医院，闻名区内外。

目前医院占地5278平方米，建筑面积17756平方米。现有职工400多人，其中医务技术人员占78%，高级职称35人，中级职称135人。共设有临床科室18个，医技科室8个，职能科室10个，实有病床300张。年门诊病人25万人次，收住院病人5000多人次。

1995年开展的白内障超声乳化吸出术和人工晶体植入术，获南宁市科技进步三等奖。1998年4月"南宁市白内障治疗中心"在南宁市红十字会医院挂牌成立。该项技术在手术中以及技术学术水平上属国内先进、区内领先水平。

该医院是国家级爱婴医院，1998年7月通过等级医院评审，成为南宁市二级甲等医院，近十年来，医院共有10多项科研成果通过鉴定，多篇高质量的学术论文在国内外各种医学刊物上发表或在各种学术会议上交流、获奖。

地　址：南宁市人民西路13号
电　话：(0771)2824485(办)　2825563(急)
邮　编：530012

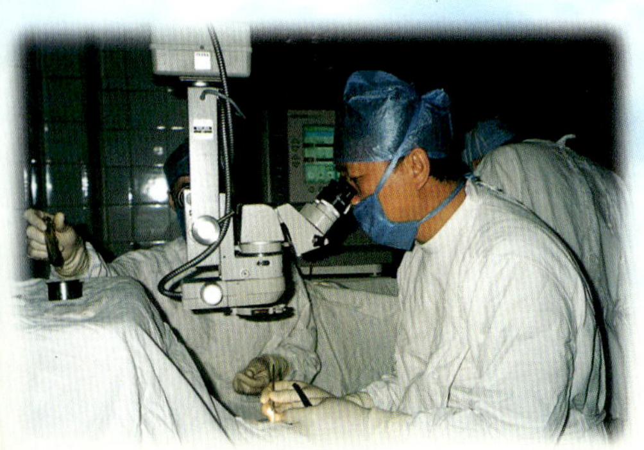

眼科运用世界先进设备超声乳化治疗仪开展白内障超声乳化手术

NAN NING SHI HONG SHI ZI HUI YI YUAN

职教花吐艳 桃李尽春晖

——南宁市第一职业高级中学

校长：蒙东穗

南宁市第一职业高中是国家级重点职业高中，是广西职业教育先进单位、文明单位。教育设施完善，教学设备优良，是广西中等职业学校办学条件优秀学校。校内有多媒体电教室、电子阅览室、烹饪操作、电工电器、模拟客房等31个实验、实训室，计算机316台，还有若干个校外实习点。现有教职工188人，专任教师中、高级教师人33人，南宁市学科带头人4人和骨干教师40人，“双师型”教师47人；开设10个专业、59个教学班、在校生2788人，已为社会输送6220名毕业生，短期培训8535人。是目前广西办学规模最大的综合性职业高中。是广西职业教育窗口学校。2001年又一次荣获“全区职业教育先进单位”称号。

学生在上电工专业理论课

学校确立为首府经济和社会发展服务的办学宗旨，以餐旅服务类专业为重点，立足三产服务全市的办学目标。认真贯彻党的教育方针，坚持以人为本位，加强和改进德育工作，全面推行素质教育。坚持以教学为中心，以培养学生创新精神和实践能力为重点，以科研为先导，深化教育教学改革。学校加强专业现代化和信息化建设，采用现代教学手段，教育教学质量不断提高。

学校全景

法人代表：蒙东穗

电　　话：(0771)2418141

地　　址：南宁市新阳北一路19号

邮　　编：530003

南宁市民族高级中学

团结奋进校务委员班子，图中间为校长劳以东

法人代表：劳以东

地址：南宁市江南区槎路5号

电话：(0771)4848930

邮编：530031

该学校是广西首府南宁市教育局创办的直属国办全日寄宿制民族高中。校园座落在江南区槎路5号，占地152.37亩。学校计划办学规模30个教学班，学生1500人以上。现有教学楼、学生公寓楼、教师住宅楼等一批民族特色浓郁的建筑；有理、化、生实验室和仪器室、56座多媒体语言室、计算机教室（共有高配置计算机70台）、多媒体电教室、劳技室、音乐室、美术室、图书室、阅览室、卫生室等，有标准水泥篮球场、田径（足球）场等。

民族中学

该校现有壮、汉、瑶、侗、回、锡伯、布依等民族学生345人，教职工36人。有中、高级职称者达75%以上，学校管理规范，教育教学质量稳步提高。对品学兼优、家庭经济有困难的少数民族学生市政府给予资助。学校设“立志成才奖学金”，奖励各年级优秀学生。

学校制定有10年规划，力争实现和坚持“双特色”，即民族特色、学科特色，把学校建成具有“一流的办学思想，一流的教学设备，一流的管理水平，一流的教师队伍，一流的质量效益”的普通高中。

我校参加市第八届中学生运动会运动员合影

南宁市金宁床垫厂

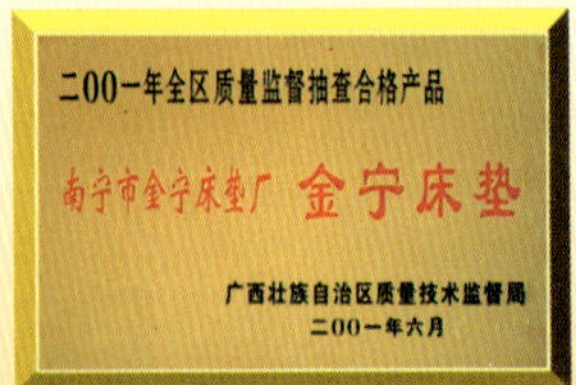

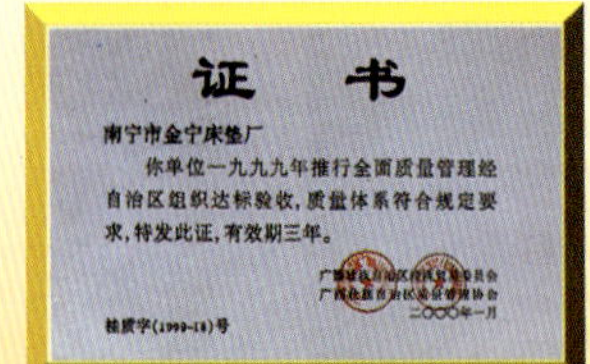

弹簧软床垫系列

“金宁牌”床垫，从建厂生产以来已有十多年历史，产品经过市级技术鉴定，多年来一直接受南宁市或自治区（省）级产品质量技术监督部门监督抽查，质量一直保持国标A级水平。如2001年6月份，在全区（省）产品质量抽查中合格，荣获自治区技术监督局授匾荣誉。

企业一直视产品质量为企业的生命，领导十分重视产品质量工作，生产过程层层把关。因此，产品质量一直保持稳定，连年被区（省）、市消费者协会推荐为“消费者信得过的商品”，于1999年还荣获广西自治区政府颁发《广西优质产品》证书。因此，年年入编于区（省）、市《年鉴》之中。于2001年还被吸收为“南宁市工商局12315横向服务网络企业消费者投诉处理站”成员之一。

因为“金宁牌”床垫产品质量好，价格适宜，已成为广大消费者的首选商品，如南宁饭店等一批知名大饭店、宾馆及许多区市机关干部、广西大学、民族学院老师等都纷纷前来选购“金宁牌”床垫。我们也欢迎广大消费者前来我厂考察选购“金宁牌”床垫，提宝贵意见。我们将深表谢意。

地址：南宁市安吉大道众乐家私城往前800米处
电话：(0771) 3135588（办）　3135688（传真）
手机：13507713955
市金宁床垫厂网址：WWW.Jinning.net
邮编：530001

南宁市药品检验所

南宁市药品检验所创建于1976年7月，是南宁市辖区内法定的药品监督检验机构。1996年定为相当副县（处）级事业单位。1995年获全国卫生系统执行药品管理法先进集体。1999年通过区技术监督局“计量认证”。

该所技术力量较强。现有在职职工21人，其中高级职称药学技术人员7人，中级职称4人，初级职称4人，有各种检验仪器130台件。拥有紫外分光光度计、气相色谱仪、液相色谱仪、薄层扫描色谱仪等万元以上高精仪器20余台，使检测水平有了较大提高。

该所负责对辖区内各药品生产企业、经营企业、医院、药品零售店、诊所（室）等所生产、经营、使用的药品，按中华人民共和国药典、部颁药品标准和地方药品标准的规定进行计划抽验和监督抽验，每年完成检验药品约2000件。

地　址：广西南宁市明秀东路北二里3号
电　话：(0771) 3132340
邮　编：530001

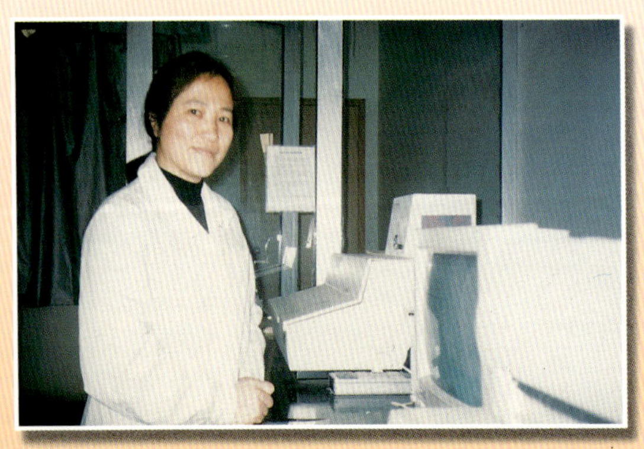

先进的药品检验仪器

正在操作药品检验仪器

满园春色在清川

南宁市清川小学创办于1995年8月，面积13206平方米，在校学生650多人，学校在以人为本育人过程中，突出重点办出特色。以德治校实施“多棱课程，主体施教，远程拉动”的教学改革，承担国家级课程标准实验，自治区“创新教育”，“听音想象作文”，南宁市“十五”规划课题《在探究性的活动中培养小学生实践能力的研究》等科研实验项目，成绩斐然，不断向教育现代课进程迈进。

几年来，学校先后被评为“自治区爱国卫生先进单位”、“爱科学月活动先进集体”、“南宁市”文明单位、“花园式单位”、“科研工作先进单位”等50多项集体奖励，仅2001年，学校师生参加征文比赛，书画比赛、奥林匹克数学竞赛，获国家级奖66人次，自治区级奖的80人次，南宁市奖292人次。

校长许必丰接受“绿色学校”奖

沁园清川小学

师生合作学习

校　长：许必丰
地　址：南宁市陈东路18号
电　话：(0771) 3247037
邮　编：530007

邕宁县蒲庙三中

校长滕维信

邕宁县蒲庙三中，创办于1993年，是一所县办的高中类一级学校。学校座落县城东郊，地处侧钻岭南边，雄居于素有“金龟献宝，银龙舞凤”之美称的金龟山上，占地150亩，校舍建筑面积23680㎡，现有高中25个班，初中15个班，共40个班，在校学生2800人。

蒲庙三中依山傍水，环境优美。平直的校道两旁，宽阔的操场四周，硕果累累的芒果树，青翠欲滴的九里香，墨绿的夹竹桃，艳红的月季，郁郁葱葱，争妍斗艳，生机盎然。近看，假山凉亭错落有序 远望，绿树高楼交互辉映，极富时代气息，给人清新宁静，心旷神怡的感觉。确是学生成才的风水宝地。

学校的设备和管理水平堪称全县一流。教学大楼、综合实验大楼、图书大楼各一幢，分别设有教室，物理、化学、生物实验室，阅览室，电脑室，语音室，电教室等教学场所，各室设备先进、功能齐全。另有学生宿舍大楼四幢，楼下建有围墙，校警室，宿舍内设有卫生间，住宿条件舒适安全。学校以“从严治校，培养一流学生”为奋斗目标，教育教学管理措施得力，具有全县一流的校风、教风、学风。几年来先后荣获了“自治区文明单位”等光荣称号共89项，且系邕宁县唯一一家与广西民院、广西师院、广西体专等高校建立密切关系的基地学校。

学校现有教师133人，其中高级、一级教师有56人 教师全部为大专以上学历，其中有本科学历的有61人。我校教师教学水平高，工作责任心强，是一支团结奋进，素质优良的教师队伍。

建校七年多，我校已有五届毕业生，连续五年高、中考成绩显著，均荣获市、县的嘉奖，(五年高考连续五次获得南宁市高考成绩奖，邕宁县同类学校仅此一家)特别是其中三届高考均有一名考生单科成绩进入全广西的前十名行列，(详见每年的《广西高考年报》)这样的成绩是极为罕见的。

科学馆

法人代表：滕维信
地　址：蒲庙镇新城路
电　话：(0771) 4700874
邮　编：530200

南宁市粮食局

局长、党委书记：张明坚

南宁市粮食局是市人民政府主管全市粮食流通管理工作的职能部门，内设机构有局办公室、调控处、行业管理处、监督检查处、党委办公室、纪检监察室。下属单位共116个，其中购销企业52个；附营企业64个。固定资产2.35亿元，在册职工人数5605人，其中具有各类专业技术人员1035人。南宁市购销储运公司第三仓库是集加工、储藏、精炼、销售于一体的国营专业油脂仓库，研制生产的“三仓”牌花生油取得广西及南宁市产品质量监督检验合格证，并荣获广西名优产品称号。沙井粮库是国家粮食储备库，占地198亩，全库总建筑面积4万平方米，有两条铁路专用线，全天24小时接发货物，常年客商云集。该库有一条大米加工生产线，生产“桂井”牌系列优质米、花生油等产品，深受消费者喜爱。南宁市粮油饲料总厂拥有先进的美国“CPM”三条饲料生产线及精密的检测仪器。该厂生产的主要产品有全价配合饲料、浓缩饲料、添加剂预混料三大系列四十多个品种，其中“富丽”牌系列产品荣获过部级、自治区级优质品牌产品称号。

展望明天，全体粮食干部职工决心乘西部大开发的东风，与时俱进，不断开拓进取，扎实工作，以崭新的面貌、骄人的业绩迈向新世纪。

团结奋进的领导班子

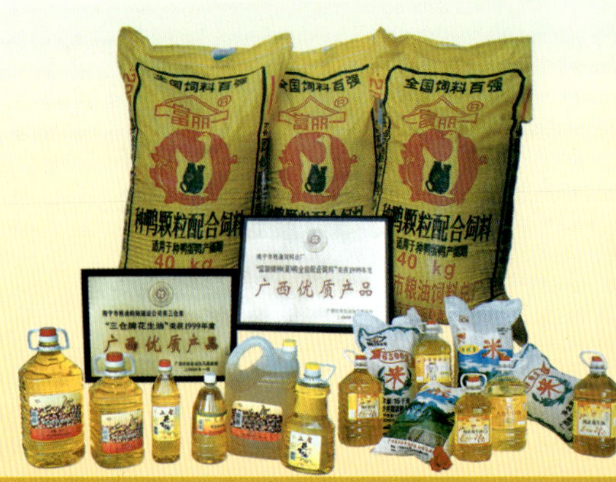

“桂井牌”优质大米、花生油等产品深受用户厚爱。“三仓牌”花生油荣获广西优质产品称号。“富丽牌”种蛋鸭全价配合饲料荣获广西优质产品称号

地址：南宁市新阳路62号
电话：(0771)2810840
邮编：530012

广西移动通信有限公司 武鸣分公司

GUANG XI YI DONG TONG XIN YOU XIAN GONG SI

分公司经理欧启坚召开电话会议

1999年7月8日，广西移动通信公司武鸣营业部挂牌成立，开始独立经营原中国电信在武鸣境内的所有移动通信业务，隶属于广西移动通信公司。2000年11月10日，随着广西移动通信有限责任公司正式被中国移动（香港）有限公司收购，股票同时在香港和纽约上市，成为全球第二大上市移动通信公司的一员，武鸣分公司开始接受国际资本市场的监管，公司的性质和运作模式发生了深刻的变化。

截止2001年8月，该公司拥有网上用户18000多户，网络信号覆盖全县乡镇，实现了全国31个省市的所有大中城市及大部分乡镇的联网，与68个国家和地区的130个移动通信运营商开通了国际自动漫游。经营的业务品牌有“全球通”、“神州行”，服务项目除了提供基本的话音业务外，还推出了主叫显示、呼叫转移、移动IP电话、短消息、移动秘书、信息点播、全球呼、WAP上网等多种新业务，开通了1860/1861免费咨询电话。为满足客户对移动通信的个性化需求，该公司致力于世界一流的国际多媒体服务商方向发展，网络正在从第二代移动通信升级到2.5代移动通信GPRS业务，逐渐向第三代移动通信过渡，并推出“移动梦网”，为用户提供手机银行、手机彩票、手机炒股、短消息广告、移动ICQ、短讯E-mail、互联网信息点播等服务。

总公司领导与武鸣分公司员工召开座谈会

移动通信公司答谢新老用户举行文艺晚会

经　理：欧启坚
地　址：武鸣县城
电　话：(0771)6238633

南宁市第二人民医院

（广西医科大学第三附属医院）

市二医院门诊大楼

团结创新、有开拓精神的领导班子在研究医院的发展大计院长曾建业（右四）、党委书记黄寿昆（右五）

南宁市第二人民医院创建于1952年，是一所集医疗、教学、科研、保健、康复为一体的大型综合性医院，也是南宁市级首家三级甲等医院，全国百佳医院、广西医科大学第三附属医院，南宁急救医疗中心（120）。

医院占地面积4万余平方米，建筑面积61571.71m²，开放病床638张。现有职工1300人，卫生技术人员729人（其中主任医师10名，副主任医师85名，主治医师361名）。医院设医疗专业科室32个，临床实验室4个（烧伤整形实验室、骨科实验室、血液实验室、泌尿生殖实验室），医疗中心4个（广西小儿麻痹后遗症矫治中心、南宁市颅脑外伤治疗研究中心、南宁生殖医疗中心、中国心血管技术指导培训中心广西分中心），临床教研室14个。骨科、胸心外科、颅脑外科、烧伤整形外科、生殖医疗中心、肿瘤科、儿科、急诊科是医院重点科室。眼科在白内障诊治上有较高造诣，因而医院被命名为南宁市白内障手术复明指导医院。医院年门诊量60多万人次，年住院病人1.5万人次。

十余年来，医院深化改革，积极引进国内外新技术。目前已装备全新的美国第四代全身CT、数字减影系统、直线加速器、彩色心脏B超、全自动生化分析仪、多种电视内窥镜（胸腔镜、腹腔镜、宫腔镜、电子胃镜及肠镜）、体外震波碎石机、射频治疗仪、血液投析仪、高压氧仓和心电监护仪等高精尖医疗仪器设备共100多台件。医院重视高级科技人员的培训，大力开展医学科学研究，共获区、市科研成果奖28项。

地　址：南宁市淡村路十三号

电　话：(0771)4839795　4821546　　**邮　编：**530031

南宁市第七人民医院

NAN NING SHI DI QI REN MIN YI YUAN

医院综合大楼

谭印光院长（右二）、姚昌本书记（右一）接受成功救活的44天无自主呼吸病人赠送的锦旗

南宁市第七人民医院位于广西壮族自治区首府南宁市中心朝阳花园旁，医院始建于1953年，经过46年的建设，现已发展成为科室齐全、功能齐备、设备先进、技术力量雄厚的集医疗、科研、教学、预防、保健和康复为一体的现代化市级综合性医院。医院设有颈腰椎病专科、内科、外科、妇产科、儿科、耳鼻喉科、针灸科、中医科、心脑血管专科、脑萎缩专科、激光治疗科、不孕不育专科、体外碎石专科等科室。能独立开展颅脑、胸部、腹部、泌尿、骨科等各种重大手术以及危重病人的抢救工作。附设针灸研究所，针灸治疗在区内外享有盛誉。

南宁市第七人民医院坚持以病人为中心，狠抓医疗服务质量，在患者中享有较高声誉，在广西首家开展医疗延伸服务活动以及成功抢救一名44天无自主呼吸病人，更是得到了社会各界的广泛赞誉。医院遵循“管理高档次，技术高水平，服务高质量，收费低标准”的“三高一低”建院方针以及“千条万条（措施），病人满意是第一条”的服务标准，务实创新，大胆开拓，决心为广大病患提供更加优质的服务。

院　长：谭印光　　**地　址：**南宁市共和路209号

电　话：(0771)2621753　　**邮　编：**530012

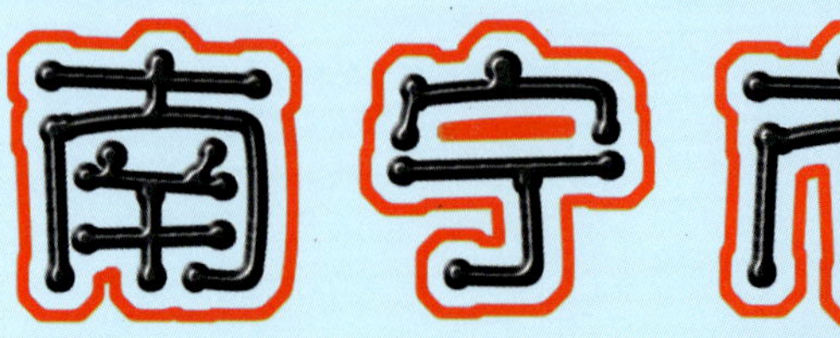

南宁市卫生防疫站

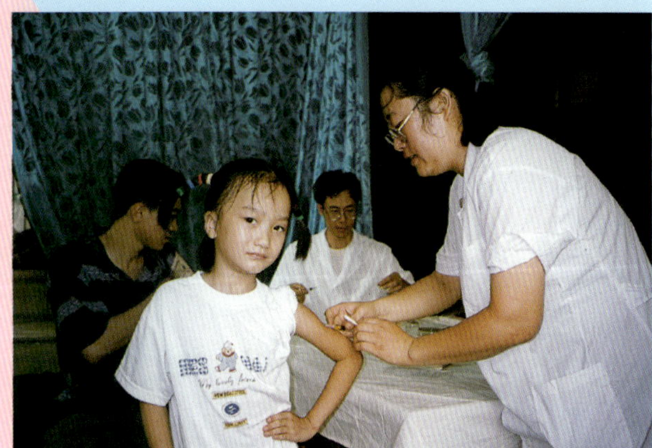

防疫人员正在为儿童做免疫

南宁市卫生防疫站于1953年6月23日成立。建站四十八年来，担负着南宁市疾病预防控制和卫生监督监测的重任，并为县级防疫站的相关工作提供技术指导。先后在南宁市消灭了天花、丝虫病、脊髓灰质炎；基本消灭麻风病、疟疾等严重危害群众健康的传染病，阶段性消除了碘缺乏病。加强传染病疫情的报告和管理，使传染病的防治实现了早发现、早治疗、早控制的目标，传染病发病率逐年下降，法定报告传染病年发病率从1987年的570.34/十万，总死亡率2.40/十万，分别下降到2001年的335.68/十万和0.75/十万。同时，不断加大食品、生活饮用水、化妆品等健康相关产品的卫生监督监测力度，卫生监测合格率逐年上升，为维护群众的健康做出了突出贡献。

检验人员正在检测食品卫生指标

目前全站共有专业技术人员173人，固定资产1111.9万元。卫生监督监测和检验设备完善，拥有低温冷库、X线机、B超、倒置显微镜、原子吸收分光光度计、气相色谱仪、气一质联用仪、微生物自动检测仪等大型检验检测仪器和设备一批，并已建成了百级和千级洁净实验室三个。多年来，坚持实施“科技兴站”战略目标，完成了自治区科技厅、自治区卫生厅和南宁市科委立项的科研项目共22项，协作项目38项，其中37项次获得自治区级和南宁市级“科技进步奖”或“医药卫生科技进步奖”。在全国性及省、市级刊物上发表专业论文392篇。先后被授予“全国消灭脊髓灰质炎先进单位”、“全区文明执法单位”、“全区卫生系统先进集体”等光荣称号。

卫生监督员正对旅游市场食品卫生质量进行监督检查

法人代表：安爱萍
地　址：南宁市友爱南路13号
电　话：(0771)2430765
邮　编：530011

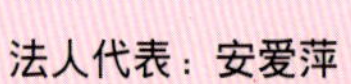

南宁统计年鉴

NANNING STATISTICAL YEARBOOK

2002

《南宁统计年鉴》编委会　　编

中国统计出版社

China Statistics Press

(京)新登记 041 号

图书在版编目(CIP)数据

南宁统计年鉴. 2002/南宁统计局编.

—北京：中国统计出版社，2002. 7

ISBN 7-5037-3798-0

Ⅰ. 南…

Ⅱ. 南…

Ⅲ. 社会经济统计—统计资料—南宁市—2002—年鉴

Ⅳ. C832. 671-54

中国版本图书馆 CIP 数据核字（2002）第 034184 号

南宁统计年鉴—2002

作　　者/南宁市统计局

责任编辑/陈越月

E - mail/yearbook@stats. gov. cn

责任核对/覃伊曼

封面设计/广西壮族自治区民族印刷厂

出版发行/中国统计出版社

通信地址/北京市西城区三里河月坛南街 75 号　中国统计出版社

电　　话/（010）63262295

印　　刷/广西壮族自治区民族印刷厂

经　　销/新华书店

开　　本/880×1240 毫米 1/16

字　　数/150 万

印　　张/35. 75

印　　数/1—1700 册

版　　别/2002 年 7 月第 1 版

版　　次/2002 年 7 月第 1 次印刷

书　　号/ISBN-7-5037-3798-0/F. 1363

定　　价/150. 00 元

《南宁统计年鉴－2002年》编辑委员会

名誉主任	李纪恒	市委书记
	林国强	市长
主　　任	张冬梅	副市长
副 主 任	邓其新	市政府秘书长
	黄伟京	市长助理、市财政局局长
	谢小萍	市统计局局长
委　　员	谢泽宇	市计划委员会主任
	梁峰林	市经济贸易委员会主任
	李　烜	市物价局局长
	武希文	市工商行政管理局局长
	邓　敏	市教育局局长
	钱　健	市科技局局长
	董秀银	市劳动局局长
	黄润斌	市建设局局长
	雷德贵	市交通局局长
	胡书文	市外经贸局局长
	陈建新	市旅游局局长
	周凯声	市卫生局局长
	韦藤贤	市环保局局长
	何达生	市乡镇企业局局长
	刘为民	市农业局局长
	张　慧	市统计局副局长
	李文三	市统计局副局长
	罗大光	邕宁县县长
	张光廷	武鸣县县长
	李　勤	兴宁区区长
	汪夏明	新城区区长
	肖志钢	永新区区长
	朱朝霞	城北区区长
	吴　炜	江南区区长

《南宁统计年鉴——2002》编辑人员

主　编	谢小萍
责任编辑	覃伊曼　陈　斌
编　委	（按姓氏笔划为序）
	卢致林　刘　娟　李树兴　陈　斌　张瑞海
	唐昌松　黄玗琦　覃伊曼
编辑人员	（按姓氏笔划为序）
	马江南　王炜华　方有才　卢文胜　刘伟放
	李碧燕　李　晖　朱红锋　苏　霓　张智瑜
	张少萍　周　琪　金　轮　洪　奔　姚　峰
	骆　玲　黄剑雄
排版编辑	张瑞海　黄　强
英文翻译	洪　奔　苏应兵

编 者 说 明

一、《南宁统计年鉴—2002》是一本集国民经济信息资料为一体的大型工具书。本书全面系统地汇集了 2001 年南宁经济和社会各方面的数据，以及历史重要年份的主要统计数据。是党政领导部门和各部门了解“市情”、“市力”进行定量分析、预测、宏观规划、宏观调控、科学决策的重要依据；是研究机构和各企业事业单位了解行业情况，进行对比分析和微观策划的重要依据；也是社会各界了解南宁经济、社会状况的指南。

二、本年鉴内容分二大部分。（一）特辑：包括南宁概览、政府工作报告、国民经济发展计划、财政工作报告、统计公报等；（二）统计资料：内容分为 16 个篇目，1.综合；2.国民经济核算；3.人口、劳动力；4.农业；5.工业；6.运输、邮电；7.固定资产投资；8.城市公用事业、环境保护；9.能源购进、消费、库存；10.商业、外贸、旅游、物价；11.财政、金融、保险；12.文化、教育、卫生、体育；13.人民生活；14.乡镇经济；15.企业排序情况一览表；16.广西及省会城市主要统计指标。为方便读者正确使用资料，附有主要统计指标解释。

三、本年鉴编辑的统计数据，以 2001 年为主，为方便读者使用，主要指标还列入了建国以来主要年份的统计数据。

四、本年鉴所刊文章中的统计数据，在标明发表日期的文章中使用的是年快报统计数据，其余文章中使用的是正式年报统计数据。

五、本年鉴中符号使用说明：表内“空格”表示该项指标无数据；“…”表示该数据极小，不足计量单位；“#”表示其中的主要项。

六、本年鉴中由于数据小数位四舍五入，某些指标分项合计数据与总计项数据尾数略有出入。

七、读者在使用统计资料时，凡与本年鉴有出入的，均以本年鉴为准。

八、《南宁统计年鉴》公开出版以来，得到广大读者的关心和支持，对此我们深表谢意。竭诚欢迎对本年鉴的结构、指标体系、提出宝贵意见，使《南宁统计年鉴》更趋于完善，更好地为服务社会。

二00二年七月

目　录
Contents

第一部分　特　辑
Part I　Special Issue

第二部分　统计资料
Part II　Statistical Data

一、综　合
Chapter 1　General Survey

二、国民经济核算
Chapter 2 National Accounts

三、人口、劳动力和职工工资
Chapter 3 Population, Labor Force And Worker's Salary

四、农　业
Chapter 4　Agriculture

五、工业

Chapter 5　Industry

六、运输、邮电

Chapter 6　Transport, Postal And Telecommunications

七、固定资产投资

Chapter 7 Investment In Fixed Assets

八、城市公用事业、环境保护

Chapter 8 Urban Public Utilities, Environmental Protection

九、能源购进、消费与库存

Chapter 9 Purchase, Consumption And Stock Of Energy

十、商业、外贸、旅游、物价

Chapter 10 Business, Foreign Trade, Travel, Price

十一、财政、金融、保险
Chapter 11 Government Finances, Banking, Insurance

十二、文化、教育、卫生、体育
Chapter 12 Culture, Education, Hygiene, Sports

十三、人 民 生 活
Chapter 13 People's Life

十四、乡镇经济
Chapter 14　Villages And Towns Economy

十五、企业排序情况一览表
Chapter 15　List Of Enterprises By Main Indicators

十六、广西及省会城市主要统计指标
Chapter 16 Main Indicators of Guangxi And Provincial Capital Cities

附 录
APPENDIX

第一部分　特辑

PART Ⅰ　SPECIAL ISSUE

南宁概览

南宁地处中国东南沿海和西南腹地的结合部，是广西壮族自治区首府，全区的政治、经济、文化、科技、教育、金融和信息中心，是中国南部对外开放的重要城市。南宁，一座历史悠久，风情独特的南国绿城，自古以来就是中国的边陲重镇和的著名商埠。历经 1680 多年的风雨沧桑，凝聚了深厚的历史文化积淀，已发展成为一座清新灵秀、洋溢着现代化气息的新兴都市。

【自然地理概貌】 南宁位于东径107°45′—108°51′，北纬 22°13′—23°32′之间。市区居于广西四大盆地之一的南宁盆地，平均海拔 74—79 米，最高处为 496 米。南宁境内主河流为西江最大的支流郁江，穿城而过的一段称为邕江，汇入珠江水系。南宁地处北回归线以南，受海洋气候调节，属亚热带季风区，阳光充足，雨量充沛，霜少无雪。年平均气温 21.7℃，年平均降雨量达 1300 毫米，全年无霜期 345—360 天。有“草经冬而不枯，花非春仍奔放”之说。

【主要资源】 南宁市土地面积 10029 平方公里，市区面积 1834 平方公里，耕地面积 170548 公顷。南宁有丰富的水资源、矿产资源、农副产品资源、动植物资源、森林资源、中草药资源、旅游资源。南宁地处岭南有色金属地带，已勘查发现的有锰、锌、铅、金、银、煤、石英砂、水晶、重晶石、白云石，花岗岩等 41 种，为全国已知矿种的三分之一。南宁是广西的产粮区和经济作物基地，盛产水稻、玉米、甘蔗、木薯、花生、豆类、麻类、茶叶等农副土特产品。还盛产香蕉、菠萝、柑橙、芒果、荔枝、扁桃、龙眼、西瓜等 40 多种亚热带水果，一年四季瓜果飘香。中草药资源丰富，有砂仁、淮山、半夏、茯苓、银花、田七、桂皮等 300 多种。

【行政区划、人口】 全市辖五个城区和邕宁、武鸣两个县。土地总面积 10029 平方公里，市区面积 1834 平方公里，建城区面积 115.7 平方公里。2001 年，全市户籍人口 294.56 万人，市区人口 137.85 万人。南宁是壮乡的一支古老歌谣，全市聚居 30 多个民族，其中壮族人口占 63.33%。

【综合实力】 2001 年，南宁市全面落实中央和自治区的各项工作部署，以经济为中心，积极推进经济结构调整，宏观经济运行保持了稳定增长的良好态势，主要经济指标的预期目标如期实现。全市实现国内生产总值达 324.79 亿元，按可比价格计算，比上年增长 9.76%，增长幅度继续高于全国、全区水平。国内生产总值中，第一产业增加值 49.52 亿元，比上年增长 1.77%；第二产业增加值 93.43 亿元，比上年增长 6.95%；第三产业增加值 181.84 亿元，比上年增长 13.85%。三次产业占国内生产总值的比重由上年的 16.5:30.3:53.2 调整为 15.2:28.8:56.0。全部工业总产值 207.72 亿元，农林牧渔业总产值 77.79 亿元，分别比上年增长 7.84%和 2.1%。社会消费品零售总额 163.44 亿元，比上年增长 9.26%。全社会固定资产投资 101.73 亿元，比上年增长 6.13%。财力不断增强。2001 年，全市财政总收入达 38.53 亿元，比上年增长 27.15%，其中地方财政收入 24.30 亿元，增长 40.11%。

南宁在全区社会经济发展中占有重要的地位。国内生产总值占全区 14.56%；第三产业增加值占全区 20.74%；工业总产值占全区 10.91%；全社会固定资产投资占全区 13.91%；社会消费品零售总额占全区 17.46%；海关出口总值占全区 29.90%。

【农村经济】 2001 年，全市各级政府围绕农业增产、农民增收的目标，克服特大洪涝灾害，稳妥调整产业和产品结构，农业综合生产能力进一步增强，全年实现农林牧渔业总产值 77.79 亿元，按可比价计算，比上年增长 2.1%。其中农业产值 51.01 亿元，增长 1.65%，林业产值 1.53 亿元，增长 6.45%，牧业产值 21.20 亿元，增长 4.56%，渔业产值 4.05 亿元，下降 4.05%。农产品商品率有所提高，2001 年，农林牧渔业商品产值 57.64 亿元，商品率为 74.09%，比上年提高 0.06 个百分点。

农业在调整中发展。2001 年，农业、林业、牧业、渔业各业产值占农林牧渔业总产值的比重由上年的 65.76：1.86：26.62：5.76 调整为 65.57：1.96：27.25：5.21。农业、渔业比重分别比上年下降 0.19 个百分点和、0.55 个百分点，而林业和牧业分别上升 0.1 个百分点和 0.63 个百分点。

粮食种植面积在上年调减的基础上进一步调减，经济作物和其他农作物种植面积增加。粮食、油料产量有所下降，甘蔗、水果、蔬菜产量有较大增长。2001 年，全年粮食总产量达 67.85 万吨，下降 10.10%、甘蔗、水果、蔬菜等农产品获得较好收成，产量分别为 417.80 万吨、42.83 万吨、132.05 万吨，分别增长 29.41%、0.57%和 3.58%。

林业生产保持发展。2001 年，全年造林面积 1409 公顷，迹地更新面积 4251 公顷，封山育林面积 59986 公顷，育苗面积 112 公顷，森林覆盖率达 38.38%。

畜牧生产保持稳定增长，增加了城乡市场农副产品有效供给。水产养殖业因受特大洪灾影响，产量有所下降。2001 年，全年肉类总产量 18.45 万吨，比上年增长 4.30%；当年肉猪出栏 164.52 万头，增长 3.73%；家禽出栏 3489.95 万只，增长 4.77%；牛奶产量 0.73 万吨，增长 17.74%；水产品产量 6.51 万吨，下降 4.85%。

农业机械化程度继续提高，农业生产条件不断改善。年末拥有农业机械总动力 136.87 万千瓦，比上年末增长 8.10%，其中农用排灌动力机械 18.95 万千瓦，增长 7.24%；全年化肥施用量（折纯量）16.81 万吨，增长 10.59%；有效灌溉面积 9.67 万公顷，比上年提高 0.42%；农村用电量 2.55 亿千瓦时，增长 3.66%。农村社会基础设施不断完善。全市 580 个村，村村通汽车；村村通电话，自来水受益村达 92.29%。

乡镇企业稳定发展。2001 年，全市乡镇企业实现企业营业收入 186.17 亿元，比上年增加 14.32 亿元，增长 8.33%；完成总产值 144.23 亿元，比上年增加 9.85 亿元，增长 7.33%；实缴税金 3.42 亿元，增长 4.22%；实现利润 6.47 亿元，增长 0.99%。

【工业经济】 2001 年，全市工业企业在改制、改组中不断发展，克服各种困难，自觉按市场需求组织生产，加强市场营销力度，工业生产呈现平稳增长态势，全市完成工业总产值207.72亿元，比上年增长7.84%。其中规模以上工业总产值133.78亿元，增长9.31%。全市规模以上工业企业经济效益综合指数为87.40%，比上年下降1.45个百分点。我市工业经济发展的主要特点：

1.重工业增长速度持续快于轻工业。2001年，规模以上重工业完成总产值55.36亿元，比上年增长17.52%；轻工业完成总产值28.42亿元，比上年增长3.80%，重工业增长速度快于轻工业13.72个百分点。

2.有限责任公司、股份有限公司和私营企业快速发展。2001年，规模以上有限责任公司完成工业总产值38.05亿元，增长35.34%；私营企业完成工业总产值11.71亿元，增长51.22%；股份有限公司完成工业总产值18.95亿元，增长40.33%；增幅分别高出全市平均水平的26.03、41.91和31.02个百分点。

3.优势产业增幅较大。全市34个行业大类中有20个行业的工业生产增长，其中增幅较大的行业有：烟草加工增长26.58%、食品制造增长16.13%、有色金属冶炼及压延加工业增长44.01%、化学原料及化学制品制造业增长15.04%、医药制造业增长17.40%。

4.产销衔接良好。2001年，工业企业在生产发展的同时，努力开拓市场，全年完成销售产值145.31亿元。工业产品销售率达95.91%，其中股份有限公司工业产销率为96.31%，集体企业产销率为96.30%，联营企业产销率为100.58%，有限责任公司产销率为97.43%，外商投资企业产销率为98.80%，港澳台商投资企业产销率为96.58%，均保持较高水平；而国有企业产销率为95.87%，股份合作企业产销率为75.52%，其他企业产销率为79.62%，私营企业产销率90.46%，均低于全市95.91%的平均水平。

5.工业经济效益总体水平略有下降。2001年，全市规模以上独立核算工业经济效益综合指数为87.40%，比上年下降1.45个百分点。在经济效益六项考核指标中，资产负债率（67.98%）、资产保值增值率（106.96%）、流动资产周转率（1.52次）、全员劳动生产率（39217元/人）四项指标仍好于上年，但资产贡献率、成本费用利润率次于上年。全市规模以上工业实现利税总额12.85亿元，比上年增长0.8%，其中利润总额0.22亿元，比上年下降87.06%。亏损企业亏损额仍达5.16亿元，比上年增长37.79%，亏损企业亏损面仍达42.86%。

【交通运输、邮电】 交通运输和邮电通信业快速发展，全年交通和邮电业实现增加值32.47亿元，比上年增长15.69%。

运输能力进一步增强，2001年，全市拥有民用汽车47282辆，其中载客汽车25026辆，普通和专用载货汽车21165辆。全市拥有民用运输机动船790艘，泊位45个。全市拥有邮电局(所)112处，电话交换机总容量达69.2万门，新增9.5万门。

客运量保持增长。2001年，全市社会各类运输企业完成客运量5266万人次，比上年增长2.27%；其中铁路373万人次，增长3.32%；公路4826万人次，增长2.03%；民航45万人次，增长15.38%；水运22万人次，增长15.79%。

货运量扭转上年下降局面。2001年，全社会货运量3371万吨，与上年增长2.40%，其中铁路186万吨，增长1.09%；公路3035万吨，增长1.78%；民航1万吨，与上年持平；水运149万吨，增长20.16%。全市内河港口货物吞吐量74.38万吨，增长18.42%。

邮政、电信业务继续有新发展，2001年，全市完成邮电业务总量25.58亿元，比上年增长34.45%。其中，邮政和电信业务总量分别为0.80亿元和24.78亿元，分别增长15.94%和35.04%。

电信业务快速发展。移动通信、互联网络、数据通信等新业务发展强劲，增长快于传统业务。2001年，新增移动电话用户5.77万户，年末电话机用户达91.35万，其中移动电话达34.30万户，电话普及率从上年的每百人拥有电话29.98部上升到31.01部。计算机互联网用户迅速发展，由上年的5.83万户上升到15.73万户。

邮政部门也在提高服务质量中求发展，2001年，发往国内外的函件5252.66万件，包件37.79万件，邮政特快专递78.78万件，订销报纸和杂志累计分别达5770.63万份和613.73万份。

【固定资产投资】 2001年，我市继续加大对投资总量的调控力度，固定资产保持平稳增长。全市完成固定资产投资88.95亿元，比上年增长11.12%，但增幅比上年提高5.78个百分点。全年新增固定资产60.38亿元，比上年下降15.10%。固定资产交付使用率为67.88%，低于上年88.84%的水平。房屋施工建筑面积720.09万平方米，比上年增长3.63%；房屋竣工面积252.84万平方米，增长19.63%，竣工率为35.11%，高于上年31.86%的水平。

固定资产投资的主要特点：1.第三产业投资比重上升，第一产业和第二产业投资比重下降。当年投资额中，一、二、三产业分别完成投资1.82亿元、16.41亿元、70.73亿元，占固定资产投资额比重分别为2.04%、18.45%、79.51%。与上年相比，第三产业比重上升8.05个百分点，而一、二产业比重分别下降0.43个百分点和7.62个百分点。2.基本建设投资加快，更新改造投资保持增长，房地产开发投资持续较快增长。全年完成基本建设投资48.78亿元，比上年增长10.73%，增幅比上年上升10.36个百分点；更新改造投资15.69亿元，比上年增长13.45%，增幅比上年上升0.89个百分点；房地产开发投资18.56亿元，比上年增长17.97%；3.国有经济投资仍占主导地位，投资比重上升，集体经济投资和其他经济的投资下降。国有经济完成投资58.48亿元，比上年增长23.0%，占固定资产投资的比重由上年的59.39%上升为65.74%；集体经济完成投资1.73亿元，比上年下降18.71%，其他经济完成投资28.74亿元，比上年下降5.38%。4.在资金来源中，以自筹资金和其他资金为主。全市到位资金108.39亿元。其中自筹资金50.84亿元，其他资金23.44亿元，分别占到位资金的46.90%和21.63%。

2001年，全市施工项目961个，全部建成投产项目520个，投产率为54.11%。固定资产竣工投产，提高了生产能力，带动了社会效益。新增机制纸浆生产能力 34000 吨/年、新建公路 5 公里、改建公路 22 公里、新增高等院校学生席位 1100 个、中等学校学生席位 12468 个、小学校学生席位 1500 个、扩建城市道路 2 公里、城市道路扩建面积 3 万平方米、城市排水管道 8 公里。

2001 年，全市重点建设项目 37 个，完成投资 19.37 亿元，完成投资占全市总投资的 21.78%，比重比上年高 5.4 个百分点。

【城市公共事业】 2001 年，南宁市城市基础设施建设进一步加强，城市综合服务功能日益完善。全年市政工程建设投入 12.66 亿元，其中路桥建设投入 8.16 亿元，城市排水建设投入 2.04 亿元，园林绿化建设投入 0.54 亿元。

城市道路建设不断发展。年内建成了民族大道与古城路、民族大道与园湖路、东葛路与园湖路、东葛路与古城路等四个交叉路口的渠化道路改造。年末城市道路总长度 756 公里，比上年增加 26 公里；城市道路总面积 1044.74 万平方米，比上年增加 37.6 万平方米；人均道路面积 7.58 平方米。年末城市桥梁 68 座，其中立交桥 5 座。年末路灯共有 2.49 万盏，比上年增加 1062 盏。

城市公共交通事业稳步发展。市区新辟公交线路 8 条，年末营运车辆 905 辆，新增运营车辆 163 辆，公交线网进一步优化，市区交运营路线达 48 条，客运量达 17011 万人次，每万人拥有公共交通车辆 6.5 标台。

园林绿地建设有新的进展。2001 年末，南宁市园林绿地面积达 4874 公顷，其中公共绿地面积 862.30 公顷，分别比上年增加 263 公顷和 37.9 公顷；人均公共绿地面积 6.26 平方米，比上年增加 0.18 平方米；建成区绿地覆盖率达 38.26%。

供水、供气继续上升。全年城市新铺设供水管道 57 公里，日供水能力 89.97 万吨，全年供水总量 24642 万吨，用水普及率达 85.24%。城市液化石油气供气总量 4.14 万吨，比上年增长 2.75%，用气人口达 102.1 万人，增长 9.43%，城市气化率达 74.07%。

环境保护工作进一步加强，环境质量不断改善。2001 年我市在国家环保总局重点考核的全国 46 个重点城市环境综合整治中名列第 16 位，排位较上年前移了 10 位。全市完成环境污染治理项目 25 个，总投资 1354 万元。市区烟尘控制区面积 123.1 平方公里，噪声达标面积 80.9 平方公里。工业“三废”处理达到国家城市环境综合治理考核标准，工业废水排放达标率达 85%，工业固体废物综合利用率达 87.81%。

【国内商业】 2001 年，随着促进居民消费的各项措施的逐渐到位以及人们消费观念的转变，消费品市场保持兴旺，全市实现社会消费品零售总额 163.44 亿元，比上年增长 9.26%。

消费品市场运行的特点：1. 城市零售增长快于农村零售增长。城市消费品零售总额 140.56 亿元，增长 9.18%，县及县以下消费品零售额 22.88 亿元，增长 8.75%，其中农村消费品零售额增长 8.78%；2. 非公经济零售额有较快增长，拉动全市零售额增长作用增强。非公有经济零售额占全市零售总额的 70.65%，拉动全市零售额增长 9.21 个百分点；3. 货仓式超市仍是商业市场的主力军。利客隆、大热门、华联、南成百货、曼克顿等超市，其经营网点不断增加，商品销售规模不断扩大；4. 餐饮业持续兴旺。全年餐饮业零售额为 23.53 亿元，比上年增长 17.14%，增幅比全市消费品零售总额增幅高出 7.8 个百分点；5. 集市贸易市场成交活跃。全市集贸市场 317 个，成交额超亿元的大型集贸市场 8 个，全年城乡集市贸易成交额达 107.23 亿元，比上年增长 30.13%。

【外经、旅游】 外贸出口乏力，利用外资增长。我市对外贸易受诸多不利因素影响，2001 年，外贸出口呈现下降趋势。全年海关进出口总值 5.37 亿美元，比上年下降 18.79%，其中出口 4.31 亿美元，下降 15.97%。市属进出口总额 8581 万美元，比上年下降 25.76%，其中出口 6812 万美元，比上年下降 29.06%。全年新签利用外资协议合同 41 个，客商实际投资 6148 万美元，比上年下降 24.15%，2001 年，我市利用外资表现比预期好，呈恢复性大幅度增长，全年实际利用外资 11269 万美元，比上年增长 34.01%。年末实有三资企业 500 个，建成投产或开业 357 个。

旅游业稳步发展。全年共接待各类旅游者 964.77 万人次，比上年增长 12.09%，其中国际旅游者 5.67 万人次，比上年增长 24.34%，来邕的外国游客中，居前 5 位的国家分别是越南、美国、日本、泰国、新加坡，全年旅游总收入 51.84 亿元，比上年增长 12.74%，其中国际旅游收入 11122 万元，比上年增长 93.9%。

【财政、金融】 2001 年，南宁市财政收入继续保持两位数增长，财政支出基本保证了我市经济建设和社会各项事业发展的需要，预算执行情况良好。金融形势保持稳定，保险业持续发展。

2001 年，全市财政总收入完成 38.53 亿元，比上年增长 27.15%，其中地方财政收入 24.30 亿元，比上年增长 40.11%，中央两税收入 14.23 亿元，增长 9.8%。全市地方财政支出 25.74 亿元，比上年增长 19.22%。

地方财政收支主要特点：1. 工商税有较快增长。全年工商税入库 17.85 亿元，比上年增长 35.54%，其中增值税、营业税、企业所得税、个人所得税、城市维护建设税、房产税等主体税种共计增收 20.30 亿元，占各项税收额的 90.66%，比上年分别增长 10.83%、44.21%、1.2 倍、1.2 倍、39.20%、23.41%；2. 企业所得税和个人所得税增收较大。全年企业所得税和个人所得税入库 6.66 亿元，比上年增长 1.2 倍；3. 行政性收费下降。全年行政性收费入库 0.27 亿元，比上年下降 32.88%；4. 财政支出加大了对企业挖潜改造、科技、社会保障的投入。2001 年，科技三项费用、农业综合开发支出、教育事业费、抚恤和社会福利救济费、社会保障补助支出、分别比上年增长 26.38%、34.65%、25.78%、75.33%、35.63%。

金融信贷平稳运行。2001 年，南宁市金融机构认真执行国家的信贷货币政策，积极拓宽融资渠道，调整信贷结构。全年全市金融机构各项存款余额 672.66 亿元，比年初增长 8.6%，其中：企业存款余额 273.45 亿元，下降 3.53%；城乡居民储蓄存款余额 274.89 亿元，增长 14.04%。全市金融机构贷款余额 490.94. 亿元，比年初增长 10.70%，其中：短期贷款余额 209.27 亿元，增长 4.84%；中长期贷款余额 261.99

亿元，增长24.18%。

保险业务不断发展。2001年，随着经济的发展和人们物质文化生活水平的提高，人们的保险意识不断增强。2001年，全市财险和寿险的承保金额达1105.84亿元，比上年增长1.15%，保险费收入8.66亿元，比上年增长29.06%，全年支付各类赔款1.8亿元，比上年增长1.12%。

【文、教、卫、体事业】 文化事业生机勃勃。2001年，我市努力繁荣文化艺术，成功举办了南宁国际民歌艺术节、第七届中国戏剧节、第十一届孔雀少数民族声乐大赛。文艺工作者以精品为目标，实现了多项零的突破。舞剧《妈勒访天边》获中宣部颁发的全国精神文明建设第八届“五个一工程”入选剧目奖和广西“五个一工程”奖，中国曹禺戏剧奖“优秀剧目”奖，并与舞蹈《姑娘不穿鞋》、小品《呼唤》获广西文学创作最高政府奖——铜鼓奖；小品《水中那片高地》、《太阳的背面》获2001曹禺戏剧奖小戏小品比赛三等奖。2001年，全市有艺术表演团体12个，艺术表演场所4个，演出场次1911场，观众达222万人次。全市有影剧院9个，放映电影2.15万场。全市有县级以上公共图书馆6个，总藏书量2436千册（件）。全年出版图书18054万册、出版杂志4599万册、出版报纸35866万印张。

教育事业不断发展。“两基”达标得到巩固和提高，高等教育管理体制改革逐步深化，教育规模扩大。2001年，全市高等院校共有研究生培养单位6个，在校研究生1741人，增长42.24%，全市有普通高等学校13所，在校学生6.38万人，比上年增长16.42%。全市有中等专业学校47所，在校学生6.73万人，比上年下降1.75%。基础教育结构得到调整。全市有普通中学232所，在校学生20.95万人，比上年增长1.95%；农、职业中学47所，在校学生1.47万人，与上年增长1.38%；技工学校25所，在校学生2.08万人，比上年增长15.56%；小学在校学生28.57万人，比上年下降4.96%，全市小学学龄儿童入学率达99.4%，初中毕业升学率为65.5%（市区为83.5%）。

卫生事业有新的发展，城乡卫生条件继续得到改善。2001年全市拥有各类各级卫生机构763个，其中医院100个；共有医疗机构病床1.29万张，其中医院病床1.22万张；卫生技术人员1.85万人，其中医生0.84万人。平均每千人拥有医生2.8人，医院床位4张。预防保健工作有成效，儿童四苗全程接种率达99%以上。

体育事业取得新成绩。2001年，我市运动员在国际比赛中，夺得金牌3枚、银牌3枚、铜牌2枚；在全区性比赛中夺得金牌176枚，银牌146枚，铜牌109枚。全民健身活动蓬勃发展。全年共开展各类群众体育活动228次项。

政府工作报告

——2002年2月22日在南宁市第十一届
人民代表大会第四次会议上

市长　林国强

各位代表：

现在，我代表市人民政府向大会作工作报告，请予审议，并请市政协各位委员和其他列席人员提出意见。

2001年的工作回顾

2001年，在自治区党委、政府和市委的领导下，在市人大的监督和市政协的支持下，我们认真贯彻落实中央和自治区的各项工作部署，采取了一系列有效的措施，完成了市十一届人大二次会议确定的各项任务，实现了“十五”计划的良好开局。

一、国民经济继续保持健康稳定发展

据初步统计，去年全市国内生产总值完成322.63亿元，增长10%，其中第一产业增加值48.63亿元，增长1.6%，第二产业增加值94.27亿元，增长7.5%(工业增加值70.42亿元，增长8.4%)，第三产业增加值179.73亿元，增长13.6%。财政总收入38.53亿元，增长27.15%，其中地方财政收入24.30亿元，增长40.11%。全社会固定资产投资完成104亿元，增长8.5%，投资对经济增长的贡献率为30%。

——农业和农村经济平稳增长。全市农业总产值77.56亿元，增长2.08%。农业产业结构调整力度加大，甘蔗、蔬菜、水果等经济作物种植面积增大，经济作物与粮食作物的种植面积比例为137：1。畜牧、水产养殖保持良好发展势头。农业科技示范园区建设步伐加快，十大农业产业群建设取得良好效果。乡镇企业稳步发展。

——工业经济稳定发展，国有企业改革整顿取得新突破。全市规模以上工业总产值132.61亿元，增长8.43%，实现税金12.28亿元，增长11.31%。更新改造投入15.69亿元，增长13.45%，资金总额列全区第一。国有企业改革整顿进一步深化，经济效益进一步提高，重大工业项目顺利实施。全市实施了25个重大工业项目，总投资63.32亿元，工业发展基础进一步夯实。南宁糖业等上市公司充分利用融资优势，有效地推进了产业和产品结构调整。一批企业通过改制焕发出新的生机和活力。

——个体私营经济大幅度增长。个体私营经济健康快速

发展，注册资本金净增 3.66 亿元，增长 10.02%；缴纳税金净增 9366 万元，增长 38.74%。

——旅游、邮电通信和金融保险业取得新成绩。全市旅游总收入 51.84 亿元，增长 12.74%。邮电业务总量完成 25.58 亿元，增长 32.01%。全市保险保费收入增长 29.56%。金融机构存、贷款余额分别为 672.66 亿元和 490.94 亿元，增长 4.87%和 10.09%。

——各项配套改革不断完善。市县乡机构改革顺利推进，公务员队伍结构得到优化，事业单位也推行了聘用合同制。财政改革继续深化，县区财政管理体制进行了调整，使县区财力得到增强；政府采购运行逐步规范；工程预决算审核管理进一步加强。“两个确保”继续巩固，全市离退休人员按时足额领到了养老金；医疗制度改革顺利推进；社会保障体系不断完善。行政审批制度改革扎实开展，取消了行政审批事项 667 项，行政审批办证大厅开始联审工作。深入开展了整顿和规范市场经济秩序工作，为首府经济快速健康发展创造了良好的市场环境。

——对外开放进一步扩大。全市实际利用外资 11269 万美元，增长 34.01%，利用外资总额全区第一。开拓了南亚、非洲的一些国家和地区的市场，全市外贸进出口总额 5.37 亿美元，其中进口总额 1.07 亿美元，出口总额 4.30 亿美元。市属企业出口 6812 万美元，增长 4.23%。

——开发区建设发展势头良好。高新区实现技工贸收入 86 亿元，增长 38.04%；经济技术开发区被批准为国家级经济技术开发区，实现技工贸总收入 5.55 亿元，增长 21.3%；华侨投资区完成国内生产总值 1.63 亿元，增长 5.16%。

——社会消费品零售总额平稳增长，人民生活进一步改善。全社会消费品零售总额 163.44 亿元，增长 9.26%。消费对经济增长的贡献率为 56%，居民消费价格指 102.8%。城镇居民人均可支配收入 7906 元，增长 6.15%；农民人均纯收入 2321 元，增长 6.3%。

二、以争创“人居环境奖”为载体，以抓好重点工程为契机，大力推进了城市规划和建设，城市管理得到加强。

——城市规划日趋完善，住宅产业建设发展强劲。完成了“中国绿城”工程实施方案和城市综合交通、城市建设重点项目、小区、分区和“四路三桥一区”亮化工程等项目的设计。房地产业宏观经济状况景气指数达到近几年来的最高水平。个人购买商品房住宅面积同比增长 1.18 倍；二手房转移登记增长 51.1%，完成抵押价值 37.2 亿元；建筑业、房地产业对经济增长的贡献率为 16.85%。

——以重点项目建设推进城市基础设施建设。我市建立了市四家班子领导联系重点工程项目制度，加快了重点项目的建设速度。快速环道北环中段工程已建成通车；富宁路工程已完成 90%；长湖路、火车站广场改造和民生路—兴宁路步行街工程已竣工；邕江防洪堤北中堤“堤路园”建设拆迁工作开局良好；永和大桥已开工建设，凌铁大桥正在进行施工图设计；朝阳溪综合整治二期工程和国际会展中心、三坊街改造等工程建设进度加快。市政公用事业成绩显著。机场高速公路工程荣获我国市政行业工程质量最高奖——建设部“市政金杯示范工程奖”。建筑有形市场管理水平进一步提高。通过工程招投标活动全年共节约资金 1.61 亿元。工程质量优良率达 41.11%。

——人居环境进一步改善，荣获首届“中国人居环境奖”。环境保护首次荣获广西环境保护目标责任制考核第一名；在全国 46 个重点考核城市中，我市城市环境综合整治定量考核排名第 16 位，比上年提高了 10 位。园林绿化建设步伐加快，实现建成区绿地率 31%，绿化覆盖率 38%的目标。参加第四届中国国际园林花卉博览会参展作品获金奖。今年初，我市与深圳、杭州、大连、石河子 4 市一起荣获首届“中国人居环境奖”。

——城市管理、土地管理及城镇化建设等工作进一步加强。开展了城市管理相对集中处罚权试点工作，加大了市容环境卫生的整治力度，市容市貌进一步改观。城市消防工作得到加强。土地收购储备和招标拍卖制度开始实施，城市广告和土地拍卖取得了突破。城镇化建设继续深入发展。社区建设整体推进。

三、科教兴市战略稳步推进，各项社会事业取得新成就

——科技与经济结合取得佳绩，进入“全国科技进步先进城市”行列。狠抓了“创新计划”的落实，积极推进南宁科技创新、产品创新基地的建设，加大了产品创新力度。全年共组织实施创新计划项目 232 项，组织实施市本级科技计划项目 104 项。信息化建设取得初步成绩，组织实施了一批示范性、标志性信息化项目。城市应急联动中心已建成并投入试运行。大力发展高新技术产业，引进了一批新的高科技项目。成功地举办了全国首届火炬计划项目成果交易会，成交额达 12.59 亿元。加快科技服务体系建设，广泛开展科技交流合作，全年共签约项目 92 项，总投资 18 亿元。在我市荣获“全国科技进步先进城市”称号的同时，城北区、兴宁区、江南区被评为“科技进步先进城区”。人才战略顺利实施，南宁人才网站建成试运行。

——教育等各项社会事业全面发展。教育事业迈出了新步伐，“两基”工作进入全国先进行列，被评为“全国两基先进城市”。启动了国家级基础教育课程改革实验区工作。南宁职业技术学院已进入国家示范性职业技术学院建设行列。文化事业生机勃勃，一批优秀剧目获全国和自治区奖励，其中，大型壮族舞剧《妈勒访天边》和歌曲《大地飞歌》获中宣部颁发的全国精神文明建设第八届“五个一”工程奖。群众性文化活动丰富多彩。以有线、无线电视台合并为重点的广播电视体制改革取得突出成绩。卫生事业健康发展，深入开展“九亿农民健康教育行动”和推行合作医疗制度，推进了以乡镇为单位的初级卫生保健达标建设，完成农村改厕 50750 座，医疗质量、预防保健水平有了进一步提高。全市无偿献血达到4万人次。体育事业取得新成绩，参加区内外各项比赛共取得193枚金牌、170枚银牌、136枚铜牌。群众体育蓬勃开展，体育产业实现新高。全市出生人口控制在自治区下达的指标以内，人口自然增长率控制在6.1‰，较好地完成了人口计划和计生工作各项任务。

四、成功地举办了“两节一会一赛”

2001年南宁国际民歌艺术节、第七届中国戏剧节、广西投资贸易洽谈会南宁市经贸活动和第十一届“孔雀奖”全国少数民族声乐大赛取得圆满成功。在投资贸易洽谈会上，我市与中外客商共签订项目合同248个，总投资额达84.51亿元，引进资金70.43亿元。组织120多家企业参加商品展销活动，贸易合同额达61.84亿元。“两节一会一赛”期间共接待国内外游客29.18万人次，实现旅游收入9471.78万元。

五、精神文明建设和民主法制建设继续推进，社会治安综合治理进一步加强

——精神文明建设扎实开展。加强了思想道德建设，塑造文明、健康、向上的精神风貌，开展了“崇尚科学，反对邪教”教育，倡导科学文明的生活风尚。在巩固“三个一”的基础上，稳步推进精神文明建设“五个进”活动：以创建文明社区为重点，扎实开展“文明新风进社区”活动；以窗口行业和执法部门为重点，全面开展“优质服务进网络”活动；以创建“中国绿城”为目标，以绿化、美化为重点，开展“园林绿化进街道”活动；围绕纪念建党80周年，以宣传“三个代表”重点思想为重点，举办各种丰富多彩的广场文化活动，推进“群众文化进广场”；以提高市民环境意识，清除生活污染为重点，大力开展“环保行动进家庭”活动。

去年又有一批单位和村镇跨入自治区文明单位、文明镇、文明村行列，有35个单位被命名为军警民共建精神文明先进单位。

——社会主义民主法制进一步加强。积极办理人大议案、代表建议和政协提案，年内共收到人大议案、建议、批评和意见270件，政协提案461件，按期办复率达96%，满意率达95%以上。发布了政府规章5件，规范性文件35件。妥善处理农村“三大纠纷”，做好群众信访工作。狠抓了机关效能监察和行政审批制度改革，深入开展党风廉政建设，反腐败斗争取得了新成绩。稳步推进“四五”普法，领导干部学法用法形成制度，公务员队伍依法行政水平不断提高。深入开展了“严打”整治和“打黑除恶”等各项专项斗争，并取得了阶段性成果。开展了同“法轮功”邪教组织的斗争。加强了治安整治和治安防范工作，严厉打击“黄赌毒”等违法犯罪行为。推进了社会治安综合治理，社会治安综合治理成效显著，确保了首府社会稳定。

——双拥工作扎实开展。拥军优属、拥政爱民工作成绩显著，继再次荣获“全国双拥模范城”之后，在自治区新一轮“双拥”命名表彰中，市本级及两县、五城区全部榜上有名。

六、抗洪抢险斗争取得全面胜利

救灾工作顺利进行去年7月上旬，我市遭受了历史上罕见的大洪水。洪水最高峰达77.42米，是64年来的最高水位。全市受灾面积达4237.9平方公里，占总面积的42.25%，受灾人口111.09万人，成灾人口58.77万人，直接经济损失超过25亿元。数十万军民经过14天艰苦卓绝的搏斗，取得了抗洪抢险斗争的决定性胜利。在抗洪抢险战斗中，军民团结，严防死守，特别是解放军指战员、武警官兵和公安干警，以大无畏的英雄气概，勇往直前，承担最紧急、最艰难、最危险的任务，广大共产党员和领导干部发挥模范作用，身先士卒，冲锋陷阵，把损失降到最低限度。充分体现出“万众一心、众志成城，不怕困难、顽强拼搏，坚韧不拔、敢于胜利”的抗洪精神。灾后及时开展了恢复生产、灾后防疫、重建家园工作，及时组织调运粮食和各种救灾物资救济26万困难灾民，组织机关、单位对口支援，重建倒房，建设新村。目前灾区实现大灾之后无大疫，生产恢复，生活正常，人心安定。

七、为民办实事项目基本完成

已安置11200名下岗、失业职工再就业；20个村的人畜饮水问题基本得到解决；城镇居民最低生活保障、失业保险和下岗职工基本生活保障月标准分别提高了7元、27元和33.12元；市区路标、街牌及门牌的设置、改造工作基本完成；民族大道—古城路等四个路口改造工程已全部竣工；全市公厕已实行免费开放；25条小街小巷路面排水改造工程和20条小街小巷路灯安装工程基本完成；搬迁安置危旧公房住户801户；城北广场已动工兴建。

一年来，我市的审计、物价、统计、粮食、医药、工青妇、民族、宗教、口岸、监察、外事、档案、老龄、编制、气象、人防、农机、水电、安全、双拥、科协、残联、市志、侨务、台湾事务、社科研究、流动人口管理等部门都做了大量的工作，取得了很好的成绩，没有这些部门的努力工作，我市要取得全年工作的各项成就是不可能的。工商、国税、地税、金融、保险、邮政、电信、供电、铁路、海关、海事、技术监督、检验检疫等中央、自治区驻市单位为我市经济社会的发展作出了积极的、保障性的贡献。

各位代表，过去一年，我市两个文明建设所取得的成绩，是在市委的领导、市人大的有效监督和市政协的大力支持下，全市各族人民团结奋斗的结果，也是与各民主党派、各人民团体、各界人士、驻邕部队、广大爱国侨胞和境外友好人士的关心和支持分不开的。在此，我代表市人民政府表示衷心的感谢和崇高的敬意！

在肯定成绩的同时，我们也清醒地看到前进中还有不少问题和困难，主要表现在：农业结构调整步子还不够快，农民收入增幅不大；工业对经济增长的贡献有待进一步增强；城乡劳动力就业问题仍然突出，社会保障体系还有待健全；城市综合执法工作有待进一步加强；城市交通管理水平有待提高；精神文明建设的深度和广度还不够；办理人大议案和代表建议工作仍须加强；机关作风还有待进一步改进等。我们一定要正视这些问题，并将采取措施，努力加以解决。

2002年的主要工作任务

新的一年，我们面临新的发展机遇和严峻的挑战。为此，今年我市工作的指导思想和总体要求是：以邓小平理论和党的十五大精神为指导，进一步贯彻落实江泽民同志“七一”重要讲话、党的十五届五中、六中全会和自治区第八次党代会精神，按照“三个代表”的要求，解放思想，更新观念，与时俱进，开拓进取。继续深化改革、扩大开放，推进西部大开发战略实施。加快农业结构调整步伐，努力增加农民收入。加快工业化、城镇化、信息化进程，深化国有企业改革整顿，大力发展非公有制经济，抓好招商引资、体制创新和科技创新，提高经济增长的质量和效益。加快城市建设和加强城市管理，不断改善人居环境，健全社会保障体系，进一步改善城乡居民生活。大力加强精神文明建设和民主法制建设，正确处理改革、发展和稳定的关系。改变工作作风，转变政府职能，为实现富民兴桂新跨越，促进国民经济持续快速健康发展和社会全面进步而努力奋斗。

根据这一指导思想，今年我市经济和社会发展的主要预期目标是：国内生产总值增长10%，其中，第一产业增长6%，第二产业增长10%，第三产业增长11%；财政总收入增长10%；全社会固定资产投资增长11%；实际利用外资增长8%，全市外贸出口有所增加；社会消费品零售总额增长9%；城镇居民人均可支配收入增长7%，农民人均纯收入增长7%，人口自然增长率控制在10‰以内。

为实现上述目标，我们要认真开展“城市建设管理年”、“项目发展年”活动，贯彻落实市委提出的“干部教育年”和“转变作风、调查研究年”的各项工作部署。同时，要切实抓好以下12个方面的工作：

一、继续加强农业的基础地位

推进农业和农村经济结构调整，努力增加农民收入发展农村经济，增加农民收入，是关系国民经济发展全局的大事，也是促进我市经济持续增长的重要手段。在郊区撤销后，城区要切实加强对农业和农村工作的领导，采取有力措施，确保农业增效，农民增收，农村稳定。

——加大农业产业结构调整力度。继续调整种植业和养殖业结构，扩大经济作物面积比例，千方百计增加农民收入。要积极发展淡季上市的优质、高产的经济作物，做到四季均衡生产、收获。农产品生产要走公司＋基地＋农户路子，大力培育名特优水果、优质谷、甘蔗、木薯淀粉、速丰林、畜禽、水产品、蚕桑、蔬菜等一批生产基地。在抓好种植业的同时，加快发展畜牧、水产养殖业，使畜牧水产所占农业总产值比重超过40%。

——推进农业科技创新，提高农业科技含量。继续抓好五个现代农业示范园区建设，重点抓好武鸣伊岭观光农业示范园和邕宁河洲高新技术设施农业示范园。推出农业新品种10个，推广农业新技术10项。进一步开展沼气及其残留物的综合利用，争取沼气入户率达50%。加强农产品流通工程建设和信息服务工作。加快建立市、县、乡（镇）三级科技示范基地和推广体系，健全农业科技培训网络，坚持开展科技下乡活动。全面推开首府农产品市场无公害工程。

——进一步发展乡镇企业，加快城镇化进程。要深化乡镇企业体制改革，力争全市乡镇企业总收入、总产值、增加值均增长10%。大力发展农副产品加工业，重点扶持10个农产品龙头企业。在达到环保要求前提下，主动迎接东部地区的产业转移，尽量拓展乡镇企业发展空间。引导乡镇企业加强资产经营、品牌经营，提高企业竞争力。运用市场方法和手段，全方位吸纳民间资本，推进村镇基础设施建设，以提高村镇规划、建设、管理整体水平为重点，加快我市城镇化进程。

——切实抓好扶贫开发工作。坚持开发式扶贫方针，实施科技扶贫和生态扶贫，以抓好贫困村的通水、通路，改变生活、生产条件和巩固地区异地安置场点建设为重点，大力推进科技扶贫项目和世行扶贫项目建设，力争在今年重点解决散居的21万农村群众饮水困难问题。

——抓好农田水利和农村交通设施建设。继续加强农田水利和交通等基础设施建设，抓好病险水库的除险加固和水毁工程修复工作，提高水利在防汛、抗旱、抗灾方面的综合能力。改造村级公路，逐步提高村级公路等级，为农村经济发展创造条件。

二、加大工业项目投入，全力推进工业化进程

——加快企业结构调整，着力培育和发展优势产业、重点企业和名牌产品。工业是城市经济的脊梁。要继续采用高新技术和先进适用技术，加快改造提升食品、造纸、铝加工与机械三个传统产业；依托开发区建设，加快发展电子信息、生物工程与制药、精细化工三个高新技术产业，并使之形成产业群。围绕“十五”时期培育年销售收入20亿元2户、10亿元5户、5亿元10户的目标，组织实施企业“实力工程”，并在企业改制、兼并与重组、结构调整、技改与创新、融资等方面给予政策扶持，促使一批企业成为推进我市工业化进程的龙头企业；选择一批在行业中具有比较优势，拥有自主知识产权和核心技术、市场前景好、有发展潜力的企业，对其实施“小巨人”企业培育计划，使之做精、做特、做专、做强。加快培养企业家队伍，夯实企业可持续发展的基础。要实施名牌战略，加快培育一批名牌产品，力争全年完成创国家名牌产品1个、广西名牌产品5个、广西优质产品20个。

——以项目为中心，着力抓好企业技术改造。要继续支持和加强技改项目办、基建项目办、重点办、筹资办工作，发挥这四个协调机构的能动作用。要做好“项目库”建设工

作。要集思广益，采用项目招商、贷款等多种方式筹措更多的建设资金，并严格按期还款，维护企业信誉。要加强项目的落实工作，加大对工业的投入，全年更新改造投资力争完成 17.4 亿元。实施重大前期工作项目 12 项，计划投资 38 亿元；实施重大在建项目 14 项，总投资 23.12 亿元。抓好重大创新项目的实施，力争有 5 项列入国家级、35 项列入自治区级技术创新项目计划。

——提高企业技术创新能力，加快技术创新步伐。要建立健全技术创新体系，推进以企业技术中心为核心的企业技术开发体系建设。要进一步推进产学研结合，在科技信息的提供、技术项目的合作和科技人员的培训方面有新的进展。要善于利用技术专利，积极引进国内外成熟的新技术、新工艺、新材料进行消化、吸收、创新和组合，缩短开发的周期。要增加技术创新的经费投入，提高技术开发费占销售收入的比例，引导、鼓励企业加大技术开发投入，增强技术创新能力。

——大力推进开发区和县、区工业经济发展。要以对各开发区实行特区封闭式管理为契机，加快落实授予开发区市级管理权限，加快各开发区工业发展，推进开发区实施“二次创业”。高新技术产业开发区要加大综合改革力度，优化环境，吸引国内外大企业和科研院所、研发机构落户，真正建成全市乃至全区创业环境最好的高新技术产业化基地、高新技术产品出口基地和高新技术企业“孵化”基地。经济技术开发区要进一步完善配套设施，创新管理体制和运行机制，集中精力做好招商引资工作，大力发展符合自身优势和特点的支柱产业和主导产品。华侨投资区要充分发挥“侨”的优势，大力发展现代农业和农副产品加工业。突出抓好县（区）工业园区建设，促进县（区）工业经济发展。

三、不断壮大服务业规模，提升服务业水平，再创第三产业新优势

根据国家加快发展服务业的有关政策，采取有力措施，抓好八个方面的工作：一是优化服务业行业结构，加大传统行业的改组改造力度，积极发展需求潜力大的新兴行业；二是扩大服务业就业规模，积极支持各行业拓宽服务领域，开拓新的就业渠道；三是放宽服务业市场准入，积极鼓励非国有经济在更广泛的领域参与服务业发展；四是推进部分服务领域的产业化，促进适宜产业化经营的领域由“政府办企业”向“社会办企业”转变；五是促进后勤服务社会化；六是加快服务业人才培养，尤其是加快培养社会急需的、熟悉国际服务贸易规则的各类人才；七是多渠道增加服务业投入；八是扩大城乡居民的服务消费。

——大力推进信息化进程。以我市为国家信息化建设试点城市为契机，全面推进信息技术在国民经济和社会各个领域的应用。制定出台鼓励支持信息产业发展的地方特殊政策法规，着力抓好一批信息化工程：南宁市“电子政务”一期工程、城市应急联动系统完善工程、城域信息化管线网络整合工程、“数字小区”示范工程、民族地区素质教育信息化示范工程、企业信息化典型项目工程等。

——进一步发展旅游业。要按照“大南宁”旅游圈的发展思路，结合本年度“中国民间艺术旅游”主题和创建“中国最佳旅游城市”活动，充分发挥本市和周边地区旅游资源优势，加快景点建设，加大宣传促销力度，进一步培养泰国、越南、香港等旅游线路，规范旅游行业管理，完善配套服务，提高服务质量，全面提高旅游业水平。

——积极发展会展业和社区服务业。加快建设南宁国际会展中心，继续举办南宁国际学生用品交易会和国际教育展等专业会展，积极培养和引进会展人才，把我市会展业发展成为新的经济增长点。社区服务业以实施“星光计划”为切入点，大力开展社会救助和福利服务、便民利民服务、再就业服务和社会保障社会化服务。

——继续办好南宁国际民歌艺术节。要以办产业的办法办好南宁国际民歌艺术节，通过举办国际民歌艺术节，促进经贸、旅游、文化等产业的发展，今年要试行市场化公司制办节运作方式，进一步提高国际民歌艺术节的社会效益和经济效益。

四、积极做好入世应对工作，进一步扩大对外开放

要抓住我国成功加入世界贸易组织带来的新机遇，尽快熟悉世贸组织规则，研究、落实应对措施，提高竞争力。

——拓宽领域，突出重点，加大招商引资力度。积极开展“项目发展年”各项活动，探索新的招商引资方式，开展以政府为主导的大型招商活动与企业为主导的各类招商相结合。要抓好重点项目、重要领域的招商引资，引进一批外资项目。抓住我国加入世贸组织、利用外资领域不断扩大的有利时机，推出批新的招商项目。要做好招商信息的汇集、输送和跟踪工作；加快培育利用外资新主体，大型企业要敢于拿出优良资产寻求合资伙伴，把企业做大做强。中小企业要善于利用合资寻求发展。积极鼓励个体私营企业、乡镇企业利用外资。进一步改善、优化投资环境，提高服务水平和效率，协调解决好已在我市投资的内外资企业存在的困难和问题，做好连续性服务，体现我市招商引资的诚意。

——千方百计扩大外贸出口。积极优化出口产品结构，逐步形成一批具有特色优势和较强市场竞争力的出口产品体系。实施“走出去”战略，推动境外带料加工装配贸易的发展。在巩固和发展欧亚传统贸易市场的同时，下大力气做好南美、俄罗斯、印度等市场的开拓工作。

——加强横向经济技术协作。积极扩展与西部地区的经贸合作关系，接受沿海地区的产业转移。放宽政策，营造环境，吸引市内外个私资本、法人资本在邕投资。

五、认真做好“城市建设管理年”各项工作，全面推进“136”目标的实施

立足内需、扩大投资、拉动经济增长是今年城市建设的一项重要战略方针。为此，确定了城市建设和管理“一年小变化、三年中变化、六年大变化”的“136”目标，并决定将2002年定为“城市建设管理年”，计划实施16个大项目、100多个子项目，预计投资50多亿元。认真抓好城市规划、基础设施建设、房地产业发展、人居环境改善、经营城市和城市管理等方面的工作。

——强化规划的龙头作用，调整和完善城市规划。一是总体规划要结合撤销郊区建制、扩大城区行政区域进行调整。二是配合“136”目标的开展，抓好一批城市建设项目和城市规划的编制，加强规划的管理力度，建立规划行政责任追究制度和制定相应的管理措施。

——着力抓好城市基础设施建设，全面推进“城市建设管理年”各项工作。以抓基础设施重点项目带动城市建设各项工作的开展，重点抓好十个方面的工作：一是全市交通综合整治工程全面启动；二是快速环道全线贯通；三是南湖景区扩建并免费开放；四是以高尔夫球场的开工，促进青秀山风景旅游区开发建设的全面启动；五是以民族大道的环境整治工作带动城市夜景光明（亮化）工程建设；六是朝阳溪二期工程竣工；七是永和大桥建设步伐加快；八是完成南宁国际会展中心土建主体工程；九是全市旧城改造工程启动；十是城市综合治理相对集中行政处罚权工作取得重点突破，市容市貌实现根本好转。要加大整顿和规范建筑市场秩序的力度，强化工程质量管理和建设施工安全监督，建立建筑工程风险管理机制，加强建设工程招投标工作，加强工程造价管理。重点推进政府投资工程管理方式的改革，建立专业化的政府投资工程责任主体。拓宽城市基础设施投融资渠道，加大城市建设内外资的引进力度。

——积极培育和发展住宅产业。制定适合我市住宅产业发展的目标和政策，推进货币化分配住房，发展住房二级市场，培育租赁市场，规范住房交易市场，扩大中低收入居民的住房建设，激励推动住宅建设管理产业化、社会化，切实加快住宅产业化的发展。同时要建立强有力的住房建设发展调控引导机制，引导房地产综合开发健康有序发展，促进住房消费，拉动经济增长，把房地产业打造成为我市强大的支柱产业。今年重点抓好国家级康居示范小区翡翠园等一批房地产开发建设项目。

——抓好城市生态环境改善和人居环境建设。以生态环境建设为重点，做好城市节水、土地保护和利用工作。加快防洪大堤建设，提高防洪标准。在此基础上，着重改善城市人居环境。今年要搞好“点、线、面”的城市绿化美化亮化净化工作和“四个亮点”（即民族大道等4条主干道绿化亮化美化、南湖及其周边环境净化整治、“堤路园”建设和青秀山风景旅游区开发建设）工程的建设，重点抓好民族大道生态园林示范街、朝阳路和江南路示范街的绿化景观改造建设。加强环境保护工作，开展创建“绿色社区”活动。

——全力抓好邕江两岸“堤路园”工程建设。要把邕江两岸“堤路园”工程作为我市新世纪和“十五”计划为民办实事的头号工程切实抓紧抓好。要按照投资主体多元化，经营管理市场化，组织领导坚强化的要求，多方配合，全力推进。要以“堤路园”工程带动城市建设的整体推进，塑造首府城市新形象，实现城市的整体升值。

——提高经营城市的效益和抓好城市综合执法管理。坚决清理闲置土地，完善土地收购储备制度，对全市经营性房地产开发项目用地实行公开招标拍卖。采用多种形式吸引多种经济成分参与城市基础设施和公用事业的建设和经营，出让市政设施广告经营权。进一步推进城市管理相对集中行政处罚权工作，建立完善长效管理机制，提高依法治市水平。要加大市容环境卫生和乱搭乱盖的整治力度，大力整顿交通秩序，扩展公交线路和加大公交车投入，规范车辆静态管理，营造一流的市容环境。

六、进一步深化企业改革，推进各项体制创新

——加大企业改革力度。要加快企业改制改革，建立现代企业制度。继续实施国有企业公司制改革。推进已改制企业的股权流动和结构优化。继续采用改组、联合、兼并、租赁、承包经营和股份合作制、出售等形式，实施“一厂一策”方案，放开搞活中小企业，加快劣势企业退出市场步伐。完善上市公司治理结构，促进上市公司规范运作。健全国有资产管理的有效形式，建立与现代企业制度相适应的国有资产管理、监督、营运体系。逐步完善对企业经营者的激励机制，探索经营者股份期权制度。

——不断完善各项改革配套措施。继续抓好“两个确保”，加快下岗职工基本生活向失业保障保险“并轨”步伐；扩大企业职工医疗保险覆盖面；加快劳动力市场和人才市场建设；建立完善工资指导线和工资指导价位制度，试行年薪制及工资集体协商制度；推进行政审批制度改革；深化人事制度改革；加大外资管理体制改革力度，以适应入世后与世界贸易接轨的需要；抓好对县区扶持政策的落实，理顺城区事权、财权关系，加快县区经济的发展。

七、加快个体私营经济发展，不断壮大我市经济总量

今年我市个体私营经济发展目标是：增加值增长20%左右，税收增长20%左右，年销售收入500万元以上的私营企业达100户以上，其中年销售收入5000万以上的私营企业达20户以上，创区、市优质产品品牌20个以上。

——依托城区，以城镇化、工业化带动个体私营经济的发展。撤销郊区，调整市区行政区划，为五城区经济发展提供了广阔的地域空间，要把发展个体私营经济的着力点放在城区，结合小城镇建设，稳步推进城镇化和工业化；要将个体私营经济纳入全市经济发展计划，并与年度工作目标考核结合起来。要进一步研究对城区明责放权，调整财税管理体制问题，调动城区发展经济的积极性。

——切实改善和优化个体私营经济的社会环境。加大宣传力度，营造浓厚的发展个体私营经济的社会舆论氛围；要大力简化行政审批事项，全面推进行政机关工作效能监察，提高政府行政审批办事效率；坚持收支两条线管理，严肃查处“三乱”；要把个体私营业主及其从业人员纳入养老保险和医疗保险，促进劳动力资源的市场化配置。

——做大做强一批私营企业。要在私营企业中选择一批有一定规模、有发展潜力、符合国家产业发展政策的企业，给予政策、税收、投融资、人才等方面的扶持，使企业上规模，上档次，上水平；鼓励个体私营企业以产权为纽带，实施多种形式的兼并、联合，参与国有企业的改组改制，壮大经济实力。

八、加大整顿市场经济秩序力度，强化政府经济调控职能

——大力整顿经济秩序。健全市场规则，加强市场管理，严厉打击价格违法、合同欺诈、制售假冒伪劣产品和骗取出口退税、逃汇骗汇等涉税犯罪违法行为。重点整顿和规范食品、药品、文化市场，打击私宰行为，扫除假冒伪劣药品，清查非法印制、违章发行的书刊、音像制品，健全和规范有形建筑市场，依法惩处违反工程质量规定、造成工程事故的责任者。加强客货运输市场整顿工作，加大查处无证经营力度，改善运输秩序。强化社会信用。坚决制止对企业的乱收费、乱摊派和乱罚款行为，努力减轻企业负担。发挥统计功能，反对弄虚作假，严厉打击违反统计法行为。切实加强安全生产管理，做好消防及各方面的安全工作，严防各类事故的发生。

——千方百计确保财政收入的稳定增长。强化税收征管，保证全市财政收入的增长幅度略高于国内生产总值的增幅。要加强部门预算改革和财政监督，进一步扩大并规范部门预算的范围。深化“收支两条线”改革，逐步实行预算内外资金统管。进一步调整财政支出结构，加强财政资金管理，强化审计监督机制，推行市属部委办局委派会计和成立结算中心工作，把工程采购纳入政府采购范围，完善政府采购制度，提高财政资金的使用效益。要集中力量培育新的财源，市级财政的着力点主要放在搞活工商企业上，县乡财源建设要坚持农工商并举。各类开发区经济、旅游业、会展业、信息产业和个体私营经济等是我市财源建设新的增长点，要放手发展，逐步提高其在财源构成中的比重。各城区要抓住行政区划调整带来的发展机遇，切实增加城区经济总量和财政收入。

——采取多种渠道，广泛筹集资金。要积极争取国家各类财政性建设资金的投入和国家西部综合性转移支付，发挥各级财政有限资金对投资的引导作用。利用价格杠杆，筹集建设资金。发挥银行的积极性，增加项目贷款。

九、继续实施科教兴市战略，全面促进社会事业发展

——实施科教兴市战略，大力发展教育事业。以实施自治区第二轮“创新计划”为重点，进一步优化科技创业环境，强化科技服务意识，加强政府、企业与高校、科研院所间的联系、交流与合作，实施人才战略，全面推进整体性人才资源开发，加大“引技、引智、引人才”的力度，推动我市经济快速发展。要加快科技企业孵化器市场运作步伐，促进高科技企业发展。继续推动我市科研院所改制工作，积极推进建立大学科技园。加快技术创新体系和服务体系建设步伐，加速高新技术成果的转化，大力发展具有比较优势和市场潜力的高新技术产业。进一步巩固城乡普及九年义务教育成果，扩大国家级基础教育课程改革实验区范围，深化教育改革，全面推进素质教育，积极稳妥地进行全市中小学布局调整，扩建、兴建一批中小学校，抓好示范性学校的建设，积极探索社会力量办学新路子。加大南宁职业技术学院建设国家示范性职业技术学院工作力度。加快教育信息化进程，在城区大部分学校基本实现信息联网“校校通”。研究建立全市统一的学校后勤服务集团。加快市职业教育中心、学生校外教育活动中心、学生健康教育中心及学生综合实践学校的建设。搞好新城区国家级社区教育实验工作和通过国家一类城市语言文字工作评估，改造一批县、区农村学校危房。在全市中小学校逐步推广学生饮用牛奶。

——加快发展社会各项事业。深化文化体制改革，以机制的创新推动文化艺术、新闻出版、广播电视事业的发展，创作一批具有鲜明时代精神和地方特色的文化精品。要进一步搞好广场文化、社区文化和农村文化等群众文化活动。加强文化基础设施建设，加快广西南宁文化艺术中心筹建工作步伐，抓好三级文化网络建设和市图书馆二期工程建设，启动科教书城和广电中心二期工程。进一步推进卫生体制改革，加强农村初级保健和社区卫生服务工作，完善合作医疗及乡村一体化管理；深化城镇医疗卫生体制改革，加大医疗卫生服务市场以及食品和健康相关产品的整治力度，规范卫生执法和医疗行为；继续推行药品集中招标采购，降低医疗药品价格，提高预防保健能力和水平。加快发展体育事业。全面贯彻实施《全民健身二期计划纲要》，深入开展形式多样的群众性体育活动；全面启动“区十运会”备战工作；加强体育市场管理，努力推进体育产业化进程；抓好市体育中心一期工程前期工作；加大群众性体育设施建设力度，完成25 条全民健身路径兴建任务。进一步推行计划生育综合改革，严格控制出生人口，确保全市人口计划目标的完成。

十、切实加强社会主义精神文明建设和民主法制建设

——深入开展社会主义精神文明建设。继续开展以提高市民素质和城市文明程度为目标的“五个进”创建活动。积极倡导社会公德、职业道德、家庭美德以及艰苦创业精神，提倡健康文明的生活方式，不断改善人民群众物质文化生活。全面开展学习、宣传、实施中央《公民道德建设实施纲要》各项活动。继续开展创建文明县区达标竞赛活动，不断提高县区的文明程度。深入开展“双拥”工作，不断巩固和发展军政军民团结的大好局面，力争第三次荣获“全国双拥模范城”荣誉。积极开展以服务人民、奉献社会为宗旨，以尽职业责任、讲职业道德、守职业纪律、树行业新风为主要内容的创建文明行业活动。进一步加大“扫黄打非”工作力度，保证首府文化市场向规范化方向发展。

——加强社会主义民主法制建设，努力维护社会稳定。各级政府要坚持发扬社会主义民主，自觉接受同级人民代表大会及其常委会的监督，认真执行人大的各项决议、决定，定期报告工作。积极支持人民政协履行政治协商、民主监督和参政议政职能，广泛听取各民主党派、无党派人士和专家学者的意见。坚持依法治市，推进依法治市进程。加强政府法制建设，提高各级领导依法办事、依法决策、依法处理问题的能力。加强基层政权建设，大力推进居民（村民）自治。围绕国企改革、农村发展和城市管理等，开拓法律服务领域，提高法律服务质量。进一步推行厂务公开、村务公开、居务公开。加强社会治安综合治理，继续深入持久开展“严打”整治斗争和专项治理行动，深化同“法轮功”邪教组织的斗争，坚决依法打击各种违法犯罪活动，鼓励和提倡见义勇为，维护社会政治稳定。

十一、进一步加强政府自身建设，不断改进机关工作作风

——加强理论学习，深入开展调查研究，不断提高政府决策水平。在今年的“转变作风调查研究年”中，各级政府和部门要抓好政治理论学习，建立健全调查研究制度，大力提倡各级领导深入基层调研，了解真实情况，掌握第一手材料，切实为基层解决实际问题。要“严”字当头，敢于管理，善于管理，不断创新管理观念、管理体制和管理方式，提高行政管理效率。要建立一个政令畅通、决策科学的高效运转体系，做到令行禁止，重大事项集体研究决策，减少失误，确保党的各项方针政策正确贯彻，人民群众的呼声得到及时、准确的体现和市委、市人大各项决策的高效落实。

——切实加强廉政建设。要坚决贯彻落实中央和自治区、市各项廉政规定，加强对政府工作人员的监督，下大力气解决群众反映强烈的一些部门和行业不正之风，认真处理干部的违纪问题，保证公务员队伍的廉洁。行政执法机构和代行行政职能事业单位的预算外资金，今年起，由财政实行收支脱钩、纳入预算管理，资金最终支配权由部门所有改为政府所有，经费安排方式，由财政按实际需要和相关标准统一安排。加强建设工程的执法监察，进一步规范和完善政府采购制度。要进一步完善监督机制和约束机制，加大查处大案要案力度，严厉打击以权谋私、钱权交易、行贿受贿、贪赃枉法等不法行为，从源头上、机制上、制度上预防和治理腐败，增强防腐拒变能力。

——改进工作作风，提高机关工作效率。要牢固树立全心全意为人民服务的意识，增强为经济建设服务、为基层、为群众服务意识，政府组成部门要顾全大局，做好上下沟通工作，部门之间要加强协调，坚决杜绝推诿扯皮，提高政府办事效率和工作质量，充分发挥市长公开电话(12345)受理办公室的作用。要转变政府职能和管理方式，进一步推行机关效能监察，推进和完善政务公开制，深化审批制度改革。狠抓各项整改措施的落实，使各项工作都有明显起色。要大力精简文件和会议，坚决清理、取消各种不必要的检查评比，强化服务意识，进一步改进工作作风，集中精力抓大事、议大事、干大事。

十二、坚持为民办实事，着力解决群众关心的热点、难点问题按照量力而行、尽力而为的原则，在广泛征求意见基础上，经过筛选、论证，今年安排为民办20件实事：

1.环道今年7月1日前通车，年底竣工验收；

2.新建、改造、扩建桃源路、民族大道、朝阳路、衡阳西路、人民西路、望州南路、葛村北路、长湖东路、金湖北路、祥宾路、茶花园路、江南路12条道路；

3.解决安置危旧直管公房困难户1000套住房；

4.恢复一批原有停车场功能，新建一批机动车与非机动车停车场所；

5.年内建成医疗废弃物处置工程项目并运行；

6.安置下岗、失业职工再就业1万人；

7.拆除南湖公园围墙，建成南湖新景区，国庆节起免费开放；

8.为城乡1000例经济困难老年人白内障复明补助费用；

9.解决农村21万群众饮水困难；

10.建设100个以上“星光计划”（即老年人福利服务设施和活动场所）项目，并配套设立社区医疗卫生服务机构；

11.应急联动中心正式运行，实现对市民急救、报警、消防、交通事故的应急联动救助；

12.完成白沙堤亭江改线段防洪堤建设；

13.新增10条公交线路，新增公共汽车120辆；

14.新建10处街头小绿地；

15.改造一批县区中小学危房；

16.完成沥青综合加工厂厂房搬迁；

17.全面解决农村村委会办公用房问题；

18.全面解决社区居委会办公用房问题；

19.建成埌东、高新区消防站，新增一批消防栓；

20.修建恢复一批文物景点。

各位代表，回首过去，我们无比自豪，展望未来，我们信心百倍。在新的一年里，让我们继续高举邓小平理论的伟大旗帜，紧密地团结在以江泽民同志为核心的党中央周围，团结和依靠全市各族人民，坚定信心，开拓进取，扎实工作，全面完成今年的各项工作任务，以优异的成绩向党的十六大献礼。

关于南宁市2001年国民经济和社会发展计划执行情况及2002年国民经济和社会发展计划草案的报告

——2002年2月22日在南宁市第十一届人民代表大会第四次会议上

市发展计划委员会主任　谢泽宇

一、2001年国民经济和社会发展计划执行情况

2001年，我市坚持以“三个代表”重要思想为指导，全面落实中央和自治区的各项方针政策及工作部署，积极组织实施“十五”计划，突出抓好结构调整、促进投资增长和推进重大项目建设等重点工作，克服了7月洪灾带来的困难，实现了“十五”计划的良好开局。

(一)国民经济持续稳定增长，年初预期目标基本完成

全市国内生产总值322.63亿元，增长10%，完成计划的100%。其中，第一产业增加值48.63亿元，增长1.6%，完成计划的95.35%；第二产业增加值94.27亿元，增长7.5%，完成计划的96.19%，其中工业增加值70.42亿元，增长8.4%，完成计划的94.52%；第三产业增加值179.73亿元，增长13.6%，完成计划的102.12%。财政总收入38.53亿元，增长27.15%，完成预算的116.76%，其中地方财政收入24.3亿元，增长40.11%，完成预算的129.37%。社会消费品零售总额163.44亿元，增长9.26%，完成计划的101.52%。城镇居民人均可支配收入7906元，增加458元，完成增收计划的91.6%；农民人均纯收入2321元，增加137元，完成增收计划的68.5%。实际利用外资11269万美元，增长34.01%，完成计划的102.45%；外贸出口总额43053万美元，下降15.57%，完成计划的78.28%。居民消费价格总指数上涨2.8%、城镇登记失业率2.9%、人口自然增长率6.1‰，均控制在计划范围。

(二)固定资产投资增长较快，一批项目建设和前期工作进展顺利

完成全社会固定资产投资104亿元，增长8.5%，其中：基本建设投资48.78亿元，增长10.73%；更新改造投资15.69亿元，增长13.45%；房地产开发投资18.56亿元，增长17.97%。

一批重点项目建设进展顺利。两县农网改造一期工程已完成并顺利通过验收，火车站广场改造、步行街改造、东葛路小学建设已完成；第二邮政枢纽、陈村水厂二期、快速环道各在建路段等项目进展情况较好。邕江防洪堤北岸堤路园结合工程与南岸白沙堤、韦村三津段及部分中小型水库除险加固项目加快了建设进度。国际会展中心、三津水厂、青秀山风景区主干道一期和永和大桥等重大项目相继开工建设。

一批重点项目前期工作进展加快。南湖湖泊综合整治、城市水环境综合整治工程、凌铁大桥、青秀山高尔夫球场、公路主枢纽货运南站分站等项目前期工作取得较大进展，为今明两年投资增长打下了较好的基础。

(三)工业改造改制力度加大，优势行业增长快速

工业技改投资规模和速度均创近几年新高，一批工业项目建设加快推进。南糖股份公司3.4万吨蔗渣浆项目、南化离子膜烧碱扩建项目建成投产，南化聚氯乙烯扩建项目、南烟集团打叶复烤线项目基本完工。南南铝箔年产2.5万吨高精度铝板带箔项目及南宁卷烟厂年产40万箱卷烟项目已开工建设。南糖股份公司年产1万吨SAP复合纤维超级吸水材料项目、年产5.1万吨涂布白纸板项目前期工作基本完成。

国有企业改制力度加大。完成了12户企业改制，并有5家企业着手改制工作。这些改制的企业按《公司法》的要求建立了法人治理结构，企业的经营机制得到进一步转换，经营管理进一步规范。

优势工业行业生产势头好，烟草加工业、有色金属冶炼及压延加工业、金属制品业、普通机械制造业等行业增长速度均在15%以上，是全市工业经济增长的支撑力量。

(四)农业结构调整步伐加

以“三田”建设为载体，加快了农业结构调整的步伐。全市实施“三田”面积69.01万亩，其中“吨粮田”39.36万亩，“吨糖田”16.82万亩，“万元田”12.83万亩。种植业内部结构进一步调整。粮食种植减少2.9万亩，西瓜、蔬菜、甘蔗等经济作物种植分别增2.1万亩、2.3万亩、14.5万亩；养殖业发展加快，畜牧业产值增长超过了农林渔各业的增速。农业优良品种规模大幅度增加。优质谷面积比上年增加26.3万亩，主要引进推广的农业新品种有78个。加强了农业示范园区的建设。启动实施了吴圩、苏圩、城东、伊岭和坛洛丰平五个农业示范园区，已有13家公司入园经营，累计投入资金3000多万元，其中市财政投入资金1020万元。农村基础设施建设力度加大，全年建成沼气池4.04万座，改厕50750座。

(五)服务业继续保持较快的发展格局

各种商业业态的改造力度进一步加大，各类型商业、各零售行业、城乡市场均有不同程度增长，尤其是餐饮业增长速度达到17.14%，个体私营商业零售额增长12.65%。假日

经济带动旅游业持续发展，旅游总收入 51.84 亿元，增长 12.74%，其中国际旅游收入增长 16.63%。房地产业、交通运输、邮电通信、保险业等也保持较快增长，服务业对全市经济增长的贡献率达到 66.5%，仍然是拉动我市经济增长的主导力量。

(六)信息化工作取得新进展

我市被列为国家信息化试点城市。信息化工作全面开展。市“十五”信息化规划编制工作已完成。信息化重点项目建设和前期工作力度加大，城市应急联动中心已投入试运行，传统产业的信息化改造、数字家园等项目建设已取得新进展，电子政务工程、教育信息网、交通信息网等项目前期工作正在加快推进。

(七)城乡居民收入增加，社会保障水平提高

去年，甘蔗、蔬菜、水果等经济作物明显增产增收，畜牧水产业稳中略增。尽管受洪灾影响，粮食、西瓜大幅减产减收，部分经济作物也因价格下降而减收，总体看，农民收入稳步增长但增幅减缓，全年农民人均增收 137 元。受经济效益回升、国家增资等因素拉动，城镇居民人均可支配收入有新的增加，全年人均增收 458 元。两个“确保”继续巩固，养老保险基金收缴率达 95%，全市离退休人员养老金按时足额发放；医疗制度改革顺利推进，职工再就业机制已初步建立。

(八)城市建设和管理水平提高，社会事业全面发展

围绕创建“中国绿城”目标，努力塑造城市品牌，居住环境进一步改善，建成区绿地率 31%，绿化覆盖率 38%，荣获首届“中国人居环境奖”荣誉称号。

积极抓住西部开发机遇，努力争取国债投资，改善我市社会事业基础设施。县郊四所国债支持的中学危房改造项目已开工建设；基础教育继续巩固和发展，全市小学升学率达到 99.50%，其中城区 100%；初中毕业升学率达 65.79%，其中城区 95.64%。中心血站取得国债专项资金支持，建设进展顺利；农村卫生条件继续改善，已有 36.1%的合作医疗村实行了乡村一体化管理。“星光计划”项目、体育中心、文化艺术中心等项目前期工作继续推进。积极推行流动人口综合治理，依法管理计划生育工作，推进优质服务，全年人口与计划生育各项任务较好完成。其他社会事业继续发展。

二、存在的突出问题

第一，经济增长的基础不够牢固，经济结构不合理的矛盾依然突出。从三次产业看，农业抵御自然灾害的能力仍较脆弱，农业结构调整、农产品市场开拓力度仍显不足。工业企业和产品竞争力不强、新的增长点不多，工业对国民经济增长的拉动仍较弱。第三产业仍然是传统贸易餐饮业、交通运输业唱主角，新兴第三产业的比重仍较小。

第二，投资缺乏快速增长的基础和动力。去年我市投资增速一直低于全国、全区以及西部 12 个主要城市的平均水平。目前国债资金支持的空间比较有限，非国有经济投资对整个投资增长支撑的能力较弱，外商投资比重不大，银行贷款对投资正常增长的促进作用也未能得到充分发挥。

第三，外贸出口下滑的局面未能扭转。由于世界经济形势比较严峻，更深层的原因是我市出口产品竞争力不强，全年外贸出口总额下降 15.57%。

第四，农民增收较难，社会就业压力仍然较大。

三、2002 年经济和社会发展主要预期目标

根据全市经济工作会议精神，结合当前我市经济发展的阶段性特点，考虑了需要与可能以及与“十五”计划相衔接，2002 年我市经济社会发展主要预期目标如下：

——国内生产总值增长 10%

其中：第一产业增加值增长 6%

第二产业增加值增长 10%

其中：工业增加值增长 9%

第三产业增加值增长 11%

——财政总收入增长 10%

其中：地方财政收入增长 10%

——全社会固定资产投资增长 11%

其中：基本建设投资增长 8.5%

更新改造投资增长 11%

——社会消费品零售总额增长 9%

——城镇居民人均可支配收入增长 7%

——农民人均纯收入增长 7%

——实际利用外资增长 8%

——外贸出口总额有所增加

——居民消费价格总指数涨幅控制在 2%以内

——人口自然增长率控制在 10‰以内

四、2002 年主要工作

根据市人民政府提出的任务，今年重点抓好落实七个方面的经济计划工作。

(一) 千方百计促进投资增长

增加投资是扩大内需、拉动经济增长的关键，根据我市目前的经济结构和技术水平，今年我市经济增长还要立足于投资拉动。市委市政府已决定今年为项目发展年，我们要大力营造全方位推进项目工作的良好氛围，千方百计促进投资快速增长。

要树立经营城市理念，多渠道筹措城市建设资金。适度利用价格等政策筹措部份城市基础设施项目建设资金；盘活现有土地资产，争取国有土地最大级差效益；积极探索并试行对市政道路、桥梁、公交线路等冠名权、广告发布权和城市公用基础设施及公共空间经营权，实行有偿有期使用转让，筹措城市基础设施建设资金。鼓励和引导部分公益性、财政性投资项目转化整合成为竞争性、经营性项目。今年要

做好金湖广场等项目通过市场化运作进行建设和经营的试点工作。

努力扩大民间投资。积极培育多元化投资主体，激活民间投资；要放开城市供水、道路、桥梁等投资领域；为民营企业营造平等的发展环境，尽快形成民间投资稳定快速增长的机制。

以环境改善促进投资增长。切实压缩、减少项目审批事项，简化项目审批程序。认真办好项目发展年和城市建设管理年活动，促进我市投资软硬环境进一步改善。

通过抓好项目工作促进投资快速增长。一是抓好国债项目建设。按照国家和自治区的要求，2001 年以前国家安排的国债项目要在年内干净利落地建成投产。二是积极向银行推荐一批好的项目。支持并配合银行提前介入项目前期准备工作，扩大中长期贷款规模。三是进一步加大重大建设项目协调工作力度。四是继续实行项目工作责任制。五是切实做好项目前期工作。协调好项目前期工作经费、审批环节等问题，把前期工作做实、做细、做深，继续储备好一批项目。

努力向国家争取更多国债资金和专项资金。今年国家和自治区将加大对项目建设资金的支持，关键是我们必须按照国家和自治区的要求，做好项目前期工作。我们要加强协作，协同配合，形成合力，有针对性地选择防洪堤、人畜饮水工程、朝阳溪综合整治、城市水环境综合整治、农网改造二期工程以及教育卫生、公检法设施等一批符合中央和自治区扶持政策的项目，切实做好前期工作，争取中央国债资金和国家、自治区专项补助资金的支持。

（二）加快城市建设，加强城市管理，努力实现“136”目标

认真实施城市建设管理年各项工作，要把城市建设和管理作为推进经济发展的重要举措抓紧抓好，今年突出抓好“解决一个难点，抓好四个亮点”相关项目的推进。

抓好确保城市交通通畅的项目建设，强化交通综合管理。按照“打通断头路，形成环通道，建设主轴路，形成放射线”的思路，全力推进一批城市路桥项目建设。快速环道要在年底前全线竣工；结合城市开发改造，拓宽瓶颈路段。年内要打通长湖路、葛村路、茶花园路等主要路段；加快对桃源路、建政东路、苏州路等一批市区纵横干道的扩建改造；加快建设永和大桥，推进葫芦顶大桥、凌铁大桥、中华路和民主路立交桥前期工作，力争尽快开工建设。加强道路、公路客运场站及其他交通综合规划建设，强化管理，尽快形成快速、便捷、立体的综合交通体系，增强道路畅通能力。

抓好“四个亮点”项目建设。推进朝阳路、民族大道、江南路、大学路景观亮化工程建设。根据堤路园的思路，建设滨江大道，并进行邕江两岸滩涂整治、旧区改造和绿化美化等景观建设，提高邕江大堤防洪标准，完善防洪体系，发挥防洪、排涝、交通及景观等综合功能。实施南湖清淤补水及其周边环境的整治。推进青秀山主干道一期工程建设。力争完成朝阳溪综合整治二期工程建设，加快推进城市水环境综合整治工程、可利江综合整治工程等项目前期工作。

（三）继续推进经济结构调整，培育和发展新的经济增长点

调整农业结构，提高农业效益，努力增加农民收入。进一步调整种养结构和品种结构。粮食种植面积稳定在 250 万亩左右，适当增加桑蚕、花卉苗木和优质水果的种植。积极发展果园养殖、发展草食动物和优良水产品养殖，提高养殖业占农业经济总量的份额。继续实施农业良种工程，加强农业科技队伍建设和农民适用技术培训，大力推广新品种培育、栽培、饲养配套技术。发展优质谷、良种木薯、优质蔬菜等优良品种的种植。加快农业科技服务体系、信息服务体系、市场服务体系、农产品标准和检测检疫体建设，配合自治区加快建立南宁农产品安全质量监测中心。继续抓好坛洛丰平、吴圩、苏圩、城东、伊岭 5 个示范园区的建设。继续发展乡镇企业。鼓励各种类型的资金投入农业开发，形成新的经济增长点。抓好病险水库除险加固、人畜饮水和生态能源建设，改善农村生产生活条件。继续抓好苏圩、扬美等小城镇经济综合开发示范项目建设。

树立工业是城市经济脊梁的思想观念，着力抓好企业技术改造，为今后几年提高工业占国民经济的比重打好基础。推进企业产权制度改革，加快国有大中型骨干企业公司制改造，建立健全法人治理结构，推进企业经营机制创新。积极培育和壮大新的经济增长点，一是加快一批重大工业项目建设，南烟 40 万大箱生产线、南南铝箔 2.5 万吨高精度铝板带箔、南糖 1.5 万吨静电复印纸、安力泰药业二期工程等一批项目，要力争早日竣工投产。二是着力抓好几个重点企业的扭亏增盈工作。特别要想方设法使凤凰纸业尽快摆脱生产经营困境，争取开工建设高档文化用纸生产线，做好纸浆扩能前期工作，力争早日开工建设。三是切实推进几个开发区的建设和发展。要认真贯彻实施我市有关加快开发区发展的若干规定和政策措施，为开发区营造宽松的建设和发展环境。

同时，各开发区要用足用好用活国家、自治区、市有关扶持政策，抓住机遇上项目，寻求重点突破，为实现开发区建设“三年翻一番、六年翻两番”的目标奠定坚实的基础。

调整和优化服务业行业结构，提高服务业的整体素质和竞争力。加大对交通运输、商贸流通、餐饮、公用事业、农业服务等行业的改组改造，推进连锁经营、特许经营、物流配送、代理制、多式联运等组织形式务方式的发展，提高服务质量和经营效益。积极发展旅游、房地产、物业管理、社区服务等需求潜力大的行业，形成新的经济增长点。大力发展旅游业。争取利用国债和吸纳社会资金，支持重点旅游景区景点建设，重点加快青秀山高尔夫球场和主干道一期工程建设；加强与周边重点旅游城市的协作，打造黄金旅游线路；加大“五一”、国庆、春节黄金周和民歌艺术节旅游市场的开拓力度，促进假日旅游经济快速发展。

要努力把房地产业培育成我市强大的支柱产业。重点抓好裴翠园小区等房地产开发及北湖安居小区、石柱岭小区、二桥南安居小区等经济适用住房建设；结合旧城改造，推进三坊街、龙腾翔云街房地产开发。要充分发挥首府吸纳和辐射功能，搞活和扩大我市商品贸易；加快金湖广场的开发建设，尽快形成我市新的商业亮点和旅游景点。

加快发展民营经济。继续完善、细化和落实鼓励民营经济发展的政策措施；加大对民营资本的招商引资力度；引导民营企业利用资本市场开拓融资渠道，在生物制药、电子信息等行业选取 1—2 家民营企业重点培育上市；加强对发展民营经济工作的宏观指导；继续扶持一批重点民营企业，打造一批产品品牌。

（四）加快推进信息化建设

全面推进信息技术在国民经济和社会各个领域的应用，努力实现信息化建设的新突破。制定出台《南宁市关于鼓励软件产业发展的若干政策》、《南宁市信息项目管理规定》、《南宁市管线工程规划与管理办法》以及制定鼓励支持信息产业发展的地方特殊政策法规，为推进我市信息化建设创造良好的政策环境。着力抓好政府主导的一批信息化工程。力争完成南宁市电子政务一期工程，结合电子政务工程的建设和投入使用，抓好领导干部、网络技术人员以及应用人员信息化知识普及培训工作。完善城市应急联动中心建设，挖掘城市应急联动系统的功能和潜力，拓展其业务；充分利用已有网络资源，整合形成全市范围内的城域信息化管线网络。组织实施一批由政府推动、指导的信息化项目。抓好数字小区（园区）、民族地区信息化素质教育、在线教育专用网络、中小学计算机与网络技术基础知识普及教育等示范项目。改造完善广西食糖批发网、大华光旅游信息网、红土地农业信息网等电子商务网络。

（五）适应加入世贸组织的新形势，努力提高对外开放水平

积极应对入世后面临的新情况、新问题，认真扎实做好各项工作，扩大国内外经济、技术交流与合作，提高对外开放水平。

要切实转变观念、转变职能、转变作风，优化政策环境、法制环境、市场环境和服务环境。

加快行政审批制度改革，尽快出台新的审批制度和实施细则。建立治理乱收费责任制，增强收费政策透明度。大力整顿市场秩序，规范市场行为，坚决打击生产、销售假冒伪劣商品行为，切实保护知识产权和投资者的合法权益。

抓紧抓好一批重大利用外资项目，努力扩大利用外资规模。120 急救中心等项目要抓紧跟踪落实，争取外资尽早到位。利用世行贷款的朝阳溪综合治理工程和利用日元贷款的三津水厂一期工程要加快建设进度。要加快青秀山高尔夫球场和城市水环境综合治理项目前期工作，争取早日开工并加快建设进度。

加大招商引资工作力度。积极策划推出一批项目，抓好两次国际和两次国内项目招商活动以及民歌节经贸招商工作。充分用好有关西部大开发政策，尤其是利用国家发展南贵昆经济区的契机，积极主动创造条件接纳东部沿海地区产业转移。

努力扩大外贸进出口规模。按世贸组织运作规则，创新外贸经营机制。深化外贸企业改革，加快落实生产企业自营出口权，改变过去单一收购出口的做法。加强与跨国公司的联系与合作，利用跨国公司销售网络、人才、技术和管理上的优势，带动我市产品出口。做好出口退税工作，提高出口企业的积极性。加大出口主体结构调整力度，促进外贸企业扩大出口规模。在鼓励我市产品和有自营出口权企业产品出口的同时，兼顾外地产品出口和出口供货的增长。要挖掘出口潜力，培植新的出口增长点。加强进口管理，组织好我市结构调整需要的关键技术装备、原材料和其它市场急需的商品进口。

（六）积极扩大就业，努力改善人民生活

要积极支持和引导劳动密集型产业发展，在努力增强国有经济竞争力的同时，大力发展多种所有制经济，充分发挥中小企业和非公有制经济在吸纳劳动力就业方面的重要作用。积极发展小城镇，把小城镇的发展同乡镇企业的提高改造结合起来，以城镇化促进农村剩余劳动力的转移。增加城乡居民收入，特别要提高农民和城镇中低收入阶层居民的收入。

抓好城镇居民最低生活保障工作，继续完善养老保险、失业保险、医疗保险等社会保障制度，确保国企下岗职工的基本生活费和离退休人员的养老金按时足额发放。

（七）继续发展科技及其他各项社会事业

大力推进科技进步和创新，积极建立企业与高等院校之间以资本为纽带的产学研基地，加大引智力、引技术、引项目力度，促进科技成果商品化、产业化。发展教育事业。继续深化办学体制改革，抓好全市中小学校的规划、布局和调整工作，优化教育资源配置，办好示范性高中和中等职业学校。进一步推进文化与经济、社会一体化发展，继续办好南宁国际民歌艺术节，拓展各种文化设施功能，为经济社会发展服务。调整医疗资源结构，大力发展社区卫生服务，继续加大农村改水改厕工作力度。完善以社区、农村为重点的基层体育组织建设。坚持不懈地抓好计划生育工作，广泛开展以技术为重点的计划生育优质服务活动，确保人口与计划生育工作各项任务全面完成。

各位代表，2002 年是实施“十五”计划的关键一年，做好今年的工作，意义重大。我们要按照“三个代表”重要思想的要求，在市委的领导下，在市人大、政协的监督和指导下，坚定信心，迎接挑战，扎实工作，努力巩固和发展“十五”计划的良好开局，以优异成绩迎接党的十六大胜利召开。

关于南宁市和市本级2001年预算执行情况及2002年预算草案的报告

——2002年2月22日在南宁市第十一届人民代表大会第四次会议上

市财政局局长　黄伟京

一、2001年全市及市本级预算执行情况

2001年，我市各族人民在市委的正确领导下，坚持以邓小平理论为指导，努力实践“三个代表”的重要思想，全面贯彻党的十五届六中全会精神，认真落实积极的财政政策，全力推进经济体制改革和各项配套改革，国民经济稳中有升，各项事业全面发展，财政改革稳步实施，圆满完成市十一届人大二次会议确定的国民经济发展和财政收入目标，预算执行情况良好。

（一）2001年全市预算执行情况

2001年，全市财政收入完成385295万元，比上年增长27.15%。全市财政收入中，上划中央“两税”收入完成142289万元，比上年增长9.79%；一般预算收入完成243006万元，比上年增长40.11%。

2001年全市地方财政总收入完成361764万元，财政总支出完成308988万元，扣除结转下年度继续使用的专款12293万元，当年财政收大于支40483万元。2001年全市基金预算收入8944万元，基金预算支出8696万元。

2001年我市贯彻中央扩大内需、促进经济增长的方针，采取一系列行之有效的措施，深化改革，优化环境，增加投资、促进消费，清理欠税，使当年财政收入大幅增收。在当年财政增加的收入中，增值税增收3290万元，主要是批发零售业、卷烟、糖业、电力等重点行业的增收。营业税增收22884万元，主要是建筑施工、房地产、服务业的增收。所得税增收36651万元，主要是股份制企业、外商投资企业、个人所得税的增收。此外，贯彻落实新的税收征管法，大力清理欠税，查补税款，全年清欠和查补各项税款40270万元。

2001年全市财政严格执行人大通过的支出预算，继续落实国家调整收入分配政策，重点保证工资发放和国家机关正常运转，支持农业、教育、科技、社会保障、城市基础设施等方面的建设和发展支出。全年财政增加的支出主要用于调整机关事业单位职工工资和离退休人员离退休费12037万元，增加农业投入2636万元，抗洪救灾支出2980万元，增加“三条保障线”补助支出2520万元，增加从优待警和公检法机关专项斗争经费3826万元，增加重点基本建设项目支出4093万元，增加城建资金2896万元等。

在增加以上重点支出的同时，各级财政加强对一般性支出的管理，大力开源节流，在政策性支出增加较多的情况下，保证了收支平衡并有结余。

（二）2001年市本级预算执行情况

2001年，市本级财政收入完成232966万元，比上年增长29.29%。其中：上划中央“两税”收入94829万元，比上年增长4.64%；一般预算收入138137万元，比上年增长54.23%。2001年市本级财政总收入完成280063万元，财政总支出完成236047万元，扣除结转下年度使用的专款11279万元，收支相抵，当年收大于支32737万元。当年本级财政结余较多，主要是当年财政收入超收增加的财力除安排调整工资、抗洪救灾以及部分到期必须偿还的政府债务等支出以外，全部滚存结转2002年安排，用于扩大最低生活保障覆盖面、调整收入分配政策、“136”工程建设和政府偿债资金。

2001年市本级基金预算收入7198万元，基金预算支出7198万元。2001年市本级财政收入增幅较大，主要来自以下几个方面：一是我市传统支柱财源卷烟、造纸、纺织、电力和商品批发零售业继续发展，增值税、消费税增收。二是经过多年经济结构调整，部分企业活力增强，三资企业成长较快，企业所得税增收9591万元，其中三家上市公司所得税增收4879万元，外商企业所得税增收1898万元。三是在积极财政政策和西部大开发政策作用下，我市房地产和基础设施建设进入新一轮投资热潮。“假日经济”和会展业兴起，促进了我市交通运输、邮电通讯、旅游等新兴第三产业的发展，全年营业税增收16160万元。四是完善个人所得税代扣代缴制度，加强个体私营业主个人所得税的门面征收管理和彩票中奖收入个人所得税的代扣代缴工作，个人所得税增收13869万元。

2001年市本级财政支出继续保持较快增长，主要原因：一是兑现中央出台的提高机关事业单位工作人员工资和离退休人员离退休费以及自治区出台的各项补贴政策，市本级工资性支出增加4748万元。二是保证支农支出按法定比例增长，大力支持农业结构调整和农业综合开发，财政农业投入增加1181万元，增长34.03%。三是实施科教兴市战略，增加教育的投入，支持高科技产品开发和科研项目研究，教育事业费增加2720万元，增长38.25%，科技三项费投入1200万元，增长7.91%。四是支持企业技术改造和技术创新，扶

持上市公司增资扩股，市本级企业挖潜改造资金支出 11058 万元，增加 2829 万元，增长 34.38%。五是完善三条社会保障线，落实“两个确保”，支援抗洪救灾和灾区重建，扩大最低生活保障覆盖面，社会保障补助支出、抚恤和社会福利救济费分别增加 1960 万元和 1327 万元，增长 36.02%和 58.10%。六是为维护社会稳定，增加公检法办案专项经费和从优待警支出，公检法司支出增长 29.6%。

2001 年进行部门预算试点的四个单位中，市农业局、市科委、市卫生局完成预算 100%，市公安局完成预算 97.6%。试点结果表明，实行部门预算，提高了预算透明度，硬化了预算约束力，预算执行比较规范。总之，2001 年全市及市本级预算执行情况是好的。在遭受特大洪灾，各种政策性、突发性增支减收因素较多的大灾之年，我们在市委的领导下，创新理财观点，深化财政改革，加强财政管理，坚持依法理财，不仅超额完成了预算任务，各项财政工作也取得了较好成效。主要是：

转变财政支持经济增长的方式，促进经济发展。减少对企业具体事务的审批，运用税收、贴息、补助等手段，支持国有企业改革和经济结构调整。一批重点技改项目和技术创新项目得到支持并发挥效益，国有企业改制取得新进展。加大对社会保障事业的支持力度，切实把“两个确保”作为财政工作的重要任务落到实处。坚持按“三三”制原则足额筹集下岗职工基本生活费，保证下岗职工基本生活费和企业离退休费的按时足额发放；完善最低生活保障制度，适当提高三条社会保障线的保障水平，积极推进我市完善社会保障体系试点工作。落实目标责任制，坚持依法理财治税。加大查补、清欠、打击税收违法行为的力度，做到应收尽收，不收“过头税”，税收征管得到加强，税收秩序进一步规范。深化财政改革，提高财政管理水平。在市本级扩大部门预算编制范围；稳步推开国库集中收付制度，对部分重点工程实行报账支付；规范政府采购运行机制，扩大政府采购范围，按市场化原则对 20 个工程试点政府采购，节约资金 5488 万元，节约率达 32.5%；调整县区财政管理体制，适当增加县区财力。以支出管理制度改革为重点的财政制度创新取得新的突破。

遵循公共财政的原则，优化财政支出结构。重点保证中央调资政策的贯彻落实；确保农业、科技、教育投入按法定比例增长；较大幅度增加了社会救济和社会保障补助支出；千方百计争取国债资金，积极向金融机构融通资金，吸引外商投资，保证重点工程资金到位。财政公共保障能力逐步提高。

贯彻执行《会计法》，认真整顿和规范会计秩序。不断完善会计委派制度，从机制上遏制会计造假的行为；清理“小金库”，查处和纠正违纪行为；加强工程预决算审核和工程有关招标文件、施工、监理合同的审查，全年核减工程资金 19475 万元，净核减率为 22.65%。结合一系列支出管理制度的改革，使财经秩序趋向好转。

此外，我们还多渠道筹集资金 70000 万元，投入火车站广场改造、民生路步行街、民族大道景观改造、城市亮化工程、社会应急联动中心和防洪工程等一批重点工程的建设，建设“中国绿城”的目标稳步推进。

各位代表，过去的一年，我们战胜困难，超额完成了年度预算。但是在预算执行和预算管理方面也还存在一些必须关注的问题。主要有：财源基础不扎实，财源结构单一，财政增收后劲不足；县、乡两级财政困难有日益加剧的趋势；各级财政债务负担较重；会计造假、信息质量较差的状况没有根本好转，财政监督机制还不健全；财政支出结构不能适应公共财政的要求等。对于这些困难和问题，我们将在今后的工作中，通过支持经济发展，创新理财思路，改革预算管理办法，强化财政监督，逐步加以解决。

二、2002 年全市及市本级预算草案

根据中央、区、市经济工作会议和全国、全区财政工作会议的精神，2002 年全市及市本级预算安排的指导思想是：以江总书记“三个代表”重要思想及有关财税工作的重要讲话精神为指导，认真贯彻落实自治区第八次党代会关于实现“富民兴桂新跨越”的战略决策以及全市经济工作会议精神，开发财源，加强征管，确保财政收入的稳定增长。继续贯彻实施积极财政政策，促进西部大开发战略的实施。加大财政支出结构调整力度，压缩一般性支出，努力保证干部职工工资的正常发放和“136”城市建设等重点支出的需要，支持经济结构调整，大力推进工业化、城镇化和信息化建设，继续支持国有企业改革与发展，完善社会保障制度。继续推进财政改革，实施所得税收入分享改革，进一步扩大部门预算编制范围，实行国库集中收付制度，推进政府采购制度。加强财政管理，强化财政监督，努力提高资金的使用效益，促进全市经济和社会各项事业的发展。

（一）2002 年全市预算草案

2002 年全市财政收入安排 423825 万元，比上年增长 10%。其中：上划中央收入（包括从 2002 年起中央分享的所得税）193130 万元，比上年增长 10%；一般预算收入 230695 万元，比上年增长 10%。2002 年全市财政总收入（不含上划中央收入）安排 324832 万元，财政总支出（不含自治区专项拨款支出和上年结转支出）安排 308513 万元，收支相抵，预算结余 16319 万元，主要是县、区财政结余。在 2002 年全市财政总收入中，一般预算收入安排 230695 万元；自治区财政补助收入 94137 万元，其中：自治区财政税收返还补助收入 87520 万元（包括按 2001 年实际入库数计算的所得税返还）。

在 2002 年全市财政总支出中，当年财政支出 255756 万元，比上年增长 30.53%，上解自治区财政支出 52757 万元。

由于从 2002 年起所得税中央与地方按 5：5 比例分享，为了方便大家对比，我们在编制 2002 年预算中对 2001 年一般预算收入、上划中央收入、税收返还补助收入按相同口径作了调整。现在提请大会审查的全市预算草案是根据市本级和县区财政初步安排汇总编成，由于县区预算汇总时尚未经同级人大批准，经同级人大批准的预算可能有所变动，我们再将变动情况汇总报市人大常委会备案。

（二）2002 年市本级预算草案

2002 年市本级财政收入安排 251603 万元，比上年增长 8%。其中：上划中央收入（包括从 2002 年起中央分享的所得税）127432 万元，比上年增长 11.18%；地方一般预算收入 124171 万元，比上年增长 4.92%。

2002 年市本级财政总收入计划安排 243672 万元，财政总支出（不含自治区专项拨款支出和上年结转支出）计划安排 243672 万元，收支平衡。

在 2002 年市本级财政总收入中，一般预算收入 124171 万元。自治区财政补助收入 94137 万元。下级财政上解收入 25364 万元。2002 年市本级一般预算收入主要项目的安排情况是：（1）工商税收 106052 万元，比上年增长 7.86%。（2）农牧业税和耕地占用税 2800 万元，比上年下降 20.75%。（3）企业所得税 9339 万元，与上年持平。（4）国有企业计划亏损补贴（直接冲减收入）2820 万元，比上年增长 22.24%。（5）专项收入 5600 万元，比上年增长 4.95%。（6）罚没收入 3200 万元，比上年下降 20.44%。

在 2002 年市本级财政总支出中，当年财政支出 143888 万元，比上年增长 52.63%。上解自治区财政支出 52757 万元，补助下级财政支出 47027 万元。2002 年市本级当年财政支出主要项目的安排情况是：（1）建设性支出 21277 万元，比上年增长 23.88%。（2）事业行政经费支出 69872 万元，比上年增长 33.30%。其中：教育事业费 12603 万元，比上年增长 40%；科学事业费 1284 万元，比上年增长 20%；（3）城市维护费 15898 万元，比上年增长 58.98%。（4）总预备费 2000 万元，比上年增长 81.82%。（5）偿债资金 15000 万元。

1. 关于市本级一般预算收入安排问题。市本级预算草案主要依据财政收入的增长与国内生产总值的增长相适应、继续提高财政收入占国内生产总值比重的要求和我市 2002 年国民经济和社会发展预期目标编制而成。既考虑了经济发展、税制完善、清理和规范税收优惠政策等增收因素，也考虑了我国加入 WTO 后对本市出口和产业的负面影响以及清理欠税余地减少等减收因素，在上年收入增长幅度较大、西部开发税收优惠政策进入实质性实施的情况下，收入预算打得相当积极，需要经过艰苦努力才可能实现。

2. 关于市本级一般预算支出安排问题。2002 年市本级一般预算支出安排，按照"一是吃饭，二要建设"、"量力而行，收支平衡"、"保证重点，兼顾一般"的原则，重点保证：（1）落实 1999—2001 年机关事业单位调整工资增加的支出 7200 万元。（2）保证农业、教育、科技支出按法定比例增长。（3）保证企业下岗职工基本生活保障和城镇居民最低生活保障资金。（4）支持国有企业改革整顿和开发区建设，安排高新技术开发、结构调整和技术改造贴息。（5）政府偿债资金。除此之外，其他方面的支出原则上从紧安排。

3. 关于市本级部门预算编报情况。提交本次大会的部门预算在去年的基础上增加民政局、劳动局、水电局、土地局、文化局、教委、计生委、环保局、中级法院等 9 个单位，一共 13 个单位。这 13 个单位的部门预算建议数已经"二上二下"审核，现提请本次大会审查。

三、坚定信心，继往开来，努力完成 2002 年全市和市本级预算任务

2002 年将是我们党和国家具有重大历史意义的一年，是全面实施自治区八次党代会提出的"富民兴桂新跨跃"的第一年，也是我市推进"136"目标的"城市建设管理年"。做好 2002 年的财政工作，确保完成全年预算，对于保持我市国民经济持续、快速、健康发展，促进社会全面进步，具有十分重要的意义。为此，我们要切实做好以下几个方面的工作：

（一）以经济建设为中心，综合运用财政政策，促进经济结构调整，推进工业化、城镇化建设

要贯彻落实中央积极的财政政策和西部大开发战略的各项措施，配合有关部门落实税收优惠政策，做好国债项目的筛选和推荐工作；要保证调整收入分配政策的落实，努力改善人民生活，增加就业，培育和扩大内需。要以技术创新和制度创新为核心，促进结构调整优化和升级。重点支持经济技术开发区、高新技术开发区和华侨投资区超常规发展，使之成为我市经济发展的亮点和新的支柱财源。要加大企业技术改造和新产品开发的扶持力度，用高新技术改造传统产业，发展适用高新技术，培育壮大特色工业。要继续支持国有企业改革，把国有企业改制与调整产业布局、发展非公有制经济、健全社会保障制度和扩大就业结合起来，通过完善三条保障线制度，促进国有企业转制增效和非公经济发展。要改革"三农"资金的管理使用办法，着重支持农村水利基础设施建设和生态环境建设，改善农业生产条件。支持农业示范园区建设和良种、农业技术的研究、引进和推广，改善种养结构。加快推进农业标准化工程、农产品防疫检测体系和流通体系建设，使农产品的生产、质量检测尽快与国际通行标准接轨。坚持开发式扶贫方针，支持科技扶贫和生态扶贫，重点解决散居的农村群众饮水问题。要结合城镇化建设，大力支持乡镇企业和农业产业化龙头企业发展，扩大农村富余劳动力的就业门路，拓宽农民的增收渠道。继续支持和加快第三产业的发展，以市场化、产业化和社会化为方向，加快发展会展业、旅游业、社区服务业和信息化建设，提升服

务业的规模和水平，夯实财源基础。

（二）努力增收节支，实现财政收入的稳定增长

收入方面，要抓好"三条增收渠道"：一是结合建立完善的国有资产运营监管体系，加强对国有资产收益的管理，防止国有资产收益流失或被挪作他用。二是强化税收征管，坚持依法征税，依率计征，应收尽收。要严厉打击各种税收违法行为，杜绝跑、冒、滴、漏。三是进一步清理和规范税收优惠政策，维护税法的权威性，整顿和规范税收工作秩序。在支出方面，要把公共财政思想贯彻到预算安排和支出结构调整中，积极调整和优化财政支出结构，集中财力，主要用于满足社会公共需要方面的支出。按照"有进有退"的原则，清理和压缩不符合公共财政和世贸规则的开支和补贴。要贯彻落实党的十五届六中全会精神，树立节俭意识，反对敞开口子花钱，杜绝铺张浪费。

（三）努力构建公共财政框架，稳步推进各项财政管理改革

2002年财政改革的任务仍十分繁重，我们将克服困难，努力化解改革中的各种矛盾，坚定不移地推进财政改革：

一是认真做好所得税收入分享改革的各项工作。所得税收入分享改革从今年1月1日起正式实施。按照中央的改革方案，除少数特殊行业或企业外，绝大部分企业所得税和全部个人所得税实行中央与地方按比例分享。中央增加的收入将全部用于对中西部地区的一般性转移支付。我们要及时研究改革后的配套政策和保障措施，切实加强所得税收入征管，确保完成2001年所得税收入基数。要积极争取自治区对我市的转移支付补助，规范和完善市对县区的财政转移支付办法，管好用好转移支付资金。

二是深化"收支两条线"改革。按照中央要求，以收缴分离、收支脱钩为主要内容的"收支两条线"改革，先在公安、法院、环保、计生、工商等执收执罚部门推开，其它行政事业单位稍待时日，也将逐步实施。这一改革的意义是从机制上割断执收执罚单位与行政事业性收费的联系。实行预算外资金收支脱钩后，要依法加强对执收执罚部门的专项检查，及时研究在新情况下促进部门依法收缴预算外收入的新机制，在经费安排上切实保障执收执罚部门正常经费的足额安排和及时拨付。

三是对区划调整后的城区财政体制进行调整。按照公共财政的分配原则，妥善处理好市与县、区财政的分配关系，促进全市经济和社会发展。

四是进一步推进部门预算改革，使部门预算与深化"收支两条线"改革相辅相成、相互促进。要修订和完善公用经费支出标准，建立专项支出项目库，细化预算编制，提高预算编制的科学性和准确性。同时，今年要在市直单位组织开展预算单位清产核资，全面摸清预算单位家底，为编制部门预算和细化部门预算编制提供真实依据，为制定科学的定员定额标准提供准确数据，也为组建威宁公司，统筹运作政府资产，建立政府融资平台提供可靠来源。

五是稳步推进财政国库管理制度改革，完善会计委派制度。继续扩大财政资金直接支付的范围，对政府采购资金和重点工程项目资金实行财政直接支付。在继续做好向国有企业直接委派会计的同时，与国库集中收付制度和会计管理体制改革相结合，进行会计集中核算改革试点，向重点单位和重点项目委派会计。

六是完善政府采购的政策法规体系，建立科学的管理制度和运行机制，扩大政府采购范围，开展政府工程、公务用车维修和保险、大型服务项目等政府采购。

七是按照粮食购销体制改革的总体要求，从我市实际出发，研究我市粮食储备制度改革办法，在保证国家政策性储备的前提下，探索减轻财政负担的途径。

八是继续做好农村税费改革的前期工作。

（四）解放思想，开拓思路，为城市建设"136"目标的实施筹集资金

今年是城市建设管理年，"136"目标涉及总投资50多亿元的16个大项100多个子项目将陆续开工建设。要把工程资金的筹集作为财政重中之重的工作来抓，编制城建项目筹资计划，调动项目业主和有关单位参与筹资的积极性，保证"136"目标的实现。筹资思路一是充分挖掘国有存量资源的潜力，通过市政设施经营权和土地的拍卖出让等国有资源的开发、利用筹集城市建设资金。二是构建政府融资平台，通过威宁公司统一运作全市行政事业单位资产和授权管理政府专项收费，增强政府公司的对外融资贷款能力。三是运用政策招商引资，调动民间资本参与城市建设，形成城市基础设施建设多元化投资主体。

（五）健全财政监督机制，加大财政监督检查力度

整顿和规范财经秩序要以加强财政管理为中心，以规范财经秩序、保证财政收支预算的实现和资金安全完整为目的，构建事前、事中、事后相结合、预算编制、执行、支出分权制约的财政监督管理体系。要加强财政法制建设，提高依法行政、依法理财水平。要全面深入地贯彻落实《会计法》，加强财务会计监督，按照朱总理"诚信为本，操守为重，遵循准则，不做假账"的指示，切实加强对会计信息质量的监管，严厉打击编制虚假会计信息的行为，把会计工作提高到一个新水平。要规范大额专项资金的审批程序，逐步减少零星预算追加，继续清理财政周转金，加强政府债务管理，积极化解和防范财政风险，整顿和规范彩票市场。努力加强财政内部审计和监督检查，建立健全内部监督制约机制。

（六）抓紧熟悉和掌握世界贸易组织规则

沉着应对入世对财政工作的挑战抓紧学习和掌握世界贸易组织的相关规则，密切关注和分析当前及今后一段时期"入世"对财政收支的影响，研究制定应对措施。按照世界贸易组织的规则要求，认真清理、调整财税法规、政策，切实转变观念，转变职能，转变作风，减少行政审批，简化办事程序，提高财政政策的透明度。抓紧研究适应世界贸易组织规则的支持产业发展的新办法、新措施，支持、促进我市产业健康发展，增强竞争能力。

各位代表，我们将紧密地团结在以江泽民同志为核心的党中央周围，高举邓小平理论的伟大旗帜，努力实践“三个代表”的重要思想，依靠全市人民，坚定信心，振奋精神，与时俱进，扎实工作，努力完成 2002 年各项预算任务，以优异的成绩迎接党的十六大召开。

2001 年南宁市国民经济和社会发展统计公报

南宁市统计局

2002 年 3 月 24 日

2001 年，是实施“十五”计划的第一年。一年来，全市各族人民在市委、市政府的正确领导下，坚持以邓小平理论为指导，努力实践“三个代表”的重要思想，全面落实中央和自治区的各项工作部署，开拓进取，扎实工作，战胜了重大洪涝灾害，在经济发展、改革开放、城市建设和各项社会事业方面取得了新的成绩，人民生活水平不断提高，国民经济继续保持健康、稳定、协调发展，实现了“十五”计划的良好开局。

一、综 合

国民经济继续保持较快增长。2001 年，全市实现国内生产总值 322.63 亿元，按可比价格计算，比上年增长 9.8%。其中第一产业增加值 48.63 亿元，增长 1.6%；第二产业增加值 94.27 亿元，增长 7.5%；第三产业增加值 179.73 亿元，增长 13.6%，第三产业继续保持领先增长。产业结构进一步调整，国内生产总值中三次产业结构比例为 15.07:29.22:55.71。全市人均国内生产总值达 11011 元，比上年增长 8.54%。

市场物价有所回升。随着市场消费需求转好，以及政策性调控等因素的影响，市场物价总水平呈现稳中有升的趋势。全年居民消费价格总水平比上年上涨 2.8%。分类别看，八大类价格是“三升五降”，其中居住类消费消费价格比上年上涨 0.6%，文教娱乐用品及服务类消费价格指数涨幅较大，达 25.4%。食品类消费价格下降 0.9%，烟酒及用品类消费价格下降 3.1%，衣着类消费价格下降 4.7%，家庭设备用品及服务消费价格下降 2.7%，医疗保健和个人用品类消费价格指数比上年下降 0.79%，交通和通讯类消费价格指数比上年上涨 0.1%。

就业形势基本稳定。年末全市从业人员 39.99 万人，比上年下降 3.6%，其中在岗职工 38.62 万人，下降 4.3%。2001 年国有企业下岗职工 1.4 万人，全年通过多种形式帮助使 7979 人实现了再就业，实现再就业人数比上年增加 2774 人。年末全市登记失业率为 3.16%。

财政收入大幅增长。全年财政总收入 38.53 亿元，比上年增长 27.15%，其中地方财政收入 24.30 亿元，增长 40.11%。财政支出 25.7 亿元，增长 19.04%。财政收入占国内生产总值比重达 11.94%，比上年提高 1.64 个百分点。

国民经济和社会发展中存在的主要问题是：经济结构性矛盾和经济体制深层次问题依然比较突出，社会投资启动不足；农民收入增幅不大，农业产业化水平有待进一步提高；企业自主创新能力和市场适应能力不强，工业对经济增长的贡献有待进一步提高；社会就业压力增大，社会保障机制有待完善等。

二、农 业

农业结构调整步伐加快，大灾之年农业仍保持全面发展态势。全年粮食产量因种植面积调减和受洪灾影响下降，甘蔗、蔬菜、水果等农产品产量继续增加。主要农产品产量如下：

	2001 年		比上年增减+、-%
粮食产量	67.85	万吨	-10.10
#稻谷	53.31	万吨	-10.74
玉米	11.78	万吨	-8.00
花生产量	4.17	万吨	-14.12
甘蔗产量	417.80	万吨	29.41
蔬菜产量	132.05	万吨	3.58
木薯产量	21.39	万吨	5.75
水果产量	42.83	万吨	0.57

畜牧业生产持续发展，水产品生产受洪灾影响有所下降。畜牧业积极发展地方优势品种和外来名特优品种，主要产品产量保持稳定增长。主要畜牧、水产品产量如下：

	2001 年		比上年增减+、-%
肉类总产量	18.45	万吨	4.30
#猪牛羊肉产量	12.44	万吨	3.85
禽蛋产量	1.30	万吨	-2.84
牛奶产量	0.73	万吨	16.21
水产品产量	6.51	万吨	-4.85
全年肉猪出栏数	164.52	万头	3.73
全年家禽出栏数	3489.95	万只	4.77
大牲畜年末存栏数	32.59	万头	-3.46
生猪年末存栏数	120.47	万头	1.83
家禽年末存栏数	1261.86	万只	1.59

林业生产稳步发展。全年完成造林面积 1409 公顷，迹地更新 4251 公顷，幼林抚育面积 33533 公顷，全市森林覆盖率达 38.38%，林业用地绿化率达 90.99%，为保护生态环境作出了新贡献。

农业生产条件继续得到改善，农业机械化程度提高。2001 年末，全市农业机械总动力 136.87 万千瓦，比上年增长 8.09 %；大、中、小型拖拉机 3.88 万台，增长 4.24%；农用排灌机械 18.94 万千瓦，比上年增长 7.2 %；全年化肥施用量（折纯）16.81 万吨，比上年增长 10.57%；全年农村用电量 25468 万千瓦时，比上年增长 3.36%；农田水利设施建设力度加大，有效灌溉面积扩大，年末全市农田有效灌溉面积 9.67 万公顷，比上年扩大 390 公顷。

三、工业和建筑业

2001 年，我市进一步推进工业所有制结构的调整和优化，坚持以市场为导向，积极转换经营机制，国有企业改革整顿取得新突破，工业经济稳步发展。全年实现工业增加值 70.42 亿元，比上年增长 8.4%。国有工业和年销售收入 500 万元以上的非国有工业完成工业总产值 132.61 亿元，增长 8.43%。其中，轻工业总产值 78.45 亿元，增长 6.38%，重工业总产值 54.15 亿元，增长 11.32%。全市国有及国有控股工业产值 72.05 亿元，增长 6.19%；大中型工业产值 79.6 亿元，增长 2.75%；集体工业产值 14.61 亿元，下降 0.16%；股份制工业产值 64.81 亿元，增长 19.39%；外商及港澳台投资工业产值 20.82 亿元，增长 0.84%；其他经济类型工业产值 2.66 亿元，增长 4.82%。

新产品开发取得进展。全年实现工业新产品产值 11.25 亿元，比上年增长 43.76%，占工业产值比重达到 8.48%，比上年提升 2.32 个百分点。产品结构有所调整，支柱产品增幅较大。主要工业产品产量如下：

	2001 年		比上年增减+、-%
原煤	31.35	万吨	-24.25
配混合饲料	91.03	万吨	0.25
机制糖	32.68	万吨	-19.82
罐头	1.04	万吨	34.40
味精	1.07	万吨	-0.43
淀粉	16.51	万吨	10.07
啤酒	7.62	万吨	30.27
卷烟	35.00	万箱	20.69
机制纸	6.16	万吨	5.70
烧碱（折 100%）	10.53	万吨	22.93
化学纤维	1.38	万吨	5.97
水泥	196.19	万吨	-5.34
平板玻璃	188.98	万重量箱	-1.94
铝材	0.93	万吨	25.65
小型拖拉机	6.56	万台	9.42
电风扇	18.70	万台	-2.94
发电量	2.8	亿千瓦小时	-21.94

工业经济效益有所下滑。全年工业企业实现销售收入 120.79 亿元，比上年下降 0.17%，工业产品销售率为 96.66%，比上年下降 0.14 个百分点。工业经济效益综合指数为 87.4%，比上年下降 1.45 个百分点。

投资力度的加大，进一步促进了建筑业的发展。全年施工工程个数 3091 个，其中投标承包工程 1446 个，占全部总施工工程个数的 46.78%，优良工程达 35.92％。房屋建筑施工面积 715.78 万平方米；房屋竣工面积 247.96 万平方米。

四、固定资产投资

2001 年，我市继续贯彻实施扩大投资、启动内需的政策措施，加强对投资的引导，一举扭转了去年固定资产投资持续下滑的不利形势，投资发展呈现良好的发展势头。全年全社会固定资产投资达 104 亿元，比上年增长 8.5%。其中，国有单位完成投资 52.24 亿元，增长 9.88％。投资构成中，基本建设投资 48.78 亿元，增长 10.73%；更新改造投资 15.69 亿元，增长13.45%；房地产开发投资 18.56 亿元，增长 17.97%。

基础设施建设进一步增强。2001 年，用于社会服务基础设施建设投资达 18.41 亿元，比上年增长 1.2 倍；邮电通讯建设投资 9.59 亿元，比上年增长 20.78%；教育文化事业投资 4.95 亿元，比上年增长 12.37%。全市在建项目 949 个，建成投产项目 502 个，投产率为 52.9%，固定资产交付使用率为 67.08%。

重点建设项目进展顺利。全市重点工程建设项目 37 个，完成投资 19.37 亿元，占全市基本建设投资和更新改造投资总额的 30.04%。37 个重点工程建设项目中 11 个为自治区重点项目，完成投资 15.3 亿元。南糖 3.4 万吨蔗渣浆项目、南化离子膜烧碱扩建工程、东葛路小学、火车站广场、社会应急联动系统等一批重点工程竣工交付使用。南化聚氯乙烯扩建、500 吨浮法厚玻璃生产线、南宁市城市电网改造、防洪堤江北东堤、快速环道等重点工程建设项目进展顺利。

五、交通和邮电业

交通运输业稳步发展，交通基础设施建设不断完善。全年公路客运周转量 456186 万人公里，增长 8.76%，公路货运周转量 268092 万吨公里，增长 8.01%。2001 年末，全市公路总长度 2469 公里。民航运输起降架次达 1.55 万架次，开通的国内航线达 52 条，比上年增加 12 条。全年各种运输形式交通客货运量如下：

	2001 年		比上年增长+、-%
货运量			
铁路	186	万吨	1.09

公路	3035	万吨	1.78
水运	149	万吨	20.16
民航	1	万吨	平
客运量			
铁路	373	万人	3.32
公路	4826	万人	2.03
水运	22	万人	14.74
民航	45	万人	14.84

邮电通信能力继续增强，服务领域不断扩大。全年邮电业务总量25.58亿元，比上年增长32.01％。年末市话交换机总容量69.2万门，新增9.5万门。年末城市固定电话用户达51.89万户，增长20.34%，乡村固定电话用户5.16万户，增长37.97%，移动电话用户 34.3万户，增长20.21％。年末全市电话普及率(含移动电话)为31.18部/百人，其中城市57.36部/百人。全市582个行政村，已通电话行政村580个，基本实现村村通电话。年末计算机互联网用户达到15.73万户。

六、国内贸易

消费市场稳中趋活。全年实现社会消费品零售总额163.44亿元，比上年增长9.26%，其中，城市消费品零售额140.56亿元，增长9.34%，农村消费品零售额22.88亿元，增长8.76%。各种经济类型商业在竞争中共创市场繁荣，非国有经济成为我市贸易发展的重要推动力。全年国有商业消费品零售额29.05亿元，比上年下降0.02%，非国有商业零售额134.39亿元，比上年增长11.5%，占社会消费品零售总额达82.22%。餐饮业持续红火，全年实现零售额23.53亿元，比上年增长17.14%。

城乡集市贸易市场成交活跃。全市共有城乡商品交易市场317个，全年城乡集市贸易成交额99.45亿元，比上年增长20.68%，其中亿元以上商品交易市场7个。

七、对外经济和旅游业

外贸进出口下降。2001年，我市对外贸易受诸多不利因素影响，进出口贸易总值呈下降趋势。据海关统计，全年进出口总值5.37亿美元，比上年下降18.49%，其中，出口总值4.30亿美元，下降15.57%；进口总值1.07亿美元，下降28.48%。在进出口总值中，市属企业完成进出口 8581 万美元，增长6.29%，其中出口6812万美元，增长3.93%。

利用外资呈恢复性增长。2001年，全市新签利用外资合同 41 个，合同协议外资额 1.6 亿美元，分别比上年增长32.26%和50.71%，实际利用外资1.13亿美元，比上年增长34.01%。年末实有三资企业500个，建成投产开业357个。

国际旅游不断发展。全年接待国外旅游人数5.67万人次，比上年增长22.2%，其中外国人3.17万人次，增长33.43%；港澳台同胞 2.5 万人次，增长 14.8 %。全年国际旅游收入1340万美元，增长16.63%。

八、金融和保险业

金融信贷资金运行平稳。金融机构在防范金融风险的前提下，继续改善服务，努力做好信贷及增加银行储蓄工作。年末全市金融机构存款余额672.66亿元，比年初增加53.26亿元，增长4.87%。在生活水平继续提高的同时，城乡居民储蓄存款有较大的增加。年末城乡居民储蓄存款余额274.89亿元，比年初增加33.84亿元，增长14.04%，金融机构贷款余额490.94亿元，比年初增加45亿元，增长10.09%。全年银行现金收入1461.25亿元，增长15.30%，现金支出1421.08亿元，增长15.97%，货币净回笼40.17亿元。

保险事业加快发展。随着人们风险意识增强，参保意识不断提高。全年保费收入 8.68 亿元，比上年增长 29.56%，其中财险保费收入 2.94 亿元，增长 20.05%，寿险保费 5.73 亿元，增长35.05%。支付各类赔款 1.8亿元。

九、科学技术和教育

科技队伍稳定发展。2001年末，市属国有企事业单位共有各类专业技术人员5.16万人，其中中级技术职称以上人员2.01万人。

科研取得新成果，技术水平进一步提高。全年组织实施创新计划项目232项，开发工业新产品128个，引进推广农业新品种 35 个，全年组织实施国家级火炬项目 5 项，国家级星火项目 1 项。全市共取得科技成果 45 项，其中国内领先水平 9 项，国内先进水平 22 项，区内领先水平 7 项，区内先进水平7项。获各级科技进步奖36项，其中自治区级7项，市级 29 项。大力发展高新技术产业，引进一批新的高科技项目，其中安力泰药业与德固萨集团美诗药业签订了合同协议，启动建设亚洲最大氨基酸生产基地。全年全市共签订各类技术合同 33 项，合同成交金额 608 万元。申报全国“科教兴市”先进城市工作进展顺利，并已通过科技部的考核。

高新技术产业加快发展，开发区发展势头良好。全市六个开发区共完成技工贸总收入108.73亿元，比上年增长33.92%。其中，高新区实现技工贸收入86亿元，增长38.71%；经济开发区发展上新台阶，已批准为国家级经济开发区，实现技工贸收入6.28亿元，增长31.11%，华侨投资区实现技工贸收入1.95亿元，增长4.09%。

教育事业不断发展。全市有研究生培养单位 6 个，全年共招收研究生829人，比上年增加280人，在校研究生1741人，增加 517 人；全市共有普通高校 13 所，全年招生 2.31 万人，增加0.71万人，在校学生6.38万人，增加0.90万人，毕业生 1.01 万人；全市共有中等专业学校 47 所，在校学生6.73 万人，比上年减少 0.12 万人；技工学校 38 所，在校学生1.98万人，增加0.3万人；普通中学在校学生20.95万人，增长3.37%，职业中学在校学生1.37万人，下降5.56%。全市初中毕业升学率 65.5%，市区初中毕业升学率 83.5%，全市小学毕业升学率 98.9%，学龄儿童入学率 99.4%。成人高等学校在校学生 3.58 万人，成人中等专业学校在校学生 1.71 万人。

十、文化、卫生和体育

文化事业蓬勃发展。成功地举办了 2001 年南宁国际民歌艺术节、第七届中国戏剧节、第十一届孔雀少数民族声乐大赛和 2001 年广西投资贸易洽谈会。我市文艺表演团体树立精品意识，创作并演出了一批优秀剧目，其中，大型壮族舞剧《妈勒访天边》获中宣部颁发的全国精神文明建设第八届“五个一工程”入选剧目奖和广西“五个一工程”奖，中国曹禺戏剧奖“优秀剧目”奖,并与舞蹈《姑娘不穿鞋》、小品《呼唤》获广西文学创作最高政府奖——铜鼓奖；小品《水中那片高地》、《太阳的背面》获 2001 年曹禺戏剧奖小戏小品比赛三等奖。2001 年末，全市共有艺术表演团体 13 个，文化馆（站）59 个。电影放映单位 145 个，共放映电影 2.15 万场，观众达 291.88 万人次。全市共有县级以上公共图书馆 6 个，总藏书量 2436 千册（件）。城乡广播电视覆盖率提高。全市广播覆盖率达 96.28%，电视覆盖率达 100%。全年出版报纸 3.59 亿份，杂志 0.46 亿册，各类图书 1.81 亿册。文化事业的繁荣发展有力促进了我市社会主义精神文明建设。

卫生事业加快发展。2001 年末全市共有各类医疗卫生机构 717 个（不含个体），其中医院、卫生院 100 个，医院、卫生院病床位 1.17 万张，各类卫生专业技术人员 1.85 万人，其中医生 8357 人。医疗机构等级创建工作取得新进展。市四医院通过了“三级乙等”专科医院的评审；市五医院、市七医院通过了“二级甲等”专科医院的评审，市属 9 家医院和两县县级以上医院全部通过了等级评审，走上了科学化、规范化管理的轨道。农村医疗卫生继续改善，全市 96.9%的行政村建立了合作医疗卫生所。医学科研、卫生防疫成效显著。全市医疗卫生科研项目获区、市科委立项共 64 项，已完成的科研项目 22 项。获自治区科技进步奖 1 项，获市科技进步奖 9 项。疾病控制工作显著，全年无急性传染病暴发，儿童计划免疫四苗接种率达 99%，食品卫生总合格率 84.71%，餐具消毒合格率 76.82%，饮用水卫生合格率 87.24%。公民无偿献血意识增强，全市无偿献血者达 4.02 万人次，献血总量 800.2 万毫升，保证了临床医疗用血。

体育事业取得新成绩。群众体育、竞技体育和专业体育蓬勃开展，我市体育健儿在参加国际比赛中共夺金牌 3 枚，银牌 3 枚，铜牌 2 枚；在参加全国比赛中夺金牌 18 枚、银牌 19 枚、铜牌 109 枚；在参加全区比赛中夺金牌 176 枚、银牌 146 枚、铜牌 109 枚。全民健身活动有声有色，全年开展各类群众体育活动 228 次项，举行了声势浩大的千人渡邕江、南宁解放日长跑、万人竞技健身，少数民族传统体育运动会和“三月三”歌节民族体育活动，展示了我市人民在新世纪的新风采。

十一、城市建设和环境保护

城市基础设施建设加快。2001 年，我市继续加大对城市基础设施的投入，年内完成了民族大道与古城路、民族大道与园湖路、东葛路与园湖路、东葛路与古城路等四个交叉路口的渠化道路改造。快速环道北环中段已建成通车，东段已完成路基、桥梁、防护、排水工程，安吉立交桥正在建设中，东环的厢竹大道全线开工，竹溪大道、富宁路、长湖路等路段正加紧施工建设，市区交通条件进一步改善。火车站广场改造竣工开放，民生路、兴宁路步行街改造已竣工开街。朝阳溪综合整治二期工程的景观工程设计和基础处理、暗渠等各部分工程已完成。扩建邕江大堤江北东堤 3.75 公里，使防洪能力达到 50 年一遇标准。全年共完成 14 万平方米道路的维修，5 万平方米人行道的维修，完成 25 条小街小巷路面改造和 20 条小街小巷路灯的安装，市容市貌不断改善。年末实有道路 736 公里，道路面积 800.2 万平方米，人均拥有道路面积 7.51 平方米。2001 年我市荣获广西第三届市容“南珠杯”奖，实现了“三连冠”，“南珠杯”将永驻邕城.

城市公用事业继续发展，城市公共交通不断改善，年内新购置公共汽车 163 辆，年末公交汽车营运线路达 48 条，新开辟了 8 条公交线路，年末拥有公交营运车辆 848 标台（辆），增长 30.26%，全年客运量 1.67 亿人次，年末拥有大小出租汽车 3743 辆。全年新铺设煤气管道总长度达 72 公里，管道燃气用户达 2 万户，液化石油气用户达 27.6 万户，液化石油供气总量达 4.14 万吨，城市气化率达 68.88%，全年自来水供水总量 2.32 亿吨，水质综合合格率达 99.81%。

园林绿化创特色。全年共绿化植树 77.45 万株，完成苗木生产 236.6 万株，花苗生产 125.4 万盆。年末园林绿地面积达 4873.96 公顷，比上年增加 262.36 公顷，建成区绿化覆盖率 38.26%，人均公共绿地面积达 8.5 平方米。

环境保护取得明显进展。2001 年我市在国家环保总局重点考核的全国 46 个重点城市环境综合整治考核中名列第 16 位，排位较上年前移了 10 位，在全区环境保护目标考核中获全区第一名。实现了全市 12 种主要污染物全部控制在自治区下达的标准之内，市区大气可吸入颗粒物、二氧化硫、二氧化氮等日平均值全部达到国家大气环境质量二级标准。全年完成环境污染治理项目 25 个，投入资金 1354 万元。市区烟尘控制区 7 个，烟尘控制区面积 123.1 平方公里，市区噪声达标区 9 个，噪声达标区面积达 80.9 平方公里。工业废水排放达标率达到 85.33%，工业固体废物综合利用率达到 87.81%。在城南垃圾场兴建了废旧电池贮存场，为“环保行动进家庭”活动深入开展创造了良好的条件。2001 年我市荣获了首届“中国人居环境奖”。

十二、人口与人民生活

2001 年末，全市总人口 294.56 万人，比上年增加 3.14 万人，其中市区人口 137.85 万人，比上年增加 2.21 万人。

全市总人口中非农业人口 122.31 万人，其中市区非农人口 101.60 万人。全市人口出生率为 10.9‰，死亡率为 3.71‰，人口自然增长率 7.19‰。

城乡居民收入增加，生活水平继续提高。2001 年我市城镇居民最低生活保障、失业保险保障和下岗职工最低生活保障标准继续提高。据抽样调查，全年城市居民人均可支配收入 7906 元，比上年增加 458 元，增长 6.15%；农民人均纯收入 2321 元，比上年增加 137 元，增长 6.27%；在岗职工年平均工资 10250 元，比上年增长 16.13%。城乡居民消费水平及生活质量进一步提高。

社会福利保障事业继续发展。2001 年，全市有 22.46 万职工参加了养老保险，有 20 万职工参加了失业保险，有 7.07 万离退休人员参加了社会统筹，全市城镇共有各种社区服务设施 379 个，社会福利院和敬老院 37 个，床位 2195 张，收养 1565 人。得到政府救济的社会救济对象有 22172 人，得到抚恤、补助的各类优抚对象 39431 人。

注：1. 本公报各项统计数据均为初步统计数，正式数据以《南宁统计年鉴—2002》为准。

2. 本公报中国内生产总值、各产业增加值及各项产值绝对数按当年价格计算，增长速度按可比价格计算。

第二部分　统计资料

PART Ⅱ　STATISTICAL DATA

国内生产总值（亿元）

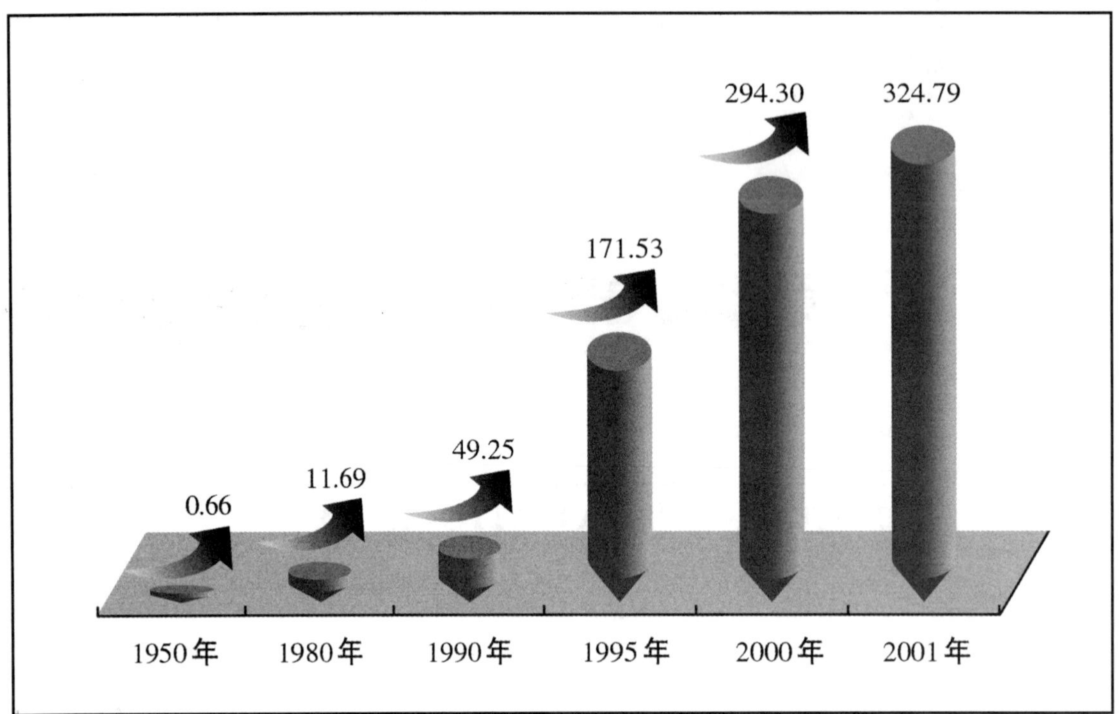

国内生产总值构成（%）

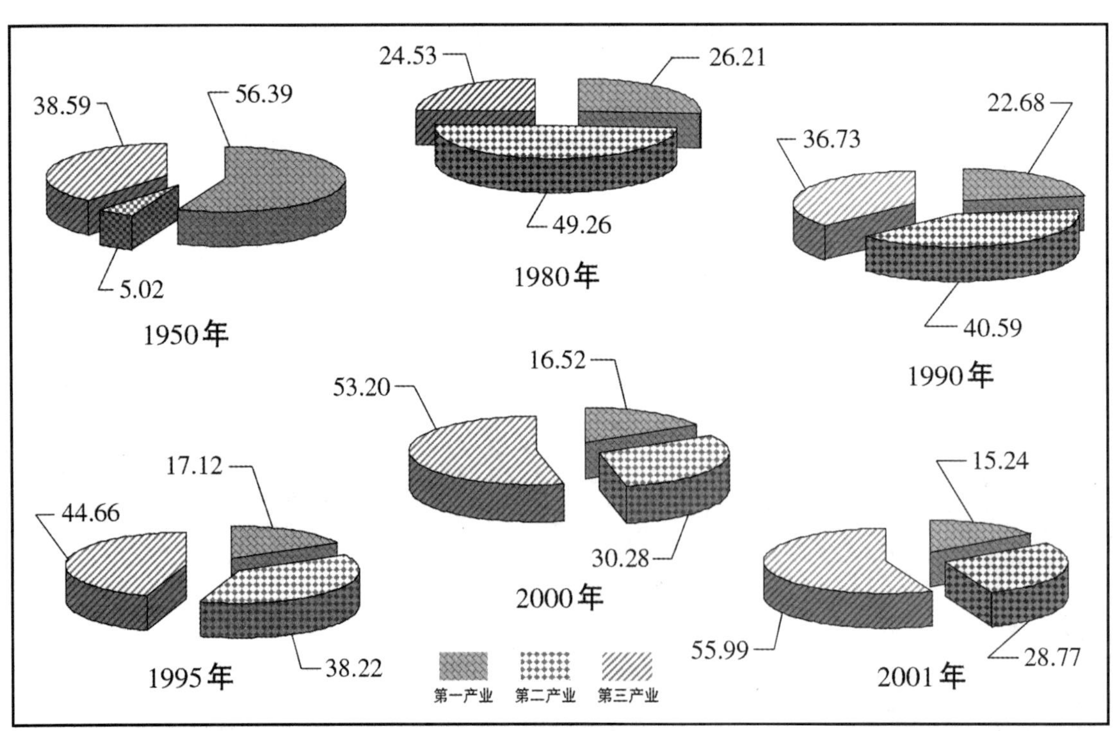

人均国内生产总值（元）

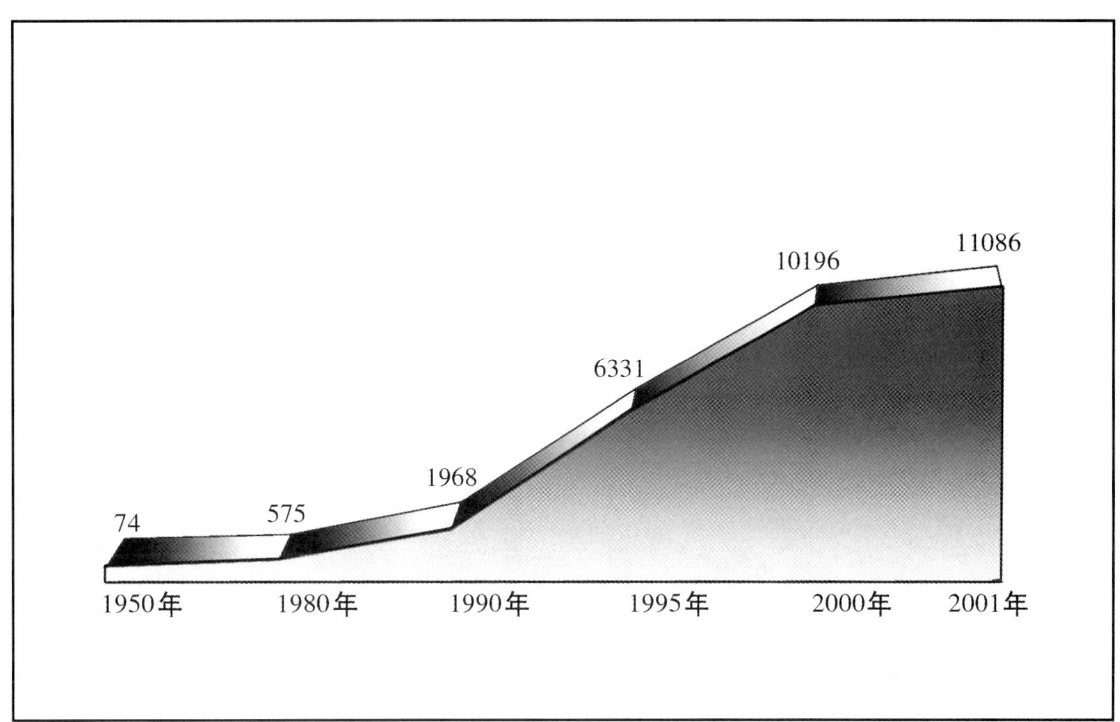

财政总收入（亿元）

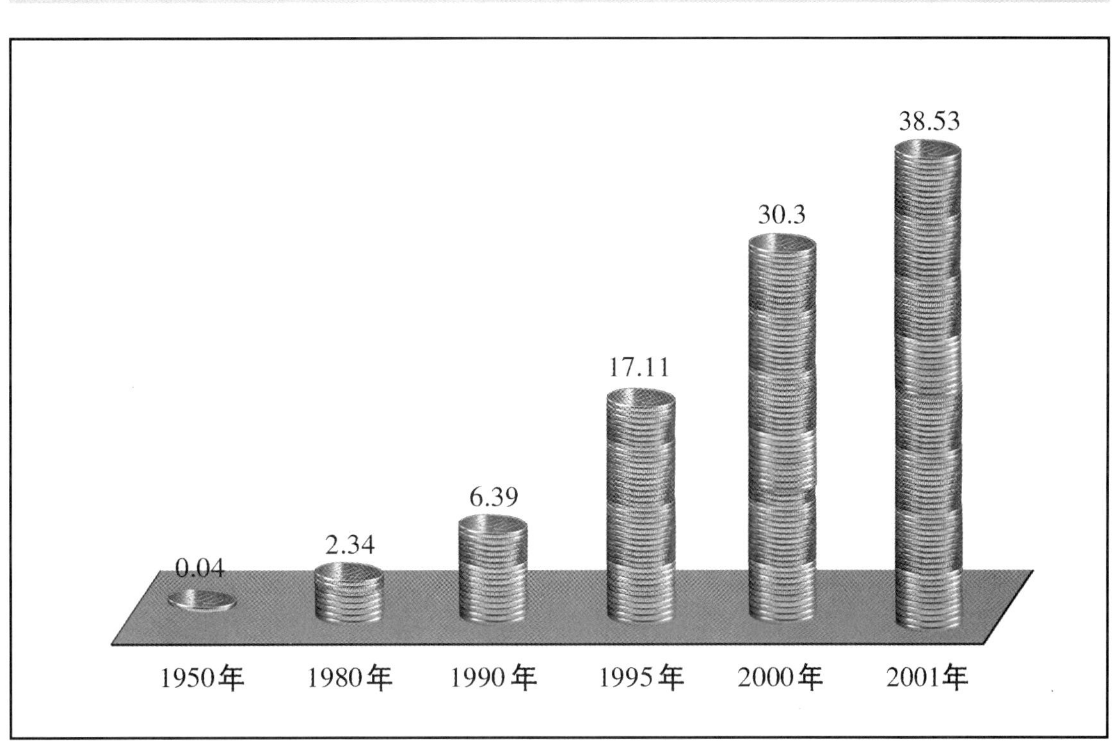

全部工业总产值（亿元）

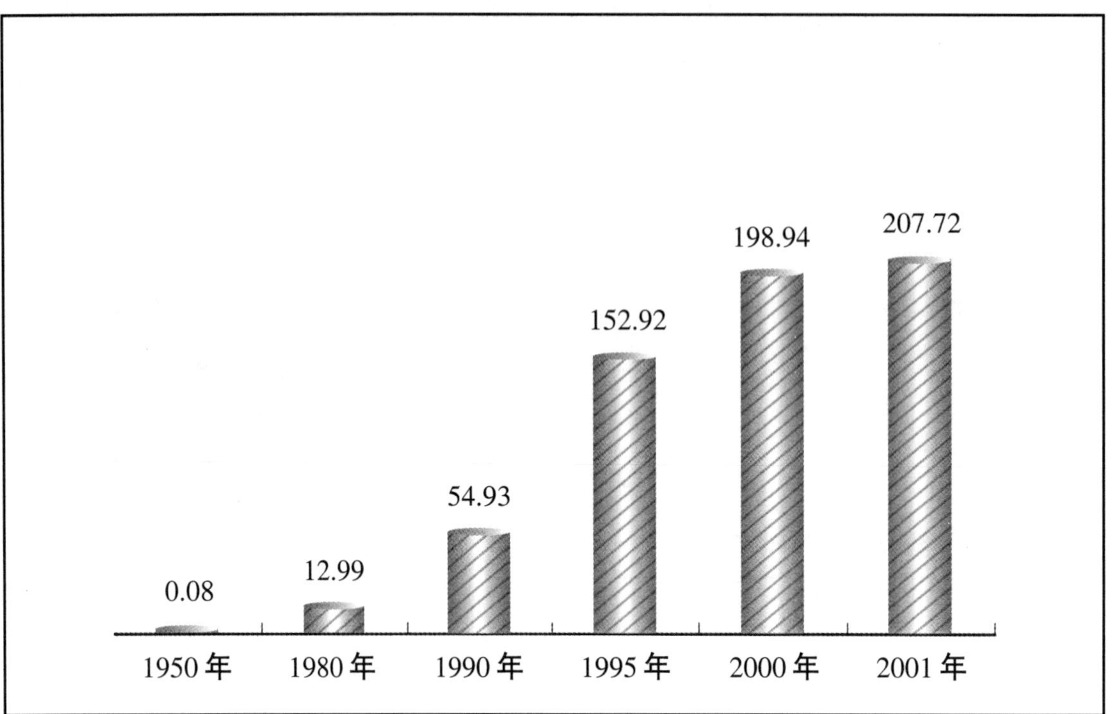

农业总产值（亿元）

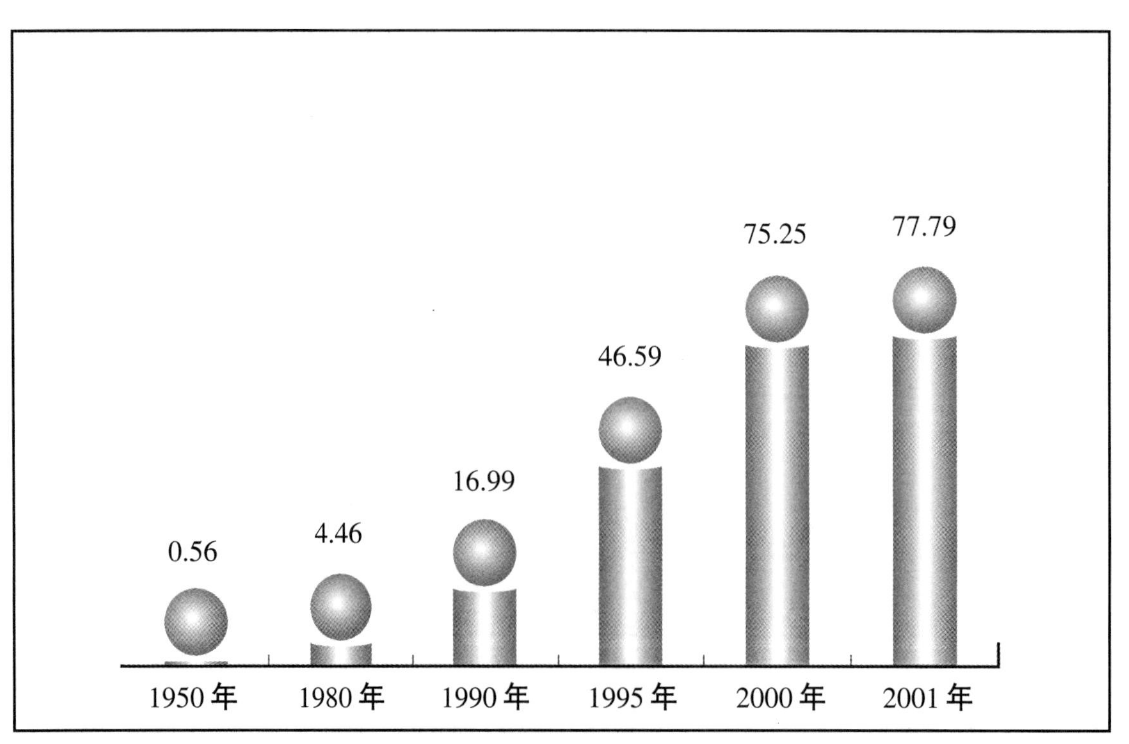

全社会固定资产投资额（亿元）

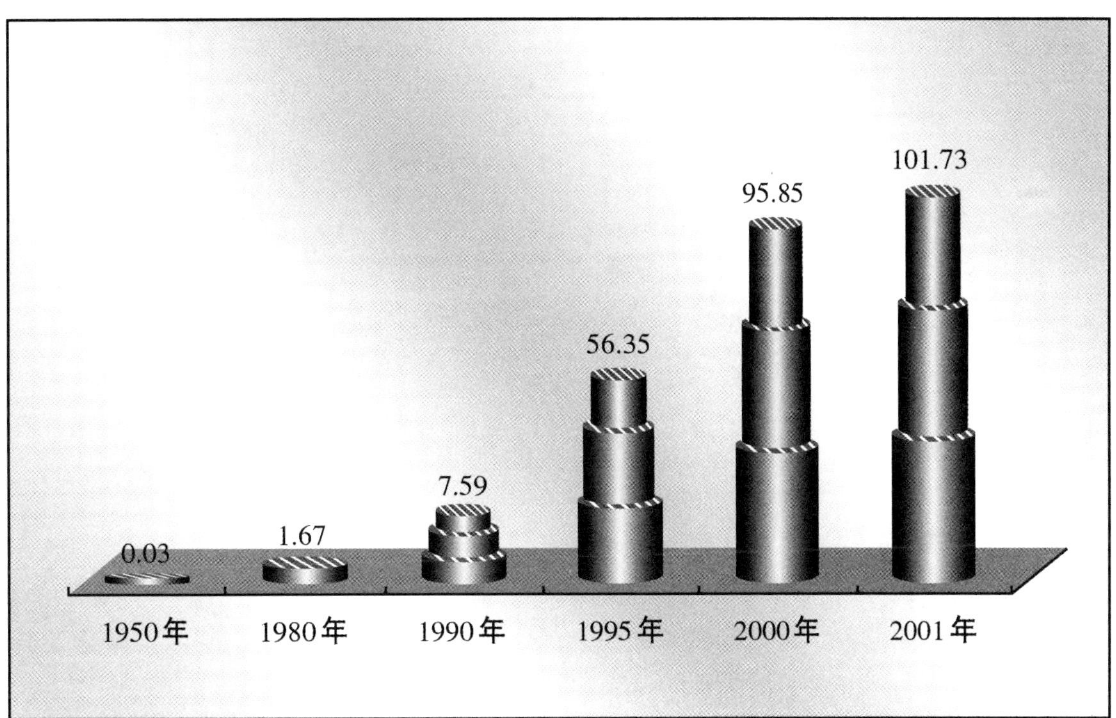

社会消费品零售总额（亿元）

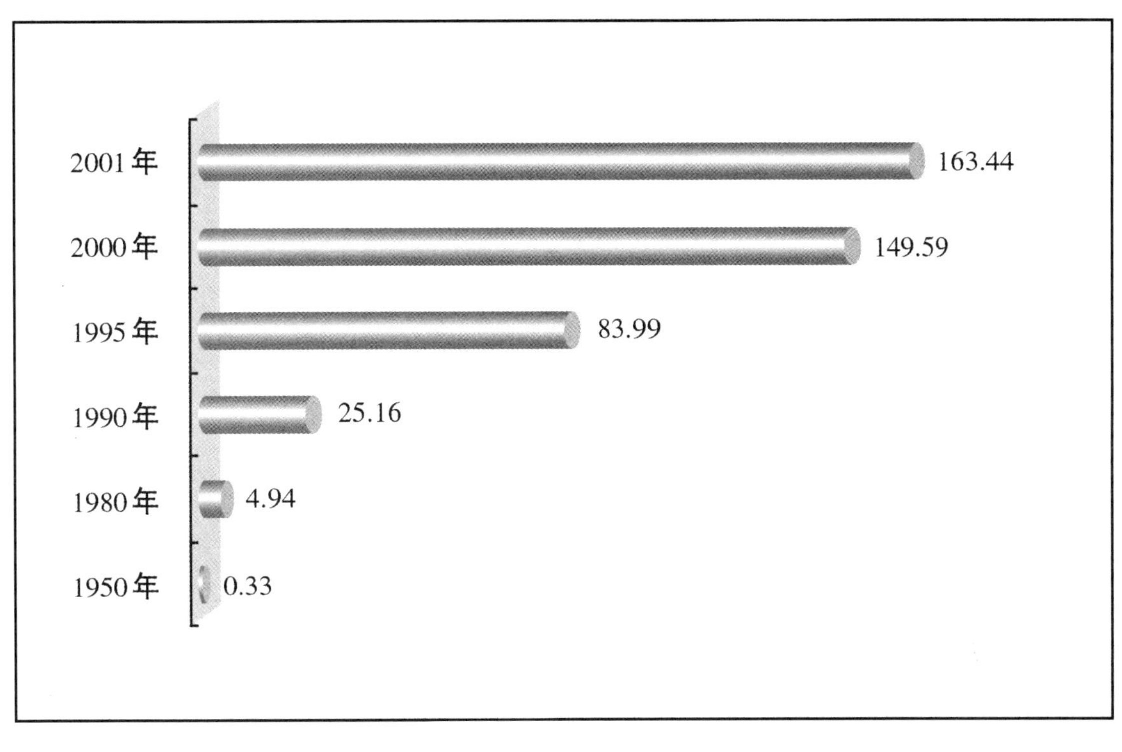

城市居民人均可支配收入（元）

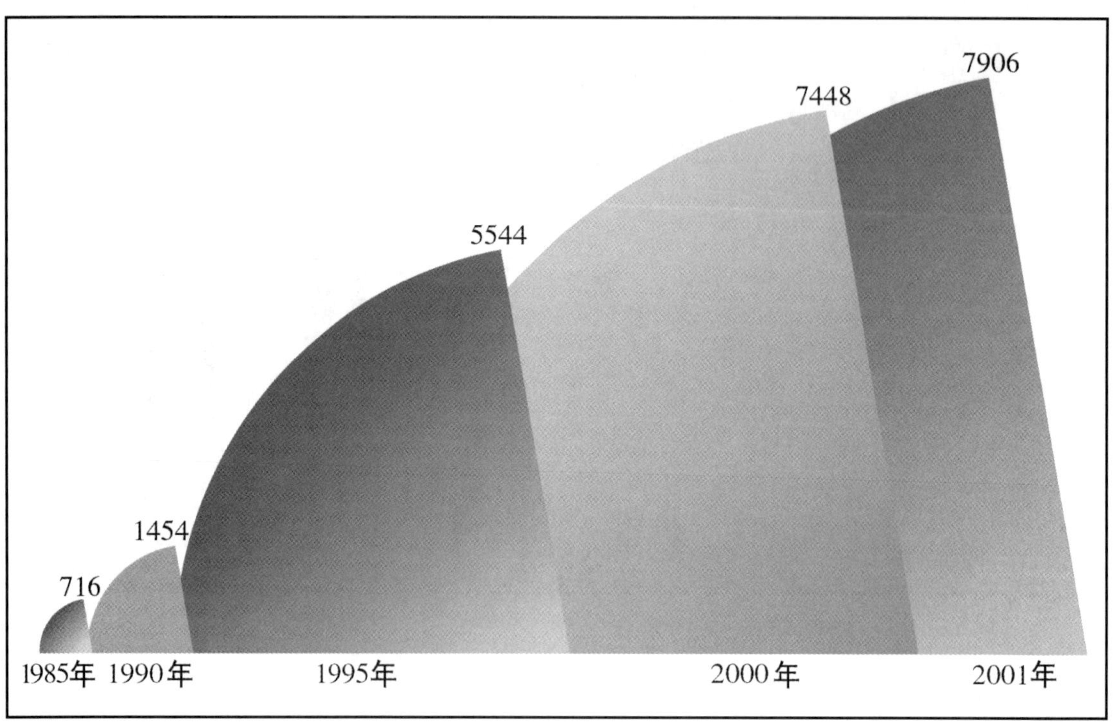

农民人均纯收入（元）

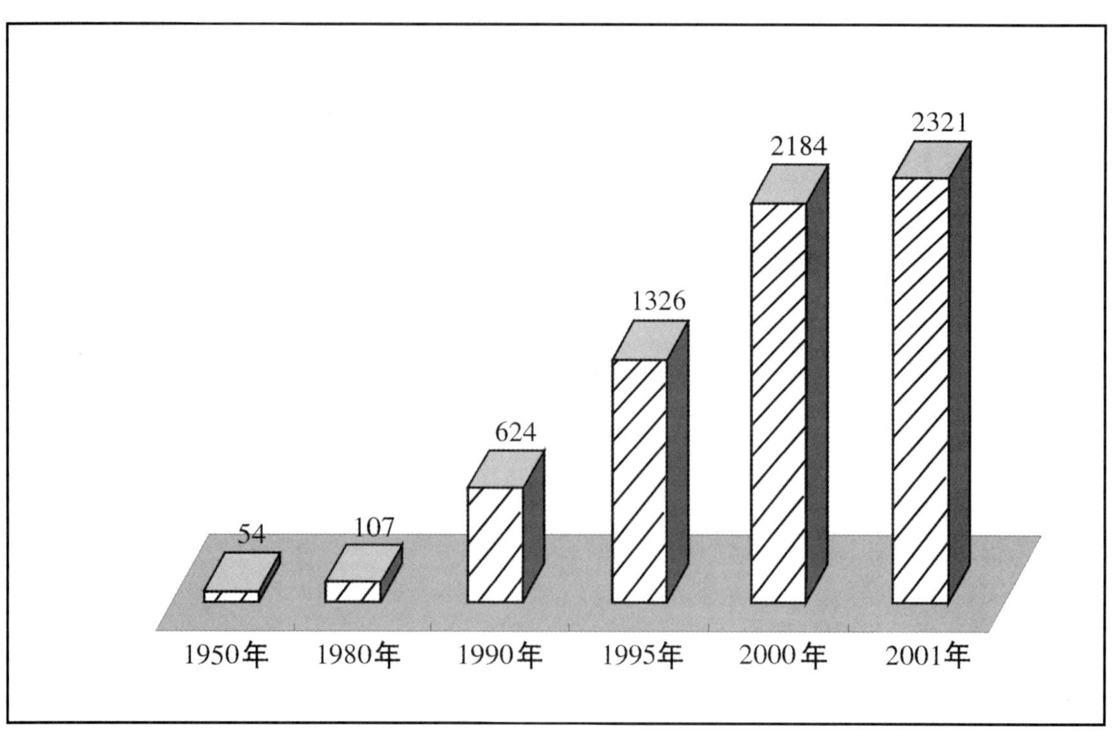

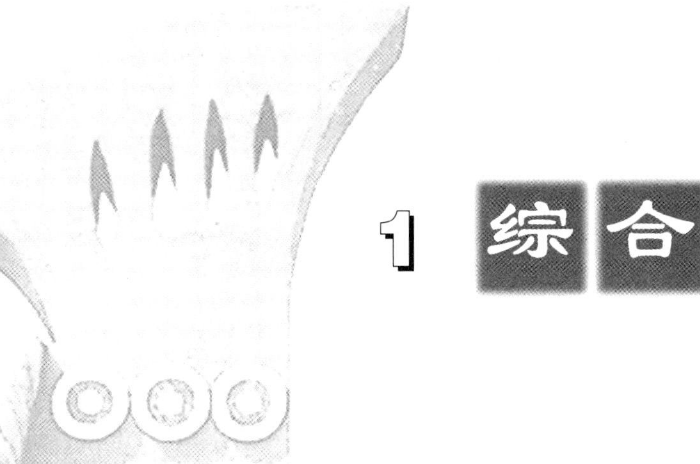

1 综合

CHAPTER 1 GENERAL SURVEY

1-1 行政区划

（2001年） 单位：个

	乡镇、街道办事处	乡	镇	办事处	村民、居民委员会	村委会	社区居委会
总　计	**64**	**7**	**43**	**14**	**756**	**579**	**177**
市　区	27	2	11	14	291	131	160
兴宁区	4		2	2	33	16	17
新城区	5	1		4	64	10	54
城北区	7		4	3	83	31	52
江南区	4		2	2	45	28	17
永新区	7	1	3	3	66	46	20
邕宁县	21	3	18		240	235	5
武鸣县	16	2	14		225	213	12

1-2 乡（镇）、街道办事处一览表

县（区）	乡（镇）、街道办事处
兴宁区	安吉镇、三塘镇、朝阳街道办事处、民生街道办事处
新城区	津头乡、新竹街道办事处、中山街道办事处、建政街道办事处、南湖街道办事处
江南区	那洪镇、沙井镇、福建园街道办事处、江南街道办事处
城北区	金陵镇、心圩镇、双定镇、那龙镇、衡阳街道办事处、北湖街道办事处、西乡塘街道办事处
永新区	石埠镇、坛洛镇、江西镇、富庶乡、新阳街道办事处、华强街道办事处、上尧街道办事处
邕宁县	蒲庙镇、五塘镇、新江镇、中和乡、吴圩镇、苏圩镇、良庆镇、那马镇、百济乡、那楼镇、刘圩镇、南阳镇、伶俐镇、昆仑镇、那陈镇、大塘镇、镇龙乡、长塘镇、四塘镇、延安镇、南晓镇
武鸣县	城厢镇、锣圩镇、陆斡镇、城东镇、双桥镇、宁武镇、太平镇、罗波镇、灵马镇、仙湖镇、府城镇、两江镇、马头镇、上江乡、甘圩镇、玉泉乡

1-3 气象情况

（2001年）

	平均气温（℃）			降雨量（毫米）			日照时间（小时）		
	市区	邕宁县	武鸣县	市区	邕宁县	武鸣县	市区	邕宁县	武鸣县
全年	23.6	21.9	22.1	1778.6	1869.7	1729.4	1372.5	1380.4	1365.0
一月	15.1	14.9	14.7	43.9	35.9	60.9	61.3	59.4	51.9
二月	14.6	14.3	14.4	62.8	56.5	66.3	41.5	39.6	47.6
三月	19.0	18.6	18.7	88.0	77.6	91.7	71.5	68.0	59.1
四月	22.1	21.8	21.9	78.9	103.3	126.0	58.0	58.5	49.9
五月	26.2	25.6	25.8	260.3	326.2	269.2	119.1	124.6	134.5
六月	27.7	27.3	27.4	348.5	333.9	453.9	132.2	146.2	145.8
七月	28.7	28.0	28.7	477.4	410.0	259.3	182.3	166.5	182.4
八月	28.7	28.3	28.6	144.4	216.6	161.7	184.4	184.6	182.3
九月	29.0	27.0	27.5	80.5	118.1	46.0	155.3	156.3	157.9
十月	28.0	24.6	24.6	105.3	104.4	75.8	118.5	109.6	94.7
十一月	25.1	18.7	18.7	33.4	37.2	68.1	173.2	181.0	181.6
十二月	19.3	13.8	13.8	55.2	50.0	50.5	75.2	86.1	77.3

1-4 南宁平均每天的主要经济活动

（2001年）

指 标 名 称	单位	数量
出生人数	人	61
国内生产总值(当年价)	万元	8898
工农业总产值(当年价)	万元	7822
工业总产值	万元	5691
农业总产值	万元	2131
粮食总产量	吨	1859
甘蔗产量	吨	11447
蔬菜产量	吨	3618
肉类产量	吨	505
水产品产量	吨	178
邮电业务总量	万元	701
全社会固定资产投资总额	万元	2787
新增固定资产	万元	1654
地方财政收入	万元	666
社会消费品零售总额	万元	4478
城乡集贸市场成交额	万元	2938
银行现金收入	万元	40034
银行现金支出	万元	38933
市区用电量	万千瓦时	697
市区供水量	万吨	68
市区公共车辆乘客人数	万人次	47

1-5 南宁市国民经济主要指标占全区比重

(2001年)

指 标 名 称	单 位	南宁市	广 西	南宁市占广西%
年末总人口	万人	294.56	4788	6.15
国内生产总值	亿元	324.79	2231.19	14.56
第一产业	亿元	49.52	562.52	8.80
第二产业	亿元	93.43	791.85	11.80
第三产业	亿元	181.84	876.82	20.74
工农业总产值(现价)	亿元	285.52	2776.04	10.29
工业总产值	亿元	207.72	1903.14	10.91
农业总产值	亿元	77.79	872.90	8.91
全社会固定资产投资总额	亿元	101.73	731.25	13.91
#基本建设投资	亿元	48.78	324.31	15.04
更新改造投资	亿元	15.69	86.60	18.12
房地产开发投资	亿元	18.56	55.58	33.39
社会消费品零售总额	亿元	163.44	935.88	17.46
外贸进出口总值	万美元	53733	179700	29.90
实际利用外资额	万美元	11269	57600	19.56
财政总收入	亿元	38.53	257.45	14.97
城乡居民储蓄存款	亿元	274.89	1538.95	17.86
年末职工人数	万人	40.57	274.30	14.79
年末职工工资总额	亿元	42.07	255.51	16.47

1-6 主要年份主要指标及发展速度

(2001年)

指 标 名 称	单 位	1978年	1980年	1985年	1990年	1995年
年末总人口	万人	196.05	205.54	229.46	252.19	273.19
社会从业人数	万人	85.71	92.1	112.92	136.83	151.51
#职工	万人	31.65	34.89	40.62	47.39	50.1
个体、私营	万人	0.55	0.48	1.3	1.94	3.89
国内生产总值（现价）	万元	88846	116 906	199 241	492 526	1 748 934
第一产业	万元	24499	30 635	48 364	111 698	293 697
第二产业	万元	40042	57 589	85 679	199 928	665 560
#工业	万元	36350	52 334	73 691	175 043	560 710
第三产业	万元	24305	28 682	65 198	180 900	789 677
工农业总产值（现价）	万元	146643	173 511	286 807	719 121	1 995 132
工业总产值	万元	110614	128 923	216 221	549 256	1 529 236
轻工业	万元	65451	87 871	149 483	382 515	891 431
重工业	万元	45163	41 052	66 738	166 741	637 805
农业总产值	万元	36029	44 588	70 586	169 865	465 896
粮食总产量	万吨	59.04	67.08	55.19	72.59	77.92
甘蔗总产量	万吨	56.22	79.88	133.91	235.88	290.82
肉类总产量	万吨			3.89	6.44	11.4
蔬菜总产量	万吨	10.85	12.61	24.69	34.48	64.97
水果总产量	万吨	2.46	3.11	5.39	12.03	31.63
水产品总产量	万吨	0.44	0.49	0.69	1.47	3.95
全社会固定资产投资总额	万元	17731	16 704	44 590	75 907	563 516
社会消费品零售总额	万元	34741	47 381	117 249	251 606	839 856
外贸出口总值	万美元	2292	3 802	2 409	1 920	6 988
实际利用外资额	万美元			183	849	18 280
财政总收入	万元	20102	23 682	35 446	63 930	168 648
城乡居民储蓄存款余额	万元	5735	10 358	43 646	197 821	1 111 480
职工年平均工资	元／人	654	684	1 051	2 111	5 668
城市居民年平均可支配收入	元／人		386	716	1 454	5 544
农民年人均纯收入	元／人	88	107	367	624	1 326
居民消费品价格指数	%			118.3	98.0	118.6

注：根据国家统计局、自治区统计局的要求，我市历年国内生产总值、农民人均纯收入有调整，在使用时请注意。

1-6 续表

指标名称	单位	1998年	1999年	2000年	2001年	平均增长速度（%）		
						1979—2001年	1991—2001年	1996—2001年
年末总人口	万人	284.63	285.87	291.41	294.56	1.78	1.42	1.26
社会从业人数	万人	161.89	159.98	162.64	165.34	2.90	1.74	1.47
#职工	万人	45.71	43.49	42.22	40.57	1.08	-1.40	-3.45
个体、私营	万人	7.95	9.05	10.18	17.57	16.25	22.18	28.57
国内生产总值（现价）	万元	2 575 733	2 745 506	2 943 002	3 247 856	11.63	13.64	11.17
第一产业	万元	440 156	463 683	486 325	495 173	6.99	8.40	6.95
第二产业	万元	815 278	845 594	891 135	934 271	11.53	12.33	8.52
#工业	万元	622 581	631 482	671 878	695 726	11.07	11.68	7.55
第三产业	万元	1 320 299	1 436 229	1 565 542	1 818 412	13.87	16.99	14.83
工农业总产值（现价）	万元	2 509 509	2 591 167	2 741 983	2 855 186	10.22	10.25	9.81
工业总产值	万元	1 824 639	1 870 681	1 989 447	2 077 239	11.22	11.22	7.20
轻工业	万元	1 090 345	1 096 428	1 152 637	1 186 494	10.72	8.60	6.44
重工业	万元	734 294	774 253	836 810	890 745	11.91	15.98	8.11
农业总产值	万元	684 870	720 486	752 536	777 942	7.56	8.77	7.65
粮食总产量	万吨	81.45	79.62	75.46	67.84	0.61	-0.61	-2.28
甘蔗总产量	万吨	378.69	337.3	322.84	417.8	9.11	5.33	6.22
肉类总产量	万吨	15.49	16.74	17.69	18.45		10.04	8.35
蔬菜总产量	万吨	96.74	106.88	127.49	132.05	11.48	12.98	12.55
水果总产量	万吨	39.6	48.59	42.59	42.83	13.23	12.24	5.18
水产品总产量	万吨	6.06	6.53	6.84	6.51	12.43	14.48	8.68
全社会固定资产投资总额	万元	823 561	880 793	958 538	1 017 304	19.25	26.61	10.35
社会消费品零售总额	万元	1 286 387	1 371 382	1 495 906	1 634 398	18.23	10.53	11.74
外贸出口总值	万美元	33 228	40 094	51 238	43 053	13.60	32.68	35.40
实际利用外资额	万美元	22 138	10 010	8 409	11 269		26.50	-7.75
财政总收入	万元	245 249	270 113	303 030	385 294	13.70	17.74	14.76
城乡居民储蓄存款余额	万元	1 883 369	2 190 918	2 410 407	2 748 910	30.78	27.03	16.29
职工年平均工资	元/人	7 315	8 077	8 829	10 289	12.73	15.49	10.45
城市居民年平均可支配收入	元/人	6 570	6 847	7 448	7 906		16.64	6.09
农民年人均纯收入	元/人	1 942	2 079	2 184	2 321	15.29	12.68	9.78
居民消费品价格指数	%	95.8	95.9	100.0	102.8			

1-7 全市社会经济主要指标

（2001年）

指 标 名 称	单 位	2001年	2000年	2001年为2000年%
人口、土地面积				
年末总人口	人	2945553	2914127	101.08
#男性人口	人	1532358	1516601	101.04
女性人口	人	1413195	1397526	101.12
#农业人口	人	1722461	1723335	99.95
非农业人口	人	1223092	1190792	102.71
年平均人口	人	2929840	2886419	101.50
自然增长率	‰	4.63	5.62	82.38
土地面积	平方公里	10029	10029	
#建成区面积	平方公里	115.7	110.2	104.99
国内生产总值(当年价)	**万元**	**3247856**	**2943002**	**109.76**
第一产业	万元	495173	486325	101.77
第二产业	万元	934271	891135	106.95
工 业	万元	695726	671878	107.71
建筑业	万元	238545	219257	104.61
第三产业	万元	1818412	1565542	113.85
工农业总产值(当年价)	**万元**	**2855186**	**2741983**	**106.65**
工业总产值	万元	2077239	1989447	107.84
农林牧渔业总产值	万元	777947	752536	102.10
农 业				
农村社会总产值(当年价)	万元	1981078	1969373	100.59
农林牧渔业总产值(当年价)	万元	777942	752536	102.10
农 业	万元	510120	494850	101.65
林 业	万元	15315	14000	106.45
牧 业	万元	211975	200360	104.56
渔 业	万元	40532	43326	95.95
农林牧渔业总产值(1990年不变价)	万元	457736	448324	102.10
农林牧渔业商品产值	万元	576366	557077	103.46
乡(镇)村劳动力	万人	112.22	103.44	108.49
#农林牧渔业劳动力	万人	77.23	76.98	100.32
年末实有耕地面积	公顷	170548	170293	100.15
粮食总产量	吨	678456	754639	89.90
油料产量	吨	41780	48645	85.89

注：国内生产总值 、工业、农业总产值发展速度按1990年不变价计算。

1-7 续表1

指 标 名 称	单 位	2001年	2000年	2001年为2000年%
蔬菜产量	吨	1320543	1274943	103.58
甘蔗产量	吨	4178018	3228422	129.41
水果产量	吨	428311	425880	100.57
肉类产量	吨	184461	176861	104.30
水产品产量	吨	65126	68449	95.15
农业机械总动力	千瓦	1368689	1266202	108.09
农村用电量	万千瓦时	25468.08	24640	103.36
农用化肥施用量(折纯量)	吨	168093	152021	110.57
工 业				
全部工业企业单位数	个	15697	14414	108.90
#乡及乡以上工业企业	个	1013	1167	86.80
国有企业	个	222	254	87.40
集体企业	个	495	639	77.46
其他企业	个	296	274	108.03
#三资企业	个	90	101	89.11
单位数中：大中型企业	个	66	72	91.67
全部工业总产值(当年价)	万元	2077239	1989447	107.84
#规模以上工业总产值	万元	1337751	1268047	109.31
规模以下工业总产值	万元	739488	721400	105.14
#城(镇)村及村以下工业总产值	万元	494792	480101	105.20
全部工业总产值(1990年不变价)	万元	1847761	1713467	107.84
#规模以上工业总产值	万元	1210975	1107823	109.31
规模以下工业总产值	万元	636786	605644	105.14
#城(镇)村及村以下工业总产值	万元	429196	407988	105.20
乡及乡以上工业总产值(当年价)	万元	1582447	1509346	108.66
按轻重工业分				
轻工业	万元	889589	874403	104.49
重工业	万元	692858	634943	114.26
按经济类型分				
#国有企业	万元	336051	394409	81.62
集体企业	万元	284501	294910	99.03
私营企业	万元	142542	103621	146.87
联营企业	万元	3555	3355	114.18
外商投资企业	万元	131236	135582	99.21
港澳台商投资企业	万元	88383	99644	101.08
股份合作企业	万元	10088	8092	132.06
有限责任公司	万元	393537	324935	129.71
股份有限公司	万元	191181	141146	139.09
乡及乡以上工业总产值(1990年不变价)	万元	1418565	1305479	108.66
独立核算工业企业主要经济指标				
企业单位数	个	892	1006	88.67
#亏损企业	个	362	398	90.95
工业总产值(当年价)	万元	1512611	1450325	104.29

注：规模以下工业总产值含附营工业产值。

1-7 续表2

指 标 名 称	单 位	2001年	2000年	2001年为2000年%
工业总产值(1990年不变价)	万元	1368357	1264687	108.20
工业增加值	万元	515334	472433	109.08
固定资产原值合计	万元	1813039	1816544	99.81
固定资产净值合计	万元	1321211	1359597	97.18
产品销售收入	万元	1376899	1463988	94.05
#产品销售税金及附加	万元	53604	42596	125.84
利税总额	万元	131541	133238	98.73
#利润总额	万元	17	15890	0.11
规模以上工业企业主要指标				
企业单位数	个	367	349	105.16
#亏损企业	个	151	138	109.42
工业总产值（现价）	万元	1337751	1268047	109.31
内资企业	万元	1127572	1044946	111.00
国有企业	万元	274421	357891	74.16
集体企业	万元	156773	156512	101.62
股份合作企业	万元	6903	4902	144.44
有限责任公司	万元	380506	300097	135.34
股份有限公司	万元	189503	138384	140.33
私营企业	万元	117067	82435	151.21
港澳台商投资企业	万元	81894	93775	100.00
外商投资企业	万元	128285	129326	101.76
按轻重工业分				
轻工业	万元	784188	773927	103.80
重工业	万元	553563	494120	117.52
按企业规模分				
大型企业	万元	604648	635215	99.85
中型企业	万元	191565	178611	112.38
小型企业	万元	541538	454221	120.96
工业总产值（1990年不变价）	万元	1210975	1107823	109.31
工业增加值	万元	459847	413700	111.15
产品销售收入	万元	1240972	1307423	94.92

注：规模以上工业企业是指全部国有及年销售收入500万元以上非国有工业企业。

1-7 续表3

指 标 名 称	单 位	2001年	2000年	2001年为2000年%
#产品销售税金及附加	万元	52381	42596	122.97
利税总额	万元	128543	127521	100.80
#利润总额	万元	2172	16798	12.93
亏损企业亏损额	万元	51599	37447	137.79
固定资产原值	万元	1656856	1691082	97.98
固定资产净值	万元	1222875	1269547	96.32
乡镇企业				
年末企业个数	个	52847	52023	101.58
年末企业人数	人	190710	201924	94.45
年末企业总收入	万元	1861697	1718527	108.33
全年企业总产值(当年价)	万元	1442267	1343768	107.33
#工业总产值	万元	670517	673518	99.55
实交国家税金	万元	34211	32826	104.22
实现纯利润	万元	64681	64044	100.99
年末固定资产原值	万元	443617	437453	101.41
年末占用流动资金	万元	149671	146392	102.24
交通、邮电、电力				
货运量	万吨	3371	3291	102.43
客运量	万人	5266	5149	102.27
内河港口货物吞吐量	万吨	74.38	62.81	118.42
年末邮电局(所)数	处	112	114	98.25
邮电业务总量（90年价）	万元	255793	190253	134.45
年末电话机数	部	913508	865319	105.57
# 移动电话用户数	户	342981	285321	120.21
全年用电量	万千瓦时	316721	300438	105.42
#工业用电量	万千瓦时	194844	188612	103.30
城乡居民生活用电量	万千瓦时	63874	59241	107.82
固定资产投资				
全社会固定资产投资总额	万元	1017304	958538	106.13
#固定资产投资额	万元	889536	800523	111.12
基本建设投资	万元	487813	440562	110.73
更新改造投资	万元	156900	138301	113.45
其他投资	万元	59230	64342	92.05

1-7 续表4

指 标 名 称	单 位	2001年	2000年	2001年为2000年%
房地产开发投资	万元	185593	157318	117.97
固定资产投资额中				
国有经济	万元	584786	475445	123.00
集体经济	万元	17317	21302	81.29
新增固定资产	万元	603805	711196	84.90
#国有经济	万元	324613	474322	68.44
房屋施工面积	万平方米	720.09	694.84	103.63
#住宅	万平方米	396.49	365.21	108.56
房屋竣工面积	万平方米	252.84	221.35	114.23
#住宅	万平方米	151.71	134.17	113.07
商业、外贸、旅游				
社会消费品零售总额	万元	1634398	1495906	109.26
#国有商业	万元	290549	290618	99.98
集体商业	万元	189226	187206	101.08
私营商业	万元	77835	64666	120.36
个体商业	万元	555393	497449	111.65
#农民对城镇居民零售	万元	355175	310820	114.27
批发零售贸易业商品销售总额	万元	2834905	2678414	105.84
批发零售贸易业、餐饮业网点数	个	72945	66003	110.52
外贸进出口总值(海关数)	万美元	53733	66164	81.21
进口总值	万美元	10680	14926	71.55
#市属	万美元	1769	1955	90.49
出口总值	万美元	43053	51238	84.03
#市属	万美元	6812	9603	70.94
利用外资新签协议合同数	个	41	31	132.26
利用外资新签协议合同外资金额	万美元	16031	10637	150.71
实际利用外资金额	万美元	11269	8409	134.01
境外旅游者人数	人	56685	45586	124.35
国际旅游收入	万元	11122	5736	193.90
财政、金融				
全部财政收入	万元	385294	303030	127.15
地方财政收入	万元	243005	173434	140.11
#各项税收	万元	178460	152247	117.22
地方财政支出	万元	257430	215931	119.22
#基本建设支出	万元	35255	31159	113.15
支援农业生产支出	万元	6549	6738	97.20
文教、科学、卫生事业支出	万元	54855	52887	103.72
金融机构各项存款余额	万元	6726608	6194003	108.60

1-7 续表5

指 标 名 称	单 位	2001年	2000年	2001年为2000年%
#城乡居民储蓄存款余额	万元	2748910	2410407	114.04
金融机构各项贷款余额	万元	4909429	4435015	110.70
劳动工资				
年末职工人数（不含下岗职工）	人	405710	422174	96.10
国有单位	人	289767	306194	94.64
城镇集体单位	人	36254	37175	97.52
其他经济类型单位	人	79689	78805	101.12
职工工资总额（不含下岗职工）	万元	420695	374540	112.32
国有单位	万元	312458	279095	111.95
城镇集体单位	万元	28238	24605	114.77
其他经济类型单位	万元	79999	70840	112.93
教育、科研、卫生				
在校学生人数(不含成人教育)	人	661827	661887	99.99
#普通中学	人	209481	205487	101.94
小 学	人	285728	300606	95.05
专任教师数	人	32160	31103	103.40
#普通中学	人	9825	9123	107.69
小 学	人	12606	11837	106.50
县及县以上政府部门科研机构数	个	82	84	97.62
从事科技活动人数	人	4129	4269	96.72
专业技术人员	人	51584	52742	97.80
#中级技术职称以上人员	人	20079	19851	101.15
卫生机构数	个	748	700	106.86
#医 院	个	100	100	100.00
卫生机构床位数	张	12932	12141	106.52
#医院床位数	张	12186	11497	105.99
卫生技术人员数	人	18504	18196	101.69
#医 生	人	8357	8285	100.87
社会劳动者人数	人	**1653444**	**1626396**	**101.66**
第一产业	人	804685	807055	99.71
第二产业	人	266613	261853	101.82
第三产业	人	582146	557488	104.42
居民消费价格指数	%	**103**	**100**	**102.80**

注：劳动工资不含南铁。

1-8 市区社会经济主要指标

（2001年）

指 标 名 称	单 位	2001年	2000年	2001年为2000年%
人口、土地面积				
年末总人口	人	1378506	1356395	101.63
#男性人口	人	713247	701909	101.62
女性人口	人	665259	654486	101.65
#农业人口	人	362493	369021	98.23
非农业人口	人	1016013	987374	102.90
年平均人口	人	1367451	1335008	102.43
自然增长率	‰	3.55	4.36	81.42
土地面积	平方公里	1834	1834	
#建成区面积	平方公里	115.7	110.2	104.99
国内生产总值(当年价)	**万元**	**2422583**	**2152169**	**111.99**
第一产业	万元	104386	104958	110.17
第二产业	万元	682179	647310	107.98
工 业	万元	482419	465052	109.00
建筑业	万元	199760	182258	105.39
第三产业	万元	1636018	1399901	111.72
工农业总产值(当年价)	**万元**	**1633686**	**1578879**	**106.66**
工业总产值	万元	1467084	1416132	107.18
农林牧渔业总产值	万元	166602	162747	100.67
农 业				
农村社会总产值(当年价)	万元	505731	580771	87.08
农林牧渔业总产值(当年价)	万元	166602	162747	100.67
农 业	万元	96572	93871	100.80
林 业	万元	2601	1519	139.21
牧 业	万元	53983	51710	110.22
渔 业	万元	13447	15647	84.19
农林牧渔业总产值(1990年不变价)	万元	110761	110023	100.67
农业商品产值	万元	128888	126356	102.00
乡(镇)村劳动力	万人	25.14	25.1	100.16
#农林牧渔业劳动力	万人	17.61	18.04	97.62
年末实有耕地面积	公顷	34914	34878	100.10
粮食总产量	吨	86826	103126	84.19
油料产量	吨	7453	9076	82.12

注：国内生产总值、工业、农业总产值发展速度按1990年不变价计算。

1-8 续表1

指 标 名 称	单 位	2001年	2000年	2001年为2000年%
蔬菜产量	吨	358760	380624	94.26
甘蔗产量	吨	909581	663626	137.06
水果产量	吨	144568	145681	99.24
肉类产量	吨	48274	47441	101.76
水产品产量	吨	22410	25647	87.38
农业机械总动力	千瓦	296996	269394	110.25
农村用电量	万千瓦时	9561	9334	102.43
农用化肥施用量(折纯量)	吨	30066	27449	109.53
工 业				
全部工业企业单位数	个	4973	4761	104.45
#乡及乡以上工业企业	个	618	772	80.05
国有企业	个	153	180	85.00
集体企业	个	280	416	67.31
其他企业	个	185	176	105.11
#三资企业	个	51	61	83.61
单位数中：大中型企业	个	54	59	91.53
全部工业总产值(当年价)	万元	1467084	1416132	107.18
#规模以上工业总产值	万元	1093949	1044938	108.25
规模以下工业总产值	万元	373135	371194	104.05
#城(镇)村及村以下工业总产值	万元	244218	241327	103.79
全部工业总产值(1990年不变价)	万元	1347147	1256915	107.18
#规模以上工业总产值	万元	1012684	935476	108.25
规模以下工业总产值	万元	334463	321439	104.05
#城(镇)村及村以下工业总产值	万元	224253	216060	103.79
乡及乡以上工业总产值(当年价)	万元	1222866	1174805	107.88
按轻重工业分				
轻工业	万元	730943	725811	103.03
重工业	万元	491923	448994	115.43
按经济类型分				
#国有企业	万元	287298	348131	79.43
集体企业	万元	161203	175592	96.24
私营企业	万元	99138	78214	133.25
联营企业	万元	1593	1127	147.57
外商投资企业	万元	70263	67059	108.17
港澳台商投资企业	万元	54865	67390	98.82
股份合作企业	万元	3675	4362	95.03
有限责任公司	万元	380960	314802	130.36
股份有限公司	万元	162499	114475	137.22
乡及乡以上工业总产值(1990年不变价)	万元	1122894	1040855	107.88
独立核算工业企业主要经济指标				
企业单位数	个	566	688	82.27
#亏损企业	个	256	285	89.82
工业总产值(当年价)	万元	1173105	1131414	103.68

注：规模以下工业总产值含附营工业产值。

1-8 续表2

指 标 名 称	单 位	2001年	2000年	2001年为2000年%
工业总产值(1990年不变价)	万元	1087661	1011529	107.53
工业增加值	万元	402121	370469	108.54
固定资产原值合计	万元	1473230	1486090	99.13
固定资产净值合计	万元	1074047	1117718	96.09
产品销售收入	万元	1073986	1157266	92.80
#产品销售税金及附加	万元	51365	40247	127.62
利税总额	万元	114904	111406	103.14
#利润总额	万元	-1713	10043	
规模以上工业企业主要指标				
企业单位数	个	262	255	102.75
#亏损企业	个	109	102	106.86
工业总产值（现价）	万元	1093949	1044938	108.25
内资企业	万元	973471	917637	108.67
国有企业	万元	238560	322714	72.06
集体企业	万元	115076	116577	102.35
股份合作企业	万元	2763	2749	108.31
有限责任公司	万元	368468	291380	135.77
股份有限公司	万元	161055	111713	138.81
私营企业	万元	86051	69041	129.59
港澳台商投资企业	万元	52221	65339	96.07
外商投资企业	万元	68256	61962	113.19
按轻重工业分				
轻工业	万元	663609	657319	102.97
重工业	万元	430340	387619	116.67
按企业规模分				
大型企业	万元	523496	557617	97.51
中型企业	万元	153884	137605	119.11
小型企业	万元	416568	349716	120.16
工业总产值（1990年不变价）	万元	1012684	935476	108.25
工业增加值	万元	376812	342537	110.01
产品销售收入	万元	1006437	1084560	92.80

注：规模以上工业企业是指全部国有及年销售收入500万元以上非国有工业企业。

1-8 续表3

指 标 名 称	单 位	2001年	2000年	2001年为2000年%
#产品销售税金及附加	万元	50778	39232	129.43
利税总额	万元	114034	108200	105.39
#利润总额	万元	433	10941	3.96
亏损企业亏损额	万元	45127	32117	140.51
固定资产原值	万元	1370137	1417990	96.63
固定资产净值	万元	1001513	1071637	93.46
乡镇企业				
年末企业个数	个	14350	16399	87.51
年末企业人数	个	49684	65046	76.38
年末企业总收入	万元	530195	488402	108.56
全年企业总产值(当年价)	万元	398581	381395	104.51
#工业总产值	万元	209456	245370	85.36
实交国家税金	万元	9479	9255	102.42
实现纯利润	万元	14650	17636	83.07
年末固定资产原值	万元	101296	97472	103.92
年末占用流动资金	万元	61411	58300	105.34
交通、邮电、电力				
货运量	万吨	2336	2293	101.88
客运量	万人	4051	4008	101.07
内河港口货物吞吐量	万吨	65.74	58.19	112.97
年末邮电局(所)数	处	67	69	97.10
邮电业务总量(1990年不变价)	万元	231382	173664	133.24
年末电话机数	部	784418	770708	101.78
#移动电话用户数	户	307467	263428	116.72
全年用电量	万千瓦时	254282	240718	105.63
#工业用电	万千瓦时	153570	148954	103.10
城乡居民生活用电	万千瓦时	52148	49212	105.97
固定资产投资				
全社会固定资产投资总额	万元	804615	764452	105.25
#固定资产投资额	万元	780169	715535	109.03
基本建设投资	万元	423789	385307	109.99
更新改造投资	万元	136875	128227	106.74
其他投资	万元	36600	47261	77.44

1-8 续表4

指 标 名 称	单 位	2001年	2000年	2001年为2000年%
房地产开发投资	万元	182905	154740	118.20
固定资产投资额中				
国有经济	万元	530337	433209	122.42
集体经济	万元	16189	20426	79.26
新增固定资产	万元	533953	638499	83.63
#国有经济	万元	294229	437400	67.27
房屋施工面积	万平方米	672.88	651.36	103.30
#住宅	万平方米	382.84	351.91	108.79
房屋竣工面积	万平方米	230.70	198.28	116.35
#住宅	万平方米	145.22	123.94	117.17
商业、外贸、旅游				
社会消费品零售总额	万元	1420795	1299939	109.30
#国有商业	万元	263695	258013	102.20
集体商业	万元	164530	165585	99.36
私营商业	万元	77787	64621	120.37
个体商业	万元	444100	398594	111.42
#农民对城镇居民零售	万元	314137	269607	116.52
批发零售贸易业商品销售总额	万元	2643245	2502285	105.63
批发零售贸易业、餐饮业网点数	个	48057	40525	118.59
利用外资新签协议合同数	个	37	29	127.59
利用外资新签协议合同外资金额	万美元	13753	10443	131.70
实际利用外资金额	万美元	10079	8147	123.71
境外旅游者人数	人	56640	45546	124.36
国际旅游收入	万元	11075	5728	193.35
财政、金融				
全部财政收入	万元	328534	252023	130.36
地方财政收入	万元	202679	136741	148.22
#各项税收	万元	160002	126111	126.87
地方财政支出	万元	200017	167451	119.45
#基本建设支出	万元	35199	31109	113.15
支援农村生产支出	万元	4288	3926	109.22
文教、科学、卫生事业支出	万元	35283	36574	96.47
金融机构各项存款余额	万元	6299793	5802625	108.57

1-8 续表5

指 标 名 称	单 位	2001年	2000年	2001年为2000年%
#城乡居民储蓄存款余额	万元	2427374	2119895	114.50
金融机构各项贷款余额	万元	4684138	4230492	110.72
劳动工资				
年末职工人数（不含下岗职工）	人	326041	341205	95.56
国有单位	人	224206	239026	93.80
城镇集体单位	人	31158	31816	97.93
其他经济类型单位	人	70677	70363	100.45
职工工资总额（不含下岗职工）	万元	365956	324582	112.75
国有单位	万元	266602	237893	112.07
城镇集体单位	万元	26072	22526	115.74
其他经济类型单位	万元	73282	64164	114.21
教育、科研、卫生				
在校学生人数(不含成人教育)	人	382599	370929	103.15
#普通中学	人	94887	91510	103.69
小 学	人	130777	132134	98.97
专任教师数	人	20586	19850	103.71
#普通中学	人	5018	4614	108.76
小 学	人	6451	5689	113.39
县及县以上政府部门科研机构数	个	80	82	97.56
从事科技活动人数	人	4058	4199	96.64
专业技术人员	人	34595	36556	94.64
#中级技术职称以上人员	人	15272	15926	95.89
卫生机构数	个	587	541	108.50
#医 院	个	50	50	100.00
卫生机构床位数	张	10752	10003	107.49
#医院床位数	张	10019	9359	107.05
卫生技术人员数	人	15378	15168	101.38
#医 生	人	7035	6995	100.57
社会劳动者人数	人	**811887**	**803161**	**101.09**
第一产业	人	185243	189761	97.62
第二产业	人	159864	166719	95.89
第三产业	人	466780	446681	104.50
居民消费价格指数	%	**102.8**	**100.0**	**102.80**

1-9 邕宁县社会经济主要指标

（2001年）

指标名称	单位	2001年	2000年	2001年为2000年%
人口、土地面积				
年末总人口	人	919364	912099	100.80
#男性人口	人	482958	479317	100.76
女性人口	人	436406	432782	100.84
#农业人口	人	100645	813608	12.37
非农业人口	人	818719	98491	831.26
年平均人口	人	915732	907225	100.94
自然增长率	‰	7.43	8.81	84.34
土地面积	平方公里	4725	4725	
国内生产总值(当年价)	**万元**	**424102**	**411736**	**103.99**
第一产业	万元	191634	193318	100.86
第二产业	万元	140084	134881	107.00
工　业	万元	118099	113080	108.94
建筑业	万元	21985	21801	96.96
第三产业	万元	92384	83537	106.39
工农业总产值(当年价)	**万元**	**641877**	**614529**	**109.35**
工业总产值	万元	338118	315024	114.67
农林牧渔业总产值	万元	303759	299505	101.47
农　业				
农村社会总产值(当年价)	万元	731729	699752	10.57
农林牧渔业总产值(当年价)	万元	303759	299505	101.48
农　业	万元	208793	210524	99.79
林　业	万元	7884	8125	92.57
牧　业	万元	77128	69768	109.13
渔　业	万元	9954	11088	93.09
农林牧渔业总产值(1990年不变价)	万元	167683	165230	101.48
农业商品产值	万元	210570	207152	101.65
乡(镇)村劳动力	万人	51.39	46.18	111.28
#农林牧渔业劳动力	万人	34.86	34.23	101.84
年末实有耕地面积	公顷	76159	75955	100.27
粮食总产量	吨	282985	337699	83.80
油料产量	吨	14418	20212	71.33

注：国内生产总值、工业、农业总产值发展速度按1990年不变价计算。

1-9 续表1

指　标　名　称	单 位	2001年	2000年	2001年为2000年%
蔬菜产量	吨	531232	529339	100.36
甘蔗产量	吨	1904148	1310666	145.28
水果产量	吨	88089	94298	93.42
肉类产量	吨	63027	59590	105.77
水产品产量	吨	16490	17752	92.89
农业机械总动力	千瓦	583872	539000	108.33
农村用电量	万千瓦时	8897	8856	100.46
农用化肥施用量(折纯量)	吨	80494	68374	117.73
工　业				
全部工业企业单位数	个	4250	3733	113.85
#乡及乡以上工业企业	个	212	195	108.72
国有企业	个	21	24	87.50
集体企业	个	105	101	103.96
其他企业	个	86	70	122.86
#三资企业	个	28	28	100.00
单位数中：大中型企业	个	8	9	88.89
全部工业总产值(当年价)	万元	338118	315024	114.67
#规模以上工业总产值	万元	173070	150865	124.75
规模以下工业总产值	万元	165048	164159	106.09
#城(镇)村及村以下工业总产值	万元	97527	92342	112.79
全部工业总产值(1990年不变价)	万元	279770	243972	114.67
#规模以上工业总产值	万元	139980	112212	124.75
规模以下工业总产值	万元	139790	131760	106.09
#城(镇)村及村以下工业总产值	万元	80697	71546	112.79
乡及乡以上工业总产值(当年价)	万元	240591	222682	115.45
按轻重工业分				
轻工业	万元	103405	94946	118.97
重工业	万元	137186	127736	113.14
按经济类型分				
#国有企业	万元	15712	13756	120.63
集体企业	万元	58839	59350	102.46
私营企业	万元	37442	19445	114.27
联营企业	万元	1744	2139	94.69
外商投资企业	万元	59741	67602	86.60
港澳台投资企业	万元	19441	19857	102.97
股份合作企业	万元	6413	3730	177.85
有限责任公司	万元	12577	10133	111.34
股份有限公司	万元	28682	26671	152.19
乡及乡以上工业总产值(1990年不变价)	万元	199073	172425	115.45
独立核算工业企业主要经济指标				
企业单位数	个	204	187	109.09
#亏损企业	个	77	76	101.32
工业总产值(当年价)	万元	231902	217404	106.67

注：规模以下工业总产值含附营工业产值。

指 标 名 称	单 位	2001年	2000年	2001年为2000年%
工业总产值(1990年不变价)	万元	192565	168897	114.01
工业增加值	万元	77952	68896	113.14
固定资产原值合计	万元	232844	216857	107.37
固定资产净值合计	万元	169273	160250	105.63
产品销售收入	万元	201898	209424	96.41
#产品销售税金及附加	万元	969	869	111.51
利税总额	万元	9314	14609	63.76
#利润总额	万元	140	4333	3.23
规模以上工业企业主要指标				
企业单位数	个	59	51	115.69
#亏损企业	个	28	23	121.74
工业总产值（现价）	万元	173070	150866	124.75
内资企业	万元	98167	67603	168.74
国有企业	万元	8662	8542	105.83
集体企业	万元	12962	10647	104.82
股份合作企业	万元	4140	2153	193.94
有限责任公司	万元	10182	8327	122.28
股份有限公司	万元	28448	26671	150.77
私营企业	万元	31016	9611	399.18
港澳台商投资企业	万元	16044	16819	96.41
外商投资企业	万元	58859	66443	86.83
按轻重工业分				
轻工业	万元	89989	83889	117.74
重工业	万元	83081	66976	132.58
按企业规模分				
大型企业	万元	80168	76140	121.91
中型企业	万元	20075	22289	70.41
小型企业	万元	72827	52436	119.49
工业总产值（1990年不变价）	万元	139980	112212	124.75
工业增加值	万元	59217	47835	123.79
产品销售收入	万元	163711	149505	109.50

注：规模以上工业企业是指全部国有及年销售收入500万元以上非国有工业企业。

1-9 续表3

指　标　名　称	单 位	2001年	2000年	2001年为2000年%
#产品销售税金及附加	万元	673	518	129.92
利税总额	万元	9088	13418	67.73
#利润总额	万元	1103	4576	24.10
亏损企业亏损额	万元	4396	3791	115.96
固定资产原值	万元	194940	184210	105.82
固定资产净值	万元	139839	133810	104.51
乡镇企业				
年末企业个数	个	20718	19204	107.88
年末企业人数	个	69198	65915	104.98
年末企业总收入	万元	614133	584844	105.01
全年企业总产值(当年价)	万元	454108	433388	104.78
#工业总产值	万元	179415	173675	103.31
实交国家税金	万元	11842	11329	104.53
实现纯利润	万元	23662	21721	108.94
年末固定资产原值	万元	77794	73857	105.33
年末占用流动资金	万元	45726	44909	101.82
交通、邮电、电力				
货运量	万吨	362	366	98.91
客运量	万人	593	527	112.52
内河港口货物吞吐量	万吨	8.64	4.62	187.01
年末邮电局(所)数	处	27	27	
邮电业务总量(1990年不变价)	万元	12787	9076	140.89
年末电话机数	部	73011	54118	134.91
#移动电话用户数	户	17328	10895	159.05
全年用电量	万千瓦时	34618	32037	108.06
#工业用电	万千瓦时	20438	19773	103.36
城乡居民生活用电	万千瓦时	6877	5818	118.20
固定资产投资				
全社会固定资产投资总额	万元	116064	105158	110.37
#固定资产投资额	万元	69983	56583	123.68
基本建设投资	万元	42720	42575	100.34
更新改造投资	万元	13086	5251	249.21
其他投资	万元	12739	7936	160.52

1-9 续表4

指 标 名 称	单 位	2001年	2000年	2001年为2000年%
房地产开发投资	万元	1438	821	175.15
固定资产投资额中				
国有经济	万元	31468	25759	122.16
集体经济	万元	1128	876	128.77
新增固定资产	万元	44073	46174	95.45
#国有经济	万元	18407	21207	86.80
房屋施工面积	万平方米	31.95	33.67	94.89
#住宅	万平方米	8.97	8.27	108.46
房屋竣工面积	万平方米	15.38	14.59	105.41
#住宅	万平方米	4.66	5.89	79.12
商业、外贸、旅游				
社会消费品零售总额	万元	96900	90877	106.63
#国有商业	万元	13053	13964	93.48
集体商业	万元	13033	11248	115.87
个体商业	万元	54895	48175	113.95
#农民对城镇居民零售	万元	16968	18047	94.02
批发零售贸易业商品销售总额	万元	87025	82033	106.09
批发零售贸易业、餐饮业网点数	个	11688	12121	96.43
实际利用外资金额	万美元	488	151	323.18
财政、金融				
全部财政收入	万元	32557	29006	112.24
地方财政收入	万元	22499	19964	112.70
#各项税收	万元	11404	16156	70.59
地方财政支出	万元	29538	23079	127.99
#基本建设支出	万元	56	50	112.00
支援农村生产支出	万元	765	1350	56.67
文教、科学、卫生事业支出	万元	10912	8528	127.95
金融机构各项存款余额	万元	227090	216873	104.71

1-9 续表5

3	单 位	2001年	2000年	2001年为2000年%
#城乡居民储蓄存款余额	万元	163791	151013	108.46
金融机构各项贷款余额	万元	110066	99394	110.74
劳动工资				
年末职工人数(不含下岗职工)	人	40025	40016	100.02
国有单位	人	28905	29360	98.45
城镇集体单位	人	3466	3332	104.02
其他经济类型单位	人	7654	7324	104.51
职工工资总额(不含下岗职工)	万元	28999	26175	110.79
国有单位	万元	21678	19040	113.86
城镇集体单位	万元	1399	1217	114.95
其他经济类型单位	万元	5922	5918	100.07
教育、科研、卫生				
在校学生人数(不含成人教育)	人	168501	171757	98.10
#普通中学	人	64049	61258	104.56
小 学	人	96828	104128	92.99
专任教师数	人	6859	6929	98.99
#普通中学	人	2700	2458	109.85
小 学	人	3690	4029	91.59
县及县以上政府部门科研机构数	个	1	1	100.00
从事科技活动人数	人	54	53	101.89
专业技术人员	人	8714	8435	103.31
#中级技术职称以上人员	人	2556	1751	145.97
卫生机构数	个	78	78	100.00
#医 院	个	29	29	100.00
卫生机构床位数	张	1280	1256	101.91
#医院床位数	张	1280	1256	101.91
卫生技术人员数	人	1785	1731	103.12
#医 生	人	681	648	105.09
社会劳动者人数	人	**465582**	**451221**	**103.18**
第一产业	人	352387	347970	101.27
第二产业	人	48962	45480	107.66
第三产业	人	64233	57771	111.19

1-10　武鸣县社会经济主要指标

（2001年）

指　标　名　称	单 位	2001年	2000年	2001年为2000年%
人口、土地面积				
年末总人口	人	647683	645633	100.32
#男性人口	人	336153	335375	100.23
女性人口	人	311530	310258	100.41
#农业人口	人	541249	540706	100.10
非农业人口	人	106434	104927	101.44
年平均人口	人	646658	644186	100.38
自然增长率	‰	2.94	3.73	78.82
土地面积	平方公里	3366	3366	
国内生产总值(当年价)	**万元**	**401171**	**379097**	**103.42**
第一产业	万元	199153	188049	103.59
第二产业	万元	112008	108944	100.75
工　业	万元	95208	93746	99.85
建筑业	万元	16800	15198	106.29
第三产业	万元	90010	82104	106.59
工农业总产值(当年价)	**万元**	**579617**	**548575**	**103.76**
工业总产值	万元	272036	258291	103.89
农林牧渔业总产值	万元	307581	290284	103.59
农　业				
农村社会总产值（当年价）	万元	743618	688850	107.95
农林牧渔业总产值(当年价)	万元	307581	290284	103.59
农　业	万元	204755	190455	103.94
林　业	万元	4830	4326	106.06
牧　业	万元	80864	78882	102.19
渔　业	万元	17132	16591	104.54
农林牧渔业总产值(1990年不变价)	万元	179292	173071	103.59
农业商品产值	万元	236908	223569	105.97
乡(镇)村劳动力	万人	35.69	32.16	110.98
#农林牧渔业劳动力	万人	24.76	24.71	100.20
年末实有耕地面积	公顷	59475	59460	100.03
粮食总产量	吨	308645	313868	98.34
油料产量	吨	19909	19357	102.85

注：国内生产总值、工业、农业总产值发展速度按1990年不变价计算。

1-10 续表1

指 标 名 称	单 位	2001年	2000年	2001年为2000年%
蔬菜产量	吨	430551	364980	117.97
甘蔗产量	吨	1464289	1254130	116.76
水果产量	吨	195654	185901	105.25
肉类产量	吨	73160	69830	104.77
水产品产量	吨	26226	25050	104.69
农业机械总动力	千瓦	487821	457808	106.56
农村用电量	万千瓦时	7010	6450	108.68
农用化肥施用量(折纯量)	吨	57533	56198	102.38
工 业				
全部工业企业单位数	个	6474	5920	109.36
#乡及乡以上工业企业	个	183	200	91.50
国有企业	个	48	50	96.00
集体企业	个	110	122	90.16
其他企业	个	25	28	89.29
#三资企业	个	11	12	91.67
单位数中：大中型企业	个	4	4	
全部工业总产值(当年价)	万元	272036	258291	103.89
#规模以上工业总产值	万元	70732	72244	96.95
规模以下工业总产值	万元	201304	186047	106.62
#城(镇)村及村以下工业总产值	万元	153047	146432	103.21
全部工业总产值(1990年不变价)	万元	220844	212580	103.89
#规模以上工业总产值	万元	58300	60135	96.95
规模以下工业总产值	万元	162544	152445	106.62
#城(镇)村及村以下工业总产值	万元	124246	120382	103.21
乡及乡以上工业总产值(当年价)	万元	118989	111859	104.77
按轻重工业分				
轻工业	万元	55241	53646	103.04
重工业	万元	63748	58213	106.49
按经济类型分				
#国有经济	万元	33041	32522	95.87
集体经济	万元	64459	59968	104.12
私营经济	万元	5962	5962	118.88
联营经济	万元	218	89	193.75
外商投资经济	万元	1232	921	131.72
港澳台投资经济	万元	14077	12397	116.01
乡及乡以上工业总产值(1990年不变价)	万元	96598	92199	104.77
独立核算工业企业主要经济指标				
企业单位数	个	122	131	93.13
#亏损企业	个	29	37	78.38
工业总产值(当年价)	万元	107605	101507	106.01

注：规模以下工业总产值含附营工业产值。

1-10 续表2

指 标 名 称	单 位	2001年	2000年	2001年为2000年%
工业总产值(1990年不变价)	万元	88131	84261	104.59
工业增加值	万元	35261	33068	106.63
固定资产原值合计	万元	106965	113597	94.16
固定资产净值合计	万元	77891	81629	95.42
产品销售收入	万元	101015	97299	103.82
#产品销售税金及附加	万元	1270	1480	85.81
利税总额	万元	7323	7224	101.37
#利润总额	万元	1590	1514	105.02
规模以上工业企业主要指标				
企业单位数	个	46	43	106.98
#亏损企业	个	14	13	107.69
工业总产值（现价）	万元	70732	72244	96.97
内资企业	万元	55934	59706	90.11
国有企业	万元	27199	26635	96.08
集体企业	万元	28735	29287	97.02
港澳台商投资企业	万元	13629	11617	104.04
外商投资企业	万元	1169	921	125.70
按轻重工业分				
轻工业	万元	30590	32719	91.43
重工业	万元	40142	39525	101.96
按企业规模分				
大型企业	万元	984	1458	70.31
中型企业	万元	17606	18717	89.84
小型企业	万元	52142	52069	101.52
工业总产值（1990年价）	万元	58311	60135	96.97
工业增加值	万元	23819	23328	102.10

注：规模以上工业企业是指全部国有及年销售收入500万元以上非国有工业企业。

1-10 续表3

指 标 名 称	单 位	2001年	2000年	2001年为2000年%
产品销售收入	万元	70823	73358	96.54
#产品销售税金及附加	万元	929	1080	86.02
利税总额	万元	5421	5903	91.83
#利润总额	万元	647	1281	50.51
亏损企业亏损额	万元	2077	1539	134.96
固定资产原值	万元	91780	88882	103.26
固定资产净值	万元	67132	64100	104.73
乡镇企业				
年末企业个数	个	17779	16420	108.28
年末企业人数	个	71828	70963	101.22
年末企业总收入	万元	717369	643281	111.52
全年企业总产值(当年价)	万元	589578	528985	111.45
#工业总产值	万元	281646	254473	110.68
实交国家税金	万元	12890	12242	105.29
实现纯利润	万元	26369	24687	106.81
年末固定资产原值	万元	264527	266124	99.40
年末占用流动资金	万元	42534	43183	98.50
交通、邮电、电力				
货运量	万吨	673	632	106.49
客运量	万人	622	614	101.30
年末邮电局(所)数	处	18	18	100.00
邮电业务总量(1990年不变价)	万元	11624	7513	154.72
年末电话机数	部	56079	40493	138.49
#移动电话用户数	户	18186	10998	165.36
全年用电量	万千瓦时	27821	27683	100.50
#工业用电	万千瓦时	20836	19885	104.78
城乡居民生活用电	万千瓦时	4849	4211	115.15
固定资产投资				
全社会固定资产投资总额	万元	96625	88928	108.66
#固定资产投资额	万元	39384	28405	138.65
基本建设投资	万元	21304	12680	168.01
更新改造投资	万元	6939	4823	143.87
其他投资	万元	9891	9145	

1-10 续表4

指 标 名 称	单 位	2001年	2000年	2001年为2000年%
房地产开发投资	万元	1250	1757	71.14
固定资产投资额中				
国有经济	万元	22981	16477	139.47
新增固定资产	万元	25779	26523	97.19
#国有经济	万元	11977	15715	76.21
房屋施工面积	万平方米	15.25	9.81	155.45
#住宅	万平方米	4.68	5.03	93.04
房屋竣工面积	万平方米	6.75	8.48	79.60
#住宅	万平方米	1.83	4.35	42.07
商业、外贸、旅游				
社会消费品零售总额	万元	116703	105090	111.05
#国有商业	万元	13801	18641	74.04
集体商业	万元	11663	10373	112.44
私营商业	万元	48	45	106.67
个体商业	万元	56398	50680	111.28
#农民对城镇居民零售	万元	24070	23166	103.90
批发零售贸易业商品销售总额	万元	104635	94096	111.20
批发零售贸易业、餐饮业网点数	个	13200	13357	98.82
实际利用外资金额	万美元	702	111	632.43
境外旅游者人数	人	45	40	112.50
国际旅游收入	万元	47	37	127.03
财政、金融				
全部财政收入	万元	24203	22001	110.01
地方财政收入	万元	17827	16729	106.56
#各项税收	万元	7054	9980	70.68
地方财政支出	万元	27875	25401	109.74
#支援农村生产支出	万元	1496	1462	102.33
文教、科学、卫生事业支出	万元	8660	7785	111.24
金融机构各项存款余额	万元	199725	174505	114.45

1-10 续表5

指 标 名 称	单 位	2001年	2000年	2001年为2000年%
#城乡居民储蓄存款余额	万元	157745	139499	113.08
金融机构各项贷款余额	万元	115225	105129	109.60
劳动工资				
年末职工人数(不含下岗职工)	人	39644	40953	96.80
国有单位	人	36656	37808	96.95
城镇集体单位	人	1630	2027	80.41
其他经济类型单位	人	1358	1118	121.47
职工工资总额(不含下岗职工)	万元	25740	23783	108.23
国有单位	万元	24178	22163	109.09
城镇集体单位	万元	767	862	88.98
其他经济类型单位	万元	795	758	104.88
教育、科研、卫生				
在校学生人数(不含成人教育)	人	110727	119201	92.89
#普通中学	人	50545	52719	95.88
小 学	人	58123	64344	90.33
专任教师数	人	4715	4324	109.04
#普通中学	人	2107	2051	102.73
小 学	人	2465	2119	116.33
县及县以上政府部门科研机构数	个	1	1	
从事科技活动人数	人	17	17	
专业技术人员	人	8275	7751	106.76
#中级技术职称以上人员	个	2251	2174	103.54
卫生机构数	人	83	81	102.47
#医 院	个	21	21	
卫生机构床位数	张	900	882	102.04
#医院床位数	张	887	882	100.57
卫生技术人员数	人	1341	1297	103.39
#医 生	人	641	642	99.84
社会劳动者人数	人	**375975**	**372014**	**101.06**
第一产业	人	267055	269324	99.16
第二产业	人	57787	49654	116.38
第三产业	人	51133	53036	96.41

1-11 人均主要社会经济指标

（2001年）

指 标 名 称	单 位	全市	市区	邕宁县	武鸣县
国内生产总值	元	11086	17716	4631	6204
工农业总产值	元	9745	11947	7009	8963
农业总产值	元	2655	1218	3317	4756
工业总产值	元	7090	10729	3692	4207
固定资产投资额	元	3036	5705	764	609
财政收入	元	1315	2403	356	374
城乡居民储蓄存款余额	元	9332	18753	1782	2436
社会消费品零售总额	元	5578	10390	1058	1805
职工年平均工资	元	10289	11121	7207	6499
城市居民年人均可支配收入	元	7906	7906		
城市居民年人均消费性支出	元	7107	7107		
农民年人均纯收入	元	2321	2473	2160	2442
耕地面积（按总人口计算）	亩	0.87	0.38	1.24	1.38
耕地面积（按农业人口计算）	亩	1.49	1.44	1.40	1.65
粮食产量	公斤	232	63	309	477
油料产量	公斤	14	5	16	31
蔬菜产量	公斤	451	262	580	666
肉类产量	公斤	63	35	69	113
水果产量	公斤	146	106	96	303
水产品产量	公斤	22	16	18	41
甘蔗产量	公斤	1426	665	1970	2264
电话机	部/万人	3101	5690	794	866
普通中学在校生	人/万人	711	688	697	780
小学在校生	人/万人	970	949	1053	897
医院	个/万人	0.59	0.37	0.32	0.32
医院病床	张/万人	41	73	14	14
卫生技术人员	人/万人	63	112	19	21
#医生	人/万人	28	51	7	10

注：电话机数含移动电话。

2 国民经济核算

CHAPTER 2 NATIONAL ACCOUNTS

2-1 全市主要年份国内生产总值

（按当年价格计算）

单位：万元

年 份	国内生产总值	第一产业	第二产业	工业	建筑业	第三产业
1950	6576	3708	330	261	69	2538
1965	32997	8323	9607	8280	1327	15067
1978	88846	24499	40042	36350	3692	24305
1980	116906	30635	57589	52334	5255	28682
1985	199241	48364	85679	73691	11988	65198
1986	229367	54169	99867	85060	14807	75331
1987	277716	63565	123727	107190	16537	90424
1988	354301	77335	153826	133203	20623	123140
1989	419120	83538	177413	155423	21990	158169
1990	492526	111698	199928	175043	24885	180900
1991	539700	112969	218582	189374	29208	208149
1992	624798	133095	240777	208914	31863	250926
1993	941350	166406	378992	315657	63335	395952
1994	1331851	237402	518505	439309	79196	575944
1995	1715252	293697	655478	552092	103386	766077
1996	1954519	334403	683731	546773	136958	936385
1997	2262395	398122	755121	586308	168813	1109152
1998	2575733	440156	815278	622581	192697	1320299
1999	2745506	463683	845594	631482	214112	1436229
2000	2943002	486325	891135	671838	219257	1565542
2001	3247856	495173	934271	695726	238545	1818412

2-2 全市主要年份国内生产总值构成

（按当年价格计算）

单位：%

年　份	国内生产总值	第一产业	第二产业	工业	建筑业	第三产业
1950	100.00	56.39	5.02	3.97	1.05	38.59
1965	100.00	25.22	29.12	25.10	4.02	45.66
1978	100.00	27.57	45.07	40.91	4.16	27.36
1980	100.00	26.20	49.27	44.77	4.50	24.53
1985	100.00	24.27	43.01	36.99	6.02	32.72
1986	100.00	23.62	43.54	37.08	6.46	32.84
1987	100.00	22.89	44.55	38.60	5.95	32.56
1988	100.00	21.83	43.42	37.60	5.82	34.75
1989	100.00	19.93	42.33	37.08	5.25	37.74
1990	100.00	22.68	40.59	35.54	5.05	36.73
1991	100.00	20.93	40.50	35.09	5.41	38.57
1992	100.00	21.30	38.54	33.44	5.10	40.16
1993	100.00	17.68	40.26	33.53	6.73	42.06
1994	100.00	17.83	38.93	32.98	5.95	43.24
1995	100.00	17.12	38.22	32.19	6.03	44.66
1996	100.00	17.11	34.98	27.97	7.01	47.91
1997	100.00	17.60	33.38	25.92	7.46	49.02
1998	100.00	17.09	31.65	24.17	7.48	51.26
1999	100.00	16.89	30.80	23.00	7.80	52.31
2000	100.00	16.52	30.28	22.83	7.45	53.20
2001	100.00	15.24	28.77	21.42	7.34	55.99

2-3 全市主要年份国内生产总值指数

（按可比价格计算，以上年为100）

单位：%

年份	国内生产总值	第一产业	第二产业			第三产业
				工业	建筑业	
1951	117.53	111.45	164.25	177.30	115.79	121.07
1965	120.11	122.41	136.56	141.36	110.95	112.31
1978	110.74	109.81	111.55	109.00	164.56	110.29
1980	105.70	102.89	108.08	108.22	106.74	103.88
1985	116.29	99.45	125.73	121.04	165.37	115.22
1986	109.69	108.03	111.46	110.44	117.83	107.95
1987	113.18	105.50	116.33	118.30	104.88	112.99
1988	108.63	95.08	109.84	114.73	77.88	114.79
1989	107.85	109.13	101.51	101.73	99.37	117.43
1990	111.04	114.52	111.22	107.32	149.74	109.17
1991	105.82	97.37	106.15	104.81	115.62	110.67
1992	112.87	118.02	108.94	110.41	99.53	114.23
1993	128.58	110.55	133.48	131.95	144.30	133.75
1994	121.09	113.15	120.99	121.88	115.25	124.88
1995	116.19	112.90	117.75	117.08	122.33	116.04
1996	112.36	104.51	110.80	108.23	127.57	117.13
1997	112.59	114.21	109.21	107.90	116.51	115.17
1998	112.59	110.95	109.56	108.19	116.64	115.88
1999	110.49	110.31	108.46	106.94	115.68	112.26
2000	109.31	100.67	106.20	106.36	105.50	114.78
2001	109.76	101.77	106.95	107.71	104.61	113.85

2-4 主要年份人均国内生产总值

年 份	人均国内生产总值（元）				以上年为100的发展速度（%）			
	全市	市区	邕宁	武鸣	全市	市区	邕宁	武鸣
1950	74	224	49	43				
1965	235	507	99	122	115.90	115.19	114.63	128.00
1978	461	1070	183	263	107.89	105.58	109.64	110.99
1980	575	1291	236	301	103.24	100.33	107.54	102.87
1985	878	1496	430	497	113.75	117.97	102.11	104.47
1986	988	1663	485	576	107.28	100.47	107.99	115.24
1987	1170	1930	578	710	110.50	114.31	105.75	117.40
1988	1460	2434	685	860	106.37	108.78	97.67	98.22
1989	1698	2888	783	895	105.99	106.00	105.84	103.22
1990	1968	3210	1018	1106	109.56	107.49	114.29	113.84
1991	2129	3536	1009	1196	104.47	106.23	97.05	103.53
1992	2430	4023	1160	1344	111.28	110.21	113.56	111.44
1993	3593	6005	1697	1829	126.18	127.46	121.84	119.75
1994	4995	8058	2542	2710	118.98	116.68	120.78	125.00
1995	6331	10072	3153	3634	114.35	112.97	111.93	119.37
1996	7093	11227	3523	3998	110.46	110.85	105.09	109.04
1997	8093	12639	3896	4906	110.99	109.63	108.86	116.69
1998	9104	14238	4186	5597	111.25	110.75	110.03	111.86
1999	9625	15095	4376	5810	109.57	110.00	108.77	106.44
2000	10196	16121	4538	5885	108.02	109.38	105.69	99.97
2001	11086	17715	4631	6204	108.14	109.33	103.04	103.02

注：绝对值按当年价计算，发展速度按可比价计算。

2-5 全市各时期国内生产总值平均指数

（按可比价格计算,以上年为100）

单位：%

时期	国内生产总值	第一产业	第二产业			第三产业
				工业	建筑业	
恢复时期（1950-1952）	116.54	112.00	147.98	155.51	115.85	118.90
“一五”时期（1953-1957）	112.02	102.12	132.29	130.65	141.57	117.38
“二五”时期（1958-1962）	107.35	98.11	107.18	110.04	90.09	112.06
调整时期（1963-1965）	110.90	114.50	120.82	118.75	140.41	105.71
“三五”时期（1966-1970）	106.24	107.32	112.89	114.46	98.74	101.53
“四五”时期（1971-1975）	108.56	107.80	111.91	111.98	110.92	104.87
“五五”时期（1976-1980）	109.70	104.69	114.25	114.16	115.54	107.25
“六五”时期（1981-1985）	108.45	104.71	107.99	106.92	116.61	112.24
“七五”时期（1986-1990）	110.06	106.25	109.96	110.35	107.45	112.41
“八五”时期（1991-1995）	116.66	110.17	117.07	116.85	118.55	119.63
“九五”时期（1996-2000）	111.46	108.02	108.84	107.52	116.17	115.03
“十五”时期第一年（2001）	109.76	101.77	106.95	107.71	104.61	113.85
1951年至2001年	110.31	106.10	114.87	115.07	113.54	111.25
1979年至2001年	111.61	106.99	111.53	111.07	114.63	113.87
1993年至2001年	114.62	108.67	113.42	112.62	118.20	118.03

2-6 全部财政收入相当于国内生产总值比例

单位：%

年　份	全市	市区	邕宁	武鸣
1950	5.99	10.18	2.10	2.90
1965	13.57	12.94	18.67	10.36
1978	23.08	27.40	14.27	14.16
1980	19.82	22.89	10.72	16.33
1985	17.79	21.04	9.65	11.75
1986	16.95	19.48	11.05	11.82
1987	15.87	17.55	12.65	11.87
1988	14.41	15.27	12.27	12.65
1989	13.68	14.02	12.74	12.93
1990	12.98	13.49	10.92	12.95
1991	12.98	13.12	11.28	14.22
1992	11.76	12.43	8.25	12.33
1993	11.31	11.58	9.32	12.25
1994	11.28	11.69	7.86	13.45
1995	9.97	10.56	6.97	10.49
1996	9.74	10.35	6.67	10.22
1997	9.54	10.43	6.58	8.25
1998	9.52	10.29	6.67	8.56
1999	9.84	10.57	6.86	9.11
2000	10.30	11.71	7.04	5.80
2001	11.86	13.56	7.68	6.03

2-7 市区主要年份国内生产总值

（按当年价格计算）　　单位：万元

年　份	国内生产总值	第一产业	第二产业	工业	建筑业	第三产业
1950	3046	436	246	178	68	2364
1965	22638	1544	8235	7406	829	12859
1978	59723	6457	32737	29952	2785	20529
1980	80145	8390	48126	44386	3740	23629
1985	137188	12295	69647	59691	9956	55246
1986	157464	14969	79292	66763	12529	63203
1987	189304	18269	96480	82067	14413	74555
1988	247112	20371	121670	103711	17959	105071
1989	300593	23036	139684	121128	18556	137873
1990	340290	27065	156940	135629	21311	156285
1991	381114	29911	169976	145915	24061	181227
1992	442794	32406	190265	164077	26188	220123
1993	680811	39548	295045	241317	53728	346218
1994	939953	63000	378579	315272	63307	498374
1995	1209002	75261	466539	384874	81665	667202
1996	1389576	89059	476292	371437	104855	824225
1997	1602754	96847	527294	392751	134543	978613
1998	1842721	98833	571864	413913	157951	1172024
1999	1978768	103240	599291	420840	178451	1276237
2000	2152169	104958	647310	465052	182258	1399901
2001	2422583	104386	682179	482419	199760	1636018

2-8 市区主要年份国内生产总值构成

（按当年价格计算） 单位：%

年份	国内生产总值	第一产业	第二产业	工业	建筑业	第三产业
1950	100.00	14.31	8.08	5.85	2.23	77.61
1965	100.00	6.82	36.38	32.72	3.66	56.80
1978	100.00	10.81	54.81	50.15	4.66	34.38
1980	100.00	10.47	60.05	55.38	4.67	29.48
1985	100.00	8.96	50.77	43.51	7.26	40.27
1986	100.00	9.51	50.35	42.40	7.95	40.14
1987	100.00	9.65	50.97	43.36	7.61	39.38
1988	100.00	8.24	49.24	41.97	7.27	42.52
1989	100.00	7.66	46.47	40.30	6.17	45.87
1990	100.00	7.95	46.12	39.86	6.26	45.93
1991	100.00	7.85	44.60	38.29	6.31	47.55
1992	100.00	7.32	42.97	37.06	5.91	49.71
1993	100.00	5.81	43.34	35.45	7.89	50.85
1994	100.00	6.70	40.28	33.54	6.74	53.02
1995	100.00	6.23	38.58	31.83	6.75	55.19
1996	100.00	6.41	34.28	26.73	7.55	59.31
1997	100.00	6.04	32.90	24.51	8.39	61.06
1998	100.00	5.37	31.03	22.46	8.57	63.60
1999	100.00	5.22	30.29	21.27	9.02	64.49
2000	100.00	4.88	30.08	21.61	8.47	65.05
2001	100.00	4.31	28.16	19.91	8.25	67.53

2-9 市区主要年份国内生产总值指数

（按可比价格计算，以上年为100）　　单位：%

年　份	国内生产总值	第一产业	第二产业	工业	建筑业	第三产业
1951	123.34	105.60	173.74	195.57	114.67	121.18
1965	118.93	110.64	139.47	140.28	131.75	111.49
1978	109.95	99.32	110.78	108.28	180.93	111.28
1980	105.27	99.21	107.38	107.66	104.32	103.09
1985	121.59	95.12	125.91	121.36	162.50	120.84
1986	108.36	113.76	108.91	107.00	120.39	106.61
1987	113.36	112.01	114.72	115.89	108.45	111.49
1988	112.57	92.10	112.25	118.95	74.10	116.75
1989	108.67	105.60	100.84	101.28	96.90	121.20
1990	109.52	102.70	111.60	106.54	159.91	107.68
1991	108.01	104.44	105.26	104.36	111.00	111.36
1992	112.56	114.93	109.61	111.24	99.86	114.98
1993	131.28	116.42	132.30	130.47	144.48	132.77
1994	120.03	125.29	115.04	115.94	109.65	123.77
1995	116.27	111.12	116.83	115.91	122.71	116.54
1996	114.30	109.86	110.25	107.98	123.88	118.32
1997	112.32	109.92	108.54	106.46	119.42	115.58
1998	113.03	106.06	108.90	106.12	121.93	116.91
1999	111.42	111.32	109.52	107.55	117.55	112.72
2000	111.45	92.30	108.65	109.40	105.83	115.39
2001	111.99	100.17	107.98	109.00	105.39	114.72

2-10　市区各时期国内生产总值平均指数

（按可比价格计算,以上年为100）　　单位：%

时　　期	国内生产总值	第一产业	第二产业	工业	建筑业	第三产业
恢复时期（1950-1952）	120.26	108.53	150.90	163.40	110.15	118.55
“一五”时期（1953-1957）	119.18	103.89	133.09	131.67	140.49	117.91
“二五”时期（1958-1962）	110.81	104.91	107.87	111.46	83.73	112.39
调整时期（1963-1965）	108.87	116.83	119.29	117.85	139.57	104.32
“三五”时期（1966-1970）	106.14	108.10	113.43	114.60	97.46	101.38
“四五”时期（1971-1975）	108.14	105.65	111.23	111.10	114.04	104.36
“五五”时期（1976-1980）	111.65	106.09	115.39	115.26	118.41	107.20
“六五”时期（1981-1985）	109.07	102.07	107.74	106.26	120.53	113.01
“七五”时期（1986-1990）	110.48	104.94	109.56	109.74	108.43	112.61
“八五”时期（1991-1995）	117.37	114.24	115.46	115.27	116.60	119.65
“九五”时期（1996-2000）	112.50	105.64	109.17	107.50	117.54	115.77
“十五”时期第一年（2001）	111.99	100.17	107.98	109.00	105.39	114.72
1951年至2001年	111.80	106.70	114.94	115.25	113.25	111.34
1979年至2001年	112.46	106.05	111.37	110.73	115.63	114.18
1993年至2001年	115.64	108.80	112.89	111.86	118.47	118.39

2-11 邕宁县主要年份国内生产总值

（按当年价格计算）

单位：万元

年 份	国内生产总值	第一产业	第二产业			第三产业
				工业	建筑业	
1950	2287	2198	30	29	1	59
1965	5727	3669	808	554	254	1250
1978	15665	10463	3051	2748	303	2151
1980	20896	13576	4426	3669	757	2894
1985	33504	20544	7625	6183	1442	5335
1986	38340	22102	9518	8019	1499	6720
1987	46319	26311	11522	10356	1166	8486
1988	55577	32192	13461	11906	1555	9924
1989	64318	35919	17240	14835	2405	11159
1990	84496	51685	19029	16522	2507	13782
1991	84635	48493	20933	18194	2739	15209
1992	98307	58102	22868	19557	3311	17337
1993	145785	74872	42076	36559	5517	28837
1994	220808	105435	72158	62733	9425	43215
1995	276081	130467	91018	78483	12535	54596
1996	310659	142404	106584	87738	18846	61671
1997	345890	160575	116749	95662	21087	68566
1998	374036	174824	122931	102025	20906	76281
1999	393569	183138	128203	107397	20806	82228
2000	411736	193318	134881	113080	21801	83537
2001	424102	191634	140084	118099	21985	92384

2-12 邕宁县主要年份国内生产总值构成

（按当年价格计算）

单位：%

年 份	国内生产总值	第一产业	第二产业	工业	建筑业	第三产业
1950	100.00	96.11	1.31	1.27	0.04	2.58
1965	100.00	64.06	14.11	9.67	4.44	21.83
1978	100.00	66.79	19.48	17.54	1.94	13.73
1980	100.00	64.97	21.18	17.56	3.62	13.85
1985	100.00	61.32	22.76	18.46	4.30	15.92
1986	100.00	57.65	24.82	20.91	3.91	17.53
1987	100.00	56.80	24.88	22.36	2.52	18.32
1988	100.00	57.92	24.22	21.42	2.80	17.86
1989	100.00	55.85	26.80	23.06	3.74	17.35
1990	100.00	61.17	22.52	19.55	2.97	16.31
1991	100.00	57.30	24.73	21.50	3.23	17.97
1992	100.00	59.10	23.26	19.89	3.37	17.64
1993	100.00	51.36	28.86	25.08	3.78	19.78
1994	100.00	47.75	32.68	28.41	4.27	19.57
1995	100.00	47.26	32.97	28.43	4.54	19.77
1996	100.00	45.84	34.31	28.24	6.07	19.85
1997	100.00	46.42	33.76	27.66	6.10	19.82
1998	100.00	46.74	32.87	27.28	5.59	20.39
1999	100.00	46.53	32.58	27.29	5.29	20.89
2000	100.00	46.95	32.76	27.46	5.29	20.29
2001	100.00	45.19	33.03	27.85	5.18	21.78

2-13 邕宁县主要年份国内生产总值指数

（按可比价格计算，以上年为100）　　单位：%

年 份	国内生产总值	第一产业	第二产业	工业	建筑业	第三产业
1951	112.62	112.35	145.45	143.75	200.00	108.05
1965	118.31	119.83	112.44	173.53	61.79	117.95
1978	111.90	113.73	105.66	109.63	87.40	108.93
1980	108.89	106.03	116.78	116.76	116.85	110.04
1985	103.94	99.23	126.53	115.60	212.71	90.70
1986	109.77	104.83	114.67	119.14	95.48	119.64
1987	107.06	102.60	112.18	119.67	72.06	112.94
1988	99.03	93.90	99.43	97.84	113.56	113.86
1989	107.14	112.47	105.17	102.33	126.96	96.82
1990	115.31	118.29	106.68	107.63	100.81	120.92
1991	98.03	92.63	106.23	105.77	109.25	106.99
1992	114.77	118.54	110.10	111.41	101.72	108.95
1993	123.49	110.44	143.43	145.78	127.03	141.95
1994	122.16	110.13	145.89	145.23	151.17	122.02
1995	112.82	113.42	112.68	109.94	133.83	111.57
1996	105.83	97.33	115.69	111.31	143.45	110.61
1997	109.62	108.12	111.43	111.13	112.92	109.75
1998	110.72	108.43	114.17	118.23	94.54	109.54
1999	109.46	107.66	112.72	114.24	103.56	107.26
2000	106.65	105.67	106.96	107.29	104.78	108.17
2001	104.00	100.90	107.00	108.90	97.00	106.39

2-14 邕宁县各时期国内生产总值平均指数

（按可比价格计算,以上年为100）

单位：%

时期	国内生产总值	第一产业	第二产业			第三产业
				工业	建筑业	
恢复时期（1950-1952）	111.99	111.11	148.73	144.70	244.95	121.30
“一五”时期（1953-1957）	102.58	101.01	129.12	125.43	155.18	112.73
“二五”时期（1958-1962）	98.81	96.06	101.81	100.93	104.72	108.64
调整时期（1963-1965）	116.85	113.82	141.48	138.47	149.67	115.27
“三五”时期（1966-1970）	105.95	107.89	101.65	103.78	95.91	102.73
“四五”时期（1971-1975）	110.08	110.01	114.48	116.63	106.17	107.62
“五五”时期（1976-1980）	107.84	106.52	110.28	108.85	120.55	110.74
“六五”时期（1981-1985）	106.79	105.05	111.27	110.78	113.51	106.51
“七五”时期（1986-1990）	107.53	106.09	107.49	108.97	100.00	112.49
“八五”时期（1991-1995）	113.87	108.66	122.49	122.36	123.35	117.64
“九五”时期（1996-2000）	108.44	105.36	112.15	112.38	110.69	109.06
“十五”时期第一年（2001）	104.00	100.90	107.00	108.90	97.00	106.39
1951年至2001年	107.51	105.74	114.71	114.47	118.40	110.41
1979年至2001年	109.02	106.27	113.11	113.04	113.86	111.06
1993年至2001年	111.46	106.79	118.12	118.32	117.11	113.69

2-15 武鸣县主要年份国内生产总值

（按当年价格计算） 单位：万元

年 份	国内生产总值	第一产业	第二产业	工业	建筑业	第三产业
1950	1243	1074	54	54		115
1965	4632	3110	564	320	244	958
1978	13458	7579	4254	3650	604	1625
1980	15865	8669	5037	4279	758	2159
1985	28549	15525	8407	7817	590	4617
1986	33563	17098	11057	10278	779	5408
1987	42093	18985	15725	14767	958	7383
1988	51612	24772	18695	17586	1109	8145
1989	54209	24583	20489	19460	1029	9137
1990	67740	32948	23959	22892	1067	10833
1991	73951	34565	27673	25265	2408	11713
1992	83697	42587	27644	25280	2364	13466
1993	114754	51986	41871	37781	4090	20897
1994	171090	68967	67768	61304	6464	34355
1995	230169	87969	97921	88735	9186	44279
1996	254284	102940	100855	87598	13257	50489
1997	313751	140700	111078	97895	13183	61973
1998	358976	166499	120483	106643	13840	71994
1999	373169	177305	118100	103245	14855	77764
2000	379097	188049	108944	93746	15198	82104
2001	401171	199153	112008	95208	16800	90010

2-16 武鸣县主要年份国内生产总值构成

（按当年价格计算） 单位：%

年份	国内生产总值	第一产业	第二产业	工业	建筑业	第三产业
1950	100.00	86.40	4.34	4.34		9.26
1965	100.00	67.14	12.18	6.91	5.27	20.68
1978	100.00	56.32	31.61	27.12	4.49	12.07
1980	100.00	54.64	31.75	26.97	4.78	13.61
1985	100.00	54.38	29.45	27.38	2.07	16.17
1986	100.00	50.94	32.95	30.63	2.32	16.11
1987	100.00	45.10	37.36	35.08	2.28	17.54
1988	100.00	48.00	36.22	34.07	2.15	15.78
1989	100.00	45.35	37.80	35.90	1.90	16.85
1990	100.00	48.64	35.37	33.79	1.58	15.99
1991	100.00	46.74	37.42	34.16	3.26	15.84
1992	100.00	50.88	33.03	30.21	2.82	16.09
1993	100.00	45.30	36.49	32.92	3.57	18.21
1994	100.00	40.31	39.61	35.83	3.78	20.08
1995	100.00	38.22	42.54	38.55	3.99	19.24
1996	100.00	40.48	39.66	34.45	5.21	19.86
1997	100.00	44.85	35.40	31.20	4.20	19.75
1998	100.00	46.38	33.56	29.71	3.85	20.06
1999	100.00	47.51	31.65	27.67	3.98	20.84
2000	100.00	49.60	28.74	24.73	4.01	21.66
2001	100.00	49.64	27.92	23.73	4.19	22.44

2-17 武鸣县主要年份国内生产总值指数

（按可比价格计算，以上年为100）　　单位：%

年　份	国内生产总值	第一产业	第二产业			第三产业
				工业	建筑业	
1951	113.73	111.99	121.28	121.28		128.70
1965	131.29	134.66	140.63	120.60	181.58	118.59
1978	113.26	110.65	122.40	115.84	206.15	100.36
1980	104.00	101.52	107.75	107.33	110.17	104.86
1985	106.48	102.95	123.24	123.33	121.59	90.88
1986	116.86	108.68	131.79	131.65	134.20	111.29
1987	119.27	104.82	132.25	133.58	108.95	130.61
1988	99.59	98.89	101.66	101.66	101.61	96.22
1989	104.09	107.41	103.71	104.48	87.35	97.00
1990	115.20	117.72	111.93	112.35	101.21	117.41
1991	104.55	98.93	111.94	106.78	222.68	105.31
1992	112.21	119.94	103.92	104.92	93.69	109.61
1993	120.63	105.82	133.19	130.52	164.02	138.90
1994	125.80	106.60	137.95	138.51	132.79	145.56
1995	119.76	114.00	127.29	129.44	106.70	114.55
1996	109.50	110.09	109.57	107.08	138.37	108.33
1997	117.32	127.10	110.69	112.04	98.53	115.16
1998	112.18	118.34	108.82	109.49	102.04	107.54
1999	106.61	112.34	99.43	98.23	112.64	110.24
2000	100.24	102.25	92.26	91.20	102.42	111.81
2001	103.42	103.59	100.74	99.84	106.29	106.59

2-18 武鸣县各时期国内生产总值平均指数

（按可比价格计算,以上年为100）

单位：%

时　　期	国内生产总值	第一产业	第二产业			第三产业
				工业	建筑业	
恢复时期（1950-1952）	116.56	115.30	128.83	124.63		124.06
“一五”时期（1953-1957）	105.77	103.55	128.29	127.19	141.14	109.45
“二五”时期（1958-1962）	100.90	98.47	103.47	98.81	123.99	110.19
调整时期（1963-1965）	116.59	114.27	120.20	112.76	134.54	121.62
“三五”时期（1966-1970）	107.30	106.01	118.60	125.76	104.75	102.21
“四五”时期（1971-1975）	108.26	105.41	117.15	119.63	106.90	106.23
“五五”时期（1976-1980）	103.31	100.53	108.21	108.99	103.46	102.53
“六五”时期（1981-1985）	107.27	106.23	107.38	109.73	87.24	110.58
“七五”时期（1986-1990）	110.73	107.33	115.52	115.98	105.60	109.76
“八五”时期（1991-1995）	116.35	108.82	122.16	121.26	137.13	121.73
“九五”时期（1996-2000）	109.02	113.72	103.90	103.31	109.92	110.58
“十五”时期第一年（2001）	103.42	103.59	100.74	99.84	106.29	106.59
1951年至2001年	108.34	106.31	114.24	114.14		110.32
1979年至2001年	110.12	108.58	110.90	111.21	107.94	112.53
1993年至2001年	112.54	110.88	112.35	111.89	116.54	116.92

2-19 总 产 出

（2001年，按当年价格计算） 单位：万元

指 标 名 称	全市	市区	邕宁	武鸣
总产出	**7258628**	**5467065**	**947402**	**844161**
第一产业	**777943**	**166603**	**303759**	**307581**
第二产业	**3080526**	**2222040**	**481764**	**376722**
工业	2256289	1531689	407239	317361
建筑业	824237	690351	74525	59361
第三产业	**3400159**	**3078422**	**161879**	**159858**
农林牧渔服务业	14831	11656	1747	1428
地质勘查业、水利管理业	15915	12321	1912	1682
交通运输、仓储及邮电通信业	598763	521900	42822	34041
批发和零售贸易、餐饮业	922637	837431	45948	39258
金融保险业	269749	252195	4240	13314
房地产业	177851	162551	7521	7779
社会服务业	616282	589140	5783	21359
卫生、体育、社会福利业	132975	120111	5673	7191
教育、文艺广播电影电视业	304097	259346	28882	15869
科学研究和综合技术服务业	100895	98504	1115	1276
国家机关、政党机关和社会团体	203026	170173	16192	16661
其他行业	43138	43094	44	

2-20 国内生产总值

(2001年,按当年价格计算)　　单位：万元

指标名称	全市	市区	邕宁	武鸣
国内生产总值	3247856	2422583	424102	401171
第一产业	495173	104386	191634	199153
第二产业	934271	682179	140084	112008
工业	695726	482419	118099	95208
建筑业	238545	199760	21985	16800
第三产业	1818412	1636018	92384	90010
农林牧渔服务业	4747	3238	865	644
地质勘查业、水利管理业	8614	6647	1042	925
交通运输、仓储及邮电通信业	332730	292115	23055	17560
批发和零售贸易、餐饮业	498539	454926	22731	20882
金融保险业	234110	216508	8171	9431
房地产业	91648	77804	6350	7494
社会服务业	260464	247439	2776	10249
卫生、体育、社会福利业	58335	52308	2808	3219
教育、文艺广播电影电视业	163722	136296	16318	11108
科学研究和综合技术服务业	49549	48359	552	638
国家机关、政党机关和社会团体	91163	75612	7691	7860
其他行业	24791	24766	25	
人均国内生产总值（元）	11086	17715	4631	6204

2-21 国内生产总值构成

(2001年,按当年价格计算)　　单位：%

指标名称	全市	市区	邕宁	武鸣
国内生产总值	**100.00**	**100.00**	**100.00**	**100.00**
第一产业	**15.25**	**4.31**	**45.19**	**49.64**
第二产业	**28.77**	**28.16**	**33.03**	**27.92**
工业	21.42	19.91	27.85	23.73
建筑业	7.34	8.25	5.18	4.19
第三产业	**55.99**	**67.53**	**21.78**	**22.44**
农林牧渔服务业	0.15	0.13	0.20	0.16
地质勘查业、水利管理业	0.27	0.27	0.25	0.23
交通运输、仓储及邮电通信业	10.24	12.06	5.44	4.38
批发和零售贸易、餐饮业	15.35	18.78	5.36	5.21
金融保险业	7.21	8.94	1.93	2.35
房地产业	2.82	3.21	1.50	1.87
社会服务业	8.02	10.21	0.65	2.55
卫生、体育、社会福利业	1.80	2.16	0.66	0.80
教育、文艺广播电影电视业	5.04	5.63	3.85	2.77
科学研究和综合技术服务业	1.53	2.00	0.13	0.16
国家机关、政党机关和社会团体	2.81	3.12	1.81	1.96
其他行业	0.76	1.02	0.01	

2-22 国内生产总值指数

(2001年,按可比价格计算，以上年为100）

单位：%

指标名称	全市	市区	邕宁	武鸣
国内生产总值	109.76	111.99	104.00	103.42
第一产业	101.77	100.17	100.90	103.59
第二产业	106.95	107.98	107.00	100.74
工业	107.71	109.00	108.90	99.84
建筑业	104.61	105.39	97.00	106.29
第三产业	113.85	114.72	106.39	106.59
农林牧渔服务业	117.01	121.84	109.40	105.78
地质勘查业、水利管理业	129.67	133.23	109.40	131.85
交通运输、仓储及邮电通信业	115.22	117.64	104.81	94.62
批发和零售贸易、餐饮业	111.68	111.76	108.70	113.16
金融保险业	110.41	110.96	102.00	106.00
房地产业	159.90	178.49	101.00	100.67
社会服务业	113.11	113.10	113.00	113.46
卫生、体育、社会福利业	116.73	116.72	117.70	116.06
教育、文艺广播电影电视业	102.59	102.14	104.40	105.51
科学研究和综合技术服务业	115.20	115.32	111.40	110.07
国家机关、政党机关和社会团体	109.10	108.79	110.30	110.98
其他行业	149.19	149.27	96.20	
人均国内生产总值	108.14	109.33	103.04	103.02

2-23 国内生产总值使用表

（2001年，按当年价计算）

指标名称	绝对值（万元）				构成（%）			
	全市	市区	邕宁	武鸣	全市	市区	邕宁	武鸣
支出法国内生产总值	**3247856**	**2422583**	**424102**	**401171**	**100.00**	**100.00**	**100.00**	**100.00**
最终消费	**1830849**	**1195341**	**318076**	**317432**	**56.37**	**49.34**	**75.00**	**79.13**
居民消费	1417996	916678	283519	217799	43.66	37.84	66.85	54.29
农村居民消费	450220	98197	207019	145004	13.86	4.05	48.81	36.15
城镇居民消费	967776	818481	76500	72795	29.80	33.79	18.04	18.15
政府消费	412853	278663	34557	99633	12.71	11.50	8.15	24.84
资本形成总额	**1071854**	**882089**	**106026**	**83739**	**33.00**	**36.41**	**25.00**	**20.87**
固定资本形成总额	1043294	872950	100848	69496	32.12	36.03	23.78	17.32
存货增加	28560	9139	5178	14243	0.88	0.38	1.22	3.55
货物和服务净出口	**345153**	**345153**			**10.63**	**14.25**		
出口	1580223	1580223			48.65	65.23		
进口	1235070	1235070			38.03	50.98		

2-24 资本形成总额

（2001年，按当年价格计算）

单位：万元

指标名称	全市	市区	邕宁	武鸣
资本形成总额	**1071854**	**882089**	**106026**	**83739**
固定资本形成总额	**1043294**	**872950**	**100848**	**69496**
第一产业	20793	4974	5955	9864
第二产业	314937	239465	58597	16875
#工业	174415	119538	38112	16765
第三产业	707564	628511	36296	42757
存货增加	**28560**	**9139**	**5178**	**14243**
第一产业	20369	16586	2283	1500
第二产业	15981	12463	1518	2000
#工业	-4005	-6637	1132	1500
第三产业	-7790	-19910	1377	10743

2-25 全社会从业人员年末数

（2001年） 单位：人

指标名称	全市	市区	邕宁	武鸣
全社会从业人员总计	**1653444**	**811887**	**465582**	**375975**
第一产业	**804685**	**185243**	**352387**	**267055**
第二产业	**266613**	**159864**	**48962**	**57787**
工业	200086	115123	37962	47001
建筑业	66527	44741	11000	10786
第三产业	**582146**	**466780**	**64233**	**51133**
农林牧渔服务业	2613	1654	408	551
地质勘查业、水利管理业	4365	2552	790	1023
交通运输、仓储及邮电通信业	56015	36711	8562	10742
批发和零售贸易、餐饮业	266940	217955	27402	21583
金融保险业	12392	10601	872	919
房地产业	6602	5598	926	78
社会服务业	76425	71351	3439	1635
卫生、体育、社会福利业	23431	18866	2543	2022
教育、文艺广播电影电视业	65532	41810	14743	8979
科学研究和综合技术服务业	16013	15172	337	504
国家机关、政党机关和社会团体	34171	26895	4179	3097
其他行业	17647	17615	32	

3 人口劳动力和职工工资

CHAPTER 3 POPULATION,LABOR FORCE AND WORKER'S SALARY

3-1 主要年份人口

年 份	总户数（户）	总人口（人）	男	女	非农业人口（人）	人口自然增长率（‰）
1950	203312	887405	438013	449392	157630	
1965	299085	1429352	732110	697242	412728	29.33
1978	387853	1960454	1013310	947144	516796	16.36
1980	410131	2055433	1059660	995773	576965	16.64
1985	479524	2294642	1191771	1102871	703285	14.04
1986	497956	2346191	1219054	1127137	732040	14.22
1987	520280	2402548	1247705	1154843	775932	12.24
1988	546451	2451770	1272979	1178791	815688	8.88
1989	565288	2483593	1290928	1192665	835634	7.91
1990	586171	2521885	1314990	1206895	851694	8.19
1991	595112	2547957	1328493	1219464	871597	6.57
1992	619613	2594228	1355291	1238937	917878	7.58
1993	642254	2646075	1384775	1261300	958649	6.10
1994	663893	2686557	1407350	1279207	995856	4.90
1995	677603	2731908	1429732	1302176	1034903	5.37
1996	702328	2779142	1454335	1324807	1073692	4.92
1997	719455	2812025	1469086	1342939	1103802	4.66
1998	744972	2846264	1485054	1361210	1142897	6.04
1999	764494	2858711	1489427	1369284	1161833	5.79
2000	784715	2914127	1516601	1397526	1190792	5.62
2001	805545	2945553	1532358	1413195	1223092	4.63

3-2 人口数

(2001年)

指标名称	单位	全市	市区	邕宁县	武鸣县
总户数	户	805545	400946	226021	178578
总人口数	人	2945553	1378506	919364	647683
男性人口	人	1532358	713247	482958	336153
女性人口	人	1413195	665259	436406	311530
农业人口	人	1722461	362493	818719	541249
非农业人口	人	1223092	1016013	100645	106434
年平均人口	人	2929840	1367451	915732	646658
出生人数	人	35606	18738	11136	5732
出生率	‰	7.54	4.38	12.16	7.67
死亡人数	人	11696	4084	4328	3284
死亡率	‰	2.91	0.84	4.73	4.74
自然增长人数	人	23910	14654	6808	2448
自然增长率	‰	4.63	3.55	7.43	2.94
迁入人数	人	99365	86868	7862	4635
迁出人数	人	75938	63505	7400	5033
机械增长人数	人	23427	23363	462	-398
机械增长率	‰	8.00	17.09	0.50	-0.62

3-3 人口按民族统计

(2001年)

单位：人

指 标 名 称	全 市	市 区	邕宁县	武鸣县
总　　计	**2945553**	**1378506**	**919364**	**647683**
壮　族	1865337	467257	837840	560240
汉　族	1045937	881563	78776	85598
瑶　族	17142	13459	2030	1653
苗　族	2768	2381	340	47
侗　族	2411	2298	87	26
仫佬族	2513	2460	36	17
毛南族	987	944	28	15
回　族	3128	3070	39	19
京　族	467	426	7	34
彝　族	249	235	8	6
水　族	466	352	113	1
仡佬族	47	43	4	
满　族	2197	2184	8	5
蒙古族	244	240	2	2
高山族	45	44		1
土家族	546	527	13	6
朝鲜族	79	77	2	
白　族	137	134		3
藏　族	22	20	2	
黎　族	223	208	11	4
其他民族	606	583	18	5
#外国人加入中国籍	2	1		1

3-4 户籍人口分派出所统计

（2001年）

指标名称	总户数（户）	总人口(人)			总人口中(人)	
		合计	男性	女性	农业人口	非农业人口
全市	**805545**	**2945553**	**1532358**	**1413195**	**1722461**	**1223092**
市区	**400946**	**1378506**	**713247**	**665259**	**362493**	**1016013**
兴宁区	**35577**	**118068**	**61196**	**56872**	**1832**	**116236**
朝阳所	11152	36978	18709	18269	50	36928
兴宁所	5448	17553	8561	8992	15	17538
解放所	4154	12892	6457	6435	10	12882
公园所	6231	21812	11631	10181	26	21786
邕武所	8592	28833	15838	12995	1731	27102
新城区	**92458**	**302452**	**153986**	**148466**	**4389**	**298063**
新城所	15408	47340	23479	23861		47340
建政所	14907	47987	23959	24028		47987
中山所	14610	39138	19442	19696		39138
南环所	4921	13448	6549	6899		13448
长岗所	8599	50895	29759	21136		50895
星湖所	25403	74388	37246	37142		74388
南湖所	1551	3798	1907	1891		3798
河堤所	7059	25458	11645	13813	4389	21069
城北区	**75296**	**295056**	**158009**	**137047**	**254**	**294802**
衡阳所	22802	68687	35495	33192		68687
北湖所	15015	51889	28631	23258		51889
五里亭	12798	73701	42391	31310	254	73447
西乡塘	6783	43850	23096	20754		43850
唐山所	17208	55010	27330	27680		55010
高新所	690	1919	1066	853		1919
江南区	**41733**	**137847**	**75089**	**62758**	**2**	**137845**
江南所	13880	52435	28646	23789		52435
水上所	563	2749	1769	980		2749
机场所	158	415	211	204		415
福建园	17490	52028	27255	24773	2	52026
五一所	9642	30220	17208	13012		30220

3-4 续表1

单位：户、人

指标名称	总户数	总人口	按性别分		按农业、非农业人口分	
			男性	女性	农业人口	非农业人口
永新区	**34844**	**111265**	**55412**	**55853**	**1292**	**109973**
永新所	3678	11160	5389	5771	48	11112
华强所	6468	19485	9681	9804	14	19471
新阳所	17289	58311	28814	29497	191	58120
边阳所	7409	22309	11528	10781	1039	21270
郊区	**121038**	**413818**	**209555**	**204263**	**354724**	**59094**
安吉镇	8210	26247	13155	13092	22317	3930
三塘镇	8165	24275	12531	11744	10111	14164
那洪镇	4321	14344	7256	7088	12226	2118
沙井镇	5571	19260	10024	9236	17969	1291
心圩镇	5655	20180	10375	9805	18710	1470
石埠镇	5491	19160	9900	9260	16176	2984
坛洛镇	17741	62703	32307	30396	52975	9728
江西镇	13859	56876	29830	27046	54048	2828
那龙镇	10101	36280	19128	17152	27323	8957
金陵镇	7438	24465	12690	11775	20882	3583
津头乡	7859	20463	8949	11514	17788	2675
亭子乡	7618	22392	10114	12278	21218	1174
上尧乡	7914	22860	10352	12508	20022	2838
双定镇	6709	27138	14059	13079	26245	893
富庶乡	4386	17175	8885	8290	16714	461
邕宁县	**226021**	**919364**	**482958**	**436406**	**818719**	**100645**
蒲庙镇	33438	122858	63317	59541	83192	39666
五塘镇	13700	60620	31043	29577	56468	4152
吴圩镇	15720	62578	33647	28931	44961	17617
苏圩镇	14621	60477	31803	28674	57489	2988
良庆镇	16428	57008	29429	27579	45938	11070
那马镇	6285	24497	13278	11219	23076	1421
那楼镇	14594	65453	34220	31233	63623	1830
刘圩镇	11801	51071	26671	24400	49576	1495
南阳镇	7388	30019	15792	14227	28717	1302

单位：户、人

指 标 名 称	总户数	总人口	按性别分		按农业、非农业人口分	
			男 性	女 性	农业人口	非农业人口
伶俐镇	7673	31743	16758	14985	28647	3096
昆仑镇	7027	25865	13835	12030	24857	1008
大塘镇	11235	43846	23565	20281	40098	3748
四塘镇	6543	25746	13143	12603	22506	3240
那陈镇	8284	31783	17813	13970	30484	1299
南晓镇	9361	40187	22461	17726	38824	1363
新江镇	6558	29400	15240	14160	28463	937
百济乡	8948	41307	20964	20343	40368	939
中和乡	7373	31527	16797	14730	30651	876
镇龙乡	4649	21508	11283	10225	21268	240
长塘镇	8309	36528	18899	17629	35099	1429
延安镇	6086	25343	13000	12343	24414	929
武鸣县	**178578**	**647683**	**336153**	**311530**	**541249**	**106434**
城厢镇	22644	54457	28680	25777	11009	43448
锣圩镇	13049	47275	24344	22931	43702	3573
陆斡镇	15949	59849	31168	28681	56730	3119
城东镇	10898	39192	20231	18961	37546	1646
太平镇	8414	30814	15986	14828	29471	1343
双桥镇	14226	52783	27351	25432	49840	2943
宁武镇	9694	37401	19833	17568	36181	1220
仙湖镇	9380	39109	20163	18946	37795	1314
府城镇	14093	56586	29537	27049	52663	3923
两江镇	10489	41985	21527	20458	40077	1908
罗波镇	9466	36346	18783	17563	34580	1766
灵马镇	9275	43202	22467	20735	42031	1171
马头镇	5841	24770	12752	12018	23878	892
上江乡	1875	7040	3945	3095	6793	247
甘圩镇	5497	22333	11401	10932	21986	347
玉泉乡	3692	15436	7983	7453	15051	385
东风场	2103	5974	3084	2890	744	5230
武鸣华侨农场	12011	33131	16918	16213	1172	31959

3-5 人口变动情况

(2001年)

单位：人

指标名称	出生人数			死亡人数	自然增长人数	迁入人数	迁出人数	机械增长人数
	合计	男	女					
全市	**35606**	**19249**	**16357**	**11696**	**23910**	**99365**	**75938**	**23427**
市区	**18738**	**9931**	**8807**	**4084**	**14654**	**86868**	**63505**	**23363**
兴宁区	**828**	**410**	**418**	**411**	**417**	**4794**	**5554**	**-760**
朝阳所	252	126	126	124	128	1350	1656	-306
兴宁所	105	47	58	61	44	358	723	-365
解放所	74	36	38	83	-9	270	683	-413
公园所	166	86	80	77	89	1353	1140	213
邕武所	231	115	116	66	165	1463	1352	111
新城区	**2267**	**1163**	**1104**	**705**	**1562**	**26842**	**22080**	**4762**
新城所	363	199	164	110	253	1565	1597	-32
建政所	397	186	211	119	278	2590	2199	391
中山所	488	229	259	131	357	3708	2917	791
南环所	78	41	37	63	15	280	690	-410
长岗所	253	138	115	125	128	10115	11204	-1089
星湖所	581	312	269	138	443	6052	2794	3258
南湖所	28	12	16	5	23	2162	179	1983
城北区	**2019**	**1074**	**945**	**586**	**1433**	**40932**	**22708**	**18224**
衡阳所	632	339	293	225	407	1783	1299	484
北湖所	473	260	213	108	365	5011	2797	2214
五里亭	345	175	170	93	252	19661	9346	10315
西乡塘	167	88	79	39	128	9552	6561	2991
唐山所	386	204	182	119	267	4366	2657	1709
高新所	16	8	8	2	14	559	48	511
江南区	**1085**	**574**	**511**	**359**	**726**	**6246**	**5229**	**1017**
江南所	428	242	186	127	301	3822	2292	1530
水上所	19	8	11	22	-3	30	230	-200
机场所	8	5	3		8	60	69	-9
福建园	365	195	170	124	241	1485	1239	246
五一所	265	124	141	86	179	849	1399	-550

3-5 续表1 单位：人

指 标 名 称	出生人口数			死 亡人口数	自然增长人口数	迁 入人口数	迁 出人口数	机械增长人口数
	合 计	男	女					
永新区	**1455**	**483**	**972**	**519**	**936**	**4122**	**4436**	**-314**
永新所	74	39	35	77	-3	234	424	-190
华强所	150	72	78	101	49	486	1035	-549
新阳所	1082	298	784	206	876	2527	2491	36
边阳所	149	74	75	135	14	875	486	389
郊 区	**11084**	**6227**	**4857**	**1504**	**9580**	**3932**	**3498**	**434**
安吉镇	456	259	197	168	288	326	282	44
三塘镇	428	257	171	54	374	313	238	75
那洪镇	307	181	126	103	204	153	114	39
沙井镇	386	226	160	116	270	230	161	69
心圩镇	662	393	269	80	582	290	161	129
石埠镇	553	311	242	65	488	190	150	40
坛洛镇	2825	1547	1278	281	2544	515	352	163
江西镇	926	542	384	91	835	349	439	-90
那龙镇	1056	585	471	21	1035	291	390	99
金陵镇	497	302	195	25	472	314	261	53
津头乡	259	156	103	108	151	254	170	84
亭子乡	302	164	138	54	248	239	155	84
上尧乡	283	153	130	43	240	237	218	19
双定镇	1382	714	668	211	1171	196	232	-36
富庶乡	762	437	325	84	678	135	175	-40
邕宁县	**11136**	**6140**	**4996**	**4328**	**6808**	**7862**	**7400**	**462**
蒲庙镇	1393	734	659	436	957	2113	1040	1073
五塘镇	605	345	260	246	359	533	503	30
吴圩镇	779	432	347	501	278	737	911	174
苏圩镇	759	418	341	335	424	289	367	-78
良庆镇	644	351	293	167	477	1158	871	287
那马镇	324	180	144	104	220	91	165	-74
那楼镇	864	473	391	316	548	498	467	31
刘圩镇	569	325	244	216	353	93	347	-254
南阳镇	449	256	193	186	263	302	241	61

3-5 续表2 单位：人

指标名称	出生人口数			死亡人口数	自然增长人口数	迁入人口数	迁出人口数	机械增长人口数
	合计	男	女					
伶俐镇	328	181	147	159	169	143	189	-46
昆仑镇	379	209	170	138	241	185	242	-57
大塘镇	510	298	212	205	305	291	211	80
四塘镇	236	134	102	117	119	118	217	-99
那陈镇	336	210	126	182	154	151	133	18
南晓镇	434	250	184	198	236	119	252	-133
新江镇	542	242	300	102	440	190	154	36
百济乡	545	276	269	189	356	189	290	-101
中和乡	432	261	171	182	250	78	158	-80
镇龙乡	287	150	137	97	190	198	203	-5
长塘镇	419	241	178	178	241	325	270	55
延安镇	302	174	128	74	228	61	169	-108
武鸣县	**5732**	**3178**	**2554**	**3284**	**2448**	**4635**	**5033**	**-398**
城厢镇	476	248	228	123	353	1624	1410	214
锣圩镇	473	255	218	288	185	97	235	-138
陆斡镇	565	315	250	348	217	162	348	-186
城东镇	83	30	53	103	-20	489	420	69
太平镇	274	158	116	197	77	126	172	-46
双桥镇	302	185	117	320	-18	260	360	-100
宁武镇	328	170	158	176	152	85	254	-169
仙湖镇	365	214	151	205	160	156	204	-48
府城镇	496	298	198	279	217	687	432	255
两江镇	248	142	106	247	1	171	182	-11
罗波镇	371	171	200	257	114	113	152	-39
灵马镇	635	360	275	134	501	70	171	-101
马头镇	191	104	87	149	42	165	193	-28
上江乡	94	55	39	39	55	42	33	9
甘圩镇	371	209	162	116	255	64	50	14
玉泉乡	150	93	57	70	80	61	81	-20
东风场	28	17	11	9	19	38	33	5
武鸣华侨农场	282	154	128	224	58	225	303	-78

3-6 主要年份职工人数及劳动工资

年 份	职工人数 （人）	职工工资总额 （万元）	职工年平均工资 （元）
1950	4645	157	338
1965	141718	7289	539
1978	316466	17231	654
1980	348858	24735	684
1985	406270	42053	1051
1986	441427	55807	1292
1987	457911	63803	1428
1988	474252	78020	1685
1989	483379	84956	1784
1990	473944	98238	2111
1991	496852	112323	2331
1992	505474	135093	2720
1993	517971	192696	3786
1994	511592	250214	4976
1995	500975	281024	5668
1996	504483	300874	6009
1997	498410	321010	6508
1998	457129	334839	7315
1999	434883	353051	8077
2000	422174	374540	8829
2001	405710	420695	10289

注：1997年以前职工人数为全部职工人数,1998年以后职工人数为在岗职工人数，不含下岗职工。

3-7 市区城乡劳动力资源分配平衡表

（2001年）　　单位：万人

指标名称	合计	城镇	乡村
年末劳动力资源总数	**90.02**	**63.62**	**26.40**
#当年新增加的劳动力资源	1.54	0.69	0.85
年末16岁以上全部人数	113.37	78.67	34.70
#不计入劳动力资源的人数	23.35	15.04	8.31
经济活动人口	**77.15**	**44.91**	**32.24**
从业人员	**76.11**	**43.87**	**32.24**
按就业状况分组			
全部在岗职工	31.04	31.04	
再就业的离退休人员	0.10	0.10	
私营业主	1.45	1.36	0.09
私营企业和个体从业人员	11.48	9.44	2.04
乡镇企业从业人员	4.97		4.97
农村从业人员	25.14		25.14
其他	1.93	1.93	
按经济类型分组			
国有经济	23.14	23.14	
集体经济	33.38	3.27	30.11
私营经济	4.64	4.36	0.28
个体经济	8.29	6.47	1.82
联营经济	0.02	0.02	
股份制经济	1.00	1.00	
外商投资经济	0.51	0.51	
港、澳、台投资经济	0.45	0.45	

单位：万人

指标名称	合计	城镇	乡村
其他经济	4.68	4.65	0.03
按国民经济行业分组			
农、林、牧、渔业	22.32	2.06	20.26
采掘业	0.66	0.59	0.07
制造业	13.13	9.61	3.52
电力、煤气及水的生产供应业	0.45	0.45	
建筑业	4.15	3.21	0.94
地质勘探、水利管理业	0.25	0.25	
交通运输、仓储及邮电通信业	2.67	1.68	0.99
批发和零售贸易、餐饮业	15.13	10.61	4.52
金融、保险业	1.06	1.06	
房地产业	0.56	0.56	
社会服务业	4.11	3.20	0.91
卫生、体育和社会福利业	1.89	1.89	
教育、文化艺术和广播电影电视业	4.19	3.79	0.40
科学研究和综合技术服务业	1.50	1.50	
国家机关、政党机关和社会团体	2.65	2.65	
其他行业	1.39	0.76	0.63
失业人员	1.04	1.04	
非经济活动人口	**21.24**	**19.72**	**1.52**
#16岁以上在校生	18.70	17.92	0.78
家务劳动者	2.54	1.82	0.72

3-8 全市从业人员年末人数

（2001年） 单位：人

指 标 名 称	单位数（个）	从业人员年末人数	女 性	在岗职工	专业技术人员	其他从业人员	离开单位仍保留关系的职工	在岗职工年平均人数
总　计	**5615**	**418569**	**164347**	**405710**	**117255**	**12859**	**44970**	**408898**
按国民经济行业分组								
农、林、牧、渔业	369	32088	14450	31345	3343	743	3152	30930
采掘业	38	7289	1774	7286	1042	3	2302	7201
制造业	717	93434	39276	92456	12264	978	19866	95478
电力、煤气及水的生产和供应业	20	6056	1830	6045	1625	11	231	6008
建筑业	108	39550	5997	38015	5679	1535	3220	38889
地质勘查业、水利管理业	111	4065	1095	4052	1493	13	637	4110
交通运输、仓储及邮电通信业	112	21152	7328	18927	4088	2225	4316	19057
批发和零售贸易、餐饮业	926	35270	16304	34486	6789	784	7246	35383
金融、保险业	91	12370	5844	12113	7833	257	599	12184
房地产业	160	5919	1938	5539	1589	380	768	5548
社会服务业	323	26585	12724	26304	5306	281	1742	25461
卫生、体育和社会福利业	151	21851	12409	20704	14223	1147	47	20994
教育、文艺和广播电影视业	1189	60251	26612	56793	41852	3458	358	56449
科学研究和综合技术服务业	225	15857	5924	15528	9028	329	290	15391
国家机关、政党机关和社会团体	1017	33769	9563	33124	28	645	137	32862
其他行业	58	3063	1279	2993	1073	70	59	2953
国有单位合计	**3972**	**298697**	**116426**	**289767**	**99192**	**8930**	**27702**	**291220**
按隶属关系分组								
中央	142	35092	10584	34682	12212	410	2454	35501
省、自治区、直辖市	983	123114	50743	119310	39968	3804	9180	118612
地区	717	82545	32163	80577	24099	1968	14017	82093
县及县以下	2130	57946	22936	55198	22913	2748	2051	55014
按企业、事业、机关分组								
企业	963	151758	55960	148494	31278	3264	25943	151063
#地方	865	121808	47126	118901	21042	2907	23978	120855
事业	2097	114245	51371	109202	67445	5043	1637	108119
#地方	2066	111564	50528	106535	65669	5029	1166	105394
机关	912	32694	9095	32071	469	623	122	32038
#地方	899	30233	8188	29649	269	584	104	29470
按国民经济行业分组								
农、林、牧、渔业	364	31849	14349	31109	3313	740	3152	30638
农业	128	27381	12770	26652	1786	729	2854	26166
林业	5	915	436	913	79	2	32	918
畜牧业	7	999	427	999	165		123	1012

3-8续表1 单位：人

指 标 名 称	单位数（个）	从业人员年末人数	女 性	在岗职工	专业技术人员	其他从业人员	离开单位仍保留关系的职工	在岗职工年平均人数
渔业	1	12	3	12	3			12
农、林、牧、渔服务业	223	2542	713	2533	1280	9	143	2530
采掘业	32	6587	1662	6584	1007	3	2014	6615
制造业	152	34562	13311	34028	5123	534	11841	36742
电力、煤气及水的生产和供应业	13	4776	1560	4772	1553	4	225	4733
建筑业	30	20452	3046	19395	1944	1057	727	19608
地质勘查业、水利管理业	108	3725	1013	3719	1314	6	626	3778
地质勘查业	9	1534	418	1530	807	4	494	1589
水利管理业	99	2191	595	2189	507	2	132	2189
交通运输、仓储及邮电通信业	83	15045	4896	14730	3078	315	3025	14759
公路运输业	16	6854	2313	6851	1024	3	1133	6824
水上运输业	2	835	207	835	183		797	870
交通运输辅助业	41	2756	614	2743	818	13	40	2719
仓储业	13	577	223	577	78		233	581
邮电通信业	11	4023	1539	3724	975	299	822	3765
批发和零售贸易、餐饮业	373	16788	7260	16329	4055	459	3177	16477
零售业	100	5243	2732	5213	1100	30	637	5117
餐饮业	5	147	73	147	11		50	147
金融、保险业	48	9357	4512	9357	6231		543	9425
金融业	41	8976	4366	8976	6061		522	9067
保险业	7	381	146	381	170		21	358
房地产业	48	2240	778	2226	1039	14	90	2223
房地产开发与经营业	29	1280	368	1272	525	8	49	1282
房地产管理业	15	877	391	871	493	6	41	859
房地产经纪与代理业	4	83	19	83	21			82
社会服务业	218	20308	9207	20130	4784	178	1416	19222
公共服务业	62	10866	4798	10821	3486	45	791	9989
居民服务业	32	901	320	850	98	51	70	874
旅馆业	46	5499	3394	5485	465	14	478	5782
租赁服务业	2	74	40	74	16		19	75
旅游业	7	403	235	402	61	1	20	402
信息、咨询服务业	40	755	262	690	447	65	32	703
计算机应用服务业	2	96	27	96	86			96
其他社会服务业	27	1714	131	1712	125	2	6	1301
卫生、体育和社会福利业	146	21724	12296	20587	14186	1137	47	20878
卫生	110	18700	10946	18237	13639	463	43	18227

3-8续表2 单位：人

指标名称	单位数（个）	从业人员年末人数	女性	在岗职工	专业技术人员	其他从业人员	离开单位仍保留关系的职工	在岗职工年平均人数
体育	11	2231	883	1578	252	653		1177
社会福利保障业	25	793	467	772	295	21	4	1474
教育、文艺和广播电影视业	1181	59923	26441	56465	41638	3458	351	56114
教育	1013	51879	23353	48632	37354	3247	120	48477
文化艺术业	126	5469	2188	5258	3148	211	80	5053
广播电影电视业	42	2575	900	2575	1136		151	2584
科学研究和综合技术服务业	218	15733	5892	15404	9013	329	288	15239
科学研究业	102	8250	3381	8086	4630	164	132	7979
综合技术服务业	116	7483	2511	7318	4383	165	156	7260
国家机关、政党机关和社会团体	923	33117	9158	32481	28	636	137	32368
其他行业	35	2511	1045	2451	886	60	43	2401
城镇集体单位合计	**1215**	**37899**	**15374**	**36254**	**4149**	**1645**	**7091**	**36624**
按企业、事业、机关分组								
企业	1163	36924	14853	35307	3908	1617	7080	35672
事业	24	696	378	672	241	24	11	677
机关	28	279	143	275		4		275
按国民经济行业分组								
农、林、牧、渔业	1	40	29	40	3			40
采掘业	5	300	82	300	35		161	157
制造业	398	16568	7209	16304	1774	264	3630	16551
电力、煤气及水的生产和供应业	4	1054	211	1053	2	1		1053
建筑业	53	3081	759	2716	435	365	248	2679
交通运输、仓储及邮电通信业	17	2970	1159	2211	427	759	932	2219
公路运输业	11	2342	959	1583	251	759	504	1632
水上运输业	4	508	194	508	176		428	503
交通运输辅助业	1	115	5	115				79
邮电通信业	1	5	1	5				5
批发和零售贸易、餐饮业	488	9621	4081	9429	862	192	2057	9822
零售业	258	4373	1744	4266	216	107	923	4415
餐饮业	25	784	446	784	38		130	776
金融、保险业	20	612	111	612	202			629
金融业	19	500	104	500	202			517
保险业	1	112	7	112				112
房地产业	25	1083	280	1062	88	21	18	1041
房地产开发与经营业	22	828	183	808	74	20	15	799
房地产管理业	1	152	25	151	14	1	3	139

单位：人

指标名称	单位数（个）	从业人员年末人数	女性	在岗职工	专业技术人员	其他从业人员	离开单位仍保留关系的职工	在岗职工年平均人数
房地产经纪与代理业	2	103	72	103				103
社会服务业	77	1220	721	1200	36	20	23	1220
居民服务业	23	220	122	220	18		1	232
旅馆业	22	484	385	484			22	490
租赁服务业	1	25	18	25	7			26
旅游业	1	5	2	3		2		3
娱乐服务业	4	55	39	51	6	4		51
信息、咨询服务业	18	318	93	304	5	14		302
计算机应用服务业	4	33	9	33				36
其他社会服务业	4	80	53	80				80
卫生、体育和社会福利业	3	41	31	31	18	10		32
卫生	2	39	30	29	18	10		30
社会福利保障业	1	2	1	2				2
教育、文艺和广播电影视业	8	328	171	328	214		7	335
教育	6	314	166	314	205		1	317
文化艺术业	2	14	5	14	9		6	18
科学研究和综合技术服务业	6	101	23	101	10		2	129
科学研究业	1	19	7	19	4			18
综合技术服务业	5	82	16	82	6		2	111
国家机关、政党机关和社会团体	94	652	405	643		9		494
其他行业	16	228	102	224	43	4	13	223
其他单位合计	**428**	**81973**	**32547**	**79689**	**13914**	**2284**	**10177**	**81054**
按登记注册类型分组								
内资	266	65382	24779	63262	12144	2120	8854	64348
股份合作	6	903	438	829	83	74	162	932
联营	6	258	82	258	20			326
#国有联营	4	159	30	159	8			215
集体联营	1	96	51	96	12			108
有限责任公司	205	47303	17546	45548	8765	1755	6712	46900
#国有独资	60	28518	8588	27909	6226	609	5564	29121
股份有限公司	47	16858	6701	16567	3276	291	1980	16130
其他	2	60	12	60				60
港、澳、台商投资	62	8658	4402	8582	983	76	313	8551
外商投资	100	7933	3366	7845	787	88	1010	8155
按企业、事业分组								
企业	428	81973	32547	79689	13914	2284	10177	81054

续表4 单位：人

指标名称	单位数（个）	从业人员年末人数					离开单位仍保留关系的职工	在岗职工年平均人数
			女性	在岗职工	专业技术人员	其他从业人员		
按国民经济行业分组								
农、林、牧、渔业	4	199	72	196	27	3		252
采掘业	1	402	30	402			127	429
制造业	167	42304	18756	42124	5367	180	4395	42185
电力、煤气及水的生产和供应业	3	226	59	220	70	6	6	222
建筑业	25	16017	2192	15904	3300	113	2245	16602
地质勘查业、水利管理业	3	340	82	333	179	7	11	332
交通运输、仓储及邮电通信业	12	3137	1273	1986	583	1151	359	2079
公路运输业	3	1697	710	952	194	745	265	995
水上运输业	1	496	164	493	108	3		495
航空运输业	1	8	3	8				8
交通运输辅助业	1	43	13	38	31	5		38
邮电通信业	6	893	383	495	250	398	94	543
批发和零售贸易、餐饮业	65	8861	4963	8728	1872	133	2012	9084
#零售业	22	6353	3866	6238	1046	115	1718	6511
餐饮业	2	32	26	32	4		14	46
金融、保险业	23	2401	1221	2144	1400	257	56	2130
金融业	3	1679	895	1507	1010	172	46	1500
保险业	20	722	326	637	390	85	10	630
房地产业	87	2596	880	2251	462	345	660	2284
房地产开发与经营业	81	2244	748	1914	384	330	4	1931
房地产管理业	6	352	132	337	78	15	656	353
社会服务业	28	5057	2796	4974	486	83	303	5019
公共服务业	7	197	50	146	70	51		148
居民服务业	1	11	2	11				11
旅馆业	8	4402	2585	4402	300		300	4437
租赁服务业	1	68	25	68	8			68
旅游业	1	40	25	9	3	31		9
娱乐服务业	2	143	65	143				153
信息、咨询服务业	5	143	32	142	99	1		132
其他社会服务业	3	53	12	53	6		3	61
卫生、体育和社会福利业	2	86	82	86	19			84
卫生	1	23	22	23	19			23
社会福利保障业	1	63	60	63				61
科学研究和综合技术服务业	1	23	9	23	5			23
综合技术服务业	1	23	9	23	5			23
其他行业	7	324	132	318	144	6	3	329

注：另附南铁资料：在岗职工年末人数11886人。

3-9 市区从业人员年末人数

（2001年）

单位：人

指 标 名 称	单位数（个）	从业人员年末人数	女性	在岗职工	专业技术人员	其他从业人员	离开单位仍保留关系的职工	在岗职工年平均人数
总 计	**3640**	**337136**	**131477**	**326041**	**95136**	**11095**	**38856**	**329055**
按国民经济行业分组								
农、林、牧、渔业	141	9962	4848	9344	1416	618	947	9534
采掘业	16	5593	1310	5593	846		1944	5500
制造业	608	79928	32892	78980	10727	948	18002	81343
电力、煤气及水的生产和供应业	12	4474	1310	4463	1290	11	134	4395
建筑业	101	38735	5754	37200	5581	1535	3109	38102
地质勘查业、水利管理业	53	2552	678	2539	1313	13	511	2593
交通运输、仓储及邮电通信业	91	19985	7011	17782	3845	2203	4063	17905
批发和零售贸易、餐饮业	709	29272	13824	28512	6053	760	6323	29519
金融、保险业	57	10602	5238	10345	6993	257	571	10413
房地产业	147	5598	1779	5226	1482	372	768	5234
社会服务业	274	25259	12093	24978	5037	281	1681	24121
卫生、体育和社会福利业	92	18866	10690	17736	12130	1130	41	18016
教育、文艺和广播电影视业	503	41810	19083	39881	28668	1929	321	39374
科学研究和综合技术服务业	178	15038	5650	14709	8690	329	282	14571
国家机关、政党机关和社会团体	608	26493	8054	25854	12	639	104	25577
其他行业	50	2969	1263	2899	1053	70	55	2858
国有单位合计	**2198**	**231412**	**89879**	**224206**	**79029**	**7206**	**23076**	**225621**
按隶属关系分组								
中央	115	33185	9763	32795	11489	390	2204	33125
省、自治区、直辖市	797	100401	40959	96723	37901	3678	6814	96685
地区	708	81864	31898	79896	23902	1968	13966	81408
县及县以下	578	15962	7259	14792	5737	1170	92	14403
按企业、事业、机关分组								
企业	616	118361	41736	115267	27756	3094	21548	117989
#地方	542	90242	33697	87485	18203	2757	19833	90079
事业	1126	88254	40768	84759	51051	3495	1441	83501
#地方	1098	85649	39951	82168	49315	3481	970	80854
机关	456	24797	7375	24180	222	617	87	24131
#地方	443	22336	6468	21758	22	578	69	21563
按国民经济行业分组								
农、林、牧、渔业	140	9867	4833	9249	1408	618	947	9383
农业	7	7200	3886	6593	472	607	709	6715
林业	3	98	46	96	9	2		96
畜牧业	6	945	407	945	153		102	958
农、林、牧、渔服务业	124	1624	494	1615	774	9	136	1614
采掘业	10	4891	1198	4891	811		1656	4914
制造业	123	30884	11642	30351	4824	533	10823	32530

3-9续表1 单位：人

指标名称	单位数（个）	从业人员年末人数	女性	在岗职工	专业技术人员	其他从业人员	离开单位仍保留关系的职工	在岗职工年平均人数
电力、煤气及水的生产和供应业	6	3266	1067	3262	1247	4	128	3190
建筑业	29	20175	2946	19118	1938	1057	680	19331
地质勘查业、水利管理业	50	2212	596	2206	1134	6	500	2261
地质勘查业	8	1533	418	1529	806	4	494	1588
水利管理业	42	679	178	677	328	2	6	673
交通运输、仓储及邮电通信业	64	14139	4694	13846	2985	293	2970	13868
公路运输业	15	6834	2310	6831	1023	3	1132	6801
水上运输业	2	835	207	835	183		797	870
交通运输辅助业	27	2272	549	2261	792	11	18	2238
仓储业	13	577	223	577	78		233	581
邮电通信业	7	3621	1405	3342	909	279	790	3378
批发和零售贸易、餐饮业	234	13233	5758	12798	3484	435	2634	13081
零售业	26	3145	1815	3139	757	6	420	3157
餐饮业	1	33	20	33				33
金融、保险业	34	8201	4017	8201	5593		515	8283
金融业	32	8033	3963	8033	5448		497	8117
保险业	2	168	54	168	145		18	166
房地产业	42	2103	733	2089	975	14	90	2085
房地产开发与经营业	25	1165	335	1157	471	8	49	1165
房地产管理业	14	859	381	853	484	6	41	842
房地产经纪与代理业	3	79	17	79	20			78
社会服务业	171	19026	8608	18848	4530	178	1355	17926
公共服务业	39	10305	4583	10260	3327	45	766	9425
居民服务业	27	785	274	734	91	51	70	745
旅馆业	42	5213	3212	5199	451	14	459	5495
租赁服务业	2	74	40	74	16		19	75
旅游业	4	223	114	222	43	1	3	222
信息、咨询服务业	40	755	262	690	447	65	32	703
计算机应用服务业	2	96	27	96	86			96
其他社会服务业	15	1575	96	1573	69	2	6	1165
卫生、体育和社会福利业	87	18739	10577	17619	12093	1120	41	17900
卫生	57	15789	9255	15343	11566	446	37	15323
体育	9	2188	867	1535	244	653		1134
社会福利保障业	21	762	455	741	283	21	4	1443
教育、文艺和广播电影视业	495	41482	18912	39553	28454	1929	314	39039
教育	388	33871	15946	32153	24313	1718	104	31839
文化艺术业	91	5257	2116	5046	3055	211	80	4840
广播电影电视业	16	2354	850	2354	1086		130	2360
科学研究和综合技术服务业	171	14914	5618	14585	8675	329	280	14419
科学研究业	79	7595	3140	7431	4342	164	124	7324
综合技术服务业	92	7319	2478	7154	4333	165	156	7095

单位：人

指标名称	单位数（个）	从业人员年末人数	女性	在岗职工	专业技术人员	其他从业人员	离开单位仍保留关系的职工	在岗职工年平均人数
国家机关、政党机关和社会团体	514	25841	7649	25211	12	630	104	25083
其他行业	28	2439	1031	2379	866	60	39	2328
城镇集体单位合计	**1077**	**32803**	**13439**	**31158**	**3390**	**1645**	**5951**	**31491**
按企业、事业、机关分组								
企业	1029	31955	12993	30338	3150	1617	5940	30666
事业	20	569	303	545	240	24	11	550
机关	28	279	143	275		4		275
按国民经济行业分组								
采掘业	5	300	82	300	35		161	157
制造业	373	15569	6784	15305	1670	264	3132	15528
电力、煤气及水的生产和供应业	4	1054	211	1053	2	1		1053
建筑业	47	2543	616	2178	343	365	184	2169
交通运输、仓储及邮电通信业	15	2709	1044	1950	277	759	734	1958
公路运输业	10	2329	954	1570	251	759	504	1619
水上运输业	3	260	84	260	26		230	255
交通运输辅助业	1	115	5	115				79
邮电通信业	1	5	1	5				5
批发和零售贸易、餐饮业	411	7186	3106	6994	700	192	1677	7363
零售业	209	2337	954	2230	88	107	543	2357
餐饮业	21	623	345	623	28		130	615
房地产业	21	938	177	917	57	21	18	896
房地产开发与经营业	20	786	152	766	43	20	15	757
房地产管理业	1	152	25	151	14	1	3	139
社会服务业	75	1176	689	1156	21	20	23	1176
居民服务业	22	182	96	182	3		1	194
旅馆业	21	478	379	478			22	484
租赁服务业	1	25	18	25	7			26
旅游业	1	5	2	3		2		3
娱乐服务业	4	55	39	51	6	4		51
信息、咨询服务业	18	318	93	304	5	14		302
计算机应用服务业	4	33	9	33				36
其他社会服务业	4	80	53	80				80
卫生、体育和社会福利业	3	41	31	31	18	10		32
卫生	2	39	30	29	18	10		30
社会福利保障业	1	2	1	2				2
教育、文艺和广播电影视业	8	328	171	328	214		7	335
教育	6	314	166	314	205		1	317
文化艺术业	2	14	5	14	9		6	18
科学研究和综合技术服务业	6	101	23	101	10		2	129
科学研究业	1	19	7	19	4			18
综合技术服务业	5	82	16	82	6		2	111
国家机关、政党机关和社会团体	94	652	405	643		9		494
其他行业	15	206	100	202	43	4	13	201
其他单位合计	**365**	**72921**	**28159**	**70677**	**12717**	**2244**	**9829**	**71943**
按登记注册类型分组								
内资	258	63118	24018	60998	11831	2120	8653	62002
股份合作	3	450	252	376	23	74	54	427

单位：人

指标名称	单位数（个）	从业人员年末人数	女性	在岗职工	专业技术人员	其他从业人员	离开单位仍保留关系的职工	在岗职工年平均人数
联营	5	206	69	206	20			274
#国有联营	3	107	17	107	8			163
集体联营	1	96	51	96	12			108
有限责任公司	202	46784	17330	45029	8707	1755	6687	46368
#国有独资	60	28518	8588	27909	6226	609	5564	29121
股份有限公司	46	15618	6355	15327	3081	291	1912	14873
其他	2	60	12	60				60
港、澳、台商投资	33	4484	2095	4433	403	51	180	4461
外商投资	74	5319	2046	5246	483	73	996	5480
按企业、事业分组								
企业	365	72921	28159	70677	12717	2244	9829	71943
按国民经济行业分组								
农、林、牧、渔业	1	95	15	95	8			151
采掘业	1	402	30	402			127	429
制造业	112	33475	14466	33324	4233	151	4047	33285
电力、煤气及水的生产和供应业	2	154	32	148	41	6	6	152
建筑业	25	16017	2192	15904	3300	113	2245	16602
地质勘查业、水利管理业	3	340	82	333	179	7	11	332
地质勘查业	2	118	28	115	91	3	1	120
水利管理业	1	222	54	218	88	4	10	212
交通运输、仓储及邮电通信业	12	3137	1273	1986	583	1151	359	2079
公路运输业	3	1697	710	952	194	745	265	995
水上运输业	1	496	164	493	108	3		495
航空运输业	1	8	3	8				8
交通运输辅助业	1	43	13	38	31	5		38
邮电通信业	6	893	383	495	250	398	94	543
批发和零售贸易、餐饮业	64	8853	4960	8720	1869	133	2012	9075
零售业	22	6353	3866	6238	1046	115	1718	6511
餐饮业	2	32	26	32	4		14	46
金融、保险业	23	2401	1221	2144	1400	257	56	2130
金融业	3	1679	895	1507	1010	172	46	1500
保险业	20	722	326	637	390	85	10	630
房地产业	84	2557	869	2220	450	337	660	2253
房地产开发与经营业	78	2205	737	1883	372	322	4	1900
房地产管理业	6	352	132	337	78	15	656	353
社会服务业	28	5057	2796	4974	486	83	303	5019
公共服务业	7	197	50	146	70	51		148
居民服务业	1	11	2	11				11
旅馆业	8	4402	2585	4402	300		300	4437
租赁服务业	1	68	25	68	8			68
旅游业	1	40	25	9	3	31		9
娱乐服务业	2	143	65	143				153
信息、咨询服务业	5	143	32	142	99	1		132
其他社会服务业	3	53	12	53	6		3	61
卫生、体育和社会福利业	2	86	82	86	19			84
卫生	1	23	22	23	19			23
社会福利保障业	1	63	60	63				61
科学研究和综合技术服务业	1	23	9	23	5			23
综合技术服务业	1	23	9	23	5			23
其他行业	7	324	132	318	144	6	3	329

3-10 邕宁县从业人员年末人数

（2001年） 单位：人

指标名称	单位数（个）	从业人员年末人数	女性	在岗职工	专业技术人员	其他从业人员	离开单位仍保留关系的职工	在岗职工年平均人数
总　　计	**1098**	**40095**	**15891**	**40025**	**13432**	**70**	**2352**	**40235**
按国民经济行业分组								
农、林、牧、渔业	76	3806	1705	3803	480	3	146	3821
采掘业	20	1613	451	1610	196		295	1617
制造业	80	9564	4367	9537	1306	27	898	9700
电力、煤气及水的生产和供应业	6	1020	346	1020	204		93	1051
建筑业	2	578	191	578	26		47	578
地质勘查业、水利管理业	41	490	76	490	38		9	493
交通运输、仓储及邮电通信业	14	638	206	618	180	20	223	626
批发和零售贸易、餐饮业	164	3650	1563	3650	656		534	3562
金融、保险业	8	849	276	849	334		24	832
房地产业	10	255	138	247	64	8		247
社会服务业	28	432	191	432	154		10	429
卫生、体育和社会福利业	27	1548	926	1542	1034	6		1543
教育、文艺和广播电影视业	389	11126	4495	11126	8617		37	11193
科学研究和综合技术服务业	5	315	144	315	125		4	317
国家机关、政党机关和社会团体	226	4179	812	4176	11	3	29	4194
其他行业	2	32	4	32	7		3	32
国有单位合计	**958**	**28938**	**10951**	**28905**	**11798**	**33**	**1216**	**28912**
按隶属关系分组								
中央	13	862	323	842	325	20	19	828
省、自治区、直辖市	91	5344	2267	5340	888	4	291	5332
地区	4	387	180	387	145		21	390
县及县以下	850	22345	8181	22336	10440	9	885	22362
按企业、事业、机关分组								
企业	185	10074	4111	10050	1556	24	1147	9970
#地方	173	9222	3790	9218	1239	4	1128	9152
事业	550	14714	6039	14708	10242	6	40	14777
#地方	549	14704	6037	14698	10234	6	40	14767
机关	223	4150	801	4147		3	29	4165
#地方	223	4150	801	4147		3	29	4165
按国民经济行业分组								
农、林、牧、渔业	73	3702	1648	3702	461		146	3720
农业	29	2843	1346	2843	151		90	2855
林业	1	386	196	386	34		32	391

3-10续表1

单位：人

指 标 名 称	单位数（个）	从业人员年末人数	女性	在岗职工	专业技术人员	其他从业人员	离开单位仍保留关系的职工	在岗职工年平均人数
畜牧业	1	54	20	54	12		21	54
渔业	1	12	3	12	3			12
农、林、牧、渔服务业	41	407	83	407	261		3	408
采掘业	20	1613	451	1610	196	3	295	1617
制造业	14	1217	588	1216	140	1	195	1199
电力、煤气及水的生产和供应业	5	948	319	948	175		93	981
建筑业	1	277	100	277	6		47	277
地质勘查业、水利管理业	41	490	76	490	38		9	493
交通运输、仓储及邮电通信业	13	390	96	370	30	20	25	378
公路运输业	1	20	3	20	1		1	23
交通运输辅助业	10	161	43	161			8	161
邮电通信业	2	209	50	189	29	20	16	194
批发和零售贸易、餐饮业	107	2083	861	2083	494		299	1970
零售业	52	1385	624	1385	330		185	1271
餐饮业	4	114	53	114	11		50	114
金融、保险业	6	575	244	575	304		24	558
金融业	4	387	158	387	289		21	391
保险业	2	188	86	188	15		3	167
房地产业	3	71	24	71	21			71
房地产开发与经营业	2	67	22	67	20			67
房地产经纪与代理业	1	4	2	4	1			4
社会服务业	27	394	165	394	139		10	391
公共服务业	13	127	46	127	76			127
旅馆业	1	102	67	102	5		10	102
旅游业	1	26	17	26	2			26
其他社会服务业	12	139	35	139	56			136
卫生、体育和社会福利业	27	1548	926	1542	1034	6		1543
卫生	26	1539	922	1533	1028	6		1534
社会福利保障业	1	9	4	9	6			9
教育、文艺和广播电影视业	389	11126	4495	11126	8617		37	11193
教育	340	10916	4445	10916	8494		16	10980
文化艺术业	26	101	28	101	73			101
广播电影电视业	23	109	22	109	50		21	112
科学研究和综合技术服务业	5	315	144	315	125		4	317
科学研究业	3	297	140	297	114		4	298
综合技术服务业	2	18	4	18	11			19

3-10续表2

单位：人

指标名称	单位数（个）	从业人员年末人数	女性	在岗职工	专业技术人员	其他从业人员	离开单位仍保留关系的职工	在岗职工年平均人数
国家机关、政党机关和社会团体	226	4179	812	4176	11	3	29	4194
其他行业	1	10	2	10	7		3	10
城镇集体单位合计	**84**	**3466**	**1396**	**3466**	**505**		**927**	**3513**
按企业、事业、机关分组								
企业	80	3339	1321	3339	504		927	3386
事业	4	127	75	127	1			127
按国民经济行业分组								
制造业	18	879	333	879	100		494	902
建筑业	1	301	91	301	20			301
交通运输、仓储及邮电通信业	1	248	110	248	150		198	248
水上运输业	1	248	110	248	150		198	248
批发和零售贸易、餐饮业	56	1559	699	1559	159		235	1583
零售业	30	1214	544	1214	125		235	1236
餐饮业	3	123	81	123	10			123
金融、保险业	2	274	32	274	30			274
房地产业	4	145	103	145	31			145
房地产开发与经营业	2	42	31	42	31			42
房地产经纪与代理业	2	103	72	103				103
社会服务业	1	38	26	38	15			38
居民服务业	1	38	26	38	15			38
其他行业	1	22	2	22				22
其他单位合计	**56**	**7691**	**3544**	**7654**	**1129**	**37**	**209**	**7810**
按登记注册类型分组								
内资	7	2212	748	2212	313		201	2294
股份合作	3	453	186	453	60		108	505
有限责任公司	3	519	216	519	58		25	532
股份有限公司	1	1240	346	1240	195		68	1257
港、澳、台商投资	24	2892	1485	2869	512	23	8	2867
外商投资	25	2587	1311	2573	304	14		2649
按企业、事业分组								
企业	56	7691	3544	7654	1129	37	209	7810
按国民经济行业分组								
农、林、牧、渔业	3	104	57	101	19	3		101
制造业	48	7468	3446	7442	1066	26	209	7599
电力、煤气及水的生产和供应业	1	72	27	72	29			70
批发和零售贸易、餐饮业	1	8	3	8	3			9
房地产业	3	39	11	31	12	8		31

3-11 武鸣县从业人员年末人数

（2001年）

单位：人

指 标 名 称	单位数（个）	从业人员年末人数	女性	在岗职工	专业技术人员	其他从业人员	离开单位仍保留关系的职工	在岗职工年平均人数
总 计	**877**	**41338**	**16979**	**39644**	**8687**	**1694**	**3762**	**39608**
按国民经济行业分组								
农、林、牧、渔业	152	18320	7897	18198	1447	122	2059	17575
采掘业	2	83	13	83			63	84
制造业	29	3942	2017	3939	231	3	966	4435
电力、煤气及水的生产和供应业	2	562	174	562	131		4	562
建筑业	5	237	52	237	72		64	209
地质勘查业、水利管理业	17	1023	341	1023	142		117	1024
交通运输、仓储及邮电通信业	7	529	111	527	63	2	30	526
批发和零售贸易、餐饮业	53	2348	917	2324	80	24	389	2302
金融、保险业	26	919	330	919	506		4	939
房地产业	3	66	21	66	43			67
社会服务业	21	894	440	894	115		51	911
卫生、体育和社会福利业	32	1437	793	1426	1059	11	6	1435
教育、文艺和广播电影视业	297	7315	3034	5786	4567	1529		5882
科学研究和综合技术服务业	42	504	130	504	213		4	503
国家机关、政党机关和社会团体	183	3097	697	3094	5	3	4	3091
其他行业	6	62	12	62	13		1	63
国有单位合计	**816**	**38347**	**15596**	**36656**	**8365**	**1691**	**3410**	**36687**
按隶属关系分组								
中央	14	1045	498	1045	398		231	1548
省、自治区、直辖市	95	17369	7517	17247	1179	122	2075	16595
地区	5	294	85	294	52		30	295
县及县以下	702	19639	7496	18070	6736	1569	1074	18249
按企业、事业、机关分组								
企业	162	23323	10113	23177	1966	146	3248	23104
#地方	150	22344	9639	22198	1600	146	3017	21624
事业	421	11277	4564	9735	6152	1542	156	9841
#地方	419	11211	4540	9669	6120	1542	156	9773
机关	233	3747	919	3744	247	3	6	3742
#地方	233	3747	919	3744	247	3	6	3742
按国民经济行业分组								
农、林、牧、渔业	151	18280	7868	18158	1444	122	2059	17535

单位：人

指标名称	单位数（个）	从业人员年末人数	女性	在岗职工	专业技术人员	其他从业人员	离开单位仍保留关系的职工	在岗职工年平均人数
农业	92	17338	7538	17216	1163	122	2055	16596
林业	1	431	194	431	36			431
农、林、牧、渔服务业	58	511	136	511	245		4	508
采掘业	2	83	13	83			63	84
制造业	15	2461	1081	2461	159		823	3013
电力、煤气及水的生产和供应业	2	562	174	562	131		4	562
地质勘查业、水利管理业	17	1023	341	1023	142		117	1024
地质勘查业	1	1		1	1			1
水利管理业	16	1022	341	1022	141		117	1023
交通运输、仓储及邮电通信业	6	516	106	514	63	2	30	513
交通运输辅助业	4	323	22	321	26	2	14	320
邮电通信业	2	193	84	193	37		16	193
批发和零售贸易、餐饮业	32	1472	641	1448	77	24	244	1426
零售业	22	713	293	689	13	24	32	689
金融、保险业	8	581	251	581	334		4	584
金融业	5	556	245	556	324		4	559
保险业	3	25	6	25	10			25
房地产业	3	66	21	66	43			67
房地产开发与经营业	2	48	11	48	34			50
房地产管理业	1	18	10	18	9			17
社会服务业	20	888	434	888	115		51	905
公共服务业	10	434	169	434	83		25	437
居民服务业	5	116	46	116	7			129
旅馆业	3	184	115	184	9		9	185
旅游业	2	154	104	154	16		17	154
卫生、体育和社会福利业	32	1437	793	1426	1059	11	6	1435
卫生	27	1372	769	1361	1045	11	6	1370
体育	2	43	16	43	8			43
社会福利保障业	3	22	8	22	6			22
教育、文艺和广播电影视业	297	7315	3034	5786	4567	1529		5882
教育	285	7092	2962	5563	4547	1529		5658
文化艺术业	9	111	44	111	20			112

单位：人

指 标 名 称	单位数（个）	从业人员年末人数					离开单位仍保留关系的职工	在岗职工年平均人数
			女性	在岗职工	专业技术人员	其他从业人员		
广播电影电视业	3	112	28	112				112
科学研究和综合技术服务业	42	504	130	504	213		4	503
科学研究业	20	358	101	358	174		4	357
综合技术服务业	22	146	29	146	39			146
国家机关、政党机关和社会团体	183	3097	697	3094	5	3	4	3091
其他行业	6	62	12	62	13		1	63
城镇集体单位合计	**54**	**1630**	**539**	**1630**	**254**		**213**	**1620**
按企业、事业、机关分组								
企业	54	1630	539	1630	254		213	1620
按国民经济行业分组								
农、林、牧、渔业	1	40	29	40	3			40
制造业	7	120	92	120	4		4	121
建筑业	5	237	52	237	72		64	209
交通运输、仓储及邮电通信业	1	13	5	13				13
批发和零售贸易、餐饮业	21	876	276	876	3		145	876
零售业	19	822	246	822	3		145	822
餐饮业	1	38	20	38				38
金融、保险业	18	338	79	338	172			355
金融业	18	338	79	338	172			355
社会服务业	1	6	6	6				6
旅馆业	1	6	6	6				6
其他单位合计	**7**	**1361**	**844**	**1358**	**68**	**3**	**139**	**1301**
按登记注册类型分组								
内资	1	52	13	52				52
联营	1	52	13	52				52
#国有联营	1	52	13	52				52
港、澳、台商投资	5	1282	822	1280	68	2	125	1223
外商投资	1	27	9	26		1	14	26
按企业、事业分组								
企业	7	1361	844	1358	68	3	139	1301
按国民经济行业分组								
制造业	7	1361	844	1358	68	3	139	1301

3-12 全市从业人员劳动报酬

（2001年） 单位：万元

指标名称	从业人员劳动报酬	在岗职工工资总额	计时计件标准工资	其他人员劳动报酬	离开单位仍保留关系的职工生活费	在岗职工年平均工资（元）
总计	**431608**	**420695**	**304143**	**10913**	**11656**	**10289**
按国民经济行业分组						
农、林、牧、渔业	16265	15974	10845	291	259	5165
采掘业	4292	4291	3706	1	297	5958
制造业	79361	78571	60804	791	4222	8229
电力、煤气及水的生产和供应业	13591	13530	9569	61	304	22520
建筑业	38781	36830	32010	1951	1023	9471
地质勘查业、水利管理业	3661	3647	2856	14	285	8874
交通运输、仓储及邮电通信业	29547	26738	14782	2809	2147	14031
批发和零售贸易、餐饮业	31503	31123	24913	380	1559	8796
金融、保险业	21086	20794	17275	291	485	17067
房地产业	6313	5905	4988	408	105	10643
社会服务业	25515	25110	18549	406	661	9862
卫生、体育和社会福利业	28607	27567	16466	1040	15	13131
教育、文艺和广播电影视业	63247	61468	42892	1780	98	10889
科学研究和综合技术服务业	20299	20010	12629	289	55	13001
国家机关、政党机关和社会团体	44761	44452	29044	309	109	13527
其他行业	4778	4685	2816	93	31	15866
国有单位合计	**318545**	**312459**	**218787**	**6086**	**7777**	**10729**
按隶属关系分组						
中央	59676	59375	43809	301	2112	16725
省、自治区、直辖市	123534	120763	79435	2771	1997	10181
地区	87779	85820	55715	1958	3269	10454
县及县以下	47556	46500	39829	1056	399	8452
按企业、事业、机关分组						
企业	147541	145129	108532	2412	7039	9607
#地方	96651	94519	69481	2133	5140	7821
事业	127084	123703	81079	3381	637	11441
#地方	123265	119890	78989	3375	431	11375
机关	43919	43626	29176	293	101	13617
#地方	38953	38675	26509	278	94	13123
按国民经济行业分组						
农、林、牧、渔业	16151	15863	10744	289	259	5177
农业	12338	12055	7698	283	191	4607
林业	585	584	542	1	6	6362
畜牧业	682	682	522		16	6743
渔业	8	8	8			6333
农、林、牧、渔服务业	2539	2534	1974	5	46	10017
采掘业	4107	4106	3521	1	295	6207
制造业	27854	27724	22893	130	2495	7546
电力、煤气及水的生产和供应业	10174	10168	6294	6	304	21483
建筑业	19856	18396	17352	1460	330	9382
地质勘查业、水利管理业	3360	3353	2615	8	281	8874
地质勘查业	1685	1678	1384	7	216	10563
水利管理业	1675	1674	1231	1	65	7649

3-12续表1 单位：万元

指标名称	从业人员劳动报酬	在岗职工工资总额	计时计件标准工资	其他人员劳动报酬	离开单位仍保留关系的职工生活费	在岗职工年平均工资（元）
交通运输、仓储及邮电通信业	20606	20416	10584	190	1765	13833
公路运输业	6710	6708	4015	2	254	9830
水上运输业	533	533	218		242	6129
交通运输辅助业	3346	3336	1892	9	24	12270
仓储业	618	618	519		127	10633
邮电通信业	9399	9221	3941	178	1117	24491
批发和零售贸易、餐饮业	16145	15955	11498	190	708	9683
零售业	4557	4552	3414	5	161	8896
餐饮业	111	111	110		15	7578
金融、保险业	17677	17677	14337		462	18756
金融业	17186	17186	13930		428	18954
保险业	492	492	407		35	13729
房地产业	2685	2675	2096	10	50	12033
房地产开发与经营业	1187	1182	1106	5	16	9218
房地产管理业	1401	1396	910	5	34	16250
房地产经纪与代理业	97	97	81			11854
社会服务业	19971	19647	14350	324	525	10221
公共服务业	11605	11372	8577	233	326	11384
居民服务业	1135	1105	619	30	22	12642
旅馆业	4788	4771	3307	17	166	8251
租赁服务业	83	83	19		6	11013
旅游业	256	256	200		4	6366
信息、咨询服务业	977	935	760	42	1	13304
计算机应用服务业	114	114	51			11917
其他社会服务业	1013	1012	819	2		7776
卫生、体育和社会福利业	28501	27470	16393	1031	15	13157
卫生	25115	24828	14722	287	14	13621
体育	2200	1470	1133	730		12490
社会福利保障业	1186	1172	538	14	1	7952
教育、文艺和广播电影视业	62901	61121	42608	1780	98	10892
教育	52114	50493	36547	1621	57	10416
文化艺术业	6728	6569	4477	159	10	13000
广播电影电视业	4059	4059	1584		31	15709
科学研究和综合技术服务业	20184	19895	12527	289	55	13055
科学研究业	9347	9249	5460	99	29	11591
综合技术服务业	10837	10646	7067	191	26	14664
国家机关、政党机关和社会团体	44347	44041	28685	306	109	13606
其他行业	4026	3952	2291	73	26	16461
城镇集体单位合计	**29974**	**28238**	**25547**	**1736**	**962**	**7710**
按企业、事业、机关分组						
企业	29061	27346	24825	1715	958	7666
事业	644	625	485	20	5	9226
机关	269	268	237	1		9735
按国民经济行业分组						
农、林、牧、渔业	13	13	13			3350
采掘业	110	110	110		2	7006

3-12续表2 单位：万元

指 标 名 称	从业人员劳动报酬	在岗职工工资总额	计时计件标准工资	其他人员劳动报酬	离开单位仍保留关系的职工生活费	在岗职工年平均工资（元）
制造业	11311	11155	10116	155	288	6740
电力、煤气及水的生产和供应业	3012	3012	3012			28602
建筑业	2582	2172	1853	411	40	8106
交通运输、仓储及邮电通信业	2869	1892	1674	976	182	8527
公路运输业	2682	1705	1536	976	148	10449
水上运输业	142	142	93		34	2815
交通运输辅助业	42	42	42			5342
邮电通信业	3	3	3			6200
批发和零售贸易、餐饮业	7020	6902	6166	119	436	7027
零售业	2167	2103	2017	63	120	4764
餐饮业	394	394	389		5	5072
金融、保险业	317	317	217			5040
金融业	286	286	186			5536
保险业	31	31	31			2750
房地产业	831	798	765	33	2	7661
房地产开发与经营业	614	581	572	33		7275
房地产管理业	125	124	100	1	2	8921
房地产经纪与代理业	92	92	92			8951
社会服务业	799	772	737	26	8	6330
居民服务业	126	126	119			5444
旅馆业	279	279	263		7	5684
租赁服务业	28	28	16			10692
旅游业	3	2	2	1		7000
娱乐服务业	48	33	33	14		6549
信息、咨询服务业	237	226	226	11		7470
计算机应用服务业	32	32	32			8917
其他社会服务业	47	47	46			5813
卫生、体育和社会福利业	26	17	14	9		5313
卫生	24	15	13	9		5067
社会福利保障业	2	2	1			9000
教育、文艺和广播电影视业	346	346	284			10340
教育	329	329	268			10369
文化艺术业	18	18	16			9833
科学研究和综合技术服务业	95	95	90			7364
科学研究业	9	9	9			4889
综合技术服务业	86	86	81			7766
国家机关、政党机关和社会团体	414	412	359	3		8330
其他行业	230	226	137	4	5	10126
其他单位合计	**83089**	**79998**	**59808**	**3091**	**2917**	**9870**
按登记注册类型分组						
内资	68840	66415	47834	2424	2288	10321
股份合作	585	566	545	19	54	6077
联营	190	190	174		1	5837
#国有联营	92	92	76		1	4260
集体联营	97	97	97			8935
有限责任公司	46981	44932	34591	2049	1837	9580
#国有独资	30641	29848	22258	794	1495	10250

3-12续表3 单位：万元

指标名称	从业人员劳动报酬	在岗职工工资总额	计时计件标准工资	其他人员劳动报酬	离开单位仍保留关系的职工生活费	在岗职工年平均工资（元）
股份有限公司	21054	20698	12494	357	396	12832
其他	29	29	29			4800
港、澳、台商投资	6912	6589	5759	323	124	7706
外商投资	7338	6994	6216	345	505	8576
按企业、事业分组						
企业	83089	79998	59808	3091	2917	9870
按国民经济行业分组						
农、林、牧、渔业	101	98	87	2		3897
采掘业	75	75	75			1751
制造业	40197	39691	27795	505	1439	9409
电力、煤气及水的生产和供应业	406	351	263	55		15797
建筑业	16343	16263	12805	80	653	9796
地质勘查业、水利管理业	301	295	241	6	4	8870
交通运输、仓储及邮电通信业	6073	4430	2524	1643	200	21308
公路运输业	2166	1196	1140	970	83	12022
水上运输业	707	707	707			14277
航空运输业	9	9	9			10750
交通运输辅助业	151	149	72	3		39132
邮电通信业	3040	2370	597	670	116	43643
批发和零售贸易、餐饮业	8337	8266	7249	71	416	9099
零售业	5299	5244	5153	55	288	8054
餐饮业	37	37	37		7	8065
金融、保险业	3091	2800	2721	291	23	13145
金融业	1720	1652	1652	68	8	11011
保险业	1371	1148	1069	223	15	18224
房地产业	2797	2433	2127	364	54	10651
房地产开发与经营业	2431	2082	1898	349	3	10781
房地产管理业	367	351	229	16	51	9935
社会服务业	4746	4690	3462	56	129	9344
公共服务业	185	142	110	43		9574
居民服务业	8	8	8			7364
旅馆业	4139	4139	2998		128	9329
租赁服务业	58	58	58			8515
旅游业	17	6	6	11		6556
娱乐服务业	102	102	102			6673
信息、咨询服务业	176	175	120	1		13227
其他社会服务业	61	61	61		1	9918
卫生、体育和社会福利业	81	81	59			9607
卫生	33	33	15			14174
社会福利保障业	48	48	44			7885
科学研究和综合技术服务业	20	20	12			8739
综合技术服务业	20	20	12			8739
其他行业	523	507	389	16	1	15413

另附南铁资料：在岗职工工资总额18223.6万元。

3-13 市区从业人员劳动报酬

（2001年） 单位：万元

指标名称	从业人员劳动报酬	在岗职工工资总额	计时计件标准工资	其他人员劳动报酬	离开单位仍保留关系的职工生活费	在岗职工年平均工资（元）
总　计	**376047**	**365955**	**258109**	**10092**	**10868**	**11121**
按国民经济行业分组						
农、林、牧、渔业	5458	5273	3962	185	167	5531
采掘业	3127	3127	2779		210	5685
制造业	69703	69144	52400	559	4002	8500
电力、煤气及水的生产和供应业	11265	11204	8199	61	253	25491
建筑业	38562	36611	31792	1951	1019	9609
地质勘查业、水利管理业	2760	2746	2041	14	223	10590
交通运输、仓储及邮电通信业	28467	25671	13878	2796	2086	14337
批发和零售贸易、餐饮业	28367	27990	21865	378	1439	9482
金融、保险业	19623	19332	16034	291	457	18565
房地产业	5998	5627	4713	371	105	10750
社会服务业	24544	24138	17744	406	651	10007
卫生、体育和社会福利业	25735	24712	13858	1022	9	13717
教育、文艺和广播电影视业	50550	49178	31261	1372	86	12490
科学研究和综合技术服务业	19605	19316	11980	289	49	13257
国家机关、政党机关和社会团体	37609	37306	22879	303	81	14586
其他行业	4675	4582	2726	93	30	16031
国有单位合计	**272137**	**266602**	**180667**	**5535**	**7151**	**11816**
按隶属关系分组						
中央	57107	56818	41516	289	2020	17153
省、自治区、直辖市	111572	108906	71584	2666	1847	11264
地区	87182	85224	55186	1958	3253	10469
县及县以下	16276	15655	12381	622	31	10869
按企业、事业、机关分组						
企业	127893	125600	94488	2293	6547	10645
#地方	79477	77452	57683	2025	4739	8598
事业	108126	105172	63706	2954	536	12595
#地方	104402	101454	61663	2948	331	12548
机关	36118	35830	22472	288	68	14848
#地方	31151	30879	19805	272	62	14320
按国民经济行业分组						
农、林、牧、渔业	5387	5202	3902	185	167	5544
农业	2903	2723	2114	180	116	4055
林业	141	141	99	1		14656
畜牧业	633	633	472		13	6602
农、林、牧、渔服务业	1710	1706	1217	5	38	10567
采掘业	2942	2942	2593		208	5987
制造业	25512	25383	20707	129	2403	7803
电力、煤气及水的生产和供应业	7914	7908	4991	6	253	24791
建筑业	19801	18341	17297	1460	326	9488
地质勘查业、水利管理业	2459	2452	1800	8	219	10843
地质勘查业	1684	1677	1383	7	216	10562
水利管理业	775	774	417	1	3	11505

单位：万元

指 标 名 称	从业人员劳动报酬	在岗职工工资总额	计时计件标准工资	其他人员劳动报酬	离开单位仍保留关系的职工生活费	在岗职工年平均工资（元）
交通运输、仓储及邮电通信业	19569	19393	9723	176	1705	13984
公路运输业	6697	6695	4001	2	254	9844
水上运输业	533	533	218		242	6129
交通运输辅助业	2986	2978	1560	8	15	13308
仓储业	618	618	519		127	10633
邮电通信业	8735	8569	3425	166	1066	25367
批发和零售贸易、餐饮业	13981	13793	9421	188	622	10544
零售业	3153	3151	2060	3	108	9980
餐饮业	18	18	18			5303
金融、保险业	16532	16532	13313		434	19959
金融业	16237	16237	13097		404	20003
保险业	295	295	216		30	17783
房地产业	2563	2553	1978	10	50	12245
房地产开发与经营业	1091	1086	1014	5	16	9322
房地产管理业	1379	1374	888	5	34	16317
房地产经纪与代理业	93	93	77			11949
社会服务业	19017	18693	13561	324	514	10428
公共服务业	11107	10874	8165	233	322	11537
居民服务业	1013	983	523	30	22	13196
旅馆业	4667	4650	3205	17	163	8463
租赁服务业	83	83	19		6	11013
旅游业	142	142	115		2	6383
信息、咨询服务业	977	935	760	42	1	13304
计算机应用服务业	114	114	51			11917
其他社会服务业	914	912	724	2		7827
卫生、体育和社会福利业	25629	24615	13784	1014	9	13751
卫生	22319	22049	12179	270	8	14390
体育	2160	1430	1102	730		12610
社会福利保障业	1150	1136	503	14	1	7869
教育、文艺和广播电影视业	50204	48832	30977	1372	86	12508
教育	39740	38527	25206	1213	46	12100
文化艺术业	6550	6391	4321	159	10	13205
广播电影电视业	3914	3914	1450		31	16585
科学研究和综合技术服务业	19490	19201	11878	289	49	13316
科学研究业	8814	8716	4963	99	23	11900
综合技术服务业	10676	10485	6916	191	26	14778
国家机关、政党机关和社会团体	37195	36894	22521	301	81	14709
其他行业	3943	3870	2222	73	24	16623
城镇集体单位合计	**27809**	**26072**	**23494**	**1737**	**905**	**8279**
按企业、事业、机关分组						
企业	27011	25295	22887	1716	901	8249
事业	529	509	370	20	5	9258
机关	269	268	237	1		9735
按国民经济行业分组						

续表2 单位：万元

指标名称	从业人员劳动报酬			其他人员劳动报酬	离开单位仍保留关系的职工生活费	在岗职工年平均工资（元）
		在岗职工工资总额	计时计件标准工资			
采掘业	110	110	110		2	7006
制造业	10812	10656	9627	156	266	6862
电力、煤气及水的生产和供应业	3012	3012	3012			28602
建筑业	2418	2008	1691	411	40	9256
交通运输、仓储及邮电通信业	2825	1848	1631	976	182	9440
公路运输业	2677	1701	1532	976	148	10507
水上运输业	102	102	53		34	4000
交通运输辅助业	42	42	42			5342
邮电通信业	3	3	3			6200
批发和零售贸易、餐饮业	6056	5937	5202	118	402	8063
零售业	1422	1359	1272	63	86	5764
餐饮业	300	300	296		5	4878
房地产业	705	671	638	33	2	7491
房地产开发与经营业	580	547	538	33		7229
房地产管理业	125	124	100	1	2	8921
社会服务业	782	756	721	26	8	6426
居民服务业	113	113	106			5830
旅馆业	275	275	261		7	5686
租赁服务业	28	28	16			10692
旅游业	3	2	2	1		7000
娱乐服务业	48	33	33	14		6549
信息、咨询服务业	237	226	226	11		7470
计算机应用服务业	32	32	32			8917
其他社会服务业	47	47	46			5813
卫生、体育和社会福利业	26	17	14	9		5313
卫生	24	15	13	9		5067
社会福利保障业	2	2	1			9000
教育、文艺和广播电影视业	346	346	284			10337
教育	329	329	268			10369
文化艺术业	18	18	16			9833
科学研究和综合技术服务业	95	95	90			7364
科学研究业	9	9	9			4889
综合技术服务业	86	86	81			7766
国家机关、政党机关和社会团体	414	412	359	3		8330
其他行业	209	205	116	4	5	10184
其他单位合计	**76102**	**73281**	**53948**	**2821**	**2811**	**10186**
按登记注册类型分组						
内资	66650	64226	46109	2424	2199	10359
股份合作	281	262	241	19	15	6133
联营	176	176	165			6423
#国有联营	77	77	66			4742
集体联营	97	97	97			8935
有限责任公司	46665	44616	34276	2049	1833	9622
#国有独资	30641	29848	22258	794	1495	10250

续表3 单位：万元

指标名称	从业人员劳动报酬				离开单位仍保留关系的职工生活费	在岗职工年平均工资（元）
		在岗职工工资总额	计时计件标准工资	其他人员劳动报酬		
股份有限公司	19499	19142	11399	357	351	12871
其他	29	29	29			4800
港、澳、台商投资	4123	4020	3406	102	108	9011
外商投资	5330	5036	4432	294	505	9189
按企业、事业分组						
企业	76102	73281	53948	2821	2811	10186
按国民经济行业分组						
农、林、牧、渔业	71	71	60			4702
采掘业	75	75	75			1751
制造业	33379	33105	22065	274	1334	9946
电力、煤气及水的生产和供应业	339	284	196	55		18651
建筑业	16343	16263	12805	80	653	9796
地质勘查业、水利管理业	301	295	241	6	4	8870
地质勘查业	123	120	88	3	1	10033
水利管理业	178	174	153	3	3	8212
交通运输、仓储及邮电通信业	6073	4430	2524	1643	200	21308
公路运输业	2166	1196	1140	970	83	12022
水上运输业	707	707	707			14277
航空运输业	9	9	9			10750
交通运输辅助业	151	149	72	3		39132
邮电通信业	3040	2370	597	670	116	43643
批发和零售贸易、餐饮业	8331	8260	7242	71	416	9101
零售业	5299	5244	5153	55	288	8054
餐饮业	37	37	37		7	8065
金融、保险业	3091	2800	2721	291	23	13145
金融业	1720	1652	1652	68	8	11011
保险业	1371	1148	1069	223	15	18224
房地产业	2730	2402	2097	328	54	10663
房地产开发与经营业	2363	2052	1868	312	3	10798
房地产管理业	367	351	229	16	51	9935
社会服务业	4746	4690	3462	56	129	9344
公共服务业	185	142	110	43		9574
居民服务业	8	8	8			7364
旅馆业	4139	4139	2998		128	9329
租赁服务业	58	58	58			8515
旅游业	17	6	6	11		6556
娱乐服务业	102	102	102			6673
信息、咨询服务业	176	175	120	1		13227
其他社会服务业	61	61	61		1	9918
卫生、体育和社会福利业	81	81	59			9607
卫生	33	33	15			14174
社会福利保障业	48	48	44			7885
科学研究和综合技术服务业	20	20	12			8739
综合技术服务业	20	20	12			8739
其他行业	523	507	389	16	1	15413

3-14 邕宁县从业人员劳动报酬

（2001年）　　单位：万元

指标名称	从业人员劳动报酬	在岗职工工资总额	计时计件标准工资	其他人员劳动报酬	离开单位仍保留关系的职工生活费	在岗职工年平均工资（元）
总　计	**29290**	**28999**	**27281**	**292**	**464**	**7207**
按国民经济行业分组						
农、林、牧、渔业	2093	2091	2070	2	11	5471
采掘业	1109	1107	885	1	72	
制造业	6946	6715	6011	231	138	6923
电力、煤气及水的生产和供应业	1506	1506	1061		48	14331
建筑业	93	93	93		4	1616
地质勘查业、水利管理业	309	309	309		1	6272
交通运输、仓储及邮电通信业	509	497	497	12	22	7946
批发和零售贸易、餐饮业	2026	2026	2016		102	5689
金融、保险业	695	695	695		26	8350
房地产业	254	218	218	37		8814
社会服务业	300	300	287		4	6988
卫生、体育和社会福利业	1374	1368	1361	6		8866
教育、文艺和广播电影视业	7894	7894	7734		12	7052
科学研究和综合技术服务业	289	289	288		1	9114
国家机关、政党机关和社会团体	3861	3858	3723	3	25	9198
其他行业	33	33	33			10250
国有单位合计	**21701**	**21678**	**20663**	**22**	**315**	**7498**
按隶属关系分组						
中央	824	812	812	12	17	9807
省、自治区、直辖市	3762	3760	3509	2	73	7053
地区	405	405	393		3	10382
县及县以下	16710	16701	15949	9	221	7468
按企业、事业、机关分组						
企业	6933	6919	6226	14	268	6940
#地方	6116	6115	5421	2	251	6681
事业	10943	10937	10749	6	22	7401
#地方	10935	10930	10742	6	22	7401
机关	3825	3822	3688	3	25	9177
#地方	3825	3822	3688	3	25	9177
按国民经济行业分组						
农、林、牧、渔业	2063	2063	2043		11	5547
农业	1471	1471	1451		2	5151
林业	159	159	159		6	4069
畜牧业	50	50	50		3	9241

3-14续表1 单位：万元

指标名称	从业人员劳动报酬	在岗职工工资总额	计时计件标准工资	其他人员劳动报酬	离开单位仍保留关系的职工生活费	在岗职工年平均工资（元）
渔业	8	8	8			6333
农、林、牧、渔服务业	376	376	376			9216
采掘业	1109	1107	885	1	72	6848
制造业	474	473	471	1	23	3945
电力、煤气及水的生产和供应业	1439	1439	994		48	14669
建筑业	55	55	55		4	2000
地质勘查业、水利管理业	309	309	309		1	6272
交通运输、仓储及邮电通信业	470	458	458	12	22	12111
公路运输业	13	13	13			5826
交通运输辅助业	157	157	157		9	9758
邮电通信业	299	287	287	12	13	14809
批发和零售贸易、餐饮业	1422	1422	1412		68	7217
零售业	1031	1031	1023		47	8109
餐饮业	94	94	92		15	8237
金融、保险业	584	584	584		26	10459
金融业	413	413	413		21	10552
保险业	171	171	171		5	10246
房地产业	61	61	61			8606
房地产开发与经营业	57	57	57			8522
房地产经纪与代理业	4	4	4			10000
社会服务业	287	287	273		4	7330
公共服务业	127	127	127			10008
旅馆业	44	44	36		4	4304
旅游业	16	16	16			6000
其他社会服务业	100	100	94			7346
卫生、体育和社会福利业	1374	1368	1361	6		8866
卫生	1362	1356	1349	6		8842
社会福利保障业	12	12	12			13111
教育、文艺和广播电影视业	7894	7894	7734		12	7052
教育	7743	7743	7583		11	7052
文化艺术业	80	80	80			7931
广播电影电视业	71	71	71			6330
科学研究和综合技术服务业	289	289	288		1	9114
科学研究业	269	269	267		1	9013
综合技术服务业	20	20	20			10684
国家机关、政党机关和社会团体	3861	3858	3723	3	25	9198
其他行业	12	12	12			11700

3-14续表2

单位：万元

指标名称	从业人员劳动报酬	在岗职工工资总额	计时计件标准工资	其他人员劳动报酬	离开单位仍保留关系的职工生活费	在岗职工年平均工资（元）
城镇集体单位合计	**1399**	**1399**	**1389**		**57**	**3981**
按企业、事业、机关分组						
企业	1283	1283	1274		57	3790
事业	115	115	115			9087
按国民经济行业分组						
制造业	451	451	442		23	5002
建筑业	38	38	38			1262
交通运输、仓储及邮电通信业	40	40	40			1597
水上运输业	40	40	40			1597
批发和零售贸易、餐饮业	598	598	598		34	3778
零售业	400	400	400		34	3235
餐饮业	78	78	78			6341
金融、保险业	111	111	111			4055
金融业	80	80	80			4957
保险业	31	31	31			2750
房地产业	126	126	126			8710
房地产开发与经营业	34	34	34			8119
房地产经纪与代理业	92	92	92			8951
社会服务业	13	13	13			3474
居民服务业	13	13	13			3474
其他行业	21	21	21			9591
其他单位合计	**6191**	**5922**	**5229**	**269**	**93**	**7583**
按登记注册类型分组						
内资	2176	2176	1715		89	9483
股份合作	304	304	304		40	6028
有限责任公司	316	316	316		4	5934
股份有限公司	1555	1555	1095		45	12374
港、澳、台商投资	2031	1812	1754	220	4	6318
外商投资	1984	1935	1760	49		7304
按企业、事业分组						
企业	6191	5922	5229	269	93	7583
按国民经济行业分组						
农、林、牧、渔业	30	27	27	2		2693
制造业	6021	5791	5098	230	93	7620
电力、煤气及水的生产和供应业	67	67	67			9600
批发和零售贸易、餐饮业	6	6	6			7111
房地产业	67	30	30	37		9774
房地产开发与经营业	67	30	30	37		9774

3-15 武鸣县从业人员劳动报酬

(2001年)　　单位：万元

指标名称	从业人员劳动报酬	在岗职工工资总额	计时计件标准工资	其他人员劳动报酬	离开单位仍保留关系的职工生活费	在岗职工年平均工资（元）
总　计	**26271**	**25740**	**18752**	**530**	**324**	**6499**
按国民经济行业分组						
农、林、牧、渔业	8715	8611	4813	104	80	4900
采掘业	56	56	42		15	6702
制造业	2712	2711	2393	1	82	6112
电力、煤气及水的生产和供应业	821	821	309		3	14603
建筑业	126	126	124			6024
地质勘查业、水利管理业	592	592	506		61	5780
交通运输、仓储及邮电通信业	571	570	407	1	38	10829
批发和零售贸易、餐饮业	1109	1107	1032	2	18	4810
金融、保险业	768	768	546		3	8176
房地产业	61	61	57			9060
社会服务业	671	671	518		7	7367
卫生、体育和社会福利业	1499	1487	1248	12	6	10362
教育、文艺和广播电影视业	4804	4396	3898	408		7473
科学研究和综合技术服务业	405	405	362		5	8056
国家机关、政党机关和社会团体	3291	3289	2441	2	4	10639
其他行业	71	71	57		2	11206
国有单位合计	**24708**	**24178**	**17458**	**529**	**312**	**6590**
按隶属关系分组						
中央	1745	1745	1481		75	11275
省、自治区、直辖市	8200	8097	4341	104	77	4879
地区	192	192	137		13	6502
县及县以下	14570	14144	11499	425	147	7751
按企业、事业、机关分组						
企业	12716	12610	7818	106	225	5458
#地方	11058	10952	6377	106	150	5065
事业	8016	7594	6624	421	79	7717
#地方	7928	7507	6584	421	79	7681
机关	3976	3974	3016	2	8	10620
#地方	3976	3974	3016	2	8	10620
按国民经济行业分组						
农、林、牧、渔业	8702	8598	4799	104	80	4903
农业	7965	7861	4134	104	73	4737
林业	284	284	284			6594
农、林、牧、渔服务业	453	453	382		8	8911
采掘业	56	56	42		15	6702
制造业	1868	1868	1714		69	6199
电力、煤气及水的生产和供应业	821	821	309		3	14603
地质勘查业、水利管理业	592	592	506		61	5780
交通运输、仓储及邮电通信业	567	565	403	1	38	11021
交通运输辅助业	202	201	175	1		6278
邮电通信业	365	365	228		38	18886
批发和零售贸易、餐饮业	743	741	666	2	18	5195
零售业	373	371	331	2	6	5383
金融、保险业	562	562	441		3	9620
金融业	537	537	420		3	9599
保险业	25	25	20			10080

单位：万元

指标名称	从业人员劳动报酬	在岗职工工资总额	计时计件标准工资	其他人员劳动报酬	离开单位仍保留关系的职工生活费	在岗职工年平均工资（元）
房地产业	61	61	57			9060
房地产开发与经营业	39	39	35			7740
房地产管理业	22	22	22			12941
社会服务业	668	668	516		7	7379
公共服务业	371	371	285		4	8487
居民服务业	122	122	96			9442
旅馆业	77	77	66			4135
旅游业	99	99	69		3	6403
卫生、体育和社会福利业	1499	1487	1248	12	6	10362
卫生	1434	1422	1193	12	6	10380
体育	40	40	32			9326
社会福利保障业	25	25	23			11273
教育、文艺和广播电影视业	4804	4396	3898	408		7473
教育	4632	4224	3758	408		7465
文化艺术业	98	98	77			8741
广播电影电视业	74	74	63			6616
科学研究和综合技术服务业	405	405	362		5	8056
科学研究业	264	264	230		5	7403
综合技术服务业	141	141	132			9658
国家机关、政党机关和社会团体	3291	3289	2441	2	4	10639
其他行业	71	71	57		2	11206
城镇集体单位合计	**767**	**767**	**663**			**4732**
按企业、事业、机关分组						
企业	767	767	663			4732
按国民经济行业分组						
农、林、牧、渔业	13	13	13			3350
制造业	47	47	47			3909
建筑业	126	126	124			6024
交通运输、仓储及邮电通信业	4	4	4			3231
公路运输业	4	4	4			3231
批发和零售贸易、餐饮业	366	366	366			4183
零售业	345	345	345			4197
餐饮业	16	16	16			4105
金融、保险业	206	206	106			5800
金融业	206	206	106			5800
社会服务业	3	3	2			5500
旅馆业	3	3	2			5500
其他单位合计	**797**	**795**	**631**	**1**	**13**	**6113**
按登记注册类型分组						
内资	14	14	9		1	2750
联营	14	14	9		1	2750
#国有联营	14	14	9		1	2750
港、澳、台商投资	758	758	598		11	6194
外商投资	24	24	24	1		9038
按企业、事业分组						
企业	797	795	631	1	13	6113
按国民经济行业分组						
制造业	797	795	631	1	13	6113

3-16 全市职工人数变动情况

(2001年)　　　　单位：人

指标名称	本年增加人数							
	合计	从农村招收	从城镇招收	录用的复员转业军人	录用的大、中专、技校毕业生	调入	#由外省、自治区、直辖市调入	其他
总计	**26561**	**5581**	**4569**	**1078**	**4376**	**3732**	**166**	**7225**
国有经济单位	**15227**	**1448**	**2760**	**824**	**2826**	**3231**	**156**	**4138**
按企事机关分组								
企业	8900	767	2128	645	1021	942	45	3397
#地方	8191	766	2055	616	774	643	25	3337
事业	5291	669	607	112	1518	1716	68	669
#地方	5196	669	607	109	1511	1682	66	618
机关	1036	12	25	67	287	573	43	72
#地方	993	12	18	67	274	552	40	70
城镇集体经济单位	**2650**	**519**	**436**	**39**	**388**	**80**	**3**	**1188**
其他经济类型单位	**8684**	**3614**	**1373**	**215**	**1162**	**421**	**7**	**1899**

指标名称	本年减少人数							
	合计	离休退休退职	开除除名辞退	终止解除合同	保留劳动关系的职工	调出	#调到外省、自治区、直辖市	其他
总计	**40871**	**7112**	**3955**	**10712**	**7179**	**3906**	**72**	**8007**
国有经济单位	**24358**	**4876**	**2091**	**5510**	**4585**	**3021**	**63**	**4275**
按企事机关分组								
企业	17994	2874	1186	4690	4333	1502	22	3409
#地方	15415	2695	1130	4158	3906	713	11	2813
事业	5073	1452	863	762	235	1007	36	754
#地方	4851	1392	856	757	178	926	34	742
机关	1291	550	42	58	17	512	5	112
#地方	998	382	23	58	13	415	5	107
城镇集体经济单位	**4774**	**592**	**524**	**998**	**837**	**116**	**3**	**1707**
其他经济类型单位	**11739**	**1644**	**1340**	**4204**	**1757**	**769**	**6**	**2025**

3-17 市区职工人数变动情况

（2001年）

单位：人

指标名称	本年增加人数 合计	从农村招收	从城镇招收	录用的复员转业军人	录用的大、中专、技校毕业生	调入	#由外省、自治区、直辖市调入	其他
总计	**23514**	**4863**	**4256**	**967**	**3807**	**3275**	**163**	**6346**
国有经济单位	**13079**	**1192**	**2652**	**763**	**2342**	**2794**	**153**	**3336**
按企事机关分组								
企业	7657	529	2035	615	893	895	43	2690
#地方	7010	528	1962	589	700	601	23	2630
事业	4630	662	593	92	1221	1473	67	589
#地方	4537	662	593	89	1215	1440	65	538
机关	792	1	24	56	228	426	43	57
#地方	749	1	17	56	215	405	40	55
城镇集体经济单位	**2624**	**516**	**429**	**38**	**381**	**72**	**3**	**1188**
其他经济类型单位	**7811**	**3155**	**1175**	**166**	**1084**	**409**	**7**	**1822**

指标名称	本年减少人数 合计	离休退休退职	开除除名辞退	终止解除合同	保留劳动关系的职工	调出	#调到外省、自治区、直辖市	其他
总计	**36275**	**5958**	**3049**	**10102**	**6542**	**3413**	**70**	**7211**
国有经济单位	**21027**	**3828**	**1803**	**5178**	**4094**	**2554**	**61**	**3570**
按企事机关分组								
企业	15881	2209	1096	4435	3887	1376	22	2878
#地方	13944	2039	1075	3910	3473	662	11	2785
事业	4099	1157	677	690	192	779	36	604
#地方	3882	1100	670	685	135	699	34	593
机关	1047	462	30	53	15	399	3	88
#地方	754	294	11	53	11	302	3	83
城镇集体经济单位	**4530**	**545**	**506**	**930**	**763**	**103**	**3**	**1683**
其他经济类型单位	**10718**	**1585**	**740**	**3994**	**1685**	**756**	**6**	**1958**

3-18 邕宁县职工人数变动情况

（2001年）　　　　单位：人

指 标 名 称	本年增加人数							
	合计	从农村招收	从城镇招收	录用的复员转业军人	录用的大、中专、技校毕业生	调入	#由外省、自治区、直辖市调入	其他
总　计	**1509**	**551**	**71**	**75**	**418**	**265**	**1**	**129**
国有经济单位	**832**	**89**	**42**	**27**	**372**	**248**	**1**	**54**
按企事机关分组								
企业	272	84	36	7	95	22		28
#地方	214	84	36	5	41	20		28
事业	438	2	5	12	241	161	1	17
#地方	436	2	5	12	240	160	1	17
机关	122	3	1	8	36	65		9
#地方	122	3	1	8	36	65		9
城镇集体经济单位	**24**	**3**	**7**		**6**	**8**		
其他经济类型单位	**653**	**459**	**22**	**48**	**40**	**9**		**75**

指 标 名 称	本年减少人数							
	合　计	离休退休退职	开除除名辞退	终止解除合同	保留劳动关系的职工	调　出	#调到外省、自治区、直辖市	其　他
总　计	**2513**	**547**	**790**	**492**	**262**	**313**	**2**	**109**
国有经济单位	**1442**	**448**	**181**	**263**	**222**	**290**	**2**	**38**
按企事机关分组								
企业	736	179	49	192	214	88		14
#地方	625	175	14	188	211	23		14
事业	588	228	127	68	7	144		14
#地方	588	228	127	68	7	144		14
机关	118	41	5	3	1	58	2	10
#地方	118	41	5	3	1	58	2	10
城镇集体经济单位	**113**	**40**	**18**	**30**	**10**	**11**		**4**
其他经济类型单位	**958**	**59**	**591**	**199**	**30**	**12**		**67**

3-19 武鸣县职工人数变动情况

（2001年）

单位：人

指标名称	本年增加人数							
	合计	从农村招收	从城镇招收	录用的复员转业军人	录用的大、中专、技校毕业生	调入	#由外省、自治区、直辖市调入	其它
总　计	1538	167	242	36	151	192	2	750
国有经济单位	1316	167	66	34	112	189	2	748
按企事机关分组								
企业	971	154	57	23	33	25	2	679
#地方	967	154	57	22	33	22	2	679
事业	223	5	9	8	56	82		63
#地方	223	5	9	8	56	82		63
机关	122	8		3	23	82		6
#地方	122	8		3	23	82		6
城镇集体经济单位	2			1	1			
其他经济类型单位	220		176	1	38	3		2

指标名称	本年减少人数							
	合计	离休退休退职	开除除名辞退	终止解除合同	保留劳动关系的职工	调出	#由外省、自治区、直辖市调入	其他
总　计	2083	607	116	118	375	180		687
国有经济单位	1889	600	107	69	269	177		667
按企事机关分组								
企业	1377	486	41	63	232	38		517
#地方	846	481	41	60	222	28		14
事业	386	67	59	4	36	84		136
#地方	381	64	59	4	36	83		135
机关	126	47	7	2	1	55		14
#地方	126	47	7	2	1	55		14
城镇集体经济单位	131	7		38	64	2		20
其他经济类型单位	63		9	11	42	1		

3-20　全市离休、退休、退职人数及保险福利费用构成情况

（2001年）

指标名称	离休、退休、退职人员年末数（人）				保险福利费用构成（千元）					
	合计	离休人员	退休人员	领取定期生活费的退职人员	合计	离休金	退休金	退职生活费	医疗卫生费	其他
总　　计	**89130**	**1456**	**87050**	**624**	**691734**	**21500**	**511159**	**2086**	**90717**	**66272**
企　业	**70800**	**747**	**69527**	**526**	**467134**	**9694**	**342274**	**1331**	**75319**	**38516**
内资企业	70788	747	69515	526	467056	9694	342274	1331	75307	38510
国有企业	48615	620	47688	307	345092	8043	246364	777	59488	30420
集体企业	14673	39	14415	219	82054	509	57223	554	15726	8042
其他企业	7500	88	7412		39910	1142	38627		93	48
港、澳、台商投资企业	12		12		78		60		12	6
事　业	**15109**	**349**	**14669**	**91**	**176035**	**5834**	**132402**	**704**	**12692**	**24403**
机　关	**3221**	**360**	**2854**	**7**	**48565**	**5972**	**36483**	**51**	**2706**	**3353**

注：本表数据不包含中直、区直单位。

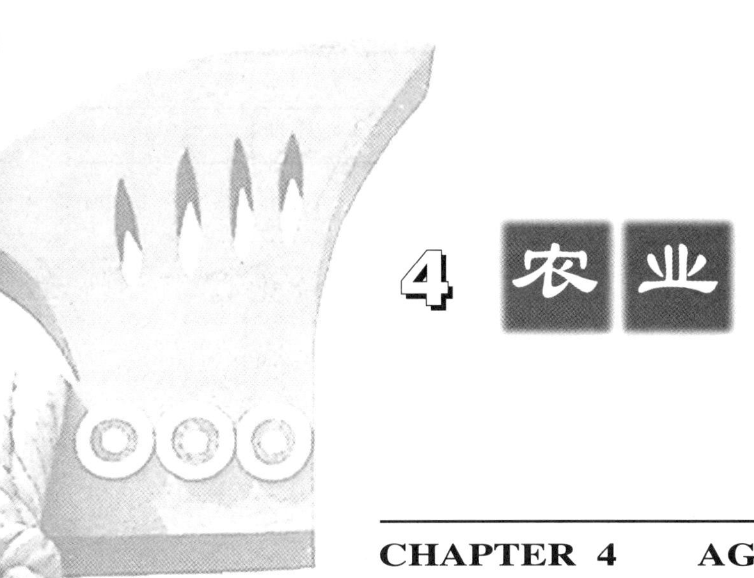

4 农业

CHAPTER 4　AGRICULTURE

4-1 主要年份农业总产值

单位：万元

年 份	农 业 总 产 值 （当 年 价）					
	合 计	种植业	林 业	畜牧业	副 业	渔 业
1950	5596	3785	75	814	718	204
1965	12602	8259	140	2317	1710	176
1978	36029	25540	447	5228	4256	558
1980	44588	31178	788	4326	7494	802
1985	70586	43266	1618	18990	4840	1872
1986	78390	49427	1794	19138	5601	2430
1987	91989	59881	1805	22627	4750	2926
1988	116437	73400	2027	32509	4576	3925
1989	125320	75059	2330	38702	4618	4611
1990	169865	111699	2681	42149	6551	6785
1991	175633	109121	3150	47954	7958	7450
1992	210826	133273	5048	54433	8203	9869
1993	270146	169444	7684	72479	8118	12421
1994	372063	246897	7906	95979		21281
1995	465896	317943	6553	115373		26027
1996	533484	352786	8056	141505		31137
1997	620077	405089	10778	167764		36446
1998	684870	447697	13885	183967		39321
1999	720486	477719	14965	182088		45714
2000	752536	494850	14000	200360		43326
2001	777942	510120	15315	211975		40532

注：1994年后副业产值并入种植业。

4-2 主要年份农业总产值发展速度

（按可比价计算，上年=100）　　单位：%

年 份	合 计	种植业	林 业	畜牧业	副 业	渔 业
1951	107.79	107.18	111.76	117.07	101.13	102.54
1965	125.21	130.42	96.81	120.01	114.73	98.43
1978	107.36	106.81	132.13	97.65	116.38	162.93
1980	110.75	108.17	157.62	101.91	125.32	114.09
1985	103.62	102.68	99.45	119.69	84.21	102.38
1986	106.95	107.21	117.96	98.98	119.96	112.07
1987	105.76	106.91	109.21	107.74	91.09	117.19
1988	99.4	99.08	92.94	103.97	91.12	107.67
1989	109.02	111.47	114.72	107.66	91.61	102.58
1990	115.45	117.01	98.71	111.7	109.1	135.04
1991	99.75	94.42	102.74	114.9	105.4	105.83
1992	120.53	124.73	126.51	110.6	102.06	130.06
1993	113.18	112.4	125.61	113.31	98.68	133.00
1994	108.94	112.25	99.62	112.18		127.38
1995	109.2	108.95	84.59	110.43		118.33
1996	104.86	101.42	110.28	112.14		115.35
1997	113.43	114.62	109.44	110.31		114.36
1998	112.1	112.48	115.17	110.15		114.64
1999	113.58	116.08	101.97	108.72		108.49
2000	100.68	97.36	104.97	109.5		104.46
2001	102.1	101.65	106.45	104.56		95.95

4-3　主要年份农民人均纯收入及主要农产品产量

年　份	农民人均纯收入（元）	粮食产量（吨）	甘蔗产量（吨）	水果产量（吨）	猪牛羊肉产量（吨）	水产品产量（吨）
1950	54	198004	71282	4748	5490	5350
1965	66	319410	298784	8908	15915	3241
1978	88	590420	562171	24576	25752	4366
1980	107	670813	798831	31114	23580	4895
1985	367	551860	1339141	53925	29885	6939
1986	404	552903	1569850	93984	32396	8551
1987	461	590276	1633498	115847	35854	9790
1988	521	526325	1979810	110614	36833	10438
1989	574	624509	1958128	105346	39659	10705
1990	624	725954	2358841	120262	45934	14663
1991	683	548210	2559124	140926	53082	15383
1992	778	697128	3075803	164661	55278	21304
1993	912	744101	3413703	213470	61211	26550
1994	1093	746956	3116366	272561	70388	33743
1995	1326	779251	2908195	316342	77774	39509
1996	1553	781201	2946903	281615	84889	46030
1997	1788	801830	3267654	377862	95439	53290
1998	1942	814459	3786929	395986	106962	60619
1999	2079	796159	3373039	485971	115648	65333
2000	2184	754639	3228422	425880	119870	68449
2001	2321	678456	4178018	428311	124384	65126

注：从2000年农民人均纯收入均为抽样调查数据，为了可比，以前年度已进行相应调整。

4-4 农村基本情况及从业人员构成

(2001年)

指 标 名 称	单位	全市	市区	邕宁县	武鸣县
农村基层组织					
乡镇个数	个	50	13	21	16
#镇个数	个	43	11	18	14
村民委员会	个	590	142	235	213
村民小组	个	12148	2111	6988	3049
农村社会基础设施					
通汽车村数	个	589	141	235	213
通电话村数	个	578	136	235	207
自来水受益村数	个	537	140	185	212
乡(镇)村户数	**万户**	**48.75**	**13.55**	**18.75**	**16.45**
乡(镇)村人口数	**万人**	**184.82**	**42.09**	**81.87**	**60.86**
乡(镇)村劳动力	**万人**	**112.22**	**25.14**	**51.39**	**35.69**
乡(镇)村从业人员	**万人**	**103.72**	**23.92**	**47.38**	**32.42**
#女性	万人	49.12	11.22	22.68	15.22
农林牧渔业从业人员	万人	77.23	17.61	34.86	24.76
工业从业人员	万人	1.9	0.82	0.57	0.51
建筑业从业人员	万人	2.35	0.26	1.04	1.05
交通运输、邮电通讯及仓储业从业人员	万人	1.75	0.36	0.67	0.72
批发.零售贸易业.餐饮业从业人员	万人	2.38	0.82	0.87	0.69
其他从业人员	万人	18.11	4.05	9.37	4.69
#外出从业人员	万人	13.21	1.24	7.97	4.00

4-5 农村社会总产值

(2001年)　　　　单位：万元

指 标 名 称	全 市	市 区	邕宁县	武鸣县
农村社会总产值	**1981078**	**505731**	**731729**	**743618**
农林牧渔业总产值	**777942**	**166602**	**303759**	**307581**
农村非农行业产值合计	**1203136**	**339129**	**427970**	**436037**
农村工业总产值	**629073**	**168012**	**179415**	**281646**
乡办工业产值	155099	20353	45887	88859
村办工业产值	14315	11738		2577
村以下工业产值	459659	135921	133528	190210
建筑业总产值	**82161**	**22198**	**32542**	**27421**
建筑安装工程产值	81931	21970	32542	27419
兴建房屋产值	51499	7242	19475	24782
农田水利工程产值	4808	299	1872	2637
其他建筑安装工程产值	16139	4944	11195	
其他基本建筑产值	230	228		2
#开垦荒地产值	6	4		2
农村运输业总产值	**196065**	**23382**	**106054**	**66629**
乡办运输企业货运产值	650	112		538
村办运输企业货运产值	8270	780		7490
村以下办运输企业货运产值	187145	22490	106054	58601
农村批发零售贸易、饮食业总产值	**295837**	**125537**	**109959**	**60341**
批发零售贸易产值	212127	84277	77142	50708
#农村供销社批发零售贸易业产值	19994	15473	1620	2901
饮食业产值	83710	41260	32817	9633
#农村供销社饮食业产值	172			172
农林牧渔业商品产值	**576366**	**128888**	**210570**	**236908**

4-6 农林牧渔业总产值

（2001年） 单位：万元

指标名称	全市		市区		邕宁县		武鸣县	
	1990年不变价	2001年现行价	1990年不变价	2001年现行价	1990年不变价	2001年现行价	1990年不变价	2001年现行价
农林牧渔业总产值	**457736**	**777942**	**110761**	**166602**	**167683**	**303759**	**179292**	**307581**
农业产值	**306076**	**510120**	**66374**	**96572**	**115686**	**208793**	**124016**	**204755**
种植业	293712	492956	66288	96398	111269	201943	116155	194615
主产品产值	280869	468234	64051	92729	106615	192091	110203	183414
粮食作物合计	36979	80537	4724	9452	15492	32519	16763	38566
经济作物合计	81927	123590	15474	22496	35288	50251	31165	50843
蔬菜.瓜类	53060	176383	12402	43924	25107	81970	15551	50489
茶.桑.果	97420	75678	30638	15967	22163	18887	44619	40824
其他种植业	9824	10483	803	880	7451	7580	1570	2023
副产品产值	12841	24721	2236	3668	4653	9852	5952	11201
粮食作物副产品	3039	8962	466	1232	1205	4008	1368	3722
经济作物副产品	9801	15759	1769	2436	3448	5844	4584	7479
其他农业	12366	17166	87	175	4418	6851	7861	10140
采集野生植物	3221	8021	57	145	1503	3936	1661	3940
农民家庭兼营商品性工业	9145	9145	30	30	2915	2915	6200	6200
林业产值	**8521**	**15315**	**2219**	**2601**	**3486**	**7884**	**2816**	**4830**
营　林	2603	2935	1196	1196	780	1112	627	627
林产品	2635	7181	368	781	1153	3293	1114	3107
村及村以下竹木采伐	3284	5199	656	625	1553	3478	1075	1096
牧业产值	**116069**	**211975**	**32834**	**53983**	**41616**	**77128**	**41619**	**80864**
大小牲畜	65957	134300	12725	26329	20862	41630	32370	66341
大牲畜的繁殖.增长.增重	3368	4143	566	719	905	1150	1897	2274
猪	62402	129047	12155	25587	19925	40320	30322	63140
羊	187	1110	5	24	31	160	151	926
禽类	36310	57757	14886	18668	16397	29481	5027	9608
活的畜禽产品	6551	10947	5106	8847	568	916	877	1184
其他动物及产品	7251	8973	116	139	3789	5102	3346	3732
渔业产值	**27070**	**40532**	**9334**	**13446**	**6895**	**9954**	**10841**	**17132**

4-7 农林牧渔业增加值

（2001年，按当年价格计算）　　单位：万元

指标名称	合计	农业	种植业	林业	牧业	渔业
全市						
农林牧渔业总产值	**777942**	**510120**	**492956**	**15315**	**211975**	**40532**
农林牧渔业中间消耗	**282769**	**143229**	**138853**	**3767**	**125688**	**10085**
物质消耗	273913	138150	133884	3369	122449	9945
用种量	29027	22608	22608	1467	3760	1192
饲料.饲草	123931	3145	3145	1490	114007	5289
肥料	85147	85147	85147			
燃料	6042	5714	5375	121	83	124
农药	5797	5716	5716	81	11	
电	9626	7416	7416	119	1926	165
农用塑料薄膜	2117	2117	2117			
其他	12226	6287	2360	91	2673	3175
生产服务支出	8856	5079	4969	398	3239	140
农林牧渔业增加值	**495173**	**366891**	**354103**	**11548**	**86287**	**30448**
市区						
农林牧渔业总产值	**166602**	**96572**	**96398**	**2601**	**53983**	**13446**
农林牧渔业中间消耗	**62216**	**26350**	**26067**	**472**	**31553**	**3841**
物质消耗	59731	24572	24290	343	30994	3811
用种量	6659	3192	3192	108	3103	256
饲料.饲草	28121	259	259	84	24304	3474
肥料	15392	15392	15392			
燃料	1606	1416	1416	87	80	23
农药	1602	1582	1582	20		
电	3176	1496	1496	28	1651	1
农用塑料薄膜	246	246	246			
其他	2918	989	707	16	1856	57
生产服务支出	2496	1778	1777	129	559	30
农林牧渔业增加值	**104375**	**70222**	**70331**	**2129**	**22430**	**9605**

单位：万元

指 标 名 称	合 计	农 业	种植业	林 业	牧 业	渔 业
邕宁县						
农林牧渔业总产值	303759	208793	201943	7884	77128	9954
农林牧渔业中间消耗	112125	60714	60126	1700	47675	2036
物质消耗	110627	59784	59305	1547	47318	1979
用种量	13329	10459	10459	1355	579	936
饲料. 饲草	48093	944	944	2	46361	786
肥料	37608	37608	37608			
燃料	3258	3120	3086	34	3	101
农药	2032	2013	2013	19		
电	4091	3649	3649	91	197	154
农用塑料薄膜	1393	1393	1393			
其他	823	598	153	45	178	2
生产服务支出	1498	930	821	154	357	57
农林牧渔业增加值	191634	148079	141817	6184	29453	7918
武鸣县						
农林牧渔业总产值	307581	204755	194615	4830	80864	17132
农林牧渔业中间消耗	108428	56165	52625	1595	46460	4208
物质消耗	103566	53794	50254	1480	44137	4155
用种量	9039	8957	8957	4	78	
饲料. 饲草	47717	1942	1942	1404	43342	1029
肥料	32147	32147	32147			
燃料	1178	1178	873			
农药	2163	2121	2121	42		
电	2359	2271	2271		78	10
农用塑料薄膜	478	478	478			
其他	8485	4700	1500	30	639	3116
生产服务支出	4862	2371	2371	115	2323	53
农林牧渔业增加值	199153	148590	141990	3235	34404	12924

4-8 耕地增减变动情况

（2001年） 单位：公顷

指 标 名 称	全 市	市 区	邕宁县	武鸣县
年初实有耕地积	**170301**	**34886**	**75955**	**59460**
水 田	87457	13271	49176	25010
旱 地	82844	21615	26779	34450
当年新增加的耕地面积	1274	656	310	308
新 开 荒	641	266	287	88
其 他	633	390	23	220
当年减少的耕地面积	**1027**	**628**	**106**	**293**
国家基建占地	710	408	101	201
退耕还林、还牧	64			64
改 渔 塘	1			1
改 果 园	195	168		27
乡(镇)村集体基建占地	12	11	1	
农民个人建房占地	7	5	2	
因灾废弃及撩荒	31	29	2	
年末实有耕地面积	**170548**	**34914**	**76159**	**59475**
水 田	87129	13210	49056	24863
旱 地	83419	21704	27103	34612

4-9 农作物播种面积和产量

(2001年)

指标名称	单位	全市	市区	邕宁县	武鸣县
农作物总播种面积	**公顷**	**395258**	**73182**	**183304**	**138772**
粮食播种面积	**公顷**	**166777**	**25044**	**80322**	**61411**
公顷产量	公斤/公顷	4068	3467	3523	5026
产　量	吨	678456	86826	282985	308645
夏收播种面积	公顷	80604	11716	37096	31792
公顷产量	公斤/公顷	4251	3213	3144	5925
产　量	吨	342647	37642	116642	188363
秋收播种面积	公顷	86173	13328	43226	29619
公顷产量	公斤/公顷	3897	3690	3848	4061
产　量	吨	335809	49184	166343	120282
稻谷播种面积	公顷	116778	16294	62230	38254
公顷产量	公斤/公顷	4565	3857	3858	6016
产　量	吨	533075	62838	240083	230154
早稻播种面积	公顷	54360	7444	28745	18171
公顷产量	公斤/公顷	4557	3266	3309	7058
产　量	吨	247694	24313	95125	128256
中稻播种面积	公顷	499			499
公顷产量	公斤/公顷	5198			5198
产　量	吨	2594			2594
晚稻播种面积	公顷	61919	8850	33485	19584
公顷产量	公斤/公顷	4567	4353	4329	5071
产　量	吨	282787	38525	144958	99304
玉米播种面积	公顷	31705	6326	10308	15071
公顷产量	公斤/公顷	3716	3153	2958	4471
产　量	吨	117820	19945	30492	67383
高粱播种面积	公顷	152	7	77	68
公顷产量	公斤/公顷	1546	2286	1026	2059
产　量	吨	235	16	79	140
豆类播种面积	公顷	10131	1684	2227	6220
公顷产量	公斤/公顷	1393	1401	1476	1360
产　量	吨	14108	2360	3286	8462
大豆播种面积	公顷	9048	1362	1575	6111
公顷产量	公斤/公顷	1414	1438	1569	1369
产　量	吨	12798	1959	2471	8368
绿豆播种面积	公顷	772	321	342	109
公顷产量	公斤/公顷	1185	1246	1231	862
产　量	吨	915	400	421	94
红薯播种面积	公顷	7996	733	5480	1783
公顷产量	公斤/公顷	1649	2274	1651	1387
产　量	吨	13185	1667	9045	2473
经济作物播种面积	**公顷**	**111798**	**21462**	**44237**	**46099**
油料作物播种面积	公顷	22304	4000	9097	9207
公顷产量	公斤/公顷	1873	1863	1585	2162

4-9 续表

指 标 名 称	单位	全市	市区	邕宁县	武鸣县
产　量	吨	41780	7453	14418	19909
#花生播种面积	公顷	22258	3984	9080	9194
公顷产量	公斤/公顷	1875	1866	1586	2165
产　量	吨	41743	7435	14403	19905
芝麻播种面积	公顷	46	16	17	13
公顷产量	公斤/公顷	587	500	882	308
产　量	吨	27	8	15	4
麻类播种面积	公顷	115	65	50	
公顷产量	公斤/公顷	2878	3077	2620	
产　量	吨	331	200	131	
#黄红麻播种面积	公顷	115	65	50	
公顷产量	公斤/公顷	2878	3077	2620	
产　量	吨	331	200	131	
甘蔗播种面积	公顷	63932	13860	29156	20916
公顷产量	公斤/公顷	65351	65626	61879	70008
产　量	吨	4178018	909581	1804148	1464289
糖蔗播种面积	公顷	63064	13702	28595	20767
公顷产量	公斤/公顷	65134	65527	61402	70014
产　量	吨	4107633	897856	1755799	1453978
果蔗播种面积	公顷	868	158	561	149
公顷产量	公斤/公顷	81089	74209	86184	69201
产　量	吨	70385	11725	48349	10311
烟叶播种面积	公顷	817	63		754
公顷产量	公斤/公顷	2069	1397		2125
产　量	吨	1690	88		1602
晒烟播种面积	公顷	110	63		47
公顷产量	公斤/公顷	1455	1397		1532
产　量	吨	160	88		72
烤烟播种面积	公顷	707			707
公顷产量	公斤/公顷	2164			2164
产　量	吨	1530			1530
药材播种面积	公顷	493	47	433	13
木薯播种面积	公顷	22195	2738	5330	14127
公顷产量	公斤/公顷	9638	8870	9752	9744
产　量	吨	213922	24286	51979	137657
其他农作物播种面积	**公顷**	**116683**	**26676**	**58745**	**31262**
蔬菜播种面积	公顷	75202	21841	30715	22646
产　量	吨	1320543	358760	531232	430551
果用瓜（西瓜、香瓜）	公顷	29194	4165	21095	3934
产　量	吨	360859	35954	258363	66542
青饲料	公顷	9380	543	4200	4637
绿肥	公顷	302		287	15
马蹄	公顷	70	70		
其他	公顷	118	56	56	6

4-10 茶叶和水果生产情况

（2001年）

指标名称	单位	全市	市区	邕宁县	武鸣县
茶叶合计	**吨**	**317**		**1**	**316**
绿毛茶	吨	302		1	301
水果合计	**吨**	**428311**	**144568**	**88089**	**195654**
蕉类	吨	219270	121533	12680	85057
#香　蕉	吨	211273	119321	11459	80493
柚　　子	吨	437	94	113	230
#沙田柚	吨	113	40		73
柑　　桔	吨	30259	4348	7233	18678
橙	吨	24271	1133	4655	18483
梨	吨	3733	197	830	2706
菠　萝	吨	55782	7699	32124	15959
龙　眼	吨	28159	1782	7185	19192
荔　枝	吨	10057	1665	5293	3099
芒　果	吨	18729	3377	5305	10047
枣　子(按鲜枣计算)	吨	93			93
柿　子(按鲜柿计算)	吨	1126	253	524	349
葡　萄	吨	521	367	58	96
其他水果	吨	35874	2120	12089	21665
茶　园	**公顷**	**250**	**12**	**4**	**234**
#当年采摘面积	公顷	236		2	234
果　园	**公顷**	**58157**	**13080**	**24281**	**20796**
#香蕉园	公顷	11116	6759	1201	3156
柑桔橙园	公顷	3986	480	1615	1891
梨　　园	公顷	290	21	158	111
荔枝园	公顷	10839	1014	8720	1105
菠萝园	公顷	2677	355	1714	608
龙眼园	公顷	17922	1962	6808	9152
芒果园	公顷	4657	1269	1626	1762
葡萄园	公顷	65	51	11	3

4-11 林业生产情况

(2001年)

指标名称	单位	全市	市区	邕宁县	武鸣县
营林情况					
当年造林面积	公顷	1409		518	891
人工造林(年末成活率85%以上)	公顷	1409		518	891
按主要的林种用途分					
用材林	公顷	882		497	385
#速生丰产林	公顷	550		165	385
经济林	公顷	515		21	494
防护林	公顷	12			12
当年迹地更新面积	公顷	4251	1044	2304	903
#人工更新面积	公顷	4191	1044	2244	903
封山育林面积	公顷	59986	4625	5788	49573
#本年新封面积	公顷	5561		2988	2573
当年四旁零星植树(按实际成活株数)	万株	151.6	2.2	80.4	69
林木种籽采集量	吨	13		13	
育苗面积	公顷	112	32	55	25
#新育	公顷	78	24	31	23
当年苗木产量	万株	3215.6	1995	782.6	438
当年幼林抚育作业面积	公顷	33533	18206	8133	7194
成林抚育(实际)面积(包括间伐)	公顷	19642	3770	9650	6222
林产品产量(包括农户自用)					
油桐籽(籽:油=4:1)	吨	125		102	23
油茶籽(籽:油=5:1))	吨	50		50	
松脂	吨	15811	1742	7818	6251
竹笋干(鲜笋按1/3折干)	吨	1009	140	463	406
板栗	吨	102	2	9	91
八角	吨	132	8	1	123
桂皮	吨	1	1		
桂油	吨	5	5		
安叶油	吨	207		37	170
村及村以下竹木采伐量					
木材	立方米	58537	12794	23106	22637
篙竹	万根	145.3		142.3	3
大杂竹	万根	87.6	1	51.6	35
小杂竹	吨	13308		12343	965

4-12 主要牲畜年末存栏情况

(2001年)

指标名称	单位	全市	市区	邕宁县	武鸣县
大牲畜总头数	头	325950	51199	134910	139841
#从事农事劳役的	头	249564	39492	104151	105921
牛	头	322259	51040	134365	136854
#黄牛	头	65005	2828	33264	28913
水牛	头	254083	45702	100968	107413
良种及改良种乳牛	头	3171	2510	133	528
马	匹	3691	159	545	2987
猪	头	1204731	199975	352758	651998
山羊	只	39130	1237	5773	32120
家禽	万只	1261.86	329.9	632.98	298.98
鸡	万只	764.47	146.89	406.01	211.57
鸭	万只	481.31	182.62	215.58	83.11
鹅	万只	16.08	0.39	11.39	4.3
兔	万只	5.78	0.32	3.37	2.09

4-13 主要牲畜全年出栏情况

(2001年)

指标名称	单位	全市	市区	邕宁县	武鸣县
当年出栏的肉用牛	头	52707	4196	11001	37510
当年出栏的肉猪	头	1645202	322588	451624	870990
当年出栏的肉用羊	只	39543	953	6655	31935
当年出栏的家禽	万只	3489.95	1199.68	1733.8	556.47
鸡	万只	1949.67	411.71	1165.68	372.28
鸭	万只	1507.33	786.95	546.01	174.37
鹅	万只	32.95	1.02	22.11	9.82
当年出栏的兔	万只	10.26	0.92	4.15	5.19

4-14 牧业主要产品产量

(2001年)

单位：吨

指 标 名 称	全市	市区	邕宁县	武鸣县
肉类总产量	**184461**	**48274**	**63027**	**73160**
#牛肉产量	5179	451	996	3732
猪肉产量	118606	23865	34365	60376
羊肉产量	599	15	86	498
禽肉产量	59556	23848	27341	8367
鸡肉产量	28396	6197	17217	4982
鸭肉产量	30312	17617	9555	3140
鹅肉产量	848	34	569	245
兔肉产量	156	19	63	74
奶类产量	7256	6921	235	100
#牛奶产量	7256	6921	235	100
蜂蜜产量	148		71	77
禽蛋产量	12961	9868	1189	1904
蚕茧产量	3233		2751	482
#桑蚕茧	3233		2751	482

4-15 渔业生产情况

(2001年)

指 标 名 称	单位	全市	市区	邕宁县	武鸣县
水产品总产量	**吨**	**65126**	**22410**	**16490**	**26226**
淡水产品产量	吨	65126	22410	16490	26226
淡水捕捞	吨	5317	1960	2007	1350
鱼 类	吨	4314	1110	1885	1319
虾蟹类	吨	99		86	13
贝 类	吨	904	850	36	18
其他类	吨				
淡水养殖	吨	59809	20450	14483	24876
鱼 类	吨	59491	20378	14402	24711
虾蟹类	吨	202	72	62	68
贝 类	吨	86		19	67
其他类	吨	30			30
淡水养殖面积	**公顷**	**16187**	**4557**	**6735**	**4895**
池塘养殖	公顷	6928	2762	2347	1819
河沟养殖	公顷	403	42	319	42
山塘水库养殖	公顷	8848	1747	4069	3032
其他养殖	公顷	8	6		2

4-16 亚热带作物生产情况

(2001年)

指标名称	单位	全市	市区	邕宁县	武鸣县
年末实有面积	公顷	535		95	440
#国有经济年末实有面积	公顷	404		95	309
收获面积	公顷	485		80	405
#国有经济收获面积	公顷	368		80	288
总产量	吨	1531		221	1310
#国有经济总产量	吨	1178		221	957

4-17 乡镇企业基本情况

(2001年)

指标名称	单位	全市	市区	邕宁县	武鸣县
企业个数	个	52847	14350	20718	17779
企业人数	人	190710	49684	69198	71828
全年企业总收入	万元	1681697	530195	644133	717369
全年企业部产值	万元	1442267	398581	454108	589578
实交国家税金	万元	34211	9479	11842	12890
实现纯利润	万元	64681	14650	23662	26369

4-18 乡镇企业行业分布情况

(2001年)

指标名称	全市	市区	邕宁县	武鸣县
企业个数（个）	**52847**	**14350**	**20718**	**17779**
农业企业	102		35	67
工业企业	8590	2274	2959	3357
建筑企业	371	134	125	112
交通运输企业	11173	2276	5099	3798
批零贸易业	24467	7592	8825	8050
旅游饮食服务业	7600	2050	3351	2199
其他企业	544	24	324	196
企业人数（人）	**190710**	**49684**	**69198**	**71828**
农业企业	7247		1171	6076
工业企业	71337	20957	20464	29916
建筑企业	3796	1962	929	905
交通运输企业	23416	3864	9499	10053
商业饮食业	58364	15356	26304	16704
服务企业	25435	7440	10277	7718
其他企业	1115	105	554	456
企业总收入（万元）	**1861697**	**530195**	**614133**	**717369**
农业企业	39074		3809	35265
工业企业	605513	193663	168956	242894
建筑企业	45142	20592	16818	7732
交通运输企业	272896	38868	114076	119952
商业饮食业	680289	205248	248434	226607
服务企业	207092	68228	58349	80515
其他企业	11691	3596	3691	4404
企业总产值（现价、万元）	**1442267**	**398581**	**454108**	**589578**
农业企业	42878		4909	37969
工业企业	670517	209456	179415	281646
建筑企业	48274	23464	17178	7632
交通运输企业	252002	32575	113406	106021
商业饮食业	215237	66750	77142	71345
服务企业	201622	62740	58367	80515
其他企业	11737	3596	3691	4450

4-19 农业机械化情况

(2001年)

指标名称	单位	全市	市区	邕宁县	武鸣县
农业机械总动力合计	**千瓦**	**1368689**	**296996**	**583872**	**487821**
柴油发动机动力	千瓦	1189168	241972	507216	439980
汽油发动机动力	千瓦	34561	15953	18211	397
电动机动力	千瓦	144609	38828	58445	47336
其他机械动力	千瓦	351	243		108
主要农业机械与设备					
大中型拖拉机	台	7745	1195	3034	3516
	千瓦	163230	46404	55782	61044
小型拖拉机	台	31005	4787	11440	14778
	千瓦	304785	49908	106707	148170
大中型拖拉机配套农	部	1458	450	547	461
小型拖拉机配套农具	部	31231	8331	11797	11103
农用排灌电动机	台	4526	1661	1872	993
	千瓦	39408	15465	16794	7149
农用排灌柴油机	台	32363	10420	13970	7973
	千瓦	150051	40789	67477	41785
联合收割机	台	75	14	14	47
	千瓦	1322	269	31	1022
机动收割机	台	58	14	3	41
	千瓦	1224	269	31	924
机动脱粒机	台	24665	8394	6660	9611
	千瓦	45694	10713	34981	
农用载重汽车	辆	3341	718	1498	1125
	千瓦	310785	69892	135375	105518
农用运输车	辆	1587	193	956	438
	千瓦	56850	5904	36138	14808
渔用机动船	艘	413	8	405	
	千瓦	2776	23	2753	
农用水泵	台	44260	12893	19625	11742
喷灌机械	套	2026	146	683	1197
附:当年机耕地面积	公顷	90300	17468	39610	33222

4-20 农村水电、化肥用量及灌溉情况

(2001年)

指 标 名 称	单 位	全 市	市 区	邕宁县	武鸣县
水电建设					
乡(镇)办水电站个数	个	4		1	3
装机容量	千瓦	1095		320	775
发 电 量	千瓦小时	1431200		75200	1356000
村和村民小组办水电	个	21		11	10
装机容量	千瓦	1774		360	1414
发 电 量	千瓦小时	1656660		101600	1555060
农村用电量	**万千瓦小时**	**25468.08**	**9561.08**	**8897**	**7010**
农用化肥施用量					
按实物量计算	吨	528767	98873	256165	173729
氮 肥	吨	168352	25801	84027	58524
磷 肥	吨	110641	20632	61889	28120
钾 肥	吨	76864	19529	31428	25907
复合肥	吨	172910	32911	78821	61178
按折纯法计算	吨	168093	30066	80494	57533
氮 肥	吨	44775	5852	26048	12875
磷 肥	吨	17353	2923	10521	3909
钾 肥	吨	40021	9439	17914	12668
复合肥	吨	65944	11852	26011	28081
农用塑料薄膜使用量	**吨**	**2560**	**553**	**1529**	**478**
#地膜使用量	吨	2286	418	1485	383
地膜覆盖面积	公顷	53893	8801	37556	7536
农用柴油使用量	**吨**	**26708**	**10605**	**7026**	**9077**
农药使用量(按实物量计算)	**吨**	**3392**	**777**	**1584**	**1031**
灌溉情况					
有效灌溉面积	公顷	96730	25010	42140	29580
#实灌面积	公顷	58460	11570	19940	26950
旱涝保收面积	公顷	83550	20620	38090	24840
机电排灌面积	公顷	33660	13260	17140	3260
机电井	眼	621	140	212	269

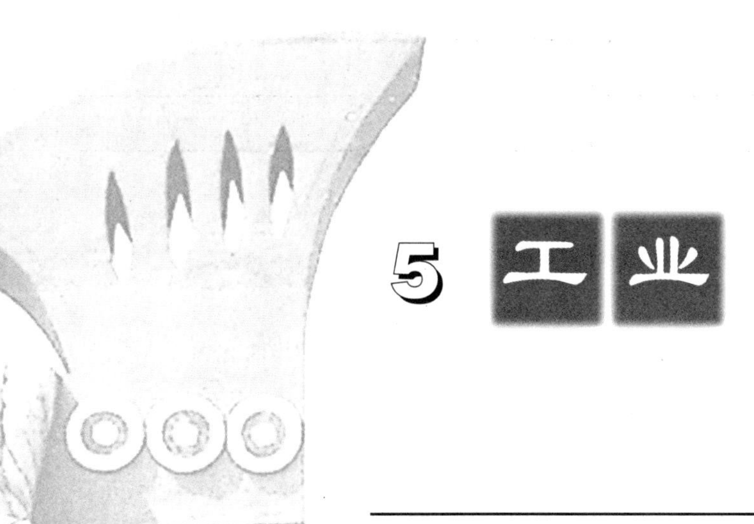

5 工业

CHAPTER 5　INDUSTRY

5-1 全市主要年份工业总产值

（按当年价格计算）

单位：万元

年份	全部工业总产值	轻工业	重工业	乡及乡以上工业总产值	国有工业	集体工业
1950	767	704	63	238	37	201
1965	26370	17413	8957	23595	19842	3753
1978	111437	68785	42652	110979	91689	18287
1980	129920	94843	35077	128638	106710	21401
1985	216221	149483	66738	209855	178446	31211
1986	247582	169834	77748	236722	204570	31570
1987	310315	211666	98649	298512	257753	38720
1988	404796	279480	125316	387247	332131	51458
1989	504021	353985	150036	488566	417319	57031
1990	549256	382516	166740	528855	453624	59995
1991	625718	419582	206136	600539	507269	65208
1992	740112	487356	252756	700243	579918	82273
1993	1005613	628765	376848	909065	719657	122451
1994	1341785	812033	529752	1171195	888611	164083
1995（旧口径）	1759443	1028078	731365	1500470	1059315	270457
1995（新口径）	1529236	891430	637806	1303224	918567	231410
1996	1581367	933535	647832	1339026	848099	307245
1997	1696837	1008391	688446	1366220	762253	348946
1998	1824639	1090345	734294	1418302	739942	358305
1999	1870681	1096428	774253	1422855	492613	325646
2000	1989447	1152637	836810	1509346	394409	294910
2001	2077239	1186494	890745	1582447	336051	284501

5-2　全市主要年份工业总产值发展速度

（按可比价计算，上年=100）　　单位：%

年　份	全部工业总产值	轻工业	重工业	乡及乡以上工业总产值	国有工业	集体工业
1951	179.98	178.26	200.00	160.90	367.57	124.89
1965	142.07	138.43	149.77	142.77	146.59	125.44
1978	108.26	105.55	112.78	108.28	108.33	108.02
1980	113.67	122.91	97.57	113.88	113.15	117.65
1985	120.02	118.37	124.61	117.46	117.01	117.77
1986	107.97	108.66	106.16	107.06	108.51	99.20
1987	117.86	115.87	123.22	116.80	116.95	112.02
1988	116.17	116.74	114.71	115.83	114.27	122.15
1989	108.34	108.34	108.33	109.19	108.99	102.03
1990	106.97	106.52	108.14	108.58	107.88	105.43
1991	111.15	105.02	126.98	109.05	107.95	109.32
1992	117.18	117.92	115.58	117.62	114.77	117.77
1993	118.72	116.20	124.22	111.43	107.39	128.09
1994	117.75	111.27	130.97	120.71	107.19	132.19
1995	116.56	106.46	134.05	106.94	104.73	146.88
1996	101.09	102.40	99.29	101.22	91.45	132.14
1997	110.77	111.86	109.23	105.91	94.66	118.64
1998	109.72	110.14	109.12	106.12	101.28	99.17
1999	107.30	105.61	109.78	104.69	68.01	94.67
2000	106.79	104.44	110.12	106.44	78.96	90.58
2001	107.84	105.46	111.05	108.66	81.63	99.03

5-3 全部工业企业单位数

(2001年) 单位:个

指标名称	全市	市区	邕宁县	武鸣县
总计	**15697**	**4973**	**4250**	**6474**
轻工业	11964	4638	3051	4275
重工业	3733	335	1199	2199
乡及乡以上工业	**1013**	**618**	**212**	**183**
按轻重工业分				
轻工业	542	356	74	112
重工业	471	262	138	71
按企业规模分				
大型企业	33	27	5	1
中型企业	33	27	3	3
小型企业	947	564	204	179
按经济类型分				
国有企业	222	153	21	48
集体企业	495	280	105	110
股份合作企业	12	6	6	
联营企业	7	2	3	2
有限责任公司	67	58	9	
股份有限公司	12	9	3	
私营企业	106	57	37	12
其他企业	2	2		
港澳台商投资企业	55	31	15	9
外商投资企业	35	20	13	2
城(镇)村及村以下工业	**14684**	**4355**	**4038**	**6291**
#集体工业	343	313	30	
私营、个体工业	14341	4042	4008	6291
按统计口径分组				
国有及年销售收入500万元以上非国有工业	**367**	**262**	**59**	**46**
按登记注册类型分组				
国有企业	148	111	16	21
集体企业	74	47	8	19
股份合作企业	2	1	1	
联营企业	2	1	1	
有限责任公司	43	38	5	
股份有限公司	8	6	2	
私营企业	38	25	13	
港澳台商投资企业	30	19	6	5
外商投资企业	22	14	7	1

单位:个

指 标 名 称	全 市	市 区	邕宁县	武鸣县
按经济组织类型分组				
独资企业	**241**	**168**	**32**	**41**
国有企业	148	111	16	21
集体企业	74	47	8	19
私营独资企业	6	3	3	
港澳台商独资经营企业	9	5	3	1
外资企业	4	2	2	
合作、合伙企业	**10**	**6**	**4**	
股份合作企业	2	1	1	
集体联营企业	2	1	1	
私营合伙企业	2		2	
港澳台资合作经营企业	1	1		
中外合作经营企业	3	3		
股份有限公司	**8**	**6**	**2**	
股份有限公司（内资）	8	6	2	
有限责任公司	**108**	**82**	**21**	**5**
国有独资公司	7	7		
私营有限责任公司	30	22	8	
港澳台合资经营企业	20	13	3	4
中外合资经营企业	15	9	5	1
其他有限责任公司	36	31	5	
总计中：国有控股企业	177	135	19	23
总计中：农村工业	32	11	3	18
总计中：轻工业	211	162	25	24
重工业	156	100	34	22
总计中：大型企业	33	27	5	1
中型企业	33	27	3	3
小型企业	301	208	51	42
年销售收入500万元以下非国有工业	**15209**	**4659**	**4183**	**6367**
#轻工业	11691	4453	3023	4215
重工业	3518	206	1160	2152
#集体企业	735	537	126	72
股份合作企业	18	13	5	
私营企业	395	130	34	231
联营企业	18	13	4	1
个体经营	13941	3887	3993	6061
外商及港澳台商投资企业	32	18	13	1
其他企业	70	61	8	1
#农村工业	13000	2525	4116	6359
附营工业	**121**	**52**	**8**	**61**
轻工业	62	23	3	36
重工业	59	29	5	25

5-4 全部工业总产值

(2001年,按当年价格计算) 单位:万元

指标名称	全市	市区	邕宁县	武鸣县
总计	**2077239**	**1467084**	**338118**	**272036**
轻轻工业	1186494	934481	146940	105073
重工业	890745	532604	191178	166963
乡及乡以上工业	**1582447**	**1222866**	**240591**	**118989**
按轻重工业分				
轻工业	889590	730943	103405	55241
重工业	692857	491923	137186	63748
按企业规模分				
大型企业	604648	523496	80168	984
中型企业	191565	153884	20075	17606
小型企业	786234	545486	140348	100400
按经济类型分				
国有企业	336051	287298	15712	33041
集体企业	284501	161203	58839	64459
股份合作企业	10088	3675	6413	
联营企业	3555	1593	1744	218
有限责任公司	393537	380960	12577	
股份有限公司	191182	162499	28682	
私营企业	142542	99138	37442	5962
其他企业	1373	1373		
港澳台商投资企业	88383	54865	19442	14077
外商投资企业	131236	70263	59742	1232
城(镇)村及村以下工业	**494792**	**244218**	**97527**	**153047**
#集体工业	46713	40212	6501	
私营、个体工业	448080	204006	91026	153047
国有及年销售收入500万元以上非国有工业	**1337751**	**1093949**	**173070**	**70732**
按登记注册类型分组				
国有企业	274421	238560	8662	27199
集体企业	156773	115076	12962	28735
股份合作企业	6903	2763	4140	
联营企业	2398	1498	900	
有限责任公司	380506	368468	12039	
股份有限公司	189503	161055	28448	
私营企业	117067	86051	31016	
港澳台商投资企业	81894	52221	16044	13629
外商投资企业	128285	68256	58859	1170
按经济组织类型分组				
独资企业	**485561**	**394440**	**34121**	**57000**
国有企业	274421	238560	8662	27199

指 标 名 称	全 市	市 区	邕宁县	武鸣县
集体企业	156773	115076	12962	28735
私营独资企业	16282	13564	2718	
港澳台商独资经营企业	15855	6421	8368	1066
外资企业	22230	20818	1411	
合作、合伙企业	**24176**	**12408**	**11768**	
股份合作企业	6903	2763	4140	
集体联营企业	2398	1498	900	
私营合伙企业	6727		6727	
港澳台资合作经营企业	1827	1827		
中外合作经营企业	6320	6320		
股份有限公司	**189503**	**161055**	**28448**	
股份有限公司（内资）	189503	161055	28448	
有限责任公司	**638511**	**526045**	**98734**	**13733**
国有独资公司	151063	151063		
私营有限责任公司	94058	72487	21571	
港澳台合资经营企业	64212	43973	7676	12563
中外合资经营企业	99735	41117	57448	1170
其他有限责任公司	229444	217405	12039	
总计中：国有控股企业	694135	624227	38715	31193
总计中：农村工业	52006	15967	7918	28121
总计中：轻工业	784188	663609	89989	30590
重工业	553563	430340	83081	40142
总计中：大型企业	604648	523496	80168	984
中型企业	191565	153884	20075	17606
小型企业	541538	416568	72827	52143
年销售收入500万元以下非国有工业	**669653**	**323374**	**156359**	**189920**
#轻工业	371372	248173	55021	68179
重工业	298280	75201	101338	121741
#集体企业	170201	85414	52365	32422
股份合作企业	5476	3204	2273	
私营企业	90759	28241	8973	53546
联营企业	3210	1767	1283	160
个体经营	371228	180537	87047	103643
外商及港澳台商投资企业	7141	4361	2653	127
其他企业	21638	19850	1765	22
#农村工业	500472	175512	139898	185063
附营工业	**69835**	**49762**	**8690**	**11384**
轻工业	30933	22699	1930	6304
重工业	38902	27063	6760	5080

5-5 全部工业总产值

(2001年,按1990年不变价格计算)　　单位:万元

指标名称	全市	市区	邕宁县	武鸣县
总计	**1847761**	**1347147**	**279770**	**220844**
轻轻工业	1038047	833378	118281	86388
重工业	809713	513768	161489	134456
乡及乡以上工业	**1418565**	**1122894**	**199073**	**96598**
按轻重工业分				
轻工业	781437	652672	81448	47317
重工业	637128	470222	117624	49281
按企业规模分				
大型企业	537501	473796	61628	2077
中型企业	184808	155026	15694	14089
小型企业	696255	494072	121751	80432
按经济类型分				
国有企业	277457	243766	9901	23790
集体企业	245910	144447	51245	50218
股份合作企业	10759	4280	6479	
联营企业	3584	1486	1944	155
有限责任公司	365561	354863	10698	
股份有限公司	181862	157053	24809	
私营企业	133248	92653	34583	6012
其他企业	1400	1400		
港澳台商投资企业	85496	53093	17339	15064
外商投资企业	113289	69855	42076	1358
城(镇)村及村以下工业	**429196**	**224253**	**80697**	**124247**
#集体工业	41694	36032	5662	
私营、个体工业	387502	188221	75035	124247
国有及年销售收入500万元以上非国有工业	**1210975**	**1012684**	**139980**	**58311**
按登记注册类型分组				
国有企业	234258	209157	5031	20070
集体企业	135290	102319	10611	22360
股份合作企业	7307	3167	4140	
联营企业	2480	1391	1090	
有限责任公司	353191	343009	10182	
股份有限公司	180288	155710	24577	
私营企业	109205	80037	29168	
港澳台商投资企业	78622	50102	13935	14585
外商投资企业	110335	67792	41246	1296
按经济组织类型分组				
独资企业	**409475**	**338307**	**27651**	**43516**
国有企业	234258	209157	5031	20070

单位:万元

指标名称	全市	市区	邕宁县	武鸣县
集体企业	135290	102319	10611	22360
私营独资企业	12675	9953	2722	
港澳台商独资经营企业	15428	6469	7872	1086
外资企业	11824	10409	1415	
合作、合伙企业	**23062**	**11105**	**11957**	
股份合作企业	7307	3167	4140	
集体联营企业	2480	1391	1090	
私营合伙企业	6727		6727	
港澳台资合作经营企业	1827	1827		
中外合作经营企业	4720	4720		
股份有限公司	**180288**	**155710**	**24577**	
股份有限公司（内资）	180288	155710	24577	
有限责任公司	**598151**	**507562**	**75794**	**14795**
国有独资公司	128839	128839		
私营有限责任公司	89803	70084	19719	
港澳台合资经营企业	61367	41806	6062	13499
中外合资经营企业	93790	52664	39831	1296
其他有限责任公司	224352	214170	10182	
总计中：国有控股企业	626649	568479	31259	26911
总计中：农村工业	40933	11548	7516	21869
总计中：轻工业	687828	592108	69648	26071
重工业	523148	420576	70332	32239
总计中：大型企业	537501	473796	61628	2077
中型企业	184808	155026	15694	14089
小型企业	488666	383862	62658	42145
年销售收入500万元以下非国有工业	**586577**	**299229**	**133281**	**154067**
#轻工业	325301	223093	46900	55308
重工业	261276	76136	86381	98759
#集体企业	149086	78149	44636	26301
股份合作企业	4797	2860	1937	
私营企业	79500	28414	7648	43437
联营企业	2812	1588	1094	130
个体经营	325174	166897	74200	84077
外商及港澳台商投资企业	6256	3891	2262	103
其他企业	18953	17430	1505	18
#农村工业	438385	169009	119250	150126
附营工业	**50208**	**35234**	**6508**	**8466**
轻工业	24919	18177	1732	5009
重工业	25290	17056	4776	3457

5-6 全市工业总产值分行业情况（地方口径）

(2001年)　　单位:万元

指　标　名　称	单位数（个）	工业总产值			工业销售产值（当年价）	出口交货值
		1990年不变价	当年价	新产品产值		
总计	1013	1418565	1582447	115005	1514667	49159
按登记注册类型分组:						
内资企业	923	1219780	1362828	107593	1299168	22364
国有企业	222	277457	336051	25940	316446	14308
中央企业	7	28374	42216		42701	515
地方企业	215	249083	293835	25940	273744	13793
集体企业	495	245910	284501	696	273944	4234
股份合作企业	12	10759	10088	1713	7624	
联营企业	7	3584	3555		3575	
#国有联营企业	2	155	218		250	
集体联营企业	3	2835	2732		2732	
有限责任公司	67	365561	393537	44989	383409	2901
#国有独资公司	9	131019	153316	235	155738	688
股份有限公司	12	181862	191182	25779	184125	701
私营企业	106	133248	142542	8467	128952	220
其他企业	2	1400	1373	10	1093	
港澳台商投资企业	55	85496	88383	6921	85838	13935
外商投资企业	35	113289	131236	491	129661	12860
按经济组织类型分组						
独资企业	769	572597	684540	26636	652986	22901
#国有企业	222	277457	336051	25940	316446	14308
集体企业	495	245910	284501	696	273944	4234
合作、合伙企业	46	33798	35316	1723	32433	166
股份有限公司	13	181879	191198	25779	184141	701
有限责任公司	185	630291	671392	60867	645107	25391
总计中：亏损企业	358	338576	352055	5281	336644	22846
国有控股企业	279	682593	768762	61467	742662	18031
农村工业	233	111013	135511		126722	2103
总计中：轻工业	542	781437	889590	35493	857231	28894
以农产品为原料	396	626700	739302	26589	714513	19318
以非农产品为原料	146	154737	150287	8904	142718	9576
重工业	471	637128	692857	79512	657436	20266
采掘工业	34	29375	40091		36318	
原料工业	119	252039	276091	9605	272008	9314
加工工业	318	355714	376675	69907	349110	10951
合计中：特大型企业	1	86499	93806		92462	
大一型企业	7	146772	162532	5291	159034	2125

单位:万元

指标名称	单位数(个)	工业总产值			工业销售产值(当年价)	
		1990年不变价	当年价	新产品		出口交货值
大二型企业	25	304231	348311	52602	339788	9545
中一型企业	13	81782	77673	7026	75053	8113
中二型企业	20	103026	113892	5360	109272	1472
小型企业	947	696255	786234	44726	739059	27904
按工业行业大类分						
煤炭采选业	3	2388	4493		4538	
黑色金属矿采选业	3	177	194		323	
有色金属矿采选业	5	2497	3371		3423	
非金属矿采选业	20	16390	20684		19701	
木材及竹材采运业	3	7922	11350		8332	
食品加工业	78	260874	334515	62	319308	1182
食品制造业	73	75134	77554	16226	73755	8516
饮料制造业	24	32399	44070	123	43511	515
烟草加工业	3	86425	106879		110627	
纺织业	13	27523	27189	3698	25349	56
服装及其他纤维制品制造业	22	6826	8608		8745	3154
皮革、毛皮、羽绒及其制品业	8	446	438		338	9
木材加工及竹、藤、棕、草制品业	36	42047	45696		44609	2826
家具制造业	11	3958	4332		4290	
造纸及纸制品业	54	61445	59605		57260	
印刷业	73	32821	38577	2153	38577	
文教体育用品制造业	1	42	42		37	
石油加工及炼焦业	7	6589	7461		7186	
化学原料及化学制品制造业	85	128940	132454	6722	127974	4119
医药制造业	41	63845	58527	9648	51133	2033
化学纤维制造业	3	18875	10201		10517	
橡胶制品业	4	10008	8758	1854	7270	145
塑料制品业	40	30925	31176	11	31277	2062
非金属矿物制品业	133	97682	119918	13443	114417	2009
黑色金属冶炼及压延加工业	4	2529	2477		2564	273
有色金属冶炼及压延加工业	5	57609	52018	6363	51219	3782
金属制品业	51	59328	67924	104	64487	385
普通机械制造业	31	41194	49494	7003	42870	3697
专用设备制造业	40	47836	51462	15958	47503	4168
交通运输设备制造业	60	61081	49246	8958	48278	7535
电气机械及器材制造业	22	64785	66890	16125	61506	
电子及通信设备制造业	9	18472	16924	6555	15021	1125
仪器仪表及文化、办公用机械制造业	6	3441	2302		2056	20
其他制造业	11	14320	12031		11120	1548
电力、蒸汽、热水的生产和供应业	16	25633	38245		38200	
自来水的生产和供应业	15	6161	17344		17344	

5-7 市区工业总产值分行业情况（地方口径）

(2001年)

单位:万元

指标名称	单位数(个)	工业总产值			工业销售产值(当年价)	出口交货值
		1990年不变价	当年价	新产品		
总计	**618**	**1122894**	**1222866**	**99574**	**1168574**	**35388**
按登记注册类型分组:						
内资企业	567	999947	1097739	92163	1044389	17679
国有企业	153	243766	287298	25940	268078	13597
中央企业	6	28367	42209		42694	515
地方企业	147	215399	245089	25940	225384	13082
集体企业	280	144447	161203	696	155688	1175
股份合作企业	6	4280	3675	1713	3628	
联营企业	2	1486	1593		1593	
#集体联营企业	1	1391	1498		1498	
有限责任公司	58	354863	380960	44989	372198	2901
#国有独资公司	9	131019	153316	235	155738	688
股份有限公司	9	157053	162499	10348	155942	
私营企业	57	92653	99138	8467	86170	6
其他企业	2	1400	1373	10	1093	
港、澳、台商投资企业	31	53093	54865	6921	54467	5867
外商投资企业	20	69855	70263	491	69718	11842
按经济组织类型分组						
独资企业	452	416359	490680	26636	465501	15785
#国有企业	153	243766	287298	25940	268078	13597
集体企业	280	144447	161203	696	155688	1175
合作、合伙企业	22	15108	16385	1723	16138	52
股份有限公司	9	157053	162499	10348	155942	
有限责任公司	135	534374	553301	60867	530994	19552
总计中：亏损企业	256	252186	252310	5281	244644	18844
国有控股企业	188	610060	679716	46036	654309	14554
农村工业	65	19294	25070		23784	125
总计中：轻工业	356	652672	730943	20063	704477	21633
以农产品为原料	250	509679	594071	11158	575390	14113
以非农产品为原料	106	142993	136872	8904	129087	7520
重工业	262	470222	491923	79512	464097	13756
采掘工业	16	12423	18042		14916	
原料工业	41	174659	177637	9605	174483	4844
加工工业	205	283141	296244	69907	274698	8912
合计中：特大型企业	1	86499	93806		92462	
大一型企业	6	135263	148782	5291	145627	2125

单位:万元

指标名称	单位数(个)	工业总产值			工业销售产值(当年价)	出口交货值
		1990年不变价	当年价	新产品		
大二型企业	20	252034	280908	37172	274691	7296
中一型企业	13	81782	77673	7026	75053	8113
中二型企业	14	73244	76212	5360	73274	1472
小型企业	564	494072	545486	44726	507467	16382
按工业行业大类分						
煤炭采选业	2	1980	3829		3867	
黑色金属矿采选业	1	114	114		114	
有色金属矿采选业	2	665	1114		1098	
非金属矿采选业	9	1751	1650		1521	
木材及竹材采运业	2	7913	11335		8318	
食品加工业	57	225838	284435	62	269709	1111
食品制造业	32	39125	35681	795	33931	8302
饮料制造业	9	26083	35918	123	35488	515
烟草加工业	2	86418	106871		110620	
纺织业	8	26611	25657	3698	23981	56
服装及其他纤维制品制造业	15	3816	4961		5108	1416
皮革、毛皮、羽绒及其制品业	5	311	359		274	
木材加工及竹、藤、棕、草制品业	13	20843	20414		20419	2271
家具制造业	6	2577	2745		2721	
造纸及纸制品业	26	39401	35698		34892	
印刷业	65	31895	37515	2153	37606	
石油加工及炼焦业	5	5635	6507		6460	
化学原料及化学制品制造业	38	87720	84121	6722	79159	1061
医药制造业	32	56167	50961	9648	43943	525
化学纤维制造业	2	18813	10139		10455	
橡胶制品业	4	10008	8758	1854	7270	145
塑料制品业	31	27857	28275	11	27966	6
非金属矿物制品业	51	38093	45811	13443	43563	1274
黑色金属冶炼及压延加工业	3	2072	1959		1944	
有色金属冶炼及压延加工业	5	57609	52018	6363	51219	3782
金属制品业	36	41544	50277	104	48297	385
普通机械制造业	26	34844	43148	7003	38472	2909
专用设备制造业	32	44692	48009	15958	44002	4076
交通运输设备制造业	55	60753	48818	8958	47847	7535
电气机械及器材制造业	22	64785	66890	16125	61506	
电子及通信设备制造业	6	17179	15704	6555	13637	
仪器仪表及文化、办公用机械制造业	5	3409	2270		2030	20
其他制造业	8	7721	4719		4952	
电力、蒸汽、热水的生产和供应业	1	23231	31341		31341	
自来水的生产和供应业	2	5422	14847		14847	

5-8 邕宁县工业总产值分行业情况（地方口径）

(2001年)　　单位:万元

指标名称	单位数(个)	工业总产值 1990年不变价	工业总产值 当年价	工业总产值 新产品	工业销售产值(当年价)	出口交货值
总　计	**212**	**199073**	**240591**	**15431**	**231629**	**13616**
按登记注册类型分组:						
内资企业	184	139658	161408	15431	153706	4530
国有企业	21	9901	15712		15138	556
地方企业	21	9901	15712		15138	556
集体企业	105	51245	58839		56422	3059
股份合作企业	6	6479	6413		3997	
联营企业	3	1944	1744		1733	
#集体联营企业	2	1445	1234		1234	
有限责任公司	9	10698	12577		11211	
股份有限公司	3	24809	28682	15431	28183	701
私营企业	37	34583	37442		37023	214
港、澳、台商投资企业	15	17339	19442		18980	8067
外商投资企业	13	42076	59742		58943	1019
按经济组织类型分组						
独资企业	147	75737	89886		86114	6962
国有企业	21	9901	15712		15138	556
集体企业	105	51245	58839		56422	3059
合作、合伙企业	20	17774	18034		15419	114
股份有限公司	4	24827	28699	15431	28199	701
有限责任公司	41	80735	103972		101897	5839
总计中：亏损企业	73	68754	77579		71146	4001
国有控股企业	39	41748	51794	15431	51018	3322
农村工业	81	45188	50289		45233	1978
总计中：轻工业	74	81448	103405	15431	99980	7261
以农产品为原料	59	76995	97873	15431	94202	5205
以非农产品为原料	15	4454	5532		5778	2056
重工业						
原料工业	52	64674	80469		79934	4316
加工工业	76	45787	48126		43873	2039

5-8续表 单位:万元

指标名称	单位数(个)	工业总产值 1990年不变价	工业总产值 当年价	工业总产值 当年价 新产品	工业销售产值(当年价)	出口交货值
总计中:大一型企业	1	11509	13749		13407	
大二型企业	4	50120	66419	15431	64088	2249
中二型企业	3	15694	20075		19125	
小型企业	204	121751	140348		135008	11367
按工业行业大类分						
煤炭采选业	1	408	664		672	
黑色金属矿采选业	1	50	58		116	
非金属矿采选业	8	6705	7870		7054	
食品加工业	9	26140	38446		37479	71
食品制造业	6	18263	19020	15431	18726	214
饮料制造业	6	3061	4780		4995	
纺织业	3	466	550		586	
服装及其他纤维制品制造业	3	2728	3341		3341	1738
皮革、毛皮、羽绒及其制品业	2	112	56		41	9
木材加工及竹、藤、棕、草制品业	12	19086	22853		21791	556
家具制造业	3	723	929		911	
造纸及纸制品业	17	14934	18305		17155	
印刷业	3	648	717		634	
文教体育用品制造业	1	42	42		37	
石油加工及炼焦业	2	954	954		726	
化学原料及化学制品制造业	35	25064	28096		28768	2903
医药制造业	4	2005	2009		1832	1508
塑料制品业	3	2230	2214		2643	2056
非金属矿物制品业	54	40221	49562		48167	735
黑色金属冶炼及压延加工业	1	456	518		620	273
金属制品业	11	16160	16056		14843	
普通机械制造业	5	6349	6346		4399	788
专用设备制造业	6	2458	2565		2435	92
交通运输设备制造业	2	178	278		278	
电子及通信设备制造业	2	1275	1202		1366	1125
仪器仪表及文化、办公用机械制造业	1	32	32		26	
其他制造业	3	6598	7312		6168	1548
电力、蒸汽、热水的生产和供应业	4	1393	4392		4398	
自来水的生产和供应业	4	335	1425		1425	

5-9 武鸣县工业总产值分行业情况（地方口径）

(2001年) 单位:万元

指标名称	单位数(个)	工业总产值 1990年不变价	工业总产值 当年价	新产品	工业销售产值(当年价)	出口交货值
总计	**183**	**96598**	**118989**		**114464**	**155**
按登记注册类型分组:						
内资企业	172	80175	103681		101073	155
国有企业	48	23790	33041		33229	155
中央企业	1	7	7		7	
地方企业	47	23783	33034		33222	155
集体企业	110	50218	64459		61834	
联营企业	2	155	218		250	
#国有联营企业	2	155	218		250	
私营企业	12	6012	5962		5760	
港、澳、台商投资企业	9	15064	14077		12391	
外商投资企业	2	1358	1232		1000	
按经济组织类型分组						
独资企业	170	80501	103974		101371	155
国有企业	48	23790	33041		33229	155
集体企业	110	50218	64459		61834	
合作、合伙企业	4	915	897		876	
有限责任公司	9	15182	14118		12217	
总计中：亏损企业	29	17636	22165		20854	
国有控股企业	52	30786	37253		37334	155
农村工业	87	46532	60152		57706	
总计中：轻工业	112	47317	55241		52774	
以农产品为原料	87	40027	47358		44921	
以非农产品为原料	25	7290	7883		7853	
重工业	71	49281	63748		61690	155
采掘工业	8	9789	13458		13560	

5-9续表 单位:万元

指标名称	单位数(个)	工业总产值 1990年不变价	工业总产值 当年价	工业总产值 新产品	工业销售产值(当年价)	出口交货值
原料工业	26	12706	17985		17590	155
加工工业	37	26786	32305		30540	
总计中：大二型企业	1	2077	984		1008	
中二型企业	3	14089	17606		16873	
小型企业	179	80432	100400		96583	155
按工业行业大类分						
黑色金属矿采选业	1	13	22		93	
有色金属矿采选业	3	1832	2257		2326	
非金属矿采选业	3	7935	11164		11127	
木材及竹材采运业	1	9	14		14	
食品加工业	12	8896	11635		12120	
食品制造业	35	17746	22854		21098	
饮料制造业	9	3254	3372		3028	
烟草加工业	1	7	7		7	
纺织业	2	446	982		783	
服装及其他纤维制品制造业	4	282	306		296	
皮革、毛皮、羽绒及其制品业	1	23	24		24	
木材加工及竹、藤、棕、草制品业	11	2118	2429		2399	
家具制造业	2	658	658		658	
造纸及纸制品业	11	7111	5601		5214	
印刷业	5	279	346		338	
化学原料及化学制品制造业	12	16157	20237		20046	155
医药制造业	5	5674	5557		5359	
化学纤维制造业	1	62	62		62	
塑料制品业	6	838	687		669	
非金属矿物制品业	28	19368	24545		22687	
金属制品业	4	1624	1591		1348	
专用设备制造业	2	687	889		1066	
交通运输设备制造业	3	150	150		154	
电子及通信设备制造业	1	18	18		18	
电力、蒸汽、热水的生产和供应业	11	1008	2512		2461	
自来水的生产和供应业	9	405	1072		1072	

5-10 主要工业产品产量

(2001年)

产品名称	单位	全市	市区	邕宁县	武鸣县
原煤	吨	313458	276057	37401	
木材	立方米	341428	200008	89866	51554
大米	吨	170621	32402	61946	76273
配混合饲料	吨	910261	757163	138596	14502
食用植物油	吨	9094	4021	874	4199
机制糖	吨	326839	297296	11122	18421
方便主食品	吨	7092	7092		
方便面	吨	6432	6432		
罐头	吨	10400	7541	150	2709
味精	吨	10723	10723		
酱油	吨	6612	6265		347
淀粉	吨	165103	17985	43584	103534
饮料酒	吨	101792	76176	14783	10833
白酒	吨	25616		14783	10833
啤酒	吨	76176	76176		
软饮料	吨	48384	48225		159
卷烟	箱	350000	350000		
纱	吨	14492	14492		
布	万米	1037	937	56	43
服装	万件	287	227	58	2
轻革	平方米	49221	49221		
锯材	立方米	25003			25003
人造板	立方米	239957	130278	109679	
家具	件	235242	67441	149683	18118
纸浆	吨	108998	105479		3519
机制纸	吨	61616	29978	28181	3457
纸制品	吨	13460	11807	1101	552
硫酸(折100%)	吨	6179		6179	
盐酸(含量31%以上)	吨	78154	78154		

5-10续表1

产品名称	单位	全市	市区	邕宁县	武鸣县
氢氧化钠(烧碱)(折100%)	吨	105297	105297		
商品液氯	吨	22084	22084		
合成氨	吨	32460	2178		30282
农用氮、磷、钾化学肥料总计(折纯)	吨	31431	528	10237	20666
氮肥(折含N 100%)	吨	28846	528	7652	20666
化学农药	吨	5468	5468		
冰醋酸	吨	2065	2065		
塑料树脂及共聚物	吨	36824	36824		
松香	吨	27267		16832	10435
中成药	吨	3822	3822		
化学纤维	吨	13816	13816		
轮胎外胎	条	141033	141033		
胶鞋	万双	528	528		
塑料制品	吨	16123	14567	180	1376
水泥	万吨	196	25	138	33
水泥排水管	吨	49838	49838		
水泥预制构件	立方米	26599	16811	9788	
砖(折标准砖)	万块	105904	71394	16261	18248
花岗石板材	平方米	33074		33074	
平板玻璃	重量箱	1889849	1889849		
日用玻璃制品	吨	43373	43373		
日用陶瓷	万件	1786	1786		
钢	吨	2403	2403		
成品钢材	吨	39373	39373		
铁合金	吨	5626	5626		
十种有色金属	吨	32708	32708		
铅	吨	10019	10019		
锑	吨	7056	7056		

5-10续表2

产品名称	单位	全市	市区	邕宁县	武鸣县
铝	吨	15633	15633		
白银	千克	26846	26846		
铝材	吨	9297	9297		
钢钉	吨	4973	4973		
焊条	吨	3864	3864		
起重设备	吨	8024	8024		
铸件	吨	3600	3600		
小型拖拉机	台	65588	65557		31
摩托车	辆	5275	5275		
发电设备	千瓦	44350	44350		
交流电动机	千瓦	6635	6635		
变压器	千伏安	394592	394592		
通讯电缆	公里	3399	3399		
电线	公里	32715	32715		
钢芯铝绞线	吨	11387	11387		
家用电风扇	台	186986	186986		
灯具	万只	254	254		
微型电子计算机	部	7239	7239		
半导体集成电路	万块	22	22		
电子元件	万只	1288		1288	
台秤	台	8262	8262		
表	只	443736	443736		
伞	把	214207	214207		
发电量	万千瓦小时	28123	15016	6491	6616
火电	万千瓦小时	18991	15016	3975	
水电	万千瓦小时	9133		2516	6616
供电量	万千瓦小时	875829	822285	32609	20935
自来水生产量	万吨	23374	20865	1127	1382

5-11 全市独立核算工业企业主要财务状况 （地方口径）

(2001年)

单位:万元

指标名称	单位数(个)	亏损企业	工业总产值(不变价)	工业总产值(当年价)	工业销售产值(当年价)	工业增加值(当年价)
总计	**892**	**362**	**1368357**	**1512611**	**1453076**	**515334**
市区	566	256	1087661	1173105	1126631	402121
邕宁县	204	77	192565	231902	222880	77952
武鸣县	122	29	88131	107605	103565	35261
按登记注册类型分组:						
内资企业	809	321	1171741	1295327	1240316	452793
国有企业	154	84	235116	275287	263918	119173
中央企业	4	3	24456	32538	32672	35200
地方企业	150	81	210660	242749	231246	83973
集体企业	466	162	242439	280261	269897	86425
股份合作企业	11	6	10743	10069	7604	3020
联营企业	6	3	3518	3497	3517	1229
#国有联营企业	1	1	89	160	192	61
集体联营企业	3		2835	2732	2732	947
有限责任公司	66	27	365519	393495	383368	139401
#国有独资公司	9	5	131019	153316	155738	69902
股份有限公司	12	5	181862	191182	184125	60144
私营企业	92	34	131145	140164	126794	42968
其他企业	2		1400	1373	1093	434
港、澳、台商投资企业	49	22	83389	86110	83162	25227
外商投资企业	34	19	113227	131174	129599	37314
按经济组织类型分组						
独资企业	662	266	525743	618271	595248	223704
#国有企业	154	84	235116	275287	263918	119173
集体企业	466	162	242439	280261	269897	86425
合作、合伙企业	40	17	32679	34093	31287	10320
股份有限公司	13	5	181879	191198	184141	60146
有限责任公司	177	74	628055	669049	642400	221165
总计中：亏损企业	362	362	346719	359233	343880	82707
国有控股企业	209	102	638498	706054	687703	273252
农村工业	231	57	110764	135100	126331	41436
总计中：轻工业	480	197	756518	858656	830935	295789
以农产品为原料	348	144	606185	713052	693242	243403
以非农产品为原料	132	53	150333	145604	137694	52386
重工业	412	165	611838	653955	622141	219545
采掘工业	29	15	20674	28018	27304	9889
原料工业	101	34	244569	265374	262153	105861
加工工业	282	116	346596	360564	332684	103796

单位：万元

指 标 名 称	单位数(个)	亏损企业	工业总产值(不变价)	工业总产值(当年价)	工业销售产值(当年价)	工业增加值(当年价)
总计中：特大型企业	1		86499	93806	92462	37216
大一型企业	7	4	146772	162532	159034	51410
大二型企业	25	10	304231	348311	339788	144221
中一型企业	13	6	81782	77673	75053	24162
中二型企业	20	8	103026	113892	109272	27757
小型企业	826	334	646047	716399	677468	230568
按工业行业大类分						
煤炭采选业	3	2	2388	4493	4538	2620
黑色金属矿采选业	3	3	177	194	323	38
有色金属矿采选业	5	2	2497	3371	3423	1092
非金属矿采选业	18	8	15611	19960	19020	6139
食品加工业	65	26	255151	325853	315357	104438
食品制造业	63	19	72645	74580	70960	19398
饮料制造业	21	7	32153	43860	43301	9454
烟草加工业	2		86418	106871	110620	70840
纺织业	12	10	27418	27116	25332	7485
服装及其他纤维制品制造业	20	11	6745	8527	8675	2832
皮革、毛皮、羽绒及其制品业	8	5	446	438	338	152
木材加工及竹、藤、棕、草制品业	30	5	37275	39387	38724	11934
家具制造业	11	2	3958	4332	4290	1381
造纸及纸制品业	50	23	60926	59051	56730	3622
印刷业	61	28	21601	25016	25023	9738
文教体育用品制造业	1	1	42	42	37	13
石油加工及炼焦业	6	3	6345	7217	7186	1231
化学原料及化学制品制造业	80	25	126508	129026	124689	31859
医药制造业	40	10	63714	58367	50935	23198
化学纤维制造业	2	1	18813	10139	10455	1249
橡胶制品业	4		10008	8758	7270	3051
塑料制品业	34	19	28929	29262	28923	9026
非金属矿物制品业	116	53	95268	116805	111478	39584
黑色金属冶炼及压延加工业	4	3	2529	2477	2564	908
有色金属冶炼及压延加工业	5	1	57609	52018	51219	16448
金属制品业	45	20	55084	58086	54418	16556
普通机械制造业	30	14	40034	48333	41580	14244
专用设备制造业	38	15	47151	50291	46331	9753
交通运输设备制造业	48	22	60227	48200	47232	14884
电气机械及器材制造业	22	8	64785	66890	61506	18832
电子及通信设备制造业	8	3	18454	16906	15003	6556
仪器仪表及文化、办公用机械制造业	6	4	3441	2302	2056	1015
其他制造业	10	8	12727	10198	9287	3447
电力、蒸汽、热水的生产和供应业	6		25121	36904	36910	40930
自来水的生产和供应业	15	1	6161	17344	17344	11390

5-11续表1

单位:万元

指标名称	资产合计	流动资产小计	存货	产成品	流动资产年平均余额	长期投资	固定资产小计
总计	**2700669**	**905142**	**290834**	**114501**	**899402**	**73236**	**1526233**
市区	2219460	742109	237335	91471	735660	66133	1268370
邕宁县	342774	121915	40373	14816	121249	3263	173966
武鸣县	138435	41118	13127	8214	42493	3840	83897
按登记注册类型分组:							
内资企业	2267604	768713	249212	101530	758579	69224	1279085
国有企业	980197	270357	71535	33736	276215	45606	602699
中央企业	341379	63907	1259	503	56305		277472
地方企业	638818	206450	70276	33233	219910	45606	325227
集体企业	221018	103755	35009	19272	109665	3401	102745
股份合作企业	6033	3550	1475	836	3999	134	1609
联营企业	2654	1453	391	133	880		1160
#国有联营企业	167	89	14		92		69
集体联营企业	2331	1296	355	131	750		1003
有限责任公司	654136	219497	95077	32841	203067	9544	371824
#国有独资公司	351813	80812	50003	12248	70866	5118	260808
股份有限公司	296965	119983	27618	8029	121169	8628	157293
私营企业	102736	49190	17749	6347	42624	1873	38857
其他企业	3866	929	358	335	961	39	2898
港、澳、台商投资企业	166577	73844	19554	7432	78032	3614	64427
外商投资企业	266488	62585	22068	5539	62790	398	182721
按经济组织类型分组							
独资企业	1336602	398959	120053	57165	410785	49139	802788
#国有企业	980197	270357	71535	33736	276215	45606	602699
集体企业	221018	103755	35009	19272	109665	3401	102745
合作、合伙企业	41568	17961	6074	2329	19456	552	18781
股份有限公司	297027	120003	27627	8029	121171	8628	157335
有限责任公司	1025471	368219	137081	46978	347990	14917	547328
总计中:亏损企业	1043448	273185	107729	45173	288968	38718	646478
国有控股企业	1782937	531679	165141	60715	526382	61744	1091274
农村工业	88671	32629	10160	6198	29579	254	51278
总计中:轻工业	1421306	444468	163890	55746	442230	27154	822575
以农产品为原料	1136180	354777	134006	40376	355150	16556	693166
以非农产品为原料	285126	89692	29884	15371	87080	10598	129409
重工业	1279363	460673	126944	58755	457172	46082	703657
采掘工业	46670	11431	2734	2159	12659	852	33636
原料工业	771591	209611	38046	14647	199791	30457	498383
加工工业	461103	239632	86164	41949	244721	14773	171639

单位：万元

指 标 名 称	资产合计	流动资产小计	存货	产成品	流动资产年平均余额	长期投资	固定资产小计
总计中：特大型企业	120625	40217	6947	1891	48086	791	76855
大一型企业	789403	153666	23678	4912	146220	9670	614540
大二型企业	567389	212620	92575	29287	193888	18743	281496
中一型企业	105508	45198	14926	7441	45949	2126	55156
中二型企业	145656	71845	30106	16485	67732	2086	69048
小型企业	972088	381595	122602	54484	397526	39820	429137
按工业行业大类分							
煤炭采选业	28159	4447	784	411	5302	338	23360
黑色金属矿采选业	1632	543	181	120	508	54	519
有色金属矿采选业	2401	1066	23	21	1141	322	876
非金属矿采选业	14477	5375	1747	1608	5709	138	8881
食品加工业	280231	110965	26921	6799	118509	3357	153162
食品制造业	189545	58871	20185	8094	50211	5746	105860
饮料制造业	113152	16709	7285	2330	17439	981	89227
烟草加工业	113511	56046	33103	4468	43816	4751	47989
纺织业	51535	25827	11916	6141	23552	13	18407
服装及其他纤维制品制造业	13462	5764	2350	1006	16266	716	6035
皮革、毛皮、羽绒及其制品业	8350	1808	1030	523	1712	2	4114
木材加工及竹、藤、棕、草制品业	63660	26226	5365	1173	24231	9	36043
家具制造业	5726	1790	641	330	1823	159	1840
造纸及纸制品业	255748	31568	13431	2788	36548	334	216727
印刷业	51220	18564	5715	2420	19949	171	27257
文教体育用品制造业	104	28	20	20			76
石油加工及炼焦业	2862	2165	1243	505	2160		544
化学原料及化学制品制造业	201683	81164	19785	10109	80183	29094	85629
医药制造业	110273	51669	15602	8064	46579	1421	30182
化学纤维制造业	2233	2197	1845	995	2878		36
橡胶制品业	14665	5122	3111	1797	4647	63	3327
塑料制品业	29148	16792	5511	1915	16432	799	9599
非金属矿物制品业	256345	76562	20789	11344	79012	3415	142063
黑色金属冶炼及压延加工业	4590	3489	1232	756	3533		940
有色金属冶炼及压延加工业	44588	20700	8936	3444	18351	639	17110
金属制品业	34613	16942	7056	4226	18109	429	15765
普通机械制造业	67398	38362	17661	10011	39346	4423	18917
专用设备制造业	99357	49264	20939	10517	47470	464	43856
交通运输设备制造业	89841	37755	9133	2315	39850	5206	41508
电气机械及器材制造业	68233	45009	18469	7075	44436	1015	20728
电子及通信设备制造业	34603	9241	3968	650	9035	420	6532
仪器仪表及文化.办公用机械制造业	5302	3094	1698	738	2880	319	1860
其他制造业	15366	5371	2561	1789	4962	330	9124
电力、蒸汽、热水的生产和供应业	357410	66164	367		63665	392	288931
自来水的生产和供应业	69247	8483	236		9159	7717	49210

5-11续表2

单位:万元

指标名称	固定资产原价	生产经营用	累计折旧	本年折旧	固定资产净值年平均余额	无形及递延资产小计
总　计	**1813039**	**1624982**	**491828**	**61374**	**1333044**	**131531**
市　区	1473230	1333322	399183	45575	1098557	105791
邕宁县	232844	204519	63571	12669	162596	23681
武鸣县	106965	87141	29074	3131	71891	2059
按登记注册类型分组:						
内资企业	1498280	1328071	414616	43599	1097709	105556
国有企业	694473	596914	192027	14983	511911	30244
中央企业	279486	275979	61167	1820	214967	
地方企业	414987	320935	130861	13162	296944	30244
集体企业	139816	119620	43695	5102	90931	6790
股份合作企业	3031	2613	1432	130	1780	289
联营企业	1494	1288	356	59	526	14
#国有联营企业	69	50	22	3	69	
集体联营企业	1218	1036	215	42	375	12
有限责任公司	394062	364541	88810	13715	320326	47985
#国有独资公司	239796	231337	27653	3079	218119	319
股份有限公司	218266	204585	80562	7544	135468	11056
私营企业	44187	35558	7678	2061	33891	9179
其他企业	2952	2952	57	6	2876	
港、澳、台商投资企业	86673	73765	25208	3641	60001	6065
外商投资企业	228085	223147	52004	14134	175333	19910
按经济组织类型分组						
独资企业	945468	822742	252539	24163	696625	46486
#国有企业	694473	596914	192027	14983	511911	30244
集体企业	139816	119620	43695	5102	90931	6790
合作、合伙企业	26237	24608	7518	807	18215	1642
股份有限公司	218308	204600	80562	7544	135509	11056
有限责任公司	623025	573031	151209	28860	482694	72348
总计中:亏损企业	734526	663476	160353	22425	579225	63481
国有控股企业	1235437	1107919	323424	28802	932228	61129
农村工业	65641	59288	16240	2094	43893	1525
总计中:轻工业	954356	861991	244586	35327	703677	94912
以农产品为原料	798149	735739	195449	27310	595743	55266
以非农产品为原料	156207	126252	49137	8017	107934	39646
重工业	858683	762991	247242	26047	629366	36619
采掘工业	42182	27931	9409	411	28158	61
原料工业	575495	548382	151218	16562	444354	11931
加工工业	241006	186679	86616	9075	156855	24628

5-11续表2.1 单位：万元

指 标 名 称	固定资产原价	生产经营用	累计折旧	本年折旧	固定资产净值年平均余额	无形及递延资产小计
总计中：特大型企业	110243	110243	40891	2906	60199	2756
大一型企业	630980	626476	119401	11206	519896	11376
大二型企业	365718	310926	130209	21578	242971	49484
中一型企业	82740	61695	27895	3807	57974	2423
中二型企业	94717	76707	30202	3340	65378	2208
小型企业	528640	438935	143231	18537	386625	63284
按工业行业大类分						
煤炭采选业	29825	17365	6465	225	20672	6
黑色金属矿采选业	797	681	316	13	919	
有色金属矿采选业	980	973	429	12	467	
非金属矿采选业	10580	8912	2199	161	6101	55
食品加工业	209715	186815	74116	7259	123719	11248
食品制造业	129536	119553	37434	7236	88648	17099
饮料制造业	104975	97271	17959	3880	88133	6174
烟草加工业	47989	44604	12140	2700	35859	8
纺织业	23759	20566	7840	684	16394	7186
服装及其他纤维制品制造业	8778	6704	2980	295	5707	804
皮革、毛皮、羽绒及其制品业	5217	5070	1302	59	4183	1
木材加工及竹、藤、棕、草制品业	53899	53131	17969	5213	34125	1121
家具制造业	2591	2290	1167	105	2816	1896
造纸及纸制品业	199155	197184	18350	1347	184286	2612
印刷业	39846	35632	14388	2365	28509	4849
文教体育用品制造业	88	88	12	2		
石油加工及炼焦业	794	727	253	84	553	
化学原料及化学制品制造业	109720	103059	34916	3588	78518	4097
医药制造业	29166	24415	7859	1104	21298	23680
化学纤维制造业	51	51	15	5	25	
橡胶制品业	9970	8874	7643	2631	2396	6153
塑料制品业	13425	11050	4127	565	8685	1902
非金属矿物制品业	196505	159345	59460	7697	151301	11292
黑色金属冶炼及压延加工业	1459	933	600	57	841	161
有色金属冶炼及压延加工业	23958	23349	7196	1492	24052	6139
金属制品业	22255	18875	7293	631	15102	269
普通机械制造业	31200	27357	12471	880	19772	5081
专用设备制造业	53997	42471	18772	1568	35132	5443
交通运输设备制造业	41729	30460	9814	2010	32264	5274
电气机械及器材制造业	31506	25915	11699	1352	20189	1301
电子及通信设备制造业	9158	7091	2627	361	9908	1806
仪器仪表及文化.办公用机械制造业	4637	4176	2870	89	2158	30
其他制造业	12868	11187	4210	662	7840	339
电力、蒸汽、热水的生产和供应业	293106	279189	65013	2432	223865	1706
自来水的生产和供应业	59808	49620	19927	2613	38611	3785

单位：万元

指标名称	负债合计	流动负债	长期负债	所有者权益合计	实收资本	国家资本	集体资本
总　　计	**1815456**	**1077136**	**738319**	**885213**	**644704**	**296434**	**55131**
市　区	1501300	860212	641088	718160	525306	267261	39339
邕宁县	220609	157783	62826	122165	95743	17730	10085
武鸣县	93547	59141	34405	44888	23655	11443	5707
按登记注册类型分组：							
内资企业	1559198	898126	661072	708406	441706	270825	48794
国有企业	724702	373019	351683	255495	131388	127316	655
中央企业	341356	63165	278191	23	1578	1578	
地方企业	383346	309854	73492	255472	129810	125739	655
集体企业	152002	111633	40369	69017	58414	3673	37694
股份合作企业	4761	4562	199	1272	3181		248
联营企业	1101	1011	89	1553	771	17	550
#国有联营企业	111	111		56	56	17	
集体联营企业	909	820	89	1421	587		500
有限责任公司	479455	238320	241135	174681	145079	95201	5930
#国有独资公司	274613	83301	191313	77200	69814	69644	171
股份有限公司	137799	116356	21443	159166	72449	44396	2307
私营企业	56478	50490	5988	46258	30235	221	1313
其他企业	2901	2736	166	964	189		97
港、澳、台商投资企业	94050	80122	13928	72527	57155	16751	1854
外商投资企业	162208	98888	63320	104280	145843	8858	4484
按经济组织类型分组							
独资企业	943774	538467	405307	392829	290113	131151	38375
#国有企业	724702	373019	351683	255495	131388	127316	655
集体企业	152002	111633	40369	69017	58414	3673	37694
合作、合伙企业	22655	21629	1026	18913	19401	2509	6543
股份有限公司	137801	116358	21443	159226	72509	44396	2307
有限责任公司	711226	400683	310544	314245	262680	118379	7906
总计中：亏损企业	773110	458860	314250	270339	327146	145583	16626
国有控股企业	1211901	629064	582837	571036	330788	277585	3706
农村工业	64002	42304	21698	24669	20887	127	11054
总计中：轻工业	899692	590012	309681	521614	413408	200007	26611
以农产品为原料	739929	470705	269224	396251	332436	163002	16984
以非农产品为原料	159764	119307	40457	125362	80971	37005	9626
重工业	915763	487125	428638	363600	231296	96427	28521
采掘工业	20681	15983	4698	25989	7512	6003	690
原料工业	617763	247240	370524	153827	95595	37650	9814
加工工业	277319	223902	53417	183784	128190	52774	18017

5-11续表3.1 单位：万元

指标名称	负债合计	流动负债	长期负债	所有者权益合计	实收资本	国家资本	集体资本
总计中：特大型企业	53491	50963	2528	67134	24080	16800	
大一型企业	644196	140704	503492	145207	147629	58737	
大二型企业	353575	277588	75987	213814	137095	89952	
中一型企业	54161	41489	12672	51347	34055	17427	7470
中二型企业	93302	78687	14615	52355	35425	11252	6245
小型企业	616732	487706	129026	355356	266420	102267	41416
按工业行业大类分							
煤炭采选业	9279	8077	1201	18880	4784	4784	
黑色金属矿采选业	1113	767	345	519	333	285	
有色金属矿采选业	1978	587	1391	424	278	151	127
非金属矿采选业	8312	6552	1760	6165	2117	783	563
食品加工业	142092	134733	7358	138140	67268	35856	3346
食品制造业	143862	110229	33634	45682	35949	18407	3475
饮料制造业	61911	47759	14151	51242	85812	4311	1224
烟草加工业	75123	60623	14500	38388	22741	22641	100
纺织业	28310	25787	2523	23225	22550	15782	341
服装及其他纤维制品制造业	8250	5549	2701	5212	5292	877	2467
皮革、毛皮、羽绒及其制品业	8082	5501	2580	269	2415	1632	774
木材加工及竹、藤、棕、草制品业	51581	15119	36462	12079	10471	535	322
家具制造业	3252	2028	1224	2474	1218	515	628
造纸及纸制品业	214021	32669	181352	41727	55895	45972	2143
印刷业	28417	22170	6247	22803	14678	10328	2270
文教体育用品制造业				104	125		
石油加工及炼焦业	2431	2296	135	431	533	100	
化学原料及化学制品制造业	96293	90149	6144	105390	52698	26701	6353
医药制造业	64609	62831	1778	45664	27775	13636	426
化学纤维制造业	1656	1131	525	577	211		211
橡胶制品业	11516	8857	2659	3149	2482	459	29
塑料制品业	16965	15052	1913	12183	11807	2486	3510
非金属矿物制品业	175572	105032	70540	80773	67805	15244	8367
黑色金属冶炼及压延加工业	4009	4009		581	555		525
有色金属冶炼及压延加工业	34852	24112	10740	9736	7270	2889	115
金属制品业	22265	18987	3278	12348	9786	1650	5040
普通机械制造业	45127	38495	6631	22271	15949	9540	779
专用设备制造业	61316	50596	10720	38041	29216	15134	298
交通运输设备制造业	51061	36927	14134	38780	29961	13454	5399
电气机械及器材制造业	40109	37475	2634	28124	18044	8589	1447
电子及通信设备制造业	22955	12242	10712	11649	7288	3038	2311
仪器仪表及文化.办公用机械制造业	2775	2265	510	2528	2616	596	1788
其他制造业	8935	7301	1633	6431	7461	928	236
电力、蒸汽、热水的生产和供应业	348346	68071	280274	9064	2658	2296	362
自来水的生产和供应业	19086	13157	5929	50160	18666	16835	157

单位:万元

指标名称					产品销售收入	产品销售成本	产品销售费用
	法人资本	个人资本	港澳台资本	外商资本			
总计	**63406**	**78587**	**31255**	**119891**	**1376899**	**1123357**	**56542**
市区	49162	57496	12745	99303	1073986	859493	43074
邕宁县	11267	19271	17498	19892	201898	175876	9883
武鸣县	2977	1820	1011	696	101015	87988	3585
按登记注册类型分组:							
内资企业	42506	78052	422	1107	1169482	947253	44472
国有企业	2051	494	210	661	269501	219474	10452
中央企业					32928	24656	40
地方企业	2051	494	210	661	236573	194817	10412
集体企业	7897	8493	212	446	225589	198785	9925
股份合作企业	1901	1032			6798	6357	502
联营企业	126	78			2825	2475	58
#国有联营企业	39				54	46	
集体联营企业	87				2286	2015	26
有限责任公司	11983	31964			365807	273048	10798
#国有独资公司					152391	94301	3804
股份有限公司	6873	18874			184410	146559	6315
私营企业	11584	17117			113321	99396	6417
其他企业	92				1232	1160	5
港、澳、台商投资企业	8760	88	29573	130	81695	65707	5214
外商投资企业	12140	448	1260	118653	125721	110398	6857
按经济组织类型分组							
独资企业	10660	12842	18791	78295	550417	464939	25148
#国有企业	2051	494	210	661	269501	219474	10452
集体企业	7897	8493	212	446	225589	198785	9925
合作、合伙企业	4541	1971	1704	2133	28563	26830	981
股份有限公司	6873	18934			184427	146571	6319
有限责任公司	41332	44840	10760	39463	613492	485018	24095
总计中:亏损企业	25301	16720	17877	105039	299642	281152	14132
国有控股企业	13095	30936	4805	661	689988	532527	22361
农村工业	3427	6199	80		102388	92679	3749
总计中:轻工业	29807	44110	14260	98614	795148	628232	36625
以农产品为原料	19620	29489	12032	91310	675596	536126	28723
以非农产品为原料	10188	14621	2228	7304	119552	92107	7902
重工业	33599	34478	16995	21278	581751	495125	19916
采掘工业	96	722			19235	17013	742
原料工业	16150	15831	1298	14851	260915	220851	6582
加工工业	17352	17924	15697	6427	301601	257261	12593

5-11续表4.1 单位:万元

指标名称	法人资本	个人资本	港澳台资本	外商资本	产品销售收入	产品销售成本	产品销售费用
总计中：特大型企业		7280			95732	75734	751
大一型企业	6387	7372		75133	153700	133495	4433
大二型企业	7476	24805	5141	9722	334755	231620	12239
中一型企业	2300		2425	4434	72419	62579	2987
中二型企业	1412	4284	894	11337	104645	88006	5467
小型企业	45831	34846	22794	19266	615648	531922	30665
按工业行业大类分							
煤炭采选业					4410	3698	109
黑色金属矿采选业		48			224	199	7
有色金属矿采选业					2421	2047	35
非金属矿采选业	96	675			12180	11069	590
食品加工业	8009	14415	1570	4073	310962	264806	9189
食品制造业	4270	2013	1078	6706	65291	55593	4468
饮料制造业	1355	1488		77434	44330	37170	4151
烟草加工业					110942	51395	3459
纺织业		6427			23444	21579	235
服装及其他纤维制品制造业	443	445	416	644	8437	8224	133
皮革、毛皮、羽绒及其制品业			9		328	313	10
木材加工及竹、藤、棕、草制品业	6620	803		2191	36296	31610	1010
家具制造业	55	20			3849	3166	365
造纸及纸制品业	2071	3932	360	1416	55927	55636	1290
印刷业	197	334	1550		23420	19553	719
文教体育用品制造业	125				132	128	1
石油加工及炼焦业	150	133	150		3520	3240	227
化学原料及化学制品制造业	5107	11599	259	2679	117612	102058	5000
医药制造业	4093	6488	2066	1067	47969	29732	8275
化学纤维制造业					8788	8213	244
橡胶制品业		1994			6661	4979	310
塑料制品业	1325	2545	1200	741	27877	22860	805
非金属矿物制品业	10094	10507	11881	11710	104783	90905	4656
黑色金属冶炼及压延加工业		31			3251	3062	43
有色金属冶炼及压延加工业	47	4100	119		48300	40800	624
金属制品业	1596	803		696	34524	32887	683
普通机械制造业	476	2636		2518	32126	27565	2182
专用设备制造业	9612	3483	621	69	45620	37777	2158
交通运输设备制造业	2518	357	2077	6157	47199	37671	1588
电气机械及器材制造业	5106	1164	78	1660	55387	45603	2458
电子及通信设备制造业			1809	130	11789	10969	297
仪器仪表及文化、办公用机械制造业	36	175	21		2083	1703	87
其他制造业	5	300	5922		6728	4936	726
电力、蒸汽、热水的生产和供应业					52874	41453	156
自来水的生产和供应业		1674			17214	10762	252

5-11续表5

单位:万元

指标名称	产品销售税金及附加	产品销售利润	其他业务利润	管理费用	税金	财产保险费	劳动待业保险费
总计	**53604**	**143396**	**12749**	**118655**	**5079**	**1743**	**14188**
市区	51365	120054	11451	100998	4240	1547	13084
邕宁县	969	15170	627	12345	666	119	847
武鸣县	1270	8171	671	5312	173	77	257
按登记注册类型分组:							
内资企业	51645	126113	11068	100001	4779	1582	13857
国有企业	2253	37323	4068	34948	2140	623	6338
中央企业	844	7387	44	1933	182	99	1084
地方企业	1409	29936	4023	33015	1958	524	5254
集体企业	2040	14840	1872	12648	634	145	654
股份合作企业	37	-99	148	554	17	5	40
联营企业	22	270	-9	193	4	1	5
#国有联营企业		7		3			
集体联营企业	11	235	1	161	2	1	5
有限责任公司	45202	36759	3894	27674	1239	412	3758
#国有独资公司	44162	10123	2484	10049	360	137	1286
股份有限公司	1542	29993	229	17991	551	336	2974
私营企业	546	6963	866	5961	194	56	87
其他企业	2	65		33	1	4	
港、澳、台商投资企业	181	10594	1285	7799	148	116	113
外商投资企业	1778	6689	396	10855	152	45	218
按经济组织类型分组							
独资企业	6094	54236	6501	53482	2899	801	7033
#国有企业	2253	37323	4068	34948	2140	623	6338
集体企业	2040	14840	1872	12648	634	145	654
合作、合伙企业	124	630	140	2120	28	12	46
股份有限公司	1543	29994	229	17992	551	336	2974
有限责任公司	45843	58537	5879	45062	1601	595	4134
总计中:亏损企业	2942	1415	4076	36764	1699	445	4059
国有控股企业	48264	86836	7528	68931	3461	1134	11737
农村工业	1392	4568	85	2310	187	11	3
总计中:轻工业	49877	80413	8146	67552	2850	927	6877
以农产品为原料	48853	61894	6356	52902	2203	704	5888
以非农产品为原料	1024	18519	1790	14650	647	223	989
重工业	3726	62983	4602	51103	2229	816	7310
采掘工业	168	1313	163	2444	27	9	566
原料工业	2125	31356	1526	19867	1144	405	4130
加工工业	1434	30313	2914	28792	1058	402	2614

单位:万元

指 标 名 称	产品销售税金及附加	产品销售利润	其他业务利润	管理费用	税金	财产保险费	劳动待业保险费
总计中:特大型企业	927	18321	135	9960	256	102	1741
大一型企业	2907	12865	198	13213	621	247	2176
大二型企业	45052	45844	3968	31298	1558	512	4259
中一型企业	233	6619	509	7156	142	140	1083
中二型企业	346	10825	1173	7946	248	151	634
小型企业	4138	48922	6765	49084	2253	592	4296
按工业行业大类分							
煤炭采选业	34	569	95	1650	4	9	439
黑色金属矿采选业	1	17	20	55	1		
有色金属矿采选业	25	313	31	176	…	…	1
非金属矿采选业	108	414	18	563	22		126
食品加工业	1329	35638	1228	21470	989	316	2525
食品制造业	942	4287	151	5589	319	56	346
饮料制造业	1806	1202	326	5285	117	26	83
烟草加工业	43936	12152	2284	6250	89	137	786
纺织业	116	1514	176	1790	157	5	654
服装及其他纤维制品制造业	45	35	271	1229	51	10	56
皮革、毛皮、羽绒及其制品业	3	1	138	209	4	3	45
木材加工及竹、藤、棕、草制品业	124	3553	147	1695	19	8	54
家具制造业	34	285	77	448	33	9	107
造纸及纸制品业	239	-1238	327	3697	261	36	358
印刷业	184	2963	1306	3533	114	68	682
文教体育用品制造业	4			6			
石油加工及炼焦业	9	45	1	170	3	4	1
化学原料及化学制品制造业	604	9950	1523	10030	485	175	2034
医药制造业	389	9573	645	7274	254	108	391
化学纤维制造业	40	291	2	267			53
橡胶制品业	44	1329	72	1090	93	32	36
塑料制品业	199	4014	392	1554	32	21	106
非金属矿物制品业	653	8570	423	9390	397	109	848
黑色金属冶炼及压延加工业	36	111	4	131	4		
有色金属冶炼及压延加工业	234	6642	230	3510	246	83	627
金属制品业	220	735	357	2087	75	67	230
普通机械制造业	195	2184	375	4845	168	48	212
专用设备制造业	272	5415	614	5769	266	74	558
交通运输设备制造业	311	7629	272	5735	198	60	422
电气机械及器材制造业	200	7126	304	4132	180	87	713
电子及通信设备制造业	50	473	40	1327	12	14	
仪器仪表及文化、办公用机械制造业	19	274	421	735	33	3	156
其他制造业	117	950	380	753	31	3	48
电力、蒸汽、热水的生产和供应业	931	10334	-12	3099	236	139	1264
自来水的生产和供应业	153	6047	113	3116	189	34	226

单位:万元

指标名称	财务费用	利息支出	营业利润	利润总额	亏损企业亏损额	利税总额
总计	**44530**	**43212**	**-7041**	**17**	**56782**	**131541**
市区	35984	35357	-5477	-1713	48577	114904
邕宁县	6030	6004	-2579	140	6001	9314
武鸣县	2516	1851	1014	1590	2205	7323
按登记注册类型分组:						
内资企业	35196	33803	1984	7429	39601	127205
国有企业	8231	8026	-1789	-1293	15057	21953
中央企业	-195	-191	5693	4453	634	14372
地方企业	8426	8217	-7482	-5746	14423	7581
集体企业	3114	2170	950	1762	2779	10364
股份合作企业	62	45	-567	-555	570	-263
联营企业	27	27	41	41	14	213
#国有联营企业	2	2	2	-1	1	-1
集体联营企业	25	25	50	55		193
有限责任公司	18164	18139	-5184	-2125	18117	66351
#国有独资公司	12478	12403	-9921	-9896	15904	48678
股份有限公司	4674	4669	7557	8395	1351	24323
私营企业	892	699	975	1202	1714	4260
其他企业	31	29	2	2		4
港、澳、台商投资企业	2394	2300	1686	2416	3607	6756
外商投资企业	6941	7109	-10712	-9828	13574	-2420
按经济组织类型分组						
独资企业	13964	12803	-6710	-5066	24960	31422
#国有企业	8231	8026	-1789	-1293	15057	21953
集体企业	3114	2170	950	1762	2779	10364
合作、合伙企业	605	582	-1956	-2165	2359	-1325
股份有限公司	4675	4669	7557	8395	1351	24324
有限责任公司	25286	25158	-5932	-1147	28112	77119
总计中:亏损企业	26451	25727	-57724	-56782	56782	-41219
国有控股企业	27095	26851	-1662	785	32836	102896
农村工业	1650	860	693	725	1213	4916
总计中:轻工业	30229	29392	-9222	-7554	39642	88001
以农产品为原料	26605	25825	-11256	-7249	32723	80291
以非农产品为原料	3624	3567	2035	-304	6919	7710
重工业	14302	13820	2180	7571	17140	43540
采掘工业	224	81	-1192	-395	615	591
原料工业	7586	7748	5429	9263	4639	32994
加工工业	6491	5991	-2057	-1297	11886	9955

指　标　名　称	财务费用	利息支出	营业利润	利润总额	亏损企业亏损额	利税总额
总计中：特大型企业	2533	2533	5963	5732		16109
大一型企业	15499	15767	-15648	-15677	23722	3431
大二型企业	10525	10548	7989	8090	8116	76041
中一型企业	1072	1054	-1100	-1810	3098	1281
中二型企业	2809	2825	1243	1670	2434	6506
小型企业	12093	10486	-5489	2012	19413	28173
按工业行业大类分						
煤炭采选业	7	7	-993	-325	338	91
黑色金属矿采选业	14		-32	-8	8	1
有色金属矿采选业	55	25	113	77	9	205
非金属矿采选业	148	49	-279	-139	260	295
食品加工业	4598	4471	10799	11470	1725	25900
食品制造业	5040	4752	-6191	-4561	5766	-334
饮料制造业	2330	2386	-6086	-5893	6347	-2087
烟草加工业	2248	2248	5938	5837		62164
纺织业	473	478	-573	-463	1037	758
服装及其他纤维制品制造业	67	55	-990	-177	398	156
皮革、毛皮、羽绒及其制品业	265	-36	-335	-330	332	-322
木材加工及竹、藤、棕、草制品业	2826	2982	-821	-86	384	2512
家具制造业	103	94	-189	-194	214	-57
造纸及纸制品业	10530	10445	-15137	-15094	15836	-12162
印刷业	304	294	432	981	462	2705
文教体育用品制造业			-6	-5	5	-2
石油加工及炼焦业	10	10	-134	-92	98	…
化学原料及化学制品制造业	2510	2463	-1068	2073	2118	7356
医药制造业	1619	1545	1325	909	1927	5038
化学纤维制造业	4		22	26	6	374
橡胶制品业	305	305	6	90		569
塑料制品业	243	241	2608	2560	288	3813
非金属矿物制品业	3450	3184	-3848	-2297	5780	3281
黑色金属冶炼及压延加工业	46	46	-62	-17	18	318
有色金属冶炼及压延加工业	1026	1018	2337	2393	84	5128
金属制品业	512	497	-1507	-1589	1854	-713
普通机械制造业	947	905	-3232	-3407	3550	-2031
专用设备制造业	1403	1395	-1144	-1575	2152	-379
交通运输设备制造业	1270	1157	896	1539	2521	5233
电气机械及器材制造业	1039	1038	2259	909	2294	3119
电子及通信设备制造业	251	250	-1064	-410	663	-292
仪器仪表及文化、办公用机械制造业	50	50	-90	-9	18	173
其他制造业	561	457	16	-237	268	307
电力、蒸汽、热水的生产和供应业	-165	-177	7388	5904		17099
自来水的生产和供应业	442	578	2603	2158	22	3325

单位:万元

指 标 名 称	本年应付工资总额	本年应付福利费总额	本年应交增值税	进项税额	销项税额	全部从业人员年平均数(人)
总 计	**105382**	**13189**	**77920**	**102610**	**162208**	**131447**
市 区	83609	11094	65252	86638	135108	98271
邕宁县	13010	1333	8205	12772	21309	18935
武鸣县	8763	762	4463	3201	5791	14241
按登记注册类型分组:						
内资企业	94484	11865	68132	86007	138808	118963
国有企业	34559	4415	20993	19801	31053	42704
中央企业	4149	584	9075	117	178	1520
地方企业	30410	3831	11919	19684	30875	41184
集体企业	15423	1577	6562	9896	14669	27783
股份合作企业	654	75	254	714	985	858
联营企业	328	47	150	245	280	419
＃国有联营企业	5	…				12
集体联营企业	256	40	128	224	236	294
有限责任公司	23411	3017	23273	33863	54659	27107
＃国有独资公司	8231	1081	14412	11335	25131	5104
股份有限公司	14909	2205	14386	14846	29085	12194
私营企业	5170	527	2513	6597	8031	7835
其他企业	32	3		44	46	63
港、澳、台商投资企业	6533	800	4159	6501	9859	7532
外商投资企业	4365	524	5629	10103	13541	4952
按经济组织类型分组						
独资企业	53017	6292	30395	33292	51163	74749
＃国有企业	34559	4415	20993	19801	31053	42704
集体企业	15423	1577	6562	9896	14669	27783
合作、合伙企业	2239	224	716	2280	2897	3272
股份有限公司	14912	2205	14386	14846	29085	12204
有限责任公司	35214	4468	32423	52192	79062	41222
总计中：亏损企业	30295	3179	12621	26625	37056	50317
国有控股企业	64967	8652	53847	55144	98376	72445
农村工业	7003	514	2799	2170	3181	14152
总计中：轻工业	55779	7156	45677	53497	92831	72506
以农产品为原料	42458	5586	38687	41228	76925	56138
以非农产品为原料	13322	1570	6990	12269	15906	16368
重工业	49603	6033	32243	49113	69376	58941
采掘工业	4133	320	819	235	1224	7131
原料工业	20075	2407	21606	22244	32631	18262
加工工业	25394	3307	9818	26635	35522	33548

5-11续表7.1 单位:万元

指标名称	本年应付工资总额	本年应付福利费总额	本年应交增值税	进项税额	销项税额	全部从业人员年平均数(人)
总计中：特大型企业	8567	1072	9450	6943	16387	6663
大一型企业	10634	1332	16202	14185	19404	7898
大二型企业	26495	3586	22899	25948	47399	25292
中一型企业	5853	933	2858	6263	9064	6855
中二型企业	8279	1084	4490	10428	14710	10457
小型企业	45553	5182	22022	38844	55244	74282
按工业行业大类分						
煤炭采选业	1770	271	383	98	392	3082
黑色金属矿采选业	54	4	8	3	10	59
有色金属矿采选业	165	8	103	20	92	244
非金属矿采选业	2144	37	326	114	731	3746
食品加工业	15023	1869	13101	11864	24161	14085
食品制造业	4919	668	3285	4980	7444	8827
饮料制造业	1380	234	2000	3956	5809	2234
烟草加工业	4698	616	12391	6676	18530	1640
纺织业	3497	483	1105	3037	4099	9120
服装及其他纤维制品制造业	1809	256	288	360	603	5035
皮革、毛皮、羽绒及其制品业	127	9	5	43	36	324
木材加工及竹、藤、棕、草制品业	1215	93	2474	4069	4827	1875
家具制造业	425	46	103	10	24	782
造纸及纸制品业	4463	488	2693	6137	8657	5505
印刷业	3305	533	1540	2194	3642	4512
文教体育用品制造业	21					50
石油加工及炼焦业	119	17	84	367	593	132
化学原料及化学制品制造业	7888	852	4679	7966	11994	8798
医药制造业	5444	728	3740	4315	5980	7063
化学纤维制造业	394	55	308	1312	1564	752
橡胶制品业	978	121	436	700	1134	1701
塑料制品业	1397	168	1054	3375	4320	2142
非金属矿物制品业	11736	1281	4925	5231	9599	15715
黑色金属冶炼及压延加工业	253	17	299	323	511	341
有色金属冶炼及压延加工业	3072	395	2502	5763	8319	2594
金属制品业	1726	206	656	5154	5792	3194
普通机械制造业	3447	404	1181	3870	4851	5823
专用设备制造业	4828	667	924	5161	6131	6634
交通运输设备制造业	4253	455	3383	4904	7108	4474
电气机械及器材制造业	4074	490	2010	6997	8927	3413
电子及通信设备制造业	586	293	68	382	444	1208
仪器仪表及文化、办公用机械制造业	734	94	163	228	393	979
其他制造业	648	64	427	411	706	1195
电力、蒸汽、热水的生产和供应业	5797	810	10264	2592	3796	2374
自来水的生产和供应业	2994	455	1014	1	993	1795

5-12 全市规模以上工业企业主要财务状况

（2001年） 单位：万元

指标名称	单位数(个)	亏损企业	工业总产值(不变价)	工业总产值(当年价)	工业销售产值(当年价)	工业增加值(当年价)
总计	**367**	**151**	**1210975**	**1337751**	**1285495**	**459847**
市区	262	109	1012684	1093949	1051164	376812
邕宁县	59	28	139980	173070	167047	59217
武鸣县	46	14	58311	70732	67285	23819
按登记注册类型分组：						
内资企业	315	129	1022019	1127572	1079765	399849
国有企业	148	82	234258	274421	262835	118874
中央企业	4	3	24456	32538	32672	35200
地方企业	144	79	209802	241883	230164	83674
集体企业	74	18	135290	156773	150288	48173
股份合作企业	2	1	7307	6903	4665	2011
联营企业	2		2480	2398	2398	845
#集体联营企业	2		2480	2398	2398	845
有限责任公司	43	13	353191	380506	371517	134921
#国有独资公司	7	3	128839	151063	153587	69090
股份有限公司	8	3	180288	189503	182713	59835
私营企业	38	12	109205	117067	105349	35190
港、澳、台商投资企业	30	9	78622	81894	79701	23588
外商投资企业	22	13	110335	128285	126029	36411
按经济组织类型分组						
独资企业	241	107	409475	485561	466519	182318
#国有企业	148	82	234258	274421	262835	118874
集体企业	74	18	135290	156773	150288	48173
合作、合伙企业	10	4	23062	24176	21877	7100
股份有限公司	8	3	180288	189503	182713	59835
有限责任公司	108	37	598151	638511	614386	210594
总计中：亏损企业	151	151	301945	311077	298072	68279
国有控股企业	177	89	626649	694135	677025	268927
农村工业	32	5	40933	52006	46656	15955
总计中：轻工业	211	85	687828	784188	760082	271851
以农产品为原料	156	63	560081	661102	644276	227120
以非农产品为原料	55	22	127747	123086	115806	44730
重工业	156	66	523148	553563	525413	187997
采掘工业	9	6	3789	5989	6123	3168
原料工业	48	19	222003	241098	237979	97970
加工工业	99	41	297355	306475	281311	86859

5-12续表

单位:万元

指标名称	单位数(个)	亏损企业	工业总产值(不变价)	工业总产值(当年价)	工业销售产值(当年价)	工业增加值(当年价)
总计中:特大型企业	1		86499	93806	92462	37216
大一型企业	7	4	146772	162532	159034	51410
大二型企业	25	10	304231	348311	339788	144221
中一型企业	13	6	81782	77673	75053	24162
中二型企业	20	8	103026	113892	109272	27757
小型企业	301	123	488666	541538	509887	175081
按工业行业大类分						
煤炭采选业	3	2	2388	4493	4538	2620
黑色金属矿采选业	1	1	50	58	116	19
有色金属矿采选业	1		300	429	498	150
非金属矿采选业	4	3	1051	1009	972	380
食品加工业	49	16	251689	321480	311407	103173
食品制造业	26	10	57747	57053	54594	14272
饮料制造业	10	5	29120	40655	40484	8543
烟草加工业	2		86418	106871	110620	70840
纺织业	8	7	26721	26468	24705	7319
服装及其他纤维制品制造业	3	1	4193	5580	5601	1673
皮革、毛皮、羽绒及其制品业	4	2	241	301	212	105
木材加工及竹、藤、棕、草制品业	7	1	32400	34171	33817	10239
家具制造业	3	2	1311	1404	1458	434
造纸及纸制品业	14	6	53161	50236	48407	956
印刷业	17	8	14496	17065	17430	7175
石油加工及炼焦业	3	2	5864	6736	6496	1164
化学原料及化学制品制造业	30	11	105844	106271	102120	24728
医药制造业	28	7	51876	47180	40635	18477
化学纤维制造业	1		18512	9838	10154	1147
橡胶制品业	2		9932	8681	7210	3023
塑料制品业	10	3	21948	22875	22718	7397
非金属矿物制品业	28	15	70303	88279	84228	30505
黑色金属冶炼及压延加工业	1	1	1539	1350	1343	530
有色金属冶炼及压延加工业	5	1	57609	52018	51219	16448
金属制品业	17	10	48548	51172	47495	14571
普通机械制造业	13	9	35321	43153	36463	12474
专用设备制造业	21	8	43177	45858	42030	8416
交通运输设备制造业	20	11	52059	40301	40128	12082
电气机械及器材制造业	16	5	63964	66020	60688	18589
电子及通信设备制造业	5		18015	16501	14632	6421
仪器仪表及文化、办公用机械制造业	2	1	2428	1449	1201	731
其他制造业	3	2	12038	9466	8547	3248
电力、蒸汽、热水的生产和供应业	4		24754	36490	36490	40794
自来水的生产和供应业	6	1	5959	16841	16841	11206

指标名称	资产合计	流动资产小计	存货	产成品	流动资产年平均余额	长期投资	固定资产小计
总计	**2436170**	**803247**	**261734**	**98304**	**781862**	**70862**	**1397468**
市区	2050160	673256	217712	81193	655451	64083	1182379
邕宁县	269103	93837	33129	10628	89837	3174	143703
武鸣县	116907	36154	10893	6483	36574	3605	71386
按登记注册类型分组:							
内资企业	2035921	680683	224573	87662	660424	66980	1160857
国有企业	969725	265066	71160	33445	266741	45152	598481
中央企业	341379	63907	1259	503	56305		277472
地方企业	628346	201160	69901	32942	210437	45152	321009
集体企业	120398	57936	19707	10696	54916	1854	58103
股份合作企业	4258	2858	1216	764	3192	132	609
联营企业	2298	1274	340	129	750		992
#集体联营企业	2298	1274	340	129	750		992
有限责任公司	565299	198534	90719	30372	182143	9341	315226
#国有独资公司	336329	78444	49062	11362	68615	5014	247946
股份有限公司	293137	117820	27034	7715	119065	8628	156645
私营企业	80806	37194	14395	4542	33618	1873	30801
港、澳、台商投资企业	141277	64125	17024	6157	62987	3495	57013
外商投资企业	258972	58439	20137	4485	58450	387	179597
按经济组织类型分组							
独资企业	1211038	343572	102730	47164	342303	47018	747509
#国有企业	969725	265066	71160	33445	266741	45152	598481
集体企业	120398	57936	19707	10696	54916	1854	58103
合作、合伙企业	26829	13475	4520	1170	13576	512	11135
股份有限公司	293137	117820	27034	7715	119065	8628	156645
有限责任公司	905166	328379	127449	42255	306918	14703	482179
总计中:亏损企业	902803	228405	92584	36817	229713	37247	578415
国有控股企业	1716244	512624	161888	59063	504985	61137	1050988
农村工业	40304	13712	5609	3469	10750		24633
总计中:轻工业	1273425	390490	148004	47907	378835	26080	748486
以农产品为原料	1020173	317213	123569	35814	305706	15661	631105
以非农产品为原料	253252	73277	24435	12093	73130	10419	117381
重工业	1162745	412757	113730	50396	403027	44782	648982
采掘工业	30929	6112	1376	907	6772	410	24284
原料工业	740546	198214	34880	12810	189483	30407	481286
加工工业	391271	208431	77474	36680	206772	13965	143412
总计中:特大型企业	120625	40217	6947	1891	48086	791	76855
大一型企业	789403	153666	23678	4912	146220	9670	614540
大二型企业	567389	212620	92575	29287	193888	18743	281496

单位:万元

指标名称	资产合计	流动资产小计	存货	产成品	流动资产年平均余额	长期投资	固定资产小计
中一型企业	105508	45198	14926	7441	45949	2126	55156
中二型企业	145656	71845	30106	16485	67732	2086	69048
小型企业	707589	279701	93502	38287	279986	37446	300372
按工业行业大类分							
煤炭采选业	28159	4447	784	411	5302	338	23360
黑色金属矿采选业	579	308	61	10	237	…	261
有色金属矿采选业	226	88	9	9	61		104
非金属矿采选业	1965	1268	523	477	1173	72	558
食品加工业	276341	108437	26246	6543	115995	3357	152024
食品制造业	129093	44121	16911	6479	37363	5666	64805
饮料制造业	110400	15512	6961	2235	16153	946	87968
烟草加工业	113511	56046	33103	4468	43816	4751	47989
纺织业	49931	25358	11644	6034	23078	13	17289
服装及其他纤维制品制造业	5369	2546	854	362	2592	64	2578
皮革、毛皮、羽绒及其制品业	7142	1412	804	344	1379	2	3303
木材加工及竹、藤、棕、草制品业	61413	24722	4465	512	22978	7	35409
家具制造业	4536	1133	443	190	1221	154	1363
造纸及纸制品业	240084	25071	12146	2219	27149	269	212329
印刷业	34568	13129	4206	1700	13892	107	20989
石油加工及炼焦业	2007	1451	1028	324	1526		432
化学原料及化学制品制造业	177237	68701	16518	8641	68773	29084	75250
医药制造业	95051	44659	13489	6559	40918	1382	24864
化学纤维制造业	2177	2153	1843	994	2878		24
橡胶制品业	14569	5041	3096	1789	4564	63	3315
塑料制品业	22694	13125	3968	1376	12892	799	6927
非金属矿物制品业	205216	61165	17762	9451	58831	2691	114845
黑色金属冶炼及压延加工业	3050	2348	601	365	2404		702
有色金属冶炼及压延加工业	44588	20700	8936	3444	18351	639	17110
金属制品业	29026	13443	5577	3133	14545	403	14001
普通机械制造业	64019	35917	16666	9379	37255	4423	18096
专用设备制造业	95020	46973	19762	10008	45433	354	42177
交通运输设备制造业	78968	31770	8110	1994	33550	5206	36683
电气机械及器材制造业	65191	42503	17463	6370	41474	1015	20253
电子及通信设备制造业	30375	7920	3356	86	6603	301	5383
仪器仪表及文化.办公用机械制造业	4435	2710	1642	708	2503	317	1408
其他制造业	13586	4674	2159	1694	4389	330	8047
电力、蒸汽、热水的生产和供应业	356922	66060	367		63570	392	288764
自来水的生产和供应业	68724	8337	236		9014	7717	48859

5-12续表2　　单位:万元

指标名称	固定资产原价	生产经营用	累计折旧	本年折旧	固定资产净值年平均余额	无形及递延资产小计
总计	**1656856**	**1485429**	**448372**	**57158**	**1222875**	**111860**
市区	1370137	1240549	368624	43152	1023526	94388
邕宁县	194940	171468	55100	11439	136578	16000
武鸣县	91780	73412	24648	2567	62771	1472
按登记注册类型分组:						
内资企业	1358221	1202624	376800	40143	997570	88340
国有企业	688970	592210	190739	14938	507273	30244
中央企业	279486	275979	61167	1820	214967	
地方企业	409483	316231	129572	13117	292306	30244
集体企业	79802	67918	25562	2851	54554	1613
股份合作企业	1214	1214	615	49	619	217
联营企业	1197	1017	205	40	364	12
#集体联营企业	1197	1017	205	40	364	12
有限责任公司	333325	308338	72601	12976	273160	37064
#国有独资公司	224293	219360	23936	2965	204858	169
股份有限公司	217672	204050	80523	7528	134934	10038
私营企业	36041	27879	6555	1763	26667	9151
港、澳、台商投资企业	74779	63237	20674	3052	52320	3835
外商投资企业	223857	219568	50899	13963	172984	19685
按经济组织类型分组						
独资企业	872688	759578	231269	21471	649764	40022
#国有企业	688970	592210	190739	14938	507273	30244
集体企业	79802	67918	25562	2851	54554	1613
合作、合伙企业	16099	15174	4975	603	10837	677
股份有限公司	217672	204050	80523	7528	134934	10038
有限责任公司	550397	506628	131606	27556	427339	61122
总计中:亏损企业	653477	594013	134782	20163	522233	44723
国有控股企业	1197395	1075118	314842	28213	901414	54930
农村工业	31721	28649	7768	857	21674	733
总计中:轻工业	868879	783281	219736	32982	643799	82164
以农产品为原料	726516	669758	173964	25396	546062	43766
以非农产品为原料	142363	113522	45773	7587	97738	38397
重工业	787978	702148	228636	24176	579075	29696
采掘工业	31082	18598	6861	266	21549	61
原料工业	555194	531937	147128	16174	427855	10479
加工工业	201701	151613	74647	7736	129672	19157
总计中:特大型企业	110243	110243	40891	2906	60199	2756
大一型企业	630980	626476	119401	11206	519896	11376
大二型企业	365718	310926	130209	21578	242971	49484
中一型企业	82740	61695	27895	3807	57974	2423

5-12续表2.1 单位:万元

指标名称	固定资产原价	生产经营用	累计折旧	本年折旧	固定资产净值年平均余额	无形及递延资产小计
中二型企业	94717	76707	30202	3340	65378	2208
小型企业	372458	299382	99775	14322	276456	43613
按工业行业大类分						
煤炭采选业	29825	17365	6465	225	20672	6
黑色金属矿采选业	429	420	168	6	266	
黑色金属矿采选业	152	150	47	3	152	
非金属矿采选业	677	663	181	33	460	55
食品加工业	208260	185774	73772	7202	122495	11221
食品制造业	89785	80804	27941	6656	59603	12709
饮料制造业	103460	96128	17671	3829	86891	5975
烟草加工业	47989	44604	12140	2700	35859	8
纺织业	22216	19299	7379	662	15309	7183
服装及其他纤维制品制造业	3378	2360	805	162	2562	75
皮革、毛皮、羽绒及其制品业	4308	4231	1199	55	4097	
木材加工及竹、藤、棕、草制品业	53177	52558	17802	5191	33594	1117
家具制造业	2006	1741	1038	66	2384	1886
造纸及纸制品业	192434	191620	15757	1046	179997	1288
印刷业	28587	24600	8906	1807	21055	53
石油加工及炼焦业	668	603	236	77	511	18
化学原料及化学制品制造业	98082	93893	33501	3314	69773	2751
医药制造业	24236	19701	7192	849	16744	22671
化学纤维制造业	27	27	3	2	25	
橡胶制品业	9919	8824	7604	2629	2385	6149
塑料制品业	9138	7252	2379	419	6706	1842
非金属矿物制品业	160696	128198	49828	6812	124042	6102
黑色金属冶炼及压延加工业	1047	521	426	22	603	
有色金属冶炼及压延加工业	23958	23349	7196	1492	24052	6139
金属制品业	19425	16197	5872	531	13650	179
普通机械制造业	30046	26383	12044	850	19193	5038
专用设备制造业	51840	40372	18240	1384	33631	5423
交通运输设备制造业	35953	26004	8524	1813	27098	5268
电气机械及器材制造业	30765	25185	11434	1297	19693	1248
电子及通信设备制造业	6872	4810	1489	341	8991	1632
仪器仪表及文化、办公用机械制造业	3973	3692	2657	74	1658	
其他制造业	11408	10073	3813	595	6805	334
电力、蒸汽、热水的生产和供应业	292774	278858	64848	2415	223691	1706
自来水的生产和供应业	59351	49172	19816	2599	38230	3784

5-12续表3

单位：万元

指标名称	负债合计	流动负债	长期负债	所有者权益合计	实收资本	国家资本	集体资本
总计	**1639560**	**946692**	**692868**	**796610**	**569824**	**283848**	**30368**
市区	1380020	770634	609386	670140	481362	255516	24828
邕宁县	178525	124662	53863	90578	70323	17179	3122
武鸣县	81015	51395	29620	35892	18139	11154	2417
按登记注册类型分组：							
内资企业	1402199	781806	620393	633722	383071	259328	24860
国有企业	718923	367665	351257	250803	129908	126356	135
中央企业	341356	63165	278191	23	1578	1578	135
地方企业	377567	304501	73066	250780	128330	124778	135
集体企业	83455	63215	20240	36943	25065	85	16730
股份合作企业	3852	3734	118	406	2449		
联营企业	902	813	89	1395	565		478
#集体联营企业	902	813	89	1395	565		478
有限责任公司	414679	192738	221941	150620	131529	88330	3994
#国有独资公司	267402	78830	188572	68927	67786	67786	
股份有限公司	135858	114415	21443	157279	71116	44396	2277
私营企业	44530	39225	5305	36276	22440	161	1247
港、澳、台商投资企业	78650	68763	9887	62627	45220	15662	1422
外商投资企业	158712	96123	62589	100261	141534	8858	4085
按经济组织类型分组							
独资企业	865227	480900	384327	345811	245832	126602	16865
#国有企业	718923	367665	351257	250803	129908	126356	135
集体企业	83455	63215	20240	36943	25065	85	16730
合作、合伙企业	12588	12081	507	14241	15263	2492	5725
股份有限公司	135858	114415	21443	157279	71116	44396	2277
有限责任公司	625888	339296	286592	279279	237613	110358	5501
总计中：亏损企业	679544	398694	280850	223259	282552	135596	4509
国有控股企业	1176944	603392	573553	539300	315894	268865	2412
农村工业	34590	19907	14683	5714	6164		1820
总计中：轻工业	791914	510134	281781	481511	377638	193759	13120
以农产品为原料	651170	407946	243224	369003	307025	157640	6512
以非农产品为原料	140745	102188	38556	112508	70613	36119	6608
重工业	847645	436558	411088	315099	192186	90090	17248
采掘工业	11641	9676	1966	19288	5388	5341	38
原料工业	599924	232474	367451	140621	87919	36074	6121
加工工业	236080	194409	41671	155190	98879	48675	11088
总计中：特大型企业	53491	50963	2528	67134	24080	16800	
大一型企业	644196	140704	503492	145207	147629	58737	
大二型企业	353575	277588	75987	213814	137095	89952	
中一型企业	54161	41489	12672	51347	34055	17427	7470

单位:万元

指标名称	负债合计	流动负债	长期负债	所有者权益合计	实收资本	国家资本	集体资本
中二型企业	93302	78687	14615	52355	35425	11252	6245
小型企业	440836	357261	83574	266753	191540	89681	16653
按工业行业大类分							
煤炭采选业	9279	8077	1201	18880	4784	4784	
黑色金属矿采选业	455	435	20	124	95	95	
有色金属矿采选业	135	135		90	68	68	
非金属矿采选业	1772	1028	744	193	440	393	38
食品加工业	139687	132802	6886	136654	65784	35839	2911
食品制造业	94748	74863	19885	34345	27519	15079	1035
饮料制造业	60052	46348	13705	50348	84297	3412	746
烟草加工业	75123	60623	14500	38388	22741	22641	100
纺织业	26773	24421	2352	23158	22138	15782	
服装及其他纤维制品制造业	2637	1555	1082	2732	1397	877	265
皮革、毛皮、羽绒及其制品业	7395	4887	2508	-254	1632	1632	
木材加工及竹、藤、棕、草制品业	49690	13625	36065	11723	9827	532	50
家具制造业	2569	1528	1041	1967	752	515	237
造纸及纸制品业	201183	24518	176666	38901	53239	45466	1002
印刷业	16147	14371	1776	18421	11697	10042	105
石油加工及炼焦业	1717	1582	135	290	283		
化学原料及化学制品制造业	83664	77900	5764	93572	42844	26562	3220
医药制造业	55721	54424	1297	39330	24505	13312	
化学纤维制造业	1597	1094	503	581	200		200
橡胶制品业	11462	8839	2623	3107	2447	459	
塑料制品业	12218	11310	908	10476	8660	1649	2326
非金属矿物制品业	151624	89468	62156	53593	50505	13732	4744
黑色金属冶炼及压延加工业	2725	2725		326	300		300
有色金属冶炼及压延加工业	34852	24112	10740	9736	7270	2889	115
金属制品业	18401	15689	2712	10624	7809	1650	3689
普通机械制造业	42989	36757	6232	21029	14690	9495	70
专用设备制造业	58816	48264	10552	36204	26382	15103	
交通运输设备制造业	41813	31874	9939	37155	23855	9560	4297
电气机械及器材制造业	38599	36557	2041	26592	17272	8587	851
电子及通信设备制造业	18068	7419	10649	12307	7087	3038	2277
仪器仪表及文化.办公用机械制造业	2365	1867	499	2070	2383	596	1788
其他制造业	8268	6722	1546	5318	6140	928	
电力、蒸汽、热水的生产和供应业	348219	67987	280232	8703	2296	2296	
自来水的生产和供应业	18796	12886	5910	49928	18488	16835	

单位:万元

指 标 名 称	法人资本	个人资本	港澳台资本	外商资本	产品销售收入	产品销售成本	产品销售费用
总　　计	**51230**	**66539**	**20526**	**117313**	**1240972**	**1001739**	**49558**
市　区	40601	51546	10946	97924	1006437	799935	39448
邕宁县	8357	14324	8649	18693	163711	141070	7292
武鸣县	2271	669	931	696	70823	60734	2818
按登记注册类型分组:							
内资企业	31811	66091	210	771	1040605	832054	37894
国有企业	2051	494	210	661	268491	218722	10240
中央企业					32928	24656	40
地方企业	2051	494	210	661	235563	194066	10199
集体企业	4847	3293		110	130121	113378	5417
股份合作企业	1861	588			4439	4289	289
联营企业	87				1987	1737	8
#集体联营企业	87				1987	1737	8
有限责任公司	8308	30898			358697	266910	10384
#国有独资公司					151854	93641	3776
股份有限公司	6600	17844			182833	145395	6083
私营企业	8057	12975			94038	81623	5475
港、澳、台商投资企业	7819		20316		78043	62213	5004
外商投资企业	11600	448		116542	122324	107472	6660
按经济组织类型分组							
独资企业	6995	6514	11335	77520	448003	373076	20238
#国有企业	2051	494	210	661	268491	218722	10240
集体企业	4847	3293		110	130121	113378	5417
合作、合伙企业	3717	588	725	2016	20673	19478	529
股份有限公司	6600	17844			182833	145395	6083
有限责任公司	33918	41593	8466	37777	589462	463789	22708
总计中：亏损企业	18986	12287	7596	103579	262302	245292	12787
国有控股企业	11040	28516	4401	661	681348	524927	21658
农村工业	2167	2177			42864	39269	1071
总计中：轻工业	22780	39371	11522	97087	733229	572256	33869
以农产品为原料	15711	26683	10516	89963	634969	499223	27053
以非农产品为原料	7069	12688	1006	7124	98260	73032	6816
重工业	28450	27168	9005	20226	507743	429483	15689
采掘工业		9			6244	5114	201
原料工业	15413	14391	1298	14621	244613	206220	5534
加工工业	13036	12768	7706	5605	256887	218149	9955
总计中：特大型企业		7280			95732	75734	751
大一型企业	6387	7372		75133	153700	133495	4433
大二型企业	7476	24805	5141	9722	334755	231620	12239

单位:万元

指标名称	法人资本	个人资本	港澳台资本	外商资本	产品销售收入	产品销售成本	产品销售费用
中一型企业	2300		2425	4434	72419	62579	2987
中二型企业	1412	4284	894	11337	104645	88006	5467
小型企业	33655	22798	12066	16688	479721	410304	23681
按工业行业大类分							
煤炭采选业					4410	3698	109
黑色金属矿采选业					140	129	
有色金属矿采选业					498	328	2
非金属矿采选业		9			1197	959	90
食品加工业	7858	14143	1546	3487	307333	261610	8926
食品制造业	2382	1421	996	6606	53900	45589	4045
饮料制造业	1318	1387		77434	41599	34571	4083
烟草加工业					110942	51395	3459
纺织业		6356			22925	20956	219
服装及其他纤维制品制造业			255		5543	5030	67
皮革、毛皮、羽绒及其制品业					206	229	6
木材加工及竹、藤、棕、草制品业	6470	600		2174	31342	27293	673
家具制造业					1478	1083	191
造纸及纸制品业	1771	3254	330	1416	48633	49129	986
印刷业			1550		16449	13328	438
石油加工及炼焦业	50	83	150		2810	2614	138
化学原料及化学制品制造业	1576	9306	38	2142	101026	87265	4078
医药制造业	3280	5683	1164	1067	39120	22032	7883
化学纤维制造业					8721	8160	241
橡胶制品业		1988			6602	4935	296
塑料制品业	900	2314	910	561	21953	17287	564
非金属矿物制品业	8699	7024	4980	11327	83836	71441	3613
黑色金属冶炼及压延加工业					2163	1998	34
有色金属冶炼及压延加工业	47	4100	119		48300	40800	624
金属制品业	1355	419		696	28483	27539	394
普通机械制造业	436	2171		2518	27671	24180	1815
专用设备制造业	7954	3256		69	41811	34648	1812
交通运输设备制造业	2033	71	1736	6157	39598	31488	1084
电气机械及器材制造业	5102	1002	70	1660	54304	44779	2397
电子及通信设备制造业			1772		11538	10468	276
仪器仪表及文化、办公用机械制造业					1259	1000	6
其他制造业		300	4911		5949	4221	714
电力、蒸汽、热水的生产和供应业					52504	41141	106
自来水的生产和供应业		1653			16729	10414	193

5-12续表5 单位:万元

指标名称	产品销售税金及附加	产品销售利润	其他业务利润	管理费用			
					税金	财产保险费	劳动待业保险费
总计	**52381**	**137294**	**9958**	**107044**	**4581**	**1598**	**13415**
市区	50778	116276	9279	92017	3860	1409	12328
邕宁县	673	14676	316	10447	577	113	836
武鸣县	929	6342	363	4581	143	76	251
按登记注册类型分组:							
内资企业	50440	120217	8468	90206	4289	1441	13090
国有企业	2241	37288	3828	34614	2111	623	6289
中央企业	844	7387	44	1933	182	99	1084
地方企业	1397	29901	3784	32681	1929	524	5205
集体企业	1036	10290	430	7225	355	122	425
股份合作企业	21	-160		306	7	3	18
联营企业	8	233	1	159	2	1	5
#集体联营企业	8	233	1	159	2	1	5
有限责任公司	45149	36254	3425	25082	1097	360	3307
#国有独资公司	44159	10278	2407	9402	296	137	1011
股份有限公司	1523	29832	227	17826	550	290	2974
私营企业	461	6480	556	4996	167	41	72
港、澳、台商投资企业	163	10663	1281	6355	146	112	110
外商投资企业	1778	6414	210	10484	147	45	215
按经济组织类型分组							
独资企业	5064	49624	4528	47176	2570	777	6739
#国有企业	2241	37288	3828	34614	2111	623	6289
集体企业	1036	10290	430	7225	355	122	425
合作、合伙企业	78	588	1	966	11	6	24
股份有限公司	1523	29832	227	17826	550	290	2974
有限责任公司	45715	57250	5202	41077	1449	525	3678
总计中:亏损企业	2626	1598	3147	31014	1469	367	3447
国有控股企业	48225	86538	7197	67179	3359	1119	11405
农村工业	718	1805	-7	784	93	11	1
总计中:轻工业	49317	77787	6177	61844	2612	837	6536
以农产品为原料	48470	60223	4906	48549	2017	625	5608
以非农产品为原料	847	17565	1271	13296	595	212	927
重工业	3064	59507	3782	45200	1969	761	6879
采掘工业	74	855	146	1960	10	9	453
原料工业	1987	30871	1224	18879	1054	402	3968
原料工业	1002	27781	2412	24361	906	350	2458
总计中:特大型企业	927	18321	135	9960	256	102	1741
大一型企业	2907	12865	198	13213	621	247	2176
大二型企业	45052	45844	3968	31298	1558	512	4259

单位:万元

指标名称	产品销售税金及附加	产品销售利润	其他业务利润	管理费用	税金	财产保险费	劳动待业保险费
中一型企业	233	6619	509	7156	142	140	1083
中二型企业	346	10825	1173	7946	248	151	634
小型企业	2915	42820	3975	37472	1755	447	3523
按工业行业大类分							
煤炭采选业	34	569	95	1650	4	9	439
黑色金属矿采选业	1	10	20	38	1		
有色金属矿采选业	5	163	31	139			…
非金属矿采选业	35	113		134	5		14
食品加工业	1317	35480	1214	21271	988	304	2525
食品制造业	768	3497	151	4571	260	42	337
饮料制造业	1792	1154	312	5158	104	26	83
烟草加工业	43936	12152	2284	6250	89	137	786
纺织业	113	1638	77	1664	151	3	644
服装及其他纤维制品制造业	23	423	26	585	11	4	7
皮革、毛皮、羽绒及其制品业	…	-29	137	158	2	3	44
木材加工及竹、藤、棕、草制品业	89	3288	144	1566	17	8	51
家具制造业	14	190	77	409	32	9	107
造纸及纸制品业	189	-1671	300	3216	241	34	343
印刷业	114	2568	268	2289	72	26	500
石油加工及炼焦业	8	50	1	131	2	2	1
化学原料及化学制品制造业	451	9231	1286	9269	460	172	2027
医药制造业	330	8876	356	6573	248	104	390
化学纤维制造业	30	291	2	251			53
橡胶制品业	43	1328	72	1089	93	32	36
塑料制品业	183	3920	274	1187	23	18	97
非金属矿物制品业	460	8323	77	7905	256	108	635
黑色金属冶炼及压延加工业	27	105		77			
有色金属冶炼及压延加工业	234	6642	230	3510	246	83	627
金属制品业	144	406	266	1646	62	19	195
普通机械制造业	142	1534	351	4203	163	47	206
专用设备制造业	232	5119	584	5466	258	74	555
交通运输设备制造业	225	6802	214	4521	145	58	355
电气机械及器材制造业	196	6932	300	3967	168	87	692
电子及通信设备制造业	50	745	38	703	12	14	
仪器仪表及文化、办公用机械制造业	13	241	378	661	25	2	141
其他制造业	110	904	295	599	24	1	36
电力、蒸汽、热水的生产和供应业	930	10327	-13	3094	236	139	1264
自来水的生产和供应业	148	5974	113	3096	183	34	226

5-12续表6 单位:万元

指标名称	财务费用	利息支出	营业利润	利润总额	亏损企业亏损额	利税总额
总计	**40819**	**40029**	**-611**	**2172**	**51600**	**128543**
市区	33442	33020	97	423	45127	114034
邕宁县	5365	5414	-820	1103	4396	9088
武鸣县	2013	1595	112	647	2077	5421
按登记注册类型分组:						
内资企业	31852	30989	6627	7617	36789	122540
国有企业	8221	8056	-1718	-1410	15053	21774
中央企业	-195	-191	5693	4453	634	14372
地方企业	8416	8247	-7411	-5863	14419	7402
集体企业	2087	1508	1408	1695	1252	6704
股份合作企业	23	23	-488	-492	499	-258
联营企业	25	25	51	49		183
#集体联营企业	25	25	51	49		183
有限责任公司	16052	16101	-1456	49	17358	66471
#国有独资公司	12339	12330	-9055	-9458	15465	49079
股份有限公司	4673	4669	7561	8408	1330	24267
私营企业	771	607	1269	862	1297	3399
港、澳、台商投资企业	1999	1903	3590	4567	1428	8659
外商投资企业	6969	7138	-10828	-10012	13383	-2656
按经济组织类型分组						
独资企业	12905	12150	-5929	-5281	22871	27367
#国有企业	8221	8056	-1718	-1410	15053	21774
集体企业	2087	1508	1408	1695	1252	6704
合作、合伙企业	237	230	-614	-563	677	66
股份有限公司	4673	4669	7561	8408	1330	24267
有限责任公司	23005	22980	-1629	-392	26722	76843
总计中:亏损企业	25529	24976	-51798	-51600	51600	-37715
国有控股企业	26824	26694	-268	1255	32053	102796
农村工业	914	431	99	285	714	2420
总计中:轻工业	27556	26975	-5436	-6724	36909	86379
以农产品为原料	24220	23606	-7640	-6984	31380	78806
以非农产品为原料	3336	3369	2204	259	5529	7573
重工业	13263	13055	4826	8897	14690	42163
采掘工业	13	13	-973	-342	399	215
原料工业	7379	7584	5838	9387	4127	32555
加工工业	5872	5458	-40	-148	10164	9394
总计中:特大型企业	2533	2533	5963	5732		16109
大一型企业	15499	15767	-15648	-15677	23722	3431

单位:万元

指标名称	财务费用	利息支出	营业利润	利润总额	亏损企业亏损额	利税总额
大二型企业	10525	10548	7989	8090	8116	76041
中一型企业	1072	1054	-1100	-1810	3098	1281
中二型企业	2809	2825	1243	1670	2434	6506
小型企业	8381	7303	941	4168	14231	25175
按工业行业大类分						
煤炭采选业	7	7	-993	-325	338	91
黑色金属矿采选业			-9	-3	3	-1
有色金属矿采选业	6	6	50	37		106
非金属矿采选业	…		-21	-50	59	19
食品加工业	4551	4429	10871	11569	1585	25914
食品制造业	2991	2771	-3914	-4661	5492	-1063
饮料制造业	2282	2358	-5975	-5805	6242	-2060
烟草加工业	2248	2248	5938	5837		62164
纺织业	455	463	-404	-405	979	776
服装及其他纤维制品制造业	11	6	-147	12	131	119
皮革、毛皮、羽绒及其制品业	298	1	-347	-319	319	-319
木材加工及竹、藤、棕、草制品业	2790	2977	-924	-168	376	2326
家具制造业	81	80	-223	-214	214	-116
造纸及纸制品业	10384	10338	-14972	-14974	15635	-12238
印刷业	288	288	259	762	308	2148
石油加工及炼焦业	10	10	-90	-90	93	-24
化学原料及化学制品制造业	2346	2332	-1098	1990	1732	6787
医药制造业	1438	1414	1221	1195	991	5004
化学纤维制造业	4		38	32		359
橡胶制品业	306	306	6	90		566
塑料制品业	184	183	2824	2794	43	3935
非金属矿物制品业	3211	3011	-2717	-1583	4760	3283
黑色金属冶炼及压延加工业	46	46	-17	-2	2	226
有色金属冶炼及压延加工业	1026	1018	2337	2393	84	5128
金属制品业	483	477	-1458	-1531	1708	-873
普通机械制造业	938	903	-3256	-3375	3491	-2276
专用设备制造业	1394	1389	-1158	-1586	2136	-511
交通运输设备制造业	1193	1089	1302	1597	2340	4827
电气机械及器材制造业	1032	1035	2233	883	2278	3055
电子及通信设备制造业	-29	-29	109	253		365
仪器仪表及文化、办公用机械制造业	31	31	-73	3	6	141
其他制造业	553	449	48	-206	236	321
电力、蒸汽、热水的生产和供应业	-170	-178	7391	5900		17090
自来水的生产和供应业	432	574	2558	2124	22	3274

5-12续表7

单位:万元

指标名称	本年应付工资总额	本年应付福利费总额	本年应交增值税	进项税额	销项税额	全部从业人员年平均数(人)
总计	**91909**	**11812**	**73990**	**96751**	**154186**	**100730**
市区	75706	10011	62833	82140	129384	79310
邕宁县	10390	1105	7312	11828	19534	12806
武鸣县	5814	696	3845	2783	5268	8614
按登记注册类型分组:						
内资企业	82042	10653	64483	80529	131385	90643
国有企业	34300	4378	20943	19731	30982	40087
中央企业	4149	584	9075	117	178	1520
地方企业	30151	3794	11868	19613	30804	38567
集体企业	6492	738	3973	6532	9746	9666
股份合作企业	440	49	213	505	732	390
联营企业	241	34	126	224	234	276
#集体联营企业	241	34	126	224	234	276
有限责任公司	21937	2829	22817	33304	53903	22764
#国有独资公司	7966	1046	14378	11335	25131	3752
股份有限公司	14786	2191	14336	14715	28926	11992
私营企业	3846	434	2076	5519	6863	5468
港、澳、台商投资企业	5818	711	3929	6334	9543	5605
外商投资企业	4050	448	5578	9888	13259	4482
按经济组织类型分组						
独资企业	43388	5373	27584	29411	45583	52465
#国有企业	34300	4378	20943	19731	30982	40087
集体企业	6492	738	3973	6532	9746	9666
合作、合伙企业	1291	122	551	1854	2303	1741
股份有限公司	14786	2191	14336	14715	28926	11992
有限责任公司	32445	4126	31520	50771	77374	34532
总计中:亏损企业	24785	2511	11258	24279	33705	38797
国有控股企业	63443	8473	53316	54911	97893	66497
农村工业	1911	226	1416	1371	1690	3685
总计中:轻工业	50079	6368	43787	50005	88378	56387
以农产品为原料	38333	4945	37320	39429	74306	42742
以非农产品为原料	11747	1422	6467	10576	14072	13645
重工业	41830	5445	30203	46746	65808	44343
采掘工业	1962	286	483	102	861	3675
原料工业	19145	2301	21181	21596	31714	16193
加工工业	20724	2857	8540	25048	33233	24475
总计中:特大型企业	8567	1072	9450	6943	16387	6663
大一型企业	10634	1332	16202	14185	19404	7898

单位:万元

指标名称	本年应付工资总额	本年应付福利费总额	本年应交增值税	进项税额	销项税额	全部从业人员年平均数(人)
大二型企业	26495	3586	22899	25948	47399	24882
中一型企业	5853	933	2858	6263	9064	6855
中二型企业	8279	1084	4490	10428	14710	10457
小型企业	32080	3805	18092	32984	47223	43975
按工业行业大类分						
煤炭采选业	1770	271	383	98	392	3082
黑色金属矿采选业	29	2	1	2	4	10
有色金属矿采选业	47	7	65		65	45
非金属矿采选业	116	7	34	2	400	538
食品加工业	14779	1855	13029	11827	24090	13644
食品制造业	4069	509	2830	4764	7080	5320
饮料制造业	1238	216	1953	3927	5752	1955
烟草加工业	4698	616	12391	6676	18530	1640
纺织业	3392	480	1068	2992	4017	8837
服装及其他纤维制品制造业	978	113	84	168	253	1012
皮革、毛皮、羽绒及其制品业	96	8		41	35	241
木材加工及竹、藤、棕、草制品业	1002	74	2405	3765	4666	1301
家具制造业	345	43	84			540
造纸及纸制品业	3807	393	2547	5752	8168	4115
印刷业	2328	360	1272	1511	2750	2666
石油加工及炼焦业	87	14	59	275	475	87
化学原料及化学制品制造业	7059	774	4346	7408	11138	7221
医药制造业	4987	679	3479	3926	5455	5369
化学纤维制造业	385	54	297	1306	1558	732
橡胶制品业	965	120	433	694	1124	1682
塑料制品业	886	102	958	2580	3434	1292
非金属矿物制品业	9444	1088	4406	4889	8891	10437
黑色金属冶炼及压延加工业	179	1	202	180	381	201
有色金属冶炼及压延加工业	3072	395	2502	5763	8319	2594
金属制品业	1226	147	514	4697	5210	2237
普通机械制造业	3110	379	958	3468	4361	5074
专用设备制造业	4412	628	843	5070	5996	6017
交通运输设备制造业	3008	336	3006	4720	6838	2726
电气机械及器材制造业	3975	442	1976	6874	8774	3284
电子及通信设备制造业	456	292	62	382	444	913
仪器仪表及文化、办公用机械制造业	654	86	125	95	220	839
其他制造业	581	56	417	307	586	1004
电力、蒸汽、热水的生产和供应业	5762	810	10261	2592	3794	2332
自来水的生产和供应业	2971	455	1002		987	1743

6 运输邮电

CHAPTER 6 TRANSPORT,POSTAL AND TELECOMMUNICATIONS

6-1 主要年份交通邮电情况

年 份	邮电业务总量（万元）	年末电话机数（部）	客运量（万人）	货运量（万吨）
1950	53	174		8
1965	381	4859		215
1978	420	7691		347
1980	487	9195		313
1985	1211	17277	3907	1055
1986	1384	20423	4615	1268
1987	1709	24171	5795	1428
1988	1990	28145	6234	2703
1989	2311	33663	6338	1915
1990	5219	37131	3908	1863
1991	6854	47878	2625	2226
1992	9807	60333	2896	2589
1993	16745	87174	2545	2908
1994	29695	140004	3835	3457
1995	47626	228940	4545	3341
1996	65478	248387	4959	3413
1997	86853	361554	5457	3450
1998	112896	403001	5026	3470
1999	133877	645717	5130	3293
2000	190253	865319	5149	3291
2001	255793	913508	5266	3371

注：邮电业务总量1950年为1952年不变价，1965年为1957年不变价，1978和1980年为1970年不变价，1985－1989年为1980年不变价，1990年起为1990年不变价。

6-2 全市民用车辆拥有量

(2001年)

指标名称	单位	总计	私人
民用汽车	**辆**	**47282**	**15818**
载客汽车	辆	25026	10428
#大型	辆	1922	144
小轿车	辆	12004	5066
载客量	客位	343932	117104
#大型	客位	80724	4545
普通载货汽车	辆	20558	5237
#大型	辆	8871	1846
载重量	吨位	64757	17134
#大型	辆	48790	9870
专用载货汽车	辆	607	57
载重量	吨位	3572	285
其他专用汽车	辆	995	96
特种汽车	辆	96	
轮胎式拖拉机	**辆**	**38596**	**38137**
#手扶拖拉机	辆	31005	30794
摩托车	**辆**	**398591**	**389897**
#两轮摩托车	辆	388933	382323
其他机动车	**辆**	**492**	**361**
载货挂车	辆	252	37

6-3　全市民用运输船舶拥有量

(2001年)

指 标 名 称	单 位	总 计	私人
机动船	艘	790	472
载客量	客位	4608	3567
净载重量	吨位	41495	8214
总功率	千瓦	33798	8588
客船	艘	153	144
载客量	客位	4608	3567
货船	艘	601	328
净载重量	吨位	41495	8214
拖船	艘	36	
功率	千瓦	4948	
驳船	艘	41	
净载重量	吨位	3103	

6-4　全市全社会客货运输量

(2001年)

指 标 名 称	客运量（万人）	旅客周转量（万人公里）	货运量（万吨）	货物周转量（万吨公里）
总　　计	5266		3371	
公路运输合计	4826	456186	3035	268092
#交通系统	2527	365358	627	44433
个体及联户	1019	42462	934	115688
水上运输合计	22	684	149	55445
#交通系统	…	66	41	19241
个体及联户	19	461	49	10858
铁路发送运输合计	373		186	
#国家铁路	370		175	
地方铁路	3		11	
民航运输合计	45		1	
#直属	45		1	

6-5 全市独立核算交通运输企业财务状况

(2001年) 单位：万元

指标名称	总计	按经济类型分			按专业类型分	
		国有经济	集体经济	其他经济	公路运输	水上运输
企业单位数(个)	18	4	11	3	7	11
#亏损企业(个)	9	2	5	2	2	7
资本金合计	23642	16544	3843	3255	14789	8853
流动资产合计	26673	11930	2777	11967	22385	4288
#存货	2277	1354	673	250	1522	755
长期投资	3780	3516	164	101	2992	788
固定资产合计	74433	56527	8854	9053	59207	15226
固定资产原价合计	102747	79695	10776	12276	82599	20148
#生产经营用	88006	67545	8833	11628	69922	18084
累计折旧	34824	24830	3309	6686	29185	5640
#本年折旧	9500	6317	383	2801	8960	540
无形及递延资产合计	15111	13316	91	1704	14981	130
#无形资产	13403	12272	91	1040	13348	55
资产合计	120081	85295	11890	22896	99572	20509
流动负债合计	60571	37057	6744	16770	51307	9264
长期负债合计	17294	14675	1298	1320	13517	3777
负债合计	77865	51733	8043	18090	64825	13041
所有者权益合计	42216	33562	3847	4807	34748	7468
#股本	6776	5947	70	760	6738	38
营运业务收入	49120	33275	2592	13254	46524	2597
营运业务成本	34939	24674	1079	9186	33159	1781
营运费用	1060	613	338	109	654	406
营运税金及附加	1762	1125	86	550	1688	74
营运业务利润	11350	6853	1089	3409	11014	336
管理费用	10234	6053	1191	2989	9196	1038
#税金	408	381	16	11	358	50
财产保险费	127		127		88	39
劳动、待业保险金	3144	2124	104	917	2692	452
财务费用	1074	913	34	127	932	142
#利息支出	918	757	33	128	878	40
营业利润	615	413	-92	294	957	-341
利润总额	-1224	-1524	225	76	-1367	144
应交所得税	460	375	45	39	425	35
应付利润	8		8		8	
本年应付工资总额	96432	67426	4966	24040	88882	7550
本年应付福利费总额	12992	9401	740	2851	11926	1066

6-6 邮电事业基本情况

(2001年)

指 标 名 称	总 计	全 市	市 区	邕宁县	武鸣县
邮政局(所)总数	处	112	67	27	18
电信自办营业网点总数	个	7	1	4	2
电信业务委代办点总数	个	52	16	21	15
邮路总长度(单程)	公里	29636	29378	143	115
长话业务电路总数	路	138328	138328		
公众电报用电路	路	28	26	1	1
电话线路光缆长度	皮长公里	796	161	392	243
电话交换机已装机总容量	门	796782	687474	61462	47846
年末实有电话机数	部	913508	784418	73011	56079
#移动电话	部	342981	307467	17328	18186
邮电业务总量(1990年价)	万元	255793	231382	12787	11624
国内外邮政业务					
函件	万件	5252.66	4936.03	201.07	115.56
#国际	万件	25.12	24.64	0.17	0.31
包件	万件	37.79	34.56	2.32	0.91
#国际	万件	0.27	0.27	…	…
汇票	万张	72.88	64.25	5.5	3.13
特快专递	万件	78.78	76.2	1.63	0.95
#国际	万件	1.79	1.76	0.02	0.01
报纸累计份数	万份	5770.63	4793.42	541.18	436.03
杂志累计份数	万份	613.73	559.32	27.86	26.55
国内外电信业务					
公众电报	万份	10.86	7.63	0.99	2.24
#国际	万份	…	…	…	
传真	万份	1.93	1.8		0.13
#国际	万份	0.07	0.07		
长途电话	万次	7432.17	6654.93	545.78	231.46
#国际	万次	29.51	27.21	1.54	0.76
港澳台长途电话	万次	36.69	32.88	2.06	1.75

7 固定资产投资

CHAPTER 7 INVESTMENT IN FIXED ASSETS

7-1 主要年份固定资产投资情况

单位：万元

年 份	全社会固定资产投资额	固定资产投资额			新增固定资产投资额
			基本建设投资额	更新改造投资额	
1950	312	312	312		
1965	5578	4577	4577		3476
1978	17731	16886	11094	5521	6772
1980	16704	16078	13912	1699	12713
1985	44590	38447	22939	13077	25868
1986	59292	47569	26545	18249	37857
1987	67975	59092	26526	30130	52193
1988	91450	82364	31563	44821	64369
1989	73920	66787	27831	34158	64217
1990	75907	60046	26469	25375	61328
1991	84364	70739	36109	27999	75259
1992	113593	96412	50458	33261	59784
1993	236508	219395	104494	52818	123995
1994	339036	310598	142976	78149	191587
1995	563515	432100	193808	103241	247895
1996	643874	525891	266140	108814	330844
1997	747843	613987	338771	122562	379500
1998	823561	689875	406818	112524	533250
1999	880793	759931	438954	122874	480493
2000	958538	800523	440562	138301	711196
2001	1017304	889536	487813	156900	603805

7-2 固定资产投资

(2001年)

单位:万元

指 标 名 称	全 市	市 区	邕宁县	武鸣县
本年完成投资	**703943**	**597264**	**68545**	**38134**
投资额按登记注册类型分				
内资	683739	582131	64445	37163
国有	472678	420227	30860	21591
集体	14757	13629	1128	
股份合作	3048	2148	900	
国有与集体联营	1685			1685
其他联营	130			130
国有独资公司	62336	61546		790
其他有限责任公司	31880	22708	7322	1850
股份有限公司	60561	47037	13524	
私营	6804	4281	2523	
其他	29860	10555	8188	11117
港澳台商投资	14654	12153	1530	971
合资经营	8509	7148	390	971
合作经营	4487	4487		
独资	1658	518	1140	
外商投资	5333	2763	2570	
合资经营	3875	1305	2570	
合作经营	1280	1280		
独资	178	178		
个体经营	217	217		
个人经营	217	217		
投资额按隶属关系分				
中央	150 124	144 933	5 191	
自治区	122700	108242	8242	6216
地区	307454	297370	4166	5918
县	44198	5583	28830	9785
其他	79467	41136	22116	16215
投资额按建设性质分				
新建	258 183	228 617	27 866	17 00
扩建	202465	160674	25872	15919
改建	172500	142934	9959	19607
单纯建造生活设施	39048	37956	1047	45
恢复	833		833	
单纯购置	30914	27083	2968	863
按项目规模分				
基建大中型	1 174	1 174		
基建小型	474464	410440	42720	21304
更改限上项目	7604	7604		
其他	220701	178046	25825	16830

注：不含房地产开发投资。

7-3 全市固定资产投资完成情况

(2001年)

指 标 名 称	单 位	合 计	基本建设	更新改造	其他投资
本年完成投资	**万元**	**703943**	**487813**	**156900**	**59230**
#住宅	万元	44820	42135	1223	1462
投资额按构成分					
建筑工程	万元	360746	311803	23254	25689
安装工程	万元	31391	16196	12928	2267
设备工器具购置	万元	209645	68153	115926	25566
其他费用	万元	102161	91661	4792	5708
#土地购置费	万元	25366	24984	158	224
更新改造设备工器具购置中用于更新的设备	万元	5095		5095	
更新改造本年完成投资用途					
增产	万元	15752		15752	
节约能源	万元	1870		1870	
其他节约	万元	1181		1181	
增加品种	万元	11478		11478	
提高产品质量	万元	5412		5412	
三废治理	万元	7525		7525	
其他	万元	113682		113682	
本年新增固定资产	万元	457202	259442	150236	47524
本年施工房屋面积	平方米	3597274	3238975	146567	211732
#住宅	平方米	1127218	1066523	16042	44653
本年竣工房屋面积	平方米	1310551	1101053	65682	143816
#住宅	平方米	467835	426638	16042	25155
本年竣工房屋价值	万元	131965	113157	7355	11453
#住宅	万元	33134	30423	1207	1504
施工项目个数	个	961	560	270	131
#本年新开工	个	570	276	206	88
本年投产项目个数	个	520	231	198	91
本年资金来源合计	万元	791225	553084	177046	61095
上年末结余资金	万元	96290	93187	1922	1181
本年资金来源小计	万元	694935	459897	175124	59914
国家预算内资金	万元	86524	85496	24	1004
国内贷款	万元	108670	65456	38335	4879
利用外资	万元	5316	2064	634	2618
自筹资金	万元	422120	253369	134250	34501
其他资金来源	万元	72305	53512	1881	16912
#集资	万元	45095	33683	671	10741
本年各项应付款合计	万元	49524	46734	1157	1633

注：不含房地产开发投资。

7-4 市区固定资产投资完成情况

(2001年)

指标名称	单位	合计	基本建设	更新改造	其他投资
本年完成投资	**万元**	**597264**	**423789**	**136875**	**36600**
#住宅	万元	38618	36786	551	1281
投资额按构成分					
建筑工程	万元	302191	270785	18394	13012
安装工程	万元	23940	10583	11564	1793
设备工器具购置	万元	175263	54495	102407	18361
其他费用	万元	95870	87926	4510	3434
#土地购置费	万元	25341	24959	158	224
更新改造设备工器具购置中用于更新的设备	万元	3273		3273	
更新改造本年完成投资用途					
增产	万元	11533		11533	
节约能源	万元	1650		1650	
其他节约	万元	1066		1066	
增加品种	万元	6882		6882	
提高产品质量	万元	4476		4476	
三废治理	万元	5659		5659	
其他	万元	105609		105609	
本年新增固定资产	万元	387783	221510	136496	29777
本年施工房屋面积	平方米	3138919	2836015	113184	189720
#住宅	平方米	1002364	953690	7861	40813
本年竣工房屋面积	平方米	1089176	918793	44299	126084
#住宅	平方米	402853	373677	7861	21315
本年竣工房屋价值	万元	115646	99356	5915	10375
#住宅	万元	28779	26946	535	1298
施工项目个数	个	742	423	241	78
#本年新开工	个	413	188	181	44
本年投产项目个数	个	383	159	175	49
本年资金来源合计	万元	683126	487748	156890	38488
上年末结余资金	万元	92131	89285	1812	1034
本年资金来源小计	万元	590995	398463	155078	37454
国家预算内资金	万元	78830	78806	24	
国内贷款	万元	97509	58506	35435	3568
利用外资	万元	4141	1403	120	2618
自筹资金	万元	363324	219616	117836	25872
其他资金来源	万元	47191	40132	1663	5396
#集资	万元	28679	26553	463	1663
本年各项应付款合计	万元	35611	33503	927	1181

注：不含房地产开发投资。

7-5 邕宁县固定资产投资完成情况

(2001年)

指 标 名 称	单 位	合 计	基本建设	更新改造	其他投资
本年完成投资	**万元**	**68545**	**42720**	**13086**	**12739**
#住宅	万元	4454	3656	672	126
按构成分:					
建筑工程	万元	39227	28138	3115	7974
安装工程	万元	4544	3407	1010	127
设备工器具购置	万元	20968	8104	8780	4084
其他费用	万元	3806	3071	181	554
#土地购置费	万元	25	25		
更新改造设备工器具购置中用于更新的设备	万元	897		897	
更新改造本年完成投资用途					
增产	万元	3108		3108	
节约能源	万元	126		126	
其他节约	万元	45		45	
增加品种	万元	4199		4199	
提高产品质量	万元	878		878	
三废治理	万元	1866		1866	
其他	万元	2864		2864	
本年新增固定资产	万元	43640	24482	11113	8045
本年施工房屋面积	平方米	316510	277011	19443	20056
#住宅	平方米	88786	77755	8181	2850
本年竣工房屋面积	平方米	153826	118607	19443	15776
#住宅	平方米	46682	35651	8181	2850
本年竣工房屋价值	万元	12054	9767	1308	979
#住宅	万元	3302	2479	672	151
施工项目个数	个	120	79	16	25
#本年新开工	个	70	36	15	19
本年投产项目个数	个	65	34	13	18
本年资金来源合计	万元	71496	45557	13217	12722
上年末结余资金	万元	3892	3782	110	
本年资金来源小计	万元	67604	41775	13107	12722
国家预算内资金	万元	7085	6121		964
国内贷款	万元	7567	4006	2700	861
利用外资	万元	1114	600	514	
自筹资金	万元	37291	23725	9765	3801
其他资金来源	万元	14547	7323	128	7096
#集资	万元	8604	2758	128	5718
本年各项应付款合计	万元	11312	10962	230	120

注：不含房地产开发投资。

7-6 武鸣县固定资产投资完成情况

(2001年)

指 标 名 称	单 位	合 计	基本建设	更新改造	其他投资
本年完成投资	**万元**	**38134**	**21304**	**6939**	**9891**
#住宅	万元	1748	1693		55
按构成分:					
建筑工程	万元	19328	12880	1745	4703
安装工程	万元	2907	2206	354	347
设备工器具购置	万元	13414	5554	4739	3121
其他费用	万元	2485	664	101	1720
更新改造设备工器具购置中用于更新的设备	万元	925		925	
更新改造本年完成投资用途					
增产	万元	1111		1111	
节约能源	万元	94		94	
其他节约	万元	70		70	
增加品种	万元	397		397	
提高产品质量	万元	58		58	
其他	万元	5209		5209	
本年新增固定资产	万元	25779	13450	2627	9702
本年施工房屋面积	平方米	141845	125949	13940	1956
# 住宅	平方米	36068	35078		990
本年竣工房屋面积	平方米	67549	63653	1940	1956
# 住宅	平方米	18300	17310		990
本年竣工房屋价值	万元	4265	4034	132	99
# 住宅	万元	1053	998		55
施工项目个数	个	99	58	13	28
# 本年新开工	个	87	52	10	25
本年投产项目个数	个	72	38	10	24
本年资金来源合计	万元	36603	19779	6939	9885
上年末结余资金	万元	267	120		147
本年资金来源小计	万元	36336	19659	6939	9738
国家预算内资金	万元	609	569		40
国内贷款	万元	3594	2944	200	450
利用外资	万元	61	61		
自筹资金	万元	21505	10028	6649	4828
其他资金来源	万元	10567	6057	90	4420
# 集资	万元	7812	4372	80	3360
本年各项应付款合计	万元	2601	2269		332

注：不含房地产开发投资。

7-7 市属固定资产投资完成情况

(2001年)

指标名称	单位	合计	基本建设	更新改造	其他投资
本年完成投资	**万元**	**307454**	**230599**	**56815**	**20040**
#住宅	万元	13640	12377	616	647
按构成分:					
建筑工程	万元	141267	128404	7799	5064
安装工程	万元	12812	4702	6886	1224
设备工器具购置	万元	75656	23658	40409	11589
其他费用	万元	77719	73835	1721	2163
#土地购置费	万元	24711	24553	158	
更新改造设备工器具购置中用于更新的设备	万元	4487		4487	
更新改造本年完成投资用途					
增产	万元	10617		10617	
节约能源	万元	1790		1790	
其他节约	万元	90		90	
增加品种	万元	4335		4335	
提高产品质量	万元	3531		3531	
三废治理	万元	6635		6635	
其他	万元	29817		29817	
本年新增固定资产	万元	167882	88114	64291	15477
本年施工房屋面积	平方米	1037614	844007	95258	98349
#住宅	平方米	354131	312726	8181	33224
本年竣工房屋面积	平方米	454583	356251	43433	54899
#住宅	平方米	188280	162618	8181	17481
本年竣工房屋价值	万元	50480	39703	5282	5495
#住宅	万元	12550	10909	573	1068
施工项目个数	个	285	184	66	35
#本年新开工	个	156	94	42	20
本年投产项目个数	个	124	63	39	22
本年资金来源合计	万元	365007	269164	73945	21898
上年末结余资金	万元	63101	61483	483	1135
本年资金来源小计	万元	301906	207681	73462	20763
国家预算内资金	万元	44477	44453	24	
国内贷款	万元	60335	35796	21771	2768
利用外资	万元	1323	1203	120	
自筹资金	万元	174978	111365	49756	13857
其他资金来源	万元	20793	14864	1791	4138
#集资	万元	11020	9004	591	1425
本年各项应付款合计	万元	15237	14734	438	65

注：不含房地产开发投资。

7-8 固定资产投资额按国民经济行业分

(2001年)

单位：万元

指标名称	全市	市区	邕宁县	武鸣县
合　计	703 943	597 264	68 545	38 134
农、林、牧、渔业	18153	7285	3134	7734
采掘业	100	50	50	
制造业	79692	49801	21168	8723
#甘蔗糖业	11434	8291	2253	890
电力、煤气及水的生产和供应业	74815	66717	4664	3434
建筑业	9522	6832	2580	110
地质勘查业、水利管理业	15793	11644	2726	1423
交通运输、仓储及邮电通信业	113434	105371	4433	3630
批发和零售贸易、餐饮业	32263	25653	4391	2219
金融、保险业	17461	15964	1477	20
房地产业	3357	3357		
社会服务业	184074	178120	2683	3271
卫生、体育和社会福利业	26974	21172	5532	270
教育、文化艺术及广播电影电视业	50531	43602	5437	1492
科学研究和综合技术服务业	9694	9694		
国家机关、政党机关和社会团体	64001	50891	7302	5808
其他行业	4079	1111	2968	

7-9 本年新增固定资产按国民经济行业分

(2001年)

单位:万元

指标名称	全市	市区	邕宁县	武鸣县
合　计	457 202	387 783	43 640	25 779
农、林、牧、渔业	13 524	2 793	3 032	7 699
采掘业	100	50	50	
制造业	72127	52152	15398	4577
#甘蔗糖业	25881	22746	2245	890
电力、煤气及水的生产和供应业	32557	29884	2393	280
建筑业	6825	4064	2651	110
地质勘查业、水利管理业	10198	8960	128	1110
交通运输、仓储及邮电通信业	122796	115503	3983	3310
批发和零售贸易、餐饮业	45989	41154	2706	2129
金融、保险业	2853	1376	1477	
房地产业	3113	3113		
社会服务业	39534	36304	2321	909
卫生、体育和社会福利业	12585	8595	3720	270
教育、文化艺术及广播电影电视业	36132	32057	2603	1472
科学研究和综合技术服务业	7970	7970		
国家机关、政党机关和社会团体	50219	43128	3178	3913
其他行业	680	680		

注：不含房地产开发投资。

7-10 农村集体固定资产投资

(2001年)

单位:万元

指标名称	本年完成投资	建筑工程	安装工程	设备购置	其他	本年新增固定资产	施工面积(平方米)	竣工面积(平方米)
本年投资完成额	**25716**	**10270**	**2620**	**8873**	**3953**	**24111**	**32350**	**30150**
投资额按建设性质分								
新建	18037	7031	1971	5422	3613	16432	32010	29810
扩建	4659	2360	543	1416	340	4659	340	340
改建	3020	879	106	2035		3020		
投资额按国民经济行业分								
农、林、牧、渔业	2735	815		5	1915	2735	4250	4050
有色金属矿采选业	1050	200	50	300	500	1050	1500	1500
非金属矿采选业	620	90	50	150	330	620	370	370
食品加工业	2998	811	200	1635	352	2998		
食品制造业	210	55	40	115		210	200	200
木材加工及竹、藤、棕、草制品业	3025	1450	55	1320	200	2655	3790	3790
家具制造业	200	80	50	70		200		
造纸及纸制品业	35	30		5		35	589	589
印刷业、记录媒介的复制	1730	600	330	800		1730		
化学原料及化学制品制造业	4697	1230	1273	2194		4697	1840	1840
医药制造业	605	250	44	311		605	2100	2100
塑料制品业	40	20			20	40		
非金属矿物制品业	2021	786	40	850	345	941	11151	9151
黑色金属冶炼及压延加工业	150	50	20	80		150		
有色金属冶炼及压延加工业	183	100	33	30	20	183		
金属制品业	209	150	40	19		209		
专用设备制造业	350	143	70	137		350		
交通运输制造业						190		
电气机械及器材制造业	450	205	78	167		450		
其他制造业	634	382	20	31	201	634		
批发和零售贸易、餐饮业	810	694	8	98	10	619	2350	2350
社会服务业	1840	1630	200	10		1840		
其他行业	1124	499	19	546	60	970	4210	4210

7-11 城镇和工矿区私人建房情况

(2001年)

指标名称	城镇、工矿区个数(个)	本年竣工房屋建筑面积(平方米)	住宅	本年竣工房屋价值(万元)	住宅	建房户数(个)
总计	**58**	**1340556**	**1307578**	**45745**	**44996**	**9558**
#农业户建房		1153926	1117229	37625	36963	8765
市		31781	28731	1593	1481	244
县城	2	117820	117820	3096	3096	780
#农业户建房		103200	103200	2736	2736	728
镇	56	1190955	1161027	41056	40419	8534
#农业户建房		1042643	1008996	34542	33992	7996

7-12 全年新增生产能力

(2001年)

指标名称	单位	总计	基本建设	更新改造	其它投资
机制纸浆	吨/年	34000		34000	
新建公路	公里	5	5		
改建公路	公里	22	22		
高等院校：学生席位	个	1100	1100		
建筑面积	平方米	4933	4933		
中等学校：学生席位	个	12468	12048		420
建筑面积	平方米	33237	32637		600
小学校：学生席位	个	1500	1500		
建筑面积	平方米	3100	3100		
城市道路扩建长度	公里	2	2		
城市道路扩建面积	万平方米	3	3		
城市排水管道铺设长度	公里	8	8		

7-13 房地产开发投资

(2001年)

单位:万元

指标名称	全市	市区	邕宁县	武鸣县
本年完成投资	**185593**	**182905**	**1438**	**1250**
投资额按登记注册类型分				
内资	140106	137868	988	1250
国有	49772	48564	608	600
集体	2560	2560		
其他有限责任公司	46196	45346	200	650
股份有限公司	10150	10150		
私营合伙	330	330		
私营有限责任公司	30242	30242		
私营股份有限公司	856	676	180	
港澳台合资	25305	24855	450	
合资经营	16370	15920	450	
合作经营	7333	7333		
独资	1602	1602		
外商投资	20182	20182		
合资经营	15769	15769		
合作经营	4413	4413		
投资额按隶属关系分				
中央	2297	2297		
自治区	35866	35416	450	
市	44223	43235	988	
县	4123	2873		1250
其他	99084	99084		

7-14 房地产开发投资完成情况

(2001年)

指 标 名 称	单位	全 市	市 区	邕宁县	武鸣县
本年完成投资	**万元**	**185593**	**182905**	**1438**	**1250**
#商品房建设投资额	万元	134657	133697	60	900
土地开发投资额	万元	5914	5274	290	350
投资额按构成分:					
建筑工程	万元	109 459	107 570	989	900
安装工程	万元	5098	5018	30	50
设备工器具购置	万元	3949	3907	42	
其他费用	万元	67087	66410	377	300
#土地购置费	万元	43858	43703	155	
投资额按工程用途分:					
住宅	万元	98515	97555	60	900
#经济适应房	万元	6158	5258		
办公楼	万元	4109	3967	142	
商业营业用房	万元	12004	12004		
其他	万元	70965	69379	1236	350
本年新增固定资产	万元	146603	146170	433	
本年购置土地面积	平方米	713643	702120	11523	
本年资金来源合计	万元	346439	344295	1444	700
上年末结余资金	万元	53804	53698	6	100
本年资金来源小计	万元	292635	290597	1438	600
国内贷款	万元	40810	40810		
利用外资	万元	3458	3458		
自筹资金	万元	86243	84505	1438	300
其他资金来源	万元	162124	161824		300
本年各项应付款合计	万元	41612	41062		550
竣工房屋住宅套数合计	套	8490	8490		
#经济适应房套数	套	900	900		

7-14续表

指标名称	单位	全市	市区	邕宁县	武鸣县
施工房屋面积	平方米	3603626	3589945	2981	10700
#住宅	平方米	2837698	2826017	981	10700
#经济适应房	平方米	131097	120397		10700
本年新开工房屋面积	平方米	1263792	1255411	2981	5400
#住宅	平方米	1072732	1066351	981	5400
#经济适应房	平方米	64868	59468		5400
竣工房屋面积	平方米	1217837	1217837		
#住宅	平方米	1049340	1049340		
#经济适应房	平方米	90680	90680		
竣工房屋价值	万元	107803	107803		
#住宅	万元	90480	90480		
#经济适应房	万元	6336	6336		
商品房实际销售面积	平方米	1094891	1089811		5080
#个人	平方米	982449	977369		5080
住宅	平方米	1016822	1011742		5080
#经济适应房	平方米	98343	93263		5080
商品房空置面积	平方米	495472	490672		4800
住宅	平方米	289202	284402		4800
#经济适应房	平方米	7472	7472		
办公楼	平方米	54296	54296		
商业营业用房	平方米	101855	101855		
其他	平方米	50119	50119		
商品房实际销售额	万元	244030	243597		433
#个人	万元	208512	208079		433
住宅	万元	206815	206382		433
#经济适应房	万元	9099	8666		433

7-15 房地产开发经营情况

(2001年) 单位:万元

指标名称	全市	市区	邕宁县	武鸣县
实收资本合计	206031	202803	2500	728
资产总计	1092877	1084825	5095	2957
固定资产累计折旧	13452	13358	77	17
#本年折旧	1893	1880	10	3
负债总计	959518	953936	3480	2102
所有者权益合计	133359	130889	1615	855
土地转让收入	20196	20049	25	122
商品房屋销售收入	173775	173328		447
#销售给个人	163457	163010		447
房屋出租收入	3050	3038		12
其他收入	3406	3396		10
经营成本	151851	151365	18	468
销售费用	8494	8478	10	6
经营税金及附加	9941	9908	2	31
其他业务利润	600	600		
管理费用及财务费用	25789	25658	61	70
投资收益及营业外收入	265	265		
营业外支出	2446	2446		
利润总额	2771	2821	-66	16

7-16 建筑业企业生产情况

(2001年)

指 标 名 称	企业个数(个)	建筑业总产值（万元）					
		合 计	建筑工程	装修装饰	安装工程	房屋建筑物修理	非标准设备制造
总 计	**296**	**634046**	**574665**	**23376**	**52821**	**4879**	**1681**
# 一、二级企业	85	554932	514641	18365	36369	2248	1675
国有及国有控股	191	562115	521375	19581	37339	1720	1681
按登记注册类型分组							
内资企业	284	630830	572442	21282	51828	4879	1681
国有企业	79	468607	445764	7608	20783	378	1681
集体企业	71	55537	42925	2726	9787	2826	
联营企业	1	663	515		85	63	
有限责任公司	88	86043	70244	8460	15075	723	1
股份有限公司	13	6448	5829	1857		619	
私营企业	32	13533	7164	631	6098	271	
港澳台商投资企业	6	129	129				
合资经营企业	3	30	30				
合作经营企业	3	99	99				
外商投资企业	6	3088	2094	2094	993		
中外合资经营企业	6	3088	2094	2094	993		
按国民经济行业分组							
土木工程建筑业	193	525667	515559	9471	5175	4379	555
房 屋	125	254507	248727	7989	1491	4289	
矿 山	1	276	276				
铁路公路隧道桥梁	34	192160	191049	310	1030	81	
堤坝电站码头	9	65060	62597	1172	1900	8	555
其他土木工程	24	13664	12910		754		
线路管道设备安装业	46	93239	44049		47604	459	1127
线路管道安装业	33	73029	42293		30275	455	7
设备安装业	13	20210	1755		17330	4	1120
装修装饰业	57	15141	15058	13905	42	41	

7-16 续表1

指标名称	竣工产值（万元）	施工工程个数（个）	本年新开工（个）	投标承包（个）	竣工工程个数（个）	优良工程个数（个）
总　计	**456 926.2**	**3 865**	**2 292**	**1 685**	**2 299**	**822**
# 一、二级企业	398 002.5	2 473	1 307	1 485	1 289	689
国有及国有控股	402 364	2 905	1 602	1 443	1 631	739
按登记注册类型分组						
内资企业	455 444	3 852	2 283	1 685	2 296	822
国有企业	335 605	2 043	1 162	1 136	1 161	570
集体企业	43 427	864	633	206	613	71
联营企业	40	7	3		1	
有限责任公司	62 682	770	375	296	418	138
股份有限公司	4 338	68	44	13	39	19
私营企业	9 353	100	66	34		24
港澳台商投资企业	30	2			2	
合资经营企业	30	2			2	
合作经营企业						
外商投资企业	1 452	11	9		1	
中外合资经营企业	1 452	11	9		1	
按国民经济行业分组						
土木工程建筑业	360 962	2 587	1 525	1 362	1 396	500
房　屋	184 564	1 737	952	1 037	903	350
矿　山	276	7	5		5	
铁路公路隧道桥梁	134 160	261	126	163	116	57
堤坝电站码头	32 123	370	254	139	210	52
其他土木工程	9 840	212	188	23	162	41
线路管道设备安装业	81 557	1 278	767	323	903	322
线路管道安装业	66 922	1 075	643	266	762	257
设备安装业	14 635	203	124	57	141	65
装修装饰业	14 407					

7-16 续表2

单位:万平方米

指标名称	房屋施工面积	本年新开工	投标承包	房屋竣工面积	优良工程
总　计	**650.0**	**280.8**	**486.2**	**249**	**165.8**
# 一、二级企业	545.9	233.1	450.1	200.8	146.2
国有及国有控股	552.4	229.3	427.6	205	147.5
按登记注册类型分组					
内资企业	650	280.8	486.2	249	165.8
国有企业	472.5	201.1	364.3	165.5	117.3
集体企业	78.2	38.1	47.6	37.8	14.2
联营企业	3.7	2.9			
有限责任公司	76.8	28.8	64.1	39.2	29.8
股份有限公司	5.6	0.6	0.1	1.1	0.7
私营企业	13.3	9.2	10.1	5.4	
按国民经济行业分组					
土木工程建筑业	648.4	279.9	485.3	247.9	164.8
房　屋	606.9	264.2	467.3	228.5	155.9
矿　山					
铁路公路隧道桥梁	17.7	9.6	11.4	6.4	2
堤坝电站码头	18.1	3.6	6.3	9.5	5.3
其他土木工程	5.6	2.5	0.4	3.6	1.5
线路管道设备安装业	1.6	0.9	0.8	1.1	1
线路管道安装业	1.6	0.9	0.8	1	1

7-16 续表3

指 标 名 称	自有机械设备年末总台数（台）	自有机械设备年末总功率（万千瓦）	自有机械设备净值（万元）	平均人数（万人）	企业总产值（万元）	年末拖欠工程款（万元）
总　计	**26 239**	**63.6**	**94809**	**12.0**	**732218**	**127825**
# 一、二级企业	18 042	54.6	80208	10.0	613284	119757
国有及国有控股	18601	55.7	85811	10.2	657479	119105
按登记注册类型分组						
内资企业	26175	63.4	94635	11.8	728589	127373
国有企业	14703	46.7	69285	8.1	526359	104258
集体企业	5892	6.8	5978	1.3	56934	7278
联营企业	116	0.2	268		663	32
有限责任公司	3736	8.6	16047	2.1	123221	13670
股份有限公司	240	0.3	475	0.1	6470	1088
私营企业	1488	0.8	2582	0.3	14943	1046
港澳台商投资企业	16	0.2	160		129	100
合资经营企业	5	0.1	61			
合作经营企业	11	0.1	99		99	100
外商投资企业	48		14	0.1	3500	352
中外合资经营企业	48		14	0.1	3500	352
按国民经济行业分组						
土木工程建筑业	22125	57.8	83893	9.5	581277	112167
房　屋	12000	16.0	18579	5.2	265043	74388
矿　山	71	0.1	83		276	55
铁路公路隧道桥梁	4836	21.5	33350	2.9	230279	25462
堤坝电站码头	4234	17.5	27980	1.1	71150	9842
其他土木工程	984	2.7	3902	0.3	14529	2419
线路管道设备安装业	2553	5.3	8631	1.8	105518	11270
线路管道安装业	1759	4.2	7240	1.5	84998	1477
设备安装业	794	1.1	1391	0.4	20520	9793
装修装饰业	1561	0.5	2284	0.6	45423	4388

7-17 建筑企业财务状况

（2001年） 单位:万元

指标名称	年末资产负债				
	流动资产合计	存货	长期投资	固定资产	固定资产原价合计
总计	**798969**	**225020**	**274408**	**537867**	**643902**
# 一、二级企业	653663	193386	268541	485771	575781
国有及国有控股	725244	200935	272324	516927	616795
按登记注册类型分组					
内资企业	795654	224518	274408	536930	642339
国有企业	612948	176895	18256	139708	224656
集体企业	57169	20757	1670	16123	20880
联营企业	2596	1708		798	983
有限责任公司	97604	18342	254075	375832	389836
股份有限公司	10769	4615	4	596	
私营企业	14569	2200	404	3874	5018
港澳台商投资企业	430	47		836	1354
合资经营企业	45			737	848
合作经营企业	385	47		99	506
外商投资企业	2886	455		101	209
中外合资经营企业	2886	455		101	209
按国民经济行业分组					
土木工程建筑业	647164	170470	266017	483233	574728
房屋	305158	96039	8490	42370	63361
矿山	767	119		83	175
铁路公路隧道桥梁	266654	61750	251480	385167	432715
堤坝电站码头	55282	7178	4087	49017	69301
其他土木工程	19304	5385	1960	6597	9177
线路管道设备安装业	111683	41724	6995	40157	48623
线路管道安装业	61071	12338	6741	37981	44111
设备安装业	50613	29386	255	2176	4512
装修装饰业	40122	12827	1396	14477	20550

7-17 续表1 单位:万元

指标名称	年末资产负债				
	累计折旧	本年折旧	无形及递延资产合计	无形资产	资产合计
总计	**117967**	**14276**	**20264**	**12574**	**1651593**
# 一、二级企业	100451	12846	12034	10876	1433389
国有及国有控股	111004	13328	19744	12525	1553727
按登记注册类型分组					
内资企业	117342	14118	19930	12240	1646974
国有企业	93778	11414	10486	9113	800029
集体企业	5533	573	477	47	75473
联营企业	185	6	2	2	3937
有限责任公司	16271	1717	8893	3048	737139
股份有限公司	372	32	32	30	11488
私营企业	1204	376	42		
港澳台商投资企业	518	142	334	334	1632
合资经营企业	111	9	180	180	962
合作经营企业	407	133	154	154	670
外商投资企业	108	16			2987
中外合资经营企业	108	16			2987
按国民经济行业分组					
土木工程建筑业	97061	11885	12096	10936	1423744
房屋	23436	2607	2772	2347	364482
矿山	92	21			850
铁路公路隧道桥梁	49854	5774	2733	2099	909551
堤坝电站码头	21078	3002	5742	5643	118852
其他土木工程	2601	483	848	847	30010
线路管道设备安装业	14447	2227	1694	1137	164831
线路管道安装业	12091	1984	1689	1132	110998
设备安装业	2356	243	5	5	53833
装修装饰业	6459	164	6474	501	63017

单位:万元

指标名称	年末资产负债				
	流动负债合计	长期负债合计	负债合计	所有者权益合计	实收资本合计
总计	**660821**	**121206**	**782028**	**869565**	**775984**
# 一、二级企业	561257	80310	641567	791822	714700
国有及国有控股	612944	109063	722006	831721	743410
按登记注册类型分组					
内资企业	658661	120263	778924	868050	774110
国有企业	529693	80618	610310	189719	113565
集体企业	38005	11016	49021	26452	23140
联营企业	3005	18	3023	914	1041
有限责任公司	74566	25566	100132	637007	624649
股份有限公司	6425	919	7344	4144	3868
私营企业	6968	2127	9095	9814	
港澳台商投资企业	380	321	701	931	1460
合资经营企业	80	50	130	832	967
合作经营企业	300	271	571	99	494
外商投资企业	1780	622	2402	584	413
中外合资经营企业	1780	622	2402	584	413
按国民经济行业分组					
土木工程建筑业	527668	97085	624753	798991	724250
房屋	256940	31642	288582	75900	64767
矿山	200	63	263	587	501
铁路公路隧道桥梁	199626	50976	250602	658949	615836
堤坝电站码头	56056	12443	68499	50353	33990
其他土木工程	14847	1962	16809	13202	9157
线路管道设备安装业	100625	11601	112226	52605	36950
线路管道安装业	53761	10554	64315	46683	32232
设备安装业	46865	1046	47911	5922	4718
装修装饰业	32528	12521	45049	17969	14784

7-17 续表3

单位:万元

指标名称	损益及分配					
	工程结算收入	工程结算成本	工程结算税金及附加	工程结算利润	其他业务收入	其它业务利润
总计	**587046**	**518734**	**15848**	**52464**	**34304**	**5472**
# 一、二级企业	506703	448537	13284	44882	27737	4569
国有及国有控股	511820	451918	13390	46513	33126	4999
按登记注册类型分组						
内资企业	584146	516532	15768	51846	34201	5538
国有企业	422361	371932	10918	39512	27094	4376
集体企业	56012	49672	1933	4408	1152	530
联营企业	146	112	5	30		
有限责任公司	84983	76572	2283	6128	5800	647
股份有限公司	5237	4612	190	435	101	-2
私营企业	15407	13633	440	1334		-13
港澳台商投资企业	85	78	6	1	90	-45
合资经营企业	30	23	1	7		
合作经营企业	54	55	5	-6	90	-45
外商投资企业	2816	2124	75	617	13	-21
中外合资经营企业	2816	2124	75	617	13	-21
按国民经济行业分组						
土木工程建筑业	502489	449151	13185	40153	16076	4012
房屋	221522	200369	7281	13871	8287	2214
矿山	276	318	2	-45	1	1
铁路公路隧道桥梁	197114	179916	3503	13694	1387	590
堤坝电站码头	69962	56885	2029	11049	6119	1086
其他土木工程	13616	11663	370	1584	283	122
线路管道设备安装业	73081	59437	2334	11310	17436	1313
线路管道安装业	59026	47291	1937	9798	16339	1102
设备安装业	14055	12146	397	1512	1097	211
装修装饰业	11476	10146	329	1002	792	147

指标名称	损益及分配				
	管理费用	税金	财务费用	利息支出	营业利润
总计	**50584**	**1281**	**2154**	**1490**	**5199**
# 一、二级企业	43995	895	1720	1220	3736
国有及国有控股	45912	1077	2145	1519	3455
按登记注册类型分组					
内资企业	50130	1281	2149	1486	5104
国有企业	39078	843	1904	1412	2906
集体企业	3629	167	3	-32	1305
联营企业	56	8			-26
有限责任公司	6071	235	162	29	542
股份有限公司	427	2	-33	-34	40
私营企业	870	27	114	110	
港澳台商投资企业	70		5	5	-119
合资经营企业	11		6	6	-10
合作经营企业	58				-109
外商投资企业	384		-1	-1	213
中外合资经营企业	384		-1	-1	213
按国民经济行业分组					
土木工程建筑业	38883	914	1735	1241	3547
房屋	14260	515	681	353	1144
矿山	28				-71
铁路公路隧道桥梁	12051	140	637	554	1595
堤坝电站码头	11039	230	357	333	739
其他土木工程	1506	30	60	1	139
线路管道设备安装业	10370	329	367	202	1886
线路管道安装业	9076	290	202	67	1621
设备安装业	1294	38	164	135	265
装修装饰业	1331	38	52	46	-234

单位:万元

指标名称	损益及分配			本年应付工资总额	本年应付福利费总额
	利润总额	应交税得税	应付利润		
总　计	**4446**	**2216**	**897**	**95134**	**11649**
# 一、二级企业	2864	1772	493	83320	10142
国有及国有控股	2685	1606	582	84556	10196
按登记注册类型分组					
内资企业	4420	2179	822	94494	11377
国有企业	2045	1433	463	70204	8985
集体企业	1334	520	307	8142	1259
联营企业	-26			129	25
有限责任公司	668	208	41	13367	873
股份有限公司	69	8		972	72
私营企业	330	10	11	1681	
港澳台商投资企业	-119			49	1
合资经营企业	-10			6	1
合作经营企业	-109			43	
外商投资企业	144	37	74	590	271
中外合资经营企业	144	37	74	590	271
按国民经济行业分组					
土木工程建筑业	2948	1596	416	78992	9158
房　屋	1422	617	323	40159	4204
矿　山	-71	1		72	3
铁路公路隧道桥梁	810	522	14	26147	3222
堤坝电站码头	506	241	22	10520	1478
其他土木工程	281	216	57	2095	251
线路管道设备安装业	1682	572	472	13829	2262
线路管道安装业	1453	562	472	11003	1904
设备安装业	229	9		2827	358
装修装饰业	-184	48	8	2313	228

单位:万元

指标名称	建筑业增加值	亏损企业个数(个)	从业人员劳动报酬
总　计	**148450**	**75**	**93116**
# 一、二级企业	129044	28	80603
国有及国有控股	130802	47	82691
按登记注册类型分组			
内资企业	147396	73	92477
国有企业	109855	21	68169
集体企业	13672	14	7977
联营企业	130	1	129
有限责任公司	19418	22	13698
股份有限公司	1322	3	957
私营企业	3000	12	1547
港、澳、台商投资企业	84	2	49
合资经营企业	11	1	6
合作经营企业	72	1	43
外商投资企业	971		590
中外合资经营企业	971		590
按国民经济行业分组			
土木工程建筑业	122301	50	77015
房　屋	57560	32	38481
矿　山	34	1	72
铁路公路隧道桥梁	41942	9	25710
堤坝电站码头	19446	1	10430
其他土木工程	3319	7	2322
线路管道设备安装业	23140	10	13067
线路管道安装业	18586	8	10240
设备安装业	4554	2	2827
装修装饰业	3009	15	3035

8 城市公用事业 环境保护

CHAPTER 8 URBAN PUBLIC UTILITIES,ENVIRONMENTAL PROTECTION

8-1 市政建设情况

指 标 名 称	单 位	2001年	2000年	1999年	1998年	1997年
年末实有道路长度	公里	756	730	700	697	599
年末实有道路面积	万平方米	1044.74	1007.14	689.64	683.54	621.34
下水道总长度	公里	551	532.46	508.37	491.93	400
防洪堤长度	公里	42	40.1	40.36	37.84	37.84
年末实有桥梁	座	68	69	67	67	66
年末路灯盏数	盏	24906	23844	20091	19326	15773
城市污水量	万吨	19714	20157	20362	21940	23048
人均道路面积	平方米	7.58	7.43	5.25	5.23	4.85

8-2 城市园林绿化情况

指 标 名 称	单 位	2001年	2000年	1999年	1998年	1997年
园林绿化面积	公顷	4874	4611	3125	3059	2910
建成区绿化覆盖面积	公项	4427	4129	3435	3345	3163
人均公共绿地面积	平方米	6.26	6.08	5.47	5.22	4.85
建成区绿化覆盖率	%	38.26	37.47	36.41	36.71	36.52
公园个数	个	13	13	13	13	13
公园面积	公顷	804.7	774.37	686.41	659.84	597.27
年游人量	万人次	725	754	575	682	763
园林年末职工人数	人	2883	1763	1796	1723	1760

注：2001年城建年报制度规定,城市公用事业人均指标改用市区总人口计算,历年的人均道路面积,人均公共绿地面积数据已按同一口径调整。

8-3 城市供气供水情况

指标名称	单位	2001年	2000年	1999年	1998年	1997年
液化石油气						
液化石油气供气总量	吨	41445	40335	37910	34900	33830
#家庭用量	吨	41445	40335	37910	34900	33830
家庭用液化石油气人口	万人	102	93	91	90	83
自来水						
自来水厂数	个	5	5	5	5	5
水厂综合生产能力	万吨/日	89.90	88.97	89.20	91.01	91.12
年末供水管道长度	公里	758	734	686	601	576
全年供水总量	万吨	24642	25196	25453	27425	28810
#工业用水	万吨	4495	4749	6063	8304	9101
生活用水	万吨	17628	17382	17001	16900	17679
人均日生活用水量	升	411	410	408	411	392
生活用水人口	万人	118	116	114	113	123
用水普及率	%	85	85	86	86	96

8-4 城市公共交通情况

指标名称	单位	2001年	2000年	1999年	1998年	1997年
年末营运车辆数	辆	905	628	508	727	683
客运总量	万人次	17011	14917	15290	15073	13893
年末实有大小出租汽车	辆	3743	3741	3741	3732	3714
年末公交职工人数	人	3160	2907	2837	2376	2382

注：2001年城建年报制度规定，城市设施水平指标改用市区总人口计算，历年的用水普及率数据已按同一口径调整。

8-5 城市清洁卫生情况

指 标 名 称	单 位	2001年	2000年	1999年	1998年	1997年
清扫街道面积	万平方米	760	755	759	683	672
生活垃圾清运量	万吨	32	27	24	32	32
粪便清运量	万吨	4	4	5	6	7
公共厕所	座	190	252	254	254	254
环卫机械车辆数	辆	167	154	157	177	187
年末环卫职工人数	人	3545	3031	3022	2715	2815

8-6 城市环境保护情况

指 标 名 称	单 位	2001年	2000年	1999年	1998年	1997年
工业废水排放量	万吨	7 813	8 250	8 970	8 452	8 986
工业废水排放达标量	万吨	6667	5645	5284	4165	4909
工业废水排放达标率	%	85	68	59	49	55
工业废气排放总量	万标立方米	825148	2978830	2673722	2238915	1891916
二氧化硫排放量	吨	13502	24443	33517	34894	44556
烟尘排放量	吨	6711	13847	14422	16570	19592
工业粉尘排放量	吨	2586	11942	17417	22621	34516
工业因体废物处置量	万吨	80	88	80	87	91
工业固体废物处理量	万吨	9	6	4	3	3
环境噪声达标区面积	平方公里	81	78	56	56	50

注：按年报制度规定,从2001年起环境保护统计按全市口径统计，不再分列市区统计口径，历年数据已按同一口径调整。

9 能源购进消费与库存

CHAPTER 9 PURCHASE , CONSUMPTIONAND STOCK OF ENERGY

9-1 工业企业主要能源购进、消费与库存

(2001年)

指标名称	单位	购进量合计	消费量合计	工业生产消费	非工业生产消费	年末库存
全市						
原煤	吨	1344524	1315187	1313468	1719	91978
洗精煤	吨	36780	35825	35825		1301
焦炭	吨	31393	29565	29565		2195
汽油	吨	3510	3513	3081	432	143
煤油	吨	83	84	81	3	4
柴油	吨	15157	14714	14268	446	799
燃料油	吨	41031	38080	38066	14	6165
其他石油制品	吨	478	492	492		27
电力	万千瓦时	157134	183804	178601	5203	
其他燃料	吨标准煤	4654	106225	105570	655	5
市区						
原煤	吨	694334	676544	675041	1503	43961
洗精煤	吨	36780	35825	35825		1301
焦炭	吨	23583	21755	21755		2195
汽油	吨	3071	3093	2772	321	131
煤油	吨	72	72	69	3	2
柴油	吨	11655	11293	11018	275	634
燃料油	吨	41031	38080	38066	14	6165
其他石油制品	吨	476	490	490		27
电力	万千瓦时	119646	141958	137289	4669	
其他燃料	吨标准煤	4591	99766	99111	655	
邕宁						
原煤	吨	454422	449818	449742	76	36902
焦炭	吨	7792	7792	7792		
汽油	吨	250	236	146	90	3
煤油	吨	11	12	12		2
柴油	吨	2356	2259	2105	154	143
其他石油制品	吨	2	2	2		
电力	万千瓦时	25161	29007	28591	416	
其他燃料	吨标准煤	63	82	82		5
武鸣						
原煤	吨	195768	188825	188685	140	11115
焦炭	吨	18	18	18		
汽油	吨	189	184	163	21	9
柴油	吨	1146	1162	1145	17	22
电力	万千瓦时	12327	12839	12721	118	
其他燃料	吨标准煤		6377	6377		

9-2 全市工业企业主要能源按行业消费量

(2001年)

指 标 名 称	本年消费								
	原煤(吨)	洗精煤(吨)	焦炭(吨)	汽油(吨)	煤油(吨)	柴油(吨)	燃料油(吨)	其它石油制品(吨)	电力(万千瓦时)
合　　计	**1315187**	**35825**	**29565**	**3513**	**84**	**14714**	**38080**	**492**	**183804**
按工业行业大类分列									
煤炭采选业	14655			47		109			797
黑色金属矿采选业									49
有色金属矿采选业									60
非金属矿采选业	6520			3		1		2	37
食品加工业	248894		3024	1022	4	2731	278		23928
食品制造业	116964	33664		189		218	1223		7669
饮料制造业	8726			39		55	3664		1319
烟草加工业	16355			99		28			1502
纺织业	5577			10		10	127	79	6937
服装及其他纤维制品制造业						107			104
皮革、毛皮、羽绒及其制品业	276								143
木材加工及竹、藤、棕、草制品业	29535			8		203			7620
家具制造业	108			14		1			85
造纸及纸制品业	137938			63	12	702	3		13064
印刷业				884	2	50			639
石油加工及炼焦业									69
化学原料及化学制品制造业	177790	200	7783	106		600		120	40498
医药制造业	31266			43		4937			1330
化学纤维制造业	5959			7					1834
橡胶制品业	15014			115		8			778
塑料制品业				20		132	96		1479
非金属矿物制品业	470343		3	250	4	2309	32689		24794
黑色金属冶炼及压延加工业			5179						2071
有色金属冶炼及压延加工业	21217	1537	11863	75	4	1435			29107
金属制品业	1713	424	72	82	56	306			1430
普通机械制造业	785		924	66		89			3965
专用设备制造业	3064		709	64	1	336			1699
交通运输设备制造业			3	77		125			733
电气机械及器材制造业	2400		5	59	1	123		291	1114
电子通信设备制造业				2					172
仪器仪表及文化、办公用机械制造业				9		1			256
其他制造业	88			9		10			453
电力、蒸汽、热水的生产和供应业				71		31			1777
自来水的生产和供应业				80		57			6292

9-3　市区工业企业主要能源按行业消费量

（2001年）

指 标 名 称	本年消费								
	原煤(吨)	洗精煤（吨）	焦炭(吨)	汽油(吨)	煤油(吨)	柴油(吨)	燃料油（吨）	其它石油制品（吨）	电 力(万千瓦时)
合　　计	**676544**	**35825**	**21755**	**3093**	**72**	**11293**	**38080**	**490**	**141958**
按工业行业大类分列									
煤炭采选业	6048			28		66			556
非金属矿采选业	6520					1			21
食品加工业	243057		3024	943	4	1866	278		22236
食品制造业	46232	33664		181		176	1223		5037
饮料制造业	2225			31		37	3664		1259
烟草加工业	16355			99		28			1502
纺织业	5545			10		10	127	79	6855
服装及其他纤维制品制造业						107			62
皮革、毛皮、羽绒及其制品业	276								143
木材加工及竹、藤、棕、草制品业				7		200			4661
家具制造业	108			14		1			85
造纸及纸制品业	97773			45		530	3		9878
印刷业				877	2	48			619
石油加工及炼焦业									53
化学原料及化学制品制造业	104260	200		80		216		120	34947
医药制造业	31138			43		4914			1277
化学纤维制造业	5959			7					1834
橡胶制品业	15014			115		8			778
塑料制品业				20		132	96		1376
非金属矿物制品业	66930		3	95	4	518	32689		5591
黑色金属冶炼及压延加工业			5179						2071
有色金属冶炼及压延加工业	21217	1537	11863	75	4	1435			29107
金属制品业	1638	424	63	82	56	306			1293
普通机械制造业	785		924	66		89			1202
专用设备制造业	3064		691	61	1	309			1490
交通运输设备制造业			3	77		125			730
电气机械及器材制造业	2400		5	59	1	123		291	1114
电子及通信设备制造业				2					171
仪器仪表及文化、办公用机械制造业				9		1			256
其他制造业									35
电力、蒸汽、热水的生产和供应业									181
自来水的生产和供应业				67		47			5538

9-4 邕宁县工业企业主要能源按行业消费量

(2001年)

指 标 名 称	本年消费						
	原煤(吨)	焦炭(吨)	汽油(吨)	煤油(吨)	柴油(吨)	其它石油制品(吨)	电 力(万千瓦时)
合 计	**449818**	**7792**	**236**	**12**	**2259**	**2**	**29007**
按工业行业大类分列							
煤炭采选业	8607		19		43		241
黑色金属矿采选业							49
非金属矿采选业			3			2	16
食品加工业	246		42		850		1063
食品制造业	41204						1279
饮料制造业							3
纺织业							17
服装及其他纤维制品制造业							42
木材加工及竹、藤、棕、草制品业	29535						2934
造纸及纸制品业	38645		16	12	169		3034
印刷业			7		2		14
石油加工及炼焦业							16
化学原料及化学制品制造业	2712	7783	7		343		208
医药制造业	128				23		47
塑料制品业							103
非金属矿物制品业	328618		125		810		15873
金属制品业	35	9					124
普通机械制造业							2763
专用设备制造业							181
电子及通信设备制造业							1
其他制造业	88		9		10		418
电力、蒸汽、热水的生产和供应业							92
自来水的生产和供应业			8		9		489

9-5 武鸣县工业企业主要能源按行业消费量

(2001年)

指 标 名 称	本 年 消 费					
	原煤(吨)	焦炭(吨)	汽油(吨)	柴油(吨)	电力(万千瓦时)	其它燃料(吨标准煤)
合 计	**188825**	**18**	**184**	**1162**	**12839**	**6377**
按工业行业大类分列						
有色金属矿采选业					60	
食品加工业	5591		37	15	629	6377
食品制造业	29528		8	42	1353	
饮料制造业	6501		8	18	57	
纺织业	32				65	
木材加工及竹、藤、棕、草制品业			1	3	25	
造纸及纸制品业	1520		2	3	152	
印刷业					6	
化学原料及化学制品制造业	70818		19	41	5343	
医药制造业					6	
非金属矿物制品业	74795		30	981	3330	
金属制品业	40				13	
专用设备制造业		18	3	27	28	
交通运输设备制造业					3	
电力、蒸汽、热水的生产和供应业			71	31	1504	
自来水的生产和供应业			5	1	265	

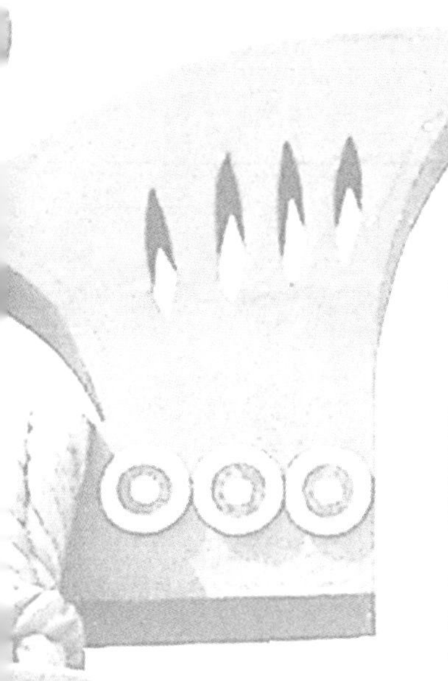

10 商业外贸 旅游物价

CHAPTER 10　BUSINESS,FOREIGN TRADE, TRAVEL,PRICE

10-1 主要年份商品销售总额和社会消费品零售总额

单位：万元

年 份	全社会商品销售总额	社会消费品零售总额	批发零售业	餐饮业
1950	3760	3331	2698	326
1965	41791	17034	14651	1008
1978	50735	34737	28682	1916
1980	67827	49381	37008	2595
1985	180035	117249	89369	5129
1986	192905	124956	90024	5966
1987	278652	151615	106832	6823
1988	403478	205927	142668	8656
1989	506027	237944	173722	10727
1990	688049	251606	173490	13231
1991	1183943	306330	209751	17191
1992	1330612	367574	236449	22925
1993	1858423	520934	320946	28447
1994	2778661	667903	423470	39138
1995	2393263	839856	545805	62980
1996	2121924	1006556	654329	109594
1997	2555047	1153593	595818	170827
1998	2553541	1286387	738214	164742
1999	2629390	1371382	845114	181460
2000	3040774	1495906	932707	200839
2001	3264290	1634398	969754	235259

10-2 社会消费品零售总额

(2001年)

单位：万元

指标名称	全市	市区	邕宁县	武鸣县
社会消费品零售总额	**1634398**	**1420795**	**96900**	**116703**
按销售地区分				
市的零售额	1405585	1405585		
县的零售额	107487		40022	67465
县以下的零售额	121326	15210	56878	49238
按经济类型分				
国有经济	290549	263695	13053	13801
集体经济	189226	164530	13033	11663
私营经济	77835	77787		48
个体经济	555393	444100	54895	56398
联营经济	634	552	82	
股份制经济	143960	134256	68	9636
外商投资经济	2580	2580		
港澳台投资经济	10178	9947	231	
其他经济	364043	323348	15538	25157
按行业分				
批发零售贸易业	969754	847853	50224	71677
餐饮业	235259	205104	16794	13361
#个体餐饮业	173716	149139	13714	10863
制造业	50963	31541	12914	6508
农业生产者	355175	314137	16968	24070
其他	23247	22160		1087
补充资料				
全社会商品销售总额	3264290	3011083	116907	136300
#批零业商品销售总额	2834905	2643245	87025	104635
餐饮业营业收入	237348	206821	16794	13733

10-3 城乡集市贸易成交额

（2001年） 单位：万元

指标名称	全市	市区	邕宁县	武鸣县
合计	**1072349**	**959676**	**42668**	**70005**
粮食类	182890	174112	3130	5648
油脂类	39408	34567	1891	2950
棉烟麻类	989	505	62	422
肉禽蛋品类	263007	222224	19558	21225
水产品类	103815	91626	3473	8716
蔬菜类	114279	105428	3876	4975
干鲜果类	97364	82932	3520	10912
牲畜类	4283	3358	690	235
家禽幼畜类	15162	8019	3704	3439
工业品类	238429	229581	914	7934
废旧物品类	341		44	297
其他类	12382	7324	1806	3252

10-4 城乡集市贸易成交数量

（2001年） 单位：吨

指标名称	全市	市区	邕宁县	武鸣县
大米	165113	143491	9209	12413
黄豆	131022	126948	1215	2859
绿豆	133718	130107	419	3192
花生	7728	5373	1239	1116
花生米	20025	18714	663	648
芝麻	855	745	41	69
猪肉（去骨）	73379	49693	11812	11874
牛肉（去骨）	16056	14431	600	1025
羊肉（去骨）	4213	3596	139	478
鸡蛋	47573	45718	786	1069
鸭蛋	34646	32664	859	1123
家禽	49216	41359	2869	4988
水产品	79792	59668	4744	15380
蔬菜	261463	203758	19826	37879
干鲜果类	333169	271733	16787	44649
梨	41657	36355	1572	3730
西瓜	18962	14347	2460	2155
香蕉	75636	70300	2826	2510

10-5 全市限额以上批发、零售贸易业商品购进、库存总额

（2001年） 单位：万元

指标名称	法人单位(个)	产业活动单位(个)	购进总额	进口	年末库存总额
总　计	**142**	**145**	**1383112**	**27576**	**116258**
#国有及国有控股	87	89	1099915	15755	89137
按登记注册类型分组					
内资企业	141	143	1381569	27576	115393
国有企业	85	86	1027139	15081	83745
集体企业	20	20	98393	11821	7663
股份合作企业	4	4	4084		911
联营企业	1	1	1500		
有限责任公司	15	16	133882	675	13241
股份有限公司	4	4	71284		4981
私营企业	12	12	45287		4853
港、澳、台商投资企业	1	2	1543		865
按国民经济行业分组					
食品、饮料、烟草批发业	16	16	228507		7885
棉、麻、土畜产品批发业	5	5	18469	628	2285
纺织品、服装和鞋帽批发业	6	6	79857	1546	4044
日用百货批发业	2	2	2950		1189
日用杂品批发业	2	2	13965		487
五金、交电、化工批发业	1	1	2669		288
药品及医疗器械批发业	4	4	53403	675	8223
能源批发业	6	6	166914		6936
化工材料批发业	4	4	33604	5461	1776
建筑材料批发业	1	1	7016		1075
矿产品批发业	4	4	59162	1952	5564
金属材料批发业	3	3	20890		349
机械、电子设备批发业	7	7	47005	1336	2821
汽车、摩托车及零配件批发业	6	6	88046	4157	7683
再生物资回收批发业	1	1	2236		100
工艺美术批发业	1	1	2629		
图书报刊批发业	2	2	89680		5189
农业生产资料批发业	6	6	83320	11821	5888
其他类未包括的批发业	3	3	37785		5238
食品、饮料和烟草零售业	10	10	31272		3788
日用百货零售业	15	18	141378		18592
纺织品、服装和鞋帽零售业	2	2	24314		11333
日用杂品零售业	2	2	1735		104
五金、交电、化工零售业	5	5	56534		2245
药品及医疗器械零售业	7	7	32513		7393
图书报刊零售业	3	3	19931		1852
其他零售业	18	18	37328		3932

10-6 市区限额以上批发、零售贸易业商品购进、库存总额

（2001年）

单位：万元

指标名称	法人单位（个）	产业活动单位（个）	购进总额	进口	年末库存总额
总计	**125**	**128**	**1339938**	**27576**	**112314**
#国有及国有控股	77	79	1072200	15755	86677
按登记注册类型分组					
内资企业	124	126	1338395	27576	111449
国有企业	73	74	1001985	15081	81249
集体企业	18	18	87067	11821	6830
股份合作企业	2	2	1403		511
联营企业	1	1	1500		
有限责任公司	15	16	133882	675	13241
股份有限公司	3	3	67272		4766
私营企业	12	12	45287		4853
港、澳、台商投资企业	1	2	1543		865
按国民经济行业分组					
食品、饮料、烟草批发业	13	13	217043		6667
棉、麻、土畜产品批发业	5	5	18469	628	2285
纺织品、服装和鞋帽批发业	6	6	79857	1546	4044
日用百货批发业	2	2	2950		1189
日用杂品批发业	2	2	13965		487
五金、交电、化工批发业	1	1	2669		288
药品及医疗器械批发业	4	4	53403	675	8223
能源批发业	5	5	162902		6721
化工材料批发业	4	4	33604	5461	1776
建筑材料批发业	1	1	7016		1075
矿产品批发业	4	4	59162	1952	5564
金属材料批发业	3	3	20890		349
机械、电子设备批发业	7	7	47005	1336	2821
汽车、摩托车及零配件批发业	6	6	88046	4157	7683
再生物资回收批发业	1	1	2236		100
工艺美术批发业	1	1	2629		
图书报刊批发业	2	2	89680		5189
农业生产资料批发业	4	4	71993	11821	5055
其他类未包括的批发业	3	3	37785		5238
食品、饮料和烟草零售业	7	7	29016		3628
日用百货零售业	11	14	136499		17768
纺织品、服装和鞋帽零售业	2	2	24314		11333
日用杂品零售业	2	2	1735		104
五金、交电、化工零售业	3	3	55177		1879
药品及医疗器械零售业	6	6	31899		7244
图书报刊零售业	3	3	19931		1852
	17	17	30064		3753

10-7 邕宁县、武鸣县限额以上批发、零售贸易业商品购进、库存总额

（2001年）

单位：万元

指标名称	法人单位(个)	产业活动单位(个)	购进总额	年末库存总额
邕宁县				
总计	**8**	**8**	**20020**	**2091**
#国有及国有控股	4	4	10597	1009
按登记注册类型分组				
内资企业	8	8	20020	2091
国有企业	6	6	8036	1045
集体企业	1	1	7971	832
股份有限公司	1	1	4012	215
按国民经济行业分组				
食品、饮料、烟草批发业	2	2	6418	676
能源批发业	1	1	4012	215
农业生产资料批发业	1	1	7971	832
食品、饮料和烟草零售业	2	2	955	60
日用百货零售业	1	1	496	190
五金、交电、化工零售业	1	1	167	119
武鸣县				
总计	**9**	**9**	**23154**	**1853**
#国有及国有控股	6	6	17118	1452
按登记注册类型分组				
内资企业	9	9	23154	1853
国有企业	6	6	17118	1452
集体企业	1	1	3355	2
股份合作企业	2	2	2681	400
按国民经济行业分组				
食品、饮料、烟草批发业	1	1	5046	542
农业生产资料批发业	1	1	3355	2
食品、饮料和烟草零售业	1	1	1301	100
日用百货零售业	3	3	4383	634
五金、交电、化工零售业	1	1	1190	247
药品及医疗器械零售业	1	1	615	149
其他零售业	1	1	7264	179

10-8 全市限额以上批发、零售贸易业商品销售总额

（2001年）

单位：万元

指标名称	销售总额合计	批发	出口	零售
总计	**1461687**	**1079952**	**211887**	**381735**
#国有及国有控股	1171361	912656	210813	258705
按登记注册类型分组				
内资企业	1460226	1079952	211887	380274
国有企业	1085341	894079	199506	191262
集体企业	110824	96420	1074	14404
股份合作企业	4689	1867		2822
联营企业	1000			1000
有限责任公司	126808	50106	8399	76702
股份有限公司	85327	17329	2908	67999
私营企业	46237	20152		26086
港、澳、台商投资企业	1461			1461
按国民经济行业分组				
食品、饮料、烟草批发业	239541	231278	18661	8263
棉、麻、土畜产品批发业	16343	15541	13567	801
纺织品、服装和鞋帽批发业	84380	84380	80729	
日用百货批发业	3447	3447		
日用杂品批发业	13175	9439	2783	3737
五金、交电、化工批发业	2874	2874		
药品及医疗器械批发业	57235	35492	8399	21743
能源批发业	187821	154308		33513
化工材料批发业	27341	27341	3463	
建筑材料批发业	7160	6780		380
矿产品批发业	70434	70434	65082	
金属材料批发业	20558	20380		178
机械、电子设备批发业	50101	45119	7624	4982
汽车、摩托车及零配件批发业	91369	74775	4524	16593
再生物资回收批发业	2492	680		1811
工艺美术批发业	3755	3755	3755	
图书报刊批发业	91787	90909	1160	878
农业生产资料批发业	94421	92695	1074	1726
其他类未包括的批发业	38479	38479		
食品、饮料和烟草零售业	37300	7441		29859
日用百货零售业	167582	23179	1067	144403
纺织品、服装和鞋帽零售业	23909			23909
日用杂品零售业	1929	158		1771
五金、交电、化工零售业	39380	25384		13996
药品及医疗器械零售业	36204	11661		24543
图书报刊零售业	17137			17137
其他零售业	35537	4025		31512

10-9 市区限额以上批发、零售贸易业商品销售总额

（2001年） 单位：万元

指　标　名　称	销售总额合计	批　发	出　口	零　售
总　　计	**1413955**	**1050861**	**211887**	**363094**
#国有及国有控股	1141346	897434	210813	243913
按登记注册类型分组				
内资企业	1412495	1050861	211887	361633
国有企业	1057634	881402	199506	176233
集体企业	98134	83730	1074	14404
股份合作企业	1639	713		926
联营企业	1000			1000
有限责任公司	126808	50105	8399	76702
股份有限公司	81043	14759	2908	66284
私营企业	46237	20152		26085
港、澳、台商投资企业	1461			1461
按国民经济行业分组				
食品、饮料、烟草批发业	227174	218949	18661	8225
棉、麻、土畜产品批发业	16343	15541	13567	801
纺织品、服装和鞋帽批发业	84380	84380	80729	
日用百货批发业	3447	3447		
日用杂品批发业	13175	9439	2783	3737
五金、交电、化工批发业	2874	2874		
药品及医疗器械批发业	57235	35492	8399	21743
能源批发业	183536	151738		31798
化工材料批发业	27341	27341	3463	
建筑材料批发业	7160	6780		380
矿产品批发业	70434	70434	65082	
金属材料批发业	20558	20380		178
机械、电子设备批发业	50101	45119	7624	4982
汽车、摩托车及零配件批发业	91369	74775	4524	16593
再生物资回收批发业	2492	680		1811
工艺美术批发业	3755	3755	3755	
图书报刊批发业	91787	90909	1160	878
农业生产资料批发业	81731	80005	1074	1726
其他类未包括的批发业	38479	38479		
食品、饮料和烟草零售业	34669	6680		27989
日用百货零售业	161976	22762	1067	139214
纺织品、服装和鞋帽零售业	23909			23909
日用杂品零售业	1929	158		1771
五金、交电、化工零售业	37868	25384		12484
药品及医疗器械零售业	35463	11651		23813
图书报刊零售业	17137			17137
其他零售业	27636	3711		23924

10-10 邕宁县、武鸣县限额以上批发、零售贸易业商品销售总额

（2001年） 单位：万元

指　标　名　称	销售总额合计	批　发	零　售
邕 宁 县			
总　计	**22735**	**18837**	**3898**
#国有及国有控股	11465	9519	1945
按登记注册类型分组			
内资企业	22735	18837	3898
国有企业	9157	6974	2183
集体企业	9294	9294	
股份有限公司	4285	2570	1715
按国民经济行业分组			
食品、饮料、烟草批发业	6989	6950	39
能源批发业	4285	2570	1715
农业生产资料批发业	9294	9294	
食品、饮料和烟草零售业	1276	16	1260
日用百货零售业	701	8	693
五金、交电、化工零售业	191		191
武 鸣 县			
总　计	**24997**	**10254**	**14743**
#国有及国有控股	18550	5703	12847
按登记注册类型分组			
内资企业	24997	10254	14743
国有企业	18550	5703	12847
集体企业	3397	3397	
股份合作企业	3050	1154	1896
按国民经济行业分组			
食品、饮料、烟草批发业	5379	5379	
农业生产资料批发业	3397	3397	
食品、饮料和烟草零售业	1355	745	610
日用百货零售业	4905	409	4496
五金、交电、化工零售业	1320		1320
药品及医疗器械零售业	741	11	730
其他零售业	7901	314	7587

10-11 全市、市区限额以下批发、零售贸易业商品销售总额

（2001年） 单位：万元

指标名称	全市			市区		
	销售额合计	批发	零售	销售额合计	批发	零售
总计	1373218	785199	588019	1229290	744531	484759
限额以下贸易企业	923824	700590	223244	875660	680338	195332
食品、饮料、烟草批发业	165469	153597	11872	159415	149157	10258
棉、麻、土畜产品批发业	5324	5324		5169	5169	
纺织品、服装和鞋帽批发业	36922	36922		35845	35845	
日用百货批发业	77098	71756	5342	74294	69681	4613
日用杂货批发业	15254	14192	1062	14699	13782	917
五金、交电、化工批发业	34569	31452	3117	33258	30540	2718
药品及医疗器械批发业	16247	7746	8501	14980	7521	7459
能源批发业	38904	25485	13419	36509	24749	11760
化工材料批发业	20773	20773		20167	20167	
建筑材料批发业	3330	2515	815	3155	2442	713
金属材料批发业	62817	62217	600	60921	60404	517
机械、电子设备批发业	27932	27572	360	27079	26768	311
汽车、摩托车及零配件批发业	41071	28368	12703	38676	27548	11128
工艺美术批发业	5129	5129		4979	4979	
图书报刊批发业	41177	39897	1280	39908	38810	1098
农业生产资料批发业	42314	42314		40988	40988	
其它类未包括的批发业	29740	29700	40	28870	28833	37
食品、饮料、烟草零售业	49419	18575	30844	44837	18039	26798
日用百货零售业	102832	43210	59632	94689	42036	52663
纺织品、服装和鞋帽零售业	10116	196	9920	8906	190	8716
日用杂货零售业	2792	1988	804	2434	1930	504
五金、交电、化工零售业	47478	17014	30464	43265	16522	26743
药品及医疗器械零售业	15327	4193	11134	13777	4072	9705
图书报刊零售业	8638	2262	6376	7794	2197	5597
其它零售业	23152	8193	14959	21046	7969	13077
个体商业	449394	84609	364785	353630	64193	289437

10-12 邕宁县、武鸣县限额以下批发、零售贸易业商品销售总额

（2001年） 单位：万元

指标名称	邕宁县			武鸣县		
	销售额合计	批发	零售	销售额合计	批发	零售
总计	**64290**	**17964**	**46326**	**79638**	**22704**	**56934**
限额以下贸易企业	**24370**	**8285**	**16085**	**23794**	**11967**	**11827**
食品、饮料、烟草批发业	2746	1816	930	3308	2624	684
棉、麻、土畜产品批发业	64	64		91	91	
纺织品、服装、鞋帽批发业	441	441		636	636	
日用百货批发业	1269	849	420	1535	1226	309
日用杂品批发业	251	168	83	304	242	62
五金、交电、化工批发业	603	373	230	708	539	169
药品及医疗器械批发业	692	92	600	575	133	442
能源批发业	1257	301	956	1138	435	703
化工材料批发业	248	248		358	358	
建筑材料批发业	89	30	59	86	43	43
金属材料批发业	790	742	48	1106	1071	35
机械、电子设备批发业	358	329	29	495	475	20
汽车、摩托车及配件批发业	1243	335	908	1152	485	667
工艺美术品批发业	61	61		89	89	
图书报刊批发业	508	403	105	761	684	77
农业生产资料批发业	563	563		763	763	
其它类未包括的批发业	357	355	2	513	512	1
食品、饮料、烟草零售业	2617	219	2398	1965	317	1648
日用百货零售业	4336	501	3835	3807	673	3134
纺织品、服装和鞋帽零售业	696	2	694	514	4	510
日用杂品零售业	282	24	258	76	34	42
五金、交电、化工零售业	2345	201	2144	1868	291	1577
药品及医疗器械零售业	902	49	853	648	72	576
图书报刊零售业	476	27	449	368	38	330
其它零售业	1176	92	1084	930	132	798
个体商业	**39920**	**9679**	**30241**	**55844**	**10737**	**45107**

10-13 全市、市区限额以上批发、零售贸易业商品销售类值

（2001年）

单位：万元

指标名称	全市			市区		
	合计	批发	零售	合计	批发	零售
合计	**1461687**	**1079952**	**381735**	**1413955**	**1050861**	**363094**
食品、饮料、烟酒类	300754	238890	61864	285498	225977	59521
#肉禽蛋类	16777	6739	10038	15838	6739	9099
饮料类	8306	1999	6308	8077	1967	6111
烟酒类	152889	145165	7724	139678	132477	7201
服装鞋帽、针、纺织品类	84257	35712	48546	82791	35662	47130
化妆品类	11105	2590	8516	10982	2590	8393
金银珠宝类	4512	401	4111	4494	401	4093
日用品类	40506	9629	30877	38958	9577	29380
五金、电料类	4165	2441	1724	3430	2367	1063
体育、娱乐用品类	3385	139	3246	3210	139	3071
书报杂志类	106064	89717	16347	106064	89717	16347
电子出版物及音像制品类	941		941	941		941
家用电器和音响器材类	70636	19995	50641	69273	19949	49324
中西药品类	87086	42945	44141	86151	42934	43217
文化办公用品类	21744	12208	9536	21213	12147	9066
家俱类	101		101	101		101
通讯器材类	23373	17384	5989	23344	17384	5960
煤炭及制品类	4334	3790	544	4334	3790	544
木材及制品类	7666	7666		7666	7666	
石油及制品类	203739	152448	51291	191553	149564	41989
化工材料及制品类	101253	100815	438	88539	88124	415
金属材料类	68407	68023	384	68407	68023	384
建筑及装潢材料类	4360	4213	147	4360	4213	147
机电产品及设备类	207623	173414	34209	207623	173414	34209
#汽车类	95510	79873	15638	95510	79873	15638
种子饲料类	7843	7843		7843	7843	
棉麻土畜类	19083	18996	87	19083	18996	87
其它类	78751	70697	8054	78098	70387	7711

10-14 邕宁县、武鸣县限额以上批发、零售贸易业商品销售类值

（2001年）

单位：万元

指标名称	邕宁县			武鸣县		
	合计	批发	零售	合计	批发	零售
合　　计	22735	18837	3898	24997	10254	14743
食品、饮料、烟酒类	8210	6950	1260	7046	5963	1083
#肉禽蛋类	939		939			
饮料类	16	3	13	213	29	184
烟酒类	6946	6930	16	6265	5758	507
服装鞋帽、针、纺织品类	244	1	243	1222	49	1173
化妆品类	21		21	102		102
金银珠宝类	4		4	14		14
日用品类	267	2	266	1281	50	1231
五金、电料类	52		52	683	74	609
体育、娱乐用品类	39		39	136		136
家用电器和音响器材类	204		204	1159	46	1113
中西药品类				935	11	924
文化办公用品类	41		41	490	61	429
通讯器材类				29		29
石油及制品类	4285	2570	1715	7901	314	7587
化工材料及制品类	9293	9293		3421	3398	23
其它类	75	22	53	578	288	290

10-15 全市、市区限额以上批发零售贸易业商品销售数量

（2001年）

指标名称	计量单位	全市			市区		
		合计	批发	零售	合计	批发	零售
粮食	吨	51047	39579	11468	50395	39579	10816
食用植物油	吨	4176	454	3722	4132	454	3678
食糖	吨	189632	187622	2010	189255	187403	1852
鞋	百双	19650	9523	10127	17207	9428	7779
布	百米	11845	8078	3767	10823	7908	2915
电视机	台	85772	3470	82302	83626	3470	80156
组合音响	台	2307		2307	2307		2307
摄像机	台	223		223	223		223
录像机	台	11		11	11		11
影碟机	台	68453	35236	33217	67903	35236	32667
家用电冰箱	台	45574	13606	31968	44487	13501	30986
家用洗衣机	台	48791	17683	31108	47684	17583	30101
房间空调器	台	43087	23393	19694	42484	23393	19091
微波炉	台	65439	41989	23450	65322	41989	23333
微型计算机	台	17518	8059	9459	17508	8059	9449
普通电话机	部	82173	26589	55584	81892	26589	55303
移动电话机	部	23582	5641	17941	23382	5641	17741
寻呼机	部	26344	20704	5640	25886	20704	5182
化学肥料	吨	586263	586263		471880	471880	
化学农药	吨	6430	6430		6430	6430	
煤炭	吨	185205	168023	17182	185205	168023	17182
木材	立方米	184056	184056		184056	184056	
汽油	吨	225747	156842	68905	212223	154127	58096
煤油	吨	6041	6039	2	5764	5764	
柴油	吨	407622	322169	85453	385881	315977	69904
钢材	吨	33433	33357	76	33433	33357	76
铝	吨	1734	1734		1734	1734	
水泥	吨	123271	123271		123271	123271	
汽车	辆	7558	5837	1721	7558	5837	1721
#轿车	辆	1271	750	521	1271	750	521
摩托车	辆	51562	22217	29345	51562	22217	29345
拖拉机	台	4785	4785		4785	4785	

11-16　邕宁县、武鸣县限额以上批发、零售贸易业商品销售数量

（2001年）

指标名称	单位	合计	批发	零售
邕宁县				
粮食	吨	652		652
食用植物油	吨	44		44
食糖	吨	5	5	
鞋	百双	320		320
布	百米	169		169
电视机	台	457		457
影碟机	台	58		58
家用电冰箱	台	94		94
家用洗衣机	台	75		75
房间空调器	台	208		208
微波炉	台	12		12
微型计算机	台	10		10
普通电话机	部	2		2
化学肥料	吨	88150	88150	
汽油	吨	3948	2235	1713
煤油	吨	141	139	2
柴油	吨	8447	5777	2670
武鸣县				
食糖	吨	372	214	158
鞋	百双	2123	95	2028
布	百米	853	170	683
电视机	台	1689		1689
影碟机	台	492		492
家用电冰箱	台	993	105	888
家用洗衣机	台	1032	100	932
房间空调器	台	395		395
微波炉	台	105		105
普通电话机	部	279		279
移动电话机	部	200		200
寻呼机	部	458		458
化学肥料	吨	26233	26233	
汽油	吨	9576	480	9096
煤油	吨	136	136	
柴油	吨	13294	415	12879

10-17 全市限额以上批发、零售贸易企业财务状况

（2001年）

单位：万元

指标名称	单位数（个）	亏损企业	年末资产负债 流动资产小计	存货	长期投资	固定资产小计	固定资产原价	生产经营用
批发、零售贸易企业总计	**142**	**73**	**627773**	**113055**	**60518**	**271138**	**295325**	**171414**
市　区	**125**	**61**	**618443**	**109908**	**60018**	**251853**	**275424**	**162043**
邕宁县	**8**	**5**	**5277**	**2015**	**481**	**10402**	**10360**	**4005**
武鸣县	**9**	**7**	**4053**	**1133**	**20**	**8883**	**9540**	**5366**
批发企业	**80**	**39**	**462451**	**66068**	**40722**	**148872**	**163909**	**80774**
#国有及国有控股	64	34	421581	59265	37948	134764	150541	75753
按登记注册类型分组								
内资企业	80	39	462451	66068	40722	148872	163909	80774
国有企业	60	31	405291	57545	36268	124764	142812	68752
集体企业	11	5	36539	5434	2509	13227	12347	4149
股份合作企业	1		89	17		102	132	132
有限责任公司	3	1	4796	347	175	215	320	320
股份有限公司	3	2	12807	1590	1671	9921	7646	6876
私营企业	2		2930	1135	100	643	652	544
按国民经济行业分组								
食品、饮料、烟草批发业	16	7	100849	19909	8202	41319	46984	24463
棉、麻、土畜产品批发业	5	4	20310	3293	12529	4422	5922	3047
纺织品、服装和鞋帽批发业	6	4	65853	3710	3934	11722	10485	7789
日用百货批发业	2	1	2070	1049	375	427	561	561
日用杂品批发业	2	1	3640	2651	309	183	244	244
五金、交电、化工批发业	1	1	296	246		6	15	
药品及医疗器械批发业	4	1	20081	3522	435	5422	6575	4896
能源批发业	6	3	29819	3986	158	34723	36755	6330
化工材料批发业	4	3	17363	1625	1451	2726	2793	630
建筑材料批发业	1		2624	1075	775	114	260	260
矿产品批发业	4	2	48525	3456	4574	3439	5033	
金属材料批发业	3	1	2540	317	5	249	346	240
机械、电子设备批发业	7	3	28167	2210	2826	2620	3447	2252
汽车、摩托车及零配件批发业	6	4	27121	7961	1975	13311	14670	10530
再生物资回收批发业	1	1	430	26	96	485	788	763
工艺美术批发业	1	1	5310		314	566	461	461
图书报刊批发业	2		33349	367	613	12316	14206	11286
农业生产资料批发业	6	1	39019	5192	2009	11719	10907	3968
其他类未包括的批发业	3	1	15087	5474	145	3103	3459	3055

单位：万元

指标名称	单位数（个）	亏损企业	年末资产负债					
			流动资产小计	存货	长期投资	固定资产小计	固定资产原价	生产经营用
零售企业	**62**	**34**	**165323**	**46988**	**19796**	**122266**	**131416**	**90640**
#国有及国有控股	23	12	80723	32323	4165	82849	86517	74267
按登记注册类型分组								
内资企业	61	33	164917	46972	19796	122231	131356	90640
国有企业	25	15	53404	19126	3855	54869	61227	46020
集体企业	9	4	7691	759	16	2220	2792	1519
股份合作企业	3	2	1336	298	17	2038	2559	2058
联营企业	1		260	176				
有限责任公司	12	7	67733	10021	15268	28972	32381	10012
股份有限公司	1		29042	13474	637	32083	29987	29196
私营企业	10	5	5452	3118	4	2048	2411	1835
港、澳、台商投资企业	1	1	405	15		36	60	
按国民经济行业分组								
食品、饮料和烟草零售业	10	5	21563	3954	666	18180	21764	14440
日用百货零售业	15	10	60598	25334	3243	65708	64910	54655
纺织品、服装和鞋帽零售业	2	1	13153	6780	198	1253	2027	1498
日用杂品零售业	2	1	4761	92	16	639	701	387
五金、交电、化工零售业	5	3	25593	1967	5680	6326	7825	2226
药品及医疗器械零售业	7	4	14542	4970	629	5401	6507	1458
图书报刊零售业	3		6297	967	10	9137	8251	7366
其他零售业	18	10	18816	2924	9354	15623	19430	8612
按经营方式分组								
独立商店	49	27	92828	31089	11158	85628	86684	55941
连锁总店	5	2	42488	12966	2624	26925	32667	27790
连锁分店	1	1	533	101		121	71	
其他	7	4	29474	2832	6015	9592	11995	6910
按业态分组								
百货商店	14	9	65679	24020	9855	50374	46453	35063
超级市场	5	2	31260	11892	2416	22966	27443	27351
专业(专卖)商店	16	8	21965	5551	784	11978	12603	6284
其他	27	15	46419	5525	6741	36948	44917	21942

单位：万元

指标名称	年末资产负债						
	累计折旧	本年折旧	无形及递延资产小计	资产合计	流动负债小计	长期负债小计	负债合计
批发、零售贸易企业总计	**65033**	**11378**	**29932**	**1112141**	**733784**	**56624**	**796067**
市　区	**61401**	**10639**	**29310**	**1081504**	**712984**	**55599**	**771567**
邕宁县	**1771**	**454**	**567**	**17627**	**13545**	**680**	**15039**
武鸣县	**1861**	**286**	**55**	**13010**	**7255**	**345**	**9461**
批发企业	**39589**	**6588**	**10789**	**681980**	**574904**	**48252**	**626944**
#国有及国有控股	34435	6070	10670	610878	522580	46872	573239
按登记注册类型分组							
内资企业	39589	6588	10789	681980	574904	48252	626944
国有企业	32875	5918	10657	582895	492629	45512	541125
集体企业	4873	412	54	65560	50450	1380	51830
股份合作企业	31	4		190	96		96
有限责任公司	105	21		5186	11834		11834
股份有限公司	1556	145	77	24475	19580	1361	21745
私营企业	151	89	1	3674	315		315
按国民经济行业分组							
食品、饮料、烟草批发业	12616	1957	4491	158303	94743	32089	126832
棉、麻、土畜产品批发业	1750	184	350	49942	45646	2195	47841
纺织品、服装和鞋帽批发业	3567	316	244	82454	79393	6096	85489
日用百货批发业	134	7		2872	2024	287	2310
日用杂品批发业	61	5	13	4145	3380		3380
五金、交电、化工批发业	9	4		302	312		312
药品及医疗器械批发业	1560	122	123	26060	28371	1061	29433
能源批发业	5861	1788	92	64791	41747	13	42564
化工材料批发业	863	52		22175	21620	654	22274
建筑材料批发业	146	146		3513	625	1625	2250
矿产品批发业	1942	232	1161	57698	74193	833	75026
金属材料批发业	97	14		2795	684		3667
机械、电子设备批发业	1075	133	298	35046	50094	1340	51434
汽车、摩托车及零配件批发业	2245	255	1361	43768	32318	808	33126
再生物资回收批发业	304	30	1	1012	1083	93	1176
工艺美术批发业	97	14		6190	12358		12358
图书报刊批发业	1908	446	1091	47368	36612	587	37199
农业生产资料批发业	4234	506	1480	55126	36174	573	36747
其他类未包括的批发业	1122	378	86	18421	13529		13529

单位：万元

指标名称	年末资产负债						
	累计折旧	本年折旧	无形及递延资产小计	资产合计	流动负债小计	长期负债小计	负债合计
零售企业	**25444**	**4790**	**19143**	**430162**	**158879**	**8372**	**169123**
#国有及国有控股	14296	3164	12886	280678	88656	890	91409
按登记注册类型分组							
内资企业	25419	4766	19143	429721	158826	8372	169070
国有企业	12832	2130	8915	221098	62967	1497	66336
集体企业	874	30	19	10198	5548	2519	8067
股份合作企业	556	53	1	3392	1646	14	1659
联营企业				260	89	93	182
有限责任公司	8662	1452	6101	121361	51915	4249	56164
股份有限公司	2097	1034	4012	65773	33084		33084
私营企业	398	66	95	7639	3578		3578
港、澳、台商投资企业	25	25		441	53		53
按国民经济行业分组							
食品、饮料和烟草零售业	4631	841	2289	45837	26393	667	27060
日用百货零售业	9027	1847	9332	139082	82906	148	83064
纺织品、服装和鞋帽零售业	946	233	887	15494	3006		3006
日用杂品零售业	300	4	2	5419	2731	2448	5179
五金、交电、化工零售业	1686	463	778	38613	12198	232	12430
药品及医疗器械零售业	1849	270	225	20832	12389	744	13133
图书报刊零售业	2817	587	5595	121039	5055	176	5231
其他零售业	4186	546	34	43846	14202	3957	20021
按经营方式分组							
独立商店	15724	2795	16344	306454	101337	7428	108775
连锁总店	7048	1316	2126	77301	43990	569	44559
连锁分店	50	50	2	655	479		479
其他	2622	630	671	45751	13073	375	15310
按业态分组							
百货商店	6010	1649	9194	135253	66339	2282	68630
超级市场	5482	827	1119	60901	34679	147	34826
专业(专卖)商店	4034	942	6923	141702	17640	895	18535
其他	9918	1373	1907	92306	40221	5049	47132

10-17续表2　　单位：万元

指标名称	所有者权益合计	损益及分配			
		商品销售收入	商品销售收入净额	商品销售成本	经营费用
批发、零售贸易企业总计	**316075**	**1318582**	**1281210**	**1177588**	**57021**
市　区	**309938**	**1273428**	**1236056**	**1136360**	**54471**
邕宁县	**2588**	**21077**	**21077**	**19138**	**1341**
武鸣县	**3549**	**24076**	**24076**	**22090**	**1208**
批发企业	**55036**	**1019808**	**983437**	**918569**	**40627**
#国有及国有控股	37638	892515	856153	800014	35873
按登记注册类型分组					
内资企业	55036	1019808	983437	918569	40627
国有企业	41771	859659	823369	769071	34487
集体企业	13730	95053	94981	88036	3717
股份合作企业	95	1004	1004	931	70
有限责任公司	-6649	13612	13603	12693	607
股份有限公司	2730	22145	22145	21038	849
私营企业	3359	28336	28336	26802	897
按国民经济行业分组					
食品、饮料、烟草批发业	31471	215579	213446	202531	7001
棉、麻、土畜产品批发业	2101	26251	26248	23048	1795
纺织品、服装和鞋帽批发业	-3034	95047	95047	89839	2866
日用百货批发业	561	2946	2946	2672	223
日用杂品批发业	765	10961	10961	10116	385
五金、交电、化工批发业	-10	2456	2385	2283	122
药品及医疗器械批发业	-3372	45495	45495	40100	2514
能源批发业	22227	154980	154980	147726	4910
化工材料批发业	-100	17603	17603	16863	464
建筑材料批发业	1263	7160	7160	6789	156
矿产品批发业	-17328	79669	66249	59376	6226
金属材料批发业	-872	4914	4906	4767	102
机械、电子设备批发业	-16388	55720	55719	53393	2305
汽车、摩托车及零配件批发业	10642	84092	84091	80772	2014
再生物资回收批发业	-164	524	524	508	32
工艺美术批发业	-6167	4816	4816	4171	461
图书报刊批发业	10169	79091	58371	50883	4252
农业生产资料批发业	18379	103759	103747	95857	4066
其他类未包括的批发业	4892	28745	28745	26874	734

10-17续表2.1 单位：万元

指标名称	所有者权益合计	损益及分配			
		商品销售收入	商品销售收入净额	商品销售成本	经营费用
零售企业	**261039**	**298774**	**297773**	**259019**	**16394**
#国有及国有控股	189270	174728	174078	150730	8812
按登记注册类型分组					
内资企业	260651	298180	297179	258499	16352
国有企业	154763	120336	119685	104785	6878
集体企业	2130	9480	9480	9151	215
股份合作企业	1732	3633	3633	3271	217
联营企业	78	1443	1443	1280	73
有限责任公司	65197	89330	89219	76257	5821
股份有限公司	32690	56149	56149	47413	2228
私营企业	4061	17809	17569	16343	919
港、澳、台商投资企业	388	594	594	520	43
按国民经济行业分组					
食品、饮料和烟草零售业	18777	31519	31279	28860	2028
日用百货零售业	56019	141308	141119	124517	7386
纺织品、服装和鞋帽零售业	12488	20642	20156	15622	1238
日用杂品零售业	239	538	538	498	37
五金、交电、化工零售业	26183	25448	25448	19428	1288
药品及医疗器械零售业	7699	32568	32547	28730	1690
图书报刊零售业	115809	9366	9321	6686	679
其他零售业	23826	37385	37366	34679	2049
按经营方式分组					
独立商店	197679	170530	169543	147674	9068
连锁总店	32742	87112	87098	77782	4900
连锁分店	176	1939	1939	1767	91
其他	30442	39192	39192	31796	2335
按业态分组					
百货商店	66623	109773	109177	92739	5774
超级市场	26075	72472	72218	64363	4343
专业(专卖)商店	123168	43342	43289	38835	2172
其他	45174	73187	73088	63082	4106

单位：万元

指标名称	损益及分配					
	商品销售税金及附加	商品销售利润	主营业务利润	其他业务利润	管理费用	税金
批发、零售贸易企业总计	**2337**	**44264**	**46936**	**10194**	**49440**	**2031**
市 区	**2244**	**42981**	**45653**	**9607**	**48046**	**1984**
邕宁县	**36**	**562**	**562**	**372**	**83331**	**19**
武鸣县	**57**	**721**	**721**	**216**	**560**	**28**
批发企业	**1220**	**23022**	**25693**	**3778**	**29088**	**1175**
#国有及国有控股	1118	19147	21776	3262	24975	1020
按登记注册类型分组						
内资企业	1220	23022	25693	3778	29088	1175
国有企业	1100	18711	21146	3114	23915	949
集体企业	40	3188	3231	249	3523	161
股份合作企业	2	2	2	22	19	1
有限责任公司	4	299	304	17	185	
股份有限公司	16	242	431	136	920	40
私营企业	58	580	580	241	526	25
按国民经济行业分组						
食品、饮料、烟草批发业	295	3618	3670	1383	7622	259
棉、麻、土畜产品批发业	17	1389	1461	147	1299	58
纺织品、服装和鞋帽批发业	16	2326	2545	375	2947	77
日用百货批发业	3	48	48		60	1
日用杂品批发业	4	456	456	11	365	1
五金、交电、化工批发业	3	-24	-24		72	31
药品及医疗器械批发业	88	2793	2798	34	2181	36
能源批发业	100	2244	2244	301	2062	94
化工材料批发业	5	270	308	2	452	11
建筑材料批发业	4	211	211	68	240	6
矿产品批发业	225	423	1022	199	1766	341
金属材料批发业	4	33	40	10	138	1
机械、电子设备批发业	50	-29	1607	280	1260	32
汽车、摩托车及零配件批发业	76	1230	1230	612	1975	68
再生物资回收批发业	1	-17	-17	179	210	37
工艺美术批发业		184	193	-153	182	
图书报刊批发业	201	3035	3035	61	1625	37
农业生产资料批发业	9	3815	3851	125	3483	75
其他类未包括的批发业	120	1016	1016	143	1150	10

10-17续表3.1 单位：万元

指标名称	损益及分配					
	商品销售税金及附加	商品销售利润	主营业务利润	其他业务利润	管理费用	税金
零售企业	**1117**	**21243**	**21243**	**6415**	**20351**	**856**
#国有及国有控股	619	13917	13917	2696	12706	400
按登记注册类型分组						
内资企业	1117	21211	21211	6415	20313	856
国有企业	422	7600	7600	2317	8799	312
集体企业	13	101	101	331	513	40
股份合作企业	15	131	131	114	191	36
联营企业	3	88	88		85	
有限责任公司	395	6746	6746	3018	6097	378
股份有限公司	209	6299	6299	636	4238	88
私营企业	61	246	246		389	1
港、澳、台商投资企业		32	32		39	
按国民经济行业分组						
食品、饮料和烟草零售业	106	285	285	1043	2472	150
日用百货零售业	465	8751	8751	2338	8878	283
纺织品、服装和鞋帽零售业	90	3207	3207	488	2390	
日用杂品零售业	1	2	2	237	208	25
五金、交电、化工零售业	161	4572	4572	1823	2075	137
药品及医疗器械零售业	91	2036	2036	12	1967	132
图书报刊零售业	115	1841	1841	193	1146	73
其他零售业	88	550	550	283	1214	54
按经营方式分组						
独立商店	647	12155	12155	2805	12107	410
连锁总店	260	4157	4157	1520	5412	216
连锁分店	3	78	78	2	87	84
其他	208	4853	4853	2089	2745	146
按业态分组						
百货商店	435	10229	10229	1816	8647	143
超级市场	221	3292	3292	1297	3940	168
专业(专卖)商店	183	2100	2100	225	2576	172
其他	279	5622	5622	3077	5189	373

单位：万元

指标名称	损益及分配						
	财产保险费	劳动、待业保险费	财务费用	利息支出	营业利润	补贴收入	利润总额
批发、零售贸易企业总计	**422**	**5649**	**26076**	**23024**	**-11202**	**11090**	**-2850**
市　区	**456**	**5483**	**25482**	**22438**	**-11186**	**11064**	**-2368**
邕宁县	**29**	**38**	**347**	**347**	**-146**	**3**	**-636**
武鸣县	**-63**	**129**	**247**	**239**	**130**	**24**	**154**
批发企业	**354**	**2821**	**21983**	**19336**	**-16552**	**9950**	**-8896**
#国有及国有控股	288	2543	21238	18619	-16134	7590	-10900
按登记注册类型分组							
内资企业	354	2821	21983	19336	-16552	9950	-8896
国有企业	262	2489	19901	17215	-15050	7248	-9575
集体企业	62	261	675	669	-623	73	-500
股份合作企业		7	2	2	3	8	11
有限责任公司	8	19	751	723	-609	61	-576
股份有限公司	18	40	647	721	-560	322	-764
私营企业	3	6	7	6	287	2238	2509
按国民经济行业分组							
食品、饮料、烟草批发业	76	993	6328	4113	-6382	3800	-2249
棉、麻、土畜产品批发业	7	190	1846	1618	-1541	373	-1063
纺织品、服装和鞋帽批发业	6	225	3207	3383	-2779	1608	-4455
日用百货批发业	2		11	11	-23		-23
日用杂品批发业		10	85	107	18	9	26
五金、交电、化工批发业		4					-25
药品及医疗器械批发业	34	250	1220	1190	-569	61	-517
能源批发业	99	40	78	51	382	2307	2547
化工材料批发业	5	52	377	180	-478	39	-300
建筑材料批发业		74	8	16	31		22
矿产品批发业		68	4267	4273	-2690	883	-2216
金属材料批发业			155	155	-239		-235
机械、电子设备批发业	10	145	2136	2005	-1756	255	-1520
汽车、摩托车及零配件批发业	12	208	717	719	-763	384	-895
再生物资回收批发业	1	46	28	28	-75	8	-4
工艺美术批发业			839	823	-981	10	-971
图书报刊批发业	47	224	106	95	1366	3	2831
农业生产资料批发业	56	234	447	440	47	168	148
其他类未包括的批发业		60	130	129	-120	42	2

10-17续表4.1　　　　单位：万元

指标名称	损益及分配						
	财产保险费	劳动、待业保险费	财务费用	利息支出	营业利润	补贴收入	利润总额
零售企业	**68**	**2828**	**4093**	**3689**	**5350**	**1141**	**6046**
#国有及国有控股	13	1954	2746	2352	1201	982	3302
按登记注册类型分组							
内资企业	68	2828	4093	3689	5357	1141	6053
国有企业	-11	1412	2010	1599	-705	980	420
集体企业	4	125	42	39	-123	5	-86
股份合作企业	3	57	24	24	42		44
联营企业		1	1	1			2
有限责任公司	46	677	1165	1164	4367	109	3612
股份有限公司	25	542	832	850	1864	3	2095
私营企业	1	13	20	13	-88	44	-34
港、澳、台商投资企业					-7		-7
按国民经济行业分组							
食品、饮料和烟草零售业	10	614	675	507	-1664	934	-1041
日用百货零售业	92	1460	2506	2488	923	163	577
纺织品、服装和鞋帽零售业		42	225	184	1079		428
日用杂品零售业	2	88	32	32	-1		-1
五金、交电、化工零售业	9	56	60	-28	4237		4725
药品及医疗器械零售业	26	330	267	266	-140		-55
图书报刊零售业		83	50	-55	857		1390
其他零售业	-70	155	278	294	61	44	23
按经营方式分组							
独立商店	66	1484	2705	2589	2379	188	457
连锁总店	63	1102	1270	984	-1146	685	691
连锁分店		3	-1		-3		-3
其他	-61	240	119	116	4120	269	4902
按业态分组							
百货商店	53	941	2103	2073	3230	69	1784
超级市场	40	651	962	831	-385	94	680
专业(专卖)商店	24	533	385	234	-608	635	240
其他	-49	703	644	550	3113	343	3342

10-17续表5

单位：万元

指标名称	工资福利费及增值税				
	本年应付工资总额	本年应付福利费总额	本年应交增值税	本年进项税额	本年销项税额
批发、零售贸易企业总计	**24768**	**3005**	**16749**	**167666**	**155093**
市　区	**23592**	**2875**	**15461**	**164233**	**151250**
邕宁县	**607**	**55**	**1078**	**1695**	**1914**
武鸣县	**569**	**76**	**210**	**1738**	**1930**
批发企业	**13715**	**1440**	**9361**	**130543**	**112599**
#国有及国有控股	12725	1218	8853	124116	105718
按登记注册类型分组					
内资企业	13715	1440	9361	130543	112599
国有企业	11077	1167	8655	117371	102329
集体企业	657	176	74	1410	1486
股份合作企业	20	3	11	54	66
有限责任公司	133	17	29	2016	886
股份有限公司	1531	36	181	5199	2996
私营企业	296	42	410	4492	4836
按国民经济行业分组					
食品、饮料、烟草批发业	3656	353	3217	32207	32238
棉、麻、土畜产品批发业	342	114	-119	3851	1781
纺织品、服装和鞋帽批发业	1418	193	1123	15406	4501
日用百货批发业	51	6	28	475	507
日用杂品批发业	91	13	35	1531	1581
五金、交电、化工批发业	46	7	31	387	418
药品及医疗器械批发业	1338	185	851	6609	6276
能源批发业	1123	156	1597	24082	26362
化工材料批发业	148	-172	7	2230	1771
建筑材料批发业	287	51	30	1185	1213
矿产品批发业	311	31	20	10119	2952
金属材料批发业	75	10	37	797	837
机械、电子设备批发业	608	75	809	6004	4562
汽车、摩托车及零配件批发业	1979	99	417	13037	13466
再生物资回收批发业	98	14		8	10
工艺美术批发业	77	20	-7	1200	1189
图书报刊批发业	752	106	977	6878	7750
农业生产资料批发业	714	97	28	263	302
其他类未包括的批发业	600	82	283	4277	4886

单位：万元

指标名称	工资福利费及增值税				
	本年应付工资总额	本年应付福利费总额	本年应交增值税	本年进项税额	本年销项税额
零售企业	**11053**	**1566**	**7388**	**37123**	**42494**
#国有及国有控股	6491	943	5142	23109	26539
按登记注册类型分组					
内资企业	11047	1565	7373	37037	42393
国有企业	4329	628	3433	15291	17106
集体企业	259	45	74	418	475
股份合作企业	152	16			
联营企业	24	3	19		
有限责任公司	3399	482	2093	11897	13580
股份有限公司	2392	335	1713	7818	9433
私营企业	493	57	42	1613	1798
港、澳、台商投资企业	6	1	14	87	101
按国民经济行业分组					
食品、饮料和烟草零售业	1382	193	630	2661	3240
日用百货零售业	5036	724	3291	16991	20147
纺织品、服装和鞋帽零售业	695	90	799	2590	3340
日用杂品零售业	64	9	10	29	38
五金、交电、化工零售业	1019	145	581	5745	5890
药品及医疗器械零售业	1351	191	684	4395	5001
图书报刊零售业	829	114	999	687	420
其他零售业	677	99	395	4025	4417
按经营方式分组					
独立商店	6267	867	3601	18376	21965
连锁总店	3180	473	2902	11314	12706
连锁分店	77	9	29		
其他	1529	217	855	7434	7822
按业态分组					
百货商店	4281	601	3020	12232	15162
超级市场	2553	348	2369	9215	10239
专业(专卖)商店	1679	258	769	4669	5364
其他	2541	359	1231	11007	11729

10-18 全市餐饮业销售情况

（2001年） 单位：万元

指标名称	法人企业(个)	产业活动单位(个)	从业人员(人)	营业总收入	商品零售额
总计	745	6657	35331	237348	235259
#限额以上	21	50	7695	35508	34585
市区	19	44	7233	33981	33156
邕宁县	1	3	143	723	723
武鸣县	1	3	319	804	706
按登记注册类型分组					
内资企业	20	41	5937	22059	21174
国有企业	1	14	3306	8358	8217
集体企业	9	13	1034	7483	7291
股份合作企业	2	2	150	533	530
有限责任公司	1	3	813	1424	1424
私营企业	7	9	634	4261	3711
港、澳、台商投资企业	1	8	1708	12954	12916
外商投资企业		1	50	495	495
按国民经济行业分组					
正餐	20	49	7520	33508	32585
其他	1	1	175	2000	2000
#限额以下	724	6607	27636	201840	200674
市区	673	4089	23642	172840	171948
邕宁县	10	1191	1980	16071	16071
武鸣县	41	1327	2014	12929	12655

10-19 全市限额以上餐饮企业财务状况

（2001年） 单位：万元

指标名称	企业数（个）	亏损企业	年末资产负债				
			流动资产小计	长期投资	固定资产小计	固定资产原价	生产经营用
总计	21	8	4720	1659	10539	12611	3772
#国有及国有控股	1		1311	1325	8045	8925	499
市区	19	6	4620	1659	9560	11513	2872
邕宁县	1	1	40		74	98	
武鸣县	1	1	60		904	1000	900
按登记注册类型分组							
内资企业	20	7	4701	1659	10234	11642	2803
国有企业	1		1311	1325	8045	8925	499
集体企业	9	4	1937	334	707	898	785
股份合作企业	2	1	95		932	1073	900
有限责任公司	1	1	37		74	160	160
私营企业	7	1	1322		476	587	459
港、澳、台商投资企业	1	1	19		305	969	969
按国民经济行业分组							
正餐	20	8	4586	1659	10520	12604	3765
其他餐饮业	1		134		19	7	7

指标名称	年末资产负债						
	累计折旧	本年折旧	无形及递延资产小计	资产合计	流动负债小计	负债合计	所有者权益合计
总计	2169	437	247	17164	5793	5793	11371
#国有及国有控股	879	130		10681	2018	2018	8663
市区	2050	425	224	16063	5515	5515	10548
邕宁县	24	7		114	44	44	69
武鸣县	96	4	23	987	234	234	754
按登记注册类型分组							
内资企业	1505	313	230	16823	5589	5589	11235
国有企业	879	130		10681	2018	2018	8663
集体企业	282	88	118	3095	1767	1767	1328
股份合作企业	141	4	23	1049	234	234	815
有限责任公司	86	49		111			111
私营企业	117	41	89	1887	1571	1571	317
港、澳、台商投资企业	664	124	17	341	204	204	137
按国民经济行业分组							
正餐	2164	436	247	17011	5752	5752	11259
其他餐饮业	5	1		153	41	41	112

10-19续表

单位：万元

指标名称	损益及分配							
	营业收入	营业成本	营业费用	营业税金及附加	经营利润	管理费用	税金	财产保险费
总　计	**7796**	**4582**	**2173**	**387**	**655**	**686**	**86**	**10**
#国有及国有控股	862	690	50	10	113	232	18	4
市　区	**7346**	**4236**	**2050**	**362**	**699**	**655**	**63**	**10**
邕宁县	**294**	**184**	**95**	**16**	**-1**	**8**		
武鸣县	**156**	**161**	**28**	**8**	**-42**	**23**	**23**	
按登记注册类型分组								
内资企业	7391	4417	1984	367	623	595	86	10
国有企业	862	690	50	10	113	232	18	4
集体企业	2759	1682	767	146	164	139	3	
股份合作企业	533	329	174	30		49	23	2
有限责任公司	394	173	207	22	-8	26		2
私营企业	2844	1544	786	160	354	149	42	2
港、澳、台商投资企业	405	165	188	19	33	90		
按国民经济行业分组								
正餐	7471	4386	2096	369	620	657	86	10
其他餐饮业	325	196	76	18	35	29		

指标名称	损益及分配						工资、福利费	
	劳动待业保险费	财务费用	利息支出	营业利润	利润总额	应交所得税	本年应付工资总额	本年应付福利费总额
总　计	**23**	**122**	**89**	**-152**	**150**	**52**	**1106**	**264**
#国有及国有控股	19	58	58	-178	81	27	119	17
市　区	**23**	**122**	**89**	**-78**	**225**	**52**	**939**	**84**
邕宁县				**-9**	**-9**		**34**	**5**
武鸣县				**-65**	**-65**		**132**	**175**
按登记注册类型分组								
内资企业	23	121	88	-94	208	52	1040	250
国有企业	19	58	58	-178	81	27	119	17
集体企业	2	39	30	-14	27	2	343	43
股份合作企业	1			-49	-49		175	181
有限责任公司	1			-35	-35		84	
私营企业	1	24		181	183	24	319	9
港、澳、台商投资企业				-58	-58		66	14
按国民经济行业分组								
正餐	23	122	89	-158	144	52	1055	254
其他餐饮业				6	6		51	10

10-20 全市、市区批发零售贸易业、餐饮业机构、网点、人员

(2001年)

单位：个、人

指标名称	全市				市区			
	法人单位	活动单位	网点	人员	法人单位	活动单位	网点	人员
批发零售贸易业、餐饮业合计	**4840**	**6062**	**72945**	**190840**	**4489**	**4880**	**48057**	**157155**
按经济类型分								
国有经济	569	730	2238	27435	450	510	1862	25409
集体经济	2850	3670	4239	36400	2670	2760	3007	33660
私营经济	1246	1450	3691	22239	1213	1427	3618	21627
个体经济			62406	93573			39371	66421
#批发零售贸易业			56664	81387			35958	57845
联营经济	10	10	10	80	10	10	10	80
股份制经济	105	125	170	7846	100	110	122	7219
外商投资经济	3	3	3	257	3	3	3	257
港澳台投资经济	12	29	29	2002	12	29	29	2002
其他经济	45	45	159	1008	31	31	35	480
按行业分								
批发业	1835	2302	5206	28520	1736	1786	4814	27260
零售业	2260	2959	60942	126989	2061	2369	38970	99480
餐饮业	745	801	6797	35331	692	725	4273	30415

指标名称	邕宁县			武鸣县		
	法人单位	网点	人员	法人单位	网点	人员
批发零售贸易业、餐饮业合计	**156**	**11688**	**16120**	**195**	**13200**	**17565**
按经济类型分						
国有经济	66	209	976	53	167	1050
集体经济	62	585	1470	118	647	1270
私营经济	17	39	312	16	34	300
个体经济		10758	12823		12277	14329
#批发零售贸易业		9590	10723		11116	12819
联营经济						
股份制经济	2	18	161	3	30	466
其他经济	9	79		5	45	150
按行业分						
批发业	71	310	992	28	82	268
零售业	74	10184	12545	125	11788	14964
餐饮业	11	1194	2583	42	1330	2333

10-21 外国和港澳台地区在华直接投资

(2001年)

指标名称	新签协议		客商实际投资(万美元)			期末实有企业(个)		
	合同个数(个)	客商投资(万美元)	合计	现金	实物		建成投产开业	本期新增企业
合　　计	**41**	**16031**	**6148**	**6147**	**1**	**500**	**357**	**41**
按投资方式分								
中外合资经营企业	15	4187	2011	2011		279	217	15
中外合作经营企业	7	6186	2843	2843		109	72	7
外资企业	19	5658	1294	1293	1	112	68	19
按国民经济行业分								
农、林、牧、渔业	5	467	354	354		29	16	5
采掘业	1	53				2	1	1
制造业	21	6197	2309	2308	1	244	188	21
电力、煤气及水的生产和供应业						6	3	
建筑业	3	5400	1235	1235		23	18	3
地质勘查业、水利管理业								
交通运输、仓储及邮电通讯业						11	9	
批发零售贸易、餐饮业		60	205	205		14	10	
房地产业	6	3793	1923	1923		128	85	6
社会服务业	5	61	102	102		35	21	5
卫生、体育和社会福利业						1	1	
教育.文化艺术及广播电影电视业						1	1	
科学研究和综合技术服务业			20	20		6	4	
其他行业								
按投资国别、地区分								
亚洲	30	11641	4230	4229	1			
#香港	15	8072	3790	3790				
澳门								
台湾	8	280	271	270	1			
日本	1	367						
新加坡	2	9	10	10				
韩国	1	3	42	42				
泰国		33	33	33				
欧洲	2	2382	995	995				
#比利时		8	32	32				
英国		149	37	37				
德国								
法国	2	2215	806	806				
意大利								
拉丁美洲	1	-12	600	600				
北美洲	5	1888	228	228				
#加拿大		10						
美国	4	1878	228	228				
大洋洲	3	132	95	95				
#澳大利亚	2	125	94	94				
新西兰	1	7	1	1				

10-22 国际旅游收入

(2001年) 单位：万元

指标名称	合计	饭店、宾馆	指标名称	合计	饭店、宾馆
合　计	**11122**	**5307**	长途交通费	3460	
商品性收入	2358	1668	民航	2979	
商品销售收入	1504	1055	铁道	481	
饮食销售收入	854	613	市内交通费	340	
劳务性收入	8764	3639	邮政电讯费	315	
旅行社旅游业务费收入	179		文化娱乐费	464	325
宿费	1701	1701	其他	2305	1613

10-23 接待过夜旅游者人数

(2001年) 单位：人

指标名称	人数	人天数	指标名称	人数	人天数
国际旅游人数合计	**56685**	**89312**	马来西亚	69	126
港澳同胞	13999	21160	美国	331	657
台湾同胞	10976	18721	加拿大	49	114
华　侨	25	44	英国	95	100
外国人	31685	49387	法国	71	146
#日　本	1471	2473	德国	39	76
菲律宾	107	340	意大利	16	20
新加坡	465	829	俄罗斯	4	4
泰国	3147	4786	澳大利亚	109	161
越南	16918	19403	新西兰	12	18
印度尼西亚	236	486	其他	8546	19648

10-24 居民消费价格总指数

（2001年、以上年为100）　　单位 %

指标名称	指数
居民消费价格总指数	**102.80**
食品	**99.10**
粮食	93.00
淀粉及薯类	93.20
干豆类及豆制品	97.50
油脂类	92.80
肉禽及其制品	99.20
蛋类	100.90
水产品类	95.80
菜类	106.70
鲜菜	107.10
干菜及其制品	105.60
调味品	101.60
糖类	102.00
食糖	117.00
糖果	100.80
茶及饮料	103.00
茶叶	114.30
饮料	100.10
干鲜瓜果类	97.70
鲜果	99.50
干（坚）果及瓜果制品	90.30
糕点饼干面包	100.10
奶及奶制品	99.80
在外用膳食品	99.70
主食	100.00
炒菜	99.40
地方小吃	100.00
其它食品及食品加工服务	102.00
烟酒及用品	**96.90**
烟草	95.50
酒	100.40
吸烟饮酒用品	93.20
衣着类	**95.30**
服装	94.00
男式服装	94.90
女式服装	93.40
儿童服装	91.90
衣着材料	99.40
鞋袜帽	97.80
鞋类	97.70
袜子	100.00
帽子	96.40
衣着加工服务	100.20
家庭设备用品及维修服务	**97.30**
耐用消费品	95.40
家具	100.10
家庭设备	92.20
室内装饰品	103.00
床上用品	99.70
家庭日用杂品	97.50
家庭服装及加工维修服务	100.00
医疗保健和个人用品	**99.30**
医疗保健	97.60
医疗器具及用品	96.20
中药材及中成药	86.10
西药	94.80
保健器具及用品	100.60
医疗保健服务	120.80
个人用品及服务	103.20
交通和通讯	**100.10**
交通	100.10
交通工具	93.60
车用燃料及零配件	100.10
车辆使用及维修	96.10
市区公共交通	112.50
城市间交通	100.70
通信	100.10
通信工具	73.80
通信服务	108.90
娱乐教育文化用品及服务	**128.90**
娱乐用耐用消费品及服务	87.90
教育	176.30
教材及参考书	107.10
学杂托幼费	185.80
文化娱乐用品	**105.60**
文化娱乐	100.70
书报杂志	101.50
文娱费	113.30
旅游及外出	98.60
居住	**100.60**
建房及装修材料	90.40
租房	111.80
自有住房	100.40
水、电、燃料	102.50

10-25 个体工商业基本情况

（2001年）

指标名称	户数（户）	城镇	从业人员（人）	城镇	注册资金（万元）	城镇	总产值（万元）	城镇	销售总额或营业收入（万元）	城镇
全　市	**81809**	**52072**	**123537**	**83406**	**71325**	**52059**	**13547**	**5541**	**660207**	**470782**
农林牧渔业	80	18	211	45	544	211	256	10	152	
#农林牧渔服务业	10	5	30		24					
采掘业	156	43	334	83	690	187	917	508		
制造业	4577	2088	8944	3870	7655	3419	12115	4939		
建筑业	24	6	87	20	194	15	259	84		
交通运输业、仓储业	4737	3023	4906	3056	6368	3607			12935	9539
#交通运输业	4737	3023	4906	3056	6368	3607			12935	9539
批发零售贸易、餐饮业	62406	39524	93573	64331	45666	35658			629373	446855
#批发零售贸易业	56664	35991	81387	55790	40597	31604			449394	319069
社会服务业	8848	6587	14256	11067	9557	8494			16427	13229
#日用品修理业	1631	788	2677	1360	721	269			1604	918
旅馆业	256	200	689	583	1023	932			716	640
娱乐服务业	353	267	663	492	1143	1024			605	489
其他行业	981	783	1226	934	651	468			1320	1159
市　区	**47871**	**37170**	**82928**	**64746**	**45491**	**39963**	**10413**	**8735**	**533823**	**441203**
农林牧渔业	57	7	165	19	258	59	238	39	152	13
#农林牧渔服务业	10		30		24					
采掘业	12		49		77		855	778		
制造业	1735	964	4599	1945	2697	1474	9089	7866		
建筑业	20	2	74	7	181	2	231	52		
交通运输、仓储业	442	136	536	140	588	276			9074	8574
#交通运输业	442	136	536	140	588	276			9074	8574
批发零售贸易业、餐饮业	39371	30781	66421	53241	33588	30692			509032	417406
#批发零售贸易业	35958	28342	57845	46580	29771	27328			353630	293512
社会服务业	5253	4497	9858	8460	7451	6992			14245	13960
#日用品修理业	901	540	1801	1024	457	179			1293	1174
旅馆业	86	80	312	291	696	659			607	602
娱乐服务业	187	138	413	292	774	703			483	443
其他行业	981	783	1226	934	651	468			1320	1250

10-26 私营企业基本情况

(2001年)

指标名称	合计					
	户数（户）	投资者人数（人）	雇工人数（人）	注册资本金（万元）	总产值（万元）	销售总额或营业收入（万元）
全市	**5982**	**13991**	**38219**	**330600**	**78035**	**151121**
农林牧渔业	109	408	972	8790	3290	1162
采掘业	35	145	865	1785	1346	
制造业	558	1116	3348	34373	63066	
建筑业	110	858	2580	22757	10333	
交通运输业	44	224	335	2625		2025
批发零售贸易、餐饮业	3675	7350	22050	194345		125279
#批发零售贸易业	3007	7020	14102	152908		80408
社会服务业	1060	2760	6292	24366		19771
#日用品修理业	27	41	136	502		608
旅馆业	26	104	278	1928		1133
娱乐服务业	33	84	230	1324		1133
其他行业	391	1130	1777	41559		2884
市区	**5574**	**12742**	**31864**	**293577**	**54467**	**145801**
农林牧渔业	74	257	473	4830	2466	772
采掘业	30	132	813	1207	1180	
制造业	309	481	2165	12965	40796	
建筑业	101	832	2500	21950	10025	
交通运输业	29	104	206	1554		1146
批发零售贸易、餐饮业	3618	7200	21627	189069		121853
#批发零售贸易业	2957	6895	13803	148263		78209
社会服务业	1030	2627	6043	22677		19341
#日用品修理业	27	41	136	502		608
旅馆业	21	88	189	1162		1133
娱乐服务业	33	84	230	1324		1133
其他行业	383	1109	1745	39325		2689

10-26 续表

指 标 名 称	城		镇			
	户 数（户）	投资者人数（人）	雇工人数（人）	注册资本金（万元）	总产值（万元）	销售总额或营业收入（万元）
全　　市	**5597**	**12871**	**34348**	**305324**	**65271**	**131159**
农林牧渔业	83	280	602	6033	2587	789
采掘业	7	24	74	355		
制造业	320	543	1374	20345	52383	
建筑业	106	844	2547	22160	10301	
交通运输业	25	48	108	1114		906
批发零售贸易、餐饮业	3634	7281	21734	190318		110731
#批发零售贸易业	2986	6994	14005	149869		75297
社会服务业	1040	2687	6138	23208		16476
#日用品修理业	20	27	78	408		457
旅馆业	23	95	226	1222		863
娱乐服务业	29	79	206	1250		939
其他行业	375	1101	1660	41266		1730
市　　区	**5390**	**12338**	**31264**	**289006**	**50336**	**128334**
农林牧渔业	70	253	426	4697	2033	399
采掘业	6	22	64	350		
制造业	199	259	719	10663	38002	
建筑业	101	832	2500	21950	10301	
交通运输业	20	30	76	981		811
批发零售贸易、餐饮业	3598	7173	21465	188205		108768
#批发零售贸易业	2957	6895	13803	148263		73798
社会服务业	1018	2614	5966	22454		16229
#日用品修理业	20	27	78	408		457
旅馆业	21	88	189	1162		818
娱乐服务业	29	79	206	1250		939
其他行业	371	1092	1648	39181		1600

11 财政金融保险

CHAPTER 11 GOVERNMENT FINANCES, BANKING,INSURANCE

11-1　主要年份财政、金融

单位：万元

年　份	财政总收入	地方财政收入	地方财政支出	金融机构存款余额	城乡居民存款余额	金融机构贷款余额
1950	394	394	190	1364	21	34
1965	4479	4479	2116	39443	1426	18356
1978	20102	20102	7074	110660	5735	59521
1980	23682	23682	7410	110309	10358	71873
1985	35447	35447	17967	212380	43646	167691
1986	38873	38873	26745	226697	61348	222735
1987	44078	44078	28971	262623	82535	270298
1988	51071	51071	40532	260827	100160	297861
1989	57352	57352	39426	328250	138715	287226
1990	63930	63930	47677	464879	197821	346755
1991	70051	70051	48397	552636	258819	383694
1992	73459	73459	48401	685440	341946	444498
1993	106465	106465	66850	1077025	515981	657827
1994	150232	73492	85826	1537665	802162	880566
1995	171074	91236	94609	2063550	1123696	1107552
1996	190465	103583	105844	2724968	1439865	1385499
1997	215806	116778	119471	3014072	1618159	1731336
1998	245249	131583	139884	4461444	2001576	3460657
1999	270113	149700	172851	5268177	2190918	4262816
2000	303030	173434	215931	6194003	2410407	4435015
2001	385294	243005	257430	6726608	2748910	4909429

11-2 财政收入

（2001年） 单位：万元

指标名称	全市	市区	邕宁县	武鸣县
财政收入	**385294**	**328534**	**32557**	**24203**
中央“两税”收入	142289	125855	10058	6376
地方财政收入	243005	202679	22499	17827
增值税	33672	28278	3286	2108
营业税	74639	67722	4069	2848
企业所得税	34486	26965	4844	2677
企业所得税退税				
个人所得税	32080	29029	1952	1099
资源税	370	168	168	34
固定资产投资方向调节税	1035	978	57	
城市维护建设税	15675	14697	564	414
房产税	12457	11704	584	169
印花税	1758	1696	48	14
城镇土地使用税	5026	4448	393	185
土地增值税	438	348	90	
车船使用税	863	721	45	97
屠宰税	447	213	148	86
农业税	2378	612	834	932
农业特产税	4716	663	1734	2319
耕地占用税	758	708	46	4
契税	2757	2363	339	55
国有资产经营收益	685	74	43	568
国有企业计划亏损补贴	-2307	-2307		
行政性收费收入	2678		1178	1500
罚没收入	7937	6475	1033	429
土地和海域有偿使用收入				
专项收入	8261	7089	567	605
其他收入	2196	35	477	1684
附加资料				
上级补助收入	98130	72930	11340	13860
国债转贷收入	10288	10288		
国债转贷资金上年结余	7550	7550		
上年结余收入	23427	22036	691	700
调入其他资金	1600	1600		

11-3 财政支出

(2001年) 单位：万元

指 标 名 称	全 市	市 区	邕宁县	武鸣县
本年支出合计	**257430**	**200017**	**29538**	**27875**
基本建设支出	35255	35199	56	
企业挖潜改造资金	12705	12393	10	302
科技三项费用	2855	2525	90	240
支援农村生产支出	6549	4288	765	1496
农业综合开发支出	1119	756	121	242
农林水利气象等部门事业费	6178	3968	1159	1051
工业交通等部门事业费	245	200	36	9
流通部门事业费	98	10		88
文体广播事业费	8279	6795	836	648
教育事业费	32374	16787	8855	6732
科学事业费	1013	961	29	23
卫生事业费	13189	10740	1192	1257
税务统计财政审计等部门事业费	9237	5042	2085	2110
抚恤和社会福利救济费	6503	4496	1003	1004
行政事业单位离退休经费	15400	9760	3294	2346
社会保障补助支出	8181	7397	381	403
国防支出	266	228	38	
行政管理费	20703	14348	2781	3574
外交外事支出	773	766		7
公检法司支出	16944	13973	1623	1348
城市维护费	21648	18261	732	2655
政策性补贴支出	3076	2575	280	221
支援不发达地区支出	478	380	57	41
专项支出	10711	9345	761	605
其他支出	236511	18824	3354	1473
附加资料				
上解自治区支出	50822	43894	4066	2862
国债转贷收入安排的支出	15418	15418		
国债转贷收入结余	2420	2420		
调出资金	1600	1600		
年终滚存结余	56310	53734	926	1650
净结余	43098	41645	440	1013

11-4 银行现金收入

（2001年）

单位：万元

指标名称	全市	市区	邕宁县	武鸣县
合计	15126006	13812040	721078	592888
商品销售收入	1508910	1399156	72957	36797
服务业收入	519706	445645	51047	23014
税款收入	38441	28614	5331	4496
城乡个体经营收入	134586	102599	20590	11397
储蓄存款收入	10055188	9191965	419391	443832
其他金融机构收入	120275	119005	492	778
居民归还贷款收入	44008	20632	11956	11420
汇兑收入	841340	835423	4691	1226
有价证券收入	42299	41908	332	59
其他收入	1821253	1627093	134291	59869
#兑换外币收入	4770	4770		

11-5 银行现金支出

（2001年）

单位：万元

指 标 名 称	全 市	市 区	邕宁县	武鸣县
合 计	**19839227**	**18480720**	**745681**	**612826**
工资性支出	904096	835325	43018	25753
国家工资及奖金支出	481769	449647	19118	13004
国家对个人其他支出	230265	211873	12066	6326
部队存款支出	52907	52211	305	391
其他单位工资性支出	139155	121594	11529	6032
农副产品采购支出	474694	415775	39423	19496
工矿及其他产品采购支出	279600	266043	9132	4425
行政企事业管理费支出	772236	730529	22134	19573
城乡个体经营支出	260691	212454	26543	21694
储蓄存款支出	14703819	13816188	447025	440606
其他金融机构支出	84190	82955	1224	11
居民提取贷款支出	110361	82065	16741	11555
汇兑支出	727022	717934	6485	2603
有价证券支出	30078	29563	456	59
其他支出	1492440	1291889	133500	67051
#兑换外币支出	8455	8455		
投放（+）回笼（-）	**(-)252821**	**(-)297362**	**(+)24603**	**(+)19938**

11-6 全社会金融机构存款余额

（2001年） 单位：万元

指标名称	全市	市区	邕宁县	武鸣县
合计	**6726608**	**6299793**	**227090**	**199725**
企业存款	2734462	2671617	39380	23465
活期存款	2045537	1998370	27383	19784
定期存款	688925	673247	11997	3681
财政存款	562330	559611	2229	490
机关团体存款	239067	225840	7318	5909
储蓄存款	2748910	2427374	163791	157745
活期储蓄	1300325	1141107	75651	83567
定期储蓄	1448585	1286267	88140	74178
农业存款	96392	73702	12481	10209
信托存款	600	600		
委托存款	-16923	-17170	129	118
其他存款	361770	358219	1762	1789

11-7 全社会金融机构贷款余额

（2001年） 单位：万元

指标名称	全市	市区	邕宁县	武鸣县
合计	4909429	4684138	110066	115225
短期贷款	2092684	1913004	83962	95718
工业贷款	627203	599723	9888	17592
商业贷款	599680	561630	21222	16828
#农副产品贷款	49498	26714	13169	9615
建筑业贷款	83596	82810	100	686
农业贷款	95377	37100	24207	34070
乡镇企业贷款	75902	44626	12480	18796
三资企业贷款	80457	79285		1172
私营企业及个体贷款	37745	35792	1658	295
其他短期贷款	492724	472038	14407	6279
中期流动资金贷款	129552	121899	6995	658
中长期贷款	2619986	2583308	17829	18849
基本建设贷款	1778433	1774284	1366	2783
技术改造贷款	100416	92608	1216	6592
其他中长期贷款	741137	716416	15247	9474
信托贷款	6637	-37	6674	
融资租赁	19	19		
委托贷款	6188	6188		
票据融资	20091	18811	1280	
各项垫款	34272	34272		

11-8 财产保险业务情况

（2001年） 单位：万元

指标名称	全市	市区	邕宁县	武鸣县
保险金额	**8359989**	**8016268**	**201731**	**141990**
财产保险	7864613	7527061	200826	136726
责任保险	431465	425296	905	5264
信用保险	3357	3357		
保证保险	56978	56978		
农业保险	585	585		
保险业务总收入	29426	26848	1493	1085
按来源分				
保费收入	29387	26812	1490	1085
储金收入	39	36	3	
按险种分				
财产保险	28565	26024	1477	1064
责任保险	571	534	16	21
信用保险	21	21		
保证保险	237	237		
农业保险	32	32		
赔付给付件数	18159	14187	2742	1230
保险业务总支出	13558	11810	1202	546
财产保险	13061.9	11332.9	1183	125
责任保险	459.1	440.1	19	
保证保险	16	16		
农业保险	21	21		

11-9　人身保险业务情况

（2001年）　　单位：万元

指标名称	全市	市区	邕宁县	武鸣县
个人人身保险				
保费	50125	46942	1779	1404
人寿保险	47893	44345	1670	1278
意外伤害保险	1376	1219	79	79
健康保险	1456	1379	29	48
期满给付	10274	8818	749	707
人寿保险	10274	8818	749	707
死伤医疗给付	1454	1308	68	78
人寿保险	617	568	30	18
意外伤害保险	327	263	24	40
健康保险	510	476	14	19
团体人身保险				
保费	7054	6103	494	457
人寿保险	3946	3630	147	169
意外伤害保险	2589	2086	255	248
健康保险	520	388	92	40
期满给付	3062	3023	33	6
人寿保险	3062	3023	33	6
死伤医疗给付	1428	1075	184	169
人寿保险	104	95	8	1
意外伤害保险	957	694	124	139
健康保险	367	287	51	29
本年承保或期末有效合同	201233	182319	9969	8945
人数（人次）	676782	335396	168334	153330
件数（件）	364206	312216	42292	9698
保额	2698455	2159369	197967	341119

12 文化教育卫生体育

CHAPTER 12 CUITURE,EDUCATION,HYGIENE,SPORTS

12-1 文化事业基本情况

（2001年）

指 标 名 称	单 位	全 市	市 区	邕宁县	武鸣县
电影制作单位	个	1	1		
电影放映单位	个	145	73	53	19
#影剧院	个	9	7	1	1
电影放映场次	场	21522	16896	3445	1181
艺术表演团体	个	12	10	1	1
演出场次	场	1911	1619	129	163
观众人数	万人次	221.8	183.2	19.3	19.3
艺术表演场所	个	4	4		
文化馆	个	7	5	1	1
群众艺术馆	个	3	3		
公共图书馆	个	6	4	1	1
图书总藏量	千册、件	2436.099	2226.233	90.588	119.278
#古籍	千册	128.459	128.281	0.18	
图书	千册	1994.23	1851.453	67.265	75.512
出版社	个	7	7		
杂志社	个	146	146		
报社	个	28	28		
图书出版印数	万册	18054	18054		
杂志出版印数	万册	4599	4599		
报纸出版印数	万印张	35866	35866		
其他文化事业机构	个	78	37	23	18

12-2 教育事业基本情况

（2001年）

指 标 名 称	单位	全 市	市 区	邕宁县	武鸣县
学校数					
普通高校	所	13	11	2	
中等专业学校	所	47	44	2	1
普通中学	所	232	105	74	53
农、职业中学	所	47	34	10	3
技工学校	所	25	25		
小学	所	747	258	259	230
在校学生数					
普通高校	人	63802	58854	4948	
中等专业学校	人	67345	63664	2132	1549
普通中学	人	209481	94887	64049	50545
农、职业中学	人	14709	13655	544	510
技工学校	人	20762	20762		
小学	人	285728	130777	96828	58123
专任教师数					
普通高校	人	4459	4162	297	
中等专业学校	人	3403	3180	128	95
普通中学	人	9825	5018	2700	2107
农、职业中学	人	901	809	44	48
技工学校	人	966	966		
小学	人	12606	6451	3690	2465
成人高等教育在校学生数	人	**35811**	**35811**		
#广播电视大学在校生	人	13319	13319		
成人中等教育在校学生数	人	**17139**	**16895**	**20**	**224**

12-3 普通高等学校一览表

（2001年）

单位：人

指 标 名 称	毕业生数	招生数	在校学生数	专任教师数
总　计	**10070**	**23120**	**63802**	**4459**
广西大学	3131	5257	18797	1497
广西医科大学	681	1766	6181	434
广西中医学院	478	1430	4190	365
广西师范学院	1025	2211	5415	372
广西商业高等专科学校	658	1356	3127	147
广西财政高等专科学校	639	1710	3558	188
广西体育高等专科学校	332	732	1237	72
广西艺术学院	284	911	1962	237
广西民族学院	1325	2420	7713	481
广西机电职业技术学院		1548	3110	154
南宁职业技术学院	520	1456	3564	215
邕江大学	411	667	1576	103
广西职业技术学院	586	1656	3372	194

12-4 中等专业学校一览表

（2001年）　　单位：人

指 标 名 称	毕业生数	招生数	在校学生数	专任教师数
总　　计	**18687**	**18488**	**67345**	**3403**
南宁电力学校	360	581	985	80
广西交通学校	475	628	2229	106
广西航运学校	395	651	2011	102
广西水电学校	555	500	1930	87
广西机电工业学校	511	550	1990	102
广西邮电学校	217		136	68
广西纺织工业学校	324	371	1442	67
广西第一工业学校	368	527	2001	69
广西南宁化工学校	736	621	3006	77
广西轻工业学校	715	515	2475	88
广西广播电视学校	136	131	735	31
广西机电工程学校	473	824	2517	88
广西建筑材料工业学校	420	204	1750	71
广西计量学校	327	173	943	41
桂林工学院南宁分校	375		1253	80
南宁地区机电工程学校	280	280	1029	37
广西机电职业学校	570	208	1865	
广西建筑工程学校	524	302	2193	149
广西水产学校	482	164	1096	107
广西农业学校	953	957	3942	106
广西中医学校	314	723	1444	38
南宁市卫生学校	259	227	1011	69
广西医科大学附设学校	146	694	1860	43

12-4续表 单位：人

指标名称	毕业生数	招生数	在校学生数	专任教师数
广西药科学校	377	967	1990	90
区妇幼保健院附设学校	54	195	396	14
广西供销学校	353	319	1189	62
广西对外经济贸易学校	356	575	1965	82
广西税务学校	49		200	38
广西财经学校	1111	398	1415	79
广西物资学校	573	536	1945	68
广西银行学校	273	705	1601	79
广西工商行政管理学校	176		243	44
广西图书发行学校	0		25	5
广西贸易经济学校	841	942	3562	87
广西司法学校	443	563	887	80
广西警官学校	417	275	1021	57
广西人民警察学校	343			121
广西体育运行学校	208	179	628	82
广西艺术学院附设学校	92	145	819	62
广西艺术学校	285	580	1696	94
广西佩珠民族艺术学校	95	98	320	13
广西民族中专学校	369	457	1549	95
南宁地区民族中专	253	138	927	54
南宁市师范学校	504	500	1210	81
南宁民族师范学校	694	433	1724	143
南宁地区第一民族学校	558	362	1103	91
广西幼儿师范学校	348	290	1087	76

12-5 技工学校一览表

（2001年）　　单位：人

指标名称	毕业生数	招生数	在校学生数	专任教师数
总计	**4582**	**8714**	**20762**	**966**
广西出版技工学校	72	197	294	25
广西交通技工学校	384	688	1371	76
广西自来水技校	81	34	153	19
广西第一建筑安装技工学校	25		57	8
南宁市建设技工学校	170		409	49
南宁技工学校	257	640	1633	67
南宁市一轻技工学校	392	453	1413	35
南宁市二轻技工学校	64	192	659	33
南宁市化工医药技工学校	184	370	1019	37
南宁机械工业技校	59	237	516	18
广西机电技工学校	67		25	45
广西动力技工学校	97	188	553	29
广西石化高级技工学校	689	1132	2961	102
广西轻工技工学校	332	800	1945	48
广西公路技工学校	182	174	511	33
广西电子技工学校	83	307	719	37
广西二轻工业技工学校	179	634	1116	18
广西建材技工学校	12	88	97	20
广西电影技工学校	59		18	16
广西经济贸易技工学校	280	428	985	62
广西南宁商业技工学校	209	325	868	43
广西商贸技工学校	134	749	1557	46
广西水力电力技工学校	351	472	891	44
南地水电技工学校	70	106	292	26
南地技工学校	150	500	700	30

12-6 卫生事业基本情况

（2001年）

指标名称	单位	全市	市区	邕宁县	武鸣县
卫生机构数	个	**748**	**587**	**78**	**83**
#医院	个	100	50	29	21
门诊部(所)	个	611	503	52	56
病床位数	张	**12932**	**10752**	**1280**	**900**
#医院病床位数	张	12186	10019	1280	887
卫生工作人员	人	**24533**	**20750**	**2146**	**1637**
#卫生技术人员	人	18504	15378	1785	1341
#医生	人	8357	7035	681	641
西医师	人	5273	5447	420	406
中医师	人	1184	1037	76	71
中西医结合师	人	126	109	13	4
中医士	人	92	78	11	3
西医士	人	682	364	161	157
护士(含护师)	人	6295	5379	471	445
其他	人	3852	2964	633	255

12-7 卫生机构、床位、人员情况

（2001年）

指标名称	全市				市区			
	机构数（个）	床位数（张）	卫生工作人员（人）	技术人员	机构数（个）	床位数（张）	卫生工作人员（人）	技术人员
总计	**748**	**12932**	**24533**	**18504**	**587**	**10752**	**20750**	**15378**
医院	100	12186	16456	12751	50	10019	13583	10477
县及县以上医院	48	11323	14944	11473	35	9912	13258	10216
乡卫生院	52	863	1512	1278	15	107	325	261
疗养院、所	1	135	38	18	1	135	38	18
门诊部、所	611		2467	2451	503		2219	2203
专科防治所、站	2		44	31	1		27	19
卫生防疫机构	8		956	685	6		815	585
药品检验机构	5		145	95	3		134	84
医学科研机构	11	598	1137	624	11	598	1137	624
高等医学教育机构	3		1725	764	3		1725	764
中等医药卫生学校	6		649	287	5		636	281
其他卫生事业机构	16	13	204	86	4		175	62
个体开业人员			712	712			261	261

指标名称	邕宁县				武鸣县			
	机构数（个）	床位数（张）	卫生工作人员（人）	技术人员	机构数（个）	床位数（张）	卫生工作人员（人）	技术人员
总计	**78**	**1280**	**2146**	**1785**	**83**	**900**	**1637**	**1341**
医院	29	1280	1573	1234	21	887	1300	1040
县及县以上医院	8	815	908	668	5	596	778	589
乡卫生院	21	465	665	566	16	291	522	451
疗养院、所								
门诊部、所	52		120	120	56		128	128
专科防治所、站					1		17	12
卫生防疫机构	1		80	58	1		61	42
药品检验机构	1		5	5	1		6	6
医学科研机构								
高等医学教育机构								
中等医药卫生学校					1		13	6
其他卫生事业机构					12	13	29	24
个体开业人员			368	368			83	83

12-8 体育事业基本情况

(2001年)

指标名称	单位	全市	市区	邕宁县	武鸣县
公共体育场	个	3	2		1
体育馆	个	3	3		
练习馆(房)	个	197	174	1	2
足球场	个	14	9	5	
运动场（大、小）	个	98	62	12	24
有固定看台灯光球场	个	146	86	17	43
蓝球场	个	2701	1070	966	665
排球场	个	320	206	43	71
游泳场	个	35	27	4	4
体育运动竞赛场次	次	243	243		
当年发展等级运动员	人	112	112		
#二级运动员	人	112	112		
当年发展等级裁判员	人	189	167	11	11
#一级裁判员	人	20	19		1
二级裁判员	人	73	73		
三级裁判员	人	96	75	11	10

注：“体育运动竞赛”、“等级运动员、裁判员”等三个指标不含区体委部份。

13 人民生活

CHAPTER 13 PEOPLE'S LIFE

13-1 历年城市居民收支及价格指数情况

年　份	城市居民人均可支配收入（元）	城市居民人均消费性支出（元）	居民消费价格总指数（%）
1985	716	724	118.30
1986	851	825	105.20
1987	949	944	111.10
1988	1166	1229	121.60
1989	1274	1293	119.40
1990	1454	1360	98.00
1991	1659	1667	104.10
1992	2106	1853	106.70
1993	3081	2624	121.90
1994	4543	4288	124.80
1995	5544	5055	118.60
1996	5973	5425	103.30
1997	5931	5456	100.20
1998	6570	5800	96.70
1999	6847	6321	95.90
2000	7448	6705	100.00
2001	7906	7107	102.80

13-2　历年城市居民家庭主要食品消费量

(平均每人每年)　　　　单位：公斤

年　份	粮 食	食 用 植物油	鲜 菜	猪 肉	牛羊肉	家 禽	鲜 蛋	鱼
1985	140.08	3.62	96.5	21.85	2.11	6.8	3.28	7.1
1986	141.56	4.69	112.11	23.5	2.07	8.4	4.76	8.31
1987	137.16	4.92	109.44	24.72	2.52	8.28	4.44	9
1988	150.24	6.84	123.84	24.96	2.76	10.44	6	8.52
1989	144.25	6.9	116.38	23.37	2.44	8.32	5.88	9.31
1990	121.65	6.38	114.98	24.88	2.83	9.71	6.28	10.14
1991	110.75	5.71	113.29	24.54	3.23	12.64	6.43	10.4
1992	106.32	7.16	109.05	20.65	3.03	14.43	6.57	10.3
1993	87.57	7.38	113.8	20.67	3.35	15.07	6.58	10.04
1994	98.66	8.97	121.84	23.66	3.64	18.56	8.62	12
1995	92.23	8.92	120.31	21.51	3	18.28	7.45	12.01
1996	92.94	8.56	123.65	22.65	3.27	18.79	7.59	12.95
1997	76.58	7.53	107.9	17.92	3.26	17.51	8.26	12.15
1998	72.28	8.77	119.11	18.71	3.47	10.64	7.33	12.53
1999	73.1	7.61	118.77	18.34	3.26	18.34	8.82	13.01
2000	72.9	8.63	119.05	17.91	3.26	21.49	8.39	13.1
2001	70.31	8.4	122.67	18.6	3.42	20.41	7.91	13.72

13-2　续表　　单位：公斤

年　份	食 糖	卷烟（盒）	白 酒	啤 酒	鲜瓜果	糖 果	糕 点	鲜 奶
1985	2.89	20.44	1.87		43.7	0.98	2.23	2.57
1986	3.41	28.51	2.89	1.47	41.89	0.95	2.46	3.53
1987	3	30.12	2.28	1.68	39.67	0.84	2.89	4.68
1988	3.72	30.96	3.36	1.8	39.26	0.84		
1989	2.59	26.82	2.82	1.67	35.51	0.65	2.06	5.1
1990	2.44	23.72	2.98	1.25	37.18	0.61	2.48	6.26
1991	2.2	16.71	2.52	2.03	43.81	0.74	2.73	6.28
1992	2.19	18.07	2.57	2.76	46.41	0.64	3.54	6.63
1993	2.39	18.19	2.19	2.83	43.75	0.72	3.7	5.69
1994	2.28	16.02	3.02	2.37	42.44	0.71	3.29	7.29
1995	1.82	13.8	3.09	2.03	43.9	0.76	2.88	6.15
1996	2.3	12.3	2.9	1.87	46.57	0.81	2.34	7.25
1997	1.68	13.36	2.75	1.85	48.14	0.73	2.38	7.96
1998	2.12	14.67	3.07	2.1	50.98	0.71	2.21	9.13
1999	2.25	12.61	2.34	1.88	55.55	0.65	2.34	11.21
2000	2.14	12.5	2.15	3.04	61.24	0.79	2.69	14.98
2001	1.85	14.74	2.31	2.89	54.21	0.8	2.34	12.18

13-3 城市居民家庭主要食品消费量

（平均每人全年）

品　　种	单　位	2001年	2000年	2001年比 2000年±%
粮食	公斤	70.31	72.9	-3.56
食用植物	公斤	8.4	8.74	-3.89
鲜菜	公斤	122.67	119.05	3.04
猪肉	公斤	18.6	17.91	3.85
牛羊肉	公斤	3.42	3.26	4.91
家禽	公斤	20.41	21.5	-5.07
鲜蛋	公斤	7.91	8.39	-5.72
鱼	公斤	13.72	13.1	4.73
食糖	公斤	1.85	2.14	-13.55
卷烟	盒	14.74	12.5	17.92
白酒	公斤	2.31	2.15	7.44
啤酒	公斤	2.89	3.04	-4.93
鲜瓜果	公斤	54.21	61.24	-11.48
糖果	公斤	0.8	0.79	1.27
糕点	公斤	2.34	2.69	-13.01
鲜奶	公斤	12.18	14.98	-18.69

13-4 城市居民家庭生活费支出构成情况

(2001年,平均每人全年)

单位：%

指标名称	总平均	最低收入组	更低收入组	低收入组	中等偏下组	中等收入组	中等编上组	高收入组	最高收入组
生活费支出	100	100	100	100	100	100	100	100	100
食品支出	34.67	52.70	57.49	48.04	40.97	35.14	30.37	32.35	27.25
衣着支出	6.08	2.40	2.69	4.01	5.44	5.49	6.12	4.61	10.21
设备用品及服务	14.03	3.79	2.47	6.43	8.63	10.49	16.92	18.93	20.01
医疗保健	3.94	2.80	1.46	4.44	4.59	4.63	4.57	2.60	2.86
交通和通讯	9.42	3.59	2.90	5.52	8.19	10.65	10.05	9.94	10.59
娱乐文教	13.22	13.25	10.03	12.12	12.60	14.55	14.09	12.38	12.13
居住支出	12.81	17.41	21.30	15.49	14.60	14.25	11.12	12.05	10.46
杂项商品和服务	5.83	4.07	1.65	3.94	4.97	4.81	6.75	7.13	6.49

13-5 城市居民家庭生活基本情况

(2001年)

指标名称	单位	总平均	最低收入组	更低收入组	低收入组
调查户数	户	200	20	10	20
调查户构成	%	100.00	10.00	5.00	10.00
平均每户人口数	人	3.05	3.35	3.30	3.38
平均每户就业人口数	人	1.65	1.64	1.70	1.54
#国有单位职工	人	1.19	0.48	0.30	0.67
集体单位职工	人	0.13	0.16	0.20	0.29
平均每户就业面	%	53.96	49.01	51.52	45.56
每一就业者负担人数	人	1.85	2.04	1.94	2.19
平均每户离退休人口数	人	0.44	0.39	0.20	0.58
平均每人年实际收入	元	7 993.94	2 669.26	2 161.54	4 070.60
平均每人年可支配收入	元	7906.35	2614.15	2106.99	4017.28
平均每人年实际支出	元	8356.47	2706.78	2027.36	3953.50
平均每人年实际消费性支出	元	7107.43	2639.91	1980.39	3805.48
国有经济职工人均年收入	元	12037.43	3727.77	4748.47	6593.60
集体经济职工人均年收入	元	6404.98	4880.86	3937.0	3499.22
个体经济者人均年收入	元	9136.83	4862.72	4820.95	6241.54
离退休人员人均年收入	元	8494.39	4450.70	2712.0	6187.94

13-5续表

指 标 名 称	中 等 偏下组	中 等 收入组	中 等 偏上组	高 收 入 组	最 高 收入组
调查户数	40	40	40	20	20
调查户构成	20	20	20	10	10
平均每户人口数	3.2	2.97	2.86	2.93	2.8
平均每户就业人口数	1.47	1.47	1.79	1.83	2
#国有单位职工	1.06	1.11	1.55	1.65	1.7
集体单位职工	0.1	0.13	0.13	0.05	0.1
平均每户就业面	45.99	49.43	62.63	62.21	71.43
每一就业者负担人数	2.17	2.02	1.6	1.61	1.4
平均每户离退休人口数	0.49	0.56	0.36	0.51	0.1
平均每人年实际收入	6014.2	7840.3	9835.9	11902.9	16094.9
平均每人年可支配收入	5944.7	7749.3	9736.7	11801.7	15930.9
平均每人年实际支出	5994.8	8100.8	11440.8	12770.3	15447.3
平均每人年实际消费性支出	5296.6	7053.1	9088.4	10614.3	12972.8
国有经济职工人均年收入	9331.6	11231.8	12396.3	14926.7	17497.9
集体经济职工人均年收入	5328.8	6326.9	6633.6	27800.0	8253.4
个体经济者人均年收入	6262.2	9085.0	17266.2		20605.3
离退休人员人均年收入	8304.5	9652.8	9142.8	9624.2	16177.2

13-6 城市居民家庭现金收支情况

（2001年，平均每人全年）　　单位：元

指标名称	总平均	最低收入组	更低收入组	低收入组	中等偏下组	中等收入组	中等编上组	高收入组	最高收入组
期初手存现金	**339**	**83**	**49**	**304**	**310**	**430**	**389**	**429**	**370**
可支配收入	7906	2614	2107	4017	5945	7749	9737	11802	15931
现金收入	10402	2985	2255	4414	7363	9860	14097	16067	21121
实际收入	**7994**	**2669**	**2162**	**4071**	**6014**	**7840**	**9836**	**11903**	**16095**
国有经济单位职工收入	4709	538	432	1300	3094	4188	6726	8396	10624
工资性收入	4257	524	420	1244	2828	3863	6147	7593	9107
非工资性收入	452	14	12	55	266	325	579	803	1517
城镇集体单位职工收入	272	231	239	297	167	267	290	474	295
工资性收入	248	212	239	293	141	224	251	474	291
非工资性收入	24	19		4	25	43	39		4
其它类型单位职工收入	194	111		27	218	232	259	407	
个体经营者的净收益	374	363	584	646	220	230	377		1104
个体被雇者收入	56	162		157	39	64			
离退休再就业者收入	71				140	34	4	163	197
其它就业者收入	101	394	452	131	94	119			
其它劳动收入	170	77	46	70	127	40	91	11	1104
利息、红利、租金收入	407	84	48	269	379	415	506	422	786
离退休金收入	1221	520	164	1052	1277	1810	1145	1668	578
赡养收入	136	6	13	13	31	110	55	71	964
赠送收入	117	111	125	29	80	139	157	32	278
亲友搭伙费	95			22	84	113	139	197	91
记帐补贴	59	54	55	53	56	61	63	61	64
出售财物收入	4			5	7	7			1
其它副业收入									
借贷收入	2408	315	94	343	1349	2020	4261	4164	5026
提取储蓄存款	1779	206	94	161	932	1087	3331	3216	4340
提取储金会款	10						44		25
借入款	329	11		64	353	488	274	879	54
收回借出款	117	3			63	88	249		429

13-6 续表 单位：元

指标名称	总平均	最低收入组	更低收入组	低收入组	中等偏下组	中等收入组	中等编上组	高收入组	最高收入组
收回储蓄性保险本金									
兑售有价证券	100			118	1	350	13		179
其它借贷收入	8					6		68	
现金支出	10120	2823	2103	4277	7220	9420	13766	15619	20814
实际支出	8356	2707	2027	3953	5995	8101	11441	12770	15447
消费性支出	7107	2640	1980	3805	5297	7053	9088	10614	12973
非消费支出	1249	66	47	148	698	1048	2352	2156	2474
个人所得税	28	1			13	30	36	40	99
其它各种税金	10				48			2	
非储蓄性保险	4			1	2	3	11	1	2
赡养支出	209	22	27	42	156	268	360	180	354
赠送支出	314	31	19	83	18	279	450	644	697
购房与建房支出	578				242	375	1379	1031	1057
其它非消费支出	105	9	1	22	61	93	116	258	262
家庭副业生产支出									
借贷支出	1764	116	76	324	1225	1319	2325	2849	5367
存入储蓄款	1301	110	76	237	689	931	1801	2084	4358
存入储金会款								3	
归还借款	83	2		1	95	128	60	239	36
借出款	32				14	25	44	34	143
储蓄性保险支出	135	1		49	155	100	165	186	307
购买有价证券	78				190	17	58	104	151
归还购买住房贷款	7						35		7
其它借贷支出	127			37	81	118			364
期未手存现金	**621**	**245**	**201**	**441**	**453**	**870**	**720**	**876**	**676**

13-7 城市居民家庭消费支出情况

(2001年，平均每人全年)　　单位：元

指标名称	总平均	最低收入组	更低收入组	低收入组	中等偏下组	中等收入组	中等编上组	高收入组	最高收入组
消费性支出	**7107**	**2640**	**1980**	**3805**	**5297**	**7053**	**9088**	**10614**	**12973**
食品	**2464**	**1391**	**1139**	**1828**	**2170**	**2478**	**2760**	**3434**	**3536**
粮食	188	166	183	208	173	183	183	238	186
淀粉及薯类	12	6	5	8	12	11	13	16	13
干豆类及制品	29	18	15	34	27	30	28	35	33
油脂类	80	81	99	82	72	78	78	126	51
肉禽及制品	771	510	425	652	742	754	844	1083	853
蛋类	42	31	36	28	39	42	42	68	55
水产品类	178	106	100	106	138	164	240	261	257
菜类	225	163	152	191	208	237	247	304	228
调味品	28	19	19	22	25	27	38	41	26
糖类	24	12	9	18	21	24	28	33	36
烟草类	44	44	24	39	35	30	26	140	37
酒和饮料	75	16	10	35	52	80	91	113	164
干鲜瓜果类	146	34	22	97	141	157	177	173	239
坚果及果仁	16	5	5	11	16	19	19	22	18
糕点类	47	11	7	25	48	48	53	63	82
奶及奶制品	87	7	10	51	74	111	104	92	169
其他食品	55	4	4	35	46	61	79	79	76
在外用餐	416	156	15	183	300	420	469	548	1011
食品加工费									1
衣着	**432**	**63**	**53**	**153**	**288**	**387**	**557**	**489**	**1324**
服装	313	41	35	95	202	260			1059
衣着材料	13	3	1	7	13	15	20	12	14
鞋袜帽及其他	100	18	17	48	70	103	130	122	240
衣着加工费	6	1		3	3	9	9	8	10

单位：元

指标名称	总平均	最低收入组	更低收入组	低收入组	中等偏下组	中等收入组	中等编上组	高收入组	最高收入组
设备用品及服务	**997**	**100**	**49**	**245**	**457**	**740**	**1538**	**2009**	**2596**
耐用消费品	550	19		141	269	478	799	1224	1258
室内装饰品	30			1	4	18	72	44	79
床上用品	**34**	**8**		**6**	**8**	**27**	**54**	**51**	**111**
家庭日用品	121	40	29	71	96	97	164	159	257
家具材料	103			1	5	6	229	167	457
家庭服务	160	32	20	26	74	114	220	363	434
医疗保健	**280**	**74**	**29**	**1691**	**243**	**327**	**415**	**276**	**371**
医疗器具	3	1				13	1	1	
保健用品	1				6				
医药费	218	70	26	131	193	265	327	201	252
补药费	7	1	1	3	7	3	10	10	17
医疗保健服务	51	2	2	35	38	45	77	64	102
其他						1			
交通和通讯	**669**	**95**	**58**	**210**	**434**	**751**	**914**	**1055**	**1374**
交通	334	22	1	87	194	383	513	640	533
通讯	336	73	56	123	240	368	401	415	841
娱乐文教服务	**940**	**350**	**199**	**461**	**668**	**1026**	**1280**	**1314**	**1574**
耐用消费品	302	51	1	143	130	368	415	488	622
教育	456	270	193	247	414	493	629	627	420
文化娱乐	182	29	5	72	124	165	237	199	532
居住	**910**	**460**	**422**	**589**	**773**	**1005**	**1011**	**1279**	**1356**
住房	528	206	186	251	386	626	624	843	837
水电燃料	382	254	236	338	387	379			519
杂项商品和服务	**415**	**107**	**33**	**150**	**263**	**339**	**613**	**757**	**842**
个人消费	308	36	20	121	176	223	522	474	727
其他商品	31	5	1	7	53	28	43	15	35
其他服务	76	67	11	22	34	88	48	268	80

13-8 城市居民家庭年末主要消费品拥有情况

（2001年，平均每百户）

指标名称	单位	总平均	最低收入组		低收入组	中等偏下组	中等收入组	中等偏上组	高收入组	最高收入组
				更低收入组						
毛皮大衣	件	11.5				7.5	17.5	15	15	20
呢大衣	件	81	10	20	45	80	97.5	95	80	130
毛毯	条	119	35	20	80	117.5	125	132.5	165	160
地毯	平方米	41.5			115	7.5	17.5	7.5	85	150
组合家俱	套	53	30	20	40	47.5	60	62.5	45	75
沙发床	个	36	5		10	32.5	55	42.5	50	35
沙发	个	107	15	10	45	90	140	107.5	170	165
大衣柜	个	114.5	100	90	110	115	125	107.5	120	120
写字台	张	85	55	40	90	77.5	100	75	110	90
摩托车	辆	66	25	10	40	50	65	100	80	85
自行车	辆	186.5	195	180	195	197.5	232.5	185	190	155
缝纫机	辆	65.5	45	40	80	65	80	62.5	60	55
洗衣机	台	86.5	25	20	75	97.5	92.5	95	95	100
电风扇	台	278	210	190	265	272.5	305	290	300	270
电冰箱	台	90	50	50	75	95	95	100	95	100
冰柜	台	0.5						2.5		
彩色电视机	台	131.5	110	100	85	127.5	147.5	132.5	140	165
影碟机	台	69	25	20	45	67.5	67.5	82.5	80	105
录放像机	台	17	5		5	12.5	15	25	15	40
家用电脑	台	25.5	5		30	15	35	25	35	35
组合音响	套	23.5	10			20	30	32.5	20	40
录音机	台	67.5	25	30	40	72.5	70	92.5	75	65
摄像机	台	1					2.5			5
照相机	架	60	5	10	35	55	82.5	62.5	65	95
钢琴	架	1					2.5	2.5		
其它高级乐器	件	8				10	5	15	10	10
微波炉	台	38	5			35	50	50	50	55
空调器	台	63			5	47.5	87.5	62.5	80	150
电炊具	个	92	40	30	50	105	102.5	90	135	100
淋浴热水器	台	93	30	20	90	95	112.5	100	95	100
抽排油烟机	台	54	5		30	52.5	70	62.5	55	80
吸尘器	台	10			15	7.5	17.5	5	10	15
健身器材	件	8				1	8	2	1	4
移动电话	台	36	1			10	17	20	6	18

13-9 城市居民家庭居住情况

(2001年)

指 标 名 称	调查户数（户）	家庭常住人口数（人）	指 标 名 称	调查户数（户）	家庭常住人口数（人）
总　计	**200**	**609**	空调设备	19	57
按居住面积分			**按厨房使用情况分**		
4平方米以下			独用厨房	198	601
4—6平方米	2	6	公用厨房	2	8
6—8平方米	5	17	**按燃料使用情况分**		
8—10平方米	4	15	管道煤汽		
10—12平方米	25	95	液化石油汽	188	574
12—14平方米	23	77	煤	8	25
14平方米以上	141	399	其它	4	10
按房屋产权分			**按电话拥有情况**		
公房	23	69	无电话	30	87
租赁私房			公费电话	2	6
自有房	175	535	自费电话	168	516
部份产权的自有房	2	5	公用电话		
按自来水使用情况分			**按住宅建筑式样分**		
独用自来水	200	609	家庭单栋配套楼		
公用自来水			单元式配套住宅	182	553
按卫生设备拥有情况分			一居室	27	77
无卫生设备	2	6	二居室	100	298
有浴室厕所	190	575	三居室	50	161
有厕所无浴室			四居室以上	5	17
公用卫生设备	8	28	普通楼房	11	34
按取暖设备拥有情况分			普通平房及其它	7	22
无取暖设备	181	552			

13-10 农村居民家庭生活基本情况

(2001年)

指标名称	单位	全市	市区	邕宁县	武鸣
调查户数	户	360	100	140	120
#个体工商户	户	17	11		6
乡村干部户	户	37	11	14	12
个体工商和乡村干户	户	13	1	11	1
五保户	户	8	8		
常住人口	人	1567	396	652	519
平均每户人口数	人	4.35	3.96	4.66	4.33
劳动力文化程度					
不识字或识字很少	人	23	7	8	8
小学程度	人	211	63	72	76
初中程度	人	597	145	247	205
高中程度	人	154	31	71	52
中专	人	33	4	19	10
大专及以上	人	7	2	2	3
平均每户就业人口	人/户	2.79	2.4	2.95	2.9
平均每户外出从业人口	人/户	0.25	0.14	0.35	0.23
平均每户的就从面	%	64.24	60.61	63.3	66.97
平均每人年实际收入	元/人	3817	4565	3288	4056
平均每人年实际支出	元/人	3794	4685	2871	4473

13-11 农村居民家庭生活基本情况按收入高低分组

(2001年)

指 标 名 称	单位	总计	更低收入	低收入	中下收入	中等收入	中上收入	高收入	最高收入
全 市									
调查户数	户	360	7	21	59	135	82	35	21
各组比重	%	100.00	1.94	5.83	16.39	37.50	22.78	9.72	5.83
本组最高人均年纯收入	元/人	12315	582	999	1498	2493	3493	4976	12315
本组最低人均年纯收入	元/人	234	234	601	1003	1511	2548	3507	5013
调查户常住人口	人	1567	36	101	286	610	329	138	67
平均每户常住人口	人/户	4.35	5.14	4.81	4.85	4.52	4.01	3.94	3.19
人均耕地面积	亩/人	1.99	1.22	1.53	1.68	1.97	2.04	2.89	2.68
平均每户住房面积	平方米/人	125.68	116.71	143.10	105.39	114.22	131.38	158.57	164.90
平均每人住房面积	平方米/人	28.52	22.69	29.75	21.74	25.28	32.74	40.22	51.69
市 区									
调查户数	户	100		5	16	32	29	11	7
各组比重	%	100		5	16	32	29	11	7
本组最高人均年纯收入	元/人	6570		999	1468	2463	3381	4941	6570
本组最低人均年纯收入	元/人	672		672	1003	1579	2566	3507	5303
调查户常住人口	人	396		23	75	133	106	34	25
平均每户常住人口	人/户	3.96		4.60	4.69	4.16	3.66	3.09	3.57
人均耕地面积	亩	2.29		2.20	2.03	2.53	2.06	3.11	1.66
平均每户住房面积	平方米/户	127.08		178.20	95.69	108.34	109.52	195.45	213.29

13-11 续表

指标名称	单位	总计	更低收入	低收入	中下收入	中等收入	中上收入	高收入	高收入
平均每人住房面积	平方米/户	32.09		38.74	20.41	26.07	29.96	63.24	59.72
邕宁县									
调查户数	户	140	2	7	25	66	23	10	7
各组比重	%	100.00	1.43	5.00	17.86	47.14	16.43	7.14	5.00
本组最高人均年纯收入	元/人	9363	582	991	1497	2472	3268	4990	9363
本组最低人均年纯收入	元/人	234	234	601	1021	1511	2617	3638	5574
调查户常住人口	人	652	11	36	130	312	99	45	19
平均每户常住人口	人/户	4.66	5.50	5.14	5.20	4.73	4.30	4.50	2.71
人均耕地面积	亩/人	2.21	1.53	1.23	1.57	2.06	2.34	4.41	5.42
平均每户住房面积	平方米/户	101.49	140.00	89.29	91.80	102.06	113.35	99.50	95.71
平均每人住房面积	平方米/户	21.79	25.45	17.36	17.65	21.59	26.33	22.11	35.26
武鸣县									
调查户数	户	120	5	9	18	37	30	14	7
各组比重	%	100.00	4.17	7.50	15.00	30.83	25.00	11.67	5.83
本组最高人均年纯收入	元/人	12315	582	943	1498	2486	3493	4976	12315
本组最低人均年纯收入	元/人	234	234	664	1024	1516	2548	3588	5013
调查户常住人口	人	519	25	42	81	165	124	59	23
平均每户常住人口	人/户	4.33	5.00	4.67	4.50	4.46	4.13	4.21	3.29
人均耕地面积	亩/人	1.51	1.08	1.41	1.54	1.34	1.79	1.61	1.51
平均每户住房面积	平方米/户	152.75	107.40	165.44	132.89	141.00	166.33	171.79	185.71
平均每人住房面积	平方米/户	35.32	21.48	35.45	29.53	31.62	40.24	40.76	56.52

13-12 农村居民家庭居住情况

(2001年)

指标名称	单位	全市	市区	邕宁县	武鸣
平均每人住房面积	**平方米/人**	**29**	**32**	**22**	**35**
#砖木(砖瓦)结构房	平方米/人	9	11	8	9
钢筋混凝土结构	平方米/人	15	26	5	22
其他结构	平方米/人	3	1	5	2
平均每户住房面积	**平方米/户**	**126**	**127**	**101**	**153**
#砖木(砖瓦)结构房	平方米/户	39	43	35	40
钢筋混凝土结构	平方米/户	69	104	24	93
其他结构	平方米/户	13	4	22	10
居住条件					
住房有卫生设备的户数	户	227	67	66	94
使用安全饮用水的户数	户	322	92	126	104
燃料使用情况					
# 液化气	户	121	66	24	31
煤炭	户	12	2	7	3
柴草	户	122	14	75	33

13-13 农村居民家庭年末主要耐用消费品拥有量

(2001年，平均每百户)

指标名称	单位	全市	市区	邕宁县	武鸣
洗衣机	台	5.56	16	0.71	2.50
电冰箱	台	7.50	23		3.33
摩托车	辆	40.80	47	24.29	55
彩色电视机	台	56.94	85	40.71	52.50
影碟机	台	26.94	35	17.86	30.83
组合音响	套	13.89	28	4.29	13.33

13-14 农村居民家庭主要食品消费量

(2001年，平均每人全年)　　单位：公斤

指标名称	全市	市区	邕宁县	武鸣
粮食	266.05	188.1	290.51	282.38
蔬菜	131.47	102.47	108.73	180.37
调味品	0.21	0.21	0.35	0.01
食用油	9.69	11.96	8.24	10.22
猪肉	15.77	19.49	11.37	19.35
牛肉	0.24	0.77	0.06	0.15
羊肉	0.03	0.06	0.02	0.01
家禽	12.1	11.85	11.47	13.12
肉禽制品	0.86	1.78	0.81	0.35
蛋类及蛋制品	1.1	1.9	0.75	1.08
奶和奶制品	0.51	2.22	0.01	0.1
鱼类	6.38	8.79	5.77	5.67
食糖	0.96	1.62	0.87	0.67
白酒	4.4	4.46	4.94	3.65
啤酒	1.18	1.99	0.83	1.13
饮料	1.81	5.19	1.23	0.47
糖果	0.26	0.37	0.19	0.29
糕点	0.75	2.02	0.45	0.36

13-15 农村住户主要农产品出售情况

(2001年，平均每人全年)

指 标 名 称	单位	全市	市区	邕宁县	武鸣
粮食：数量	公斤	125.13	67.15	127	159.28
金额	元	147.66	84.18	149.35	185.54
稻谷：数量	公斤	90.21	4.17	114.43	112.02
金额	元	105.58	6.15	134.77	129.15
优质稻谷：数量	公斤	19.16	2.23	20.36	28.24
金额	元	26.20	4.05	29.25	36.1
玉米：数量	公斤	15.59	16.25	9.21	23.76
金额	元	17.42	16.48	10.83	26.88
优质玉米：数量	公斤	6.21	11.08	5.12	4.59
金额	元	6.64	10.22	5.77	5.55
豆类：数量	公斤	9.69	41.51	1.05	1.23
金额	元	13.67	56.27	1.62	2.99
薯类：数量	公斤	4.73	5.23	1.1	9.31
金额	元	4.60	5.28	0.89	9.17
油料：数量	公斤	1.31	0.04	2.59	0.4
金额	元	3.12	0.1	5.76	1.48
糖料：数量	公斤	1845.74	1489.09	2644.53	997.7
金额	元	357.12	291.25	510.78	192.25
烟叶:数量	公斤	0.04			0.13
金额	元	0.14			0.42
蔬菜：数量	公斤	209.57	516.26	190.27	41.98
金额	元	191.34	499.33	161.73	36.76

13-15 续表

指标名称	单位	全市	市区	邕宁县	武鸣
水果：数量	公斤	155.24	550.86	29.83	74.14
金额	元	162.05	512.75	43.65	99.91
#柑桔：数量	公斤	5.46	0.39	11.91	
金额	元	7.12	0.25	15.63	
香蕉：数量	公斤	128.27	539.1	7.35	31.51
金额	元	116.32	501.13	4.85	23.28
木材：数量	立米	0.03	0.01	0.02	0.07
金额	元	4.81	1.14	5.33	6.42
牧业产品					
#肉猪：数量	头	1.39	3.75	0.67	0.88
金额	元	354.58	194.57	388.93	409.59
肉牛：数量	头	0.01		0.02	0.01
金额	元	10.70		16.89	9.15
家禽：数量	只	2.64	5.31	1.97	1.85
金额	元	51.42	96.04	40.91	37.4
猪肉：数量	公斤	0.33	0.99	0.27	
金额	元	2.12	4.74	2.46	
牛肉：数量	公斤	0.03			0.09
金额	元	0.12			0.35
蛋类：数量	公斤	0.06		0.1	0.04
金额	元	0.39		0.63	0.32
蚕茧：数量	公斤	0.74		1.18	0.62
金额	元	11.43		18.92	8.59
水产品：数量	公斤	36.58	166.28	1.91	1.32
金额	元	125.98	565.32	7.66	7.72
#鱼类数量	公斤	26.74	120.24	1.75	1.32
金额	元	124.28	558.6	7.09	7.69

13-16 农村居民家庭生活消费现金支出情况

(2001年，平均每人全年)　　单位：元

指标名称	全市	市区	邕宁县	武鸣
生活消费现金支出金额	**1582.61**	**175.34**	**1050.12**	**2212.66**
食　品	**737.86**	**766.26**	**423.70**	**1142.75**
#粮食	16.91	61.88	3.86	6.07
蔬菜	227.71	31.39	9.19	645.65
豆制品	6.76	11.55	5.10	5.96
油脂类	17.31	27.38	15.36	13.59
食糖	3.49	4.95	3.54	2.51
肉、禽及其制品	209.78	326.69	141.38	228.04
蛋类	3.85	8.57	2.19	3.10
水产品	25.51	44.68	20.42	20.27
调味品	11.73	15.30	11.90	9.25
烟草类	20.98	41.69	17.60	12.46
酒类	14.74	26.78	11.97	10.88
饮料类	1.98	4.13	1.65	1.08
干鲜果品	16.08	34.50	10.53	11.93
糖果糕点	5.52	9.22	4.59	4.45
奶和奶制品	1.87	7.66	0.14	0.55
罐头类	0.04	0.12	0.01	0.03
其他食品	7.02	11.13	2.07	11.07
在外饮食	118.53	78.06	123.99	136.79
食品加工费	11.13	5.64	12.22	13.14
衣　着	**48.44**	**68.15**	**38.72**	**49.08**
#服装	28.34	43.89	22.49	26.39
衣着材料	1.24	1.44	0.47	2.15
鞋、帽、袜类	14.29	19.10	13.51	12.30
衣着加工费	0.14	0.17	0.02	0.29
居　住	**184.69**	**201.58**	**121.55**	**259.01**
#住房	117.67	72.94	80.36	196.13
水电费	27.19	47.82	21.02	22.45
燃料费	36.03	79.94	19.81	30.13
家庭设备、用品及服务	**70.94**	**109.16**	**55.18**	**68.02**
#耐用消费品	17.17	45.16	6.18	14.27
床上用品	4.67	4.00	5.17	4.42
家庭日用杂品	44.77	51.81	41.92	44.19
设备用品加工修理费	3.80	7.96	1.27	4.58
医疗保健	**77.20**	**81.32**	**69.30**	**85.24**
#医疗卫生保健用品	31.72	21.53	37.61	30.25
医疗保健服务费	33.61	36.01	27.06	40.92
交通和邮电通讯	**108.48**	**86.20**	**59.21**	**188.86**
#交通	91.72	64.76	50.89	163.71
邮电通讯	16.76	21.44	8.32	25.15
文化教育、娱乐用品及服务	**272.27**	**257.10**	**245.23**	**318.21**
#文化教育、娱乐用品	25.73	16.48	29.36	26.70
文化教育	246.54	240.62	215.87	291.51
其他商品和服务	**81.80**	**145.58**	**37.23**	**101.49**

13-17 农村居民家庭收支情况

(2001年，平均每人全年)　　单位：元

指 标 名 称	全 市	市 区	邕宁县	武 鸣
总收入	**3816**	**4565**	**3288**	**4056**
工资性收入	335	512	139	489
在非企业组织中得到收入	82	142	44	95
在本地企业中得到收入	11	30	9	2
常住人口外出从业得到收入	136	212	12	253
其他	106	127	73	138
家庭经营收入	3234	3496	2974	3418
农业收入	1860	2049	2022	1525
#种植业收入	1783	2048	1853	1523
林业收入	35	2	20	75
牧业收入	863	641	851	1021
渔业收入	184	677	29	80
工业收入	15	3	2	39
建筑业收入	21	16		52
交通、运输和邮电业收入	114	20	7	318
批发零售贸易、餐饮业收入	88	28		244
社会服务业收入	18	34	2	28
文教卫生业收入				1
其他家庭经营收入	36	28	40	35
财产性收入	99	375	5	53
转移性收入	148	182	170	96
总支出	**3794**	**4685**	**2871**	**4473**

指标名称	全市	市区	邕宁县	武鸣
家庭经营费用支出	**1299**	**1689**	**1025**	**1422**
农业生产	527	602	528	479
#种植业	527	601	528	479
林业生产	13	27	1	21
牧业生产	530	460	490	628
渔业生产	122	553	1	12
工业生产	3		1	9
建筑业生产	3	5		6
交通、运输和邮电业	60	21	2	164
批发和零售贸易、餐饮业	27			79
社会服务业	3	10		2
文教卫生业	1	3		
其他家庭经营支出	10	7	2	21
购置生产性固定资产支出	60	52	31	102
生产性固定资产折旧	128	312	47	122
税费支出	37	38	34	42
#缴纳生产税	18	13	12	28
缴纳其他直接税	1		1	1
村提留	4	15	1	
乡统筹	3	3	4	2
其他各项收费	12	6	16	11
生活消费支出	2332	2819	1732	2831
财产性支出	9	5	6	16
转移性支出	57	82	43	61
农民人均纯收入	**2321**	**2473**	**2160**	**2441**
#第一产业	1554	1415	1851	1437
第二产业	44	5	5	92
第三产业	723	1053	304	912

13-18 农村居民家庭收支构成情况

(2001年，平均每人全年)　　单位：元

指　标　名　称	总平均	更低收入	低收入	中下收入	中等收入	中上收入	高收入	最高收入
全　　市								
全年总收入	3816.84	1642.53	2033.24	2730.98	3126.51	4895.16	6228.12	9459.78
工资性收入	335.36	58.89	147.95	111.58	247.86	478.00	945.81	875.69
#在本地劳动得到收入	93.47	19.37	27.08	24.65	73.59	50.87	325.12	276.55
外出从业得到收入	135.74		13.82	42.63	79.21	249.08	442.46	279.10
家庭经营收入	3234.23	1566.72	1793.47	2517.21	2694.48	4134.77	4813.46	7048.40
#第一产业收入	2942.21	1437.47	1743.97	2383.05	2565.09	3663.92	4263.99	5558.64
第二产业收入	35.86		0.03	11.31	20.17	42.21	10.80	382.84
第三产业收入	256.16	129.25	49.47	122.85	109.23	428.64	538.67	1106.93
财产性收入	99.47	1.22	11.64	2.35	35.33	122.01	234.25	1240.96
转移性收入	147.79	15.69	80.18	99.84	148.83	160.38	234.60	294.73
全年总支出	3793.85	2536.56	2244.28	2935.55	2863.33	4153.34	7307.13	11483.51
家庭经营费用支出	1298.90	1201.47	993.19	1273.34	1009.56	1681.65	1670.30	2497.30
#第一产业支出	1192.10	1169.86	969.81	1157.46	974.05	1484.72	1475.59	2229.12
第二产业支出	6.47			4.61	5.24	13.03	10.65	0.07
第三产业支出	100.33	31.61	23.38	111.27	30.27	183.90	184.06	268.10
购置生产性固定资产支出	59.51	23.28	32.05	111.37	40.79	44.47	95.25	81.91
生产性固定资产折旧	128.13	147.89	158.65	74.23	77.18	166.71	311.02	442.27
税费支出	37.25	22.39	16.51	40.97	34.78	50.54	35.71	24.12

13-18　续表1　　　　单位：元

指　标　名　称	总平均	更低收入	低收入	中下收入	中等收入	中上收入	高收入	最高收入
生活消费支出	2163.00	1049.00	920.00	1228.00	1496.00	1991.00	4134.00	2840.00
#食品消费支出	1211.00	696.00	589.00	648.00	800.00	976.00	2927.00	1213.00
衣着消费	53.39	28.44	31.42	44.20	42.74	67.02	90.43	140.30
居住消费	280.94	112.06	74.28	230.34	198.28	398.44	423.99	708.76
庭设备、用品及服务	78.35	38.78	43.46	85.09	65.35	89.81	81.83	261.31
医疗保健	77.20	104.17	41.60	46.15	83.41	92.41	93.86	93.01
交通通讯消费	108.49	35.67	56.14	67.91	79.29	133.71	267.98	224.48
文教娱乐用品及服务	272.27	95.42	155.52	167.38	283.70	255.74	505.22	491.45
其他商品和服务消费	81.80	50.42	53.37	63.28	58.36	110.80	134.92	277.96
财产性支出	9.24	2.33	0.30	2.26	6.67	16.98	18.86	19.40
转移性支出	57.38	11.50	27.29	32.56	43.06	70.15	128.01	189.63
全年人均纯收入	2321.07	255.36	819.22	1290.26	1979.41	2976.82	4175.51	6432.25
全年货币总收入	2737.16	958.31	1412.36	1997.23	2208.38	3608.40	4811.64	6528.63
#家庭经营收入	2164.76	884.17	1182.40	1790.11	1783.00	2861.14	3427.46	4146.91
全年货币总支出	3043.70	1874.64	1694.54	2356.29	2197.72	3320.95	6282.97	10310.31
#家庭经营费用支出	1153.87	999.67	879.11	1156.30	896.15	1523.84	1474.17	2229.58
家庭生活消费支出	1749.54	837.58	752.54	1036.30	1194.99	1649.91	4561.71	7785.93
市　　区								
总收入	4565.25		2574.39	3716.48	3162.00	5263.92	7016.59	10112.20
工资性收入	511.64		272.78	107.93	396.24	682.24	1085.44	1052.72
#在本地得到收入	172.46		35.43	22.13	186.03	157.21	269.85	609.52
外出从业得到收入	212.14		29.22	66.67	123.94	345.66	682.65	80.00
家庭经营收入	3496.30		2228.00	3426.32	2499.17	4159.15	4848.44	5528.36

13-18 续表2

单位：元

指标名称	总平均	更低收入	低收入	中下收入	中等收入	中上收入	高收入	最高收入
#第一产业收入	3368.05		2183.00	3366.25	2479.35	3927.64	4480.82	5305.52
第二产业收入	18.80			14.64	6.17	14.39	40.29	105.20
第三产业收入	109.45		45.00	45.43	13.65	217.12	327.32	117.64
财产性收入	375.09		2.61		129.92	272.42	780.29	3031.60
转移性收入	182.22		71.00	182.23	136.67	150.12	302.41	499.52
总支出	4684.74		2554.52	3875.28	2869.43	4133.57	5043.56	20579.36
家庭经营费用支出	1688.62		1319.83	2175.52	981.94	1916.27	1928.94	3034.64
#第一产业支出	1641.77		1296.83	2118.68	960.94	1862.78	1834.03	2951.84
第二产业支出	4.97			7.29	10.35	0.43		
第三产业支出	41.88		23.00	49.55	10.65	53.06	94.91	82.80
购置生产性固定资产支出	52.33		0.96	119.68	31.36	21.92	153.79	
生产性固定资产折旧	311.65		338.13	114.52	122.33	303.62	949.26	1052.76
税费支出	37.87		11.61	48.99	39.16	46.57	15.94	14.72
生活消费支出	2028.00		68.00	282.00	588.00	555.00	237.00	297.00
#食品消费支出	1010.74		35.00	137.00	289.00	282.00	127.00	140.00
衣着消费支出	89.94		41.26	82.19	72.68	87.55	148.74	180.04
居住消费支出	213.64		70.00	138.73	274.08	172.82	138.85	523.76
庭设备、用品及服务支出	144.06		30.17	192.41	98.97	121.87	84.56	518.68
医疗保健支出	81.32		39.48	27.44	104.92	80.60	83.56	155.88
交通通讯消费支出	86.20		51.09	59.59	53.80	108.40	151.12	188.36

单位：元

指 标 名 称	总平均	更低收入	低收入	中下收入	中等收入	中上收入	高收入	最高收入
文教娱乐用品及服务支出	257.10		238.96	154.56	200.44	242.10	543.24	557.36
其他商品和服务消费支出	145.58		107.57	111.95	86.38	205.29	128.50	366.44
财产性支出	5.04		1.30		1.98	5.30	2.41	42.40
转移性支出	81.51		44.57	40.84	62.17	69.08	185.53	251.64
全年人均纯收入	2473.23		855.26	1223.76	1993.71	2974.22	4086.62	5942.92
全年货币总收入	3683.16		1997.48	3308.92	2544.24	4149.42	5631.53	7789.00
#家庭经营收入	2642.55		1669.09	3031.84	1899.24	3074.16	3536.53	3278.76
全年货币总支出	4333.58		2298.83	3572.27	2512.33	3755.29	4549.97	20336.16
#家庭经营费用支出	1682.70		1318.09	2149.12	979.53	1916.23	1928.94	3034.64
家庭生活消费支出	2506.13		940.35	1257.48	1429.23	1733.80	2280.47	17003.20
邕宁县								
总收入	3287.93	2039.55	1654.50	2140.04	2984.87	4414.63	5325.53	9239.47
工资性收入	138.61	105.64	126.83	90.33	134.13	117.23	252.09	426.53
#在本地得到收入	53.28	54.55		114.27	43.76	12.63	223.33	108.05
外出从业得到收入	12.45				13.04	34.34	14.44	
家庭经营收入	2974.32	1920.36	1491.42	1965.57	2670.77	4025.48	4792.93	8496.32
#第一产业收入	2922.23	1872.81	1458.86	1934.88	2605.73	3957.12	4770.67	8485.06
第二产业收入	2.51			2.15	4.34			
第三产业收入	49.58	47.55	32.56	28.54	60.70	68.36	22.27	11.26
财产性收入	4.77	4.00	0.28	1.78	8.59			7.58
转移性收入	170.23	9.55	35.97	82.36	171.37	271.91	280.51	309.05
总支出	2870.87	3238.18	1891.03	2175.11	2677.43	3815.83	3484.87	6073.95
家庭经营费用支出	1024.64	1796.82	792.00	760.65	920.45	1370.46	1076.47	2611.00
#第一产业支出	1019.04	1796.82	791.47	755.20	912.72	1368.19	1073.58	2607.58
第二产业支出	1.17				2.08	1.11		
第三产业支出	4.44		0.53	5.45	5.65	1.16	2.89	3.42
购置生产性固定资产支出	31.15		33.33		44.84	6.16	100.00	0.53
生产性固定资产折旧	46.78	241.91	29.83	26.69	40.19	70.66	62.31	50.32

13-18 续表4 单位：元

指 标 名 称	总平均	更低收入	低收入	中下收入	中等收入	中上收入	高收入	最高收入
税费支出	33.57	18.82	2.97	33.38	27.09	62.25	46.09	28.74
生活消费支出	1731.57	1422.55	1053.67	1349.84	1639.87	2330.99	2081.73	3359.95
#食品消费支出	941.55	1000.18	730.39	808.95	910.86	1098.49	1181.09	1333.84
衣着消费支出	38.72	23.82	40.14	28.98	35.49	51.43	51.82	66.95
居住消费支出	285.15	200.64	71.81	174.82	188.17	671.96	92.49	1526.63
庭设备、用品及服务支出	55.18	30.45	50.11	45.28	52.03	71.08	62.87	97.63
意医疗保健支出	69.30	25.45	33.03	48.67	56.87	122.39	140.60	63.21
交通通讯消费支出	59.21	80.64	26.22	34.79	62.10	77.67	74.09	97.47
文教娱乐用品及服务支出	245.23	33.27	73.86	177.59	298.79	206.51	413.73	78.68
其他商品和服务消费支出	37.23	28.09	28.11	30.75	35.57	31.45	65.04	95.53
财产性支出	6.47			4.75	10.71		5.84	
转移性支出	43.47		9.06	26.50	34.47	45.96	174.73	73.74
全年人均纯收入	2159.98	-27.55	819.22	1306.51	1969.96	2898.05	4110.60	6460.84
全年货币总收入	2080.33	1331.55	1047.00	1340.22	1923.70	2757.27	3837.64	4418.58
#家庭经营收入	1770.66	1212.36	897.17	1168.37	1612.95	2370.10	3315.44	3677.53
全年货币总支出	2046.59	2301.45	1383.72	1537.98	1948.40	2654.24	2818.69	3252.63
#家庭经营费用支出	892.24	1469.91	741.36	667.88	813.71	1185.86	997.24	1889.89
家庭生活消费支出	1050.12	817.91	597.00	809.48	1027.60	1363.57	1532.04	1284.79
武鸣县								
全年总收入	4055.77	1467.84	2061.52	2766.90	3365.73	4963.58	6462.17	8932.61
工资性收入	488.72	38.32	97.69	149.07	343.32	591.44	1394.46	1054.30
#在本地得到收入	96.92	7.20	33.52	15.40	42.73	35.16	496.95	292.96
外出从业得到收入	253.35		17.24	88.80	168.28	337.95	630.51	726.09
家庭经营收入	3418.40	1411.12	1814.40	2560.78	2896.75	4201.19	4808.97	7504.52
#第一产业收入	2700.18	1245.92	1747.92	2191.95	2557.34	3204.40	3752.59	3416.30
第二产业收入	91.50		0.07	22.93	61.38	99.69	2.03	1000.87
第三产业收入	626.72	165.20	66.41	345.90	278.04	897.09	1054.34	3087.35

单位：元

指 标 名 称	总平均	更低收入	低收入	中下收入	中等收入	中上收入	高收入	最高收入
财产性收入	52.81		26.33	5.43	9.64	90.85	98.24	313.48
转移性收入	95.84	18.40	123.10	51.62	116.02	80.10	160.51	60.30
全年总支出	4472.92	2227.84	2377.17	3285.89	3209.94	4439.70	11526.85	6065.48
家庭经营费用支出	1421.76	939.52	986.76	1260.83	1200.32	1729.54	1974.17	1819.30
#第一产业支出	1140.99	894.00	943.60	913.28	1101.19	1254.57	1575.64	1130.91
第二产业支出	14.54			9.30	7.08	33.32	24.92	0.22
第三产业支出	266.23	45.52	43.16	338.25	92.05	441.65	373.61	688.17
购置生产性固定资产支出	102.20	33.52	47.98	282.41	40.74	94.35	57.88	238.17
生产性固定资产折旧	121.67	106.52	170.79	113.23	110.75	126.35	132.92	102.48
税费支出	41.81	23.96	30.81	45.73	45.81	44.59	39.19	30.52
生活消费支出	2830.69	1210.92	1278.17	1661.93	1876.36	2440.34	9358.12	3749.09
#食品消费支出	1701.05	727.24	776.02	753.09	974.56	1249.40	7043.61	1729.17
衣着消费支出	50.04	30.48	18.55	33.44	32.29	61.90	86.29	157.70
居住消费支出	317.78	73.08	78.74	404.27	156.30	372.94	841.15	234.22
庭设备、用品及服务支出	68.02	42.44	45.02	49.60	63.43	77.37	94.71	116.78
医疗保健支出	85.24	138.80	50.12	59.44	116.28	78.56	64.14	49.30
交通通讯消费支出	188.86	15.88	84.55	128.78	132.35	200.10	483.20	368.65
文教娱乐用品及服务支出	318.21	122.76	179.83	162.88	322.28	306.69	553.10	760.78
其他商品和服务消费支出	101.49	60.24	45.33	70.42	78.86	93.36	191.92	332.48
财产性支出	15.61	3.36		0.37	2.83	40.51	38.27	10.43
转移性支出	60.85	16.56	33.45	34.63	43.88	90.38	59.22	217.96
全年人均纯收入	2441.69	379.84	799.48	1325.75	1985.75	3041.94	4276.24	6940.52
全年货币总收入	3023.40	794.08	1405.10	1837.17	2475.96	3825.43	5082.05	6901.74
#家庭经营收入	2393.22	739.76	1160.36	1638.21	2010.86	3071.07	3450.03	5478.30
全年货币总支出	3570.53	1686.84	1630.05	2543.74	2415.57	3481.95	9923.90	5242.91
#家庭经营费用支出	1171.88	792.76	756.79	1020.93	984.82	1458.27	1575.86	1635.13
家庭生活消费支出	2212.66	846.24	783.02	1195.53	1322.68	1806.81	8187.08	3137.65

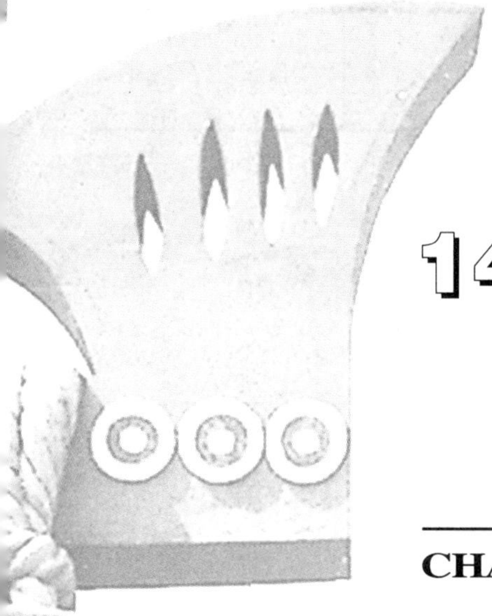

14 乡镇经济

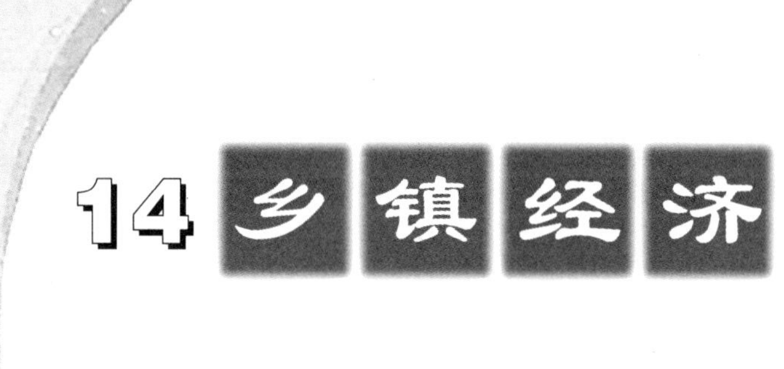

CHAPTER 14 VILLAGES AND TOWNS ECONOMY

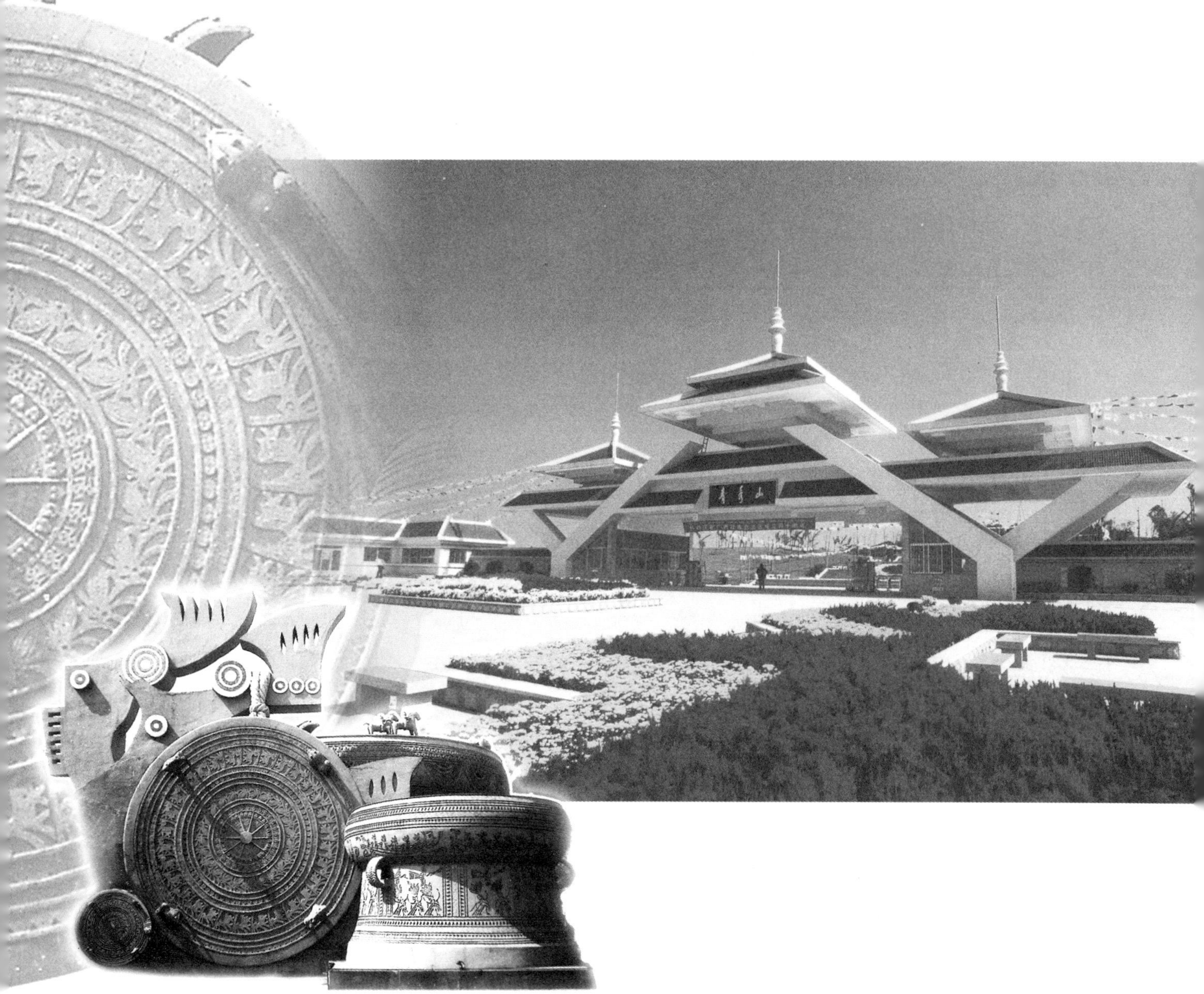

14-1 邕宁县各乡镇主要统计指标

(2001年)

指标名称	单位	蒲庙镇	良庆镇	那马镇	新江镇	百济乡	那楼镇	昆仑镇
乡（镇）村户数	户	18465	10965	5766	6558	8948	14230	7027
乡（镇）村总人口	人	83047	45935	23081	29400	41307	65453	25865
乡（镇）村从业人员	人	43474	27533	13812	16075	25266	32161	13516
年末耕地面积	公顷	6410	2700	2348	2526	3314	4236	1921
农业机械总动力	千瓦	25315	16264	14018	5600	18419	20145	5829
化肥施用量(按实物量计)	吨	10701	4697	36700	6146	18448	9580	850
农村用电量	万千瓦小时	615	238	500	219	126	383	210
农作物总播种面积	公顷	10911	6729	5886	6242	10114	10338	4211
粮食总产量	吨	18655	8988	8999	8084	22143	26582	9060
油料总产量	吨	2239	808	634	564	522	1028	347
甘蔗总产量	吨	47775	15535	53940	94955	189470	63706	7134
水果总产量	吨	454	6196	33931	579	778	3557	204
蔬菜总产量	吨	34693	50545	24525	14914	5647	19906	4669
当年出栏肉猪头数	头	36900	27498	14862	11381	11380	28404	10988
肉类总产量	吨	4799	4050	2567	1113	2202	4200	975
年末大牲畜存栏	头	13600	5331	3591	7812	3089	11778	3052
年末生猪存栏	头	22800	9732	8731	12704	11392	32320	7402
水产品总产量	吨	1915	305	1109	134	400	1016	67
农村社会总产值	万元	75665	31496	25313	15676	23040	28831	5480
农林牧渔业总产值(现价)	万元	17414	14119	13309	7494	11933	17113	4665
非农行业总产值	万元	58251	17377	12004	8182	11107	11718	815
农林牧渔业总产值(1990年不变价)	万元	8529	6653	10385	3820	7682	9554	2256
农村经济总收入	万元	64115	30780	23603	16579	19200	28931	12880
农民人均纯收入	元	2005	1999	2004	1938	1998	2080	1496
农村集贸市场数	个	3	1	3	1	2	3	1
农村集贸市场成交额	万元	3000	1843	460	500	650	22683	125
地方财政收入	万元	1756	615	340	296	441	455	110
地方财政支出	万元	1019	530	427	358	468	627	377
村委会数	个	19	10	8	9	14	16	9
通电话的村	个	19	10	8	9	14	16	9
通电的村	个	19	10	8	9	14	16	9

14-1 续表1

指标名称	单位	吴圩镇	苏圩镇	延安镇	那陈镇	大塘镇	南晓镇	南阳镇
乡(镇)村户数	户	15720	13290	6066	8201	11235	9222	7320
乡(镇)村总人口	人	62578	57489	25343	31783	43846	40207	30019
乡(镇)村从业人员	人	26823	33219	11398	17072	24575	21329	18227
年末耕地面积	公顷	4940	7191	3397	4148	4843	3790	2388
农业机械总动力	千瓦	40811	43312	15427	39211	31483	21202	15856
化肥施用量(按实物量计)	吨	22697	25822	15387	7037	12553	10644	2951
农村用电量	万千瓦小时	662	582	135	133	119	92	325
农作物总播种面积	公顷	15397	17960	8946	4969	8274	4635	4494
粮食总产量	吨	12586	19199	6645	8403	10034	12678	15430
油料总产量	吨	944	1479	164	237	418	287	1025
甘蔗总产量	吨	134350	274285	126006	151030	140102	58504	45695
水果总产量	吨	2599	707	6079	6476	5153	4011	1101
蔬菜总产量	吨	68649	74802	18687	13901	9510	17400	7224
当年出栏肉猪头数	头	19379	16343	7414	7183	14842	24958	47167
肉类总产量	吨	3052	3484	1141	1018	3556	12100	4710
年末大牲畜存栏	头	6696	13227	5063	7106	3230	5108	4884
年末生猪存栏	头	9566	21316	3895	5723	9433	21818	31973
水产品总产量	吨	1430	3196	628	711	459	246	211
农村社会总产值	万元	25223	43502	16609	11301	31691	48247	18645
农林牧渔业总产值(现价)	万元	24923	23554	11169	9978	12123	24682	9380
非农行业总产值	万元	300	19948	5440	1323	19568	23565	9265
农林牧渔业总产值(1990年不变价)	万元	11160	11219	6397	6387	6803	19810	4878
农村经济总收入	万元	72050	43502	17946	21208	32048	30290	22751
农民人均纯收入	元	2215	2227	2230	2599	2003	2106	2023
农村集贸市场数	个	7	3	2	1	5	3	3
农村集贸市场成交额	万元	18000	24670	3258	4300	12993	2100	7150
地方财政收入	万元	755	946	512	428	670	320	258
地方财政支出	万元	708	676	358	462	766	463	400
村委会数	个	11	16	6	16	14	14	7
通电话的村	个	11	16	6	16	14	14	7
通电的村	个	11	16	6	16	14	14	7

14-1 续表2

指标名称	单位	中和乡	伶俐镇	长塘镇	镇龙乡	刘圩镇	五塘镇	四塘镇
乡村户数	户	7373	7673	8309	4570	11409	12740	5359
乡村总人口	人	31527	31743	36528	21268	50362	56370	22446
乡村从业人员	人	14878	18172	20321	11922	24234	31655	14111
年末耕地面积	公顷	2374	2580	3278	1520	4118	4784	2575
农业机械总动力	千瓦	12944	13373	16082	9432	14866	75446	14616
化肥施用量(按实物量计)	吨	5245	6620	5558	4942	115000	8589	4106
农村用电量	万千瓦小时	315	301	448	72	246	399	206
农作物总播种面积	公顷	8373	5465	7590	2946	7583	11425	8620
粮食总产量	吨	16117	10124	11381	9585	19780	20495	4266
油料总产量	吨	413	163	579	213	1585	180	502
甘蔗总产量	吨	52219	63439	45390	55729	128128	26034	42068
水果总产量	吨	223	931	1728	163	2038	2897	1073
蔬菜总产量	吨	2407	6035	16854	7073	14632	66412	13538
当年出栏肉猪头数	头	31372	19305	18896	14320	52566	18691	11710
肉类总产量	吨	2546	1495	1927	2350	4336	2160	1166
年末大牲畜存栏	头	3573	4233	7853	3308	19484	7122	4730
年末生猪存栏	头	14103	11795	19811	13176	18210	36230	16000
水产品总产量	吨	313	425	383	167	549	719	456
农村社会总产值	万元	8181	15169	18798	13418	15730	18075	7886
农林牧渔业总产值(现价)	万元	8061	6639	9686	6797	13930	16935	7070
非农行业总产值	万元	120	8530	9112	6621	1800	1140	816
农林牧渔业总产值(1990年不变价)	万元	4151	3588	4686	3543	7646	7210	3497
农村经济总收入	万元	14182	20450	15241	15073	23450	18480	50750
农民人均纯收入	元	1730	1746	1826	1686	1920	2080	2022
农村集贸市场数	个	2	1	1	1	1	4	4
农村集贸市场成交额	万元	6200	8750	3450	410	1900	8200	2610
地方财政收入	万元	230	610	430	93	547	651	430
地方财政支出	万元	140	445	515	297	650	853	446
村委会数	个	8	8	10	6	14	14	6
通电话的村	个	8	8	10	6	14	14	6
通电的村	个	8	8	10	6	14	14	6

14-2 武鸣县各乡镇主要统计指标

(2001年)

指标名称	单位	城东镇	太平镇	上江乡	双桥镇
乡（镇）村户数	户	10898	8414	1875	14226
乡（镇）村总人口	人	39192	30814	7040	52783
乡（镇）村从业人员	人	21911	18002	4090	29801
年末耕地面积	公顷	4409	4580	399	4636
农业机械总动力	千瓦	54162	34549	4047	57288
化肥施用量(按实物量计)	吨	14751	12516	950	12236
农村用电量	万千瓦时	185	320	45	445
农作物总播种面积	公顷	10382	8456	828	9472
粮食总产量	吨	27925	21846	2695	31566
油料总产量	吨	2323	1349	20	1186
甘蔗总产量	吨	55657	24385		18113
水果总产量	吨	8810	16191	113	23360
蔬菜总产量	吨	37500	17275	2550	63825
当年出栏肉猪头数	头	56000	52809	6150	68152
肉类总产量	吨	5122	4300	543	6314
年末大牲畜存栏	头	9183	8998	2465	8783
年末生猪存栏	头	59000	32191	4450	75026
水产品总产量	吨	1650	821	115	2362
农村社会总产值	万元	69815	62502	5148	111186
农林牧渔业总产值(现价)	万元	21924	17675	2717	27617
非农行业总产值	万元	47891	44827	2431	83569
农林牧渔业总产值(1990年不变价)	万元	11382	10207	1615	16153
农村经济总收入	万元	67304	62207	4356	115835
农民人均纯收入	元	2964	2934	2631	3329
农村集贸市场数	个	7	2	1	4
农村集贸市场成交额	万元	1800	1100	85	9120
地方财政收入	万元	775	258	97	634
地方财政支出	万元	449	251	120	532
村委会个数	个	17	9	4	16
通电话的村委数	个	17	9	2	16
通电的村委数	个	17	9	4	16

14-2 续表1

指 标 名 称	单位	灵马镇	仙湖镇	府城镇	陆斡镇
乡（镇）村户数	户	9275	9380	14093	15949
乡（镇）村总人口	人	43202	39109	56586	59849
乡（镇）村从业人员	人	25311	21752	29957	35251
年末耕地面积	公顷	2017	4277	5334	5708
农业机械总动力	千瓦	22926	19401	21210	50262
化肥施用量(按实物量计)	吨	4307	14993	17672	16192
农村用电量	万千瓦时	178	205	222	732
农作物总播种面积	公顷	6190	9236	11697	16356
粮食总产量	吨	15264	21304	28105	37568
油料总产量	吨	544	1377	1626	2062
甘蔗总产量	吨	24345	175380	209256	134125
水果总产量	吨	5084	6381	5397	16683
蔬菜总产量	吨	29349	16357	22827	44136
当年出栏肉猪头数	头	44815	55522	90805	103120
肉类总产量	吨	3609	4553	7338	8452
年末大牲畜存栏	头	8571	7808	12868	14762
年末生猪存栏	头	18395	46118	70944	68800
水产品总产量	吨	842	2410	2583	2381
农村社会总产值	万元	26267	36249	39595	87441
农林牧渔业总产值(现价)	万元	13114	18358	27860	29109
非农行业总产值	万元	13153	17891	11735	58332
农林牧渔业总产值(1990年不变价)	万元	6702	10832	15147	16017
农村经济总收入	万元	29314	39907	52829	87555
农民人均纯收入	元	2701	2858	3093	2940
农村集贸市场数	个	2	2	3	4
农村集贸市场成交额	万元	3800	4000	7935	15200
地方财政收入	万元	143	438	730	456
地方财政支出	万元	192	262	699	437
村委会个数	个	14	11	24	24
通电话的村委数	个	13	10	24	24
通电的村委数	个	14	11	24	24

14-2 续表2

指标名称	单位	甘圩镇	宁武镇	锣圩镇	玉泉乡
乡（镇）村户数	户	5479	9694	13049	3692
乡（镇）村总人口	人	22333	37401	47275	15436
乡（镇）村从业人员	人	13417	22795	24430	10702
年末耕地面积	公顷	1889	5222	5458	1579
农业机械总动力	千瓦	32566	38470	38483	9400
化肥施用量(按实物量计)	吨	3623	17126	19930	1924
农村用电量	万千瓦时	102	226	430	25
农作物总播种面积	公顷	4318	14438	14999	3940
粮食总产量	吨	8651	20169	27228	5976
油料总产量	吨	845	2971	1793	132
甘蔗总产量	吨	61000	144361	199478	48934
水果总产量	吨	9058	25375	33321	2511
蔬菜总产量	吨	16880	35000	56286	8417
当年出栏肉猪头数	头	26720	36658	67200	17037
肉类总产量	吨	2331	3396	6112	1823
年末大牲畜存栏	头	5870	9503	12174	6281
年末生猪存栏	头	16530	33754	32817	6814
水产品总产量	吨	620	2400	2522	211
农村社会总产值	万元	27244	64165	92514	11746
农林牧渔业总产值(现价)	万元	9359	26135	30959	7003
非农行业总产值	万元	17885	38030	61555	4743
农林牧渔业总产值(1990年不变价)	万元	6194	17029	18003	3743
农村经济总收入	万元	27802	64181	91951	10982
农民人均纯收入	元	3028	3136	3330	2823
农村集贸市场数	个	1	4	4	2
农村集贸市场成交额	万元	3243	3168	5342	210
地方财政收入	万元	260	385	511	154
地方财政支出	万元	201	346	253	155
村委会个数	个	5	14	19	7
通电话的村委数	个	5	13	19	6
通电的村委数	个	5	14	19	7

14-2 续表3

指 标 名 称	单位	两江镇	罗波镇	马头镇	城厢镇
乡（镇）村户数	户	10489	9466	5841	2788
乡（镇）村总人口	人	41985	36346	24770	10666
乡（镇）村从业人员	人	24944	20065	14399	7291
年末耕地面积	公顷	3145	2560	1767	806
农业机械总动力	千瓦	17701	26398	13680	9566
化肥施用量(按实物量计)	吨	10089	6560	3653	2460
农村用电量	万千瓦时	565	165	165	113
农作物总播种面积	公顷	8442	6374	5007	2397
粮食总产量	吨	20602	15371	11754	6603
油料总产量	吨	812	909	571	535
甘蔗总产量	吨	76307	18340	1928	3385
水果总产量	吨	14000	5873	1135	3703
蔬菜总产量	吨	19700	17000	21210	17212
当年出栏肉猪头数	头	48600	48700	53985	43451
肉类总产量	吨	3770	4090	4283	3450
年末大牲畜存栏	头	8400	10020	6343	2984
年末生猪存栏	头	39500	44500	30670	33586
水产品总产量	吨	1020	930	834	2250
农村社会总产值	万元	47354	34165	22097	90582
农林牧渔业总产值(现价)	万元	14022	12020	12110	9601
非农行业总产值	万元	33332	22145	9987	80981
农林牧渔业总产值(1990年不变价)	万元	8613	6254	6090	5630
农村经济总收入	万元	60834	41439	20658	49941
农民人均纯收入	元	2995	2804	2646	3507
农村集贸市场数	个	2	2	2	6
农村集贸市场成交额	万元	1957	9993	11253	5
地方财政收入	万元	341	192	160	1570
地方财政支出	万元	220	192	158	616
村委会个数	个	15	16	13	4
通电话的村委数	个	15	16	13	4
通电的村委数	个	15	16	13	4

14-3　市区各乡镇主要统计指标

（2001年）

指标名称	单位	安吉镇	三塘镇	津头乡	那龙镇	双定镇	金陵镇
乡（镇）村户数	户	6410	2712	6744	7525	6709	7438
乡（镇）村总人口	人	22012	9726	17576	28527	27138	24234
乡（镇）村从业人员	人	13817	5064	9803	14720	15769	13765
年末耕地面积	公顷	698	1209	94	2260	4218	1623
农业机械总动力	千瓦	9354	9940	4400	41550	20508	30631
化肥施用量(按实物量计)	吨	1686	3719	69	9060	17405	5476
农村用电量	万千瓦小时	859	860	1574	173	92	95
农作物总播种面积	公顷	2821	2234	460	4676	7752	3282
粮食总产量	吨	1856	3488	170	8943	7239	4971
油料总产量	吨	70	190	13	355	624	644
甘蔗总产量	吨	1373	20627	60	27550	119763	9000
水果总产量	吨	666	690	120	24469	23651	30861
蔬菜总产量	吨	38239	8470	6420	2693	2644	7599
当年出栏肉猪头数	头	25078	5020	6929	13175	8113	13054
肉类总产量	吨	5943	1100	1260	1374	988	1730
年末大牲畜存栏	头	767	1284	50	756	5447	1483
年末生猪存栏	头	9401	3042	1875	12800	7320	5557
水产品总产量	吨	2291	1114	1404	420	232	370
农村社会总产值	万元	44627	13635	52707	10574	17966	16122
农林牧渔业总产值(现价)	万元	9406	3335	2619	5850	9934	8379
非农行业总产值	万元	35221	10300	50088	4724	8032	7743
农林牧渔业总产值(1990年不变价)	万元	5816	2290	1489	7311	9147	9233
农村经济总收入	万元	35009	22360	85699	21700	26964	11532
农民人均纯收入	元	2835	2350	3737	1716	2655	2223
农村集贸市场数	个	3	1	12	3	3	2
农村集贸市场成交额	万元	5800	38	12552	5600	950	12000
地方财政收入	万元	682	380	950	327	520	410
地方财政支出	万元	358	256	438	275	300	421
村委会数	个	9	7	10	8	6	5
通电话的村	个	9	7	10	8	6	5
通电的村	个	9	7	10	8	6	5

14-3续表

指标名称	单位	心圩镇	沙井镇	那洪镇	坛洛镇	富庶乡	江西镇	石埠镇
乡（镇）村户数	户	5740	8975	2919	13459	4386	13859	4991
乡（镇）村总人口	人	20631	30739	10685	52133	17175	56278	18609
乡（镇）村从业人员	人	11793	17684	6449	28376	9977	35045	8650
年末耕地面积	公顷	859	1388	869	6391	3164	6474	1023
农业机械总动力	千瓦	5176	17179	7381	49604	14638	23876	13107
化肥施用量(按实物量计)	吨	2116	3060	323	19960	7617	13447	1100
农村用电量	万千瓦小时	485	1103	41	443	296	424	406
农作物总播种面积	公顷	2950	4237	2043	9689	6144	15881	2912
粮食总产量	吨	3836	8108	4152	14690	9390	21132	982
油料总产量	吨	13	4377	3090	2036	730	2014	29
甘蔗总产量	吨		6880	9000	183173	122137	157985	100
水果总产量	吨	194	159	400	19312	7767	18915	462
蔬菜总产量	吨	43019	10194	9616	29788	33896	76502	47008
当年出栏肉猪头数	头	22085	18053	7850	38301	16360	20001	10618
肉类总产量	吨	3106	4183	2968	3566	1733	3291	2998
年末大牲畜存栏	头	1128	2812	2136	9698	3179	14400	3315
年末生猪存栏	头	10188	6570	2816	29223	12026	12500	4169
水产品总产量	吨	1158	1902	1193	1070	616	1733	1267
农村社会总产值	万元	27018	21551	39563	22300	81302	37018	23718
农林牧渔业总产值(现价)	万元	7425	10053	5620	14984	9282	22149	8100
非农行业总产值	万元	19593	11498	33943	7316	72020	14869	15618
农林牧渔业总产值(1990年不变价)	万元	4133	5480	3462	11668	7075	14669	4314
农村经济总收入	万元	20710	20578	4537	30657	19295	37670	18419
农民人均纯收入	元	2771	2842	2400	2055	2579	2490	2355
农村集贸市场数	个	1	1		3	1	3	3
农村集贸市场成交额	万元	210	1050		9350	3526	8000	3000
地方财政收入	万元	197	374	120	730	492	195	178
地方财政支出	万元	317	374	500	611	261	610	276
村委会数	个	8	11	12	15	4	12	9
通电话的村	个	8	11	7	15	4	12	9
通电的村	个	8	11	12	15	4	12	9

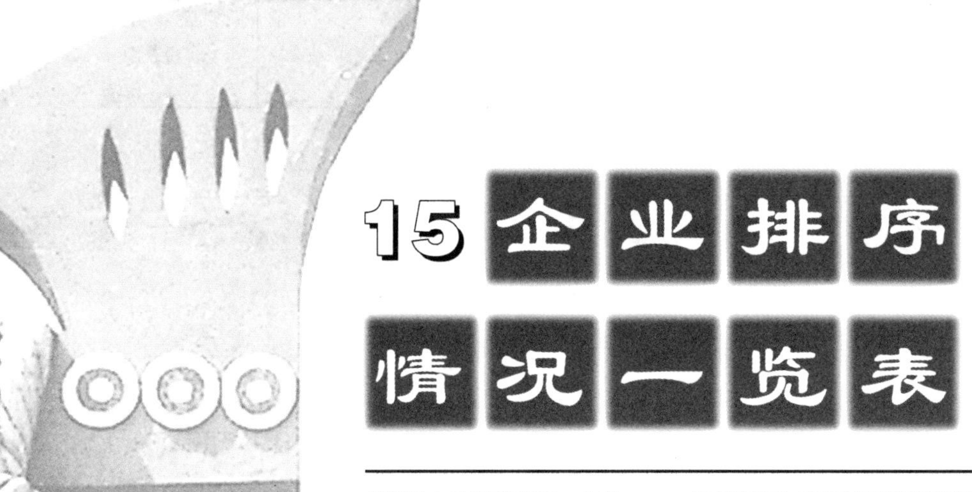

15 企业排序情况一览表

CHAPTER 15 LIST OF ENTERPRISES BY MAIN INDICATORS

15-1 大中型工业企业一览表

（2001年）　　单位：万元

企业名称	工业总产值（当年价）	工业增加值	产品销售收入	利税总额
大型企业(33家)				
南宁糖业股份有限公司	93806	37216	95732	16109
广西壮族自治区南宁机械厂	10388	3145	7280	-2251
广西南宁凤凰纸业有限公司	26122	-5455	25662	-13870
广西高峰人造板有限公司	12934	2846	12945	922
南宁万泰啤酒有限公司	20007	4436	18701	-2939
南宁化工股份有限公司	47990	5577	44919	5710
广西壮族自治区南宁供电局	31341	35669	31410	14982
南宁市中密度纤维板厂	13749	5193	12784	878
广西金牛股份有限公司	1353	130	580	-770
南宁重型机器厂	4904	563	4642	-387
南宁发电设备总厂	4170	26	2297	-1382
南宁手扶拖拉机厂	26308	3624	25031	241
南南铝业有限公司	30398	8747	29546	3970
广西南宁荷花味精食品有限责任公司	8499	1627	8101	-918
南宁浮法玻璃有限责任公司	15257	5818	14296	1497
南宁壮锦橡胶有限责任公司	8254	2871	6197	536
南宁康乐股份有限公司	1334	183	1208	-280
南宁锦虹棉纺织有限责任公司	5695	1163	4322	17
南宁市自来水公司	14735	10010	14735	3011
南宁乳业有限责任公司	4014	1481	4306	157
南宁市粮油饲料总厂	7552	-109	7562	-287
南宁赫司特食品添加剂有限公司	3227	-658	3433	-2953
广西民族印刷厂	4539	2789	4860	1070
广西南宁卷烟厂	104863	70257	108934	62154
广西金光实业总公司制糖化工厂	19188	8328	15916	3603
广西壮族自治区南宁肉类联合加工厂	3438	1229	4598	227
南宁鸿基水泥制品有限责任公司	5030	1845	4572	490
广西南宁百会药业集团有限公司	8152	2022	8504	890
广西华宏水泥股份有限公司	11241	5432	12756	1729
广西明阳生化科技股份有限公司	17207	4844	16304	1560

单位:万元

企 业 名 称	工业总产值（当年价）	工业增加值	产品销售收入	利税总额
龙昌日用品工业(南宁)有限公司	7195	2555	3444	356
南宁正大畜牧有限公司	30776	9241	27600	1678
南宁市港鸣建陶发展有限公司	984	207	1013	-166
中型企业(33家)				
南宁市冶炼厂	15114	6589	12467	1007
南宁市钢精厂	1785	221	1618	-244
南宁柠檬酸有限公司	4622	607	5074	-28
南宁可口可乐饮料有限公司	9101	1733	11367	616
广西鑫叶彩印包装有限公司	3905	1395	4311	796
南宁市汽车配件一厂	6609	723	7702	583
南宁市手表厂	1401	713	1202	142
南宁市矿务局	3060	1923	2874	263
南宁胜利科技股份有限公司	15491	6049	10634	279
南宁宝丰达制药厂	220	-122	126	-125
广西南宁玻璃厂	5787	614	5459	-1700
广西华桂畜牧饲料有限公司	9733	3405	8706	-388
南宁梦雪日化有限责任公司	845	314	879	80
南宁市齿轮厂	208	43	65	-272
南宁市通用机械厂	1900	265	1847	23
南宁市塑料制品总厂	6548	1340	6743	471
南宁银杉电线电缆有限责任公司	21287	2948	21369	1055
南宁金龙水泥实业有限公司	3927	1055	4126	75
南宁市水暖器材厂	574	168	586	-190
广西南宁桂迪合纤有限公司	9838	1147	8721	359
南宁麻纺织厂	737	433	273	-390
南宁市多丽电器总厂	1520	514	1359	40
广西建工集团建筑机械有限责任公司	14008	2946	10694	694
广西中医学院制药厂	3876	1698	2579	623
广西南宁农垦玻璃厂	1831	511	1328	-75
广西彼得汉预混饲料公司	8000	2419	7653	1442
广西佳兆药业有限责任公司	1959	685	1805	301
广西南蒲纸业有限公司	5631	1888	4807	204
广西宁俊工贸有限公司	7108	1581	7121	918
南宁正大建材有限公司	7336	2167	7179	-670
南宁华侨投资区糖厂	6627	3195	6944	1530
南宁鸣昌专用肥料有限公司	6761	1541	5651	459
广西南宁市武鸣县水泥厂	4218	1213	3793	-90

15-2 工业总产值、产品销售收入超亿元的企业

(2001年)

单位:万元

序号	企业名称	工业总产值(当年价)	序号	企业名称	产品销售收入
1	广西南宁卷烟厂	104863	1	广西南宁卷烟厂	108934
2	南宁糖业股份有限公司	93806	2	南宁糖业股份有限公司	95732
3	南宁化工股份有限公司	47990	3	南宁化工股份有限公司	44919
4	广西壮族自治区南宁供电局	31341	4	广西壮族自治区南宁供电局	31410
5	南宁正大畜牧有限公司	30776	5	南南铝业有限公司	29546
6	南南铝业有限公司	30398	6	南宁正大畜牧有限公司	27600
7	南宁手扶拖拉机厂	26308	7	广西南宁凤凰纸业有限公司	25662
8	广西南宁凤凰纸业有限公司	26122	8	南宁手扶拖拉机厂	25031
9	南宁银杉电线电缆有限责任公司	21287	9	南宁银杉电线电缆有限责任公司	21369
10	南宁万泰啤酒有限公司	20007	10	南宁万泰啤酒有限公司	18701
11	广西金光实业总公司制糖化工厂	19188	11	南宁银丰棉纺织有限责任公司	16823
12	南宁银丰棉纺织有限责任公司	18195	12	广西明阳生化科技股份有限公司	16304
13	广西明阳生化科技股份有限公司	17207	13	广西金光实业总公司制糖化工厂	15916
14	南宁胜利科技股份有限公司	15491	14	南宁市自来水公司	14735
15	南宁浮法玻璃有限责任公司	15257	15	南宁浮法玻璃有限责任公司	14296
16	南宁市冶炼厂	15114	16	广西高峰人造板有限公司	12945
17	南宁市自来水公司	14735	17	南宁市中密度纤维板厂	12784
18	南宁国雄科技有限公司	14077	18	广西银雪兄弟面粉有限责任公司	12771
19	广西建工集团建筑机械有限责任公司	14008	19	广西华宏水泥股份有限公司	12756
20	广西银雪兄弟面粉有限责任公司	13969	20	南宁市冶炼厂	12467
21	南宁市中密度纤维板厂	13749	21	南宁国雄科技有限公司	12217
22	广西高峰人造板有限公司	12934	22	邕宁县电业公司	11790
23	南宁银科电力自动化设备有限公司	12833	23	南宁可口可乐饮料有限公司	11367
24	南宁市西南镀锌钢管有限公司	12070	24	广西建工集团建筑机械有限责任公司	10694
25	广西华宏水泥股份有限公司	11241	25	南宁胜利科技股份有限公司	10634
26	广西壮族自治区南宁机械厂	10388			

15-3　工业利税总额、利润总额前30名的企业

(2001年)　　单位:万元

序号	企业名称	利税总额	序号	企业名称	利润总额
1	广西南宁卷烟厂	62154	1	广西南宁卷烟厂	5833
2	南宁糖业股份有限公司	16109	2	南宁糖业股份有限公司	5732
3	广西壮族自治区南宁供电局	14982	3	广西壮族自治区南宁供电局	5088
4	南宁化工股份有限公司	5710	4	南宁化工股份有限公司	2801
5	南南铝业有限公司	3970	5	广西南宁桂盐科技有限责任公司	2547
6	广西金光实业总公司制糖化工厂	3603	6	南南铝业有限公司	2324
7	广西南宁桂盐科技有限责任公司	3081	7	南宁银科电力自动化设备有限公司	2176
8	南宁市自来水公司	3011	8	南宁市自来水公司	2006
9	南宁银科电力自动化设备有限公司	2753	9	广西金光实业总公司制糖化工厂	1968
10	广西华宏水泥股份有限公司	1729	10	南宁正大畜牧有限公司	1670
11	南宁正大畜牧有限公司	1678	11	广西彼得汉预混饲料公司	1442
12	南宁银丰棉纺织有限责任公司	1601	12	南宁八菱工程塑料制品有限公司	1266
13	南宁八菱工程塑料制品有限公司	1568	13	南宁八菱汽车配件有限公司	1097
14	广西明阳生化科技股份有限公司	1560	14	广西机动车辆牌照证件制作印刷中心	990
15	南宁华侨投资区糖厂	1530	15	邕宁蒲庙八里水泥有限责任公司	851
16	南宁浮法玻璃有限责任公司	1497	16	广西华宏水泥股份有限公司	844
17	南宁八菱汽车配件有限公司	1482	17	南宁华侨投资区糖厂	733
18	广西彼得汉预混饲料公司	1442	18	南宁银丰棉纺织有限责任公司	574
19	广西机动车辆牌照证件制作印刷中心	1262	19	广西鑫叶彩印包装有限公司	536
20	武鸣县电业公司	1093	20	武鸣县电业公司	511
21	广西民族印刷厂	1070	21	广西南宁嘉泰水泥制品有限公司	501
22	南宁银杉电线电缆有限责任公司	1055	22	南宁浮法玻璃有限责任公司	484
23	南宁市冶炼厂	1007	23	广西宁俊工贸有限公司	468
24	邕宁县电业公司	944	24	广西民族印刷厂	438
25	广西高峰人造板有限公司	922	25	广西锦莹药业有限公司	429
26	广西宁俊工贸有限公司	918	26	南宁银杉电线电缆有限责任公司	410
27	广西南宁百会药业集团有限公司	890	27	南宁国雄科技有限公司	388
28	南宁市中密度纤维板厂	878	28	广西区机关汽车修理厂	385
29	邕宁蒲庙八里水泥有限责任公司	851	29	广西医科大学制药厂	377
30	广西鑫叶彩印包装有限公司	796	30	广西中医学院制药厂	342

15-4 资质等级一、二级建筑企业一览表

(2001年)　　　　单位：万元

企业名称	建筑业总产值	优良工程个数(个)	流动资产合计	固定资产合计
资质等级一级（17家）				
广西壮族自治区水电工程局	40106	32	35466	23297
广西壮族自治区送变电建设公司	34908	111	18074	10857
广西建工集团第一建筑工程有限公司	48659	52	44469	2899
广西建工集团第二建筑工程有限公司	46889	58	52694	4503
广西建工集团第一建筑设备安装公司	17234	50	48438	1266
广西壮族自治区邮电工程建设局	2714	20	2961	4680
广西中建工程公司	9859	3	9505	51
中国水利电力对外广西公司	2760		5123	168
广西区公路桥梁总公司	132124	30	94987	36293
广西地矿建设工程发展中心	3358	5	23495	3153
广西建工集团有限责任公司	11593	6	4575	326
南宁市基础工程总公司	9531	5	37558	4763
南宁市市政工程总公司	9047	1	27793	5424
南宁市建筑安装工程公司	15841	37	16972	6037
南宁市市政发展有限责任公司	4526	1	1588	1308
广西建林装饰水电工程有限公司	5270		3427	45
广西建工集团桂港建筑装饰有限公司	1780		4819	32
资质等级二级（51家）				
柳州铁路局南宁工程建设总公司	2130	3	576	11
广西南宁创丰供电安装公司	2500	12	3096	619
南宁市郊区建筑安装工程总公司	680	1	1530	213
南宁市昊冠住宅建筑有限公司	13025	51	6000	171
广西电力工业勘察设计研究院	3846		1856	843
南宁市港通建筑装饰工程公司	2195	2	645	216
广西海河水利建设有限责任公司	10038	6	8306	11312
广西区建筑科学研究设计院建筑公司	3021		2084	1138
广西农垦建筑工程公司	903		211	101
广西壮族自治区航务工程局	6079	10	3639	12932
广西壮族自治工区建筑工程承包公司	137		347	106
广西建总房地产开发公司	100		3333	74
广西建设开发公司	2711	3	3108	533
广西市政工程有限责任公司	1982		4682	207
广西第一地质工程施工公司	1725	14	572	683
广西志立建筑工程有限责任公司	650		1202	120

15-4续表 单位：万元

企　业　名　称	建筑业总产值	优良工程个数(个)	流动资产合计	固定资产合计
广西桂乡建筑工程有限责任公司	3075	2	2879	1052
广西国合建筑工程有限责任公司	2085	1	18742	2182
广西建工集团机械施工有限责任公司	2129	2	18385	817
广西建工集团第六建筑工程有限公司	197		9201	150
广西地方铁路工程承发包有限公司	4025	2	3845	1186
广西高速公路集团有限责任公司	12819		8375	325608
广西通道建筑安装工程有限公司	894		756	748
广西佳迅管道工程有限公司	4881		3533	794
南宁市土木建筑工程公司	11966	47	36154	59
南宁地区建筑安装工程总公司	2110	1	2124	70
广西壮族自治区航务工程处	5828	4	14407	2002
南宁市水建工程有限公司	1776	1	846	525
南宁市机械施工公司	40		406	1399
广西大西南建设工程公司	1276		611	132
广西水电工程局建筑工程公司	3762	3	2087	2797
南宁市装饰公司	274		2758	13
南宁大地建筑工程公司	11092	25	4072	475
广西建设工程勘察公司	10		102	401
广西建筑综合工程公司	1520		607	282
广西建筑工程有限责任公司	1351		4490	299
南宁市力展公路工程有限责任公司	1058		1109	1881
广西南宁市商业装饰有限责任公司	740		746	852
南宁市建设工程公司	2351	3	2173	155
南宁供用电工程公司	5025	18	5289	1615
南宁市城北区建筑安装工程公司	8682	3	876	653
南宁市第二建筑安装工程公司	5256	13	14524	993
南宁有色基础工程勘察院	105		186	215
南宁市市政工程管理处	1894	2	5079	1012
广西南宁水利电力工程处	1337	3	469	290
广西新艺建筑装饰工程有限公司	835		850	24
广西建筑装饰公司	350		158	20
广西加华装饰工程有限公司	909		546	16
广西桂城建筑安装工程有限责任公司	812		1461	215
广西新里路桥工程有限责任公司	369		1275	911
广西南宁警通科技有限公司	1528		428	357

15-5 限额以上批发零售贸易、餐饮企业一览表

（2001年） 单位：万元

企业名称	商品销售收入	流动资产	利税总额	年末职工人数（人）
批发贸易企业（80家）				
广西壮族自治区南宁石油分公司	130596	24544	1723	814
广西南宁烟草(集团)有限责任公司	99341	14504	984	315
广西壮族自治区新华书店	77437	29352	3985	416
广西广达进出品集团有限公司	71339	35892	501	232
广西壮族自治区农业生产资料总公司	59759	28246	146	133
广西五金矿产进出口集团公司	58894	38228	406	163
广西农垦企业总公司	50319	14324	306	362
广西区机电设备总公司	47745	7820	378	236
南宁药材批发站	20696	6586	566	380
广西联道计算机公司	17862	2023	557	64
广西区糖酒副食总公司	17461	15526	8	138
广西壮族自治区农业机械南宁公司	17120	1570	88	102
广西区机电设备南宁公司	16674	8089	-19	132
广西壮族自治区食品公司	15756	6081	44	304
广西粮油进出口公司	14805	19152	-107	50
广西出版印刷物资公司	14679	6764	274	178
南宁市农资公司	14669	2795	17	77
广西土产进出口公司	14476	11070	-364	71
广西壮族自治区邮电器材公司	13800	7563	165	65
广西壮族自治区机械进出口公司	12507	6968	-200	73
广西丝绸进出口公司	12251	7494	-484	50
南宁市机电设备股份有限公司	11551	5615	-640	149
中国冶金进出口广西公司	11525	7233	69	24
广西壮族自治区南宁医药批发站	11198	7547	262	417
宏广石油公司	10475	907	2420	72
中国土产畜产广西茶叶进出口公司	9851	5057	-170	30
邕宁县供销社农业生产资料公司	9487	931	22	45
广西区医疗器械工业公司冷气工程部	9301	2704	94	48
广西壮族自治区化工进出口公司	8636	10438	70	77
广西医药保健品进出口公司	8522	3947	-584	66
广西区交通物资总公司	7160	2624	56	67
广西进出口贸易股份有限公司	6932	6976	27	132
南宁烟草(集团)有限责任公司邕宁分公司	5919	822	1166	88
南宁市储备粮管理公司	5677	17177	16	365
南宁市糖业烟酒总公司	5484	702	-120	484
广西医药物资公司	5079	2000	178	97
广西工艺品进出口公司	4816	5310	-978	56
广西石油化学工业供销总公司	4738	1737	-9	68
新锰矿业公司	4735	1114	-16	25

15-5续表1

单位：万元

企业名称	商品销售收入	流动资产	利税总额	年末职工人数（人）
武鸣县烟草公司	4597	1299	364	86
广西壮族自治区燃料总公司	4562	3246	57	34
中国有色金属进出品广西公司	4515	1950	-2430	35
广西壮族自治区汽车工业销售总公司	4229	3821	-78	206
广西捷达实业进出口公司	3898	2842	-166	28
江铃汽车销售公司	3671	348	38	45
中国石化股份有限公司邕宁石油分公司	3662	216	45	117
广西区盐业公司南宁分公司	3516	1351	592	100
中油金站贸易公司	3282	350	-65	640
武鸣县农资公司	3275	683	-51	42
南宁铝厂劳动服务公司	3037	338	24	44
广西农垦商业总公司	2837	6845	-1180	32
南宁高新开发区进出口公司	2795	1838	7	9
广西壮族自治区机械设备进出口公司	2792	14315	-1078	62
新科电子销售有限责任公司	2456	296	9	39
广西轻工业品进出口公司	2439	3745	-887	37
桂物燃料公司	2404	556	64	34
中国包装进出口广西公司	1916	4547	-738	45
鑫桂印刷物资公司	1672	1748	-6	141
广西华侨企业联合进出品公司	1660	937	-29	19
广西图书进出口公司	1654	3997	24	31
广西桂泰进出口公司	1649	2134	-42	48
天蓝蓝钢管公司	1419	500	3	16
中国出口商品基地建设广西公司	1409	915	-138	20
南宁市农业机械公司	1384	754	10	42
广西纺织工业供销公司	1305	1025	-37	40
耀亚纸业公司	1274	322	15	11
广西林业物资公司	1260	699	-45	77
南宁市副食品公司	1004	89	24	47
南宁市粮油购销储运公司	934	1767	42	123
南宁地区食品公司	813	282	7	42
广西南宁市对外经济贸易公司	783	10721	-2438	157
南宁市物资回收公司	524	430	-3	170
广西金属材料南宁公司	458	1702	-222	40
广西化轻建材南宁公司	332	2345	-183	64
南宁市果品食杂公司	298	449	24	243
广西壮族自治区造纸工业公司	266	760	-34	19
广西东风汽车销售技术服务联合公司	222	1428	-81	120
广西壮族自治区土产公司	189	156	-591	37

15-5续表2

单位：万元

企业名称	商品销售收入	流动资产	利税总额	年末职工人数（人）
南宁市土产公司	85	1894	2	285
邕宁县糖业烟酒公司	61	1381	20	170
零售贸易企业(62家)				
南宁百货大楼股份有限公司	56149	29042	4017	1787
南宁康迈商业有限责任公司	40707	15756	860	1348
南宁医药有限责任公司	22994	10213	752	625
广西南宁梦之岛购物中心	20610	12956	1838	471
华联民族宫	19817	6508	-22	250
广西南宁通信发展有限责任公司	17764	23690	5583	340
华联江南店	15003	8100	535	350
广西南宁燕兴公司	10231	1284	80	104
南宁市食品企业总公司	9377	3575	245	598
武鸣县石油公司	7901	335	153	164
南宁市大热门购物中心	7897	1423	9	260
南宁市新华书店	7211	4233	1857	211
南宁市友谊总公司	5110	1111	-118	137
南宁燃气燃料有限责任公司	5048	3519	-221	311
南宁市供销社综合贸易公司	3968	270	10	25
南宁汇盛工贸有限责任公司	3960	456	21	40
南宁百货有限责任公司	3797	4114	119	563
南宁市摩托车销售公司	2373	1213	-58	41
广西壮族自治区医药公司	2361	1326	-33	63
南宁市神洲医药经营公司	1939	533	29	102
广西一心医药公司	1933	627	43	356
广西壮族自治区药材公司	1769	1072	-135	68
武鸣商场	1695	209	6	143
曼克顿综合超市	1655	1748	9	200
武鸣县饮食服务公司	1608	326	-31	208
武鸣县百货总公司	1602	231	-22	310
南宁市邮政局	1497	1635	601	1821
宁顺公司	1443	260	24	40
武鸣县糖烟酒公司	1355	574	-9	164
武鸣县五交化公司	1320	109	-25	126
南宁市粮油供应公司	1198	4186	-152	595
南宁水产有限责任公司	1187	429	43	170
南宁恒旺贸易公司	1105	70	2	20
南宁市第二五金交电化工总公司	1062	480	29	125
邕宁县食品公司	1056	224	-17	198
南宁农工商集团有限责任公司	993	734	22	104
南宁市园湖购物城有限责任公司	883	98	11	50
广西南宁嘉陵摩托车销售有限责任公司	868	165	4	12

15-5续表3 单位：万元

企业名称	商品销售收入	流动资产	利税总额	年末职工人数（人）
南宁市摩托车天地贸易有限责任公司	861	545	-15	33
同济大药房	849	485	29	100
武鸣县医药公司	724	287	35	106
邕宁县百货公司	701	367	2	160
广西计算中心海蓝电脑公司	669	309	-23	32
南地新华书店	658	429	46	595
北京北大方正电子有限公司广西分公司	594	405	8	11
南宁市百业贸易有限公司	583	553	61	114
荣华摩托车贸易公司	557	68	9	17
柳州铁路南宁采购供应站	554	198	19	109
南宁市华杰摩托车经营部	521	83	4	15
广西桂银综合服务公司	512	9565	520	28
南宁市第二日用杂品公司	488	4301	8	156
南宁市车星商贸有限责任公司	434	42	-5	18
南宁市蔬菜公司	356	759	-211	271
南宁新万通城市百货有限责任公司	355	768	-727	61
南宁市糖酒副食有限公司	332	836	8	484
南宁市千里马摩托车经营部	208	438	3	15
邕宁县五金交电公司	191	204	-4	45
南宁市永新区华源摩托车经营部	92	22	1	20
南宁市日用杂品总公司	49	460	1	78
广西南宁万隆百货贸易有限责任公司	32	197	-521	99
南宁市巨能贸易有限责任公司	10	38	-1	12
邕宁县粮油贸易公司		1132	-756	150
餐饮企业（ 16 家）				
南宁好友缘娱乐有限公司	1234	230	236	235
南宁市亚光实业总公司	862	1311	91	175
银月楼	468	25	79	65
南宁汉斯自酿啤酒城	394	37	-13	45
南宁海霸王鱼翅海洋酒楼	325	134	24	116
邕宁县地产开发公司友地酒楼	294	40	7	41
南宁市浪之夜海鲜大酒楼	274	407	-67	47
新汉斯啤酒城	268	27	-78	60
西丽餐饮娱乐有限公司	246	85	-15	34
南宁市丰源总公司	225	43	12	171
华泽大酒楼	215	312	9	68
南宁百益实业有限责任公司	195	48	67	628
恒大有限责任公司恒大酒楼	184	15	16	35
南宁市大唐茶府	171	20	23	26
武鸣大酒店	156	60	-57	105
南宁市清真饭店	82	55	9	42

15-6 批发零售贸易业销售总额、利税总额前30名的企业

（2001年）

单位：万元

序号	企业名称	销售总额	序号	企业名称	利税总额
1	广西壮族自治区南宁石油分公司	154038	1	广西南宁通信发展有限责任公司	5583
2	广西南宁烟草(集团)有限责任公司	118782	2	南宁百货大楼股份有限公司	4017
3	广西壮族自治区新华书店	90539	3	广西壮族自治区新华书店	3985
4	南宁百货大楼股份有限公司	67651	4	宏广石油公司	2420
5	广西广达进出品集团有限公司	65776	5	南宁市新华书店	1857
6	广西壮族自治区农业生产资料总公司	56422	6	广西南宁梦之岛购物中心	1838
7	广西区机电设备总公司	55141	7	广西壮族自治区南宁石油分公司	1723
8	广西五金矿产进出口集团公司	54852	8	南宁烟草(集团)有限责任公司邕宁分公司	1166
9	广西农垦企业总公司	49781	9	广西南宁烟草(集团)有限责任公司	984
10	南宁康迈商业有限责任公司	47123	10	南宁康迈商业有限责任公司	860
11	广西南宁通信发展有限责任公司	30703	11	南宁医药有限责任公司	752
12	南宁医药有限责任公司	25436	12	南宁市邮政局	601
13	南宁药材批发站	24106	13	广西区盐业公司南宁分公司	592
14	广西南宁梦之岛购物中心	23809	14	南宁药材批发站	566
15	广西华联民族宫综合超市有限公司	23198	15	广西联道计算机公司	557
16	广西联道计算机公司	20908	16	广西华联综合超市有限公司	535
17	中国石油集团西南销售广西分公司	20619	17	广西桂银综合服务公司	520
18	广西壮族自治区农业机械南宁公司	18364	18	广西广达进出品集团有限公司	501
19	广西壮族自治区南宁医药批发站	18240	19	广西五金矿产进出口集团公司	406
20	广西区糖酒副食总公司	18159	20	广西区机电设备总公司	378
21	广西粮油进出口公司	17297	21	武鸣县烟草公司	364
22	广西华联综合超市有限公司	17078	22	广西农垦企业总公司	306
23	广西区机电设备南宁公司	16674	23	广西出版印刷物资公司	274
24	广西金属材料南宁公司	15486	24	广西壮族自治区南宁医药批发站	262
25	南宁市农资公司	14728	25	南宁市食品企业总公司	245
26	广西出版印刷物资公司	14679	26	广西医药物资公司	178
27	广西壮族自治区邮电器材公司	13800	27	广西壮族自治区邮电器材公司	165
28	广西土产进出口公司	12487	28	武鸣县石油公司	153
29	广西丝绸进出口公司	12251	29	广西壮族自治区农业生产资料总公司	146
30	南宁市机电设备股份有限公司	11551	30	南宁百货有限责任公司(南宁市百货总公司)	119

16 广西及省会城市主要统计指标

CHAPTER 16 MAIN INDICATORS OF GUANGXI AND PROVINCIAL CAPITAL CITIES

16-1 广西主要年份国民经济主要统计指标

指标名称	单位	1990年	1995年	1998年	1999年	2000年	2001年
国内生产总值	亿元	449.06	1497.56	1903.04	1953.27	2050.15	2231.19
第一产业	亿元	175.61	449.64	574.25	554.48	538.7	562.52
第二产业	亿元	118.45	535.86	678.19	695.83	748	791.85
#工业	亿元	104.79	461.25	569.9	579.26	619.84	648.19
第三产业	亿元	155	512.06	650.6	702.96	763.45	876.82
国内生产总值指数	%	107	111.4	109.1	107.7	107.3	108.2
第一产业	%	108.5	115.6	105.8	107	100.2	103.4
第二产业	%	106.4	118.26	113.9	106.8	109	108.1
#工业	%	106.6	108.2	113.2	106.1	109	108
第三产业	%	104.3	111.4	118.9	109.5	111.5	111.8
农林牧渔业总产值	亿元	252.22	698.24	865.9	844.78	829.97	872.9
#农业总产值	亿元	149.68	384.17	476.24	454.85	418.83	439.93
农林牧渔业总产值指数	%	108.01	114.87	105.19	107.9	100.2	104.93
#农业总产值	%	105.38	114.03	106.51	111.38	94.65	104.86
工业总产值	亿元	353.43	1463.17	1727.68	1667.33	1800.24	1903.14
#国有工业（纯国有）	亿元	255.09	582.59	498.02	436.88	410.56	357.41
集体工业	亿元	58.69	256.95	360.19	334.22	276.96	233.16
工业总产值指数	%	108.23	115.08	106.51	106.46	107.4	108.03
#国有工业	%	106.71	105.17	97.68	97.75	88.8	98.51
集体工业	%	106.85	113.49	106.17	85.35	82.98	85.55
社会消费品零售总额	亿元	175.44	532.48	734.02	791.27	859.16	935.88
全社会固定资产投资	亿元	68.57	423.37	571.7	620.2	660.01	731.25
增长速度	%	-4.62	10.66	19.15	8.48	6.42	10.8
地方财政收入	亿元	46.83	79.44	119.67	133.56	147.05	178.67
增长速度	%	13.08	-26.84	20.69	11.6	10.1	21.5
居民人均可支配收入	元	1448	4792	5412	5620	5834	6666
指　数	%	111.04	134.61	105.91	103.83	103.81	114.3
农民人均纯收入	元	639	1446	1972	2048	1864	1944
指　数	%	132.3	130.62	105.17	103.85	91.02	104.3
居民消费价格指数（城市）	%	100.2	118	97.1	97.2	100	100.6

注：国内生产总值、农林牧渔业总产值、工业总产值绝对值按当年价计算，指数按可比价计算（以上年为100）

16-2 各省会城市行政区划和土地面积

城市	行政区划		土地面积（平方公里）	
	辖区数（个）	辖县数（个）	全市	市区
南宁	5	2	10029	1834
昆明	5	9	21111	4033
成都	8	11	12390	1418
贵阳	7	4	8034	2403
西安	8	5	9983	1964
兰州	5	3	13086	1632
乌鲁木齐	7	1	12000	10800
呼和浩特	4	5	17224	2054
银川	3	2	3512	1295
西宁	4	3	7665	350
拉萨	1	7	29052	525
广州	10	2	7434	1444
福州	6	8	11968	1043
杭州	8	5	16596	3068
南京	11	4	6597	2599
海口	3		236	236
沈阳	9	4	12980	3498
哈尔滨	7	12	53068	1660
长春	6	4	20571	3583
石家庄	6	17	15848	456
太原	6	4	6989	1460
合肥	4	3	7266	458
南昌	5	4	7432	617
济南	6	4	8177	2138
郑州	6	6	7446	1010
武汉	13		8494	8494
长沙	5	4	11819	556

16-3 各省会城市建城区面积和人口密度

城　市	建城区土地面积（平方公里）	人口密度（人/平方公里）	
		全　市	市　区
南　宁	**116**	**291**	**740**
昆　明	148	231	546
成　都	228	823	2369
贵　阳	107	418	795
西　安	187	696	2037
兰　州	133	227	1146
乌鲁木齐	167	141	147
呼和浩特	120	123	528
银　川	56	296	506
西　宁	61	261	2740
拉　萨	54	17	959
广　州	431	959	3995
福　州	97	496	1474
杭　州	227	379	1237
南　京	212	838	1431
海　口	34	2551	2551
沈　阳	238	531	1394
哈尔滨	211	177	1852
长　春	164	343	832
石家庄	114	565	4276
太　原	177	451	1638
合　肥	125	609	3012
南　昌	85	592	2831
济　南	171	696	1508
郑　州	142	858	2268
武　汉	212	893	893
长　沙	128	497	3251

16-4　各省会城市年末总人口

单位：万人

城　　市	1995年	位次	2000年	位次	2001年	位次	2001年比2000年增长（%）
南　　宁	**273.19**	**20**	**291.41**	**20**	**294.56**	**21**	**1.08**
昆　　明	449.94	15	480.94	15	487.52	15	1.37
成　　都	971.60	1	1013.35	1	1019.90	1	0.65
贵　　阳	305.57	18	331.57	18	335.81	18	1.28
西　　安	648.21	7	688.01	7	694.80	7	0.99
兰　　州	270.84	21	290.68	21	296.50	20	2.00
乌鲁木齐	144.15	24	164.38	24	169.03	24	2.83
呼和浩特	194.50	22	209.20	22	211.80	22	1.24
银　　川	89.38	25	100.94	25	103.91	25	2.94
西　　宁	170.35	23	197.72	23	200.20	23	1.25
拉　　萨	37.78	27	40.38	27	50.34	27	24.67
广　　州	646.71	8	700.69	5	712.60	5	1.70
福　　州	562.27	12	589.23	11	594.14	11	0.83
杭　　州	597.96	10	621.58	10	629.14	10	1.22
南　　京	521.72	14	544.89	14	553.04	14	1.50
海　　口	48.29	26	57.34	26	60.20	26	4.99
沈　　阳	666.80	6	685.10	8	689.30	8	0.61
哈 尔 滨	937.30	2	941.30	2	941.10	2	-0.02
长　　春	667.30	5	699.60	6	705.70	6	0.87
石 家 庄	846.27	3	889.80	3	895.94	3	0.69
太　　原	282.77	19	308.75	19	315.31	19	2.12
合　　肥	411.11	16	438.18	16	442.16	16	0.91
南　　昌	395.16	17	432.96	17	440.16	17	1.66
济　　南	542.12	13	562.65	13	569.00	13	1.13
郑　　州	600.30	9	640.00	9	676.97	9	5.78
武　　汉	710.01	4	749.19	4	758.23	4	1.21
长　　沙	562.82	11	583.19	12	587.10	12	0.67

注：排位仅限省会城市（后同）。

16-5　各省会城市人口自然增长率

单位：‰

城　市	1995年	2000年	2001年
南　宁	5.37	5.62	4.63
昆　明	6.91	7.73	6.80
成　都	4.48	3.05	1.60
贵　阳	4.90	8.00	6.30
西　安	6.97	4.67	4.70
兰　州	9.78		7.50
乌鲁木齐	8.08	5.58	6.20
呼和浩特	7.30	4.10	7.50
银　川	8.05	9.00	8.30
西　宁	7.98	8.80	10.70
拉　萨	11.40	14.61	6.20
广　州	6.25	4.51	4.20
福　州		14.14	4.80
杭　州	4.43	3.60	2.90
南　京	2.62	2.48	1.60
海　口	10.60	8.20	8.20
沈　阳	1.83	1.60	0.90
哈尔滨	4.70	4.70	3.70
长　春	7.61	4.83	2.60
石家庄	6.47	10.80	-5.70
太　原	8.50	9.68	5.90
合　肥	8.56	8.44	5.40
南　昌	7.02		
济　南	3.71	4.03	3.80
郑　州	6.84		5.60
武　汉	3.08	2.88	2.50
长　沙		3.52	3.80

16-6 各省会城市国内生产总值

单位：亿元

城市	1995年	位次	2000年	位次	2001年	位次	2001年比2000年增长（%）
南宁	171.53	20	294.30	20	324.79	20	9.80
昆明	357.55	13	625.00	15	672.84	15	8.50
成都	713.70	3	1310.00	3	1490.86	3	13.10
贵阳	149.12	22	264.81	22	302.75	22	11.20
西安	330.35	14	688.51	13	734.00	13	13.10
兰州	214.50	18	309.40	19	348.50	19	10.00
乌鲁木齐	178.98	19	275.00	21	315.00	21	9.40
呼和浩特	96.20	23	179.20	23	211.19	23	19.90
银川	59.34	25	95.00	25	104.00	26	9.50
西宁	58.17	26	92.01	26	104.49	25	12.50
拉萨	18.80	27	40.00	27	47.00	27	16.50
广州	1243.07	1	2375.91	1	2684.83	1	12.70
福州	498.07	9	1003.27	7	1076.08	9	9.40
杭州	762.01	2	1382.56	2	1568.00	2	12.20
南京	576.46	6	1021.30	6	1154.44	6	11.20
海口	93.77	24	133.49	24	144.62	24	10.40
沈阳	682.60	4	1119.10	5	1238.00	5	10.10
哈尔滨	532.50	8	1002.70	9	1120.10	7	11.20
长春	363.00	12	824.00	11	1003.00	11	13.40
石家庄	545.31	7	1003.11	8	1085.45	8	9.10
太原	238.77	17	347.46	17	386.34	17	10.50
合肥	167.58	21	325.00	18	363.40	18	11.30
南昌	240.08	16	435.10	16	485.62	16	12.10
济南	473.52	10	952.20	10	1066.20	10	12.10
郑州	389.90	11	732.00	12	822.10	12	10.70
武汉	606.91	5	1206.84	4	1347.80	4	12.00
长沙	320.41	15	656.41	14	728.08	14	12.10

16-7 各省会城市第一产业增加值

单位：亿元

城　市	1995年	位 次	2000年	位 次	2001年	位 次	2001年比2000年增长（%）
南　宁	**29.37**	**17**	**48.63**	**14**	**49.52**	**14**	**1.80**
昆　明	38.80	14	51.00	13	53.80	13	4.00
成　都	104.30	3	124.00	4	132.54	4	4.00
贵　阳	17.32	20	24.18	20	25.09	20	
西　安	41.40	13	44.65	16	45.00	16	2.50
兰　州	12.00	21	15.90	21	16.90	21	5.50
乌鲁木齐	3.81		3.80	26	4.06	26	1.50
呼和浩特	17.70	19	25.10	19	25.51	19	0.10
银　川	9.32	23	10.60	23	11.10	23	2.90
西　宁	7.37	24	8.10	24	8.61	24	5.20
拉　萨	4.26	25	5.60	25	6.00	25	3.50
广　州	73.46	6	94.37	8	95.73	8	2.00
福　州	98.52	4	135.18	3	131.91	5	0.50
杭　州	69.25	7	103.96	6	111.00	6	7.00
南　京	43.88	12	55.01	12	58.75	12	7.50
海　口	1.93	27	3.18	27	3.45	27	11.80
沈　阳	51.20	10	71.10	11	76.60	11	4.50
哈尔滨	111.00	1	176.70	1	186.10	1	4.60
长　春	89.20	5	120.90	5	135.90	3	9.70
石家庄	106.00	2	146.88	2	153.36	2	4.20
太　原	11.84	22	15.03	22	14.94	22	-2.90
合　肥	31.35	16	36.00	18	38.09	18	3.20
南　昌	38.41	15	46.00	15	47.94	15	4.10
济　南	67.64	8	95.00	7	97.20	7	4.00
郑　州	28.50	18	42.00	17	43.70	17	4.80
武　汉	60.74	9	81.36	9	85.03	9	5.30
长　沙	45.58	11	74.11	10	78.36	10	4.90

16-8 各省会城市第二产业增加值

单位：亿元

城　市	1995年	位 次	2000年	位 次	2001年	位 次	2001年比2000年增长（%）
南　宁	**65.55**	**22**	**89.11**	**22**	**93.43**	**23**	**6.90**
昆　明	179.58	11	295.00	14	312.70	14	7.20
成　都	309.40	3	588.00	3	676.13	3	15.60
贵　阳	80.62	19	134.69	20	152.69	20	11.70
西　安	125.33	17	328.37	13	330.00	13	15.70
兰　州	128.60	16	162.90	18	181.30	18	10.20
乌鲁木齐	69.18	21	101.60	21	114.50	21	8.70
呼和浩特	40.70	23	78.50	23	95.42	22	26.40
银　川	25.85	26	41.60	24	44.90	24	8.40
西　宁	31.47	24	40.26	25	43.96	25	13.70
拉　萨	4.35	27	9.50	27	11.40	27	18.60
广　州	580.19	1	1032.05	1	1136.51	1	12.70
福　州	192.53	10	466.73	7	508.92	7	12.10
杭　州	410.00	2	709.32	2	798.50	2	13.00
南　京	300.53	5	494.08	6	557.61	5	10.50
海　口	27.71	25	34.37	26	39.55	26	17.40
沈　阳	303.70	4	495.10	5	542.00	6	9.50
哈尔滨	176.60	12	340.00	12	393.10	12	13.40
长　春	149.10	13	365.00	10	443.60	9	14.10
石家庄	261.00	7	466.22	8	502.27	8	9.60
太　原	133.31	15	169.09	17	189.60	17	10.40
合　肥	79.18	20	155.00	19	176.36	19	12.30
南　昌	110.50	18	205.30	16	231.16	16	12.90
济　南	220.37	8	418.60	9	442.70	10	9.70
郑　州	208.40	9	360.00	11	401.90	11	9.60
武　汉	294.67	6	533.31	4	594.84	4	12.90
长　沙	137.44	14	268.40	15	297.09	15	13.10

16-9 各省会城市第三产业增加值

单位：亿元

城　市	1995年	位 次	2000年	位 次	2001年	位 次	2001年比2000年增长（%）
南　宁	**76.61**	**19**	**156.55**	**19**	**181.84**	**18**	**13.90**
昆　明	139.17	13	279.00	15	306.34	15	10.60
成　都	300.00	3	598.00	2	682.19	2	12.40
贵　阳	51.18	23	105.94	22	124.97	22	12.10
西　安	163.62	11	315.49	13	359.00	13	12.10
兰　州	73.90	20	130.60	21	150.50	20	10.70
乌鲁木齐	105.99	16	169.60	17	196.44	17	10.00
呼和浩特	37.80	24	75.60	24	90.26	24	19.80
银　川	24.17	25	42.80	26	48.00	26	12.40
西　宁	19.33	26	43.65	25	51.92	25	12.70
拉　萨	10.19	27	24.90	27	29.60	27	18.60
广　州	589.42	1	1249.49	1	1452.59	1	13.50
福　州	207.02	8	401.36	9	435.25	9	9.30
杭　州	282.76	4	569.28	4	658.50	4	12.10
南　京	232.05	7	472.21	7	538.08	7	12.30
海　口	64.13	21	95.94	23	101.62	23	7.80
沈　阳	327.70	2	552.90	5	619.40	5	11.30
哈尔滨	244.90	6	486.00	6	540.90	6	12.00
长　春	124.70	15	338.10	11	423.50	11	14.00
石家庄	178.00	10	390.01	10	429.82	10	10.30
太　原	93.62	17	163.34	18	181.80	19	11.90
合　肥	57.05	22	134.00	20	148.95	21	12.50
南　昌	91.17	18	183.80	16	206.52	16	12.00
济　南	185.51	9	438.60	8	526.30	8	15.90
郑　州	153.00	12	330.00	12	376.50	12	12.70
武　汉	251.50	5	592.16	3	667.93	3	12.10
长　沙	137.39	14	313.90	14	352.62	14	12.90

16-10 各省会城市人均国内生产总值

单位：元

城　市	1995年	位 次	2000年	位 次	2001年	位 次	2001年比2000年增长（%）
南　宁	**6331**	**17**	**10145**	**20**	**11086**	**20**	**8.10**
昆　明	7991	12	13000	10	13900	12	6.90
成　都	7388	13	12290	11	146645	1	12.90
贵　阳	4913	23	8110	25	9073	24	8.80
西　安	5131	22	10107	21	9466	23	
兰　州	7998	11	10300	18	11877	18	7.90
乌鲁木齐	11048	4	15200	9	16500	10	5.00
呼和浩特	4844	25	8478	24	9902	22	18.80
银　川	6698	14	9546	23	10154	21	5.50
西　宁	3531	27	5310	27	5249	26	
拉　萨	4888	24	9907	22	11539	19	15.50
广　州	19366	1	34292	1	38000	2	10.50
福　州	8820	8	17115	5	18034	7	8.40
杭　州	12797	3	22342	3	25000	3	11.10
南　京	10887	5	18743	4	20671	5	7.50
海　口	16075	2	23897	2	24608	4	3.00
沈　阳	10272	6	16432	7	18016	8	9.60
哈 尔 滨	5716	19	10359	17	11900	17	12.10
长　春	5415	21	11760	12	14300	11	21.60
石 家 庄	6440	16	11365	14	12115	16	
太　原	8538	10	11418	13	12381	14	7.80
合　肥	4118	26	7417	26	8256	25	9.80
南　昌	6125	18	10157	19	1129	27	
济　南	8922	7	17001	6	18843	6	11.00
郑　州	6558	15	11008	16	12225	15	
武　汉	8609	9	16206	8	17882	9	
长　沙	5693	20	11256	15	12436	13	11.40

16-11 各省会城市农林牧渔业总产值

（当年价）　　　　单位：亿元

城　市	1995年	位次	2000年	位次	2001年	位次	2001年比2000年增长（%）
南　宁	**46.59**	**18**	**75.25**	**14**	**77.79**	**15**	**2.10**
昆　明	59.90	14	85.22	13	85.86	13	3.20
成　都	150.50	4	197.74	4	212.14	5	7.30
贵　阳	26.34	19	36.99	20	38.97	20	4.10
西　安	75.46	13	74.37	15	76.75	16	2.80
兰　州	21.58	21	25.85	21	27.99	21	8.30
乌鲁木齐	3.69	25	7.91	25	8.18	25	10.00
呼和浩特	24.49	20	40.40	19	41.23	19	0.50
银　川	14.47	23	17.41	23	18.80	23	5.40
西　宁	12.71	24	14.16	24	15.32	24	8.19
拉　萨	2.79	27	3.67	27	7.72	26	-9.20
广　州	126.81	6	163.05	6	167.05	6	1.60
福　州	159.46	3	217.42	3	214.69	4	0.80
杭　州	99.64	9	152.65	8	165.00	7	7.90
南　京	86.20	12	106.34	12	113.29	12	6.50
海　口	2.95	26	4.97	26	5.55	27	11.70
沈　阳	101.53	8	133.54	9	141.30	9	4.40
哈尔滨	183.10	2	280.50	2	295.40	2	5.20
长　春	144.50	5	197.60	5	223.90	3	18.40
石家庄	209.42	1	293.45	1	307.00	1	4.20
太　原	19.34	22	24.62	22	23.34	22	-2.1
合　肥	52.72	16	64.44	18	67.03	18	2.10
南　昌	58.50	15	69.44	17	74.21	17	4.50
济　南	114.07	7	154.30	7	162.30	8	5.20
郑　州	51.50	17	73.20	16	78.73	14	5.70
武　汉	94.34	10	126.94	10	133.78	10	5.60
长　沙	86.84	11	116.79	11	124.00	11	5.90

16-12 各省会城市全部工业总产值

（当年价）

单位：亿元

城市	1995年	位次	2000年	位次	2001年	位次	2001年比2000年增长（%）
南宁	**152.92**	**21**	**198.94**	22	**207.72**	**21**	**4.41**
昆明	402.18	14	647.77	13	672.70	12	10.04
成都	738.85	8	1408.26	6	1570.57	4	11.50
贵阳	178.55	20	368.71	19	320.64	18	10.50
西安	405.90	13	986.42	12	930.10	11	16.40
兰州	306.30	18	415.20	18	446.52	17	12.00
乌鲁木齐	193.94	19	259.83	20	286.81	19	7.15
呼和浩特	108.30	22	207.30	21	240.98	20	22.20
银川	68.82	24	94.00	23	102.22	25	9.90
西宁	73.50	23	93.64	24	121.08	23	9.24
拉萨			2.01	26	1.38	26	2.05
广州	1722.49	1	3100.02	1	3393.19	1	14.90
福州	532.92	10	1334.02	7	1407.26	6	11.00
杭州	1509.71	2	2409.79	2			
南京	1038.16	3	1843.05	3	2040.51	2	
海口	59.75	25	92.64	25	111.00	24	20.60
沈阳	874.70	5	1808.47	4	184.71	22	2.40
哈尔滨	531.90	11	1011.10	10	1101.00	9	13.40
长春	487.30	12	1049.70	9	1284.45	7	22.40
石家庄	889.76	4			1484.96	5	
太原	329.22	16	427.95	17	463.05	16	8.20
合肥	309.50	17	441.75	16	505.35	15	16.00
南昌	394.40	15	472.05	15	538.00	14	14.00
济南	752.23	7	1093.95	8	1090.70	10	9.97
郑州	605.90	9	1005.30	11	1112.76	8	10.60
武汉	777.41	6	1422.38	5	1611.76	3	14.80
长沙			620.49	14	662.51	13	10.20

16-13 各省会城市全社会固定资产投资

单位：亿元

城　市	1995年	位 次	2000年	位 次	2001年	位 次	2001年比2000年增长（%）
南　宁	**56.35**	**23**	**95.85**	**21**	**101.73**	**21**	**6.13**
昆　明	131.33	11	239.00	12	263.91	14	10.40
成　都	216.00	5	475.90	3	582.21	3	22.34
贵　阳	49.36	22	104.87	19	155.41	17	36.75
西　安	103.42	15	232.37	14	287.72	11	23.82
兰　州	66.00	18	153.60	16	172.42	16	12.20
乌鲁木齐	91.19	16	120.78	18	140.50	19	16.37
呼和浩特	25.70	24	67.10	23	95.31	23	38.50
银　川	16.72	26	48.60	26	52.96	26	9.00
西　宁	19.68	25	53.82	25	69.27	25	28.71
拉　萨	4.39	27	4.66	27	48.54	27	45.33
广　州	618.25	1	923.67	1	978.21	1	5.90
福　州	174.75	7	255.01	10	257.07	15	8.20
杭　州	232.34	4	515.49	2	629.27	2	22.10
南　京	233.86	3	412.20	5	464.91	5	12.79
海　口	62.09	19	64.04	24	72.10	24	11.20
沈　阳	136.90	9	262.24	8	302.81	9	15.47
哈尔滨	134.30	10	253.70	11	311.78	8	22.90
长　春	108.70	13	235.20	13	285.00	12	21.20
石家庄	194.80	6	361.10	6	380.87	6	5.47
太　原	69.33	17	104.77	20	122.71	20	17.12
合　肥	58.96	20	130.92	17	142.54	18	8.90
南　昌	53.42	21	79.87	22	96.87	22	21.30
济　南	112.76	12	305.95	7	344.15	7	12.49
郑　州	165.60	8	258.40	9	295.66	10	14.40
武　汉	322.23	2	461.93	4	508.44	4	10.00
长　沙	104.95	14	202.32	15	279.80	13	38.30

16-14 各省会城市社会消费品零售总额

单位：亿元

城　市	1995年	位 次	2000年	位 次	2001年	位 次	2001年比2000年增长（%）
南　宁	83.99	18	149.59	17	163.44	18	9.30
昆　明	126.26	15	239.53	15	265.28	15	10.70
成　都	285.97	4	554.21	4	627.52	3	13.20
贵　阳	59.23	22	108.53	22	121.66	22	12.10
西　安	182.22	9	328.47	12	365.90	13	11.40
兰　州	96.70	16	160.10	16	173.88	16	8.90
乌鲁木齐	77.52	20	122.80	21	134.60	21	9.54
呼和浩特	43.10	24	69.50	24	79.87	24	15.00
银　川	24.33	26	41.54	26	45.47	26	9.50
西　宁	35.47	25	52.71	25	57.60	25	9.30
拉　萨	8.90	27	20.43	27	24.00	27	17.50
广　州	549.97	1	1121.13	1	1243.00	1	11.00
福　州	133.27	13	351.77	9	386.28	10	9.80
杭　州	234.76	7	403.95	7	458.82	7	13.60
南　京	240.20	6	419.81	6	465.83	6	11.00
海　口	49.90	23	74.06	23	81.03	23	9.40
沈　阳	295.40	3	566.01	3	623.50	4	10.20
哈尔滨	245.80	5	454.80	5	503.00	5	10.60
长　春	131.80	14	311.20	13	385.00	11	12.50
石家庄	164.80	10	330.88	11	369.10	12	11.60
太　原	87.01	17	147.75	19	161.13	19	9.10
合　肥	78.44	19	148.27	18	164.60	17	11.00
南　昌	73.64	21	144.41	20	160.81	20	11.40
济　南	188.02	8	354.71	8	397.50	8	12.10
郑　州	164.10	11	345.60	10	386.50	9	11.80
武　汉	302.61	2	606.10	2	685.00	2	13.00
长　沙	159.93	12	307.88	14	344.97	14	12.10

16-15　各省会城市海关进出口贸易总额

单位：万美元

城　市	1995年	位次	2000年	位次	2001年	位次	2001年比2000年增长（%）
南　宁	**17594**	**19**	**66164**	**20**	**53733**	**21**	**-18.5**
昆　明	174300	4	115100	15	134097	13	16.5
成　都	150500	8	148100	10	189528	9	28.0
贵　阳	35865	15	49000	22	49427	22	0.9
西　安	40220	14	173700	7	170000	10	-2.3
兰　州	44700	13	40400	23	46000	23	13.1
乌鲁木齐	87277	11	109180	17	63142	20	-29.5
呼和浩特	3644	21	7001	26	7580	26	8.3
银　川			25500	24	27900	24	9.4
西　宁	16268	20	13504	25	18309	25	35.6
拉　萨	1272	22	1117	27	1300	27	16.4
广　州	4071119	1	2338100	1	2303700	1	-1.4
福　州			507640	3	537892	4	5.6
杭　州			1047700	2	1129800	2	7.8
南　京	144322	9	409895	4	958834	3	5.4
海　口	124900	10	50200	21	91382	19	69.5
沈　阳	161834	5	268348	5	279178	5	4.0
哈尔滨	183000	3	121000	14	127000	15	5.0
长　春	17900	18	171000	8	230000	6	33.5
石家庄			76000	19	94200	18	24.0
太　原	19256	17	135572	12	132200	14	17.7
合　肥	150600	7	190868	6	205416	8	7.0
南　昌			111555	16	97200	17	-12.9
济　南	66587	12	143935	11	150000	12	4.3
郑　州	27882	16	89982	18	99377	16	10.4
武　汉	153966	6	133361	13	215600	7	6.0
长　沙	201700	2	164419	9	165100	11	0.4

16-16 各省会城市海关出口贸易总额

单位：万美元

城 市	1995年	位 次	2000年	位 次	2001年	位 次	2001年比2000年增长(%)
南 宁	**6988**	**20**	**51238**	**19**	**43053**	**20**	**-15.6**
昆 明	105200	4	71300	14	78033	14	9.4
成 都	109200	3	81800	11	89368	11	9.2
贵 阳	31306	12	30600	21	33115	21	8.3
西 安	30094	13	106100	7	88000	12	-17.0
兰 州	36100	11	28100	22	31000	22	10.7
乌鲁木齐	54145	9	79422	12	43613	19	-37.7
呼和浩特	2675	21	5215	26	6540	26	25.4
银 川			23100	23	22500	23	-2.6
西 宁	13807	18	8047	25	13585	25	44.5
拉 萨			132	27	119	27	-10.0
广 州	956700	1	1179000	1	1162400	1	-1.4
福 州			270334	3	299856	4	10.4
杭 州			696600	2	728400	2	4.6
南 京	79824	8	178635	4	575100	3	7.1
海 口	23400	16	17000	24	21175	24	16.2
沈 阳	91657	6	129702	6	125093	6	-3.6
哈 尔 滨	96000	5	70000	15	63000	17	-10.0
长 春	14000	17	77000	13	98000	9	25.1
石 家 庄	29000	14	51000	20	70400	15	38.0
太 原	12167	19	87932	10	105300	7	19.7
合 肥			132402	5	141054	5	5.9
南 昌			88728	9	79600	13	-10.3
济 南	36775	10	57108	18	59000	18	4.0
郑 州	24825	15	62145	17	65743	16	5.8
武 汉	80109	7	64924	16	94700	10	-19.0
长 沙	145100	2	105091	8	104800	8	-0.3

16-17 各省会城市实际利用外资

单位：万美元

城市	1995年	2000年	2001年	2001年比2000年增长（%）
南宁	18280	8409	11269	34.0
昆明		1228		
成都	12100	26474	30972	17.0
贵阳	3979	5301	5941	12.1
西安	18653	15633	17700	13.5
兰州		7101	11000	54.9
乌鲁木齐	3272	431	1690	2.9倍
呼和浩特	1434	3485	4983	43.0
银川	4111	602	976	62.1
西宁		733	456	62.2
拉萨				
广州	225300	311500	332700	6.8
福州	112507	80087	100198	25.1
杭州	42659	43100	50300	16.8
南京	41531	98693	95207	-3.5
海口	43300	20100	29579	-14.7
沈阳	66521	104390	120827	15.7
哈尔滨	15545	20314	22000	8.4
长春	18000	36000	50000	38.9
石家庄	14000	14841	19804	32.2
太原	4500	7280	6920	-4.9
合肥	29780	12743	17600	33.9
南昌	12537	3288	12800	2.9
济南	25294	31981	43000	33.0
郑州	15020	11318	9088	-19.7
武汉	111514	130279	143201	10.0
长沙	15400	17707	26527	49.8

16-18 各省会城市境外旅游者人数

单位：万人次

城　市	1995年	2000年	2001年	2001年比2000年增长（%）
南　宁	2.01	4.56	5.67	24.34
昆　明	39.76	52.02	59.08	13.60
成　都	11.80	25.93	34.60	33.30
贵　阳	4.65	4.96	5.95	19.90
西　安	41.35	65.04	67.00	3.40
兰　州	3.00	4.26	3.90	-8.45
乌鲁木齐	5.78	13.44	11.51	-14.40
呼和浩特	1.72	2.90	2.03	-30.00
银　川	0.19	0.72	0.49	-31.94
西　宁	0.48	0.98	1.20	22.45
拉　萨	1.23	2.63	2.63	平
广　州		420.73	442.37	5.14
福　州	12.77	32.02	28.88	-9.80
杭　州	44.13	70.71	81.94	15.80
南　京	23.17	41.90	46.98	12.10
海　口	15.51	13.26	11.20	-15.50
沈　阳	10.40	16.12	17.70	9.70
哈尔滨	6.90	15.50	17.00	9.70
长　春	3.00	5.60	6.00	9.10
石家庄	1.26	2.80	4.31	53.93
太　原	2.36	4.79	4.37	-8.77
合　肥	2.15	3.46	3.92	13.20
南　昌	1.99	3.70	4.14	11.90
济　南	5.45	10.40	9.80	-6.20
郑　州	6.20	8.10	16.30	4.90
武　汉	9.44	22.16	28.60	29.00
长　沙	4.03	22.18	23.52	6.00

16-19　各省会城市旅游外汇收入

单位：万美元

城　市	1995年	2000年	2001年	2001年比2000年增长（%）
南　宁	**834**	**691**	**1340**	**93.92**
昆　明	9253	13707	15824	15.40
成　都	4400	8108	11700	43.70
贵　阳	1218	1484	1633	10.00
西　安	12100	27000	29000	7.40
兰　州	218	1112	795	-28.51
乌鲁木齐	1613	3898	3156	-18.40
呼和浩特	672		390	
银　川	90	180	215	19.44
西　宁	202	740	150	-79.73
拉　萨				
广　州		150580	165200	7.00
福　州	1763	21758	20800	-4.40
杭　州	14519	29200	37300	27.70
南　京	10200	22100	24400	10.40
海　口	5401	3118	2645	-15.20
沈　阳	4240	8100	10589	30.70
哈尔滨	1184	5772	6701	16.10
长　春	1430	2261	3072	35.90
石家庄	753	812	2609	2.2倍
太　原	755	2254	1811	-19.65
合　肥	800	2064	2317	12.20
南　昌	888	2578	2913	13.00
济　南	1851	3152	3374	7.00
郑　州	3797	4653	5013	7.70
武　汉	5599	9847	12138	23.80
长　沙		11900	13500	13.40

16-20 各省会城市财政总收入

单位：亿元

城　市	1995年	位 次	2000年	位 次	2001年	位 次	2001年比2000年增长（%）
南　宁	17.11	19	30.30	19	38.53	19	27.16
昆　明	73.55	1	119.45	6	123.02	8	3.0
成　都	52.89	7	120.77	5	145.32	7	22.5
贵　阳	25.42	14	54.55	13	63.26	15	12.4
西　安	18.21	17	69.00	11	83	12	20.3
兰　州	18.70	16	27.30	20	34.7	21	26.9
乌鲁木齐	27.79	13	47.53	16	75.04	13	57.9
呼和浩特	9.50	21	20.45	22	22.91	22	12.0
银　川	8.40	22	23.40	21	17.48	24	
西　宁	5.04	23	8.76	24	10.69	25	22.0
拉　萨	0.87	24	5.97	25			
广　州							
福　州	37.84	10	74.89	10	91.11	11	21.7
杭　州	55.13	6	142.85	3	188.46	3	31.9
南　京	65.17	3	164.58	2	204.77	1	24.4
海　口	14.19	20	17.90	23	22.27	23	24.4
沈　阳	66.66	2			154.1	5	28.7
哈尔滨	48.50	8	85.30	7	103.1	9	20.9
长　春	36.50	11	76.02	9	97.4	10	28.2
石家庄	32.81	12	61.70	12	71.86	14	16.5
太　原			31.13	18	35.16	20	12.9
合　肥	18.07	18	41.90	17	49.29	18	17.6
南　昌	22.04	15	44.60	15	52.43	17	17.6
济　南	58.60	5	169.80	1	202.2	2	19.1
郑　州	43.70	9	81.90	8	157	4	
武　汉	59.60	4	126.15	4	150.18	6	21.8
长　沙			51.09	14	63.04	16	23.4

16-21 各省会城市地方财政收入

单位：亿元

城　市	1995年	位 次	2000年	位 次	2001年	位 次	2001年比2000年增长（%）
南　宁	**9.12**	**21**	**17.34**	**21**	**24.30**	**19**	**40.13**
昆　明	26.50	5	56.34	7	59.84	9	6.20
成　都			58.76	6	77.65	6	32.10
贵　阳	8.63	22	24.14	18	27.97	17	15.80
西　安	18.21	11	46.96	11	55.90	11	19.10
兰　州	10.10	19	16.60	22	18.30	22	10.20
乌鲁木齐	13.65	14	28.05	16	34.84	16	24.20
呼和浩特	4.40	23	13.07	24	14.10	24	10.50
银　川	2.42	25	8.86	25	11.58	25	30.70
西　宁	2.95	24	6.34	26	7.79	26	22.90
拉　萨	0.87	26	1.85	27	2.11	27	14.10
广　州	97.08	1	200.55	1	246.19	1	23.10
福　州	25.82	6	55.35	8	68.56	7	23.90
杭　州	23.04	8	69.19	4	104.28	3	50.70
南　京	29.43	3	92.57	2	112.64	2	21.70
海　口	10.92	17	13.49	23	16.36	23	21.30
沈　阳	35.60	2	61.12	5	80.80	5	34.30
哈尔滨	25.40	7	53.60	10	65.40	8	21.60
长　春	12.10	16	30.40	15	36.30	15	19.40
石家庄	19.26	9	37.71	13	44.33	14	17.50
太　原	13.43	15	21.48	19	24.16	20	12.50
合　肥	9.22	20	24.38	17	27.69	18	13.60
南　昌	10.14	18	19.13	20	22.49	21	17.50
济　南	16.99	13	49.05	9	59.60	10	21.50
郑　州	17.10	12	46.00	12	55.90	11	21.50
武　汉	28.84	4	69.77	3	86.16	4	28.70
长　沙	18.92	10	36.06	14	46.02	13	27.60

16-22　各省会城市地方财政支出

单位：亿元

城　市	1995年	位次	2000年	位次	2001年	位次	2001年比2000年增长（%）
南　宁	**9.46**	**21**	**21.59**	**20**	**25.74**	**22**	**19.22**
昆　明	36.14	5	70.27	7	72.05	8	2.50
成　都	35.21	6	82.92	5	105.66	4	27.40
贵　阳	13.11	18	31.06	16	36.18	16	16.50
西　安	18.42	14	51.89	11	57.30	14	10.50
兰　州	11.80	19	21.20	22	31.50	17	48.10
乌鲁木齐	13.32	17	21.38	21	27.93	21	30.70
呼和浩特	8.20	23	19.78	23	22.54	23	13.50
银　川	3.71	25	10.81	26	14.43	25	33.40
西　宁	3.40	26	10.84	25	14.92	24	37.40
拉　萨	2.93	27	5.92	27	7.89	27	33.30
广　州	111.24	1	240.72	1	292.63	1	21.60
福　州	27.45	8	54.04	10	63.34	10	17.20
杭　州	24.91	10	73.43	6	104.93	5	42.90
南　京	36.22	4	101.29	2	117.72	3	16.20
海　口	8.01	24	11.13	24	13.82	26	24.20
沈　阳	45.90	2	92.49	3	103.50	6	17.70
哈尔滨	40.80	3	69.60	8	93.60	7	21.40
长　春	25.70	9	51.10	12	58.97	13	15.40
石家庄	23.30	11	49.06	14	59.42	12	21.11
太　原	14.67	16	24.59	18	29.74	19	21.00
合　肥	8.58	22	25.78	17	30.69	18	20.10
南　昌	10.21	20	23.79	19	28.32	20	19.00
济　南	19.63	13	55.42	9	70.40	9	28.60
郑　州	17.80	15	50.90	13	63.00	11	23.80
武　汉	31.37	7	89.04	4	119.60	2	34.30
长　沙	21.60	12	42.92	15	55.32	15	28.90

16-23　各省会城市金融机构存款余额

单位：亿元

城　市	1995年	位次	2000年	位次	2001年	位次
南　宁	**206.36**	**19**	**619.40**	**20**	**672.66**	**21**
昆　明	391.98	10	1138.28	12	1295.21	12
成　都	775.75	2	1890.43	4	2257.12	4
贵　阳	138.64	22	530.04	23	645.22	22
西　安	359.51	12	1335.63	7	1629.70	7
兰　州	263.30	18	671.90	17	802.00	17
乌鲁木齐	272.95	17	661.91	19	772.95	19
呼和浩特	103.70	23	316.57	24	368.90	24
银　川	79.33	24	208.02	26	266.84	26
西　宁	46.91	25	214.57	25	279.65	25
拉　萨	13.84	26	94.46	27	147.28	27
广　州	2001.96	1	5545.19	1	6228.04	1
福　州	397.14	9	1033.85	13	1251.02	13
杭　州	707.97	4	2088.47	2	2621.51	2
南　京	622.33	6	1963.44	3	2293.02	3
海　口			564.39	21	531.80	23
沈　阳	763.90	3	1700.50	5	1907.00	6
哈尔滨	508.00	7	1256.70	10	1495.40	9
长　春	290.76	16	1013.20	14	1158.40	14
石家庄	367.00	11	1313.15	8	1470.74	10
太　原	321.64	14	866.24	15	1121.61	15
合　肥	199.03	20	562.80	22	710.94	20
南　昌	191.21	21	670.03	18	791.05	18
济　南	438.01	8	1274.96	9	1457.50	11
郑　州	342.70	13	1215.40	11	1627.30	8
武　汉	631.35	5	1694.32	6	2014.86	5
长　沙	306.02	15	826.18	16	986.85	16

16-24 各省会城市金融机构贷款余额

单位：亿元

城 市	1995年	位次	2000年	位次	2001年	位次
南 宁	110.76	23	443.50	20	490.94	22
昆 明	261.33	14	840.31	14	943.77	14
成 都	672.54	3	1487.15	4	1762.27	4
贵 阳	117.17	22	404.51	22	486.31	23
西 安	334.50	10	972.51	11	1186.00	12
兰 州	223.80	17	588.80	17	649.50	19
乌鲁木齐	211.69	18	580.16	19	658.13	18
呼和浩特	93.30	24	261.19	24	287.60	24
银 川	83.29	25	194.05	25	225.40	26
西 宁	138.11	21	184.16	26	236.18	25
拉 萨			57.41	27	68.93	27
广 州	1312.15	1	3895.49	1	4336.50	1
福 州	236.08	16	883.05	12	1157.15	13
杭 州	567.21	5	1686.64	3	2087.70	2
南 京	447.13	7	1706.44	2	1962.27	3
海 口			389.53	23	607.61	20
沈 阳	715.90	2	1392.17	5	1547.30	5
哈尔滨	487.40	6	1050.40	9	1466.60	7
长 春	384.95	8	1243.80	7	1344.80	9
石家庄	301.30	11	973.83	10	1349.27	8
太 原	290.43	12	631.38	16	820.94	15
合 肥	202.66	20	587.50	18	705.10	17
南 昌	204.31	19	435.48	21	517.72	21
济 南	337.26	9	1069.31	8	1292.00	10
郑 州	287.40	13	881.90	13	1256.80	11
武 汉	634.53	4	1342.94	6	1518.73	6
长 沙	240.84	15	631.57	15	778.28	16

16-25 各省会城市居民消费价格总指数

单位：%

城　市	1995年	位次	2000年	位次	2001年	位次
南　宁	118.60	4	100.00	18	102.80	4
昆　明	119.10	2	97.50	27	100.60	12
成　都	117.50	7	100.20	15	100.80	10
贵　阳	119.20	1	98.70	25	103.20	2
西　安	117.00	14	100.20	14	98.70	25
兰　州	115.50	22	99.30	21	102.10	6
乌鲁木齐	117.40	8	100.70	9	105.00	1
呼和浩特	117.00	13	103.00	2	100.40	14
银　川	117.30	10	99.20	22	101.40	8
西　宁	119.00	3	99.90	19	103.20	2
拉　萨			99.70	20	101.80	7
广　州	113.50	24	102.80	3	98.90	23
福　州	118.20	6	101.70	6	98.70	25
杭　州	116.50	16	100.80	8	99.50	19
南　京	115.10	23	100.00	17	99.90	17
海　口	110.80	25	97.80	26	98.80	24
沈　阳	116.00	19	100.10	16	100.00	16
哈尔滨	115.80	21	100.20	13	101.20	9
长　春	115.90	20	98.80	24	102.30	5
石家庄	116.10	18	100.60	12	99.80	18
太　原	116.80	15	103.60	1	99.00	22
合　肥	117.10	12	101.30	7	99.40	21
南　昌	116.20	17	102.60	4	100.60	12
济　南	117.30	9	100.60	11	100.30	15
郑　州	110.40	26	99.00	23	100.70	11
武　汉	118.40	5	100.60	10	99.50	19
长　沙	117.10	11	101.70	5	98.40	27

16-26 各省会城市城镇居民人均可支配收入

单位：元

城　市	1995年	位 次	2000年	位 次	2001年	位 次	2001年比2000年增长（%）
南　宁	**5544**	**5**	**7448**	**9**	**7906**	**8**	**6.1**
昆　明	4739	9	7563	8	7790	11	6.1
成　都	5074	6	7649	7	8128	7	6.3
贵　阳	4550	13	6453	15	6909	15	7.1
西　安	3914	21	6364	18	6705	18	5.4
兰　州	3278	26	5850	21	6325	23	8.1
乌鲁木齐	4593	12	7252	11	7897	9	8.9
呼和浩特	3008	27	5582	25	6182	26	10.7
银　川	3932	20	5622	24	6257	24	11.3
西　宁	3443	24	5299	27	6041	27	14.0
拉　萨	4460	15	7300	10	7869	10	7.2
广　州	9038	1	13967	1	14694	1	5.2
福　州	4896	8	7944	6	8675	5	9.2
杭　州	6301	3	9668	2	10896	2	11.9
南　京	4996	7	8233	4	8848	3	7.5
海　口	6670	2	7103	12	7755	12	9.2
沈　阳	4083	19	5850	20	6386	21	9.2
哈 尔 滨	3706	22	5632	23	6407	20	13.8
长　春	3305	25	5550	26	6339	22	14.2
石 家 庄	4151	17	6443	16	6805	17	5.6
太　原	3585	23	6019	19	6500	19	8.0
合　肥	4657	11	6389	17	6817	16	6.7
南　昌	3280	26	5734	22	6206	25	8.3
济　南	4721	10	8471	3	8607	6	12.9
郑　州	4535	14	6458	14	7266	14	12.5
武　汉	4170	16	6761	13	7305	13	8.0
长　沙	4142	18	7986	5	8704	4	9.0

16-27 各省会城市城镇居民人均居住面积

单位：平方米

城　市	1995年	位次	2000年	位次	2001年	位次	2001年比2000年增长（%）
南　宁	**7.10**	**21**	**9.00**	**20**			
昆　明			12.10	5	14.20	4	2.00
成　都	8.70	7	11.60	7	12.00	7	3.40
贵　阳	7.60	17	9.10	19	13.50	5	0.70
西　安	7.70	15	10.20	13	10.90	11	7.90
兰　州	7.30	18	8.70	22			
乌鲁木齐	8.00	13	9.90	17			
呼和浩特	7.60	16	9.00	20			
银　川	8.60	8	10.00	16	10.65	14	6.40
西　宁	7.00	23	10.10	14	10.50	16	4.20
拉　萨	20.20	1	14.00	3			
广　州	9.60	4	13.10	4	13.36	6	1.80
福　州	9.30	5	11.20	8	11.40	8	1.80
杭　州	8.30	9	10.60	10	11.20	9	5.70
南　京	8.10	11	10.00	15	10.70	12	0.80
海　口	10.10	2	16.40	1	17.30	2	5.50
沈　阳	6.90	24	8.40	23	8.80	21	5.00
哈尔滨	7.00	22	9.00	20	9.60	20	6.30
长　春	7.20	21	9.50	18	9.90	18	4.20
石家庄							
太　原	8.20	10	10.90	9	10.55	15	4.10
合　肥	9.70	3	14.60	2	15.10	3	3.40
南　昌	9.20	6			10.41	17	0.10
济　南	8.00	12	10.50	11	10.70	12	1.90
郑　州	7.90	14	12.00	6	20.70	1	4.50
武　汉	7.20	19	8.80	21	9.65	19	9.66
长　沙	7.30	18	10.40	12	10.95	10	5.10

16-28 各省会城市农民人均纯收入

单位：元

城 市	1995年	位 次	2000年	位 次	2001年	位 次	2001年比2000年增长（%）
南 宁	**1326**	**22**	**2184**	**22**	**2321**	**21**	**6.3**
昆 明	1435	20	2220	21	2318	22	4.4
成 都	1649	15	2926	12	3111	11	5.1
贵 阳	1624	17	2104	23	2229	23	5.9
西 安	1353	21	2344	20	2490	20	6.2
兰 州	1142	25	2005	24	2134	24	6.4
乌鲁木齐	2135	7	3398	6	3580	5	5.4
呼和浩特	1243	24	2538	17	2561	18	0.9
银 川	1683	14	2712	14	2852	14	5.1
西 宁	895	27	1512	27	1671	27	10.5
拉 萨	935	26	1666	26	1816	26	9.0
广 州	4483	1	6086	1	6446	1	5.9
福 州	2303	5	3860	4	4015	4	4.0
杭 州	3012	3	4496	2	4896	2	8.9
南 京	2471	4	4062	3	4311	3	6.1
海 口	3013	2	3435	5	3539	6	3.0
沈 阳	1813	12	3135	8	3230	7	3.0
哈尔滨	2152	6	2477	18	2618	17	5.7
长 春	1841	10	2568	16	2785	15	15.1
石家庄	1995	8	3158	7	3149	10	-0.3
太 原	1444	19	2643	15	2738	16	3.6
合 肥	1300	23	1975	25	2032	25	2.9
南 昌	1626	16	2390	19	2517	19	5.3
济 南	1813	11	3047	9	3216	9	5.5
郑 州	1555	18	2912	13	3068	13	8.0
武 汉	1842	9	2953	11	3100	12	5.0
长 沙	1737	13	3005	10	3218	8	7.2

16-29 各省会城市卫生技术人员

单位：人

城 市	1995年	位 次	2000年	位 次	2001年	位 次	2001年比2000年增长（%）
南 宁	**17557**	**21**	**18196**	**21**	**18504**	**17**	**1.69**
昆 明	30527	11	32190	11	31171	12	-3.20
成 都	52300	4	55200	3	53300	3	-3.40
贵 阳	19815	19	20127	18	16244	21	0.50
西 安	41497	6	46917	5	42000	6	-10.50
兰 州	21344	18	19663	19	16800	20	-14.56
乌鲁木齐	18378	20	18317	20	17588	18	-4.00
呼和浩特	9557	24	10879	23			
银 川	6539	25	6908	25	7178	23	3.90
西 宁	9973	23	9908	24	9617	22	-2.50
拉 萨	2577	27	2465	27	2328	25	-5.60
广 州	52851	3	55677	2	56300	1	1.10
福 州	24180	15	24921	16	25378	15	1.80
杭 州	34245	9	35500	8	36600	8	3.10
南 京	36376	8	35270	10	34640	11	-1.80
海 口	6210	26	5929	26	5870	24	-1.00
沈 阳	55332	2	47943	4	47674	4	-0.60
哈 尔 滨	50000	5	43000	6	47176	5	0.50
长 春	38000	7	35370	9	36000	9	2.90
石 家 庄	29718	14	30157	13			
太 原	30101	13	29483	14	37491	7	27.20
合 肥	17293	22	17225	22	17329	19	0.60
南 昌	22300	16	22500	17	22235	16	-1.10
济 南	32848	10	35669	7	35790	10	0.30
郑 州	30500	12	31000	12	28600	13	-8.20
武 汉	58860	1	56444	1	54800	2	-2.90
长 沙	21518	17	27460	15	28187	14	34.90

16-30 各省会城市普通高等学校在校学生人数

单位：人

城　市	1995年	位 次	2000年	位 次	2001年	位 次	2001年比2000年增长（%）
南　宁	**30391**	**20**	**54800**	**20**	**63802**	**20**	**16.43**
昆　明	41100	16	69163	17	94900	16	37.10
成　都	77500	6	140700	5	188800	5	34.20
贵　阳	24860	23	52917	21	62000	21	17.20
西　安	108670	2	194089	3	254400	3	46.20
兰　州	38702	17	72281	16	72300	19	0.03
乌鲁木齐	28136	21	45029	22	58200	22	29.40
呼和浩特	24969	22	43745	23	56000	23	28.10
银　川	9873	24	15901	24	20100	24	26.60
西　宁	6870	25			17900	25	39.80
拉　萨	1571	27	2002	26	3200	27	49.30
广　州	95429	4	185078	4	244700	4	32.20
福　州	34162	19	67700	18	91500	17	23.80
杭　州	63124	10	112800	11	174900	6	42.90
南　京	103719	3	216875	2	277600	2	28.00
海　口	4658	26	12279	25	12100	26	-1.60
沈　阳	88067	5	130505	7	168000	9	20.00
哈尔滨	71981	7	132000	6	148000	12	11.60
长　春	70774	8	128954	8	156000	11	20.90
石家庄	48312	13	73997	14	108213	13	46.24
太　原	44480	15	72700	15	101200	15	39.20
合　肥	35709	18	58897	19	84000	18	42.40
南　昌	45900	14	78300	13	102300	14	30.70
济　南	56550	12	92846	12	170833	8	83.99
郑　州	59000	11	117000	10	162000	10	38.40
武　汉	150019	1	251900	1	308300	1	22.40
长　沙	64866	9	125582	9	172600	7	37.44

16-31　各省会城市各类专业技术人员

单位：人

城　市	1995年	2000年	2001年	2001年比 2000年增长 (%)
南　宁	**47219**	**52742**	**51600**	**-2.16**
昆　明	209795	231000	22230	-3.80
成　都	407400	386000		
贵　阳	47869	147800	168700	14.10
西　安	355000	369700	373000	1.30
兰　州	220148		249100	
乌鲁木齐	101261	119300	122300	2.51
呼和浩特	112832		118700	
银　川	58943		62300	
西　宁	4025			
拉　萨	735	570		
广　州	379504	437400	446100	2.00
福　州	75475	241800	237400	-1.82
杭　州	233000	230400	221400	-3.91
南　京	315636	288419	294100	1.97
海　口	8201	13700	10200	-25.50
沈　阳	448381	486000	464000	-4.53
哈尔滨	342807	373000	354800	-4.88
长　春	319148	317800	469000	47.40
石家庄	395946	482200	499300	3.54
太　原	252753			
合　肥	178876	214800	222700	3.70
南　昌	69500	73300	72900	-0.55
济　南	296051		347000	
郑　州		428000	436000	1.90
武　汉	448000		548700	
长　沙	211636	231436	248900	7.60

16-32 各省会城市年末电话用户数

单位：万户

城 市	1995年	2000年	2001年	2001年比 2000年增长 (%)
南 宁	**22.89**	**82.57**	**91.51**	**12.87**
昆 明	28.00	108.89	251.30	33.59
成 都	54.83	175.12	450.00	63.32
贵 阳	15.72	48.93	128.78	52.44
西 安	48.25	141.28	324.83	51.52
兰 州	32.00	68.00	157.55	48.14
乌鲁木齐	21.00	42.97	122.92	68.08
呼和浩特	10.60	29.22	75.48	77.52
银 川	11.83	29.36	52.68	35.11
西 宁	9.00	0.00	50.44	28.15
拉 萨	0.70	4.82	14.32	60.00
广 州	186.34	329.38	935.59	48.52
福 州	57.00	122.84	264.86	14.09
杭 州	80.49	213.07	396.90	51.99
南 京	84.19	131.85	296.12	13.02
海 口	24.78	32.05	75.00	45.26
沈 阳	76.15	174.40	366.58	32.03
哈尔滨	69.00	141.90	363.91	38.28
长 春	52.83	110.61	270.20	42.14
石家庄	45.46	117.03	233.32	26.26
太 原	18.29	65.01	151.69	49.27
合 肥	27.84	68.09	154.32	54.19
南 昌	25.73	74.10	160.79	37.62
济 南	42.58	106.34	218.60	130.78
郑 州	51.90	204.50	282.21	42.67
武 汉	86.63	247.50	351.52	64.69
长 沙	39.00	115.81	224.61	34.30

注：年末电话用户含移动电话用户。

16-33 各省会城市城市人均公共绿地面积

单位：平方米

城　市	1995年	2000年	2001年	2001年比2000年增长（%）
南　宁	**6.5**	**6.1**	**6.3**	**3.0**
昆　明	5.7	7.0	7.7	11.2
成　都	2.2	2.7	2.8	3.7
贵　阳	9.0	12.7	12.4	-2.1
西　安	3.8	5.1	5.2	1.6
兰　州	3.0	2.6	2.7	4.7
乌鲁木齐	4.0	4.6	4.7	2.3
呼和浩特	3.1	5.9	4.3	-26.6
银　川	3.6	4.4	4.7	6.8
西　宁		3.9	4.5	14.2
拉　萨	6.7	11.6	9.5	-17.9
广　州	4.7	7.9	9.2	16.5
福　州	5.0	7.0	7.1	0.6
杭　州		7.4	7.8	5.3
南　京	8.0	8.8	9.3	5.2
海　口	24.5	29.4	30.6	4.1
沈　阳		4.3	4.7	9.3
哈尔滨	4.0	4.6	4.7	2.2
长　春		23.5	7.9	6.8
石家庄	4.8	5.7		
太　原	3.5	5.7		
合　肥	7.4	7.7	7.0	-9.2
南　昌	4.8	4.9	5.0	0.8
济　南		7.2	7.3	1.4
郑　州		5.2	5.1	-1.2
武　汉	4.1	7.7	8.1	5.1
长　沙	18.5	6.4	7.3	14.1

指标解释

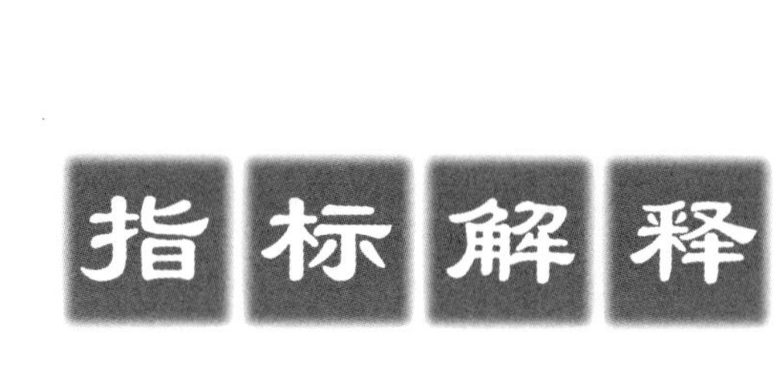

EXPLANATORY NOTES ON STATISTICAL INDICATORS

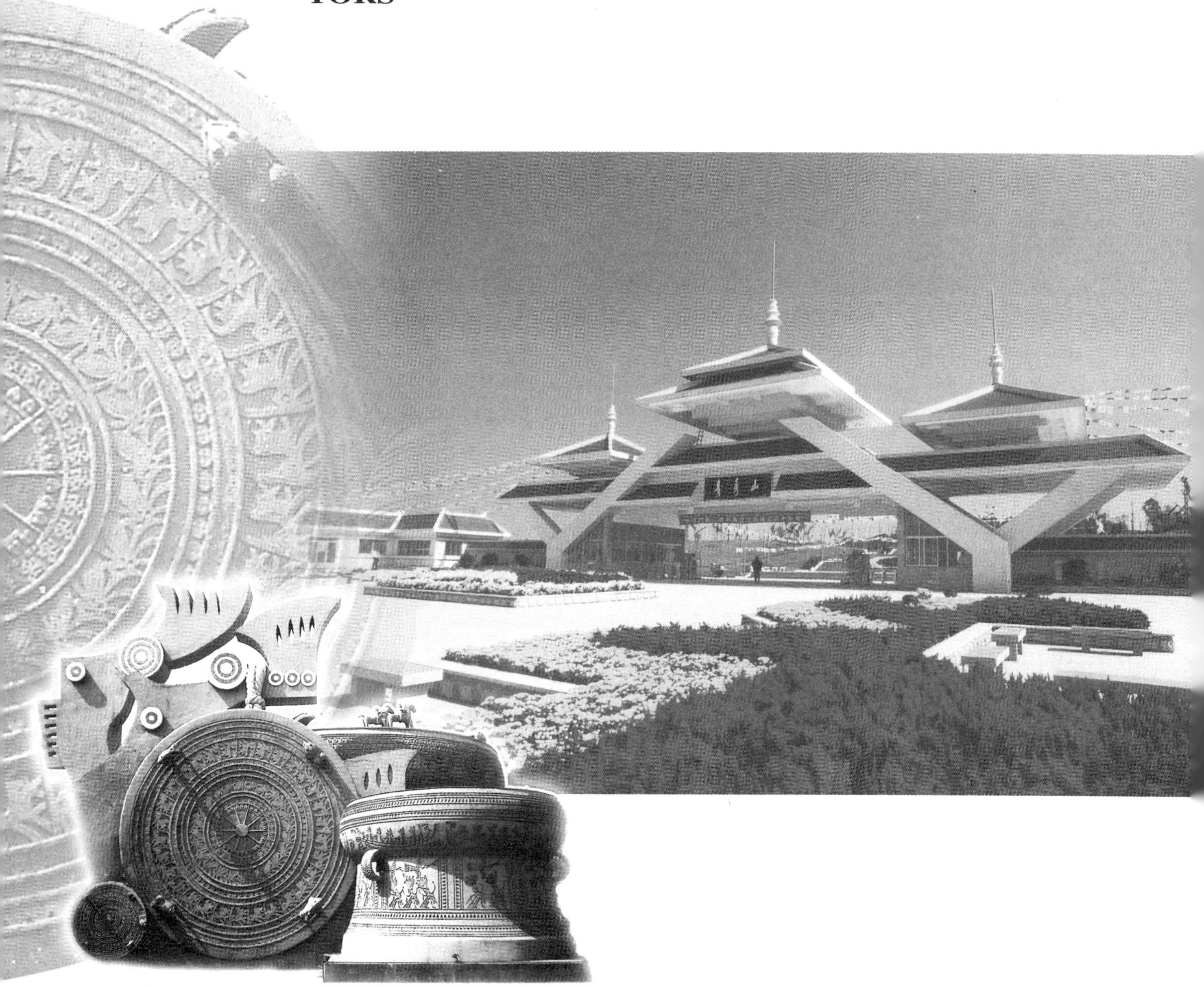

主要指标解释

国内生产总值 是按市场价格计算的国内生产总值的简称。它是一个国家(地区)所有常住单位在一定时期内生产活动的最终成果。国内生产总值有三种表现形态，即价值形态、收入形态和产品形态。从价值形态看，它是所有常住单位在一定时期内所生产的全部货物和服务价值超过同期投入的全部非固定资产货物和服务价值的差额，即所有常住单位的增加值之和；从收入形态看，它是所有常住单位在一定时期内所创造并分配给常住单位和非常住单位的初次分配收入之和；从产品形态看，它是最终使用的货物和服务减去进口货物和服务。在实际核算中，国内生产总值的三种表现形态表现为三种计算方法，即生产法、收入法和支出法。三种方法分别从不同的方面反映国内生产总值及其构成。

可比价格 指在不同时期的价值指标对比时，扣除了价格变动的因素，以确切反映物量的变化。按可比价格计算有两种方法：一种是直接用产品产量乘某一年的不变价格计算；另一种是用价格指数换算。

不变价格 指用同类产品的年平均价格作为固定价格，来计算各年产品价值。按不变价格计算的产品价值消除了价格变动因素，不同时期对比可以反映生产的发展速度。新中国成立后，随着工农业产品价格水平的变化，国家统计局先后五次制定了全国统一的工业产品不变价格和农业产品不变价格，从 1949 年到 1957 年使用 1952 年工(农)业产品不变价格，从 1957 年到 1971 年使用 1957 年不变价格，1971 年到 1981 年使用 1970 年不变价格，从 1981 年到 1990 年使用 1980 年不变价格，从 1990 年开始使用 1990 年不变价格。

平均每年增长速度 在我国计算平均增长速度有两种方法，一种是习惯上经常使用的"水平法"，又称几何平均法，是以间隔期最后一年的水平同基期水平对比来计算平均每年增长(或下降)速度。另一种是"累计法"，又称代数平均法或方程法，是以间隔期内各年水平的总和同基期水平对比来计算平均每年增长(或下降)速度。

在一般正常情况下，两种方法计算的平均每年增长速度比较接近，但在经济发展不平衡，出现大起大落时，两种方法计算的结果差别较大。

国有经济单位 指生产资料归国家所有的各种企业、事业单位，以及各级国家机关、人民团体等单位。

集体经济单位 指生产资料归公民集体所有的各种企业、事业单位。包括农村各种经济组织经营的农、林、牧、副、渔业，乡、村经营的企业、事业单位；城市、县、镇以及街道举办的集体经济性质的企业、事业单位。

私营经济单位 指生产资料归公民私人所有的单位。包括私营独资企业、私营合伙企业和私营有限责任公司。

联营经济单位 指不同所有制性质的企业之间或者企业、事业单位之间共同投资组成新的经济实体。包括紧密型联营企业，半紧密型联营企业和松散型联营企业。

股份制经济单位 指全部注册资本由全体股东共同出资，并以股份形式投资举办企业。主要包括股份有限公司和有限责任公司。

外商投资经济单位 指外国投资者根据中华人民共和国有关涉外经济的法律、法规，以合资、合作或独资的形式在中国大陆境内开办企业。包括中外合资经营企业、中外合作经营企业和外资企业。

港澳台投资经济单位 指港、澳、台地区投资者参照中华人民共和国有关涉外经济的法律、法规，以合资、合作或独资的形式在大陆举办企业。包括合资经营企业、合作经营企业和独资企业。

三次产业 根据社会生产活动历史发展的顺序对产业结构的划分，产品直接取自自然界的部门称为第一产业，对初级产品进行再加工的部门称为第二产业。为生产和消费提供各种服务的部门称为第三产业。它是世界上通用的产业结构分类，但各国的划分不尽一致。我国的三次产业划分是：

第一产业：农业(包括种植业、林业、牧业、副业和渔业)。

第二产业：工业(包括采掘工业、制造业、自来水、电力、蒸气、 热水、煤气)和建筑业。

第三产业：除第一、第二产业以外的其他各业。由于第三产业包括的行业多、范围广，根据我国的实际情况，第三产业可分为两大部分；一是流通部门，二是服务部门。具体又可分为四个层次：

第一层次：流通部门，包括交通运输业、邮电通讯业、商业、饮食业、物资供销和仓储业。

第二层次：为生产和生活服务的部门，包括金融、保险业，地质普查业，房地产、公用事业，居民服务业，咨询服务业和综合技术服务业，农、林、牧、渔、水利服务业和水利业，公路、内河(湖)航道养护业等。

第三层次：为提高科学文化水平和居民素质服务的部门，包括教育、文化、广播电视，科学研究、卫生、体育和社会福利事业等。

第四层次：为社会公共需要服务的部门，包括国家机关、政党机关、社会团体，以及军队和警察等。

劳动者报酬 劳动者报酬是指劳动者因从事生产活动所获得的全部报酬。它包括劳动者获得的各种形式工资、奖金和津贴，既包括货币形式的，也包括实物形式的，它还包括劳动者所享受的公费医疗和医药卫生费、上下班交通补贴和单位支付的社会保险费等。单位支付的社会保险费，就是单位直接支付给负责社会保险的政府单位(一般指劳动部门)

的社会保险金或为本单位职工离退休、发生死亡、伤残、医疗保险等而支付的保险费。对于个体经济来说，其所有者所获得的劳动报酬和经营利润不易区分，这两部分统一作为劳动者报酬处理。

生产税净额 指生产税减生产补贴后的差额。生产税指政府对生产单位生产、销售和从事经营活动以及因从事生产活动使用某些生产要素，如固定资产、土地、劳动力所征收的各种税、附加费和规费。具体包括销售税金及附加、增值税、管理费中开支的各种税、应交纳的养路费、排污费和水电费附加、烟酒专卖上缴政府的专项收入等。生产补贴与生产税相反，是政府对生产单位的单方面收入转移，因此视为负生产税处理，包括政策亏损补贴、粮食系统价格补贴、外贸企业出口退税收入等。

固定资产折旧 指一定时期内为弥补固定资产损耗按照核定的固定资产折旧率提取的固定资产折旧，或按国民经济核算统一规定的折旧率虚拟计算的固定资产折旧。它反映了固定资产在当期生产中的转移价值。各种类型企业和企业化管理的事业单位的固定资产折旧指实际计提并计入成本费用中的折旧费；不计提折旧的单位，如政府机关、非企业化管理的事业和居民住房的固定资产折旧则是按照统一规定的折旧率和固定资产原值计算的虚拟折旧。原则上，固定资产折旧应按固定资产的重置价值来计算，但是我国目前尚不具备对全社会固定资产进行重估价的基础，所以暂时只能采用上述方法来计算。

营业盈余 指常住单位创造的增加值扣除劳动者报酬、生产税净额和固定资产折旧后的余额。它相当于企业的营业利润加上生产补贴，但要扣除从利润中开支的工资和福利以及从税后利润中提取的公益金等。

人口数 指一定时点、一定地区范围内的有生命的个人的总和。

年度统计的年末人口数是指每年 12 月 31 日 24 时的人口数。年度统计的全国人口总数内未包括台湾省和港澳同胞以及海外华侨人数。

人口自然增长率 指在一定时期内(通常为一年)人口自然增加数(出生人数减死亡人数)与该时期内平均人数(或期中人数)之比， 一般用千分率表示。计算公式：

$$人口自然增长率=\frac{本年出生人数-本年死亡人数}{年平均人数}1000‰$$

人口自然增长率＝人口出生率－人口死亡率

经济活动人口 指在 16 岁以上，有劳动能力，参加或要求参加社会经济活动的人口。包括：从业人员和失业人员。

从业人员 指从事一定社会劳动并取得劳动报酬或经营收入的人员。包括：

(1)全部职工

(2)再就业的离退休人员

(3)私营业主

(4)个体户主

(5)私营和个体从业人员

(6)乡镇企业从业人员

(7)农村从业人员

(8)其他从业人员(包括民办教师、宗教职业者、现役军人等)

这一指标反映了一定时期内全部劳动力资源的实际利用情况，是研究我国基本国情国力的重要指标。

各单位的从业人员是指在各级国家机关、政党机关、社会团体及企业、事业单位中工作，并取得劳动报酬的全部人员。包括职工、再就业的离退休人员、民办教师以及在各单位中工作的外方人员和港、澳、台方人员。

城镇私营和个体从业人员 城镇私营从业人员指在工商管理部门注册登记，其经营地址设在县城关镇(含城关镇)以上的私营企业从业人员。包括：私营企业投资者和雇工。城镇个体从业人员指在工商管理部门注册登记，并持有城镇户口或城镇长期居住，经批准从事个体工商经营的从业人员。包括：个体经营者和在个体工商户劳动的家庭帮工和雇工。

城镇登记失业人员及失业率 指有非农业户口，在一定的劳动年龄内，有劳动能力，无业而要求就业，并在当地就业服务机构进行求职登记的人员。城镇登记失业率指城镇登记失业人数同城镇从业人数与城镇登记失业人数之和的比。计算公式为

$$城镇登记失业率=\frac{城镇登记失业人数}{城镇从业人数+城镇登记失业人数}\times 100\%$$

职工 指在国有经济、城镇集体经济、联营经济、股份制经济、外商和港、澳、台投资经济、其他经济单位及其附属机构工作，并由其支付工资的各类人员。

合同制职工 指各单位根据国务院国发(1986)77 号文件和国务院第 99 号的规定，通过签订有固定期限劳动合同、无固定期限劳动合同和以完成一项工作为期限劳动合同所使用的职工。包括实行全员劳动合同制单位的全部职工。

国有经济单位职工 指在国有经济单位及其附属机构工作，并由其支付工资的各类人员，国有经济单位职工不包括：返聘的离退休人员、民办教师、在国有经济单位工作的外方人员和港、澳、台人员。

城镇集体经济单位职工 指在城镇集体经济单位及其管理部门工作，并由其支付工资的各类人员。

其他经济单位职工 指在联营经济、股份制经济、外商投资经济、港、澳、台投资经济单位工作，并由其支付工资的各类人员。

职工工资总额 指各单位在一定时期内直接支付给本单位全部职工的劳动报酬总额。

工资总额的计算原则应以直接支付给职工的全部劳动报酬为根据。各单位支付给职工的劳动报酬以及其他根据有关规定支付的工资，不论是计入成本的还是不计入成本的，不论是按国家规定列入计征奖金税项目的，还是未列入计征奖金税的，不论是以货币形式支付的还是以实物形式支付的，均包括在工资总额内。

职工平均工资 指企业、事业、机关单位的职工在一定时期内平均每人所得的货币工资额。它表明一定时期职工工资收入的高低程度，是反映职工工资水平的主要指标。计算公式为：

$$\text{职工平均工资}=\frac{\text{报告期实际支付的全部职工工资总额}}{\text{报告期全部职工平均人数}}$$

职工平均实际工资 指扣除物价变动因素后的职工平均工资。计算公式为：

$$\text{职工平均实际工资}=\frac{\text{报告期职工平均工资}}{\text{报告期城镇居民消费价格指数}}$$

农林牧渔业总产值 是以货币表现的农、林、牧、渔业全部产品的总量，它反映一定时期内农业生产总规模和总成果。

农、林、牧、渔业的统计范围包括国有经济的各种专业农(农、林、牧、渔)场以及国家各级机关团体学校、部队；集体所有制的乡、镇、村各级办农场；工矿企业经营的农、林、牧、渔业，农村各种经济组织和农户经营的农林牧渔业的农民家庭兼营的商品性工业等。

(1)**农业** 包括种植业和其他农业。

种植业 包括谷物、豆类、薯类、棉、油料、糖料、麻类、烟叶、蔬菜、药材、瓜类和其他农作物的种植，以及茶园、桑园、果园的生产经营。

其他农业 包括采集野生植物的果实、纤维、树胶、树脂、油料以及柴草、野生药材、菌类等及农民家庭兼营的商品性工业。

(2)**林业** 包括林木的栽培(不包括茶园、桑园和果园的栽培、管理和收获等活动)、林产品的采集和村及村以下合作经济组织和农户的竹木采伐。

(3)**牧业** 包括除渔业养殖以外的一切动物饲养和放牧以及野生动物的捕猎和饲养。

(4)**渔业** 包括水生动物和海藻类植物的养殖和捕捞。

农业总产值的计算方法通常是按农林牧渔业产品及其副产品的产量分别乘以各自单位产品价格求得，少数生产周期较长，当年没有产品或产品产量不易统计的，则采用间接方法匡算其产值，然后将四业产品产值相加即为农业总产值。

1957 年以前的农业总产值中包括了厩肥和农民自给性手工业(如农民自制衣服、鞋、袜，自已从事粮食初步加工等)。1958 年及以后的农业总产值，林业中增加了村及村以下竹木采伐产值；牧业中取消费厩肥产值；副业中取消了农民自给性手工业产值，增加了村及村以下办的工业产值；渔业中增加了海洋捕捞水产品产值。1980 年及以后的农业总产值，在副业中增加了农民家庭兼营工业商品部分的产值。从 1984 年起村及村以下办工业产值划归工业。从 1993 年起，取消副业。将野生动物的捕猎划入牧业，野生植物采集和农民家庭兼营商品性工业划归农业。

粮食产量 指全社会的产量。包括国有经济经营的、集体统一经营的和农民家庭经营的粮食产量，还包括工矿企业办的农场和其他生产单位的产量。粮食除包括稻谷、小麦、玉米、高粱、谷子及其他杂粮外，还包括薯类和豆类。其产量计算方法，豆类按去豆荚后的干豆计算；薯类(包括甘薯和马铃薯，不包括芋头和木薯)1963 年以前按每 4 公斤鲜薯折 1 公斤粮食计算，从 1964 年开始及以后改为按 5 公斤鲜薯折 1 公斤粮食计算。城市郊区作为蔬菜的薯类(如：马铃薯等)按鲜品计算，并且不做为粮食统计。其他粮食一律按脱粒后的原粮计算。

水产品产量 指人工养殖的水产品和天然生长的水产品的捕捞量。包括海水的鱼类、虾蟹类、贝类和藻类以及内陆水域的鱼类、虾蟹类和贝类，不包括淡水生植物。

猪、牛、羊肉产量 指当年出栏并已屠宰后除去头蹄下水后带骨肉(即胴体重)的重量。

灌溉面积 指具有一定的水源，地块比较平整，灌溉工程或设备已经配套，在一般年景下当年能够进行正常灌溉的耕地面积。

农用化肥施用量 指本年内实际用于农业生产的化肥数量。包括氮肥、磷肥、钾肥和复合肥。化肥施用量要求按折纯量计算数量。折纯法化肥施用量是把氮肥、磷肥和钾肥分别按含氮、含五氧化二磷、含氧化钾的百分之一百成份折算后的数量。复合肥按其所含主要成分折算。

工业 指从事自然资源的开采，对采掘品和农产品进行加工和再加工的物质生产部门。具体包括：⑴对自然资源的开采，如采矿、晒盐、森林采伐等(但不包括禽兽捕猎和水产捕捞)；⑵对农副产品的加工、再加工，如粮油加工、食品加工、轧花、缫丝、纺织、制革等；⑶对采掘品的加工、再加工，如炼铁、炼钢、化工生产、石油加工、机器制造、木材加工等，以及电力、自来水、煤气的生产和供应等；⑷对工业品的修理、翻新，如机器设备的修理、交通运输工具(包括小卧车)的修理等。

工业统计调查单位 工业统计调查单位分为两类：独立核算法人工业企业和工业活动单位。

(1)**独立核算法人工业企业** 是指从事工业生产经营活动的单位。独立核算法人工业企业应同时具备以下条件：①依法成立，有自己的名称、组织机构和场所，能够承担民事责任；②独立拥有和使用资产，承担负债，有权与其他单位签订合同；③独立核算盈亏，并能够编制资产负债表。

(2)**工业活动单位** 是指在一个场所从事一种或主要从事一种工业生产活动的经济单位。它包括独立核算工业企业按主营业务活动(即工业生产活动)划分的主营业务活动单位和非工业企业所属的工业生产活动单位(即原非独立核算工业生产单位)。工业活动单位，一般应同时具备以下三个条件：①具有一个场所，从事一种或主要从事一种工业活动；②单独组织工业生产、经营或业务活动；③单独核算收入和支出。

国有经济工业(即过去的全民所有制工业或国营工业)指生产资料归国家所有的一种经济类型。包括中央和地方各级国家机关、部队、科研机构、学校、人民团体和国有经济企事业单位等举办的国有经济工业。1957 年以前的公私合营和私营工业，后均改造为国营工业，1992 年改为国有工业，这部分工业的资料不单独分列时，均包括在国有工业内。

集体经济工业 指生产资料归公民集体所有的一种经济类型，是社会主义公有制经济的组成部分。包括城乡所有使用集体投资举办的企业，以及部分个人通过集资自愿放弃所有权并依法经工商行政管理机关认定为集体所有制的企业。

其他经济类型工业 指除国有经济、集体经济、私营经济、个体经济、联营经济以外的其他经济类型工业企业(单位)。包括股份制经济(股份有限公司，有限责任公司)；外商投资经济(中外合资经营、中外合作经营、外资企业)；港、澳、台投资经济(与大陆合资经营、与大陆合作经营、港、澳、台资企业)及其他经济类型的工业。

轻工业 指主要提供生活消费品和制作手工工具的工业。按其所使用的原料不同，可分为两大类：(1)以农产品为原料的轻工业，是指直接或间接以农产品为基本原料的工业。主要包括食品制造、饮料制造、烟草加工、纺织、缝纫、皮革和毛皮制作、造纸以及印刷等工业；(2)以非农产品为原料的轻工业，是指以工业品为原料的轻工业。主要包括文教体育用品、化学药品制造、合成纤维制造、日用化学制品、日用玻璃制品、日用金属制品、手工工具制造、医疗器械制造、文化和办公用机械制造等工业。

重工业 是指为国民经济各部门提供物质技术基础的主要生产资料的工业。按其生产性质和产品用途，可以分为下列三类：(1)采掘(伐)工业，是指对自然资源的开采，包括石油开采、煤炭开采、金属矿开采、非金属矿开采和木材采伐等工业；(2)原材料工业，指向国民经济各部门提供基本材料、动力和燃料的工业。包括金属冶炼及加工、炼焦及焦炭化学、化工原料、水泥、人造板以及电力、石油和煤炭加工等工业；(3)加工工业，是指对工业原材料进行再加工制造的工业。包括装备国民经济各部门的机械设备制造工业、金属结构、水泥制品等工业，以及为农业提供的生产资料如化肥、农药等工业。

根据上述划分原则，修理业中以重工业产品为修理作业对象的划为重工业，反之划为轻工业。

工业总产值 是以货币表现的工业企业在一定时期内生产的已出售或可供出售工业产品总量，它反映一定时间内工业生产的总规模和总水平。它包括：在本企业内不再进行加工，经检验、包装入库(规定不需包装的产品除外)的成品价值，工业性作业价值，自制半成品、在产品期末初差额价值。工业总产值采用“工厂法”计算，即以工业企业作为一个整体，按企业工业生产活动的最终成果来计算，企业内部不允许重复计算，不能把企业内部各个车间(分厂)生产的成果相加。但在企业之间、行业之间、地区之间存在着重复计算。

轻重工业总产值的划分也是按“工厂法”计算的，即一个工业企业在正常情况下生产的主要产品的性质属于轻工业，则该企业的全部总产值作为轻工业总产值；一个工业企业生产的主要产品的性质属于重工业，则该企业的全部总产值作为重工业总产值。

工业增加值 是指工业行业在报告期内以货币表现的工业生产活动的最终成果。

固定资产原价 固定资产原值指企业在建造、购置、安装、改建、扩建、技术改造某项固定资产时所支出的全部货币总额。它一般包括买价、包装费、运杂费和安装费等。

固定资产净值 是指固定资产原价减去历年已提折旧额后的净额。

利税总额 指企业利润总额、产品销售税金及附加和应交增值税之和。

产品销售收入 指企业销售产品的销售收入和提供劳务等主要经营业务取得的业务总额。

产品销售税金及附加 指企业销售产品和提供工业性劳务等主要经营业务应负担的城市维护建设税、消费税、资源税和教育费附加。

产值利税率 指报告期已实现的利润、税金总额(包括利润总额、产品销售税金及附加和应交增值税)占同期全部工业总产值的百分比，计算公式为：

$$\text{产值利税率}(\%)=\frac{\text{利税总额}}{\text{工业总产值}}\times 100\%$$

全员劳动生产率 指根据产品的价值量指标计算的平均每一个职工在单位时间内的产品生产量。是考核企业经济活动的重要指标，是企业生产技术水平、经营管理水平、职工技术熟练程度和劳动积极性的综合表现。目前我国的全员劳动生产率是将工业企业的工业增加值除以同一时期全部职工的平均人数来计算的。计算公式：

$$\text{全员劳动生产率}=\frac{\text{工业增加值}}{\text{全部职工平均人数}}$$

为了使各年度的全员劳动生产率数字可以比较，1990年以前各年的全员劳动生产率均按指数换算成 1990 年不变价格。

总负债 指企业承担并需要偿还的全部债务。包括流动负债和长期负债、递延税项等，即为企业资产负债表的负债合计项。

(1)**流动负债** 指企业在一年内或者超过一年的一个营业周期内需要偿还的债务合计，其中包括短期借款、应付及预收款项、应付工资、应交税金和应交利润等。

(2)**长期负债** 指企业在一年以上或者超过一年的一个生产周期以上需要偿还的债务合计，其中包括长期借款、应付债务、长期应付款项等。

所有者权益 指企业投资人对企业净资产的所有权。企业净资产等于企业全部资产减去全部负债后的余额，其中包括投资者对企业的最初投入，以及资本公积金、盈余公积金和未分配利润，对股份制企业即为股东权益。

货(客)运量 指在一定时期内，各种运输工具实际运送的货物(旅客)数量。是反映运输业为国民经济和人民生活服务的数量指标，也是制定和检查运输生产计划，研究运输发展规模和速度的重要指标。货运按吨计算，客运按人计算。货物不论运输距离长短，货物类别，均按实际重量统计；旅客不论行程远近或票价多少，均按一人一次作为客运量统计。半价票、小孩票也按一人统计。

货物(旅客)周转量 指在一定时期内，由各种运输工具运送的货物（旅客）数量与其相应运输距离的乘积之总和；是反映运输业生产总成果的重要指标，也是编制和检查运输生产计划，计算运输效率、劳动生产率以及核算运输单位成本的主要基础资料。通常以吨公里和人公里为计算单位。计算货物周转量通常按发出站与到达站之间的最短距离，也就是计费距离计算。

邮电业务总量 指以货币表现的邮电部门用于传递信息和提供其他邮电服务的总数量。它综合反映了一定时期邮电工作的总成果，是研究邮电业务量构成和发展趋势的重要指标。根据邮电管理体制不同，分为中央国营业务总量和地方国营业务总量。它用各种邮电分类业务量，如函件件数、电报份数、长话张数、市内电话和农村电话的年均户数、订销报刊累计份数等，分别乘以相应的平均单价(不变价)，加总后再加上出租电路和设备的收入、代用户维护电话交换机和线路等设备的收入、其他业务收入求得。

市内电话 指接入县城(包括个别城镇)及县以上城市的市内电话网上，并按市内电话进行经营管理的电话。按计费办法分为包月制和计次制两种。

(1)**住宅电话** 指话机装在居民住宅里的电话。它包括私人付费、公费和免费三个部分。

(2)**私人付费电话** 指住宅居民自费安装并自己缴纳通话费的电话。

无线寻呼电话用户 指携带小型寻呼机，接收市话用户通过无线寻呼中心，在规定范围内向其发出声音、数字或文字显示信息的用户。目前在邮电部门办理登记手续的无线寻呼电话用户，每一部寻呼机按一户计算。

移动电话用户 指在邮电部门登记，通过移动电话交换机进入移动电话网、占有移动电话号码的电话用户。用户数量以实际办理登记手续进入邮电部门移动电话网的户数进行计算，一部或一台移动电话统计为一户。

全社会固定资产投资 固定资产投资是社会固定资产再生产的主要手段。通过建造和购置固定资产的活动，国民经济不断采用先进技术装备，建立新兴部门，进一步调整经济结构和生产力的地区分布，增强经济实力，为改善人民物质文化生活创造物质条件。这对我国的社会主义现代化建设具有重要意义。

固定资产投资额 是以货币表现的建造和购置固定资产活动的工作量，它是反映固定资产投资规模、速度、比例关系和使用方向的综合性指标。全社会固定资产投资包括国有经济单位投资、城乡集体经济单位投资、其他各种经济类型的单位投资和城乡居民个人投资。按照我国现行计划管理体制，全社会固定资产投资总额分为基本建设、更新改造、房地产开发投资和其他固定资产投资四个部分；城乡集体经济单位投资包括城镇集体所有制单位投资和农村集体所有制单位投资；其他各种经济类型单位投资包括联营经济、股份制经济、中外合资经营、中外合作经营、外资、与大陆合资经营、与大陆合作经营、港澳台独资及其他经济的单位投资。城乡居民个人投资包括城市、县城、镇、工矿区所辖范围内的个人建房和农村个人建房及购买生产性固定资产的投资。

基本建设投资 基本建设是企业、事业、行政单位以扩大生产能力或工程效益为主要目的的新建、扩建工程及有关工作。包括(1) 列入中央和各级地方本年基本建设计划的建设项目，以及虽未列入本年基本建设计划，但使用以前年度基建计划内结转投资(包括利用基建设备材料)在本年继续施工的建设项目；(2) 本年基本建设计划内投资与更新改造计划内投资结合安排的新建项目和新增生产能力(或工程效益)达到大中型项目标准的扩建项目，以及为改变生产力布局而进行的全厂性迁建项目；(3)国有单位既未入基建计划，也未列入更新改造计划的总投资在 5 万元以上的新建、扩建、恢复项目和为改变生产力布局而进行的全厂性迁建项目，以及行政、事业单位增建业务用房和行政单位增建生活福利设施的项目。

更新改造投资 更新改造是指企业、事业单位对原有设施进行固定资产更新和技术改造，以及相应配套的工程和有关工作(不包括大修理和维护工程)。包括：(1) 列入中央和各级地方本年更新改造计划的项目和虽未列入本年更新改造计划，但使用上年更新改造计划内结转的投资在本年继续施工的项目；(2)本年更新改造计划内投资与基本建设计划内投资结合安排的对企、事业单位原有设施进行技术改造或更新的项目，和增建主要生产车间、分厂等其新增生产能力(或工程效益)未达到大中型项目标准的项目，以及由于城市环境保护和安全生产的需要而进行的迁建工作；(3)国有企、 事业单位既未列入基建计划也未列入更新改造计划，总投资在5万元以上的属于改建或更新改造性质的项目，以及由于城市环境保护和安全生产的需要而进行的迁建工程。

房地产开发投资 包括各种经济类型的房地产开发公司、商品房建设公司及其他房地产开发单位统一开发的包括统代建、拆迁还建的住宅、厂房、仓库、饭店、宾馆、度假村、写字楼、办公楼等房屋建筑物和配套的服务设施、土地开发工程，如道路、给水、排水、供电、供热、通讯、平整场地等基础设施工程的投资。包括非房地产企业实际从事房地产开发或经营活动，不包括单纯的土地交易活动。

新增生产能力 指通过固定资产投资活动而增加的设计能力或工程效益，它是用实物形态表示的固定资产投资的成果。新增生产能力的计算，是以能独立发挥生产能力或效益的单项工程(或项目)为对象。当单项工程(或项目)建成，经有关部门鉴定合格，正式移交投入生产，即可计算新增生产能力。

新增生产能力或工程效益有以下几种表现形式：

(1)以建设项目或单位工程建成后的年产能力表示。如煤炭开采、 石油开采等。

(2)以建设项目或单项工程建成后处理原料的能力表示。 如选矿工程的年处理矿石能力，洗煤厂年洗原煤能力等。

(3)以新增的主要设备数量或容量表示。如棉纺锭枚数，发电机组容量等。

(4)以建筑物容积、容量、面积或长度表示。如水库容量、 铁路公路里程等。

新增生产能力的数量一般按设计能力计算。设计能力是指设计文件中规定的在正常情况下能够达到的生产能力，而不论投产后的实际产量如何。以设备数量、建筑物容积、面积、长度等表示的新增生产能力(或效益)，则按建成的实际数量计算。

施工和竣工房屋建筑面积 房屋建筑面积是从房屋外墙线算起的各层平面面积的总和，包括房屋结构(如柱、墙)占用的面积和地下室面积。多层建筑按各自然层面积总和计算，包括房屋内的楼隔层，突出墙面的眺望间、门斗、有柱雨罩的面积。不包括突出墙面结构的构件、艺术装饰等所占的面积，如台阶等。凹阳台、挑阳台按其水平投影面积一半计算建筑面积。

住宅建筑面积 指施工和竣工房屋建筑面积中供居住用的施工和竣工房屋建筑面积。

竣工面积 指在报告期内房屋建筑按照设计要求已全部完工， 达到住人和使用条件，经验收鉴定合格，正式移交使用单位的建筑面积。

房屋建筑面积竣工率 指一定时期内房屋竣工面积占同期房屋施工面积的比率。它是从房屋建筑施工速度的角度反映投资效果和建筑业经济效益的指标。

新增固定资产 指通过投资活动所形成的新的固定资产价值。 包括已经建成投入生产或交付使用的工程价值和达到固定资产标准的设备、工程、器具的价值及有关应摊入的费用。它是以价值形式表示的固定资产投资成果的综合性指标，可以综合反映不同时期、不同部门、不同地区的固定资产投资成果。

建设项目投产率 指一定时期内全部建成投入生产项目个数占同期正式施工项目个数的比率。它是从项目建设速度的角度反映投资效果的指标。

固定资产交付使用率 指一定时期新增固定资产与同期完成投资额的比率。它是反映各个时期固定资产动用速度，衡量建设过程中投资效果的一个综合性指标。

年底自来水生产能力 指年底城建部门管理的自来水厂和自备水源的社会单位取水、净化、送水、出厂输水干管等环节的实际生产能力。

年底供水管道长度 指从送水泵到用户水表之间所有管道的长度。

全年供水总量 指公用自来水厂和自备水源的社会单位全年的供水总量，包括有效供水量及损失水量。

生活用水量 指居民日常生活与公共福利设施的用水量。包括居民、饮食店、旅馆、医院、理发店、浴池、洗衣店、游泳池、商店、学校、机关、部队等单位的用水量。

城市人口用水普及率 指城市用水的非农业人口数(不包括临时人口和流动人口)与城市非农业人口总数之比。计算公式：

用水普及率＝(城市用水的非农业人口数÷城市非农业人口数)×100%

全年供气总量 指全年售给各类用户的全部煤气量。包括工业用量、 家庭用量和其他用量。

城市用气普及率 指使用煤气(包括人工煤气、液化石油气、天然气) 的城市非农业人口数(不包括临时人口和流动人口)与城市非农业人口总数之比。计算公式：

$$\text{城市煤气普及率}=\frac{\text{城市用气的非农业人口数}}{\text{城市非农业人口总数}}$$

年底实有铺装道路长度 指除土路外，路面经过铺装宽度在3．5米以上的道路，包括高级、次高级道路和普通道路。

城市下水道总长度 指所有排水总管、干管、支管及暗渠、检查井、 连接井进出水口等长度之和。

城市污水日处理能力 指污水处理厂每昼夜处理污水

量的设计能力。

年末实有公共汽(电)车 指年底可参加营运的全部车辆数，包括年底营运车辆数和库存查封未参加营运的车辆，不包括非营运车辆，如架线车、油罐车、工程车、货车及其他专用车辆和借人的客运车辆。

城市园林绿地面积 指城市公共绿地、专用绿地、生产绿地、防护绿地、郊区风景名胜区的全部面积。

公共绿地 指供游览休息的各种公园、动物园、植物园、陵园以及花园、游园和供游览休息用的林荫道绿地、广场绿地。不包括一般栽植的行道树及林荫道的面积。

能源生产总量 指一定时期内全国(地区)一次能源生产量的总和，是观察全国(地区)能源生产水平、规模、构成和发展速度的总量指标。一次能源生产量包括原煤、原油、天然气、水电及其他动力能(如风能、地热能等)发电量。不包括低热值燃料生产量、生物质能、太阳能等的利用和由一次能源加工转换而成的二次能源产量。

能源消费总量 指一定时期内全国(地区)物质生产部门、非物质生产部门和生活消费的各种能源的总和，是观察能源消费水平、构成和增长速度的总量指标，能源消费总量包括原煤和原油及其制品、天然气、电力。不包括低热值燃料、生物质能和太阳能等的利用。能源消费总量分为三部分，即终端能源消费量、能源加工转换损失量和损失量。

(1)终端能源消费量 指一定时期内全国(地区)物质生产部门、非物质生产部门和生活消费的各种能源在扣除了用于加工转换二次能源消费量和损失量以后的数量。

(2)能源加工转换损失量 指一定时期内全国(地区)投入加工转换的各种能源数量之和与产出各种能源产品之和的差额。它是观察能源在加工转换过程中损失量变化的指标。

(3)能源损失量 指一定时期内能源在输送、分配、储存过程中发生的损失和由客观原因造成的各种损失量。不包括各种气体能源放空、放散量。

社会消费品零售额 指各种经济类型的批发零售贸易业、餐饮业、制造业和其他行业对城乡居民和社会集团的消费品零售额。这个指标反映通过各种商品流通渠道向居民和社会集团供应的生活消费品来满足他们生活需要，是研究人民生活，社会消费品购买力、货币流通等问题的重要指标。社会消费品零售额包括：(1)售给城乡居民作为生活用的商品和修建房屋用的建筑材料；(2)售给机关、团体、学校、部队、企业、事业单位的职工食堂和旅店(招待所)附设专门供本店旅客食用，不对外营业的食堂的各种食品、燃料；企业、单位和国营农场直接售给本单位职工和职工食堂的自己生产的产品；(3)售给部队干部、战士生活用的粮食、副食品、衣着品、日用品、燃料；(4)售给来华的外国人、华侨、港澳台同胞的消费品；(5)居民自费购买的中、西药品、中药材及医疗用品；(6)报社、出版社直接售给居民和社会集团的报纸、图书、杂志、集邮公司出售的新、旧纪念邮票、特种邮票、首日封、集邮册、集邮工具等；(7)旧货寄售商店自购、自销部分的商品；(8)煤气公司、液化石油气站售给居民和社会集团的煤气灶具和罐装液化石油气；(9)农民售给非农业居民和社会集团的商品。不包括售给国民经济各部门企业、事业单位(包括国有经济的农场)生产经营用的各种原料、燃料、设备、工具等和给批发零售贸易业、餐饮业作为转卖用的商品、旧货寄售商店受托寄售卖出的商品、服务业的营业收入、邮局出售邮票的收入、自来水、电力、煤气生产(供应)单位的产品供应收入，也不包括农民之间的商品销售。

批发零销贸易业商品购、销、存总额 指以各种经济类型的批发、零售贸易业(不包括个体)为总体的商品购、销、存。

商品购进总额 指从本企业(单位)以外的单位和个人购进(包括从国外直接进口)作为转卖或加工后转卖的商品。这个指标反映批发零售贸易业从国内、国外市场上购进商品的总量。商品购进总额包括：(1)从工农业生产者购进的商品；(2)从出版社、报社的出版发行部门购进的图书、杂志和报纸；(3)从各种经济类型的批发零售贸易企业(单位)购进的商品；(4)从其他单位购进的商品，如从机关、团体、企业、单位购进的剩余物资，从餐饮业、服务业购进的商品，从海关、市场管理部门购进的缉私和没收的商品，从居民收购的废旧商品等；(5)从国(境)外直接进口的商品。不包括企业(单位)为自身经营用，和未通过买卖行为而收入的商品以及销售退回、商品升溢等。

商品销售总额 指对本企业(单位)以外的单位和个人出售(包括对国(境)外直接出口)的商品。这个指标反映批发零售贸易业在国内市场上销售商品以及出口商品的总量。商品销售总额包括：(1)售给城乡居民和社会集团消费用的商品；(2)售给工业、农业、建筑业、运输邮电业、批发零售贸易业、餐饮业、服务业等作为生产、经营使用的商品；(3)售给批发零售贸易业作为转卖或加工后转卖的商品；(4)对国(境)外直接出口的商品。不包括：出售本企业(单位)自用的废旧包装用品，未通过买卖行为付出的商品，经本单位介绍，由买卖双方直接结算，本单位只收取手续费的业务，购货退出的商品以及商品损耗和损失等。

城乡集市贸易成交额 指在农村集市和城市集市上买卖双方(包括农民、非农业居民、机关、团体、工商企业、个体商贩)成交的全部商品金额，是反映集市贸易规模的综合性指标。

批零贸易业法人机构 指独立核算批发零售贸易业、餐饮业法人企业。独立核算法人批发零售贸易企业、餐饮企业应同时具备以下条件：

(1)依法成立，有自己的名称、组织机构和场所，能够承担民事责任；

(2)独立拥有和使用(或授权使用)资产，承担负债， 有权与其他单位签订合同；

(3)会计上独立核算，并能编制资产负债表。

批零贸易业网点 指本批发零售贸易企业(单位)设立的从事批发、零售贸易业务的自然单位[包括本企业(单位)自身]，凡具有独立固定的营业场所，配备一定的业务人员，不论单位大小，不论是否单独核算，均按自然网点计算，即有一个点就算一个网点。不包括同一营业场所内各柜组以及派出的流动推销小组，流动售货车等。

城市居民消费价格指数

是反映城市居民所购买的生活消费品和服务项目价格变动趋势及其程度的相对数。编制城市居民消费价格指数，可以观察和分析消费品的零售价格和服务项目价格变动对职工货币工资的影响，作为研究职工生活和确定工资政策的依据。

利用外资 指我国各级政府、部门、 企业和其他经济组织通过对外借款、吸收外商直接投资以及用其他方式筹措的境外现汇、设备、技术等。

对外借款 是我国利用外资的主要部分。包括我国通过外国政府贷款， 国际金融组织贷款，外国银行商业贷款，出口信贷以及对外发行债券，股票等方式，从境外筹措的资金。

外商直接投资 是指外国企业和经济组织或个人(包括华侨、港澳台胞以及我国在境外注册的企业)按我国有关政策、法规，用现汇、实物、 技术等在我国境内开办外商独资企业、与我国境内的企业或经济组织共同举办中外合资经营企业、合作经营企业或作合作开发资源的投资(包括外商投资收益的再投资)以及经政府有关部门批准的项目投资总额内，企业从境外借入的资金。

旅游人数 指来我国参观、访问、旅行、探亲、访友、休养、考察、 参加会议和从事经济、科技、文化、教育、体育、宗教等活动的外国人、华侨、港澳和台湾同胞的人数。不包括外国在我国的常住机构，如使领馆、通讯社、企业办事处的工作人员；来我国常驻的外国专家、留学生以及在岸逗留不过夜人员。

国际旅游(外汇)收入 指入境旅游的外国人、华侨、港澳台同胞在中国大陆旅游过程中发生的一切旅游支出，对于国家来说就是国际旅游(外汇)收入。

进出口总额 海关进出口总额指实际进出我国国境的货物总金额。 包括对外贸易实际进出口货物，来料加工装配进出口货物，国家间、联合国及国际组织无偿援助物资和赠送品，华侨、港澳台同胞和外籍华人捐赠品，租赁期满归承租人所有的租赁货物，进料加工进出口货物，边境地方贸易及边境地区小额贸易进出口货物(边民互市贸易除外)，中外合资经营企业、中外合作经营企业、外商独资经营企业进出口货物和公用物品，到、离岸价格在规定限额以上的进出口货样和广告品(无商业价值、无使用价值和免费提供出口的除外)，从保税仓库提取在中国境内销售的进口货物，以及其他进出口货物。进出口总额用以观察一个国家在对外贸易方面的总规模。我国规定出口货物按离岸价格统计，进口货物按到岸价格统计。

财政收入 国家财政参与社会产品分配所取得的收入，是实现国家职能的财力保证。财政收入所包括的内容几经变化，目前主要包括：

(1)**各项税收** 包括增值税、营业税、消费税、土地增值税、城市维护建设税、资源税、城市土地使用税、印花税、固定资产投资方向调节税、个人所得税、企业所得税、关税、农牧业税和耕地占用税等。

(2)**专项收入** 包括征收排污费、征收城市水资源费收入， 教育费附加收入等。

(3)**其他收入** 包括基本建设贷款归还收入、国家能源交通重点建设基金收入、国家预算调节基金等。

(4)**国有企业计划亏损补贴** 这项为负收入，冲减财政收入。

中央财政收入和地方财政收入 按财政体制划分的中央本级收入和地方本级收入。1994 年分税制财政体制以后，属于中央财政的收入包括关税、海关代征消费税和增值税，消费税，中央企业所得税，地方银行和外资银行及非银行金融企业所得税，铁道、银行总行、保险总公司等集中缴纳的营业税、所得税、利润和城市维护建设税，增值税的75%部分，海洋石油资源税和证券(印花)税 50%部分。属于地方财政的收入包括营业税，地方企业所得税，个人所得税，城镇土地使用税，固定资产投资方向调节税，城镇维护建设税，房产税，车船使用税，印花税，屠宰税，农牧业税，农业特产税，耕地占用税，契税，增值税 25%部分，证券交易税(印花税)的 50%部分和除海洋石油资源税以外的其他资源税。

中央财政支出和地方财政支出 根据政府在经济和社会活动中的不同职责，划分中央和地方政府的责权，按照政府的责权划分确定的支出。中央财政支出包括国防支出，武装警察部队支出，中央级行政管理费和各项事业费，重点建设支出以及中央政府调整国民经济结构、协调地区发展，实施宏观调控的支出。地方财政支出主要包括地方行政管理和各项事业费，地方统筹的基本建设、技术改造支出，支援农村生产支出，城市维护和建设经费，价格补贴支出等。

预算外资金收支 预算外资金是有关单位凭借国家权力或由国家授权而取得的没有纳入国家预算管理的财政性资金。其收入包括地方财政部门的各项附加收入，集中事业收入，专项收入等，事业行政单位的专用基金，经营性服务纯收入，行政事业性收费，专项资金，中小学勤工俭学收入，税收分成等。其支出包括固定资产投资支出，城市维护支出，福利奖励支出，行政事业支出等。

信贷资金 国家银行用于发放贷款的资金叫信贷资金。中国人民银行信贷资金的来源有各项存款、对国际金融机构负债、流通中货币、银行自有资金及当年结益等。信贷资金的运用有各项贷款、黄金占款、外汇占款、财政借款及在国际金融机构中的资产等。

存款 企业、机关、团体或居民根据可以收回的原则，把货币资金存入银行或其他信用机构保管并取得一定利息的一种信用活动形式。根据存款对象的不同可划分为企业存款、财政存款、机关团体存款、基本建设存款、城镇储蓄存款、农村存款等科目。它是银行信贷资金的主要来源。

城乡居民储蓄存款余额 包括城镇居民储蓄存款和农民个人储蓄存款两部分。不包括居民的手存现金和工矿企业、部队、机关团体等集团存款。储蓄存款余额，是指城乡居民存入银行及农村信用社储蓄的时点数(存入数扣除取出数的余额)，如月末、季末或年末数额。

贷款 银行或其他信用机构根据必须归还的原则，按一定利率，为企业、个人等提供资金的一种信用活动形式。我国银行贷款分为流动资金贷款、固定资产贷款、城乡个体工商户贷款以及农业贷款等科目。

承保额 又叫保险金额。它是保险人对被保险人负提损失补偿或约定给付的金额。它是保险合同上的最高责任额，也是计算保费的依据。

保费 又叫保险费。是保险人根据保险合同的有关规定，为被保险人取得因约定危险事故发生所造成的经济损失补偿(或给付)权利，付给保险人的代价。包括财产险和人身险储金收入。

赔款 保险事故发生后，经查证确属保险责任范围以内的保险标的损失，保险人根据保险合同的规定履行赔偿义务，给予被保险人的款项叫做赔款。赔款可分为已决赔款和未决赔款两种。

普通高等学校 指按照国家规定的设置标准和审批程序批准举办，通过国家统一招生考试，招收高中毕业生为主要培养对象，实施高等教育的全日制大学、独立设置的学院和高等专科学校、短期职业大学。

成人高等学校 指按照国家有关规定审批，招收通过全国成人高教统一招生考试的具有高中毕业或同等学历的在职从业人员利用脱产、半脱产、业余或函授等多种形式对其实施高等学历教育，培养高等教育专科或本科毕业水平的专门人才，修业年限、课程设置和总学时数均按高等学历教育要求付诸实施的学校。包括广播电视大学、职工高等学校、民高等学校、管理干部学院、教育学院、独立设置的函授学院等。

小学学龄儿童入学率 指调查范围内已入小学学习的学龄儿童占校内外学龄儿童总数(包括弱智儿童在内，但不包括聋哑儿童)的比重。计算公式：

$$学龄儿童入学率=\frac{已入学的小学学龄儿童数}{校内外小学学龄儿童总数}\times 100\%$$

科学家和工程师 指具有大学本科及以上学历的和不具备上述学历但有高、中级职称的人员。

其他科技人员 指大专、中专毕业和具有初级职称的从事科技活动人员。

专业技术人员 指已取得科学技术职称，或大学、中专的理、工、农、医科系毕业生，以及国民经济各部门从工作实践中提拔，从事理、工、农、医等自然科学技术的研究、教学、生产的专业人员和在机关、企业、事业中从事科学技术业务管理工作的专业人员。

文化事业机构 指从事专业文化工作和为专业文化工作服务的独立建制的单独核算的单位。不包括这些单位另外举办独立核算的其他机构和各部门的业余文化组织。

艺术表演团体 指从事戏曲、音乐、舞蹈、杂技等专业艺术表演，有独立帐户，实行单独核算的团体。不包括半工半艺、半农半艺和民间职业剧团。

电影放映单位 指具有放映机器设备、固定或不固定的放映场所与专职或兼职的放映技术人员，经有关部门登记批准，经常为一定的观众对象放映电影的机构。包括经批准对外开放进行营业，并与电影发行放映管理机构分帐的专用放映单位和军委系统租片单位。

艺术表演观众人数(人次) 指售票、包场演出或民族地区免费演出的艺术表演观众人次数。不包括彩排审查和内部观摩演出的观看人次数。

等级运动员人数 指经考核正式批准授予等级运动员称号的人数。运动员等级分别为国际级运动健将、运动健将、一级运动员、二级运动员、三级运动员、少年级运动员。

等级裁判员人数 指经考核正式批准授予等级裁判员称号的人数。裁判员等级分为国际裁判、国家级裁判、一级裁判、二级裁判、三级裁判。

体育场 指有 400 米跑道(中心含足球场)，有固定道牙，跑道 6 条以上，并有固定看台的室外田径场地。以看台容纳观众人数分：甲级 25000 人以上，乙级 15000-25000 人，丙级 5000-15000 人，丁级 5000 人以下。

体育馆 指有固定看台，可供篮球、排球、羽毛球、乒乓球、体操等项目训练比赛活动用的室内运动场地。以看台容纳观众人数分：甲级 6000 人以上，乙级 4000－6000 人，丙级 2000-4000 人，丁级 2000 人以下。

医院 指名称为医院，设有固定床位能收容病人住院并能为病人提供医疗、护理服务的医疗机构。包括县及县以上医院、农村乡卫生院、其他医院三部分。按所属性质分为卫生部门、工业及其他部门，集体经济单位三类。其中县及县以上医院按业务性质分为综合医院和专科医院。

卫生技术人员 指卫生事业机构支付工资的全部固定职工和合同制职工中现任职务为卫生技术工作的专业人员。

包括中医师、西医师、中西医结合高级医师、护师、中药师、西药师、检验师、其他技师、中医士、西医士、护士、助产士、中药剂士、西药剂士、检验士、其他技士、其他中医、护理员、中药剂员、西药剂员、检验员，其他初级卫生技术人员。

医生 指经卫生部门审查合格，从事医疗工作的专业人员。分为中医医生和西医医生。包括卫生技术人员中的中医师、西医师、中西结合高级医师、中医士、西医士和其他中医。

社会福利事业单位 指集中收养社会孤老、残、幼的机构。包括由民政部门管理的社会福利院、儿童福利院、精神病人福利院和城镇集体办的福利院，以及农村集体举办的的敬老院。

社会福利事业单位收养人数 包括民政部门管理的和城镇及农村集体举办的社会福利事业单位中收养的老人、少年儿童、缺乏生活自理能力的残疾人员和精神病人。

农村五保户 指农村中既无劳动能力，又无经济来源的老、弱、孤、残的农民生活由集体供养，实行保吃、保穿、保住、保医、保葬(孤儿保教)，简称："五保"。享受五保待遇的家庭叫五保户。

城镇居民家庭全部收入 指被调查城镇居民家庭全部的实际现金收入， 包括经常或固定得到的收入和一次性收入。不包括周转性收入，如提取银行存款、向亲友借入款、收回借出款以及其他各种暂收款。

城镇居民家庭可支配收入 指被调查城镇居民家庭在支付个人所得税之后，所余下的实际收入。

城镇居民家庭消费性支出 指被调查的城镇居民家庭用于日常生活的全部支出，包括购买商品支出和文化生活、服务等非商品性支出。不包括罚没、丢失款和缴纳的各种税款(如个人所得税、牌照税、房产税等)，也不包括个体劳动者生产经营过程中发生的各项费用。

城镇居民家庭购买商品支出 指被调查的城镇居民家庭购买商品的全部支出，包括从商店、工厂、饮食业、工作单位食堂、集市以及直接从农民购买各种商品的开支。共分九类：食品、衣着品、日用品、文化娱乐用品、书报杂志、药及医疗用品、房屋及建筑材料、燃料、其他商品。不论自用的或赠送亲友的都包括在内。

农村居民家庭纯收入 指农村常住居民家庭总收入中，扣除从事生产和非生产经营费用支出、缴纳税款和上交承包集体任务金额以后剩余的，可直接用于进行生产性、非生产性建设投资、生活消费和积蓄的那一部分收入。它是反映农民家庭实际收入水平的综合性的主要指标。农民家庭纯收入，既包括从事生产性和非生产性的经营收入，又包括取自在外人口寄回带回和国家财政救济、各种补贴等非经营性收入；既包括货币收入，又包括自产自用的实物收入。但不包括向银行、信用社和向亲友借款等属于借贷性的收入。

南宁市体育局

南宁市体育局组建于一九五三年十月，系政府职能部门，座落在市区东南桃源路段，现有干部职工 211 人，下辖市体育管理培训中心、南宁手球基地、市体育职业中学、吴数德举重运动学校、市体育场、市老年人体育协会、市体育彩票管理中心七个二层机构，体委机关设办公室、体育事业处、体育经济处、人事教育处四个处（室）。拥有二个多功能综合训练馆、手球训练馆、两个标准游泳池、四个高档次标准网球场、一个标准田径足球场。体育场馆总面积 50000 多平方米，年接待训练比赛健身 100 多万人次，可同时接待 20 多个项目训练和比赛，具备了承办省区级大中型运动会和单项国际体育赛事的能力。

南宁市体育局始终坚持体育为人民服务的宗旨，始终把增强市民体质作为体育工作的根本任务，体育事业勃勃生机，成绩斐然，饮誉南国，一批批优秀体育苗子茁壮成长，拔尖体育人才层出不穷。先后涌现了吴数德、韦睛光、李孔政、谢超杰、吴文凯、吴艳艳、刘霞、黄春妮、黄楠雁、秦艺源、周蜜等一批世界冠军。市体育局多次荣获国家和自治区体育工作先进单位、重大贡献奖和突出贡献奖，并被自治区人民政府授予“举重城”的光荣称号。

改革开放后，我们积极加强国际交流、传播友谊，增进了解，促进了体育事业的发展。15 次组团共九十多人出访俄罗斯、泰国、越南、澳大利亚、香港、澳门等国家和地区，接待了来自日本、越南、韩国、伊朗、尼泊尔等 12 个国家和地区体育团队访问比赛。

近年来，我们先后承办了手球、藤球、围棋、举重等一系列国际及洲际赛事，均获得圆满成功，接纳了数十支国内外体育运动队来邕训练。通过国内外的体育交流，增进了友谊，提高了我市的知名度，促进了体育事业发展。

21 世纪，面临西部大开发的契机，我们将继续以“发展体育运动，增强人民体质”为已任，努力构建面向大众的社会体育服务体系，加速体育后备人才的培养，加快体育场馆建设步伐，积极稳妥地推进体育产业化进程，把握机遇，乘势而上，团结进取，再创辉煌。

法人代表：刘曙光
联系方式：南宁市体育局办公室
电话：(0771)2833754
地址：南宁市桃源路 62 号　　邮编：530021

新秀公园位于南宁市中面部永新区辖区内，占地面积 13.78 公顷，其中绿地面积 10.75 公顷，水面积 1.56 公顷，绿地率达 93%以上。1995 年底基本建成开放，至目前为止，国家已投资一千多万元；园内功能设置都力求尽善尽美，设有全民健身中心，儿童娱乐场所、游客憩息场所，服务楼，办公楼，大型停车场等；具有亚热带风光特色的花卉乔木，一年常绿，四季花开，美不胜收；园中配以三万多平方米的大草坪，采用群植、团植、大色块的植物造景来打造植物的群体美，体现了大自然的美丽风光，多次为新闻谍体，商家举办各种大型活动立下了汗马功劳。公园外受明秀西路，新阳路、新阳北三里三面环抱，是出入城市的交通要道，发展前景巨大，欢迎有识之士来人来函洽谈合作，共创美好的明天。

法人代表：陆珊珊
地址：南宁市明秀西路 159 号
电话：(0771)3834844
邮编：530001

南宁市亭子卫生院

亭子卫生院组建于1952年，从建院至今已有50多年的历史，卫生院位于亭子西一街五号，医疗服务于亭子周边的居民、学生等三万多人。

亭子卫生院的总建筑面积为946平方米，院内设有内科、儿科、外科、妇产科、肠道科、口腔科，24小时的急诊科，手术室设施配套齐全，可供各科进行手术。院内设门诊楼与综合楼两栋，设有妇产科、住院病床18张，门诊观察床位4张，楼房敞亮舒适，护理人员亲切热情耐心，并做好母乳喂养的带教、产后访视工作。

院内具备有大型器械，如：X光机、B超机、心电图机、化验室、洗胃机等，现有医务人员30人，其中中级职称、主治医师6人，主管护师5人。

本院于1999年被市卫生局评为“爱婴卫生院”光荣称号，2000年被通过市级一级乙等卫生院。

亭子卫生院代理院长：谢佩英
电话：(0771) 4917365
地址：南宁市亭子西一街5号
邮编：530031

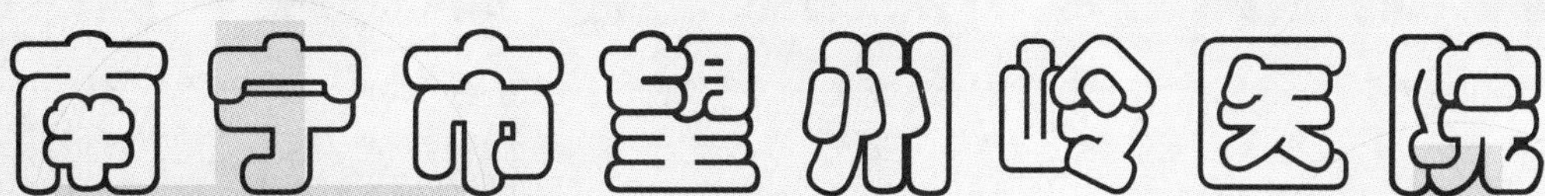

南宁市望州岭医院

望州岭医院位于南宁市兴宁区望州路段，是广西卫生厅、南宁市卫生局一级甲等综合性医院。医院分为门诊和住院两部。门诊开设有内科、外科、妇产科、五官科、中医科、急诊室和理疗室等科室。住院部设综合病区，有30张床位，本院注重突出特色专科门诊，如皮肤性病专科、男性专科、女性病专科、痔疮、哮喘、白癜风专科和整形医学美容专科等。医院近年来，先后引进配置前列腺消融仪、单克隆荧光检测仪、微生物分析仪、电子阴道镜、B超体外碎石机、药物敏感试验、中星光、X光机、微波激光治疗仪等国内十多种先进技术诊疗设备。业务技术人员现有主任、副主任医师（教授、副教授）高级职称7名，主治（主管）医技、护师15人。医院坚持“以病人为中心”，把提高医疗质量作为本院的根本，以“先进的设备，优质的服务，可靠的医疗质量”服务广大患者。我们一如既往地奉承“责任、良知”的信念，以优美、舒适、安全的治疗环境，以力争达到病人满意、信赖的医院为目标而努力。

法人代表：杨国荣
地址：南宁市望州岭
电话：(0771) 5624180-8205
邮编：530001

南宁市建筑管理处

南宁市建筑管理处是经自治区建设行政主管部门考核合格，并受南宁市建设局委托对全市建设工程招标投标、建设工程质量监督、建设工程安全监督、建设工程质量检测进行管理的专业职能机构。全处各类专业技术人员占92.60%。

建设工程招标投标管理办公室，实行全套的电脑自动化管理，监督管理能力较为丰富，下设信息综合部、审查部、管理部，还配置了先进电脑控制显示系统的招标厅和信息发布厅，对工程招标投标操作过程实行全程的监督和管理。

建设工程质量监督站，历年来所监督的工程，不仅从未出现过重大质量事故，而且工程质量逐年攀升，多项工程荣获自治区优质工程奖，其中3项工程夺得国家建筑工程质量最高奖——鲁班奖，2000年度工程优良率达43.7%，工程获奖个数、级别和工程优良率均在我区各城市中名列前茅。

建筑安全监督站，作为建筑安全生产主要管理部门，其工作举足轻重，负责对所有施工现场安全生产、文明施工进行检查和监督，对不符合规范行为的单位可行使安全生产否决权，并参与工程建设中人身伤亡事故的调查处理，负责组织安全生产培训、考核及发证工作。

建筑工程质量检测中心，是我市建筑工程质量检测的法定单位，所出具的检测报告具有法定效力。1992年12月首批取得区建委颁发的一级试验室资质证书，1996年9月通过了广西区技术监督局计量认证评审。具有技术精湛、设备先进、服务质量高等特点，所使用的大批仪器设备均为现代高科技检测精品，如：美国PDA打桩分析仪（代表基桩高应变动测世界高水平，目前为全区独家引进）、瑞士HITLI钢筋探测仪、HITLI砼钻芯机等，并采用具有国内一流水平的“建材试验自动采集电脑网络系统”，实行检测全程自动化，从根本上保证了检测数据的公正、准确和快捷。

人才的知识化、技术设备的现代化、监督管理的规范化、科学程序的不断提高，以及机制的不断完善等，使南宁市建筑管理处越来越充分显示出其应有的机构作用，有力地保证了我市建筑市场的健康有序，为南宁市建设事业的不断发展做出了卓越贡献。

法人代表：冯仕文
地址：南宁市新竹路8号
电话：（0771）5887688
邮编：530022

南宁市残疾儿童康复中心

南宁市残疾儿童康复中心是国家民政部与联合国国际儿童基金会的合作项目。1987年开始筹建，1992年6月正式开业。“中心”占地23260平方米，建筑面积7200平方米，绿化面积5000平方米，配有病床150张。

“中心”有职工81名，其中医、护、教人员62名，占职工总数的76.5%，在专业技术人员中，副高职称有2名；中级职称18名。大部分专业技术人员都经过了中高层次的专业培训，并通过工作实践能熟练掌握各种康复医疗技术，为残疾儿童减轻或消除各种残障提供了必要的技术保障。

“中心”设有脑瘫康复科，市儿康培智学校、聋儿语训部、医技科、成人康复和老人托养区等科室。开展的业务项目有：小儿脑性瘫痪及各种脑损伤后遗症的康复治疗；弱智儿童的特殊教育（文化基础、职业培训、日常生活自理等）；行为异常（自闭症、多动症等）患儿的教育训练、康复治疗；聋儿听力、语言障碍的教育训练、康复治疗（包括听力检测、助听器选配、耳膜制作、家长培训等）；老人托养、残疾人体检评残等。

“中心”拥有联合国国际儿童基金会赠送的先进康复器材。尤其是世界宣明会在广西开展特殊儿童服务计划项目以来，资助15万多元，为“中心”增设了一个脑瘫康复训练室和感觉统合训练室，使“中心”成立自闭症教学小组和为其进行一对一的个别训练计划得以实现。同时，还为30多名特困家庭的残疾儿童提供全费或半费资助，使其有了康复和受教育的机会。目前，“中心”有残疾儿童116名；其中弱智儿童、自闭症儿童共75名；聋儿26名，脑瘫患儿15名。这些年来，脑瘫患儿的康复有效率保持在93%以上；聋儿经过语训进普小，普幼率达20%；弱智学生毕业后，有的已参加了工作，走上了自食其力的道路。

“中心”在政府和社会各界的关怀下，已逐步走上了综合发展的道路。展望未来，“中心”将一如既往，始终不渝地为残疾儿童康复事业和实现残疾人“平等·参与·共享”的理想发挥积极作用。也愿和您一道为残疾儿童有一个美好的明天奉献一片爱心。

地址：南宁市新阳北三路3-1号
电话：（0771）3834306
邮编：530003

中国农业科学院
广西壮族自治区

中国农业科学院广西壮族自治区水牛研究所是 1994 年成立的全国对水牛进行专门研究的科研单位，隶属广西壮族自治区和中国农业科学院双重管理。地处广西首府南宁市北郊，占地 270 公顷，人员编制 120 人。

水牛所从事水牛科学研究自 1958 年开始，至今在水牛人工授精、品种改良、新品种选育、染色体组型及乳品加工利用等方面取得多项成果。其中有两项获国家级奖励，四项获省部级奖励，十一项获地厅级奖励。

建所四年来，水牛所进一步解放思想，充分把握机遇，坚持科研为经济服务的方向，促进科技和经济的紧密结合。先后组建了繁殖遗传、饲料营养、食品加工三个研究室，成立了水牛种畜场、种猪场、乳品厂和饲料厂四个生产经营部门。初步形成了以水牛科研为龙头，种牛、种（生）猪，乳品、饲料加工系列生产，土地、鱼塘、果树开发并举的新格局，年科技开发总收入近 1000 万元。

如今，水牛所科研条件初具规模，研究范围重点方向在繁殖、饲料营养、乳肉产品加工等方面。已具备开展高新生物技术研究的条件，目前正进行前期性的研究。科技开发部门可向社会提供种牛、种（肉）猪、牧草、饲料、乳制品及相关的技术咨询服务。有土地、鱼塘、果树等资源可供开发小型别墅群、烧烤垂钓场所及立体农牧业等项目，现有培训楼、会议室、招待所、餐厅等设施对外提供方便，欢迎有识之士与我所合作，共同发展。

●火车站
中华路
邕武路
朝阳路
● 客运中心
★ 水牛所

法人代表：杨炳壮　　**地址：南宁市邕武路 24-1 号**

电话：0771-3320780　3320589　电话：0771-3313814　邮编：530001

南宁市医药管理局

南宁市医药管理局为贯彻落实《国务院关于整顿和规范市场经济秩序的决定》，在全市范围先后开展多次整治药品（含一次性使用无菌医疗器械）市场经济秩序的专项行动。据不完全统计，市医药局会同卫生、药检、工商、公安、技监等执法部门共出动执法人员 1000 多人次，出动车辆 300 多台次，实施大规模的联合执法检查。共查抄制售假劣药品、医疗器械、无证经营药品窝点 39 个，其中药品非法生产加工点 2 个，全假劣药品窝点 1 个，收缴药品生产设备 2 台。查扣各种药品 6000 余箱，总案值 170 多万元。全年立案 39 起，其中移交公安机关的 3 起，结案 32 起。同时，在近几年清查销毁过期失效药品每年一次的基础上，市医药局先后组织了 3 次较大规模的清查销毁过期失效药品的行动，共集中监督销毁过期失效药品及假劣药品 1523 箱，标值 99.25 万元。

为保障人民用药安全有效、使用方便，市医药管理局在 2000 年药品分类管理试点取得成功的基础上，稳步推出药品分类管理试点工作。对参加分类管理的药店进行驻店药师（含从业药师）集中培训和现场指导，并扩大试点面。全年共培训驻店药师(含从业药师)近 100 人，通过药品分类管理验收的药店累计达 107 家，占全市药店总数的 26.4%。

为促进药品生产企业从源头抓好产品质量，市医药局把重点考核产品从 41 个增至 50 个，进一步扩大重点产品考核面，并实行追踪检查，使主要产品质量稳定提高率和产品市场抽检合格率分别达到 90%和 96.24%，均高于考核指标。

根据区药监局关于医疗器械生产经营企业和药品零售企业换发许可证验收检查的工作部署，市医药管理局举办了 3 期培训班，培训企业人员 298 人，先后组织完成了对 15 家医疗器械生产企业、352 家医疗器械经营企业的现场验收检查，以及对全市 406 家药品零售企业的换证审核检查工作。

地址：南宁市古城路 28 号

电话：(0771)5623469　5622343

邮编：530022

南宁市第三十五中学

南宁市第三十五中学，始建于1963年秋，当时学校占地不足5亩，设备十分简陋，办学规模很小，只有几间平房，在校学生100余人，教职工10余人。随教育事业的发展，学校不断扩大，现在拥有25个教学班（高中17班，初中8班）在校生1390人（内宿940人）教职工82人（不含退休13人）专职教师61人，职员13人，大学本科毕业以上52人，专科毕业以上20人，高级职称6人，中级职称40人，初级职称16人，员级8人，教师合格率为100%。

学校占地25亩多，建筑面积为15165.42平方米，绿地面积为29.5%，有教学楼2幢26间，学生宿舍2幢83间（含2排平房）教工宿舍3幢47套，办公楼2幢32间。拥有逸夫科教大楼一幢，内设物理、化学、生物、电教仪器室，物理、化学、生物实验室，阶梯教室，电教室，科技活动室，微机室、语音室、存书室、教师、学生阅览室。学校还设有卫生室，舞蹈练功室、音乐室、画室（2间）团队活动室、饭堂。有价值24.35万元的教学仪器设施，存书量9634册。还有一个标准舞台和小型运动场，另外，学校安装有校园广播网，校园电话网，教学设施已达国家一类标准。

学校一贯全面贯彻党的教育方针，坚持“三个面向”全面推进素质教育，治校严谨，教育教学质量不断提高，办校特色是“普通高完中+文艺提高班”。

30多年来，学校已培养6455名高初中毕业生，为大中专院校（含高中技校职高）输送了1072名合格新生。他们成为“四化”各条战线上骨干和科技带头人。学校是市级文明单位，多次评为南宁市和郊区先进单位（集体），学校卓有成效的工作，赢得上级和社会各届人士高度赞誉。

现在，学校正乘改革开放的东风，以严格的管理，水平高、责任心强的教师队伍，团结一致的领导班子，优良的教学设备，和优雅的学习环境，迈进21世纪。把学校办成“学园、花园、乐园”三园式学校。（2001年11月前为郊区上尧一中，由于撤销郊区，我校由市教育局直接管理，改称为“南宁市第三十五中学”）。

校长：苏增桥
电话：（0771）3212108
地址：南宁市新圩路8号
邮编：530007

南宁市石柱岭小学

南宁市石柱岭小学位于秀丽的邕江南岸，这里是绿的世界、鸟的天堂，树木郁郁葱葱，环境整洁优美。占地面积21亩的校园，是学生学习、生活的乐园！1981年的金秋时节，南宁市江南区十五个企事业单位的决策者们视教育振兴为己任，在石柱岭的荒坡上创建了石柱岭小学，在市政府和市教委的关怀下，学校于1997年12月转为南宁市教委直属学校。

岁月如歌，榕树作证。从原来荒坡上的一间茅草房，40名学生发展到现在有800多名学生，设施齐全，规模中等的六年制学校；从刚开始的4名教师发展到现在有7名南宁市骨干教师，22名小学高级教师共48名教职员工组成的一支高素质的教师队伍。浓浓师生情，朗朗读书声，精心呵护、伴随着石柱岭小学的成长。

二十年的风雨，二十年的耕耘。石柱岭小学遵循“爱国、遵师、勤学、守纪”的校训；学生中倡导“好学互助，刻苦攀登”的良好学风；教师们以“求实、严谨、创新、奉献”的精神，全方位推行素质教育，认真开展实践性教学活动。学校积极组织师生参加全国、区、市各种教学竞赛活动，并取得较好名次。从1990年至2001年，据不完全统计，师生获得各种荣誉达400多人次。学校也多次被评为南宁市、江南区先进单位。学校少先队工作开展得有声有色，多次被评为南宁市红旗大队和顶呱呱少先队先进组织。学校始终坚持德育工作第一的办学思想，让每个学生在小学阶段学会做人，迈好人生第一步。

一面面锦旗，一樽樽奖杯，铭记着石柱岭小学的昨天，尚属年轻的石柱岭小学好象早上八九点钟的太阳，磅礴在南宁市江南之巅，似鲲鹏凌空展翅，朝着既定目标，永远向前。我们坚信在上级部门的领导下，在社会各界力量的支持下，石柱岭小学的明天会更好美好！

法人代表：杨静
地址：南宁市石柱岭1路-7号
电话：（0771）4820075
邮编：530031

核工业南宁经济管理学校

核工业南宁经济管理学校创办于 1980 年，位于广西南宁市友爱北路东二巷 2 号。学校原是一所中央部属学校，隶属于中国核工业总公司，2001 年元月 1 日归属广西地质矿产勘查开发局管理。

学校实行“二块牌子一套人马”的管理体制，承担在职干部培训和中专学历教育。在干部培训方面，先后分别为核工业系统、南宁地区经贸局、广西地矿局培训各类处级干部 800 余人；在中专学历教育方面，现设市场营销、会计、饭店服务与管理、电子技术应用、计算机应用与维护等 5 个专业，为核工业系统及广西输送中专毕业生 2000 余人。

建校以来，始终坚持正确的办学方向，以“立足南宁，服务广西，培养合格的中级实用型人才”为办学宗旨，注重师资队伍、教学设施建设和两个文明建设，拥有一支由高、中、初级职称组成的教学经验丰富的师资队伍，具有良好的办学条件和教学环境。学校先后被评为全国成人中专教育先进学校、广西优秀级合格学校，一直保持南宁市文明单位、绿化先进单位、花园式单位、南宁市城北区社会治安综合治理先进单位称号。

法人代表：陈宽心
地址：市友爱北路东二巷 2 号
电话：(0771) 3125970
邮编：530011

南宁医药批发站

南宁医药批发站座落在南宁市繁华商业区，占地面积 5 万多平方米。有自运车队和铁路专线；在职人员中，有大中专以上学历的占 51%，有中级以上职称的占 19.1%，有药学职称的占 15%；是广西医药商业的骨干企业，广西医药商业企业具有进出口资格的单位，广西毒、麻药品采购供应中心，经营新、特、名、优中西成药，化学试剂，玻璃仪器，卫生敷料，医疗器械，齿科器材，兽用药械等 1 万多个品规，综合实力居同行前列。由于注重坚持“顺应时势，内方外圆”企业理论，“顾客至上，信誉第一”企业信条，“团结、实干、创新、争先”企业精神，不断取得了较好的经济效益和社会效益。1998 年以来每年的销售额都以 30%左右的速度递增，2001 年销售总额达到 18453.8 万元，完成计划的 122.2%，与上年同期相比增长 32.54%；总代理、总经销品种由上年的 62 个发展到 110 个，有 10 个品种年销量在 100 万元以上，经销商品市场满足率达到 96%；2001 年全年共参加医院药品采购投标，中标率达 98%。企业连续十年评为重合同守信用单位、消费者信得过单位，多次被评为自治区、全国药品质量管理检测先进单位，荣获自治区先进单位、全国医药系统先进集体、中国公益事业先进单位。

经理：卓志高
地址：南宁市杭州路 22 号
电话：(0771) 2423807
邮编：530011

南宁市饲料兽药禽苗市场

南宁市饲料兽药禽苗市场是广西壮族自治区及首府南宁市“菜篮子”工程的重点建设和开发项目。1997 年全面开业以来，以其环境优美、布局合理和品种齐全、价格低廉、服务优良，吸引着来自全国各地及东南亚各地客商，成为全西南最大的畜牧业商贸专业批发市场。是国家农业部定点专业批发市场。

市场占地面积 4 万多平方米，建筑面积 1.5 万平方米，有铺面 309 间，其中饲料兽药行为 86 平方米复式双层结构（有独立卫生间等），交易大棚 4000 平方米。另设有工商管理、防检疫、招待所、餐厅等配套机构和设施。经营范围包括：50 余种鸡、鸭、鹅、珍、特等禽苗，以及 1000 余种品牌的兽（鱼）药、饲料、添加剂、鱼粉、鱼油、畜牧器械等商品。日成交禽苗 60 万羽以上，年交易总额 7 亿元。业务辐射全国 20 多个省市、自治区及东南亚地区。市场交易红火、生意兴隆。自开业以来，经过对市场依法的管理，细致的经营，1998 年起连续三年被评为“南宁市文明市场”。经营户也纷纷与市场管理部门签订长期租赁合同，为市场持续、稳定繁荣和发展，打下了坚实的基础。

市场全体员工将继续本着“热情服务，信誉至上，共同发展”的宗旨，热忱欢迎各方客商前往参观、合作，共谋事业的发展。

法人代表：李大成
地址：广西南宁市安吉大道 13 号
电话：(0771) 3100065　3123534　3114695
邮编：530001

南宁市中医院

南宁市中医院是一所综合性二级甲等中医医院，是广西中医学院教学医院，位于首府市中心新华街。全院拥有高、中级医技人员140余名；有良好的医疗设施以及现代化先进医疗设备，医疗设备总值800多万元；病床175张、年门诊量25万人次，年收住院3000人次。

医院临床科室设置齐全。采用以中医为主、中西医结合的方法诊疗疾病。最具特色的科室有骨伤科、中医心血管内科、儿科、中医肿瘤科、男科、不孕症专科、口腔科。骨伤科是重点建设的龙头科室，最具中医特色，有病床70张。该科不仅能用传统的中医中药治疗各种骨关节和软组织创伤及骨关节疾病，而且能开展各种骨关节高难手术，如全髋关节置换术、颈椎间盘切除植骨融合术、腰椎椎体肿瘤切除人工椎体置换等手术。尤其近年开展脊柱疾病治疗的研究中取得优异的成绩，在区内率先开展椎间盘突出症经皮穿刺切吸微创手术，疗效突出，深受病人赞誉。中西医肿瘤科在应用中医治疗的基础上，开展肺叶，肝叶切除、乳腺癌根治术等手术及肿瘤的介入治疗；内科在中风偏瘫的治疗取得了较好的疗效。妇科采用中西医结合方法治疗不孕症、盆腔炎等疾病具有独到之处。口腔科以医、补、拨、镶牙在南宁市较有名气，开展烤瓷、人工种植牙等业务，年门诊量达3万人次。此外，传统草医、骨质增生症诊室等中医特色门诊及中草药烫疗等疗法都具有浓厚的中医特色。

南宁市中医院运用中医、中西医结合治疗疾病已日臻完善并具有一定规模。在继承和弘扬祖国医学传统，突出中医特色的同时，注重走中西医相结合，传统医学与现代医学相结合的道路，逐步形成自己的特色。南宁市中医院正不断将现代医学科学引入古老的中医药学中，引进大量现代诊疗设施，提高医疗技术水平，增强科研能力，大力发展现代中医药事业，“问渠哪得清如许，为有源头活水来”，使祖国的传统医学焕发出更强的生命力，造福人民。

法人代表：潘智美
地址：南宁市新华街28号
电话：（0771）2617296
邮编：530012

南宁市石门森林公园

南宁市石门森林公园位于南宁市以行政办公、金融、商贸、居住、旅游服务和涉外事务为主要功能的凤岭开发区内，总面积68.13公顷，有林面积58公顷，森林覆盖率85%。园内林木葱郁，环境幽静，属南宁市城市园林绿地系统的重要组成部分，是集森林游憩、休闲娱乐为主要功能的城市森林公园，是南宁市的“绿肺”，城东的一道绿色屏障。

目前公园首期开放的景区有：

森林保健区：占地200亩的森林保健区是一幅以树为胜，枝繁叶茂，鸟语花香，四季如春，清幽宁溢的大自然风光浓缩图。该区是全园空气负离子含量最高、环境质量最优的区域（空气负离子含量869个/米^3）。森林植被产生的芳香物质，具有杀菌、保健功能。度步山林中，一种进入世外桃园之感油然而生，使人心旷神怡，精神倍增。

嬉水游乐区：吸取江南园林艺术精华，两岸青山倒影于明湖水中，形成山在水上浮的奇特景观，与溪水跌瀑、雅致曲桥、古朴木亭相映成趣，构成一幅青山峰秀水图，使人赏心悦目，留恋忘返。

观光果园：在占地100亩的果园内种植着从台湾引进的优质大青枣、火龙果、杨桃、芒果、凤梨、黑美人、圣女小蕃茄等数十品种的水果，待到瓜果飘香之际，游人可亲手采摘、品尝。

花卉观赏区：漫步花卉观赏区，可欣赏到8100米^{2}的别致欧式花坛，4100米^{2}独具特色的八卦花阵，由百余种从欧美引进的名贵玫瑰组成的浪漫玫瑰园。在这鲜花装点的世界里，处处扬溢着温馨浪漫。

沙漠仙人掌区：在这里云集着来自世界各地的如富士之雪、曲玉等千余种多肉植物。在这布满沙石的区域，有小到几厘米仙人球，高到四米多的仙人柱，您将深深感受到多肉植物顽强的生命力。

野营烧烤城：座落在松林内的野营烧烤城空气清新，地势开阔，成片的绿地仿似地毯，游人可席地而坐。林下数量众多的固定烧烤桌可同时容纳1000人在此娱乐。

南宁市石门森林公园是城市沙漠中的一片绿洲，是市民理想的休闲娱乐胜地，无论是游览、休闲、烧烤、登山，还是进行森林浴、文体娱乐，游客来者，均可自得其乐。

地址：广西南宁市民族大道118号
电话：（0771）5511962 5511031
邮编：530028

武鸣县水利局

武鸣县水利局是主管全县水资源的政府工作部门，负责实施国家和地方的水法律法规，组织协调防汛抗旱、农田水利建设、农村人畜饮水等工作。全县水利系统在职职工 607 人，现有科技专业人员 135 人，其中中级以上职称 38 人。这支队伍曾经过区水利厅特许，设计施工过南宁至武鸣 110KV 电力线路及其变电站、两座单机 630KW 的电站和跨度 20 米 10 层以下的水电站厂房等工程。

该县有小（二）型以上水库 148 座，山塘 733 座，总库容 4.13 亿立方米，可利用养殖的水面 4.6 万亩，可开发旅游景点的水面 2.6 万亩，有效灌溉面积 53 万亩；小水电站总装机容量 7210 千瓦 /28 台，年发电量 2596 万千瓦。

改革开放给水利事业注入了新的活力，该县水利局充分利用管理范围的水土资源优势，发挥设备、技术、物资、劳力的潜力，多渠道筹措资金，进行多面的立体的开发，千方百计做好水的文章，积极参与市场经济竞争，使水利水电第三产业迅速发展，水利经济实力不断增强，职工生活、工作环境在逐步改善，大部分基层管水单位都到当地乡镇政府所在地和县城修建了职工宿舍楼办公楼。武鸣水利人已在商海中开辟出自己的航道，正在扬帆竞渡。

法人代表：邓生电

地址：武鸣县城农潭路

电话：（0771）6222655

邮编：530100

驱浊扬清　不辱使命

武鸣县人民检察院

武鸣县人民检察院位于自治区南宁市武鸣县城东门桥旁，自 1978 年重建以来已历经 23 个春秋。该院现设有反贪污贿赂局、批捕科、起诉科、质纪检察科、控告申诉科、民事行政检察科、监所检察科、政工科、办公室、行装科等 10 个业务机构，检察干警共 54 名，其中中共党员 47 名，具有大专以上文化 53 名占总人数的 98%。

该院依照国家法律规定行使法律监督职权，在查处国家工作人员利用职权贪污、贿赂、挪用公款、徇私舞弊、玩忽职守、侵犯公民合法权益等的职务犯罪和严厉打击严重刑事犯罪，以及监督有关国家机关执法活动的过程中，为全县反腐倡廉、惩治犯罪，保护法人，公民的合法权益，保证武鸣县的社会稳定和经济繁荣，发挥了重要作用。为此，该院先后荣获多种荣誉称号：控告申诉科被授予“全国文明接待室”，并被自治区授予集体三等功、“南宁市先进单位”、“武鸣县红旗党支部”等等。

几分耕耘，几分收获。该院干警洒下的汗水得到了党和人民的充分肯定，他们为之自豪、为之振奋。但他们清醒地认识到，成绩只能表明昨天，检察事业任重而道远。他们满怀豪情，以新时代检察官的风采，迎接灿烂辉煌的明天。

地址：武鸣县城厢镇

电话：（0771）6222208

邮编：530100

南宁八中

NAN NING BA ZHONG

南宁八中地处明秀西路，是南宁市一所半寄宿制的高级中学，也是南宁市办学水平一级学校，最近又获得自治区示范性学校立项。学校占地 32 亩，校园宽敞、整洁、鸟语花香、绿草如茵。学校按照区示范性高中配备教学设备和现代化教学手段，新建的电脑校园网络和学生公寓等都给学生创造了良好的学习环境。学校有一个团结、开拓进取的领导班子和一支力量雄厚的教师队伍，全校有全国模范教师 1 人，全国师德标兵 1 人，市劳动模范 1 人，市教坛明星 1 人，市学科带头人 4 人，教育骨干 45 人，高级教师 48 人，研究生 3 人，95% 以上教师具有大学本科学历。

建校 40 多年来，尤其近年来，学校坚持全面贯彻党的教育方针，全面推进素质教育，以学生为本，注重培养学生的创新精神和实践能力。学校制定有校训、校风、教风和学风，努力贯彻一流管理、一流设备、一流教学、一流质量、一流服务的方针。坚持依法治校、以德立教、科研兴校的原则，不断深化教育改革，更新观念，创建特色学校，培养创新人才，已初步形成国际教育和英语口语化两大办学特色，教育教学硕果累累，我校连年取得高考市评估一、二等奖，先后荣获市先进单位、市德育工作先进单位、市共建精神文明标兵单位、市“双拥”工作十佳对子，市综合治理模范单位、市卫生绿化先进单位、自治区国防教育先进单位、自治区“三防”教育先进单位、自治区警民共建先进单位、自治区警民共建先进单位、自治区中小学科研论文优秀学校等荣誉称号。学校取得的成绩和发展，赢得了社会各界和学生家长的赞扬和信赖。目前，学校正进一步加大软件和硬件建设力度，努力开创区示范性普通高中的新局面，明天的南宁八中将是南宁市一颗璀璨的明珠。

法人代表：李立武
地址：南宁市明秀西路 26 号
电话：（0771）3133353
邮编：530001

南宁市第二十五中学

南宁市第二十五中学地处环境复杂的南宁市永新区边阳街，从建校开始，就没有什么好声誉，校舍破旧，设备简陋，校风混乱。曾流传这么一句话：“二十五中放一晚（指晚自习），永新区要乱一半。”以前，不少学生常外出打架斗殴、敲诈勒索，甚至偷盗抢劫……学校的教育教学成绩一直出不来。

一九九七年，王东兵校长临危受命。随后，市教育局逐年不断地从各学校选派优秀的干部来充实学校的领导集体，组建了一支坚强的学校领导队伍，学校的教风、学风一年上一个新台阶。至二 00 一年底，学校已形成了良好的校风。如今，崭新的宿舍、办公、实验和教学楼拔地而起；设备一流的技能、化学、物理、生物实验室已投入使用；设施完备的音乐、美术教室正陶冶着师生的艺术情操；高智能、高科技设备的语音、电脑和多媒体教室任师生们在知识的海洋里遨游；藏书丰富的图书馆里到处是莘莘学子苦读的身影；宽敞明亮的教室里处处是朗朗的读书声。

学校坚持以“三个代表”为指导思想，以“素质教育”为突破口，以“科技教育”为载体，以“养成教育”为重点，教会学生守纪（守法）、学会学习、学会动手、学会生活、学会健身，最终学会做人，营造了良好的校园文化氛围和浓厚的学风，使学校逐步成为培养合格的建设者和接班人的“摇篮”。

几年来，学校先后荣获了“安全小区”、“无毒单位”、“绿化达标单位”、“综合治理模范单位”、“爱国卫生先进单位”、“文明单位”、“爱科学活动先进单位”等光荣称号。2001 年，学校又被评为“自治区科技示范学校”。王东兵校长被评为南宁市教育系统“改造薄弱学校工作先进个人”。

法人代表：王东兵
地址：南宁市边阳新街 7 号
电话：（0771）3155664
邮编：530011

南宁市民族事务委员会

南宁市民族事务委员会根据市委、市政府的工作部署，与时俱进，解放思想，振奋精神，开拓进取，新世纪民族工作取得了新的进展。

协助市委、市政府开好全市民族工作会议，会议总结了全市民族工作的成绩和经验，分析研究了民族工作面临的新形势，全面部署世纪之初我市民族工作的主要任务。会后，市委、市政府下发了《关于进一步加强民族工作的决定》，明确了民族工作的主要任务，对于进一步开创市民族工作新局面，加快民族经济和社会各项事业的发展具有着承前启后、继往开来的重要意义。

▲协助市委、市政府做好解决21万少数民族群众饮水难工作切实改善少数民族和民族地区的生产、生活条件。在反复核实的基础上，9月份拟定上报了《南宁市解决少数民族群众饮水难工作方案》，提出用2年的时间基本解放少数民族地区群众饮水困难，对2001、2002年度解决人畜饮水的项目作了安排。市政府议审议批准了《南宁市解决少数民族群众饮水难工作方案》，确定了2001年解决的205个项目、23802户、104592人的饮水困难的工作任务。做到机构、人员、资金“三落实”。

▲会同市体委成功举办了南宁市第七届少数民族传统体育运动会来自两县、郊区、五城区8个代表团的400多名各族运动员参加了三人板鞋竞走、投绣球、珍珠球、毽球、打陀螺、顶竹杠等六个项目的比赛，涌现了一批优秀运动员。

▲积极争取资金帮助县郊民族乡村解决生产、生活方面的特殊困难拨给民族发展资金69万、少补费63万帮助县郊少数民族群众解决饮水、办电、修路、办学等方面的特殊困难。据统计，全年市县郊民族资金项目受益群众达6万多人。

▲贯彻落实民族用品生产优惠政策，扶持民族用品生产企业发展生产经积极争取，全年共落实企业贷款利息返还金额达160多万元。

▲大力发展民族文化、教育、体育等各项社会事业组织举办首府欢度壮族“三月三”歌节活动；办好寄宿制民族班，择优录取居住分散、经济不发达、交通不便的偏远贫困山区乡（镇）的品学兼优的少数民族贫困学生和孤儿，从根本上解决了边远山区适龄儿童读书难问题；组队参加全区少数民族珍珠球比赛并获好成绩，做好广州市宗教界“爱心助学”工程款的监督管理工作。广州市宗教界支持民族教育委员会将“爱心助学”工程款76747元的汇到市民委，继续帮助新江镇民族团结小学的200名特困学生完成2001年——2002年度学业。广州市宗教界民族教育委员会一行12人前来学校考察，广州佛教协会会长释新诚大师当场以个人名义捐款2万元，用于资助该校贫困学生。

▲配合组织部门做好少数民族干部的培养、选拔和使用工作会同市委组织部举办南宁市培养选拔少数民族干部理论研讨会暨获奖论文表彰会，举办“十五”第一期少数民族干部培训班。通过培训，学员们政治理论水平得到进一步提高，综合素质得到增强。

▲切实加强民族政法工作，协调民族关系，促进民族团结组织召开民族关系协调工作领导小组会议，成立稳定工作领导小组，建立了协调民族关系工作档案，加强同公安、法院、城管部门联系，消除可能影响民族关系的不安定因素。为首府的民族团结、社会稳定再作贡献；

▲进一步加强信息工作，加大对民族工作的宣传。全年共向自治区民委报送信息50篇，采用16篇；向有关新闻媒体发送新闻稿60篇，有26篇被中央级报刊采用，大力宣传了我市民族工作的巨大成就，进一步扩大了影响。

▲圆满完成市委、市政府下达的各项工作任务派出4名领导干部参加抗洪突击队，胜利完成了堤岸抢险和巡护工作。深入玉泉乡调查研究，完成市委下达的对口支援玉泉乡工作任务。顺利完成武鸣县两江镇群英村包村基层组织建设工作，以915的高分通过自治区级第二次验收，被市委授予“先进包村单位”光荣称号。

南宁市民族事务委员会
主任：何国显　地址：南宁市嘉宾路1号
电话：（0771）5530425　邮编：530028

广西壮族自治区药品检验所

广西药品检验所是法定的省级药品检验机构，其法律地位已在新修订的《药品管理法》第六条中作了明确规定。

该所始建于1953年1月，已有近50年历史。主要职责是在自治区药品监督管理局领导下对广西境内药品质量实施技术监督。具体工作任务如下：(1) 承担全区药品、医疗器械和药包材生产、经营、使用单位等的产品质量监督检验和委托检验；(2) 承担国家药典和局颁药品标准的起草、修订任务以及广西新药的技术复核任务；(3) 承担与药品检验方法和检验技术有关的科研任务；(4) 承担区内市（地）、县级药检所以及有关单位药检人员的技术培训任务；(5) 完成国家及自治区药监局下达的其他任务。

该所现有在职人员106人。其中技术人员80人，内含药学专业技术人员72人。具有高级专业技术职务资格19人，中级专业技术职务资格40人。有1人受聘任国家药典委员、国家药品审评专家和国家中药品种保护审评委员。内设办公室和业务科两个职能科室以及中药、化学、抗生素和药理等四个检验科室，另建有SPF级实验动物房。建有实验大楼一栋，总建筑面积5500平米。拥有毛细管电泳仪、高效液相色谱仪、气相色谱仪、红外分光光度计、紫外分光光度计、萤光分光光度计等大型精密分析仪器二十余台件。内藏中外图书15000册，订阅中外文期刊杂志140余种。另藏中药蜡叶标本12000余份，中药材标本7000余瓶。

法人代表：唐人九
地址：南宁市新民路1-1号
电话：(0771)2610187
邮编：530023

中国统计出版社最新资料简目

中国统计年鉴－2002
中国统计摘要－2002
2002 中国发民报告
中国城市统计年鉴－2001
中国农村统计年鉴－2002
中国劳动统计年鉴－2002
中国人口统计年鉴－2002
中国社会统计资料－2001
中国工业经济统计年鉴－2001
中国市场统计年鉴－2002
2001 中国城市发展报告
中国建筑业统计年鉴－2001
中国固定资产投资统计年鉴－2002
中国价格及城镇居民家庭收支调查统计年鉴－2002
国际统计年鉴－2002
中国西部统计年鉴－2001
中国对外经济贸易统计年鉴－2001
中国商品交易市场统计年鉴－2001
中国基本单位统计年鉴－2001
中国食品工业统计年鉴－2001
中国民政统计年鉴－2002
如何使用统计年鉴
中国市民的经济观
北京统计年鉴－2002
天津统计年鉴－2002
河北统计年鉴－2002
山西统计年鉴－2002
内蒙古统计年鉴－2002
辽宁统计年鉴－2002
吉林统计年鉴－2002
黑龙江统计年鉴－2002
上海统计年鉴－2002
江苏统计年鉴－2002
浙江统计年鉴－2002
安徽统计年鉴－2002
福建统计年鉴－2002
江西统计年鉴－2002
山东统计年鉴－2002
河南统计年鉴－2002
湖北统计年鉴－2002
湖南统计年鉴－2002
广东统计年鉴－2002
广西统计年鉴－2002
贵州统计年鉴－2002
云南统计年鉴－2002
海南统计年鉴－2002
四川统计年鉴－2002
重庆统计年鉴－2002
西藏统计年鉴－2002
陕西统计年鉴－2002
甘肃年鉴－2002
青海统计年鉴－2002
宁夏统计年鉴－2002
新疆统计年鉴－2002
新疆生产建设兵团统计年鉴－2002
石家庄统计年鉴－2002
唐山统计年鉴－2002
保定统计年鉴－2002
邯郸统计年鉴－2002
张家口统计年鉴－2002
伊克昭盟统计年鉴－2002
太原统计年鉴－2002
临汾统计年鉴－2002
呼和浩特经济统计年鉴－2002
沈阳年鉴－2002
大连统计年鉴－2002
吉林市社会经济统计年鉴－2002
四平统计年鉴－2002
延吉统计年鉴－2002
哈尔滨统计年鉴－2002
齐齐哈尔经济统计年鉴－2002
黑龙江垦区统计年鉴－2002
牡丹江统计年鉴－2002
上海浦东区新统计年鉴－2002
连云港统计年鉴－2002
南京统计年鉴－2002
苏州统计年鉴－2002
无锡统计年鉴－2002
常州统计年鉴－2002
徐州统计年鉴－2002
南通统计年鉴－2002
盐城统计年鉴－2002
杭州统计年鉴－2002
宁波统计年鉴－2002
绍兴统计年鉴－2002
台州统计年鉴－2002
舟山统计年鉴－2002
温州统计年鉴－2002
福州年鉴－2002
厦门经济特区年鉴－2002
福州经济技术开发区年鉴－2002
南昌统计年鉴－2002
九江统计年鉴－2002
河池地区统计年鉴－2002
青岛统计年鉴－2002
天水统计年鉴－2002
泰安统计年鉴－2002
昆明统计年鉴－2002
济南统计年鉴－2002
郑州统计年鉴－2002
洛阳统计年鉴－2002
十堰统计年鉴－2002
三门峡统计年鉴－2002
平顶山统计年鉴－2002
南阳经济统计年鉴－2002
武汉统计年鉴－2002
宜昌统计年鉴－2002
广州统计年鉴－2002
深圳统计信息年鉴－2002
惠州统计年鉴－2002
珠海统计年鉴－2002
东莞统计年鉴－2002
南宁统计年鉴－2002
南宁地区统计年鉴－2002
桂林经济社会统计年鉴－2002
柳州统计年鉴－2002
柳州地区统计年鉴－2002
贵阳统计年鉴－2002
海口统计年鉴－2002
成都统计年鉴－2002
广安统计年鉴－2002
攀枝花统计年鉴－2002
西安统计年鉴－2002
兰州年鉴－2002
西宁统计年鉴－2002
乌鲁木齐统计年鉴－2002
巴音郭楞统计年鉴－2002
吐鲁番统计年鉴－2002
石河子统计年鉴－2002
庆阳统计年鉴－2002
银川统计年鉴－2002